501
LATIN VERBS

fully conjugated in all the tenses
in a new easy-to-learn format
alphabetically arranged

by

Richard E. Prior, Ph.D.
Assistant Professor of Classics
Furman University
Greenville, SC

Joseph Wohlberg, Ph.D.
Formerly Professor of Latin
The City College of the
City University of New York
New York, NY

BARRON'S EDUCATIONAL SERIES, INC.

Contents

Introduction to the Original Edition

A dictionary of Latin verbs with a full inflection of all the verb forms presents a problem different from the compiling of other Latin dictionaries and from the preparation of similar works in modern languages. When in Latin we conjugate a verb fully, we have to ask ourselves whether a particular form is bound to be encountered in reading. This problem is particularly acute in the Passive voice, for we can never be certain that the specific form ever existed in actual usage. We know, for example, that *veniō*, though an intransitive verb, appears in the Passive Third Person Singular forms in an impersonal sense, but how can we know that *exstinguō* would ever be used in the first or second person of the Passive voice?

This book is intended primarily for students in the early stages of their Latin studies. Therefore, all forms that have only forced meanings have been omitted, because the students are not likely to meet them in their readings. Likewise, rare forms, such as the Future Imperatives and the Future Passive Infinitives, are left out to save the student unnecessary confusion.

The 201 Latin verbs contained in this volume are essentially the verbs most frequently encountered in the New York State Regents examinations and the various College Board tests. The Latin verbs are listed and conjugated in their simplest form, although compound forms are listed in the vocabularies. Thus, while *subsequor* is listed as a separate verb with its own meaning in the Latin-English and the English-Latin vocabulary, for its conjugation the student is referred to its simple form, *sequor*. In case the stem of a simple verb is modified in its compound form, both the simple and the compound form of the verb are conjugated, as *teneō* and *abstineō*. In case several compound forms exist, the first one listed alphabetically is conjugated, and all other compounds have a cross-reference to the first form. Thus, *abstineō* is fully conjugated, while *contineō* has merely a cross-reference to *abstineō*.

The Latin verb is listed according to its traditional principal parts: the First Person Singular of the Present Indicative (or the Third Person Singular in the case of Impersonal Verbs); the Present Infinitive; the First Person Singular of the Perfect Indicative, and the Accusative form of the Supine. If the latter form does not exist, whenever possible, the Future Active Participle is substituted.

When there is a variation in the verb form, both forms are listed, with the less frequent form in parentheses. For example, the Second Person Singular of the Future Indicative Passive of *portō* appears as *portāberis (-re)*; i.e., *portāberis* and its alternate form *portābere*. The Third Person Plural of the Perfect Active Indicative is treated in the same manner. *Portāvērunt (-re)* indicates that *portāvērunt* and *portāvēre* occur as alternate forms. In forms compounded from the Perfect Passive or the Future Active Participles, variations according to gender and number are indicated within the parentheses. *Portātus (-a, -um) sum, es, est* means that the form may be *portāta es*, *portātum es*, etc., and the plural forms are treated the same way. Finally, the Gerund is listed in the Genitive Case, with the endings of the other cases appearing after dashes. Thus, *portandī, -ō, um, -ō*, shows that the Genitive case of the Gerund is *portandī*, Dative *portandō*, Accusative *portandum*, Ablative *portandō*.

The meaning and the translation of any particular verb varies according to Voice, Mood, Tense, Person, and Number. The Active Voice indicates by its very nature that the subject participates in the idea expressed by the verb without any intermediary, while the Passive Voice shows the subject as a participant only to the extent that some outside agency acts upon it. Thus, *portābam* (Active) may be translated as *I was carrying*, indicating that the subject, *I*, was engaged by itself in the concept of carrying, whereas *portābar* (I was being carried) shows that some outside agency involved the subject in the carrying process.

iv

However, in the Latin language several verbs (deponents) have Passive form but Active meaning. Thus, *sequor* means *I follow*, and not *I am followed*. Occasionally, a verb may appear in the Passive Voice in the Third Person Singular with an impersonal or general subject. *Ventum est* (literally, it was come) means *one came*, or *people* (in general) *came*.

The Mood of the verb denotes the several shades of meaning with which a single idea of a verb may be colored. The Indicative Mood is a direct, straightforward expression of the meaning of the verb. *Portābō* (I shall carry) or *portātī sumus* (we have been carried) are simple statements of fact without any overtones. On the other hand, the Imperative Mood always bears the additional meaning of a command, e.g., *portāte* (carry!).

The Subjunctive Mood colors the meaning of the verb by some overtone of wish, obligation, or possibility, or it subordinates the meaning to some other idea. Thus, *portent* may mean *may they carry!* (wish), or *they should carry* (obligation), or *they may carry* (possibility), or as a subordinate thought, e.g., *so as to carry, if they should carry, that they may carry*.

The Infinitive Mood, on the other hand, removes all coloration from the meaning of the verb and merely expresses the idea of the verb without any reference to number and person. In English this is expressed by *to* and the verb. As an example in Latin, *portārī* means *to be carried*; *portātūrus esse, to be about to carry,* etc. Often the Infinitive is also used as the Nominative case of a verbal noun. Thus, *portāre* may mean *carrying*, as well as *to carry*.

A Participle is essentially a verbal adjective modifying a noun or a pronoun and is expressed in English by the ending -*ing*, or, in the Passive, by -*ed*. The Present Participle, *portāns* (Genitive case *portantis*), means *carrying* (as modifying a noun or pronoun), and *portātus, portāta,* or *portātum* (The Perfect Passive Participle) means *carried*. The Future Active Participle (e.g., *portātūrus, -a, -um*) may be translated as *about to carry*, while the Future Passive Participle (more often called the Gerundive), *portandus, portanda, portandum,* is best translated as *to be carried*.

The Gerund is a verbal noun used in the oblique cases, of which the Present Infinitive may be considered the Nominative Case. It conveys an abstract, substantive idea of the verb and is translated by the -*ing* form of the English verb. Thus, *portandī* means *of carrying*; *portanto, for carrying,* etc. The Supine is a specialized verbal noun, limited to the Accusative and Ablative cases. Neither Active nor Passive in meaning, it merely contains a general idea of the verb. The Accusative form is limited to an occasional expression to denote a goal or purpose, e.g., *vēnērunt portātum* (they came to carry). The Ablative case is limited to a few expressions dependent on adjectives, e.g., *difficile portātī* (difficult to carry).

The translation of the various tenses of the Latin verb may vary considerably in English. The Latin Present Tense can be translated by a simple Present, a progressive Present, or an emphatic Present. Thus, *portat* can be translated as *he* or *she* or *it carries*, *he* or *she* or *it is carrying*, or *he* or *she* or *it does carry*. The Imperfect denotes usually continuous action in Past Time. For example, *portābātis* can be translated *you were carrying*. The Future Tense is translated usually in English by the use of *shall* or *will*; for example, *portābō* can be translated as *I shall carry* or *I shall be carrying*. The Perfect Tense in Latin has two meanings: the simple past without reference to any particular time, or the true Perfect, where the action was started in the past and is terminated at the present moment. Thus, *portāvistī* may mean *you carried* (simple past), or *you have carried*, or *you have been carrying* (true Perfect). The Pluperfect is a past view of a completed action, started at some time in the past, and completed at a later time, also in the past. Thus, *portāveran* (I had carried) means that I started to carry some time ago in the past and completed the carrying process later, but likewise in the past. On the other hand, in the Future Perfect Tense, the action started at some time, but its completion will take place in the Future. Thus *portāverint* (they will have carried) means that the carrying process, already started, or about to start, will be completed some time later in the future.

Person and Number require little comment. Thus, the First Person Singular, *portō*, means *I carry*; the First Person Plural, *portāmus, we carry*; the Second Person Singular and Plural, *portās* and *portātis*, both mean *you carry*, since the English language does not distinguish between the Second Person Singular and Plural. Finally, the Third Person Singular, *portat*, means *he* or *she* or *it carries*, while the Plural *portant* means *they carry*.

As a summary of the above, for the convenience of the reader there follows a complete translation of the conjugation of *portō* (carry).

Joseph Wohlberg
The City College of the
City University of New York

In creating an edition of *501 Latin Verbs,* I have built upon the foundation already laid by Joseph Wohlberg. In expanding the work I have followed the same conventions and formats established by Wohlberg's introduction and examples, although I provided a few changes and several enhancements. Wohlberg chose his verbs from the New York State Regents examinations and various College Board tests. This vocabulary selection made his edition an excellent resource for secondary school students. I have expanded his edition by including the highest-frequency verbs in Classical Latin and all the irregular and defective verbs, since these pose the greatest challenge to students. This extends the work's usefulness to post-secondary students of Latin as well. The majority of these verbs fall naturally into the category of high-frequency vocabulary; those that do not have been included nevertheless because of their uniqueness. Furthermore, Wohlberg cross-listed compounds in the index and only included one verb in conjugated form, which was chosen by alphabetical primacy, regardless of the actual frequency of that verb. Thus, for the conjugation of *trado,* one is directed to *addo,* even though a student is far more likely to encounter the former than the latter. In this expanded version I have included in conjugated form those compounds that occur with highest frequency and cross-referenced the rest in the Latin Verb Index found at the back of the book. In addition, I have learned through classroom experience at both the secondary and post-secondary level that students frequently encounter difficulties with the compound forms of certain verbs, namely *emo, eo, fero, iacio,* and *sum.* Paradigms for the most common compounds of these verbs appear in full.

In the conjugation of verbs, I have conjugated transitive verbs fully, including forms that are not in evidence in ancient texts. For a few transitive verbs, however, the existence of certain passive forms is questionable. For example, the verb *coquo* (to cook) is transitive, therefore the form *coquor* (I am being cooked) is theoretically possible. Though unattested, I include these forms regardless as they may come in handy as models for other verbs whose passive semantics are less dubious. Certain transitive verbs, such as *habito,* which always have third person objects and in the passive always show only third person forms, are kept in the third person only. In these situations any other person would be too outlandish semantically for acceptance. For intransitive verbs, I have included passive forms wherever such forms are in evidence, usually in an impersonal usage. Should a verb show impersonal use via third person singular forms, but only present indicative and imperfect subjunctive forms being extant, I assume the existence of the same person and number in the other tenses and moods and supply them.

At the bottom of each conjugation the student will find up to four rubrics of additional information pertaining to the verb on that page. First, *Usage notes* tell, when appropriate, when the verb employs an object in other than the accusative case or other information regarding the verb's usage. Second, the *Alternate forms* section presents collateral, archaic, and syncopated variations that a student of Latin literature may discover. The third rubric, *Compounds and related words,* lists other compounds and related Latin vocabulary. Finally, the *Model sentence* provides an illustration of the verb used in a sentence drawn from Latin literature. These sentences were chosen for each verb solely to demonstrate the verb in context. I strove to find relatively short, simple sentences that illustrated the verb's most common semantic and syntactic uses in Classical Latin clearly and efficiently, though this aim was not always satisfied. I have at times taken liberties with the original text insofar as I have edited away extra phrases and clauses to make the grammatical structure accompanying the verb in question more clear.

Richard E. Prior
Furman University

SAMPLE ENGLISH VERB CONJUGATION

ACTIVE

portō   *portō, portāre, portāvī, portātum*

INDICATIVE

Pres.	I	carry (am carrying) (do carry)	we	carry (are carrying) (do carry)
	you	carry (are carrying) (do carry)	you	carry (are carrying) (do carry)
	he (she, it)	carries (is carrying) (does carry)	they	carry (are carrying) (do carry)
Impf.	I	was carrying	we	were carrying
	you	were carrying	you	were carrying
	he (she, it)	was carrying	they	were carrying
Fut.	I	shall (carry, be carrying)	we	shall (carry, be carrying)
	you	will (carry, be carrying)	you	will (carry, be carrying)
	he (she, it)	will (carry, be carrying)	they	will (carry, be carrying)
Perf.	I	carried, have carried	we	carried, have carried
	you	carried, have carried	you	carried, have carried
	he (she, it)	carried, has carried	they	carried, have carried
Plup.	I	had carried	we	had carried
	you	had carried	you	had carried
	he (she, it)	had carried	they	had carried
Fut.	I	shall have carried	we	shall have carried
Perf.	you	will have carried	you	will have carried
	he (she, it)	will have carried	they	will have carried

SUBJUNCTIVE

Given the wide variety of possibilities for translation for the Latin subjunctive, it would be misleading to offer any one way in this sample conjugation.

IMPERATIVE

Pres.	carry!	carry!

INFINITIVE

Pres.	to carry
Perf.	to have carried
Fut.	to be about to carry

PARTICIPLE

Pres.	carrying
Perf.	
Fut.	about to carry

GERUND of carrying, for carrying, carrying, by carrying   SUPINE to carry, to carry

SAMPLE ENGLISH VERB CONJUGATION

PASSIVE

INDICATIVE

Pres.	I	am (am being) carried	we	are (are being) carried
	you	are (are being) carried	you	are (are being) carried
	he (she, it)	is (is being) carried	they	are (are being) carried
Impf.	I	was being carried	we	were being carried
	you	were being carried	you	were being carried
	he (she, it)	was being carried	they	were being carried
Fut.	I	shall be carried	we	shall be carried
	you	will be carried	you	will be carried
	he (she, it)	will be carried	they	will be carried
Perf.	I	was (have been) carried	we	were (have been) carried
	you	were (have been) carried	you	were (have been) carried
	he (she, it)	was (has been) carried	they	were (have been) carried
Plup.	I	had been carried	we	had been carried
	you	had been carried	you	had been carried
	he (she, it)	had been carried	they	had been carried
Fut. *Perf.*	I	shall have been carried	we	shall have been carried
	you	will have been carried	you	will have been carried
	he (she, it)	will have been carried	they	will have been carried

SUBJUNCTIVE

Given the wide variety of possibilities for translation for the Latin subjunctive, it would be misleading to offer any one way in this sample conjugation.

IMPERATIVE

Pres.

INFINITIVE

Pres. to be carried
Perf. to have been carried
Fut.

PARTICIPLE

Pres.
Perf. carried, having been carried
Fut. to be carried (GERUNDIVE)

Verb Tense Abbreviations

Fut.	Future
Fut. Perf.	Future Perfect
Impers.	Impersonal
Impf.	Imperfect
Perf.	Perfect
Plup.	Pluperfect
Pres.	Present

Alphabetical Listing of 501 Latin Verbs Fully Conjugated in All the Tenses

go away

	ACTIVE		PASSIVE

INDICATIVE

Pres.	abeō	abīmus	
	abīs	abītis	
	abit	abeunt	abītur (Impers.)
Impf.	abībam	abībāmus	
	abībās	abībātis	
	abībat	abībant	abībātur (Impers.)
Fut.	abībō	abībimus	
	abībis	abībitis	
	abībit	abībunt	abībitur (Impers.)
Perf.	abiī	abiimus	
	abiistī	abiistis	
	abiit	abiērunt (-ēre)	abitum est (Impers.)
Plup.	abieram	abierāmus	
	abierās	abierātis	
	abierat	abierant	abitum erat (Impers.)
Fut.	abierō	abierimus	
Perf.	abieris	abieritis	
	abierit	abierint	abitum erit (Impers.)

SUBJUNCTIVE

Pres.	abeam	abeāmus	
	abeās	abeātis	
	abeat	abeant	abeātur (Impers.)
Impf.	abīrem	abīrēmus	
	abīrēs	abīrētis	
	abīret	abīrent	abīrētur (Impers.)
Perf.	abierim	abierimus	
	abieris	abieritis	
	abierit	abierint	abitum sit (Impers.)
Plup.	abīssem	abīssēmus	
	abīssēs	abīssētis	
	abīsset	abīssent	abitum esset (Impers.)

IMPERATIVE

Pres.	abī	abīte	

INFINITIVE

Pres.	abīre		abīrī
Perf.	abīsse		abitus (-a, -um) esse
Fut.	abitūrus (-a, -um) esse		

PARTICIPLE

Pres.	abiēns, (-euntis)		
Perf.			abitus (-a, -um)
Fut.	abitūrus (-a, -um)		abeundus (-a, -um) (GERUNDIVE)

GERUND abeundī, -ō, -um, -ō   SUPINE abitum, -ū

Alternate forms: **abin** = abisne; **abivi** = abii
Compounds and related words: **abitio, -onis, f.** departure; **abito (1)** to go away; **abitus, -us, m.** departure
See **eo** for related compounds of this verb.
Model sentence: *Tempus **abire** tibi est.* —Horace

throw away

	ACTIVE		PASSIVE	
		INDICATIVE		
Pres.	abiciō	abicimus	abicior	abicimur
	abicis	abicitis	abiceris (-re)	abiciminī
	abicit	abiciunt	abicitur	abiciuntur
Impf.	abiciēbam	abiciēbāmus	abiciēbar	abiciēbāmur
	abiciēbās	abiciēbātis	abiciēbāris (-re)	abiciēbāminī
	abiciēbat	abiciēbant	abiciēbātur	abiciēbantur
Fut.	abiciam	abiciēmus	abiciar	abiciēmur
	abiciēs	abiciētis	abiciēris (-re)	abiciēminī
	abiciet	abicient	abiciētur	abicientur
Perf.	abiēcī	abiēcimus	abiectus sum	abiectī sumus
	abiēcistī	abiēcistis	(-a, -um) es	(-ae, -a) estis
	abiēcit	abiēcērunt (-ēre)	est	sunt
Plup.	abiēceram	abiēcerāmus	abiectus eram	abiectī erāmus
	abiēcerās	abiēcerātis	(-a, -um) erās	(-ae, -a) erātis
	abiēcerat	abiēcerant	erat	erant
Fut.	abiēcerō	abiēcerimus	abiectus erō	abiectī erimus
Perf.	abiēceris	abiēceritis	(-a, -um) eris	(-ae, -a) eritis
	abiēcerit	abiēcerint	erit	erunt
		SUBJUNCTIVE		
Pres.	abiciam	abiciāmus	abiciar	abiciāmur
	abiciās	abiciātis	abiciāris (-re)	abiciāminī
	abiciat	abiciant	abiciātur	abiciantur
Impf.	abicerem	abicerēmus	abicerer	abicerēmur
	abicerēs	abicerētis	abicerēris (-re)	abicerēminī
	abiceret	abicerent	abicerētur	abicerentur
Perf.	abiēcerim	abiēcerimus	abiectus sim	abiectī sīmus
	abiēceris	abiēceritis	(-a, -um) sīs	(-ae, -a) sītis
	abiēcerit	abiēcerint	sit	sint
Plup.	abiēcissem	abiēcissēmus	abiectus essem	abiectī essēmus
	abiēcissēs	abiēcissētis	(-a, -um) essēs	(-ae, -a) essētis
	abiēcisset	abiēcissent	esset	essent
		IMPERATIVE		
Pres.	abice	abicite		
		INFINITIVE		
Pres.	abicere		abicī	
Perf.	abiēcisse		abiectus (-a, -um) esse	
Fut.	abiectūrus (-a, -um) esse			
		PARTICIPLE		
Pres.	abiciēns, (-tis)			
Perf.			abiectus (-a, -um)	
Fut.	abiectūrus (-a, -um)		abiciendus (-a, -um) (GERUNDIVE)	

GERUND abiciendī, -ō, -um, -ō   SUPINE abiectum, -ū

Compounds and related words: **abiecte** abjectly; **abiectio, -onis, f.** a throwing away, despair;
    abiectus, -a, -um low, common
See **iacio** for related compounds of this verb.
Model sentence: *Lacrimae fluxere per ora qualiter **abiecta** de nive manat aqua.* —Ovid

be away

ACTIVE

INDICATIVE

Pres.	absum	absumus
	abes	abestis
	abest	absunt
Impf.	aberam	aberāmus
	aberās	aberātis
	aberat	aberant
Fut.	aberō	aberimus
	aberis	aberitis
	aberit	aberunt
Perf.	āfuī	āfuimus
	āfuistī	āfuistis
	āfuit	āfuērunt (-ēre)
Plup.	āfueram	āfuerāmus
	āfuerās	āfuerātis
	āfuerat	āfuerant
Fut.	āfuerō	āfuerimus
Perf.	āfueris	āfueritis
	āfuerit	āfuerint

SUBJUNCTIVE

Pres.	absim	absīmus
	absīs	absītis
	absit	absint
Impf.	abessem (āforem)	abessēmus (āforēmus)
	abessēs (āforēs)	abessētis (āforētis)
	abesset (āforet)	abessent (āforent)
Perf.	āfuerim	āfuerimus
	āfueris	āfueritis
	āfuerit	āfuerint
Plup.	āfuissem	āfuissēmus
	afuisses	āfuissētis
	āfuisset	āfuissent

IMPERATIVE

Pres.	abes	abeste

INFINITIVE

Pres.	abesse
Perf.	āfuisse
Fut.	āfutūrus (-a, -um) esse (āfore)

PARTICIPLE

Pres.	absens, (-tis)
Perf.	
Fut.	āfutūrus (-a, -um)

GERUND   SUPINE

Alternate forms: **abfui** = afui
See **sum** for other compounds of this verb.
Model sentence: ***Absit** a iocorum nostrorum simplicitate malignus interpres.* —Martial

accēdō

approach

ACTIVE		PASSIVE
INDICATIVE		

	ACTIVE		PASSIVE
Pres.	accēdō	accēdimus	
	accēdis	accēditis	
	accēdit	accēdunt	accēditur (Impers.)
Impf.	accēdēbam	accēdēbāmus	
	accēdēbās	accēdēbātis	
	accēdēbat	accēdēbant	accēdēbātur (Impers.)
Fut.	accēdam	accēdēmus	
	accēdēs	accēdētis	
	accēdet	accēdent	accēdētur (Impers.)
Perf.	accessī	accessimus	
	accessistī	accessistis	
	accessit	accessērunt (-ēre)	accessum est (Impers.)
Plup.	accesseram	accesserāmus	
	accesserās	accesserātis	
	accesserat	accesserant	accessum erat (Impers.)
Fut. Perf.	accesserō	accesserimus	
	accesseris	accesseritis	
	accesserit	accesserint	accessum erit (Impers.)
SUBJUNCTIVE			
Pres.	accēdam	accēdāmus	
	accēdās	accēdātis	
	accēdat	accēdant	accēdātur (Impers.)
Impf.	accēderem	accēderēmus	
	accēderēs	accēderētis	
	accēderet	accēderent	accēderētur (Impers.)
Perf.	accesserim	accesserimus	
	accesseris	accesseritis	
	accesserit	accesserint	accessum sit (Impers.)
Plup.	accessissem	accessissēmus	
	accessissēs	accessissētis	
	accessisset	accessissent	accessum esset (Impers.)
IMPERATIVE			
Pres.	accēde	accēdite	
INFINITIVE			
Pres.	accēdere		accēdī
Perf.	accessisse		accessum esse
Fut.	accessūrus (-a, -um) esse		
PARTICIPLE			
Pres.	accēdēns, (-tis)		
Perf.			accessus (-a, -um)
Fut.	accessūrus (-a, -um)		accēdendus (-a, -um) (GERUNDIVE)

GERUND accēdendī, -ō, -um, -ō   SUPINE accessum, -ū

Usage notes: with *ad* or *in* and the **accusative**
Alternate forms: **accestis** = accessitis
See **cedo** for other compounds of this verb.
Model sentence: *Quam simul adspexit, "comites, **accedite!**" dixit.* —Ovid

ACTIVE

INDICATIVE

Pres.	accidō	accidimus
	accidis	acciditis
	accidit	accidunt
Impf.	accidēbam	accidēbāmus
	accidēbās	accidēbātis
	accidēbat	accidēbant
Fut.	accidam	accidēmus
	accidēs	accidētis
	accidet	accident
Perf.	accidī	accidimus
	accidistī	accidistis
	accidit	accidērunt (-ēre)
Plup.	accideram	acciderāmus
	acciderās	acciderātis
	acciderat	acciderant
Fut. Perf.	acciderō	acciderimus
	accideris	accideritis
	acciderit	acciderint

SUBJUNCTIVE

Pres.	accidam	accidāmus
	accidās	accidātis
	accidat	accidant
Impf.	acciderem	acciderēmus
	acciderēs	acciderētis
	accideret	acciderent
Perf.	acciderim	acciderimus
	accideris	accideritis
	acciderit	acciderint
Plup.	accidissem	accidissēmus
	accidissēs	accidissētis
	accidisset	accidissent

IMPERATIVE

Pres.	accide	accidite

INFINITIVE

Pres.	accidere
Perf.	accidisse

PARTICIPLE

Pres.	accidēns, (-tis)

GERUND accidendī, -ō, -um, -ō

See **cado** for related compounds of this verb.
Model sentence: *Id aliquot de causis **acciderat**, ut subito Galli belli renovandi consilium caperent.* —Caesar

accipiō

accept, receive

ACTIVE / PASSIVE

INDICATIVE

	ACTIVE		PASSIVE	
Pres.	accipiō	accipimus	accipior	accipimur
	accipis	accipitis	acciperis (-re)	accipiminī
	accipit	accipiunt	accipitur	accipiuntur
Impf.	accipiēbam	accipiēbāmus	accipiēbar	accipiēbāmur
	accipiēbās	accipiēbātis	accipiēbāris (-re)	accipiēbāminī
	accipiēbat	accipiēbant	accipiēbātur	accipiēbantur
Fut.	accipiam	accipiēmus	accipiar	accipiēmur
	accipiēs	accipiētis	accipiēris (-re)	accipiēminī
	accipiet	accipient	accipiētur	accipientur
Perf.	accēpī	accēpimus	acceptus sum	acceptī sumus
	accēpistī	accēpistis	(-a, -um) es	(-ae, -a) estis
	accēpit	accēpērunt (-ēre)	est	sunt
Plup.	accēperam	accēperāmus	acceptus eram	acceptī erāmus
	accēperās	accēperātis	(-a, -um) erās	(-ae, -a) erātis
	accēperat	accēperant	erat	erant
Fut. Perf.	accēperō	accēperimus	acceptus erō	acceptī erimus
	accēperis	accēperitis	(-a, um) eris	(-ae, -a) eritis
	accēperit	accēperint	erit	erunt

SUBJUNCTIVE

	ACTIVE		PASSIVE	
Pres.	accipiam	accipiāmus	accipiar	accipiāmur
	accipiās	accipiātis	accipiāris (-re)	accipiāminī
	accipiat	accipiant	accipiātur	accipiantur
Impf.	acciperem	acciperēmus	acciperer	acciperēmur
	acciperēs	acciperētis	acciperēris (-re)	acciperēminī
	acciperet	acciperent	acciperētur	acciperentur
Perf.	accēperim	accēperimus	acceptus sim	acceptī sīmus
	accēperis	accēperitis	(-a, -um) sīs	(-ae, -a) sītis
	accēperit	accēperint	sit	sint
Plup.	accēpissem	accēpissēmus	acceptus essem	acceptī essēmus
	accēpissēs	accēpissētis	(-a, -um) essēs	(-ae, -a) essētis
	accēpisset	accēpissent	esset	essent

IMPERATIVE

	ACTIVE	
Pres.	accipe	accipite

INFINITIVE

	ACTIVE	PASSIVE
Pres.	accipere	accipī
Perf.	accēpisse	acceptus (-a, -um) esse
Fut.	acceptūrus (-a, -um) esse	

PARTICIPLE

	ACTIVE	PASSIVE
Pres.	accipiēns, (-tis)	
Perf.		acceptus (-a, -um)
Fut.	acceptūrus (-a, -um)	accipiendus (-a, -um) (GERUNDIVE)

GERUND accipiendī, -ō, -um, -ō   SUPINE acceptum, -ū

Alternate forms: **accepso** = accepero
See **capio** for related compounds of this verb.
Model sentence: *Qui dedit beneficium taceat: narret qui **accepit**.* —Seneca

charge, accuse

	ACTIVE		PASSIVE	
			INDICATIVE	
Pres.	accūsō	accūsāmus	accūsor	accūsāmur
	accūsās	accūsātis	accūsāris (-re)	accūsāminī
	accūsat	accūsant	accūsātur	accūsantur
Impf.	accūsābam	accūsābāmus	accūsābar	accūsābāmur
	accūsābās	accūsābātis	accūsābāris (-re)	accūsābāminī
	accūsābat	accūsābant	accūsābātur	accūsābantur
Fut.	accūsābō	accūsābimus	accūsābor	accūsābimur
	accūsābis	accusābitis	accūsāberis (-re)	accūsābiminī
	accūsābit	accūsābunt	accūsābitur	accūsābuntur
Perf.	accūsāvī	accūsāvimus	accūsātus sum	accūsātī sumus
	accūsāvistī	accūsāvistis	(-a, -um) es	(-ae, -a) estis
	accūsāvit	accūsāvērunt (-ēre)	est	sunt
Plup.	accūsāveram	accūsāverāmus	accūsātus eram	accūsātī erāmus
	accūsāverās	accūsāverātis	(-a, -um) erās	(-ae, -a) erātis
	accūsāverat	accūsāverant	erat	erant
Fut.	accūsāverō	accūsāverimus	accūsātus erō	accūsātī erimus
Perf.	accūsāveris	accūsāveritis	(-a, -um) eris	(-ae, -a) eritis
	accūsāverit	accūsāverint	erit	erunt
			SUBJUNCTIVE	
Pres.	accūsem	accūsēmus	accūser	accūsēmur
	accūsēs	accūsētis	accūsēris (-re)	accūsēminī
	accūset	accūsent	accūsētur	accūsentur
Impf.	accūsārem	accūsārēmus	accūsārer	accūsārēmur
	accūsārēs	accūsārētis	accūsārēris (-re)	accūsārēminī
	accūsāret	accūsārent	accūsārētur	accūsārentur
Perf.	accūsāverim	accūsāverimus	accūsātus sim	accūsātī sīmus
	accūsāveris	accūsāveritis	(-a, -um) sīs	(-ae, -a) sītis
	accūsāverit	accūsāverint	sit	sint
Plup.	accūsāvissem	accūsāvissēmus	accūsātus essem	accūsātī essēmus
	accūsāvissēs	accūsāvissētis	(-a, -um) essēs	(-ae, -a) essētis
	accūsāvisset	accūsāvissent	esset	essent
			IMPERATIVE	
Pres.	accūsā	accūsāte		
			INFINITIVE	
Pres.	accūsāre		accūsārī	
Perf.	accūsāvisse		accūsātus (-a, -um) esse	
Fut.	accūsātūrus (-a, -um) esse			
			PARTICIPLE	
Pres.	accūsāns, (-tis)			
Perf.			accūsātus (-a, -um)	
Fut.	accūsātūrus (-a, -um)		accūsandus (-a, -um) (GERUNDIVE)	

GERUND accūsandī, -ō, -um, -ō   SUPINE accūsātum, -ū

Alternate forms: **accusso** = accuso

Compounds and related words: **accusatio, -onis, f.** accusation; **accusator, -is, m.** accuser; **acusito (1)** to accuse frequently; **excuso (1)** to excuse; **recuso (1)** to refuse

Model sentence: *Si id me non **accuses**, tute ipse obiurgandus es.* —Plautus

sharpen, encourage, practice

ACTIVE			PASSIVE	

INDICATIVE

	ACTIVE		PASSIVE	
Pres.	acuō	acuimus	acuor	acuimur
	acuis	acuitis	acueris (-re)	acuiminī
	acuit	acuunt	acuitur	acuuntur
Impf.	acuēbam	acuēbāmus	acuēbar	acuēbāmur
	acuēbās	acuēbātis	acuēbāris (-re)	acuēbāminī
	acuēbat	acuēbant	acuēbātur	acuēbantur
Fut.	acuam	acuēmus	acuar	acuēmur
	acuēs	acuētis	acuēris (-re)	acuēminī
	acuet	acuent	acuētur	acuentur
Perf.	acuī	acuimus	acūtus sum	acūtī sumus
	acuistī	acuistis	(-a, -um) es	(-ae, -a) estis
	acuit	acuērunt (-ēre)	est	sunt
Plup.	acueram	acuerāmus	acūtus eram	acūtī erāmus
	acuerās	acuerātis	(-a, -um) erās	(-ae, -a) erātis
	acuerat	acuerant	erat	erant
Fut.	acuerō	acuerimus	acūtus erō	acūtī erimus
Perf.	acueris	acueritis	(-a, -um) eris	(-ae, -a) eritis
	acuerit	acuerint	erit	erunt

SUBJUNCTIVE

	ACTIVE		PASSIVE	
Pres.	acuam	acuāmus	acuar	acuāmur
	acuās	acuātis	acuāris (-re)	acuāminī
	acuat	acuant	acuātur	acuantur
Impf.	acuerem	acuerēmus	acuerer	acuerēmur
	acuerēs	acuerētis	acuerēris (-re)	acuerēminī
	acueret	acuerent	acuerētur	acuerentur
Perf.	acuerim	acuerimus	acūtus sim	acūtī sīmus
	acueris	acueritis	(-a, -um) sīs	(-ae, -a) sītis
	acuerit	acuerint	sit	sint
Plup.	acuissem	acuissēmus	acūtus essem	acūtī essēmus
	acuissēs	acuissētis	(-a, -um) essēs	(-ae, -a) essētis
	acuisset	acuissent	esset	essent

IMPERATIVE

	ACTIVE	
Pres.	acue	acuite

INFINITIVE

	ACTIVE	PASSIVE
Pres.	acuere	acuī
Perf.	acuisse	acūtus (-a, -um) esse
Fut.	acūtūrus (-a, -um) esse	

PARTICIPLE

	ACTIVE	PASSIVE
Pres.	acuēns, (-tis)	
Perf.		acūtus (-a, -um)
Fut.	acūtūrus (-a, -um)	acuendus (-a, -um) (GERUNDIVE)

GERUND acuendī, -ō, -um, -ō   SUPINE acūtum, -ū

Compounds and related words: **acer, acris, acre** sharp; **acerbitas, -tatis, f.** bitterness; **acerbus, -a, -um** bitter; **acetum, -i n.** vinegar; **acidus, -a, -um** sour; **acies, -ei, f.** edge; **acrimonia, -ae, f.** sharpness; **acumen, -inis, n.** sharp point; **acus, -us, f.** needle; **acutus, -a, -um** sharpened

Model sentence: *Neminem totis mox castris quietum videres: **acuere** alii gladios, alii galeas buculasque scutorum.* —Livy

	ACTIVE		PASSIVE	
		INDICATIVE		
Pres.	addō	addimus	addor	addimur
	addis	additis	adderis (-re)	addiminī
	addit	addunt	additur	adduntur
Impf.	addēbam	addēbāmus	addēbar	addēbāmur
	addēbās	addēbātis	addēbāris (-re)	addēbāminī
	addēbat	addēbant	addēbātur	addēbantur
Fut.	addam	addēmus	addar	addēmur
	addēs	addētis	addēris (-re)	addēminī
	addet	addent	addētur	addentur
Perf.	addidī	addidimus	additus sum	additī sumus
	addidistī	addidistis	(-a, -um) es	(-ae, -a) estis
	addidit	addidērunt (-ēre)	est	sunt
Plup.	addideram	addiderāmus	additus eram	additī erāmus
	addiderās	addiderātis	(-a, -um) erās	(-ae, -a) erātis
	addiderat	addiderant	erat	erant
Fut.	addiderō	addiderimus	additus erō	additī erimus
Perf.	addideris	addideritis	(-a, -um) eris	(-ae, -a) eritis
	addiderit	addiderint	erit	erunt
		SUBJUNCTIVE		
Pres.	addam	addāmus	addar	addāmur
	addās	addātis	addāris (-re)	addāminī
	addat	addant	addātur	addantur
Impf.	adderem	adderēmus	adderer	adderēmur
	adderēs	adderētis	adderēris (-re)	adderēminī
	adderet	adderent	adderētur	adderentur
Perf.	addiderim	addiderimus	additus sim	additī sīmus
	addideris	addideritis	(-a, -um) sīs	(-ae, -a) sītis
	addiderit	addiderint	sit	sint
Plup.	addidissem	addidissēmus	additus essem	additī essēmus
	addidissēs	addidissētis	(-a, -um) essēs	(-ae, -a) essētis
	addidisset	addidissent	esset	essent
		IMPERATIVE		
Pres.	adde	addite		
		INFINITIVE		
Pres.	addere		addī	
Perf.	addidisse		additus (-a, -um) esse	
Fut.	additūrus (-a, -um) esse			
		PARTICIPLE		
Pres.	addēns, (-tis)			
Perf.			additus (-a, -um)	
Fut.	additūrus (-a, -um)		addendus (-a, -um) (GERUNDIVE)	

GERUND addendī, -ō, -um, -ō　　SUPINE additum, -ū

Alternate forms: **adduis** = addideris
Compounds and related words: **abdo (3)** to hide;　**dedo (3)** to surrender; **indo (3)** to put in;
　　perdo (3) to destroy; **prodo (3)** to betray; **reddo (3)** to restore; **subdo (3)** to subdue
Model sentence: *Adde manus in vincla meas.* —Ovid

approach

	ACTIVE		PASSIVE	
		INDICATIVE		
Pres.	adeō	adīmus	adeor	adīmur
	adīs	adītis	adīris (-re)	adīminī
	adit	adeunt	adītur	adeuntur
Impf.	adībam	adībāmus	adībar	adībāmur
	adībās	adībātis	adībāris (-re)	adībāminī
	adībat	adībant	adībātur	adībantur
Fut.	adībō	adībimus	adībor	adībimur
	adībis	adībitis	adīberis (-re)	adībiminī
	adībit	adībunt	adībitur	adībuntur
Perf.	adiī	adiimus	aditus sum	aditī sumus
	adiistī	adiistis	(-a, -um) es	(-ae, -a) estis
	adiit	adiērunt (-ēre)	est	sunt
Plup.	adieram	adierāmus	aditus eram	aditī erāmus
	adierās	adierātis	(-a, -um) erās	(-ae, -a) erātis
	adierat	adierant	erat	erant
Fut.	adierō	adierimus	aditus erō	aditī erimus
Perf.	adieris	adieritis	(-a, -um) eris	(-ae, -a) eritis
	adierit	adierint	erit	erunt
		SUBJUNCTIVE		
Pres.	adeam	adeāmus	adear	adeāmur
	adeās	adeātis	adeāris (-re)	adeāminī
	adeat	adeant	adeātur	adeantur
Impf.	adīrem	adīrēmus	adīrer	adīrēmur
	adīrēs	adīrētis	adīrēris (-re)	adīrēminī
	adīret	adīrent	adīrētur	adīrentur
Perf.	adierim	adierimus	aditus sim	aditī sīmus
	adieris	adieritis	(-a, -um) sīs	(-ae, -a) sītis
	adierit	adierint	sit	sint
Plup.	adīssem	adīssēmus	aditus essem	aditī essēmus
	adīssēs	adīssētis	(-a, -um) essēs	(-ae, -a) essētis
	adīsset	adīssent	esset	essent
		IMPERATIVE		
Pres.	adī	adīte		
		INFINITIVE		
Pres.	adīre		adīrī	
Perf.	adīsse		aditus (-a, -um) esse	
Fut.	aditūrus (-a, -um) esse			
		PARTICIPLE		
Pres.	adiēns, (-euntis)			
Perf.			aditus (-a, -um)	
Fut.	aditūrus (-a, -um)		adeundus (-a, -um) (GERUNDIVE)	

GERUND adeundī, -ō, -um, -ō   SUPINE aditum, -ū

Alternate forms: **adirier** = adiri; **adivi** = adii
Compounds and related words: **aditio, -onis, f.** approach; **aditus, -us, m.** approach
See **eo** for related compounds of this verb.
Model sentence: *Mille domos **adiere**, locum requiemque petentes, | mille domos clausere serae.* —Ovid

summon, furnish

ACTIVE		PASSIVE	
INDICATIVE			

	ACTIVE		PASSIVE	
Pres.	adhibeō	adhibēmus	adhibeor	adhibēmur
	adhibēs	adhibētis	adhibēris (-re)	adhibēminī
	adhibet	adhibent	adhibētur	adhibentur
Impf.	adhibēbam	adhibēbāmus	adhibēbar	adhibēbāmur
	adhibēbās	adhibēbātis	adhibēbāris (-re)	adhibēbāminī
	adhibēbat	adhibēbant	adhibēbātur	adhibēbantur
Fut.	adhibēbō	adhibēbimus	adhibēbor	adhibēbimur
	adhibēbis	adhibēbitis	adhibēberis (-re)	adhibēbiminī
	adhibēbit	adhibēbunt	adhibēbitur	adhibēbuntur
Perf.	adhibuī	adhibuimus	adhibitus sum	adhibitī sumus
	adhibuistī	adhibuistis	(-a, -um) es	(-ae, -a) estis
	adhibuit	adhibuērunt (-ēre)	est	sunt
Plup.	adhibueram	adhibuerāmus	adhibitus eram	adhibitī erāmus
	adhibuerās	adhibuerātis	(-a, -um) erās	(-ae, -a) erātis
	adhibuerat	adhibuerant	erat	erant
Fut.	adhibuerō	adhibuerimus	adhibitus erō	adhibitī erimus
Perf.	adhibueris	adhibueritis	(-a, -um) eris	(-ae, -a) eritis
	adhibuerit	adhibuerint	erit	erunt

SUBJUNCTIVE

	ACTIVE		PASSIVE	
Pres.	adhibeām	adhibeāmus	adhibear	adhibeāmur
	adhibeās	adhibeātis	adhibeāris (-re)	adhibeāminī
	adhibeat	adhibeant	adhibeātur	adhibeantur
Impf.	adhibērem	adhibērēmus	adhibērer	adhibērēmur
	adhibērēs	adhibērētis	adhibērēris (-re)	adhibērēminī
	adhibēret	adhibērent	adhibērētur	adhibērentur
Perf.	adhibuerim	adhibuerimus	adhibitus sim	adhibitī sīmus
	adhibueris	adhibueritis	(-a, -um) sīs	(-ae, -a) sītis
	adhibuerit	adhibuerint	sit	sint
Plup.	adhibuissem	adhibuissēmus	adhibitus essem	adhibitī essēmus
	adhibuissēs	adhibuissētis	(-a, -um) essēs	(-ae, -a) essētis
	adhibuisset	adhibuissent	esset	essent

IMPERATIVE

Pres.	adhibē	adhibēte

INFINITIVE

	ACTIVE	PASSIVE
Pres.	adhibēre	adhibērī
Perf.	adhibuisse	adhibitus (-a, -um) esse
Fut.	adhibitūrus (-a, -um) esse	

PARTICIPLE

	ACTIVE	PASSIVE
Pres.	adhibēns, (-tis)	
Perf.		adhibitus (-a, -um)
Fut.	adhibitūrus (-a, -um)	adhibendus (-a, -um) (GERUNDIVE)

GERUND adhibendī, -ō, -um, -ō   SUPINE adhibitum, -ū

See **habeo** for related compounds of this verb.
Model sentence: *Nunc animum nobis **adhibe** veram ad rationem.* —Lucretius

add, throw toward

ACTIVE		PASSIVE	

INDICATIVE

Pres.	adiciō	adicimus	adicior	adicimur
	adicis	adicitis	adiceris (-re)	adiciminī
	adicit	adiciunt	adicitur	adiciuntur
Impf.	adiciēbam	adiciēbāmus	adiciēbar	adiciēbāmur
	adiciēbās	adiciēbātis	adiciēbāris (-re)	adiciēbāminī
	adiciēbat	adiciēbant	adiciēbātur	adiciēbantur
Fut.	adiciam	adiciēmus	adiciar	adiciēmur
	adiciēs	adiciētis	adiciēris (-re)	adiciēminī
	adiciet	adicient	adiciētur	adicientur
Perf.	adiēcī	adiēcimus	adiectus sum	adiectī sumus
	adiēcistī	adiēcistis	(-a, -um) es	(-ae, -a) estis
	adiēcit	adiēcērunt (-ēre)	est	sunt
Plup.	adiēceram	adiēcerāmus	adiectus eram	adiectī erāmus
	adiēcerās	adiēcerātis	(-a, -um) erās	(-ae, -a) erātis
	adiēcerat	adiēcerant	erat	erant
Fut.	adiēcerō	adiēcerimus	adiectus erō	adiectī erimus
Perf.	adiēceris	adiēceritis	(-a, -um) eris	(-ae, -a) eritis
	adiēcerit	adiēcerint	erit	erunt

SUBJUNCTIVE

Pres.	adiciam	adiciāmus	adiciar	adiciāmur
	adiciās	adiciātis	adiciāris (-re)	adiciāminī
	adiciat	adiciant	adiciātur	adiciantur
Impf.	adicerem	adicerēmus	adicerer	adicerēmur
	adicerēs	adicerētis	adicerēris (-re)	adicerēminī
	adiceret	adicerent	adicerētur	adicerentur
Perf.	adiēcerim	adiēcerimus	adiectus sim	adiectī sīmus
	adiēceris	adiēceritis	(-a, -um) sīs	(-ae, -a) sītis
	adiēcerit	adiēcerint	sit	sint
Plup.	adiēcissem	adiēcissēmus	adiectus essem	adiectī essēmus
	adiēcissēs	adiēcissētis	(-a, -um) essēs	(-ae, -a) essētis
	adiēcisset	adiēcissent	esset	essent

IMPERATIVE

Pres.	adice	adicite	

INFINITIVE

Pres.	adicere	adicī
Perf.	adiēcisse	adiectus (-a, -um) esse
Fut.	adiectūrus (-a, -um) esse	

PARTICIPLE

Pres.	adiciēns, (-tis)	
Perf.		adiectus (-a, -um)
Fut.	adiectūrus (-a, -um)	adiciendus (-a, -um) (GERUNDIVE)

GERUND adiciendī, -ō, -um, -ō   SUPINE adiectum, -ū

Compounds and related words: **adiectio, -onis, f.** addition; **adiectus, -us, m.** addition
See **iacio** for related compounds of this verb.
Model sentence: *Huc natas **adice** septem | et totidem iuvenis, et mox generosque nurusque.* —Ovid

take away, deprive

ACTIVE		PASSIVE	
INDICATIVE			

	ACTIVE		PASSIVE	
Pres.	adimō	adimimus	adimor	adimimur
	adimis	adimitis	adimeris (-re)	adimiminī
	adimit	adimunt	adimitur	adimuntur
Impf.	adimēbam	adimēbāmus	adimēbar	adimēbāmur
	adimēbās	adimēbātis	adimēbāris (-re)	adimēbāminī
	adimēbāt	adimēbant	adimēbātur	adimēbantur
Fut.	adimam	adimēmus	adimar	adimēmur
	adimēs	adimētis	adimēris (-re)	adimēminī
	adimet	adiment	adimētur	adimentur
Perf.	adēmī	adēmimus	ademptus sum	ademptī sumus
	adēmistī	adēmistis	(-a, -um) es	(-ae, -a) estis
	adēmit	adēmērunt (-ēre)	est	sunt
Plup.	adēmeram	adēmerāmus	ademptus eram	ademptī erāmus
	adēmerās	adēmerātis	(-a, -um) erās	(-ae, -a) erātis
	adēmerat	adēmerant	erat	erant
Fut.	adēmerō	adēmerimus	ademptus erō	ademptī erimus
Perf.	adēmeris	adēmeritis	(-a, -um) eris	(-ae, -a) eritis
	adēmerit	adēmerint	erit	erunt
SUBJUNCTIVE				
Pres.	adimam	adimāmus	adimar	adimāmur
	adimās	adimātis	adimāris (-re)	adimāminī
	adimat	adimant	adimātur	adimantur
Impf.	adimerem	adimerēmus	adimerer	adimerēmur
	adimerēs	adimerētis	adimerēris (-re)	adimerēminī
	adimeret	adimerent	adimerētur	adimerentur
Perf.	adēmerim	adēmerimus	ademptus sim	ademptī sīmus
	adēmeris	adēmeritis	(-a, -um) sīs	(-ae, -a) sītis
	adēmerit	adēmerint	sit	sint
Plup.	adēmissem	adēmissēmus	ademptus essem	ademptī essemus
	adēmissēs	adēmissētis	(-a, -um) essēs	(-ae, -a) essētis
	adēmisset	adēmissent	esset	essent
IMPERATIVE				
Pres.	adime	adimite		
INFINITIVE				
Pres.	adimere		adimī	
Perf.	adēmisse		adēmptus (-a, -um) esse	
Fut.	adēmptūrus (-a, -um) esse			
PARTICIPLE				
Pres.	adimēns, (-tis)			
Perf.			adēmptus (-a, -um)	
Fut.	adēmptūrus (-a, -um)		adimendus (-a, -um) (GERUNDIVE)	

GERUND adimendī, -ō, -um, -ō   SUPINE adēmptum, -ū

Alternate forms: **adempsit** = ademerit
Compounds and related words: **ademptio, -onis, f.** removal
See **emo** for related compounds of this verb.
Model sentence: *Testareturque deos hominesque hic, . . . ferrum atque arma iratis et pugnare cupientibus* ***adimi*** *militibus.* —Livy

attain, obtain

ACTIVE

INDICATIVE

Pres.	adipiscor	adipiscimur
	adipisceris (-re)	adipisciminī
	adipiscitur	adipiscuntur
Impf.	adipiscēbar	adipiscēbāmur
	adipiscēbāris (-re)	adipiscēbāminī
	adipiscēbātur	adipiscēbantur
Fut.	adipiscar	adipiscēmur
	adipiscēris (-re)	adipiscēminī
	adipiscētur	adipiscentur
Perf.	adeptus sum	adeptī sumus
	(-a, -um) es	(-ae, -a) estis
	est	sunt
Plup.	adeptus eram	adeptī erāmus
	(-a, -um) erās	(-ae, -a) erātis
	erat	erant
Fut.	adeptus erō	adeptī erimus
Perf.	(-a, -um) eris	(-ae, -a) eritis
	erit	erunt

SUBJUNCTIVE

Pres.	adipiscar	adipiscāmur
	adipiscāris (-re)	adipiscāminī
	adipiscātur	adipiscantur
Impf.	adipiscerer	adipiscerēmur
	adipiscerēris (-re)	adipiscerēminī
	adipiscerētur	adipiscerentur
Perf.	adeptus sum	adeptī sīmus
	(-a, -um) sīs	(-ae, -a) sītis
	sit	sint
Plup.	adeptus essem	adeptī essēmus
	(-a, -um) essēs	(-ae, -a) essētis
	esset	essent

IMPERATIVE

Pres.	adipiscere	adipisciminī

INFINITIVE

Pres.	adipiscī
Perf.	adeptus (-a, -um) esse
Fut.	adeptūrus (-a, -um) esse

PARTICIPLE

	Active	Passive
Pres.	adipiscēns, (-tis)	
Perf.	adeptus (-a, -um)	
Fut.	adeptūrus (-a, -um)	adipiscendus (-a, -um) (GERUNDIVE)

GERUND adipiscendī, -ō, -um, -ō   SUPINE adeptum, -ū

Compounds and related words: **adeptio, onis, f.** attainment
Model sentence: *Litteras ad exercitus tamquam **adepto** principatu misit.* —Tacitus

grow up

ACTIVE

INDICATIVE

Pres.	adolescō	adolescimus
	adolescis	adolescitis
	adolescit	adolescunt
Impf.	adolescēbam	adolescēbāmus
	adolescēbās	adolescēbātis
	adolescēbat	adolescēbant
Fut.	adolescam	adolescēmus
	adolescēs	adolescētis
	adolescēt	adolescēnt
Perf.	adolēvī	adolēvimus
	adolēvistī	adolēvistis
	adolēvit	adolēvērunt (-ēre)
Plup.	adolēveram	adolēverāmus
	adolēverās	adolēverātis
	adolēverat	adolēverant
Fut.	adolēverō	adolēverimus
Perf.	adolēveris	adolēveritis
	adolēverit	adolēverint

SUBJUNCTIVE

Pres.	adolescam	adolescāmus
	adolescās	adolescātis
	adolescat	adolescant
Impf.	adolescerem	adolescerēmus
	adolescerēs	adolescerētis
	adolesceret	adolescerent
Perf.	adolēverim	adolēverimus
	adolēveris	adolēveritis
	adolēverit	adolēverint
Plup.	adolēvissem	adolēvissēmus
	adolēvissēs	adolēvissētis
	adolēvisset	adolēvissent

IMPERATIVE

Pres.	adolesce	adolescite

INFINITIVE

Pres.	adolescere
Perf.	adolēvisse
Fut.	adultūrus (-a, -um) esse

PARTICIPLE

	Active	Passive
Pres.	adolescēns, (-tis)	
Perf.		adultus (-a, -um)
Fut.	adultūrus (-a, -um)	adolescendus (-a, -um) (GERUNDIVE)

GERUND adolescendī, -ō, -um, -ō　SUPINE adultum, -ū

Alternate forms: **adolesse** = adolevisse; **adolui** = adolevi
Compounds and related words: **adoleo, -ēre, -ui** magnify; **adulescens (adolescens), -ntis, m.** young man; **adulescentia, -ae, f.** youth; **adultus, -a, -um** mature
Model sentence: *Ita geniti itaque educati, cum primum **adolevit** aetas, venando peragrare saltus.* —Livy

15

be present

ACTIVE

INDICATIVE

Pres.	adsum	adsumus
	ades	adestis
	adest	adsunt
Impf.	aderam	aderāmus
	aderās	aderātis
	aderat	aderant
Fut.	aderō	aderimus
	aderis	aderitis
	aderit	aderunt
Perf.	adfuī	adfuimus
	adfuistī	adfuistis
	adfuit	adfuērunt (-ēre)
Plup.	adfueram	adfuerāmus
	adfuerās	adfuerātis
	adfuerat	adfuerant
Fut.	adfuerō	adfuerimus
Perf.	adfueris	adfueritis
	adfuerit	adfuerint

SUBJUNCTIVE

Pres.	adsim	adsīmus
	adsīs	adsītis
	adsit	adsint
Impf.	adessem (adforem)	adessēmus (adforēmus)
	adessēs (adforēs)	adessētis (adforētis)
	adesset (adforet)	adessent (adforent)
Perf.	adfuerim	adfuerimus
	adfueris	adfueritis
	adfuerit	adfuerint
Plup.	adfuissem	adfuissēmus
	adfuissēs	adfuissētis
	adfuisset	adfuissent

IMPERATIVE

Pres.	ades	adeste

INFINITIVE

Pres.	adesse
Perf.	adfuisse
Fut.	adfutūrus (-a, -um) esse (adfore)

PARTICIPLE

	Active	Passive
Pres.		
Perf.		
Fut.	adfutūrus (-a, -um)	

GERUND   SUPINE

Alternate forms: **adsiem** = adsim; **adsient** = adsint; **adsiet** = adsit; **afui** = adfui; **arfui** = adfui; **arfuise** = adfuisse; **assum** = adsum
See **sum** for related compounds of this verb.
Model sentence: *Auctor **adest.*** —Martial

build

ACTIVE
PASSIVE

INDICATIVE

	ACTIVE			PASSIVE	
Pres.	aedificō	aedificāmus		aedificor	aedificāmur
	aedificās	aedificātis		aedificāris (-re)	aedificāminī
	aedificat	aedificant		aedificātur	aedificantur
Impf.	aedificābam	aedificābāmus		aedificābar	aedificābāmur
	aedificābās	aedificābātis		aedificābāris (-re)	aedificābāminī
	aedificābat	aedificābant		aedificābātur	aedificābantur
Fut.	aedificābo	aedificābimus		aedificābor	aedificābimur
	aedificābis	aedificābitis		aedificāberis (-re)	aedificābiminī
	aedificābit	aedificābunt		aedificābitur	aedificābuntur
Perf.	aedificāvī	aedificāvimus		aedificātus sum	aedificātī sumus
	aedificāvistī	aedificāvistis		(-a, -um) es	(-ae, -a) estis
	aedificāvit	aedificāvērunt (-ēre)		est	sunt
Plup.	aedificāveram	aedificāverāmus		aedificātus eram	aedificātī erāmus
	aedificāverās	aedificāverātis		(-a, -um) erās	(-ae, -a) erātis
	aedificāverat	aedificāverant		erat	erant
Fut. Perf.	aedificāverō	aedificāverimus		aedificātus erō	aedificātī erimus
	aedificāveris	aedificāveritis		(-a, -um) eris	(-ae, -a) eritis
	aedificāverit	aedificāverint		erit	erunt

SUBJUNCTIVE

	ACTIVE			PASSIVE	
Pres.	aedificem	aedificēmus		aedificer	aedificēmur
	aedificēs	aedificētis		aedificēris (-re)	aedificēminī
	aedificet	aedificent		aedificētur	aedificentur
Impf.	aedificārem	aedificārēmus		aedificārer	aedificārēmur
	aedificārēs	aedificārētis		aedificārēris (-re)	aedificārēminī
	aedificāret	aedificārent		aedificārētur	aedificārentur
Perf.	aedificāverim	aedificāverimus		aedificātus sim	aedificātī sīmus
	aedificāveris	aedificāveritis		(-a, -um) sīs	(-ae, -a) sītis
	aedificāverit	aedificāverint		sit	sint
Plup.	aedificāvissem	aedificāvissēmus		aedificātus essem	aedificātī essēmus
	aedificāvissēs	aedificāvissētis		(-a, -um) essēs	(-ae, -a) essētis
	aedificāvisset	aedificāvissent		esset	essent

IMPERATIVE

	ACTIVE	
Pres.	aedificā	aedificāte

INFINITIVE

	ACTIVE	PASSIVE
Pres.	aedificāre	aedificārī
Perf.	aedificāvisse	aedificātus (-a, -um) esse
Fut.	aedificātūrus (-a, -um) esse	

PARTICIPLE

	ACTIVE	PASSIVE
Pres.	aedificāns, (-tis)	
Perf.		aedificātus (-a, -um)
Fut.	aedificātūrus (-a, -um)	aedificandus (-a, -um) (GERUNDIVE)

GERUND aedificandī, -ō, -um, -ō   SUPINE aedificātum, -ū

Compounds and related words: **aedes, is, f.** temple; **aedes, -ium, f.** house; **aedicula, -ae, f.** shrine; **aedificatio, -onis, f.** building; **aedificator, -is, m.** builder; **aedificium, -i, n.** building; **aedilis, -is, m.** aedile; **facio, -ere, feci, factum** make

Model sentence: *Divina natura dedit agros, ars humana **aedificavit** urbes.* —Varro

make or be equal or level

ACTIVE		PASSIVE	
INDICATIVE			

Pres.

aequō	aequāmus	aequor	aequāmur
aequās	aequātis	aequāris (-re)	aequāminī
aequat	aequant	aequātur	aequantur

Impf.

aequābam	aequābāmus	aequābar	aequābāmur
aequābās	aequābātis	aequābāris (-re)	aequābāminī
aequābat	aequābant	aequābātur	aequābantur

Fut.

aequābō	aequābimus	aequābor	aequābimur
aequābis	aequābitis	aequāberis (-re)	aequābiminī
aequābit	aequābunt	aequābitur	aequābuntur

Perf.

aequāvī	aequāvimus	aequātus	sum	aequātī	sumus
aequāvistī	aequāvistis	(-a, -um)	es	(-ae, -a)	estis
aequāvit	aequāvērunt (-ēre)		est		sunt

Plup.

aequāveram	aequāverāmus	aequātus	eram	aequātī	erāmus
aequāverās	aequāverātis	(-a, -um)	erās	(-ae, -a)	erātis
aequāverat	aequāverant		erat		erant

Fut.
Perf.

aequāverō	aequāverimus	aequātus	erō	aequātī	erimus
aequāveris	aequāveritis	(-a, -um)	eris	(-ae, -a)	eritis
aequāverit	aequāverint		erit		erunt

SUBJUNCTIVE

Pres.

aequem	aequēmus	aequer	aequēmur
aequēs	aequētis	aequēris (-re)	aequēminī
aequet	aequent	aequētur	aequentur

Impf.

aequārem	aequārēmus	aequārer	aequārēmur
aequārēs	aequārētis	aequārēris (-re)	aequārēminī
aequāret	aequārent	aequārētur	aequārentur

Perf.

aequāverim	aequāverimus	aequātus	sim	aequātī	sīmus
aequāveris	aequāveritis	(-a, -um)	sīs	(-ae, -a)	sītis
aequāverit	aequāverint		sit		sint

Plup.

aequāvissem	aequāvissēmus	aequātus	essem	aequātī	essēmus
aequāvissēs	aequāvissētis	(-a, -um)	essēs	(-ae, -a)	essētis
aequāvisset	aequāvissent		esset		essent

IMPERATIVE

Pres.

aequā	aequāte		

INFINITIVE

Pres.	aequāre	aequārī
Perf.	aequāvisse	aequātus (-a, -um) esse
Fut.	aequātūrus (-a, -um) esse	

PARTICIPLE

Pres.	aequāns, (-tis)	
Perf.		aequātus (-a, -um)
Fut.	aequātūrus (-a, -um)	aequandus (-a, -um) (GERUNDIVE)

GERUND aequandī, -ō, -um, -ō   SUPINE aequātum, -ū

Usage notes: may be used with a **dative** or *cum* and the **ablative**

Compounds and related words: **adaeque** in like manner; **adaequo (1)** make equal with; **aequalis, -e** level; **aequalitas, -tatis, f.** evenness; **aequanimitas, -tatis, f.** impartiality; **aequitas, -tatis, f.** fairness; **aequor, -is, n.** sea; **aequus, -a, -um** equal; **iniquitas, -tatis, f.** inequality; **iniquus, -a, -um** unequal

Model sentence: *Carthaginienses Capuae amissae Tarentum captum **aequabant**.* —Livy

be hot, heave

ACTIVE

INDICATIVE

Pres.	aestuō	aestuāmus
	aestuās	aestuātis
	aestuat	aestuant
Impf.	aestuābam	aestuābāmus
	aestuābās	aestuābātis
	aestuābat	aestuābant
Fut.	aestuābō	aestuāmus
	aestuābis	aestuābitis
	aestuābit	aestuābunt
Perf.	aestuāvī	aestuāvimus
	aestuāvistī	aestuāvistis
	aestuāvit	aestuāvērunt (-ēre)
Plup.	aestuāveram	aestuāverāmus
	aestuāverās	aestuāverātis
	aestuāverat	aestuāverant
Fut.	aestuāverō	aestuāverimus
Perf.	aestuāveris	aestuāveritis
	aestuāverit	aestuāverint

SUBJUNCTIVE

Pres.	aestuem	aestuēmus
	aestuēs	aestuētis
	aestuet	aestuent
Impf.	aestuārem	aestuārēmus
	aestuārēs	aestuārētis
	aestuāret	aestuārent
Perf.	aestuāverim	aestuāverimus
	aestuāveris	aestuāveritis
	aestuāverit	aestuāverint
Plup.	aestuāvissem	aestuāvissēmus
	aestuāvissēs	aestuāvissētis
	aestuāvisset	aestuāvissent

IMPERATIVE

Pres.	aestuā	aestuāte

INFINITIVE

Pres.	aestuāre
Perf.	aestuāvisse
Fut.	aestuātūrus (-a, -um) esse

PARTICIPLE

	Active	Passive
Pres.	aestuāns, (-tis)	
Perf.		aestuātus (-a, -um)
Fut.	aestuātūrus (-a, -um)	aestuandus (-a, -um) (GERUNDIVE)

GERUND aestuandī, -ō, -um, -ō SUPINE aestuātum, -ū

Compounds and related words: **aestas, -tatis, f.** summer; **aestifer, -a, -um** heat-bearing; **aestivo (1)** to pass the summer; **aestivus, -a, -um** pertaining to summer; **aestuarium, -i, n.** estuary; **aestuosus, -a, -um** hot; **aestus, -us, m.** heat, seething, tide
Model sentence: *Nunc dum occasio est, dum scribilitae aestuant, occurrite.* —Plautus

19

bring to, report

ACTIVE		PASSIVE	
INDICATIVE			

	ACTIVE		PASSIVE	
Pres.	afferō	afferimus	afferor	afferimur
	affers	affertis	afferris (-re)	afferiminī
	affert	afferunt	affertur	afferuntur
Impf.	afferēbam	afferēbāmus	afferēbar	afferēbāmur
	afferēbās	afferēbātis	afferēbāris (-re)	afferēbāminī
	afferēbat	afferēbant	afferēbātur	afferēbantur
Fut.	afferam	afferēmus	afferar	afferēmur
	afferēs	afferētis	afferēris (-re)	afferēminī
	afferet	afferent	afferētur	afferentur
Perf.	attulī	attulimus	allātus sum	allātī sumus
	attulistī	attulistis	(-a, -um) es	(-ae, -a) estis
	attulit	attulērunt (-ēre)	est	sunt
Plup.	attuleram	attulerāmus	allātus eram	allātī erāmus
	attulerās	attulerātis	(-a, -um) erās	(-ae, -a) erātis
	attulerat	attulerant	erat	erant
Fut.	attulerō	attulerimus	allātus erō	allātī erimus
Perf.	attuleris	attuleritis	(-a, -um) eris	(-ae, -a) eritis
	attulerit	attulerint	erit	erunt

SUBJUNCTIVE				
Pres.	afferam	afferāmus	afferar	afferāmur
	afferās	afferātis	afferāris (-re)	afferāminī
	afferat	afferant	afferātur	afferantur
Impf.	afferrem	afferrēmus	afferrer	afferrēmur
	afferrēs	afferrētis	afferrēris (-re)	afferrēminī
	afferret	afferrent	afferrētur	afferrentur
Perf.	attulerim	attulerimus	allātus sim	allātī sīmus
	attuleris	attuleritis	(-a, -um) sīs	(-ae, -a) sītis
	attulerit	attulerint	sit	sint
Plup.	attulissem	attulissēmus	allātus essem	allātī essēmus
	attulissēs	attulissētis	(-a, -um) essēs	(-ae, -a) essētis
	attulisset	attulissent	esset	essent

IMPERATIVE			
Pres.	affer	afferte	

INFINITIVE			
Pres.	afferre		afferrī
Perf.	attulisse		allātus (-a, -um) esse
Fut.	allātūrus (-a, -um) esse		

PARTICIPLE			
Pres.	afferēns, (-tis)		
Perf.			allātus (-a, -um)
Fut.	allātūrus (-a, -um)		afferendus (-a, -um) (GERUNDIVE)

GERUND afferendī, -ō, -um, -ō   SUPINE allātum, -ū

Alternate forms: **adfero** = affero; **adferre** = afferre; **adlatum** = allatum; **adtuli** = attuli
See **fero** for related compounds of this verb.
Model sentence: *Statim **allatae sunt** amphorae vitreae diligenter gypsatae.* —Petronius

strike, ruin, lessen

ACTIVE		PASSIVE	

INDICATIVE

	ACTIVE		PASSIVE	
Pres.	afflīgō	afflīgimus	afflīgor	afflīgimur
	afflīgis	afflīgitis	afflīgeris (-re)	afflīgiminī
	afflīgit	afflīgunt	afflīgitur	afflīguntur
Impf.	afflīgēbam	afflīgēbāmus	afflīgēbar	afflīgēbāmur
	afflīgēbās	afflīgēbātis	afflīgēbāris (-re)	afflīgēbāminī
	afflīgēbat	afflīgēbant	afflīgēbātur	afflīgēbantur
Fut.	afflīgam	afflīgēmus	afflīgar	afflīgēmur
	afflīgēs	afflīgētis	afflīgēris (-re)	afflīgēminī
	afflīget	afflīgent	afflīgētur	afflīgentur
Perf.	afflīxī	afflīximus	afflictus sum	afflictī sumus
	afflīxistī	afflīxistis	(-a, -um) es	(-ae, -a) estis
	afflīxit	afflīxērunt (-ēre)	est	sunt
Plup.	afflīxeram	afflīxerāmus	afflictus eram	afflictī erāmus
	afflīxerās	afflīxerātis	(-a, -um) erās	(-ae, -a) erātis
	afflīxerat	afflīxerant	erat	erant
Fut.	afflīxerō	afflīxerimus	afflictus erō	afflictī erimus
Perf.	afflīxeris	afflīxeritis	(-a, -um) eris	(-ae, -a) eritis
	afflīxerit	afflīxerint	erit	erunt

SUBJUNCTIVE

	ACTIVE		PASSIVE	
Pres.	afflīgam	afflīgāmus	afflīgar	afflīgāmur
	afflīgās	afflīgātis	afflīgāris (-re)	afflīgāminī
	afflīgat	afflīgant	afflīgātur	afflīgantur
Impf.	afflīgerem	afflīgerēmus	afflīgerer	afflīgerēmur
	afflīgerēs	afflīgerētis	afflīgerēris (-re)	afflīgerēminī
	afflīgeret	afflīgerent	afflīgerētur	afflīgerentur
Perf.	afflīxerim	afflīxerimus	afflictus sim	afflictī sīmus
	afflīxeris	afflīxeritis	(-a, -um) sīs	(-ae, -a) sītis
	afflīxerit	afflīxerint	sit	sint
Plup.	afflīxissem	afflīxissēmus	afflictus essem	afflictī essēmus
	afflīxissēs	afflīxissētis	(-a, -um) essēs	(-ae, -a) essētis
	afflīxisset	afflīxissent	esset	essent

IMPERATIVE

	ACTIVE		
Pres.	afflīge	afflīgite	

INFINITIVE

	ACTIVE	PASSIVE
Pres.	afflīgere	afflīgī
Perf.	afflīxisse	afflictus (-a, -um) esse
Fut.	afflictūrus (-a, -um) esse	

PARTICIPLE

	ACTIVE	PASSIVE
Pres.	afflīgēns, (-tis)	
Perf.		afflictus (-a, -um)
Fut.	afflictūrus (-a, -um)	afflīgendus (-a, -um) (GERUNDIVE)

GERUND afflīgendī, -ō, -um, -ō   SUPINE afflictum, -ū

Alternate forms: **adfligo** = affligo; **afflixint** = afflixerint
Compounds and related words: **afflicto (1)** harass; **afflictor, -is, m.** agitator; **afflictus, -a, -um** damaged;
    confligo (3) smash together
Model sentence: *Te ad terram, scelus, adfligam.* —Plautus

speak to, address

ACTIVE

INDICATIVE

Pres.		affāmur
	affāris (-re)	affāminī
	affātur	affantur
Impf.	affābar	
Fut.		
Perf.		
Plup.		
Fut. *Perf.*		

SUBJUNCTIVE

Pres.

Impf.

Perf.

Plup.

IMPERATIVE

Pres.	affāre	affāminī

INFINITIVE

Pres.	affārī
Perf.	affātus (-a, -um) esse
Fut.	

PARTICIPLE

	Active	Passive
Pres.		
Perf.	affātus (-a, -um)	
Fut.		

GERUND   SUPINE

Usage notes: defective
Alternate forms: **adfor** = affor
Compounds and related words: **affatus, -us, m.** a speech
Model sentence: *Sic miser **adfatus** dicitur undas: "Parcite dum propero, mergite cum redeo."* —Martial

attack

ACTIVE

INDICATIVE

Pres.	aggredior	aggredimur	
	aggrederis (-re)	aggrediminī	
	aggreditur	aggrediuntur	
Impf.	aggrediēbar	aggrediēbāmur	
	aggrediēbāris (-re)	aggrediēbāminī	
	aggrediēbātur	aggrediēbantur	
Fut.	aggrediar	aggrediēmur	
	aggrediēris (-re)	aggrediēminī	
	aggrediētur	aggredientur	
Perf.	aggressus sum	aggressī sumus	
	(-a, -um) es	(-ae, -a) estis	
	est	sunt	
Plup.	aggressus eram	aggressī erāmus	
	(-a, -um) erās	(-ae, -a) erātis	
	erat	erant	
Fut.	aggressus erō	aggressī erimus	
Perf.	(-a, -um) eris	(-ae, -a) eritis	
	erit	erunt	

SUBJUNCTIVE

Pres.	aggrediar	aggrediāmur	
	aggrediāris (-re)	aggrediāminī	
	aggrediātur	aggrediantur	
Impf.	aggrederer	aggrederēmur	
	aggredderēris (-re)	aggrederēminī	
	aggrederētur	aggrederentur	
Perf.	aggressus sim	aggressī sīmus	
	(-a, -um) sīs	(-ae, -a) sītis	
	sit	sint	
Plup.	aggressus essem	aggressī essēmus	
	(-a, -um) essēs	(-ae, -a) essētis	
	esset	essent	

IMPERATIVE

Pres.   aggredere   aggrediminī

INFINITIVE

Pres.   aggredī
Perf.   aggressus (-a, -um) esse
Fut.   aggressūrus (-a, -um) esse

PARTICIPLE

	Active	Passive
Pres.	aggrediēns, (-tis)	
Perf.	aggressus (-a, -um)	
Fut.	aggressūrus (-a, -um)	aggrediendus (-a, -um) (GERUNDIVE)

GERUND aggrediendī, -ō, -um, -ō   SUPINE aggressum, -ū

Alternate forms: **adgredior,** etc. = aggredior, etc.; **adgredire** = aggrederis; **adgrediri** = aggredi;
    adgredirier = aggredi; **adgretus** = aggressus
Compounds and related words: **aggressio, -onis, f.** introduction (to a speech)
See **gradior** for related compounds of this verb.
Model sentence: *Quis audeat bene comitatum **adgredi?*** —Cicero

do, drive

ACTIVE		PASSIVE	
INDICATIVE			
Pres.	agō · agimus	agor	agimur
	agis · agitis	ageris (-re)	agiminī
	agit · agunt	agitur	aguntur
Impf.	agēbam · agēbāmus	agēbar	agēbāmur
	agēbās · agēbātis	agēbāris (-re)	agēbāminī
	agēbat · agēbant	agēbātur	agēbantur
Fut.	agam · agēmus	agar	agēmur
	agēs · agētis	**agēris**	agemīnī
	aget · agent	agētur	agentur
Perf.	ēgī · ēgimus	āctus sum	āctī sumus
	ēgistī · ēgistis	(-a, -um) es	(-ae, -a) estis
	ēgit · ēgērunt (-ēre)	est	sunt
Plup.	ēgeram · ēgerāmus	āctus eram	āctī erāmus
	ēgerās · ēgerātis	(-a, -um) erās	(-ae, -a) erātis
	ēgerat · ēgerant	erat	erant
Fut.	ēgerō · ēgerimus	āctus erō	āctī erimus
Perf.	ēgeris · ēgeritis	(-a, -um) eris	(-ae, -a) eritis
	ēgerit · ēgerint	erit	erunt
SUBJUNCTIVE			
Pres.	agam · agāmus	agar	agāmur
	agās · agātis	agāris (-re)	agāminī
	agat · agant	agātur	agantur
Impf.	agerem · agerēmus	agerer	agerēmur
	agerēs · agerētis	agerēris (-re)	agerēminī
	ageret · agerent	agerētur	agerentur
Perf.	ēgerim · ēgerimus	āctus sim	āctī sīmus
	ēgeris · ēgeritis	(-a, -um) sīs	(-ae, -a) sītis
	ēgerit · ēgerint	sit	sint
Plup.	ēgissem · ēgissēmus	āctus essem	āctī essēmus
	ēgissēs · ēgissētis	(-a, -um) essēs	(-ae, -a) essētis
	ēgisset · ēgissent	esset	essent
IMPERATIVE			
Pres.	age · agite		
INFINITIVE			
Pres.	agere	agī	
Perf.	ēgisse	āctus (-a, -um) esse	
Fut.	āctūrus (-a, -um) esse		
PARTICIPLE			
Pres.	agēns, (-tis)		
Perf.		āctus (-a, -um)	
Fut.	āctūrus (-a, -um)	agendus (-a, -um) (GERUNDIVE)	

GERUND agendī, -ō, -um, -ō   SUPINE āctum, -ū

Alternate forms: **agier** = agi; **axim** = egerim; **axit** = egerit
Compounds and related words: **abigo (3)** to drive away; **actio, -onis, f.** action; **actor, -is, m.** driver;
    adigo (3) to drive to; **agito (1)** to drive; **agmen, -inis, n.** procession; **cogo (3)** to force;
    dego (3) to spend time; **exactus, -a, -um** precise; **exigo (3)** to drive out; **perago (3)** to complete;
    redigo (3) to bring back; **satago (3)** to be busy; **subigo (3)** to compel; **transigo (3)** to complete
Model sentence: *Hos super advenit Volsca de gente Camilla agmen **agens** equitum.* —Vergil

say, affirm

ACTIVE

INDICATIVE

Pres.	āiō (āiiō)	
	ais	
	ait	āiunt
Impf.	āiēbam (aibam)	āiēbāmus (aibāmus)
	āiēbās (aibās)	āiēbātis (aibātis)
	āiēbat (aibat)	āiēbant (aibant)
Fut.		
Perf.		
Plup.		
Fut.		
Perf.		

SUBJUNCTIVE

Pres.		
	āiās	
	āiat	āiant
Impf.		
Perf.		
Plup.		

IMPERATIVE

Pres. āī

INFINITIVE

Pres.
Perf.
Fut.

PARTICIPLE

Pres. āiēns, (-tīs)
Perf.
Fut.

GERUND   SUPINE

Usage notes: defective
Alternate forms: **aibam** = aiebam; **aiio** = aio; **ain** = aisne
Model sentence: *Ad caelum liventia bracchia tollens,* | *"Pascere, crudelis, nostro, Latona, dolere,* | *pascere,"* **ait.** —Ovid

nourish, cherish

	ACTIVE		**PASSIVE**	
INDICATIVE				
Pres.	alō	alimus	alor	alimur
	alis	alitis	aleris (-re)	aliminī
	alit	alunt	alitur	aluntur
Impf.	alēbam	alēbāmus	alēbar	alēbāmur
	alēbās	alēbātis	alēbāris (-re)	alēbāminī
	alēbat	alēbant	alēbātur	alēbantur
Fut.	alam	alēmus	alar	alēmur
	alēs	alētis	alēris (-re)	alēminī
	alet	alent	alētur	alentur
Perf.	aluī	aluimus	altus sum	altī sumus
	aluistī	aluistis	(-a, -um) es	(-ae, -a) estis
	aluit	aluērunt (-ēre)	est	sunt
Plup.	alueram	aluerāmus	altus eram	altī erāmus
	aluerās	aluerātis	(-a, -um) erās	(-ae, -a) erātis
	aluerat	aluerant	erat	erant
Fut. Perf.	aluerō	aluerimus	altus erō	altī erimus
	alueris	alueritis	(-a, -um) eris	(-ae, -a) eritis
	aluerit	aluerint	erit	erunt
SUBJUNCTIVE				
Pres.	alam	alāmus	alar	alāmur
	alās	alātis	alāris (-re)	alāminī
	alat	alant	alātur	alantur
Impf.	alerem	alerēmus	alerer	alerēmur
	alerēs	alerētis	alerēris (-re)	alerēminī
	aleret	alerent	alerētur	alerentur
Perf.	aluerim	aluerimus	altus sim	altī sīmus
	alueris	alueritis	(-a, -um) sīs	(-ae, -a) sītis
	aluerit	aluerint	sit	sint
Plup.	aluissem	aluissēmus	altus essem	altī essēmus
	aluissēs	aluissētis	(-a, -um) essēs	(-ae, -a) essētis
	aluisset	aluissent	esset	essent
IMPERATIVE				
Pres.	ale	alite		
INFINITIVE				
Pres.	alere		alī	
Perf.	aluisse		altus (-a, -um) esse	
Fut.	altūrus (-a, -um) esse			
PARTICIPLE				
Pres.	alēns, (-tis)			
Perf.			altus (-a, -um)	
Fut.	altūrus (-a, -um)		alendus (-a, -um) (GERUNDIVE)	

GERUND alendī, -ō, -um, -ō   SUPINE altum, -ū

Alternate forms: **alitus** = altus
Compounds and related words: **altilis, -e** fattened; **altitudo, -dinis, f.** height, depth; **altor, -is, m.** foster-father; **altrix, -tricis, f.** foster-mother; **altus, -a, -um** high, deep; **alumnus, -i, m.** fosterling
Model sentence: *Animus se ipse **alit.*** —Seneca

go around, surround

ACTIVE		PASSIVE	

INDICATIVE

	ACTIVE		PASSIVE	
Pres.	ambiō	ambīmus	ambior	ambīmur
	ambīs	ambītis	ambīris (-re)	ambīminī
	ambit	ambiunt	ambītur	ambiuntur
Impf.	ambiēbam	ambiēbāmus	ambiēbar	ambiēbāmur
	ambiēbās	ambiēbātis	ambiēbāris (-re)	ambiēbāminī
	ambiēbat	ambiēbant	ambiēbātur	ambiēbantur
Fut.	ambiam	ambiēmus	ambiar	ambiēmur
	ambiēs	ambiētis	ambiēris (-re)	ambiēminī
	ambiet	ambient	ambiētur	ambientur
Perf.	ambiī	ambiimus	ambītus sum	ambītī sumus
	ambiistī	ambiistis	(-a, -um) es	(-ae, -a) estis
	ambiit	ambiērunt (-ēre)	est	sunt
Plup.	ambieram	ambierāmus	ambītus eram	ambītī erāmus
	ambierās	ambierātis	(-a, -um) erās	(-ae, -a) erātis
	ambierat	ambierant	erat	erant
Fut.	ambierō	ambierimus	ambītus erō	ambītī erimus
Perf.	ambieris	ambieritis	(-a, -um) eris	(-ae, -a) eritis
	ambierit	ambierint	erit	erunt

SUBJUNCTIVE

	ACTIVE		PASSIVE	
Pres.	ambiam	ambiāmus	ambiar	ambiāmur
	ambiās	ambiātis	ambiāris (-re)	ambiāminī
	ambiat	ambiant	ambiātur	ambiantur
Impf.	ambīrem	ambīrēmus	ambīrer	ambīrēmur
	ambīrēs	ambīrētis	ambīrēris (-re)	ambīrēminī
	ambīret	ambīrent	ambīrētur	ambīrentur
Perf.	ambierim	ambierimus	ambītus sim	ambītī sīmus
	ambieris	ambieritis	(-a, -um) sīs	(-ae, -a) sītis
	ambierit	ambierint	sit	sint
Plup.	ambiissem	ambiissēmus	ambītus essem	ambītī essēmus
	ambiissēs	ambiissētis	(-a, -um) essēs	(-ae, -a) essētis
	ambiisset	ambiissent	esset	essent

IMPERATIVE

	ACTIVE		PASSIVE
Pres.	ambī	ambīte	

INFINITIVE

	ACTIVE	PASSIVE
Pres.	ambīre	ambīrī
Perf.	ambiisse	ambītus (-a, -um) esse
Fut.	ambītūrus (-a, -um) esse	

PARTICIPLE

	ACTIVE	PASSIVE
Pres.	ambiēns, (-tis)	
Perf.		ambītus (-a, -um)
Fut.	ambītūrus (-a, -um)	ambiendus (-a, -um) (GERUNDIVE)

GERUND ambiendī, -ō, -um, -ō   SUPINE ambītum, -ū

Alternate forms: **ambibat** = ambiebat; **ambivi** = ambii
Compounds and related words: **ambitio, -onis, f.** canvassing for office; **ambitiosus, -a, -um** ambitious;
   ambitus, -us, m. circuit, bribery
Model sentence: *Virtute ambire oportet, non fautoribus.* —Plautus

walk, navigate

ACTIVE		PASSIVE	
INDICATIVE			

	ACTIVE		PASSIVE	
Pres.	ambulō	ambulāmus		
	ambulās	ambulātis		
	ambulat	ambulant	ambulātur	ambulantur
Impf.	ambulābam	ambulābāmus		
	ambulābās	ambulābātis		
	ambulābat	ambulābant	ambulābātur	ambulābantur
Fut.	ambulābō	ambulābimus		
	ambulābis	ambulābitis		
	ambulābit	ambulābunt	ambulābitur	ambulābutur
Perf.	ambulāvī	ambulāvimus		
	ambulāvistī	ambulāvistis		
	ambulāvit	ambulāvērunt (-ēre)	ambulātus (-ae, -a) est	ambulātī (-ae, -a) sunt
Plup.	ambulāveram	ambulāverāmus		
	ambulāverās	ambulāverātis		
	ambulāverat	ambulāverant	ambulātus (-ae, -a) erat	ambulātī (-ae, -a) erant
Fut.	ambulāverō	ambulāverimus		
Perf.	ambulāveris	ambulāveritis		
	ambulāverit	ambulāverint	ambulātus (-ae, -a) erit	ambulātī (-ae, -a) erunt

SUBJUNCTIVE				
Pres.	ambulem	ambulēmus		
	ambulēs	ambulētis		
	ambulet	ambulent	ambulētur	
Impf.	ambulārem	ambulārēmus		
	ambulārēs	ambulārētis		
	ambulāret	ambulārent	ambulārētur	
Perf.	ambulāverim	ambulāverimus		
	ambulāveris	ambulāveritis		
	ambulāverit	ambulāverint	ambulātus (-ae, -a) sit	ambulātī (-ae, -a) sint
Plup.	ambulāvissem	ambulāvissēmus		
	ambulāvissēs	ambulāvissētis		
	ambulāvisset	ambulāvissent	ambulātus (-ae, -a) esset	ambulātī (-ae, -a) essent

IMPERATIVE			
Pres.	ambulā	ambulāte	

INFINITIVE		
Pres.	ambulāre	ambulārī
Perf.	ambulāvisse	ambulātus (-a, -um) esse
Fut.	ambulātūrus (-a, -um) esse	

PARTICIPLE		
Pres.	ambulāns, (-tis)	
Perf.		ambulātus (-a, -um)
Fut.	ambulātūrus (-a, -um)	ambulandus (-a, -um) (GERUNDIVE)

GERUND ambulandī, -ō, -um, -ō   SUPINE ambulātum, -ū

Compounds and related words: **adambulo (1)** to walk by; **ambulacrum, -i, n.** a shady walkway; **ambulatio, -onis, f.** a walk; **ambulator, -is, m.** a walker; **deambulo (1)** to take a walk;
Model sentence: *Melissa mea mirari coepit, quod tam sero **ambularem**.* —Petronius

clothe, conceal

ACTIVE			PASSIVE	
INDICATIVE				
Pres.	amiciō	amicīmus	amicior	amicīmur
	amicīs	amicītis	amicīris (-re)	amicīminī
	amicit	amiciunt	amicītur	amiciuntur
Impf.	amiciēbam	amiciēbāmus	amiciēbar	amiciēbāmur
	amiciēbās	amiciēbātis	amiciēbāris (-re)	amiciēbāminī
	amiciēbat	amiciēbant	amiciēbātur	amiciēbantur
Fut.	amiciam	amiciēmus	amiciar	amiciēmur
	amiciēs	amiciētis	amiciēris (-re)	amiciēminī
	amiciet	amicient	amiciētur	amicientur
Perf.	amicuī	amicuimus	amictus sum	amictī sumus
	amicuistī	amicuistis	(-a, -um) es	(-ae, -a) estis
	amicuit	amicuērunt (-ēre)	est	sunt
Plup.	amicueram	amicuerāmus	amictus eram	amictī erāmus
	amicuerās	amicuerātis	(-a, -um) erās	(-ae, -a) erātis
	amicuerat	amicuerant	erat	erant
Fut. *Perf.*	amicuerō	amicuerimus	amictus erō	amictī erimus
	amicueris	amicueritis	(-a, -um) eris	(-ae, -a) eritis
	amicuerit	amicuerint	erit	erunt
SUBJUNCTIVE				
Pres.	amiciam	amiciāmus	amiciar	amiciāmur
	amiciās	amiciātis	amiciāris (-re)	amiciāminī
	amiciat	amiciant	amiciātur	amiciantur
Impf.	amicīrem	amicīrēmus	amicīrer	amicīrēmur
	amicīrēs	amicīrētis	amicīrēris (-re)	amicīrēminī
	amicīret	amicīrent	amicīrētur	amicīrentur
Perf.	amicuerim	amicuerimus	amictus sim	amictī sīmus
	amicueris	amicueritis	(-a, -um) sīs	(-ae, -a) sītis
	amicuerit	amicuerint	sit	sint
Plup.	amicuissem	amicuissēmus	amictus essem	amictī essēmus
	amicuissēs	amicuissētis	(-a, -um) essēs	(-ae, -a) essētis
	amicuisset	amicuissent	esset	essent
IMPERATIVE				
Pres.	amicī	amicīte		
INFINITIVE				
Pres.	amicīre		amicīrī	
Perf.	amicuisse		amictus (-a, -um) esse	
Fut.	amictūrus (-a, -um) esse			
PARTICIPLE				
Pres.	amiciēns, (-tis)			
Perf.			amictus (-a, -um)	
Fut.	amictūrus (-a, -um)		amiciendus (-a, -um) (GERUNDIVE)	

GERUND amiciendī, -ō, -um, -ō   SUPINE amictum, -ū

Usage notes: Passive forms often used with middle sense.
Alternate forms: **amicibor** = amiciar; **amicisse** = amicuisse; **amixi** = amicui
Model sentence: *Ibat ovis lana corpus **amicta** sua.* —Ovid

like, love

ACTIVE

PASSIVE

INDICATIVE

Pres.	amō	amāmus	amor	amāmur	
	amās	amātis	amāris (-re)	amāminī	
	amat	amant	amātur	amantur	
Impf.	amābam	amābāmus	amābar	amābāmur	
	amābās	amābātis	amābāris (-re)	amābāminī	
	amābat	amābant	amābātur	amābantur	
Fut.	amābō	amābimus	amābor	amābimur	
	amābis	amābitis	amāberis (-re)	amābiminī	
	amābit	amābunt	amābitur	amābuntur	
Perf.	amāvī	amāvimus	amātus sum	amātī sumus	
	amāvistī	amāvistis	(-a, -um) es	(-ae, -a) estis	
	amāvit	amāvērunt (-ēre)	est	sunt	
Plup.	amāveram	amāverāmus	amātus eram	amātī erāmus	
	amāverās	amāverātis	(-a, -um) erās	(-ae, -a) erātis	
	amāverat	amāverant	erat	erant	
Fut.	amāverō	amāverimus	amātus erō	amātī erimus	
Perf.	amāveris	amāveritis	(-a, -um) eris	(-ae, -a) eritis	
	amāverit	amāverint	erit	erunt	

SUBJUNCTIVE

Pres.	amem	amēmus	amer	amēmur	
	amēs	amētis	amēris (-re)	amēminī	
	amet	ament	amētur	amentur	
Impf.	amārem	amārēmus	amārer	amārēmur	
	amārēs	amārētis	amārēris (-re)	amārēminī	
	amāret	amārent	amārētur	amārentur	
Perf.	amāverim	amāverimus	amātus sim	amātī sīmus	
	amāveris	amāveritis	(-a, -um) sīs	(-ae, -a) sītis	
	amāverit	amāverint	sit	sint	
Plup.	amāvissem	amāvissēmus	amātus essem	amātī essēmus	
	amāvissēs	amāvissētis	(-a, -um) essēs	(-ae, -a) essētis	
	amāvisset	amāvissent	esset	essent	

IMPERATIVE

Pres.	amā	amāte

INFINITIVE

Pres.	amāre	amārī
Perf.	amāvisse	amātus (-a, -um) esse
Fut.	amātūrus (-a, -um) esse	

PARTICIPLE

Pres.	amāns, (-tis)	
Perf.		amātus (-a, -um)
Fut.	amātūrus (-a, -um)	amandus (-a, -um) (GERUNDIVE)

GERUND amandī, -ō, -um, -ō   SUPINE amātum, -ū

Alternate forms: **amasse** = amavisse; **amasso** = amavero

Compounds and related words: **adamo (1)** to fall in love; **amabilis, -e** loveable; **amator, -is, m.** lover; **amicitia, -ae, f.** friendship; **amicus/-a, -i/-ae, m./f.** friend; **amicus, -a, -um** friendly; **amor, -is, m.** love; **inimicus/-a, -i/-ae, m./f.** enemy; **inimicus, -a, -um,** hostile

Model sentence: *Tu me **amas**, ego te **amo**.* —Plautus

nod, give assent

ACTIVE

INDICATIVE

Pres.	annuō	annuimus
	annuis	annuitis
	annuit	annuunt
Impf.	annuēbam	annuēbāmus
	annuēbās	annuēbātis
	annuēbat	annuēbant
Fut.	annuam	annuēmus
	annuēs	annuētis
	annuēt	annuēnt
Perf.	annuī	annuimus
	annuistī	annuistis
	annuit	annuērunt (-ēre)
Plup.	annueram	annuerāmus
	annuerās	annuerātis
	annuerat	annuerant
Fut.	annuerō	annuerimus
Perf.	annueris	annueritis
	annuerit	annuerint

SUBJUNCTIVE

Pres.	annuam	annuāmus
	annuās	annuātis
	annuat	annuant
Impf.	annuerem	annuerēmus
	annuerēs	annuerētis
	annueret	annuerent
Perf.	annuerim	annuerimus
	annueris	annueritis
	annuerit	annuerint
Plup.	annuissem	annuissēmus
	annuissēs	annuissētis
	annuisset	annuissent

IMPERATIVE

Pres.	annue	annuite

INFINITIVE

Pres.	annuere
Perf.	annuisse
Fut.	annūtūrus (-a, -um) esse

PARTICIPLE

	Active	Passive
Pres.	annuēns, (-tis)	
Perf.		annūtus (-a, -um)
Fut.	annūtūrus (-a, -um)	annuendus (-a, -um) (GERUNDIVE)

GERUND annuendī, -ō, -um, -ō   SUPINE annūtum, -ū

Usage notes: generally used with the **dative**

Alternate forms: **adnuo** = annuo; **annuvi** = annui

Compounds and related words: **abnuo (3)** refuse by a nod; **abnuto (1)** refuse by a nod repeatedly; **numen, -inis, n.** divine will; **nuto (1)** nod; **nutus, -us, m.** nod

Model sentence: *Adnuit oranti Neptunus et abstulit illis.* —Ovid

31

open, uncover

<table>
<tr><td colspan="3" align="center">ACTIVE</td><td colspan="2" align="center">PASSIVE</td></tr>
<tr><td colspan="5" align="center">INDICATIVE</td></tr>
</table>

	ACTIVE		PASSIVE	
INDICATIVE				
Pres.	aperiō	aperīmus	aperior	aperīmur
	aperīs	aperītis	aperīris (-re)	aperīminī
	aperit	aperiunt	aperītur	aperiuntur
Impf.	aperiēbam	aperiēbāmus	aperiēbar	aperiēbāmur
	aperiēbās	aperiēbātis	aperiēbāris (-re)	aperiēbāminī
	aperiēbat	aperiēbant	aperiēbātur	aperiēbantur
Fut.	aperiam	aperiēmus	aperiar	aperiēmur
	aperiēs	aperiētis	aperiēris (-re)	aperiēminī
	aperiet	aperient	aperiētur	aperientur
Perf.	aperuī	aperuimus	apertus sum	apertī sumus
	aperuistī	aperuistis	(-a, -um) es	(-ae, -a) estis
	aperuit	aperuērunt (-ēre)	est	sunt
Plup.	aperueram	aperuerāmus	apertus eram	apertī erāmus
	aperuerās	aperuerātis	(-a, -um) erās	(-ae, -a) erātis
	aperuerat	aperuerant	erat	erant
Fut. *Perf.*	aperuerō	aperuerimus	apertus erō	apertī erimus
	aperueris	aperueritis	(-a, -um) eris	(-ae, -a) eritis
	aperuerit	aperuerint	erit	erunt
SUBJUNCTIVE				
Pres.	aperiam	aperiāmus	aperiar	aperiāmur
	aperiās	aperiātis	aperiāris (-re)	aperiāminī
	aperiat	aperiant	aperiātur	aperiantur
Impf.	aperīrem	aperīrēmus	aperīrer	aperīrēmur
	aperīrēs	aperīrētis	aperīrēris (-re)	aperīrēminī
	aperīret	aperīrent	aperīrētur	aperīrentur
Perf.	aperuerim	aperuerimus	apertus sim	apertī sīmus
	aperueris	aperueritis	(-a, -um) sīs	(-ae, -a) sītis
	aperuerit	aperuerint	sit	sint
Plup.	aperuissem	aperuissēmus	apertus essem	apertī essēmus
	aperuissēs	aperuissētis	(-a, -um) essēs	(-ae, -a) essētis
	aperuisset	aperuissent	esset	essent
IMPERATIVE				
Pres.	aperī	aperīte		
INFINITIVE				
Pres.	aperīre		aperīrī	
Perf.	aperuisse		apertus (-a, -um) esse	
Fut.	apertūrus (-a, -um) esse			
PARTICIPLE				
Pres.	aperiēns, (-tis)			
Perf.			apertus (-a, -um)	
Fut.	apertūrus (-a, -um)		aperiendus (-a, -um) (GERUNDIVE)	

GERUND aperiendī, -ō, -um, -ō   SUPINE apertum, -ū

Alternate forms: **aperibo** = aperiam
Compounds and related words: **adaperio (4)** open fully; **aperte** openly; **aperto (1)** lay open
Model sentence: *Incustoditis et **apertis**, Lesbia, semper liminibus peccas nec tua furta tegis.* —Martial

ACTIVE		PASSIVE	

INDICATIVE

Pres.	appellō	appellāmus	appellor	appellāmur
	appellās	appellātis	appellāris (-re)	appellāminī
	appellat	appellant	appellātur	appellantur
Impf.	appellābam	appellābāmus	appellābar	appellābāmur
	appellābās	appellābātis	appellābāris (-re)	appellābāminī
	appellābat	appellābant	appellābātur	appellābantur
Fut.	appellābō	appellābimus	appellābor	appellābimur
	appellābis	appellābitis	appellāberis (-re)	appellābiminī
	appellābit	appellābunt	appellābitur	appellābuntur
Perf.	appellāvī	appellāvimus	appellātus sum	appellātī sumus
	appellāvistī	appellāvistis	(-a, -um) es	(-ae, -a) estis
	appellāvit	appellāvērunt (-ēre)	est	sunt
Plup.	appellāveram	appellāverāmus	appellātus eram	appellātī erāmus
	appellāverās	appellāverātis	(-a, -um) erās	(-ae, -a) erātis
	appellāverat	appellāverant	erat	erant
Fut.	appellāverō	appellāverimus	appellātus erō	appellātī erimus
Perf.	appellāveris	appellāveritis	(-a, -um) eris	(-ae, -a) eritis
	appellāverit	appellāverint	erit	erunt

SUBJUNCTIVE

Pres.	appellem	appellēmus	appeller	appellēmur
	appellēs	appellētis	appellēris (-re)	appellēminī
	appellet	appellent	appellētur	appellentur
Impf.	appellārem	appellārēmus	appellārer	appellārēmur
	appellārēs	appellārētis	appellārēris (-re)	appellārēminī
	appellāret	appellārent	appellārētur	appellārentur
Perf.	appellāverim	appellāverimus	appellātus sim	appellātī sīmus
	appellāveris	appellāveritis	(-a, -um) sīs	(-ae, -a) sītis
	appellāverit	appellāverint	sit	sint
Plup.	appellāvissem	appellāvissēmus	appellātus essem	appellātī essēmus
	appellāvissēs	appellāvissētis	(-a, -um) essēs	(-ae, -a) essētis
	appellāvisset	appellāvissent	esset	essent

IMPERATIVE

Pres.	appellā	appellāte	

INFINITIVE

Pres.	appellāre		appellārī
Perf.	appellāvisse		appellātus (-a, -um) esse
Fut.	appellātūrus (-a, -um) esse		

PARTICIPLE

Pres.	appellāns, (-tis)		
Perf.			appellātus (-a, -um)
Fut.	appellātūrus (-a, -um)		appellandus (-a, -um) (GERUNDIVE)

GERUND appellandī, -ō, -um, -ō   SUPINE appellātum, -ū

Alternate forms: **adpello, adpellare, etc.** = appello, appellare, etc.; **appellassis** = appellaveris
Compounds and related words: **appellatio, -onis, f.** a naming; **appellator, -is, m.** an appellant
Model sentence: *Nunc vero exsul patria, . . . quo accedam aut quos **appellem?*** —Sallust

think, perceive

ACTIVE

INDICATIVE

Pres.	arbitror	arbitrāmur	
	arbitrāris (-re)	arbitrāminī	
	arbitrātur	arbitrantur	
Impf.	arbitrābar	arbitrābāmur	
	arbitrābāris (-re)	arbitrābāminī	
	arbitrābātur	arbitrābantur	
Fut.	arbitrābor	arbitrābimur	
	arbitrāberis (-re)	arbitrābiminī	
	arbitrābitur	arbitrābuntur	
Perf.	arbitrātus sum	arbitrātī sumus	
	(-a, -um) es	(-ae, -a) estis	
	est	sunt	
Plup.	arbitrātus eram	arbitrātī erāmus	
	(-a, -um) erās	(-ae, -a) erātis	
	erat	erant	
Fut.	arbitrātus erō	arbitrātī erimus	
Perf.	(-a, -um) eris	(-ae, -a) eritis	
	erit	erunt	

SUBJUNCTIVE

Pres.	arbitrer	arbitrēmur	
	arbitrēris (-re)	arbitrēminī	
	arbitrētur	arbitrentur	
Impf.	arbitrārer	arbitrārēmur	
	arbitrārēris (-re)	arbitrārēminī	
	arbitrārētur	arbitrārentur	
Perf.	arbitrātus sim	arbitrātī sīmus	
	(-a, -um) sīs	(-ae, -a) sītis	
	sit	sint	
Plup.	arbitrātus essem	arbitrātī essēmus	
	(-a, -um) essēs	(-ae, -a) essētis	
	esset	essent	

IMPERATIVE

Pres.	arbitrāre	arbitrāminī

INFINITIVE

Pres.	arbitrārī
Perf.	arbitrātus (-a, -um) esse
Fut.	arbitrātūrus (-a, -um) esse

PARTICIPLE

	Active	Passive
Pres.	arbitrāns, (-tis)	
Perf.	arbitrātus (-a, -um)	
Fut.	arbitrātūrus (-a, -um)	arbitrandus (-a, -um) (GERUNDIVE)

GERUND arbitrandī, -ō, -um, -ō   SUPINE arbitrātum, -ū

Alternate forms: **arbitrarier** = arbitrari; **arbitro** (rare active form)

Compounds and related words: **arbiter, -tri, m.** judge; **arbitratus, -us, m.** decision; **arbitrium, -i, n.** judgement

Model sentence: *Quid proxima, quid superiore nocte egeris, . . . quem nostrum ignorare* **arbitraris?** —Cicero

enclose, ward off, protect

ACTIVE		PASSIVE	
INDICATIVE			

Pres.
arceō	arcēmus	arceor	arcēmur
arcēs	arcētis	arcēris (-re)	arcēminī
arcet	arcent	arcētur	arcentur

Impf.
arcēbam	arcēbāmus	arcēbar	arcēbāmur
arcēbās	arcēbātis	arcēbāris (-re)	arcēbāminī
arcēbat	arcēbant	arcēbātur	arcēbantur

Fut.
arcēbo	arcēbimus	arcēbor	arcēbimur
arcēbis	arcēbitis	arcēberis (-re)	arcēbiminī
arcēbit	arcēbunt	arcēbitur	arcēbuntur

Perf.
arcuī	arcuimus
arcuistī	arcuistis
arcuit	arcuērunt (-ēre)

Plup.
arcueram	arcuerāmus
arcuerās	arcuerātis
arcuerat	arcuerant

Fut.
Perf.
arcuerō	arcuerimus
arcueris	arcueritis
arcuerit	arcuerint

SUBJUNCTIVE			

Pres.
arceam	arceāmus	arcear	arceāmur
arceās	arceātis	arceāris (-re)	arceāminī
arceat	arceant	arceātur	arceantur

Impf.
arcērem	arcērēmus	arcērer	arcērēmur
arcērēs	arcērētis	arcērēris (-re)	arcērēminī
arcēret	arcērent	arcērētur	arcērentur

Perf.
arcuerim	arcuerimus
arcueris	arcueritis
arcuerit	arcuerint

Plup.
arcuissem	arcuissēmus
arcuissēs	arcuissētis
arcuisset	arcuissent

IMPERATIVE			

Pres.   arcē   arcēte

INFINITIVE			

Pres.	arcēre	arcērī
Perf.	arcuisse	arctus (-a, -um) esse
Fut.	arctūrus (-a, -um) esse	

PARTICIPLE			

Pres.	arcēns, (-tis)	
Perf.		
Fut.	arctūrus (-a, -um)	arcendus (-a, -um) (GERUNDIVE)

GERUND arcendī, -ō, -um, -ō   SUPINE arctum, -ū

Alternate forms: **arcitum** = arctum
Compounds and related words: **arca, -ae, f.** box; **arcanus, -a, -um** secret; **coerceo (2)** control;
    exerceo (2) train; **exercito (1)** exercise
Model sentence: *Alvus **arcet** et continet quod recipit.* —Cicero

blaze, glow

ACTIVE			PASSIVE	
INDICATIVE				
Pres.	ārdeō	ārdēmus	ārdeor	ārdēmur
	ārdēs	ārdētis	ārdēris (-re)	ārdēminī
	ārdet	ārdent	ārdētur	ārdentur
Impf.	ārdēbam	ārdēbāmus	ārdēbar	ārdēbāmur
	ārdēbās	ārdēbātis	ārdēbāris (-re)	ārdēbāminī
	ārdēbat	ārdēbant	ārdēbātur	ārdēbantur
Fut.	ārdēbō	ārdēbimus	ārdēbor	ārdēbimur
	ārdēbis	ārdēbitis	ārdēberis (-re)	ārdēbiminī
	ārdēbit	ārdēbunt	ārdēbitur	ārdēbuntur
Perf.	ārsī	ārsimus	ārsus sum	ārsī sumus
	ārsistī	ārsistis	(-a, -um) es	(-ae, -a) estis
	ārsit	ārsērunt (-ēre)	est	sunt
Plup.	ārseram	ārserāmus	ārsus eram	ārsī erāmus
	ārserās	ārserātis	(-a, -um) erās	(-ae, -a) erātis
	ārserat	ārserant	erat	erant
Fut.	ārserō	ārserimus	ārsus erō	ārsī erimus
Perf.	ārseris	ārseritis	(-a, -um) eris	(-ae, -a) eritis
	ārserit	ārserint	erit	erunt
SUBJUNCTIVE				
Pres.	ārdeam	ārdeāmus	ārdear	ārdeāmur
	ārdeās	ārdeātis	ārdeāris (-re)	ārdeāminī
	ārdeat	ārdeant	ārdeātur	ārdeantur
Impf.	ārdērem	ārdērēmus	ārdērer	ārdērēmur
	ārdērēs	ārdērētis	ārdērēris (-re)	ārdērēminī
	ārdēret	ārdērent	ārdērētur	ārdērentur
Perf.	ārserim	ārserimus	ārsus sim	ārsī sīmus
	ārseris	ārseritis	(-a, -um) sīs	(-ae, -a) sītis
	ārserit	ārserint	sit	sint
Plup.	ārsissem	ārsissēmus	ārsus essem	ārsī essēmus
	ārsissēs	ārsissētis	(-a, -um) essēs	(-ae, -a) essētis
	ārsisset	ārsissent	esset	essent
IMPERATIVE				
Pres.	ārdē	ārdēte		
INFINITIVE				
Pres.	ārdēre		ārdērī	
Perf.	ārsisse		ārsus (-a, -um) esse	
Fut.	ārsūrus (-a, -um) esse			
PARTICIPLE				
Pres.	ārdēns, (-tis)			
Perf.			ārsus (-a, -um)	
Fut.	ārsūrus (-a, -um)		ārdendus (-a, -um) (GERUNDIVE)	

GERUND ārdendī, -ō, -um, -ō   SUPINE ārsum, -ū

Alternate forms: **arduerint** = arserint
Compounds and related words: **ardesco (3)** to catch fire, glitter; **ardor, is, m.** heat
Model sentence: ... *cum **ardente** domo per noctem huc illiuc cursaret incustoditus.* —Tacitus

ACTIVE		PASSIVE	

INDICATIVE

	ACTIVE		PASSIVE	
Pres.	armō	armāmus	armor	armāmur
	armās	armātis	armāris (-re)	armāminī
	armat	armant	armātur	armantur
Impf.	armābam	armābāmus	armābar	armābāmur
	armābās	armābātis	armābāris (-re)	armābāminī
	armābat	armābant	armābātur	armābantur
Fut.	armābō	armābimus	armābor	armābimur
	armābis	armābitis	armāberis (-re)	armābiminī
	armābit	armābunt	armābitur	armābuntur
Perf.	armāvī	armāvimus	armātus sum	armātī sumus
	armāvistī	armāvistis	(-a, -um) es	(-ae, -a) estis
	armāvit	armāvērunt (-ēre)	est	sunt
Plup.	armāveram	armāverāmus	armātus eram	armātī erāmus
	armāverās	armāverātis	(-a, -um) erās	(-ae, -a) erātis
	armāverat	armāverant	erat	erant
Fut.	armāverō	armāverimus	armātus erō	armātī erimus
Perf.	armāveris	armāveritis	(-a, -um) eris	(-ae, -a) eritis
	armāverit	armāverint	erit	erunt

SUBJUNCTIVE

	ACTIVE		PASSIVE	
Pres.	armem	armēmus	armer	armēmur
	armēs	armētis	armēris (-re)	armēminī
	armet	arment	armētur	armentur
Impf.	armārem	armārēmus	armārer	armārēmur
	armārēs	armārētis	armārēris (-re)	armārēminī
	armāret	armārent	armārētur	armārentur
Perf.	armāverim	armāverimus	armātus sim	armātī sīmus
	armāveris	armāveritis	(-a, -um) sīs	(-ae, -a) sītis
	armāverit	armāverint	sit	sint
Plup.	armāvissem	armāvissēmus	armātus essem	armātī essēmus
	armāvissēs	armāvissētis	(-a, -um) essēs	(-ae, -a) essētis
	armāvisset	armāvissent	esset	essent

IMPERATIVE

Pres.	armā	armāte	

INFINITIVE

Pres.	armāre	armārī
Perf.	armāvisse	armātus (-a, -um) esse
Fut.	armātūrus (-a, -um) esse	

PARTICIPLE

Pres.	armāns, (-tis)	
Perf.		armātus (-a, -um)
Fut.	armātūrus (-a, -um)	armandus (-a, -um) (GERUNDIVE)

GERUND armandī, -ō, -um, -ō   SUPINE armātum, -ū

Compounds and related words: **arma, -orum** n. pl. weapons; **armamenta, -orum, n. pl.** implements; **armifer, -a, -um** bearing weapons; **armiger, -a, -um** bearing weapons; **inermis, -e** unarmed
Model sentence: *Re cognita Caesar scalas parari militesque **armari** iubet.* —Caesar

ascendō

mount, rise

ACTIVE		PASSIVE	
INDICATIVE			
Pres. ascendō	ascendimus	ascendor	ascendimur
ascendis	ascenditis	ascenderis (-re)	ascendiminī
ascendit	ascendunt	ascenditur	ascenduntur
Impf. ascendēbam	ascendēbāmus	ascendēbar	ascendēbāmur
ascendēbās	ascendēbātis	ascendēbāris (-re)	ascendēbāminī
ascendēbat	ascendēbant	ascendēbātur	ascendēbantur
Fut. ascendam	ascendēmus	ascendar	ascendēmur
ascendēs	ascendētis	ascendēris (-re)	ascendēminī
ascendet	ascendent	ascendētur	ascendentur
Perf. ascendī	ascendimus	ascensus sum	ascensī sumus
ascendistī	ascendistis	(-a, -um) es	(-ae, -a) estis
ascendit	ascendērunt (-ēre)	est	sunt
Plup. ascenderam	ascenderāmus	ascensus eram	ascensī erāmus
ascenderās	ascenderātis	(-a, -um) erās	(-ae, -a) erātis
ascenderat	ascenderant	erat	erant
Fut. ascenderō	ascenderimus	ascensus erō	ascensī erimus
Perf. ascenderis	ascenderitis	(-a, -um) eris	(-ae, -a) eritis
ascenderit	ascenderint	erit	erunt
SUBJUNCTIVE			
Pres. ascendam	ascendāmus	ascendar	ascendāmur
ascendās	ascendātis	ascendāris (-re)	ascendāminī
ascendat	ascendant	ascendātur	ascendantur
Impf. ascenderem	ascenderēmus	ascenderer	ascenderēmur
ascenderēs	ascenderētis	ascenderēris (-re)	ascenderēminī
ascenderet	ascenderent	ascenderētur	ascenderentur
Perf. ascenderim	ascenderimus	ascensus sim	ascensī sīmus
ascenderis	ascenderitis	(-a, -um) sīs	(-ae, -a) sītis
ascenderit	ascenderint	sit	sint
Plup. ascendissem	ascendissēmus	ascensus essem	ascensī essēmus
ascendissēs	ascendissētis	(-a, -um) essēs	(-ae, -a) essētis
ascendisset	ascendissent	esset	essent
IMPERATIVE			
Pres. ascende	ascendite		
INFINITIVE			
Pres. ascendere		ascendī	
Perf. ascendisse		ascensus (-a, -um) esse	
Fut. ascensūrus (-a, -um) esse			
PARTICIPLE			
Pres. ascendēns, (-tis)			
Perf.		ascensus (-a, -um)	
Fut. ascensūrus (-a, -um)		ascendendus (-a, -um) (GERUNDIVE)	

GERUND ascendendī, -ō, -um, -ō   SUPINE ascensum, -ū

Alternate forms: **adscendo** = ascendo; **asscendo** = ascendo
Compounds and related words: **ascensio, -onis, f.** ascent; **ascensus, -us, m.** ascent
See **scando** for related compounds of this verb.
Model sentence: *...curro aurato per urbem vectus in Capitolium **ascenderit**.* —Livy

scatter, sprinkle

ACTIVE		**PASSIVE**	
INDICATIVE			

	ACTIVE		PASSIVE	
Pres.	aspergō	aspergimus	aspergor	aspergimur
	aspergis	aspergitis	aspergeris (-re)	aspergiminī
	aspergit	aspergunt	aspergitur	asperguntur
Impf.	aspergēbam	aspergēbāmus	aspergēbar	aspergēbāmur
	aspergēbās	aspergēbātis	aspergēbāris (-re)	aspergēbāminī
	aspergēbat	aspergēbant	aspergēbātur	aspergēbantur
Fut.	aspergam	aspergēmus	aspergar	aspergēmur
	aspergēs	aspergētis	aspergēris (-re)	aspergēminī
	asperget	aspergent	aspergētur	aspergentur
Perf.	aspersī	aspersimus	aspersus sum	aspersī sumus
	aspersistī	aspersistis	(-a, -um) es	(-ae, -a) estis
	aspersit	aspersērunt (-ēre)	est	sunt
Plup.	asperseram	asperserāmus	aspersus eram	aspersī erāmus
	asperserās	asperserātis	(-a, -um) erās	(-ae, -a) erātis
	asperserat	asperserant	erat	erant
Fut.	asperserō	asperserimus	aspersus erō	aspersī erimus
Perf.	asperseris	asperseritis	(-a, -um) eris	(-ae, -a) eritis
	asperserit	asperserint	erit	erunt
SUBJUNCTIVE				
Pres.	aspergam	aspergāmus	aspergar	aspergāmur
	aspergās	aspergātis	aspergāris (-re)	aspergāminī
	aspergat	aspergant	aspergātur	aspergantur
Impf.	aspergerem	aspergerēmus	aspergerer	aspergerēmur
	aspergerēs	aspergerētis	aspergerēris (-re)	aspergerēminī
	aspergeret	aspergerent	aspergerētur	aspergerentur
Perf.	asperserim	asperserimus	aspersus sim	aspersī sīmus
	asperseris	asperseritis	(-a, -um) sīs	(-ae, -a) sītis
	asperserit	asperserint	sit	sint
Plup.	aspersissem	aspersissēmus	aspersus essem	aspersī essēmus
	aspersissēs	aspersissētis	(-a, -um) essēs	(-ae, -a) essētis
	aspersisset	aspersissent	esset	essent
IMPERATIVE				
Pres.	asperge	aspergite		
INFINITIVE				
Pres.	aspergere		aspergī	
Perf.	aspersisse		aspersus (-a, -um) esse	
Fut.	aspersūrus (-a, -um) esse			
PARTICIPLE				
Pres.	aspergēns, (-tis)			
Perf.			aspersus (-a, -um)	
Fut.	aspersūrus (-a, -um)		aspergendus (-a, -um) (GERUNDIVE)	

GERUND aspergendī, -ō, -um, -ō   SUPINE aspersum, -ū

Alternate forms: **adspergo** = aspergo; **aspargo** = aspergo
Compounds and related words: **aspergo, -inis, f.** sprinkling
See **spargo** for related compounds of this verb.
Model sentence: *Corpus eius adustum **adspergunt** aliis carnibus.* —Pliny

raise

	ACTIVE		PASSIVE	
INDICATIVE				
Pres.	attollō	attollimus	attollor	attollimur
	attollis	attollitis	attolleris (-re)	attolliminī
	attollit	attollunt	attollitur	attolluntur
Impf.	attollēbam	attollēbāmus	attollēbar	attollēbāmur
	attollēbās	attollēbātis	attollēbāris (-re)	attollēbāminī
	attollēbat	attollēbant	attollēbātur	attollēbantur
Fut.	attollam	attollēmus	attollar	attollēmur
	attollēs	attollētis	attollēris (-re)	attollēminī
	attollet	attollent	attollētur	attollentur
Perf.				
Plup.				
Fut. Perf.				
SUBJUNCTIVE				
Pres.	attollam	attollāmus	attollar	attollāmur
	attollās	attollātis	attollāris (-re)	attollāminī
	attollat	attollant	attollātur	attollantur
Impf.	attollerem	attollerēmus	attollerer	attollerēmur
	attollerēs	attollerētis	attollerēris (-re)	attollerēminī
	attolleret	attollerent	attollerētur	attollerentur
Perf.				
Plup.				
IMPERATIVE				
Pres.	attolle	attollite		
INFINITIVE				
Pres.	attollere		attollī	
Perf.				
Fut.				
PARTICIPLE				
Pres.	attollēns, (-tis)			
Perf.				
Fut.			attollendus (-a, -um) (GERUNDIVE)	

GERUND attollendī, -ō, -um, -ō   SUPINE

Alternate forms: **attolo** = attollo
See **tollo** for related compounds of this verb.
Model sentence: *Turres in centenos vicenosque **attollebantur**.* —Tacitus

40

ACTIVE

INDICATIVE

Pres.	audeō	audēmus
	audēs	audētis
	audet	audent

Impf.	audēbam	audēbāmus
	audēbās	audēbātis
	audēbat	audēbant

Fut.	audēbō	audēbimus
	audēbis	audēbitis
	audēbit	audēbunt

Perf.	ausus	sum	ausī	sumus
	(-a, -um)	es	(-ae, -a)	estis
		est		sunt

Plup.	ausus	eram	ausī	erāmus
	(-a, -um)	erās	(-ae, -a)	erātis
		erat		erant

Fut.	ausus	erō	ausī	erimus
Perf.	(-a, -um)	eris	(-ae, -a)	eritis
		erit		erunt

SUBJUNCTIVE

Pres.	audeam	audeāmus
	audeās	audeātis
	audeat	audeant

Impf.	audērem	audērēmus
	audērēs	audērētis
	audēret	audērent

Perf.	ausus	sim	ausī	sīmus
	(-a, -um)	sīs	(-ae, -a)	sītis
		sit		sint

Plup.	ausus	essem	ausī	essēmus
	(-a, -um)	essēs	(-ae, -a)	essētis
		esset		essent

IMPERATIVE

Pres.	audē	audēte

INFINITIVE

Pres.	audēre
Perf.	ausus (-a, -um) esse
Fut.	ausūrus (-a, -um) esse

PARTICIPLE

	Active	Passive
Pres.	audēns, (-tis)	
Perf.	ausus (-a, -um)	
Fut.	ausūrus (-a, -um)	

GERUND audendī, -ō, -um, -ō　　SUPINE ausum, -ū

Alternate forms: **ausi** = ausus sum; **ausim** = ausus sim; **ausint** = ausi (-ae, -a) sint; **ausis** = ausus sis;
　　ausit = ausus sit
Compounds and related words: **audacia, -ae, f.** boldness; **audax, -acis** bold; **audentia, -ae, f.** boldness;
　　avidus, -a, -um eager
　Model sentence: *Quis **audeat** bene comitatum adgredi?* —Cicero

audiō

hear

	ACTIVE		PASSIVE	
		INDICATIVE		
Pres.	audiō	audīmus	audior	audīmur
	audīs	audītis	audīris (-re)	audīminī
	audit	audiunt	audītur	audiuntur
Impf.	audiēbam	audiēbāmus	audiēbar	audiēbāmur
	audiēbās	audiēbātis	audiēbāris (-re)	audiēbāminī
	audiēbat	audiēbant	audiēbātur	audiēbantur
Fut.	audiam	audiēmus	audiar	audiēmur
	audiēs	audiētis	audiēris (-re)	audiēminī
	audiet	audient	audiētur	audientur
Perf.	audīvī	audīvimus	audītus sum	audītī sumus
	audīvistī	audīvistis	(-a, -um) es	(-ae, -a) estis
	audīvit	audīvērunt (-ēre)	est	sunt
Plup.	audīveram	audīverāmus	audītus eram	audītī erāmus
	audīverās	audīverātis	(-a, -um) erās	(-ae, -a) erātis
	audīverat	audīverant	erat	erant
Fut.	audīverō	audīverimus	audītus erō	audītī erimus
Perf.	audīveris	audīveritis	(-a, -um) eris	(-ae, -a) eritis
	audīverit	audīverint	erit	erunt
		SUBJUNCTIVE		
Pres.	audiam	audiāmus	audiar	audiāmur
	audiās	audiātis	audiāris (-re)	audiāminī
	audiat	audiant	audiātur	audiantur
Impf.	audīrem	audīrēmus	audīrer	audīrēmur
	audīrēs	audīrētis	audīrēris (-re)	audīrēminī
	audīret	audīrent	audīrētur	audīrentur
Perf.	audīverim	audīverimus	audītus sim	audītī sīmus
	audīveris	audīveritis	(-a, -um) sīs	(-ae, -a) sītis
	audīverit	audīverint	sit	sint
Plup.	audīvissem	audīvissēmus	audītus essem	audītī essēmus
	audīvissēs	audīvissētis	(-a, -um) essēs	(-ae, -a) essētis
	audīvisset	audīvissent	esset	essent
		IMPERATIVE		
Pres.	audī	audīte		
		INFINITIVE		
Pres.	audīre		audīrī	
Perf.	audīvisse		audītus (-a, -um) esse	
Fut.	audītūrus (-a, -um) esse			
		PARTICIPLE		
Pres.	audiēns, (-tis)			
Perf.			audītus (-a, -um)	
Fut.	audītūrus (-a, -um)		audiendus (-a, -um) (GERUNDIVE)	

GERUND audiendī, -ō, -um, -ō   SUPINE audītum, -ū

Alternate forms: **audibant** = audiebant; **audibat** = audiebat; **audibis** = audies; **audibo** = audiam; **audii** = audivi; **audin** = audisne; **audisse** = audivisse

Compounds and related words: **auditio, -onis, f.** hearing; **auditor, -is, m.** hearer; **auditorium, -i, n.** a place for hearing; **auditus, -us, m.** sense of hearing; **exaudio (4)** to hear clearly; **inauditus, -a, -um** unheard; **oboedio (4)** to obey

Model sentence: *Quae vera **audivi**, taceo.* —Terence

take away

	ACTIVE		PASSIVE	
		INDICATIVE		
Pres.	auferō	auferimus	auferor	auferimur
	aufers	aufertis	auferris (-re)	auferiminī
	aufert	auferunt	aufertur	auferuntur
Impf.	auferēbam	auferēbāmus	auferēbar	auferēbāmur
	auferēbās	auferēbātis	auferēbāris (-re)	auferēbāminī
	auferēbat	auferēbant	auferēbātur	auferēbantur
Fut.	auferam	auferēmus	auferar	auferēmur
	auferēs	auferētis	auferēris (-re)	auferēminī
	auferet	auferent	auferētur	auferentur
Perf.	abstulī	abstulimus	ablātus sum	ablātī sumus
	abstulistī	abstulistis	(-a, -um) es	(-ae, -a) estis
	abstulit	abstulērunt (-ēre)	est	sunt
Plup.	abstuleram	abstulerāmus	ablātus eram	ablātī erāmus
	abstulerās	abstulerātis	(-a, -um) erās	(-ae, -a) erātis
	abstulerat	abstulerant	erat	erant
Fut.	abstulerō	abstulerimus	ablātus erō	ablātī erimus
Perf.	abstuleris	abstuleritis	(-a, -um) eris	(-ae, -a) eritis
	abstulerit	abstulerint	erit	erunt
		SUBJUNCTIVE		
Pres.	auferam	auferāmus	auferar	auferāmur
	auferās	auferātis	auferāris (-re)	auferāminī
	auferat	auferant	auferātur	auferantur
Impf.	auferrem	auferrēmus	auferrer	auferrēmur
	auferrēs	auferrētis	auferrēris (-re)	auferrēminī
	auferret	auferrent	auferrētur	auferrentur
Perf.	abstulerim	abstulerimus	ablātus sim	ablātī sīmus
	abstuleris	abstuleritis	(-a, -um) sīs	(-ae, -a) sītis
	abstulerit	abstulerint	sit	sint
Plup.	abstulissem	abstulissēmus	ablatus essem	ablātī essēmus
	abstulissēs	abstulissētis	(-a, -um) essēs	(-ae, -a) essētis
	abstulisset	abstulissent	esset	essent
		IMPERATIVE		
Pres.	aufer	auferte		
		INFINITIVE		
Pres.	auferre		auferrī	
Perf.	abstulisse		ablātus (-a, -um) esse	
Fut.	ablātūrus (-a, -um) esse			
		PARTICIPLE		
Pres.	auferēns, (-tis)			
Perf.			ablātus (-a, -um)	
Fut.	ablātūrus (-a, -um)		auferendus (-a, -um) (GERUNDIVE)	

GERUND auferendī, -ō, -um, -ō   SUPINE ablātum, -ū

See **fero** for related compounds of this verb.
Model sentence: *Sic erimus cuncti postquam nos **auferet** Orcus.* —Petronius

increase

ACTIVE		PASSIVE	
INDICATIVE			
Pres. augeō	augēmus	augeor	augēmur
augēs	augētis	augēris (-re)	augēminī
auget	augent	augētur	augentur
Impf. augēbam	augēbāmus	augēbar	augēbāmur
augēbās	augēbātis	augēbāris (-re)	augēbāminī
augēbat	augēbant	augēbātur	augēbantur
Fut. augēbō	augēbimus	augēbor	augēbimur
augēbis	augēbitis	augēberis (-re)	augēbiminī
augēbit	augēbunt	augēbitur	augēbuntur
Perf. auxī	auximus	auctus sum	auctī sumus
auxistī	auxistis	(-a, -um) es	(-ae, -a) estis
auxit	auxērunt (-ēre)	est	sunt
Plup. auxeram	auxerāmus	auctus eram	auctī erāmus
auxerās	auxerātis	(-a, -um) erās	(-ae, -a) erātis
auxerat	auxerant	erat	erant
Fut. auxerō	auxerimus	auctus erō	auctī erimus
Perf. auxeris	auxeritis	(-a, -um) eris	(-ae, -a) eritis
auxerit	auxerint	erit	erunt
SUBJUNCTIVE			
Pres. augeam	augeāmus	augear	augeāmur
augeās	augeātis	augeāris (-re)	augeāminī
augeat	augeant	augeātur	augeantur
Impf. augērem	augērēmus	augērer	augērēmur
augērēs	augērētis	augērēris (-re)	augērēminī
augēret	augērent	augērētur	augērentur
Perf. auxerim	auxerimus	auctus sim	auctī sīmus
auxeris	auxeritis	(-a, -um) sīs	(-ae, -a) sītis
auxerit	auxerint	sit	sint
Plup. auxissem	auxissēmus	auctus essem	auctī essēmus
auxissēs	auxissētis	(-a, -um) essēs	(-ae, -a) essētis
auxisset	auxissent	esset	essent
IMPERATIVE			
Pres. augē	augēte		
INFINITIVE			
Pres. augēre		augērī	
Perf. auxisse		auctus (-a, -um) esse	
Fut. auctūrus (-a, -um) esse			
PARTICIPLE			
Pres. augēns, (-tis)			
Perf.		auctus (-a, -um)	
Fut. auctūrus (-a, -um)		augendus (-a, -um) (GERUNDIVE)	

GERUND augendī, -ō, -um, -ō   SUPINE auctum, -ū

Alternate forms: **auxitis** = auxeritis
Compounds and related words: **adauctus, -us, m.** increase; **adaugesco (3)** begin to increase; **auctor, -is, m.** originator; **auctoritas, -tatis, f.** authority
Model sentence: *...cibus **auget** corpus alitque.* —Lucretius

drink

ACTIVE		PASSIVE
INDICATIVE		
Pres.	bibō	bibimus	
	bibis	bibitis	
	bibit	bibunt	bibitur (Impers.)
Impf.	bibēbam	bibēbāmus	
	bibēbās	bibēbātis	
	bibēbat	bibēbant	bibēbātur (Impers.)
Fut.	bibam	bibēmus	
	bibēs	bibētis	
	bibet	bibent	bibētur (Impers.)
Perf.	bibī	bibimus	
	bibistī	bibistis	
	bibit	bibērunt (-ēre)	bibitum est (Impers.)
Plup.	biberam	biberāmus	
	biberās	biberātis	
	biberat	biberant	bibitum erat (Impers.)
Fut.	biberō	biberimus	
Perf.	biberis	biberitis	
	biberit	biberint	bibitum erit (Impers.)
SUBJUNCTIVE		
Pres.	bibam	bibāmus	
	bibās	bibātis	
	bibat	bibant	bibātur (Impers.)
Impf.	biberem	biberēmus	
	biberēs	biberētis	
	biberet	biberent	biberētur (Impers.)
Perf.	biberim	biberimus	
	biberis	biberitis	
	biberit	biberint	bibitum sit (Impers.)
Plup.	bibissem	bibissēmus	
	bibissēs	bibissētis	
	bibisset	bibissent	bibitum esset (Impers.)
IMPERATIVE		
Pres.	bibe	bibite	
INFINITIVE		
Pres.	bibere		bibī
Perf.	bibisse		bibitus (-a, -um) esse
Fut.	bibitūrus (-a, -um) esse		
PARTICIPLE		
Pres.	bibēns, (-tis)		
Perf.			bibitus (-a, -um)
Fut.	bibitūrus (-a, -um)		bibendus (-a, -um) (GERUNDIVE)

GERUND bibendī, -ō, -um, -ō　　SUPINE bibitum, -ū

Alternate forms: **potatum** = bibitum; **potum** = bibitum
Compounds and related words: **potio, -onis, f.** a drink; **poto (1)** to drink; **potor, -is, m.** drinker; **potulentus, -a, -um** drinkable
Model sentence: *Quare bis decies solus, Sextiliane, **bibis?*** —Martial

fall

ACTIVE

INDICATIVE

Pres.	cadō	cadimus
	cadis	caditis
	cadit	cadunt
Impf.	cadēbam	cadēbāmus
	cadēbās	cadēbātis
	cadēbat	cadēbant
Fut.	cadam	cadēmus
	cadēs	cadētis
	cadet	cadent
Perf.	cecidī	cecidimus
	cecidistī	cecidistis
	cecidit	cecidērunt (-ēre)
Plup.	cecideram	ceciderāmus
	ceciderās	ceciderātis
	ceciderat	ceciderant
Fut.	ceciderō	ceciderimus
Perf.	cecideris	cecideritis
	ceciderit	ceciderint

SUBJUNCTIVE

Pres.	cadam	cadāmus
	cadās	cadātis
	cadat	cadant
Impf.	caderem	caderēmus
	caderēs	caderētis
	caderet	caderent
Perf.	ceciderim	ceciderimus
	cecideris	cecideritis
	ceciderit	ceciderint
Plup.	cecidissem	cecidissēmus
	cecidissēs	cecidissētis
	cecidisset	cecidissent

IMPERATIVE

Pres.	cade	cadite

INFINITIVE

Pres.	cadere
Perf.	cecidisse
Fut.	casūrus (-a, -um) esse

PARTICIPLE

	Active	Passive
Pres.	cadēns, (-tis)	
Perf.		cāsus, -a -um
Fut.	casūrus (-a, -um)	cadendus (-a, -um) (GERUNDIVE)

GERUND cadendī, -ō, -um, -ō   SUPINE cāsum

Compounds and related words: **accido (3)** happen; **casus, -us, m.** accident; **concido (3)** collapse; **decido (3)** fall down; **excido (3)** escape; **incido (3)** come upon; **occasio, -onis, f.** opportunity; **occasus, -us, m.** downfall; **occido (3)** fall; **procido (3)** fall forward; **recido (3)** recoil
Model sentence: *Multa tibi ante aras nostra **cadet** hostia dextra.* —Vergil

cut, kill

<h2>ACTIVE   PASSIVE</h2>

INDICATIVE

Pres.	caedō	caedimus		caedor	caedimur
	caedis	caeditis		caederis (-re)	caediminī
	caedit	caedunt		caeditur	caeduntur
Impf.	caedēbam	caedēbāmus		caedēbar	caedēbāmur
	caedēbās	caedēbātis		caedēbāris (-re)	caedēbāminī
	caedēbat	caedēbant		caedēbātur	caedēbantur
Fut.	caedam	caedēmus		caedar	caedēmur
	caedēs	caedētis		caedēris (-re)	caedēminī
	caedet	ceadent		caedētur	caedentur
Perf.	cecīdī	cecīdimus		caesus sum	caesī sumus
	cecīdistī	cecīdistis		(-a, -um) es	(-ae, -a) estis
	cecīdit	cecīdērunt (-ēre)		est	sunt
Plup.	cecīderam	cecīderāmus		caesus eram	caesī erāmus
	cecīderās	cecīderātis		(-a, -um) erās	(-ae, -a) erātis
	cecīderat	cecīderant		erat	erant
Fut.	cecīderō	cecīderimus		caesus erō	caesī erimus
Perf.	cecīderis	cecīderitis		(-a, -um) eris	(-ae, -a) eritis
	cecīderit	cecīderint		erit	erunt

SUBJUNCTIVE

Pres.	caedam	caedāmus		caedar	caedāmur
	caedās	caedātis		caedāris (-re)	caedāminī
	caedat	caedant		caedātur	caedantur
Impf.	caederem	caederēmus		caederer	caederēmur
	caederēs	caederētis		caederēris (-re)	caederēminī
	caederet	caederent		caederētur	caederentur
Perf.	cecīderim	cecīderimus		caesus sim	caesī sīmus
	cecīderis	cecīderitis		(-a, -um) sīs	(-ae, -a) sītis
	cecīderit	cecīderint		sit	sint
Plup.	cecīdissem	cecīdissēmus		caesus essem	caesī essēmus
	cecīdissēs	cecīdissētis		(-a, -um) essēs	(-ae, -a) essētis
	cecīdisset	cecīdissent		esset	essent

IMPERATIVE

Pres.	caede	caedite	

INFINITIVE

Pres.	caedere	caedī
Perf.	cecīdisse	caesus (-a, -um) esse
Fut.	caesūrus (-a, -um) esse	

PARTICIPLE

Pres.	caedēns, (-tis)	
Perf.		caesus (-a, -um)
Fut.	caesūrus (-a, -um)	caedendus (-a, -um) (GERUNDIVE)

GERUND caedendī, -ō, -um, -ō   SUPINE caesum, -ū

Alternate forms: **caecidi** = cecidi

Compounds and related words: **abscido (3)** cut off; **accido (3)** hack at; **caedes, -is, f.** slaughter; **concido (3)** cut to pieces; **decido (3)** cut off; **excido (3)** cut out; **incido (3)** cut open; **occido (3)** kill; **praecido (3)** cut short; **recido (3)** cut back; **trucido (3)** slaughter

Model sentence: ***Caedebant** pariter pariterque ruebant victores victique.* —Vergil

be warm or hot

ACTIVE		PASSIVE
	INDICATIVE	

Pres.	caleō	calēmus	
	calēs	calētis	
	calet	calent	calētur (Impers.)
Impf.	calēbam	calēbāmus	
	calēbās	calēbātis	
	calēbat	calēbant	calēbātur (Impers.)
Fut.	calēbo	calēbimus	
	calēbis	calēbitis	
	calēbit	calēbunt	calēbitur (Impers.)
Perf.	caluī	caluimus	
	caluistī	caluistis	
	caluit	caluērunt (-ēre)	
Plup.	calueram	caluerāmus	
	caluerās	caluerātis	
	caluerat	caluerant	
Fut.	caluerō	caluerimus	
Perf.	calueris	calueritis	
	caluerit	caluerint	

	SUBJUNCTIVE		
Pres.	caleam	caleāmus	
	caleās	caleātis	
	caleat	caleant	caleātur (Impers.)
Impf.	calērem	calērēmus	
	calērēs	calērētis	
	calēret	calērent	calērētur (Impers.)
Perf.	caluerim	caluerimus	
	calueris	calueritis	
	caluerit	caluerint	
Plup.	caluissem	caluissēmus	
	caluissēs	caluissētis	
	caluisset	caluissent	

	IMPERATIVE	
Pres.	calē	calēte

	INFINITIVE	
Pres.	calēre	calērī
Perf.	caluisse	
Fut.	calitūrus (-a, -um) esse	

	PARTICIPLE	
Pres.	calēns, (-tis)	
Perf.		
Fut.	calitūrus (-a, -um)	calendus (-a, -um) (GERUNDIVE)

GERUND calendī, -ō, -um, -ō   SUPINE

Alternate forms: **calitarus** = caliturus
Compounds and related words: **calefacio (calfacio), -ere, -feci, -factum** to make warm;
    calefacto (1) to make warm; **calesco, -ere** to become warm; **calidus (caldus), -a, -um** warm;
    calor, -is, m. warmth
Model sentence: *Omnes homines ad suum quaestum* **calent.** —Plautus

sing

	ACTIVE			**PASSIVE**	
INDICATIVE					
Pres.	canō	canimus		canor	canimur
	canis	canitis		caneris (-re)	caniminī
	canit	canunt		canitur	canuntur
Impf.	canēbam	canēbāmus		canēbar	canēbāmur
	canēbās	canēbātis		canēbāris (-re)	canēbāminī
	canēbat	canēbant		canēbātur	canēbantur
Fut.	canam	canēmus		canar	canēmur
	canēs	canētis		canēris (-re)	canēminī
	canet	canent		canētur	canentur
Perf.	cecinī	cecinimus			
	cecinistī	cecinistis			
	cecinit	cecinērunt (-ēre)			
Plup.	cecineram	cecinerāmus			
	cecinerās	cecinerātis			
	cecinerat	cecinerant			
Fut.	cecinerō	cecinerimus			
	cecineris	cecineritis			
	cecinerit	cecinerint			
SUBJUNCTIVE					
Pres.	canam	canāmus		canar	canāmur
	canās	canātis		canāris (-re)	canāminī
	canat	canant		canātur	canantur
Impf.	canerem	canerēmus		canerer	canerēmur
	canerēs	canerētis		canerēris (-re)	canerēminī
	caneret	canerent		canerētur	canerentur
Perf.	cecinerim	cecinerimus			
	cecineris	cecineritis			
	cecinerit	cecinerint			
Plup.	cecinissem	cecinissēmus			
	cecinissēs	cecinissētis			
	cecinisset	cecinissent			
IMPERATIVE					
Pres.	cane	canite			
INFINITIVE					
Pres.	canere			canī	
Perf.	cecinisse				
Fut.	cantātūrus (-a, -um) esse				
PARTICIPLE					
Pres.	canēns, (-tis)				
Perf.					
Fut.				canendus (-a, -um) (GERUNDIVE)	

GERUND canendī, -ō, -um, -ō   SUPINE cantum, -ū

Compounds and related words: **canorus, -a, -um** musical; **cantilena, -ae, f.** gossip; **canto (1)** sing; **cantus, -us, m.** music; **concino (3)** harmonize; **decanto (1)** keep repeating
Model sentence: *Arma virumque **cano**. —*Vergil

seize, take

ACTIVE		PASSIVE	
INDICATIVE			

Pres.

capiō	capimus	capior	capimur
capis	capitis	caperis (-re)	capiminī
capit	capiunt	capitur	capiuntur

Impf.

capiēbam	capiēbāmus	capiēbar	capiēbāmur
capiēbās	capiēbātis	capiēbāris (-re)	capiēbāminī
capiēbat	capiēbant	capiēbātur	capiēbantur

Fut.

capiam	capiēmus	capiar	capiēmur
capiēs	capiētis	capiēris (-re)	capiēminī
capiet	capient	capiētur	capientur

Perf.

cēpī	cēpimus	captus sum	captī sumus
cēpistī	cēpistis	(-a, -um) es	(-ae, -a) estis
cēpit	cēpērunt (-ēre)	est	sunt

Plup.

cēperam	cēperāmus	captus eram	captī erāmus
cēperās	cēperātis	(-a, -um) erās	(-ae, -a) erātis
cēperat	cēperant	erat	erant

Fut.
Perf.

cēperō	cēperimus	captus erō	captī erimus
cēperis	cēperitis	(-a, -um) eris	(-ae, -a) eritis
cēperit	cēperint	erit	erunt

SUBJUNCTIVE			

Pres.

capiam	capiāmus	capiar	capiāmur
capiās	capiātis	capiāris (-re)	capiāminī
capiat	capiant	capiātur	capiantur

Impf.

caperem	caperēmus	caperer	caperemur
caperēs	caperētis	caperēris (-re)	caperēminī
caperet	caperent	caperētur	caperentur

Perf.

cēperim	cēperimus	captus sim	captī sīmus
cēperis	cēperitis	(-a, -um) sīs	(-ae, -a) sītis
cēperit	cēperint	sit	sint

Plup.

cēpissem	cēpissēmus	captus essem	captī essēmus
cēpissēs	cēpissētis	(-a, -um) essēs	(-ae, -a) essētis
cēpisset	cēpissent	esset	essent

IMPERATIVE			

Pres.   cape   capite

INFINITIVE			

Pres.   capere   capī

Perf.   cēpisse   captus (-a, -um) esse

Fut.   captūrus (-a, -um) esse

PARTICIPLE			

Pres.   capiēns, (-tis)

Perf.   captus (-a, -um)

Fut.   captūrus (-a, -um)   capiendus (-a, -um) (GERUNDIVE)

GERUND capiendī, -ō, -um, -ō   SUPINE captum, -ū

Compounds and related words: **accepto (1)** receive; **accipio (3)** receive; **capesso (3)** seize; **captivus, -i, m.** prisoner; **capto (1)** seize; **concipio (3)** begin; **decipio (3)** deceive; **excipio (3)** remove; **incipio (3)** begin; **intercipio (3)** intercept; **mancipium, -i, n.** purchase; **nuncupo (1)** call by name; **percipio (3)** take; **praecipio (3)** anticipate; **recipio (3)** receive; **recupero (1)** recover; **suscipio (3)** undertake
Model sentence: *Infelix, quae tanta animum dementia cepit?* —Vergil

be without, do without

ACTIVE

INDICATIVE

Pres.	careō	carēmus
	carēs	carētis
	caret	carent
Impf.	carēbam	carēbāmus
	carēbās	carēbātis
	carēbat	carēbant
Fut.	carēbō	carēbimus
	carēbis	carēbitis
	carebit	carēbunt
Perf.	caruī	caruimus
	caruistī	caruistis
	caruit	caruērunt (-ēre)
Plup.	carueram	caruerāmus
	caruerās	caruerātis
	caruerat	caruerant
Fut.	caruerō	caruerimus
Perf.	carueris	carueritis
	caruerit	caruerint

SUBJUNCTIVE

Pres.	caream	careāmus
	careās	careātis
	careat	careant
Impf.	carērem	carērēmus
	carērēs	carērētis
	carēret	carērent
Perf.	caruerim	caruerimus
	carueris	carueritis
	caruerit	caruerint
Plup.	caruissem	caruissēmus
	caruissēs	caruissētis
	caruisset	caruissent

IMPERATIVE

Pres.	carē	carēte

INFINITIVE

Pres.	carēre
Perf.	caruisse
Fut.	caritūrus (-a, -um) esse

PARTICIPLE

	Active	Passive
Pres.	carēns, (-tis)	
Perf.		
Fut.	caritūrus (-a, -um)	

GERUND carendī, -ō, -um, -ō SUPINE caritum

Usage notes: generally used with the **ablative**
Alternate forms: **carint** = careant
Compounds and related words: **caritas, -titis, f.** high price; **carus, -a, -um,** expensive, dear
Model sentence: *Tum vero exarsit iuveni dolor ossibus ingens, nec lacrimis **caruere** genae.* —Vergil

pluck, divide

ACTIVE		PASSIVE	

INDICATIVE

	ACTIVE		PASSIVE	
Pres.	carpō	carpimus	carpor	carpimur
	carpis	carpitis	carperis (-re)	carpiminī
	carpit	carpunt	carpitur	carpuntur
Impf.	carpēbam	carpēbāmus	carpēbar	carpēbāmur
	carpēbās	carpēbātis	carpēbāris (-re)	carpēbāminī
	carpēbat	carpēbant	carpēbātur	carpēbantur
Fut.	carpam	carpēmus	carpar	carpēmur
	carpēs	carpētis	carpēris (-re)	carpēminī
	carpet	carpent	carpētur	carpentur
Perf.	carpsī	carpsimus	carptus sum	carptī sumus
	carpsistī	carpsistis	(-a, -um) es	(-ae, -a) estis
	carpsit	carpsērunt (-ēre)	est	sunt
Plup.	carpseram	carpserāmus	carptus eram	carptī erāmus
	carpserās	carpserātis	(-a, -um) erās	(-ae, -a) erātis
	carpserat	carpserant	erat	erant
Fut.	carpserō	carpserimus	carptus erō	carptī erimus
Perf.	carpseris	carpseritis	(-a, -um) eris	(-ae, -a) eritis
	carpserit	carpserint	erit	erunt

SUBJUNCTIVE

	ACTIVE		PASSIVE	
Pres.	carpam	carpāmus	carpar	carpāmur
	carpās	carpātis	carpāris (-re)	carpāminī
	carpat	carpant	carpātur	carpantur
Impf.	carperem	carperēmus	carperer	carperēmur
	carperēs	carperētis	carperēris (-re)	carperēminī
	carperet	carperent	carperētur	carperentur
Perf.	carpserim	carpserimus	carptus sim	carptī sīmus
	carpseris	carpseritis	(-a, -um) sīs	(-ae, -a) sītis
	carpserit	carpserint	sit	sint
Plup.	carpsissem	carpsissēmus	carptus essem	carptī essēmus
	carpsissēs	carpsissētis	(-a, -um) essēs	(-ae, -a) essētis
	carpsisset	carpsissent	esset	essent

IMPERATIVE

Pres.	carpe	carpite		

INFINITIVE

	ACTIVE		PASSIVE	
Pres.	carpere		carpī	
Perf.	carpsisse		carptus (-a, -um) esse	
Fut.	carptūrus (-a, -um) esse			

PARTICIPLE

	ACTIVE		PASSIVE	
Pres.	carpēns, (-tis)			
Perf.			carptus (-a, -um)	
Fut.	carptūrus (-a, -um)		carpendus (-a, -um) (GERUNDIVE)	

GERUND carpendī, -ō, -um, -ō   SUPINE carptum, -ū

Compounds and related words: **carptim** in pieces; **carptor, -is, m.** carver; **decerpo (3)** pluck off; **discerpo (3)** tear apart; **excerpo (3)** select

Model sentence: *Carpe diem.* —Horace

avoid, beware

ACTIVE · PASSIVE

INDICATIVE

	ACTIVE			PASSIVE	
Pres.	caveō	cavēmus		caveor	cavēmur
	cavēs	cavētis		cavēris (-re)	cavēminī
	cavet	cavent		cavētur	caventur
Impf.	cavēbam	cavēbāmus		cavēbar	cavēbāmur
	cavēbās	cavēbātis		cavēbāris (-re)	cavēbāminī
	cavēbat	cavēbant		cavēbātur	cavēbantur
Fut.	cavēbō	cavēbimus		cavēbor	cavēbimur
	cavēbis	cavēbitis		cavēberis (-re)	cavēbiminī
	cavēbit	cavēbunt		cavēbitur	cavēbuntur
Perf.	cāvī	cāvimus		cautus sum	cautī sumus
	cāvistī	cāvistis		(-a, -um) es	(-ae, -a) estis
	cāvit	cāvērunt (-ēre)		est	sunt
Plup.	cāveram	cāverāmus		cautus eram	cautī erāmus
	cāverās	cāverātis		(-a, -um) erās	(-ae, -a) erātis
	cāverat	cāverant		erat	erant
Fut. Perf.	cāverō	cāverimus		cautus erō	cautī erimus
	cāveris	cāveritis		(-a, -um) eris	(-ae, -a) eritis
	cāverit	cāverint		erit	erunt

SUBJUNCTIVE

	ACTIVE			PASSIVE	
Pres.	caveam	caveāmus		cavear	caveāmur
	caveās	caveātis		caveāris (-re)	caveāminī
	caveat	caveant		caveātur	caveantur
Impf.	cavērem	cavērēmus		cavērer	cavērēmur
	cavērēs	cavērētis		cavērēris (-re)	cavērēminī
	cavēret	cavērent		cavērētur	cavērentur
Perf.	cāverim	cāverimus		cautus sim	cautī sīmus
	cāveris	cāveritis		(-a, -um) sīs	(-ae, -a) sīmus
	cāverit	cāverint		sit	sint
Plup.	cāvissem	cāvissēmus		cautus essem	cautī essēmus
	cāvissēs	cāvissētis		(-a, -um) essēs	(-ae, -a) essētis
	cāvisset	cāvissent		esset	essent

IMPERATIVE

Pres.	cavē	cavēte

INFINITIVE

	ACTIVE	PASSIVE
Pres.	cavēre	cavērī
Perf.	cāvisse	cautus (-a, -um) esse
Fut.	cautūrus (-a, -um) esse	

PARTICIPLE

	ACTIVE	PASSIVE
Pres.	cavēns, (-tis)	
Perf.		cautus (-a, -um)
Fut.	cautūrus (-a, -um)	cavendus (-a, -um) (GERUNDIVE)

GERUND cavendī, -ō, -um, -ō   SUPINE cautum, -ū

Compounds and related words: **cautus, -a, -um** cautious; **incautus, -a, -um** careless
Model sentence: *Cave canem.* —Petronius

yield

ACTIVE

INDICATIVE

Pres.	cēdō	cēdimus
	cēdis	cēditis
	cēdit	cēdunt
Impf.	cēdēbam	cēdēbāmus
	cēdēbās	cēdēbātis
	cēdēbat	cēdēbant
Fut.	cēdam	cēdēmus
	cēdēs	cēdētis
	cēdet	cēdent
Perf.	cessī	cessimus
	cessistī	cessistis
	cessit	cessērunt (-ēre)
Plup.	cesseram	cesserāmus
	cesserās	cesserātis
	cesserat	cesserant
Fut.	cesserō	cesserimus
Perf.	cesseris	cesseritis
	cesserit	cesserint

SUBJUNCTIVE

Pres.	cēdam	cēdāmus
	cēdās	cēdātis
	cēdat	cēdant
Impf.	cēderem	cēderēmus
	cēderēs	cēderētis
	cēderet	cēderent
Perf.	cesserim	cesserimus
	cesseris	cesseritis
	cesserit	cesserint
Plup.	cessissem	cessissēmus
	cessissēs	cessissētis
	cessisset	cessissent

IMPERATIVE

Pres.	cēde	cēdite

INFINITIVE

Pres.	cēdere
Perf.	cessisse
Fut.	cessūrus (-a, -um) esse

PARTICIPLE

	Active	Passive
Pres.	cēdēns, (-tis)	
Perf.		cessus (-a, -um)
Fut.	cessūrus (-a, -um)	cēdendus (-a, -um) (GERUNDIVE)

GERUND cēdendī, -ō, -um, -ō   SUPINE cessum

Compounds and related words: **abscedo (3)** depart; **accedo (3)** approach; **arcesso (3)** summon; **cesso (1)** loiter; **concedo (3)** yield; **decedo (3)** withdraw; **discedo (3)** depart; **excedo (3)** leave; **incedo (3)** walk; **intercedo (3)** intervene; **praecedo (3)** precede; **procedo (3)** go forward; **recedo (3)** withdraw; **succedo (3)** advance
Model sentence: *Cedant arma togae.* —Cicero

54

ACTIVE		PASSIVE	

INDICATIVE

Pres.	cēlō	cēlāmus	cēlor	cēlāmur
	cēlās	cēlātis	cēlāris (-re)	cēlāminī
	cēlat	cēlant	cēlātur	cēlantur
Impf.	cēlābam	cēlābāmus	cēlābar	cēlābāmur
	cēlābās	cēlābātis	cēlābāris (-re)	cēlābāminī
	cēlābat	cēlābant	cēlābātur	cēlābantur
Fut.	cēlābo	cēlābimus	cēlābor	cēlābimur
	cēlābis	cēlābitis	cēlāberis (-re)	cēlābiminī
	cēlābit	cēlābunt	cēlābitur	cēlābuntur

Perf.	cēlāvī	cēlāvimus	cēlātus sum	cēlātī sumus
	cēlāvistī	cēlāvistis	(-a, -um) es	(-ae, -a) estis
	cēlāvit	cēlāvērunt (-ēre)	est	sunt
Plup.	cēlāveram	cēlāverāmus	cēlātus eram	cēlātī erāmus
	cēlāverās	cēlāverātis	(-a, -um) erās	(-ae, -a) erātis
	cēlāverat	cēlāverant	erat	erant
Fut. Perf.	cēlāverō	cēlāverimus	cēlātus erō	cēlātī erimus
	cēlāveris	cēlāveritis	(-a, -um) eris	(-ae, -a) eritis
	cēlāverit	cēlāverint	erit	erunt

SUBJUNCTIVE

Pres.	cēlem	cēlēmus	cēler	cēlēmur
	cēlēs	cēlētis	cēlēris (-re)	cēlēminī
	cēlet	cēlent	cēlētur	cēlentur
Impf.	cēlārem	cēlārēmus	cēlārer	cēlārēmur
	cēlārēs	cēlārētis	cēlārēris (-re)	cēlārēminī
	cēlāret	cēlārent	cēlārētur	cēlārentur

Perf.	cēlāverim	cēlāverimus	cēlātus sim	cēlātī sīmus
	cēlāveris	cēlāveritis	(-a, -um) sīs	(-ae, -a) sītis
	cēlāverit	cēlāverint	sit	sint
Plup.	cēlāvissem	cēlāvissēmus	cēlātus essem	cēlātī essēmus
	cēlāvissēs	cēlāvissētis	(-a, -um) essēs	(-ae, -a) essētis
	cēlāvisset	cēlāvissent	esset	essent

IMPERATIVE

Pres.	cēlā	cēlāte		

INFINITIVE

Pres.	cēlāre	cēlārī
Perf.	cēlāvisse	cēlātus (-a, -um) esse
Fut.	cēlātūrus (-a, -um) esse	

PARTICIPLE

Pres.	cēlāns, (-tis)	
Perf.		cēlātus (-a, -um)
Fut.	cēlātūrus (-a, -um)	cēlandus (-a, -um) (GERUNDIVE)

GERUND cēlandī, -ō, -um, -ō   SUPINE cēlātum, -ū

Usage notes: with **accusative** of thing hidden and **accusative** of person from whom it is concealed
Compounds and related words: **concelo (1)** to hide
Model sentence: *Amor tussisque non **celantur**.* —Ovid

think

	ACTIVE		PASSIVE	
		INDICATIVE		
Pres.	cēnseō	cēnsēmus	cēnseor	cēnsēmur
	cēnsēs	cēnsētis	cēnsēris (-re)	cēnsēminī
	cēnset	cēnsent	cēnsētur	cēnsentur
Impf.	cēnsēbam	cēnsēbāmus	cēnsēbar	cēnsēbāmur
	cēnsēbās	cēnsēbātis	cēnsēbāris (-re)	cēnsēbāminī
	cēnsēbat	cēnsēbant	cēnsēbātur	cēnsēbantur
Fut.	cēnsēbō	cēnsēbimus	cēnsēbor	cēnsēbimur
	cēnsēbis	cēnsēbitis	cēnsēberis (-re)	cēnsēbiminī
	cēnsēbit	cēnsēbunt	cēnsēbitur	cēnsēbuntur
Perf.	cēnsuī	cēnsuimus	cēnsus sum	cēnsī sumus
	cēnsuistī	cēnsuistis	(-a, -um) es	(-ae, -a) estis
	cēnsuit	cēnsuērunt (-ēre)	est	sunt
Plup.	cēnsueram	cēnsuerāmus	cēnsus eram	cēnsī erāmus
	cēnsuerās	cēnsuerātis	(-a, -um) erās	(-ae, -a) erātis
	cēnsuerat	cēnsuerant	erat	erant
Fut.	cēnsuerō	cēnsuerimus	cēnsus erō	cēnsī erimus
Perf.	cēnsueris	cēnsueritis	(-a, -um) eris	(-ae, -a) eritis
	cēnsuerit	cēnsuerint	erit	erunt
		SUBJUNCTIVE		
Pres.	cēnseam	cēnseāmus	cēnsear	cēnseāmur
	cēnseās	cēnseātis	cēnseāris (-re)	cēnseāminī
	cēnseat	cēnseant	cēnseātur	cēnseantur
Impf.	cēnsērem	cēnsērēmus	cēnsērer	cēnsērēmur
	cēnsērēs	cēnsērētis	cēnsērēris (-re)	cēnsērēminī
	cēnsēret	cēnsērent	cēnsērētur	cēnsērentur
Perf.	cēnsuerim	cēnsuerimus	cēnsus sim	cēnsī sīmus
	cēnsueris	cēnsueritis	(-a, -um) sīs	(-ae, -a) sītus
	cēnsuerit	cēnsuerint	sit	sint
Plup.	cēnsuissem	cēnsuissēmus	cēnsus essem	cēnsī essēmus
	cēnsuissēs	cēnsuissētis	(-a, -um) essēs	(-ae, -a) essētis
	cēnsuisset	cēnsuissent	esset	essent
		IMPERATIVE		
Pres.	cēnsē	cēnsēte		
		INFINITIVE		
Pres.	cēnsēre		cēnsērī	
Perf.	cēnsuisse		cēnsus (-a, -um) esse	
Fut.	cēnsūrus (-a, -um) esse			
		PARTICIPLE		
Pres.	cēnsēns, (-tis)			
Perf.			cēnsus (-a, -um)	
Fut.	cēnsūrus (-a, -um)		cēnsendus (-a, -um) (GERUNDIVE)	

GERUND cēnsendī, -ō, -um, -ō   SUPINE cēnsum, -ū

Alternate forms: **censitum** = censum
Compounds and related words: **censor, -is, m.** judge
Model sentence: *Quaeso ut ea quae dicam non a militibus imperatori dicta **censeas** sed a plebe patribus.* —Livy

distinguish, understand, decide

ACTIVE		PASSIVE	
INDICATIVE			

Pres.

cernō	cernimus	cernor	cernimur
cernis	cernitis	cerneris (-re)	cerniminī
cernit	cernunt	cernitur	cernuntur

Impf.

cernēbam	cernēbāmus	cernēbar	cernēbāmur
cernēbās	cernēbātis	cernēbāris (-re)	cernēbāminī
cernēbat	cernēbant	cernēbātur	cernēbantur

Fut.

cernam	cernēmus	cernar	cernēmur
cernēs	cernētis	cernēris (-re)	cernēminī
cernet	cernent	cernētur	cernentur

Perf.

crēvī	crēvimus	crētus	sum	crētī	sumus
crēvistī	crēvistis	(-a, -um)	es	(-ae, -a)	estis
crēvit	crēvērunt (-ēre)		est		sunt

Plup.

crēveram	crēverāmus	crētus	eram	crētī	erāmus
crēverās	crēverātis	(-a, -um)	erās	(-ae, -a)	erātis
crēverat	crēverant		erat		erant

Fut. Perf.

crēverō	crēverimus	crētus	erō	crētī	erimus
crēveris	crēveritis	(-a, -um)	eris	(-ae, -a)	eritis
crēverit	crēverint		erit		erunt

SUBJUNCTIVE			

Pres.

cernam	cernāmus	cernar	cernāmur
cernās	cernātis	cernāris (-re)	cernāminī
cernat	cernant	cernātur	cernantur

Impf.

cernerem	cernerēmus	cernerer	cernerēmur
cernerēs	cernerētis	cernerēris (-re)	cernerēminī
cerneret	cernerent	cernerētur	cernerentur

Perf.

crēverim	crēverimus	crētus	sim	crētī	sīmus
crēveris	crēveritis	(-a, -um)	sīs	(-ae, -a)	sītis
crēverit	crēverint		sit		sint

Plup.

crēvissem	crēvissēmus	crētus	essem	crētī	essēmus
crēvissēs	crēvissētis	(-a, -um)	essēs	(-ae, -a)	essētis
crēvisset	crēvissent		esset		essent

IMPERATIVE			

Pres.   cerne   cernite

INFINITIVE			

Pres.	cernere	cernī
Perf.	crēvisse	crētus (-a, -um) esse
Fut.	crētūrus (-a, -um) esse	

PARTICIPLE			

Pres.	cernēns, (-tis)	
Perf.		crētus (-a, -um)
Fut.	crētūrus (-a, -um)	cernendus (-a, -um) (GERUNDIVE)

GERUND cernendī, -ō, -um, -ō   SUPINE crētum, -ū

Alternate forms: **certus** = cretus

Compounds and related words: **certus, -a, -um** certain; **decerno (3)** to decide; **discerno (3)** to divide; **secerno (3)** to separate; **secretus, -a, -um** separate

Model sentence: *Hoc melius ea fortasse, quae erant vera,* **cernebat.** —Cicero

struggle

	ACTIVE		PASSIVE	
	INDICATIVE			
Pres.	certō	certāmus	certor	certāmur
	certās	certātis	certāris (-re)	certāminī
	certat	certant	certātur	certantur
Impf.	certābam	certābāmus	certābar	certābāmur
	certābās	certābātis	certābāris (-re)	certābāminī
	certābat	certābant	certābātur	certābantur
Fut.	certābō	certābimus	certābor	certābimur
	certābis	certābitis	certāberis (-re)	certābiminī
	certābit	certābunt	certābitur	certābuntur
Perf.	certāvī	certāvimus	certātus sum	certātī sumus
	certāvistī	certāvistis	(-a, -um) es	(-ae, -a) estis
	certāvit	certāvērunt (-ēre)	est	sunt
Plup.	certāveram	certāverāmus	certātus eram	certātī erāmus
	certāverās	certāverātis	(-a, -um) erās	(-ae, -a) erātis
	certāverat	certāverant	erat	erant
Fut.	certāverō	certāverimus	certātus erō	certātī erimus
Perf.	certāveris	certāveritis	(-a, -um) eris	(-ae, -a) eritis
	certāverit	certāverint	erit	erunt
	SUBJUNCTIVE			
Pres.	certem	certēmus	certer	certēmur
	certēs	certētis	certēris (-re)	certēminī
	certet	certent	certētur	certentur
Impf.	certārem	certārēmus	certārer	certārēmur
	certārēs	certārētis	certārēris (-re)	certārēminī
	certāret	certārent	certārētur	certārentur
Perf.	certāverim	certāverimus	certātus sim	certātī sīmus
	certāveris	certāveritis	(-a, -um) sīs	(-ae, -a) sītis
	certāverit	certāverint	sit	sint
Plup.	certāvissem	certāvissēmus	certātus essem	certātī essēmus
	certāvissēs	certāvissētis	(-a, -um) essēs	(-ae, -a) essētis
	certāvisset	certāvissent	esset	essent
	IMPERATIVE			
Pres.	certā	certāte		
	INFINITIVE			
Pres.	certāre		certārī	
Perf.	certāvisse		certātus (-a, -um) esse	
Fut.	certātūrus (-a, -um) esse			
	PARTICIPLE			
Pres.	certāns, (-tis)			
Perf.			certātus (-a, -um)	
Fut.	certātūrus (-a, -um)		certandus (-a, -um) (GERUNDIVE)	

GERUND certandī, -ō, -um, -ō   SUPINE certātum, -ū

Compounds and related words: **certamen, -minis, n.** contest; **certatim** eagerly; **decerto (1)** fight it out
Model sentence: *...utrum igitur utilius Fabricio....armis cum hoste **certare** an venenis?* —Cicero

loiter, stop

ACTIVE		PASSIVE	
INDICATIVE			

	ACTIVE		PASSIVE	
Pres.	cessō	cessāmus	cessor	cessāmur
	cessās	cessātis	cessāris (-re)	cessāminī
	cessat	cessant	cessātur	cessantur
Impf.	cessābam	cessābāmus	cessābar	cessābāmur
	cessābās	cessābātis	cessābāris (-re)	cessābāminī
	cessābat	cessābant	cessābātur	cessābantur
Fut.	cessābo	cessābimus	cessābor	cessābimur
	cessābis	cessābitis	cessāberis (-re)	cessābiminī
	cessābit	cessābunt	cessābitur	cessābuntur
Perf.	cessāvī	cessāvimus	cessātus sum	cessātī sumus
	cessāvistī	cessāvistis	(-a, -um) es	(-ae, -a) estis
	cessāvit	cessāvērunt (-ēre)	est	sunt
Plup.	cessāveram	cessāverāmus	cessātus eram	cessātī erāmus
	cessāverās	cessāverātis	(-a, -um) erās	(-ae, -a) erātis
	cessāverat	cessāverant	erat	erant
Fut. Perf.	cessāverō	cessāverimus	cessātus erō	cessātī erimus
	cessāveris	cessāveritis	(-a, -um) eris	(-ae, -a) eritis
	cessāverit	cessāverint	erit	erunt

SUBJUNCTIVE

	ACTIVE		PASSIVE	
Pres.	cessem	cessēmus	cesser	cessēmur
	cessēs	cessētis	cessēris (-re)	cessēminī
	cesset	cessent	cessētur	cessentur
Impf.	cessārem	cessārēmus	cessārer	cessārēmur
	cessārēs	cessārētis	cessārēris (-re)	cessārēminī
	cessāret	cessārent	cessārētur	cessārentur
Perf.	cessāverim	cessāverimus	cessātus sim	cessātī sīmus
	cessāveris	cessāveritis	(-a, -um) sīs	(-ae, -a) sītis
	cessāverit	cessāverint	sit	sint
Plup.	cessāvissem	cessāvissēmus	cessātus essem	cessātī essēmus
	cessāvissēs	cessāvissētis	(-a, -um) essēs	(-ae, -a) essētis
	cessāvisset	cessāvissent	esset	essent

IMPERATIVE

Pres.	cessā	cessāte

INFINITIVE

	ACTIVE	PASSIVE
Pres.	cessāre	cessārī
Perf.	cessāvisse	cessātus (-a, -um) esse
Fut.	cessātūrus (-a, -um) esse	

PARTICIPLE

	ACTIVE	PASSIVE
Pres.	cessāns, (-tis)	
Perf.		cessātus (-a, -um)
Fut.	cessātūrus (-a, -um)	cessandus (-a, -um) (GERUNDIVE)

GERUND cessandī, -ō, -um, -ō   SUPINE cessātum, -ū

Compounds and related words: **cedo, -ere, cessi, cessum** go, withdraw
Model sentence: *Cur tam multos deos nihil agere et **cessare** patitur?* —Cicero

59

set in motion

ACTIVE   PASSIVE

INDICATIVE

	ACTIVE		PASSIVE	
Pres.	cieō	ciēmus	cieor	ciēmur
	ciēs	ciētis	ciēris (-re)	ciēminī
	ciet	cient	ciētur	cientur
Impf.	ciēbam	ciēbāmus	ciēbar	ciēbāmur
	ciēbās	ciēbātis	ciēbāris (-re)	ciēbāminī
	ciēbat	ciēbant	ciēbātur	ciēbantur
Fut.	ciēbo	ciēbimus	ciēbor	ciēbimur
	ciēbis	ciēbitis	ciēberis (-re)	ciēbiminī
	ciēbit	ciēbunt	ciēbitur	ciēbuntur
Perf.	cīvī	cīvimus	citus sum	citī sumus
	cīvistī	cīvistis	(-a, -um) es	(-ae, -a) estis
	cīvit	cīvērunt (-ēre)	est	sunt
Plup.	cīveram	cīverāmus	citus eram	citī erāmus
	cīverās	cīverātis	(-a, -um) erās	(-ae, -a) erātis
	cīverat	cīverant	erat	erant
Fut.	cīverō	cīverimus	citus erō	citī erimus
Perf.	cīveris	cīveritis	(-a, -um) eris	(-ae, -a) eritis
	cīverit	cīverint	erit	erunt

SUBJUNCTIVE

	ACTIVE		PASSIVE	
Pres.	cieam	cieāmus	ciear	cieāmur
	cieās	cieātis	cieāris (-re)	cieāminī
	cieat	cieant	cieātur	cieantur
Impf.	ciērem	ciērēmus	ciērer	ciērēmur
	ciērēs	ciērētis	ciērēris (-re)	ciērēminī
	ciēret	ciērent	ciērētur	ciērentur
Perf.	cīverim	cīverimus	citus sim	citī sīmus
	cīveris	cīveritis	(-a, -um) sīs	(-ae, -a) sītis
	cīverit	cīverint	sit	sint
Plup.	cīvissem	cīvissēmus	citus essem	citī essēmus
	cīvissēs	cīvissētis	(-a, -um) essēs	(-ae, -a) essētis
	cīvisset	cīvissent	esset	essent

IMPERATIVE

Pres.	ciē	ciēte

INFINITIVE

	ACTIVE	PASSIVE
Pres.	ciēre	ciērī
Perf.	cīvisse	citus (-a, -um) esse
Fut.	citūrus (-a, -um) esse	

PARTICIPLE

	ACTIVE	PASSIVE
Pres.	ciēns, (-tis)	
Perf.		citus (-a, -um)
Fut.	citūrus (-a, -um)	ciendus (-a, -um) (GERUNDIVE)

GERUND ciendī, -ō, -um, -ō   SUPINE citum, -ū

Alternate forms: **cio (4)** = cieo

Compounds and related words: **accieo (2)** to summon; **accio (4)** to summon; **citatim** quickly; **cito** quickly; **cito (1)** to put into motion; **concieo (2)** to assemble; **concito (1)** to excite; **excieo (2)** to summon; **excito (1)** to excite; **incito (1)** to incite; **recito (1)** to recite; **suscito (1)** to incite

Model sentence: *Imo Nereus **ciet** aequora fundo.* —Vergil

encircle

ACTIVE		PASSIVE	

INDICATIVE

	ACTIVE		PASSIVE	
Pres.	cingō	cingimus	cingor	cingimur
	cingis	cingitis	cingeris (-re)	cingiminī
	cingit	cingunt	cingitur	cinguntur
Impf.	cingēbam	cingēbāmus	cingēbar	cingēbāmur
	cingēbās	cingēbātis	cingēbāris (-re)	cingēbāminī
	cingēbat	cingēbant	cingēbātur	cingēbantur
Fut.	cingam	cingēmus	cingar	cingēmur
	cingēs	cingētis	cingēris (-re)	cingēminī
	cinget	cingent	cingētur	cingentur
Perf.	cinxī	cinximus	cinctus sum	cinctī sumus
	cinxistī	cinxistis	(-a, -um) es	(-ae, -a) estis
	cinxit	cinxērunt (-ēre)	est	sunt
Plup.	cinxeram	cinxerāmus	cinctus eram	cinctī erāmus
	cinxerās	cinxerātis	(-a, -um) erās	(-ae, -a) erātis
	cinxerat	cinxerant	erat	erant
Fut.	cinxerō	cinxerimus	cinctus erō	cinctī erimus
Perf.	cinxeris	cinxeritis	(-a, -um) eris	(-ae, -a) eritis
	cinxerit	cinxerint	erit	erunt

SUBJUNCTIVE

	ACTIVE		PASSIVE	
Pres.	cingam	cingāmus	cingar	cingāmur
	cingās	cingātis	cingāris (-re)	cingāminī
	cingat	cingant	cingātur	cingantur
Impf.	cingerem	cingerēmus	cingerer	cingerēmur
	cingerēs	cingerētis	cingerēris (-re)	cingerēminī
	cingeret	cingerent	cingerētur	cingerentur
Perf.	cinxerim	cinxerimus	cinctus sim	cinctī sīmus
	cinxeris	cinxeritis	(-a, -um) sīs	(-ae, -a) sītis
	cinxerit	cinxerint	sit	sint
Plup.	cinxissem	cinxissēmus	cinctus essem	cinctī essēmus
	cinxissēs	cinxissētis	(-a, -um) essēs	(-ae, -a) essētis
	cinxisset	cinxissent	esset	essent

IMPERATIVE

	ACTIVE	
Pres.	cinge	cingite

INFINITIVE

	ACTIVE	PASSIVE
Pres.	cingere	cingī
Perf.	cinxisse	cinctus (-a, -um) esse
Fut.	cinctūrus (-a, -um) esse	

PARTICIPLE

	ACTIVE	PASSIVE
Pres.	cingēns, (-tis)	
Perf.		cinctus (-a, -um)
Fut.	cinctūrus (-a, -um)	cingendus (-a, -um) (GERUNDIVE)

GERUND cingendī, -ō, -um, -ō   SUPINE cinctum, -ū

Compounds and related words: **accingo (3)** to gird; **cinctura, -as, f.** girdle; **cinctus, -us, m.** a girdling; **cinctutus, -a, -um** girded; **cingula, -ae, f.** girdle; **cingulum, -i, n.** girdle; **recingo (3)** to loosen
Model sentence: *Non enim corona consessus vester **cinctus est,** ut solebat.* —Cicero

go around, encircle, solicit

	ACTIVE			PASSIVE	
			INDICATIVE		
Pres.	circu(m)eō	circu(m)īmus		circu(m)eor	circu(m)īmur
	circu(m)īs	circu(m)ītis		circu(m)īris (-re)	circu(m)īminī
	circu(m)it	circu(m)eunt		circu(m)ītur	circu(m)euntur
Impf.	circu(m)ībam	circu(m)ībāmus		circu(m)ībar	circu(m)ībāmur
	circu(m)ībās	circu(m)ībātis		circu(m)ībāris (-re)	circu(m)ībāminī
	circu(m)ībat	circu(m)ībant		circu(m)ībātur	circu(m)ībantur
Fut.	circu(m)ībō	circu(m)ībimus		circu(m)ībor	circu(m)ībimur
	circu(m)ībis	circu(m)ībitis		circu(m)īberis (-re)	circu(m)ībiminī
	circu(m)ībit	circu(m)ībunt		circu(m)ībitur	circu(m)ībuntur
Perf.	circu(m)iī	circu(m)iimus		circu(m)itus sum	circu(m)itī sumus
	circu(m)iistī	circu(m)iistis		(-a, -um) es	(-ae, -a) estis
	circu(m)iit	circu(m)iērunt (-ēre)		est	sunt
Plup.	circu(m)ieram	circu(m)ierāmus		circu(m)itus eram	circu(m)itī erāmus
	circu(m)ierās	circu(m)ierātis		(-a, -um) erās	(-ae, -a) erātis
	circu(m)ierat	circu(m)ierant		erat	erant
Fut.	circu(m)ierō	circu(m)ierimus		circu(m)itus erō	circu(m)itī erimus
Perf.	circu(m)ieris	circu(m)ieritis		(-a, -um) eris	(-ae, -a) eritis
	circu(m)ierit	circu(m)ierint		erit	erunt
			SUBJUNCTIVE		
Pres.	circu(m)eam	circu(m)eāmus		circu(m)ear	circu(m)eāmur
	circu(m)eās	circu(m)eātis		circu(m)eāris (-re)	circu(m)eāminī
	circu(m)eat	circu(m)eant		circu(m)eātur	circu(m)eantur
Impf.	circu(m)īrem	circu(m)īrēmus		circu(m)īrer	circu(m)īrēmur
	circu(m)īrēs	circu(m)īrētis		circu(m)īrēris (-re)	circu(m)īrēminī
	circu(m)īret	circu(m)īrent		circu(m)īrētur	circu(m)īrentur
Perf.	circu(m)ierim	circu(m)ierimus		circu(m)itus sim	circu(m)itī sīmus
	circu(m)ieris	circu(m)ieritis		(-a, -um) sīs	(-ae, -a) sītis
	circu(m)ierit	circu(m)ierint		sit	sint
Plup.	circu(m)īssem	circu(m)īssēmus		circu(m)itus essem	circu(m)itī essēmus
	circu(m)īssēs	circu(m)īssētis		(-a, -um) essēs	(-ae, -a) essētis
	circu(m)īsset	circu(m)īssent		esset	essent
			IMPERATIVE		
Pres.	circu(m)ī	circu(m)īte			
			INFINITIVE		
Pres.	circu(m)īre			circu(m)īrī	
Perf.	circu(m)īsse			circu(m)itus (-a, -um) esse	
Fut.	circu(m)itūrus (-a, -um) esse				
			PARTICIPLE		
Pres.	circu(m)iēns, (-euntis)				
Perf.				circu(m)itus (-a, -um)	
Fut.	circu(m)itūrus (-a, -um)			circu(m)eundus (-a, -um) (GERUNDIVE)	

GERUND circu(m)eundī, -ō, -um, -ō   SUPINE circu(m)itum, -ū

Alternate forms: **circumirier** = circumiri; **circu(m)ivi** = circu(m)ii
Compounds and related words: **circuitus, -us, m.** circuit; **circu(m)itio, -onis, f.** a going around
See **eo** for related compounds of this verb.
Model sentence: *Saepe etiam manibus nexis ex ordine trunci* **circuiere** *modum.* —Ovid

carry around, disseminate

ACTIVE			PASSIVE	
INDICATIVE				
Pres. circumferō	circumferimus		circumferor	circumferimur
circumfers	circumfertis		circumferris (-re)	circumferiminī
circumfert	circumferunt		circumfertur	circumferuntur
Impf. circumferēbam	circumferēbāmus		circumferēbar	circumferēbāmur
circumferēbās	circumferēbātis		circumferēbāris (-re)	circumferēbāminī
circumferēbat	circumferēbant		circumferēbātur	circumferēbantur
Fut. circumferam	circumferēmus		circumferar	circumferēmur
circumferēs	circumferētis		circumferēris (-re)	circumferēminī
circumferet	circumferent		circumferētur	circumferentur
Perf. circumtulī	circumtulimus		circumlātus sum	circumlātī sumus
circumtulistī	circumtulistis		(-a, -um) es	(-ae, -a) estis
circumtulit	circumtulērunt (-ēre)		est	sunt
Plup. circumtuleram	circumtulerāmus		circumlātus eram	circumlātī erāmus
circumtulerās	circumtulerātis		(-a, -um) erās	(-ae, -a) erātis
circumtulerat	circumtulerant		erat	erant
Fut. circumtulerō	circumtulerimus		circumlātus erō	circumlātī erimus
Perf. circumtuleris	circumtuleritis		(-a, -um) eris	(-ae, -a) eritis
circumtulerit	circumtulerint		erit	erunt
SUBJUNCTIVE				
Pres. circumferam	circumferāmus		circumferar	circumferāmur
circumferās	circumferātis		circumferāris (-re)	circumferāminī
circumferat	circumferant		circumferātur	circumferantur
Impf. circumferrem	circumferrēmus		circumferrer	circumferrēmur
circumferrēs	circumferrētis		circumferrēris (-re)	circumferrēminī
circumferret	circumferrent		circumferrētur	circumferrentur
Perf. circumtulerim	circumtulerimus		circumlātus sim	circumlātī sīmus
circumtuleris	circumtuleritis		(-a, -um) sīs	(-ae, -a) sītis
circumtulerit	circumtulerint		sit	sint
Plup. circumtulissem	circumtulissēmus		circumlātus essem	circumlātī essēmus
circumtulissēs	circumtulissētis		(-a, -um) essēs	(-ae, -a) essētis
circumtulisset	circumtulissent		esset	essent
IMPERATIVE				
Pres. circumfer	circumferte			
INFINITIVE				
Pres. circumferre			circumferrī	
Perf. circumtulisse			circumlātus (-a, -um) esse	
Fut. circumlātūrus (-a, -um) esse				
PARTICIPLE				
Pres. circumferēns, (-tis)				
Perf.			circumlātus (-a, -um)	
Fut. circumlātūrus (-a, -um)			circumferendus (-a, -um) (GERUNDIVE)	

GERUND circumferendī, -ō, -um, -ō   SUPINE circumlātum, -ū

Compounds and related words: **circumferentia, -ae, f.** circumference
See **fero** for related compounds of this verb.
Model sentence: *Satiatis vino ciboque poculum **circumferetur.*** —Livy

shout

	ACTIVE			PASSIVE	
INDICATIVE					
Pres.	clāmō	clāmāmus		clāmor	clāmāmur
	clāmās	clāmātis		clāmāris (-re)	clāmāminī
	clāmat	clāmant		clāmātur	clāmantur
Impf.	clāmābam	clāmābāmus		clāmābar	clāmābāmur
	clāmābās	clāmābātis		clāmābāris (-re)	clāmābāminī
	clāmābat	clāmābant		clāmābātur	clāmābantur
Fut.	clāmābō	clāmābimus		clāmābor	clāmābimur
	clāmābis	clāmābitis		clāmāberis (-re)	clāmābiminī
	clāmābit	clāmābunt		clāmābitur	clāmābuntur
Perf.	clāmāvī	clāmāvimus		clāmātus sum	clāmātī sumus
	clāmāvistī	clāmāvistis		(-a, -um) es	(-ae, -a) estis
	clāmāvit	clāmāvērunt (-ēre)		est	sunt
Plup.	clāmāveram	clāmāverāmus		clāmātus eram	clāmātī erāmus
	clāmāverās	clāmāverātis		(-a, -um) erās	(-ae, -a) erātis
	clāmāverat	clāmāverant		erat	erant
Fut.	clāmāverō	clāmāverimus		clāmātus erō	clāmātī erimus
Perf.	clāmāveris	clāmāveritis		(-a, -um) eris	(-ae, -a) eritis
	clāmāverit	clāmāverint		erit	erunt
SUBJUNCTIVE					
Pres.	clāmem	clāmēmus		clāmer	clāmēmur
	clāmēs	clāmētis		clāmēris (-re)	clāmēminī
	clāmet	clāment		clāmētur	clāmentur
Impf.	clāmārem	clāmārēmus		clāmārer	clāmārēmur
	clāmārēs	clāmārētis		clāmārēris (-re)	clāmārēminī
	clāmāret	clāmārent		clāmārētur	clāmārentur
Perf.	clāmāverim	clāmāverimus		clāmātus sim	clāmātī sīmus
	clāmāveris	clāmāveritis		(-a, -um) sīs	(-ae, -a) sītis
	clāmāverit	clāmāverint		sit	sint
Plup.	clāmāvissem	clāmāvissēmus		clāmātus essem	clāmātī essēmus
	clāmāvissēs	clāmāvissētis		(-a, -um) essēs	(-ae, -a) essētis
	clāmāvisset	clāmāvissent		esset	essent
IMPERATIVE					
Pres.	clāmā	clāmāte			
INFINITIVE					
Pres.	clāmāre			clāmārī	
Perf.	clāmāvisse			clāmātus (-a, -um) esse	
Fut.	clāmātūrus (-a, -um) esse				
PARTICIPLE					
Pres.	clāmāns, (-tis)				
Perf.	clāmātus (-a, -um)				
Fut.	clāmātūrus (-a, -um)			clāmandus (-a, -um) (GERUNDIVE)	

GERUND clāmandī, -ō, -um, -ō   SUPINE clāmātum, -ū

Compounds and related words: **clamor, -is, m.** noise; **conclamo (1)** shout; **exclamo (1)** shout; **proclamo (1)** proclaim

Model sentence: *Dum tacent, **clamant.*** —Cicero

close, shut

ACTIVE | PASSIVE

INDICATIVE

	ACTIVE		PASSIVE	
Pres.	claudō	claudimus	claudor	claudimur
	claudis	clauditis	clauderis (-re)	claudiminī
	claudit	claudunt	clauditur	clauduntur
Impf.	claudēbam	claudēbāmus	claudēbar	claudēbāmur
	claudēbās	claudēbātis	claudēbāris (-re)	claudēbāminī
	claudēbat	claudēbant	claudēbātur	claudēbantur
Fut.	claudam	claudēmus	claudar	claudēmur
	claudēs	claudētis	claudēris (-re)	claudēminī
	claudet	claudent	claudētur	claudentur
Perf.	clausī	clausimus	clausus sum	clausī sumus
	clausistī	clausistis	(-a, -um) es	(-ae, -a) estis
	clausit	clausērunt (-ēre)	est	sunt
Plup.	clauseram	clauserāmus	clausus eram	clausī erāmus
	clauserās	clauserātis	(-a, -um) erās	(-ae, -a) erātis
	clauserat	clauserant	erat	erant
Fut.	clauserō	clauserimus	clausus erō	clausī erimus
Perf.	clauseris	clauseritis	(-a, -um) eris	(-ae, -a) eritis
	clauserit	clauserint	erit	erunt

SUBJUNCTIVE

	ACTIVE		PASSIVE	
Pres.	claudam	claudāmus	claudar	claudāmur
	claudās	claudātis	claudāris (-re)	claudāminī
	claudat	claudant	claudātur	claudantur
Impf.	clauderem	clauderēmus	clauderer	clauderēmur
	clauderēs	clauderētis	clauderēris (-re)	clauderēminī
	clauderet	clauderent	clauderētur	clauderentur
Perf.	clauserim	clauserimus	clausus sim	clausī sīmus
	clauseris	clauseritis	(-a, -um) sīs	(-ae, -a) sītis
	clauserit	clauserint	sit	sint
Plup.	clausissem	clausissēmus	clausus essem	clausī essēmus
	clausissēs	clausissētis	(-a, -um) essēs	(-ae, -a) essētis
	clausisset	clausissent	esset	essent

IMPERATIVE

Pres.	claude	claudite		

INFINITIVE

	ACTIVE	PASSIVE
Pres.	claudere	claudī
Perf.	clausisse	clausus (-a, -um) esse
Fut.	clausūrus (-a, -um) esse	

PARTICIPLE

	ACTIVE	PASSIVE
Pres.	claudēns, (-tis)	
Perf.		clausus (-a, -um)
Fut.	clausūrus (-a, -um)	claudendus (-a, -um) (GERUNDIVE)

GERUND claudendī, -ō, -um, -ō   SUPINE clausum, -ū

Alternate forms: **clodo** = claudo; **cludo** = claudo
Compounds and related words: **clavis, -is, f.** key; **concludo (3)** enclose; **excludo (3)** shut out;
    includo (3) enclose; **intercludo (3)** block; **recludo (3)** open up
Model sentence: *Nullum saeculum magnis ingeniis **clausum est.*** —Seneca

meet, unite

	ACTIVE		**PASSIVE**	
			INDICATIVE	
Pres.	coeō	coīmus	coeor	coīmur
	coīs	coītis	coīris (-re)	coīminī
	coit	coeunt	coītur	coeuntur
Impf.	coībam	coībāmus	coībar	coībāmur
	coībās	coībātis	coībāris (-re)	coībāminī
	coībat	coībant	coībātur	coībantur
Fut.	coībō	coībimus	coībor	coībimur
	coībis	coībitis	coīberis (-re)	coībiminī
	coībit	coībunt	coībitur	coībuntur
Perf.	coiī	coiimus	coitus sum	coitī sumus
	coiistī	coiistis	(-a, -um) es	(-ae, -a) estis
	coiit	coiērunt (-ēre)	est	sunt
Plup.	coieram	coierāmus	coitus eram	coitī erāmus
	coierās	coierātis	(-a, -um) erās	(-ae, -a) erātis
	coierat	coierant	erat	erant
Fut.	coierō	coierimus	coitus erō	coitī erimus
Perf.	coieris	coieritis	(-a, -um) eris	(-ae, -a) eritis
	coierit	coierint	erit	erunt
			SUBJUNCTIVE	
Pres.	coeam	coeāmus	coear	coeāmur
	coeās	coeātis	coeāris (-re)	coeāminī
	coeat	coeant	coeātur	coeantur
Impf.	coīrem	coīrēmus	coīrer	coīrēmur
	coīrēs	coīrētis	coīrēris (-re)	coīrēminī
	coīret	coīrent	coīrētur	coīrentur
Perf.	coierim	coierimus	coitus sim	coitī sīmus
	coieris	coieritis	(-a, -um) sīs	(-ae, -a) sītis
	coierit	coierint	sit	sint
Plup.	coīssem	coīssēmus	coitus essem	coitī essēmus
	coīssēs	coīssētis	(-a, -um) essēs	(-ae, -a) essētis
	coīsset	coīssent	esset	essent
			IMPERATIVE	
Pres.	coī	coīte		
			INFINITIVE	
Pres.	coīre		coīrī	
Perf.	coīsse		coitus (-a, -um) esse	
Fut.	coitūrus (-a, -um) esse			
			PARTICIPLE	
Pres.	coiēns, (-euntis)			
Perf.			coitus (-a, -um)	
Fut.	coitūrus (-a, -um)		coeundus (-a, -um) (GERUNDIVE)	

GERUND coeundī, -ō, -um, -ō   SUPINE coitum, -ū

Alternate forms: **coiisse** = coisse; **coivi** = coii
Compounds and related words: **coetus/coitus, -us, m.** meeting; **comes, -itis, c.** companion;
     comito (1) to accompany; **comitor (1)** to accompany
See **eo** for related compounds of this verb.
Model sentence: *Mille domos coiere, locum requiemque petentes, | mille domos clausere serae.* —Ovid

began

	ACTIVE		PASSIVE		
INDICATIVE					
Pres.					
Impf.					
Fut.					
Perf.	coepī	coepimus	coeptus sum	coeptī	sumus
	coepistī	coepistis	(-a, -um) es	(-ae, -a)	estis
	coepit	coepērunt (-ēre)	est		sunt
Plup.	coeperam	coeperāmus	coeptus eram	coeptī	erāmus
	coeperās	coeperātis	(-a, -um) erās	(-ae, -a)	erātis
	coeperat	coeperant	erat		erant
Fut.	coeperō	coeperimus	coeptus erō	coeptī	erimus
Perf.	coeperis	coeperitis	(-a, -um) eris	(-ae, -a)	eritis
	coeperit	coeperint	erit		erunt
SUBJUNCTIVE					
Pres.					
Impf.					
Perf.	coeperim	coeperimus	coeptus sim	coeptī	sīmus
	coeperis	coeperitis	(-a, -um) sīs	(-ae, -a)	sītis
	coeperit	coeperint	sit		sint
Plup.	coepissem	coepissēmus	coeptus essem	coeptī	essēmus
	coepissēs	coepissētis	(-a, -um) essēs	(-ae, -a)	essētis
	coepisset	coepissent	esset		essent
INFINITIVE					
Perf.	coepisse		coeptus (-a, -um) esse		
Fut.	coeptūrus (-a, -um) esse				
PARTICIPLE					
Perf.			coeptus (-a, -um)		
Fut.	coeptūrus (-a, -um)				

GERUND   SUPINE coeptum, -ū

Alternate forms: Ante-Classical present system of **coepio, -ere** replaced by present system of **incipio** in Classical Latin.
Model sentence: ***Coeperunt*** *certam medici spondere salutem.* —Martial

think, reflect

	ACTIVE			**PASSIVE**	
			INDICATIVE		
Pres.	cōgitō	cōgitāmus		cōgitor	cōgitāmur
	cōgitās	cōgitātis		cōgitāris (-re)	cōgitāminī
	cōgitat	cōgitant		cōgitatur	cōgitantur
Impf.	cōgitābam	cōgitābāmus		cōgitābar	cōgitābāmur
	cōgitābās	cōgitābātis		cōgitābāris (-re)	cōgitābāminī
	cōgitābat	cōgitābant		cōgitābātur	cōgitābantur
Fut.	cōgitābo	cōgitābimus		cōgitābor	cōgitābimur
	cōgitābis	cōgitābitis		cōgitāberis (-re)	cōgitābiminī
	cōgitābit	cōgitābunt		cōgitābitur	cōgitābuntur
Perf.	cōgitāvī	cōgitāvimus		cōgitātus sum	cōgitātī sumus
	cōgitāvistī	cōgitāvistis		(-a, -um) es	(-ae, -a) estis
	cōgitāvit	cōgitāvērunt (-ēre)		est	sunt
Plup.	cōgitāveram	cōgitāverāmus		cōgitātus eram	cōgitātī erāmus
	cōgitāverās	cōgitāverātis		(-a, -um) erās	(-ae, -a) erātis
	cōgitāverat	cōgitāverant		erat	erant
Fut.	cōgitāverō	cōgitāverimus		cōgitātus erō	cōgitātī erimus
Perf.	cōgitāveris	cōgitāveritis		(-a, -um) eris	(-ae, -a) eritis
	cōgitāverit	cōgitāverint		erit	erunt
			SUBJUNCTIVE		
Pres.	cōgitem	cōgitēmus		cōgiter	cōgitēmur
	cōgitēs	cōgitētis		cōgitēris (-re)	cōgitēminī
	cōgitet	cōgitent		cōgitētur	cōgitentur
Impf.	cōgitārem	cōgitārēmus		cōgitārer	cōgitārēmur
	cōgitārēs	cōgitārētis		cōgitārēris (-re)	cōgitārēminī
	cōgitāret	cōgitārent		cōgitārētur	cōgitārentur
Perf.	cōgitāverim	cōgitāverimus		cōgitātus sim	cōgitātī sīmus
	cōgitāveris	cōgitāveritis		(-a, -um) sīs	(-ae, a) sītis
	cōgitāverit	cōgitāverint		sit	sint
Plup.	cōgitāvissem	cōgitāvissēmus		cōgitātus essem	cōgitātī essēmus
	cōgitāvissēs	cōgitāvissētis		(-a, -um) essēs	(-ae, -a) essētis
	cōgitāvisset	cōgitāvissent		esset	essent
			IMPERATIVE		
Pres.	cōgitā	cōgitāte			
			INFINITIVE		
Pres.	cōgitāre			cōgitārī	
Perf.	cōgitāvisse			cōgitātus (-a, -um) esse	
Fut.	cōgitātūrus (-a, -um) esse				
			PARTICIPLE		
Pres.	cōgitāns, (-tis)				
Perf.				cōgitātus (-a, -um)	
Fut.	cōgitātūrus (-a, -um)			cōgitandus (-a, -um) (GERUNDIVE)	

GERUND cōgitandī, -ō, -um, -ō   SUPINE cōgitātum, -ū

Compounds and related words: **excogito (1)** contrive
Model sentence: *Nec **cogitandi** nec quiescendi in urbe locus est pauperi.* —Martial

collect, compel, force

	ACTIVE		PASSIVE	
			INDICATIVE	
Pres.	cōgō	cōgimus	cōgor	cōgimur
	cōgis	cōgitis	cōgeris (-re)	cōgiminī
	cōgit	cōgunt	cōgitur	cōguntur
Impf.	cōgēbam	cōgēbāmus	cōgēbar	cōgēbāmur
	cōgēbās	cōgēbātis	cōgēbāris (-re)	cōgēbāminī
	cōgēbat	cōgēbant	cōgēbātur	cōgēbantur
Fut.	cōgam	cōgēmus	cōgar	cōgēmur
	cōgēs	cōgētis	cōgēris (-re)	cōgēminī
	cōget	cōgent	cōgētur	cōgentur
Perf.	coēgī	coēgimus	coāctus sum	coāctī sumus
	coēgistī	coēgistis	(-a, -um) es	(-ae, -a) estis
	coēgit	coēgērunt (-ēre)	est	sunt
Plup.	coēgeram	coēgerāmus	coāctus eram	coāctī erāmus
	coēgerās	coēgerātis	(-a, -um) erās	(-ae, -a) erātis
	coēgerat	coēgerant	erat	erant
Fut.	coēgerō	coēgerimus	coāctus erō	coāctī erimus
Perf.	coēgeris	coēgeritis	(-a, -um) eris	(-ae, -a) eritis
	coēgerit	coēgerint	erit	erunt
			SUBJUNCTIVE	
Pres.	cōgam	cōgāmus	cōgar	cōgāmur
	cōgās	cōgātis	cōgārls (-re)	cōgāminī
	cōgat	cōgant	cōgātur	cōgantur
Impf.	cōgerem	cōgerēmus	cōgerer	cōgerēmur
	cōgerēs	cōgerētis	cōgerēris (-re)	cōgerēminī
	cōgeret	cōgerent	cōgerētur	cōgerentur
Perf.	coēgerim	coēgerimus	coāctus sim	coāctī sīmus
	coēgeris	coēgeritis	(-a, -um) sīs	(-ae, -a) sītis
	coēgerit	coēgerint	sit	sint
Plup.	coēgissem	coēgissēmus	coāctus essem	coāctī essēmus
	coēgissēs	coēgissetis	(-a, -um) essēs	(-ae, -a) essētis
	coēgisset	coēgissent	esset	essent
			IMPERATIVE	
Pres.	cōge	cōgite		
			INFINITIVE	
Pres.	cōgere		cōgī	
Perf.	coēgisse		coāctus (-a, -um) esse	
Fut.	coāctūrus (-a, -um) esse			
			PARTICIPLE	
Pres.	cōgēns, (-tis)			
Perf.			coāctus (-a, -um)	
Fut.	coāctūrus (-a, -um)		cōgendus (-a, -um) (GERUNDIVE)	

GERUND cōgendī, -ō, -um, -ō   SUPINE coāctum, -ū

Alternate forms: **coguit** = cogit
Compounds and related words: **coactus, -a, -um** constrained; **coagmentum, -i, n.** joint
See **ago** for related compounds of this verb.
Model sentence: *Improbe amor, quid non mortalia pectora cogis?* —Vergil

recognize, find out, learn

	ACTIVE		PASSIVE	
	INDICATIVE			
Pres.	cognōscō	cognōscimus	cognōscor	cognōscimur
	cognōscis	cognōscitis	cognōsceris (-re)	cognōsciminī
	cognōscit	cognōscunt	cognōscitur	cognōscuntur
Impf.	cognōscēbam	cognōscēbāmus	cognōscēbar	cognōscēbāmur
	cognōscēbās	cognōscēbātis	cognōscēbāris (-re)	cognōscēbāminī
	cognōscēbat	cognōscēbant	cognōscēbātur	cognōscēbantur
Fut.	cognōscam	cognōscēmus	cognōscar	cognōscēmur
	cognōscēs	cognōscētis	cognōscēris (-re)	cognōscēminī
	cognōscet	cognōscent	cognōscētur	cognōscentur
Perf.	cognōvī	cognōvimus	cognitus sum	cognitī sumus
	cognōvistī	cognōvistis	(-a, -um) es	(-ae, -a) estis
	cognōvit	cognōvērunt (-ēre)	est	sunt
Plup.	cognōveram	cognōverāmus	cognitus eram	cognitī erāmus
	cognōverās	cognōverātis	(-a, -um) erās	(-ae, -a) erātis
	cognōverat	cognōverant	erat	erant
Fut.	cognōverō	cognōverimus	cognitus erō	cognitī erimus
Perf.	cognōveris	cognōveritis	(-a, -um) eris	(-ae, -a) eritis
	cognōverit	cognōverint	erit	erunt
	SUBJUNCTIVE			
Pres.	cognōscam	cognōscāmus	cognōscar	cognōscāmur
	cognōscās	cognōscātis	cognōscāris (-re)	cognōscāminī
	cognōscat	cognōscant	cognōscātur	cognōscantur
Impf.	cognōscerem	cognōscerēmus	cognōscerer	cognōscerēmur
	cognōscerēs	cognōscerētis	cognōscerēris (-re)	cognōscerēminī
	cognōsceret	cognōscerent	cognōscerētur	cognōscerentur
Perf.	cognōverim	cognōverimus	cognitus sim	cognitī sīmus
	cognōveris	cognōveritis	(-a, -um) sīs	(-ae, -a) sītis
	cognōverit	cognōverint	sit	sint
Plup.	cognōvissem	cognōvissēmus	cognitus essem	cognitī essēmus
	cognōvissēs	cognōvissētis	(-a, -um) essēs	(-ae, -a) essētis
	cognōvisset	cognōvissent	esset	essent
	IMPERATIVE			
Pres.	cognōsce	cognōscite		
	INFINITIVE			
Pres.	cognōscere		cognōscī	
Perf.	cognōvisse		cognitus (-a, -um) esse	
Fut.	cognitūrus (-a, -um) esse			
	PARTICIPLE			
Pres.	cognōscēns, (-tis)			
Perf.			cognitus (-a, -um)	
Fut.	cognitūrus (-a, -um)		cognōscendus (-a, -um) (GERUNDIVE)	

GERUND cognōscendī, -ō, -um, -ō   SUPINE cognitum, -ū

Alternate forms: **cognoram** = cognoveram; **cognorim** = cognoverim; **cognoris** = cognoveris;
cognorit = cognoverit; **cognoro** = cognovero; **cognosse** = cognovisse; **cognossent** = cognovissent;
cognosses = cognovisses; **cognosti** = cognovisti; **cognostis** = cognovistis
Compounds and related words: **incognitus, -a, -um** unrecognized
See **nosco** for related compounds of this verb.
Model sentence: *Felix qui potuit rerum **cognoscere** causas.* —Vergil

cherish, cultivate

ACTIVE   **PASSIVE**

INDICATIVE

	ACTIVE		PASSIVE	
Pres.	colō	colimus	color	colimur
	colis	colitis	coleris (-re)	coliminī
	colit	colunt	colitur	coluntur
Impf.	colēbam	colēbāmus	colēbar	colēbāmur
	colēbās	colēbātis	colēbāris (-re)	colēbāminī
	colēbat	colēbant	colēbātur	colēbantur
Fut.	colam	colēmus	colar	colēmur
	colēs	colētis	colēris (-re)	colēminī
	colet	colent	colētur	colentur
Perf.	coluī	coluimus	cultus sum	cultī sumus
	coluistī	coluistis	(-a, -um) es	(-ae, -a) estis
	coluit	coluērunt (-ēre)	est	sunt
Plup.	colueram	coluerāmus	cultus eram	cultī erāmus
	coluerās	coluerātis	(-a, -um) erās	(-ae, -a) erātis
	coluerat	coluerant	erat	erant
Fut. Perf.	coluerō	coluerimus	cultus erō	cultī erimus
	colueris	colueritis	(-a, -um) eris	(-ae, -a) eritis
	coluerit	coluerint	erit	erunt

SUBJUNCTIVE

	ACTIVE		PASSIVE	
Pres.	colam	colāmus	colar	colāmur
	colās	colātis	colāris (-re)	colāminī
	colat	colant	colātur	colantur
Impf.	colerem	colerēmus	colerer	colerēmur
	colerēs	colerētis	colerēris (-re)	colerēminī
	coleret	colerent	colerētur	colerentur
Perf.	coluerim	coluerimus	cultus sim	cultī sīmus
	colueris	colueritis	(-a, -um) sīs	(-ae, -a) sītis
	coluerit	coluerint	sit	sint
Plup.	coluissem	coluissēmus	cultus essem	cultī essēmus
	coluissēs	coluissētis	(-a, -um) essēs	(-ae, -a) essētis
	coluisset	coluissent	esset	essent

IMPERATIVE

Pres. cole colite

INFINITIVE

Pres. colere — colī
Perf. coluisse — cultus (-a, -um) esse
Fut. cultūrus (-a, -um) esse

PARTICIPLE

Pres. colēns, (-tis)
Perf. — cultus (-a, -um)
Fut. cultūrus (-a, -um) — colendus (-a, -um) (GERUNDIVE)

GERUND colendī, -ō, -um, -ō   SUPINE cultum, -ū

Compounds and related words: **accola, -ae, c.** neighbor; **accolo (3)** live nearby; **agricola, -ae, m.** farmer; **caelicola, -ae, c.** divine being; **cultor, -is. m.** cultivator; **cultura, -ae, f.** cultivation; **cultus, -a, -um** cultivated; **cultus, -us, m.** cultivation; **incola, -ae, c.** inhabitant; **incolo (3)** inhabit; **incultus, -a, -um** uncultivated
Model sentence: *Hanc olim veteres vitam **coluere** Sabini.* —Vergil

comedō

comedō, comesse, comēdī, comēsum or comestum

eat up, devour

	ACTIVE		**PASSIVE**	
		INDICATIVE		
Pres.	comedō	comedimus		
	comēs	comēstis		
	comēst	comedunt	comeditur	comeduntur
Impf.	comedēbam	comedēbāmus		
	comedēbās	comedēbātis		
	comedēbat	comedēbant	comedēbātur	comedēbantur
Fut.	comedam	comedēmus		
	comedēs	comedētis		
	comedet	comedent	comedētur	comedentur
Perf.	comēdī	comēdimus		
	comēdistī	comēdistis		
	comēdit	comēdērunt (-ēre)	comēsus (-a, -um) est	comēsī (-a, -um) sunt
Plup.	comēderam	comēderāmus		
	comēderās	comēderātis		
	comēderat	comēderant	comēsus (-a, -um) erat	comēsī (-a, -um) erant
Fut.	comēderō	comēderimus		
Perf.	comēderis	comēderitis		
	comēderit	comēderint	comēsus (-a, -um) erit	comēsī (-a, -um) erunt
		SUBJUNCTIVE		
Pres.	comedam (comedim)	comedāmus (comedīmus)		
	comedās (comedīs)	comedātis (comedītis)		
	comedat (comedit)	comedant (comedint)	comedātur	comedantur
Impf.	comessem	comessēmus		
	comessēs	comessētis		
	comesset	comessent	comessētur	comessentur
Perf.	comēderim	comēderimus		
	comēderis	comēderitis		
	comēderit	comēderint	comēsus (-a, -um) sit	comēsī (-ae, -a) sint
Plup.	comēdissem	comēdissēmus		
	comēdissēs	comēdissētis		
	comēdisset	comēdissent	comēsus (-a, -um) esset	comēsī (-ae, -a) essent
		IMPERATIVE		
Pres.	comesto	comestote		
		INFINITIVE		
Pres.	comesse		comedī	
Perf.	comēdisse		comēsus (-a, -um) esse	
Fut.	comēsūrus (-a, -um) esse			
		PARTICIPLE		
Pres.	comedēns, (-tis)			
Perf.			comēsus (-a, -um)	
Fut.	comēsūrus (-a, -um)		comedendus (-a, -um) (GERUNDIVE)	

GERUND comedendī, -ō, -um, -ō   SUPINE comēsum, -ū

Alternate forms: **comedim, etc.** = comedam, etc.; **comessus** = comesus; **comestum** = comesum
Model sentence: *Celerius potuit venenum **comestum** quam epotum in venas permanere?* —Cicero

accompany

	ACTIVE		PASSIVE	
		INDICATIVE		
Pres.	comitō	comitāmus	comitor	comitāmur
	comitās	comitātis	comitāris (-re)	comitāminī
	comitat	comitant	comitātur	comitantur
Impf.	comitābam	comitābāmus	comitābar	comitābāmur
	comitābās	comitābātis	comitābāris (-re)	comitābāminī
	comitābat	comitābant	comitābātur	comitābantur
Fut.	comitābo	comitābimus	comitābor	comitābimur
	comitābis	comitābitis	comitāberis (-re)	comitābiminī
	comitābit	comitābunt	comitābitur	comitābuntur
Perf.	comitāvī	comitāvimus	comitātus sum	comitātī sumus
	comitāvistī	comitāvistis	(-a, -um) es	(-ae, -a) estis
	comitāvit	comitāvērunt (-ēre)	est	sunt
Plup.	comitāveram	comitāverāmus	comitātus eram	comitātī erāmus
	comitāverās	comitāverātis	(-a, -um) erās	(-ae, -a) erātis
	comitāverat	comitāverant	erat	erant
Fut.	comitāverō	comitāverimus	comitātus erō	comitātī erimus
Perf.	comitāveris	comitāveritis	(-a, -um) eris	(-ae, -a) eritis
	comitāverit	comitāverint	erit	erunt
		SUBJUNCTIVE		
Pres.	comitem	comitēmus	comiter	comitēmur
	comitēs	comitētis	comitēris (-re)	comitēminī
	comitet	comitent	comitētur	comitentur
Impf.	comitārem	comitārēmus	comitārer	comitārēmur
	comitārēs	comitārētis	comitārēris (-re)	comitārēminī
	comitāret	comitārent	comitārētur	comitārentur
Perf.	comitāverim	comitāverimus	comitātus sim	comitātī sīmus
	comitāveris	comitāveritis	(-a, -um) sīs	(-ae, -a) sītis
	comitāverit	comitāverint	sit	sint
Plup.	comitāvissem	comitāvissēmus	comitātus essem	comitātī essēmus
	comitāvissēs	comitāvissētis	(-a, -um) essēs	(-ae, -a) essētis
	comitāvisset	comitāvissent	esset	essent
		IMPERATIVE		
Pres.	comitā	comitāte	comitāre	comitāminī
		INFINITIVE		
Pres.	comitāre		comitārī	
Perf.	comitāvisse		comitātus (-a, -um) esse	
Fut.	comitātūrus (-a, -um) esse			
		PARTICIPLE		
Pres.	comitāns, (-tis)			
Perf.			comitātus (-a, -um)	
Fut.	comitātūrus (-a, -um)		comitandus (-a, -um) (GERUNDIVE)	

GERUND comitandī, -ō, -um, -ō   SUPINE comitātum, -ū

Usage notes: passive forms also deponent
Compounds and related words: **coeo, -ire, -ii, -itum** to meet; **coetus/coitus, -us, m.** meeting, sexual intercourse; **comes, -itis, c.** companion; **comitatus, -us, m.** retinue; **comitium, -i, n.** place of assembly
Model sentence: *Sola fuga nautas **comitabor** ovantis?* —Vergil

commendō

commendō, commendāre, commendāvī, commendātum

entrust, insure

	ACTIVE		PASSIVE	
		INDICATIVE		
Pres.	commendō	commendāmus	commendor	commendāmur
	commendās	commendātis	commendāris (-re)	commendāminī
	commendat	commendant	commendātur	commendantur
Impf.	commendābam	commendābāmus	commendābar	commendābāmur
	commendābās	commendābātis	commendābāris (-re)	commendābāminī
	commendābat	commendābant	commendābātur	commendābantur
Fut.	commendābo	commendābimus	commendābor	commendābimur
	commendābis	commendābitis	commendāberis (-re)	commendābiminī
	commendābit	commendābunt	commendābitur	commendābuntur
Perf.	commendāvī	commendāvimus	commendātus sum	commendātī sumus
	commendāvistī	commendāvistis	(-a, -um) es	(-ae, -a) estis
	commendāvit	commendāvērunt (-ēre)	est	sunt
Plup.	commendāveram	commendāverāmus	commendātus eram	commendātī erāmus
	commendāverās	commendāverātis	(-a, -um) erās	(-ae, -a) erātis
	commendāverat	commendāverant	erat	erant
Fut.	commendāverō	commendāverimus	commendātus erō	commendātī erimus
Perf.	commendāveris	commendāveritis	(-a, -um) eris	(-ae, -a) eritis
	commendāverit	commendāverint	erit	erunt
		SUBJUNCTIVE		
Pres.	commendem	commendēmus	commender	commendēmur
	commendēs	commendētis	commendēris (-re)	commendēminī
	commendet	commendent	commendētur	commendentur
Impf.	commendārem	commendārēmus	commendārer	commendārēmur
	commendārēs	commendārētis	commendārēris (-re)	commendārēminī
	commendāret	commendārent	commendārētur	commendārentur
Perf.	commendāverim	commendāverimus	commendātus sim	commendātī sīmus
	commendāveris	commendāveritis	(-a, -um) sīs	(-ae, -a) sītis
	commendāverit	commendāverint	sit	sint
Plup.	commendāvissem	commendāvissēmus	commendātus essem	commendātī essēmus
	commendāvissēs	commendāvissētis	(-a, -um) essēs	(-ae, -a) essētis
	commendāvisset	commendāvissent	esset	essent
		IMPERATIVE		
Pres.	commendā	commendāte		
		INFINITIVE		
Pres.	commendāre		commendārī	
Perf.	commendāvisse		commendātus (-a, -um) esse	
Fut.	commendātūrus (-a, -um) esse			
		PARTICIPLE		
Pres.	commendāns, (-tis)			
Perf.			commendātus (-a, -um)	
Fut.	commendātūrus (-a, -um)		commendandus (-a, -um) (GERUNDIVE)	

GERUND commendandī, -ō, -um, -ō   SUPINE commendātum, -ū

Alternate forms: **conmendo** = commendo
Compounds and related words: **commendabilis, -e** praiseworthy; **commendatio, -onis, f.**
   recommendation; **commendator, -is, m.** recommendor; **commendatus, -a, -um** recommended
Model sentence: *Voluptates **commendat** rarior usus.* —Juvenal

74

embrace, surround

ACTIVE

INDICATIVE

Pres.	complector	complectimur
	complecteris (-re)	complectiminī
	complectitur	complectuntur
Impf.	complectēbar	complectēbāmur
	complectēbāris (-re)	complectēbāminī
	complectēbātur	complectēbantur
Fut.	complectar	complectēmur
	complectēris (-re)	complectēminī
	complectētur	complectentur

Perf.	complexus	sum	complexī	sumus
	(-a, -um)	es	(-ae, -a)	estis
		est		sunt
Plup.	complexus	eram	complexī	erāmus
	(-a, -um)	erās	(-ae, -a)	erātis
		erat		erant
Fut.	complexus	erō	complexī	erimus
Perf.	(-a, -um)	eris	(-ae, -a)	eritis
		erit		erunt

SUBJUNCTIVE

Pres.	complectar	complectāmur
	complectāris (-re)	complectāminī
	complectātur	complectantur
Impf.	complecterer	complecterēmur
	complecterēris (-re)	complecterēminī
	complecterētur	complecterentur

Perf.	complexus	sim	complexī	sīmus
	(-a, -um)	sīs	(-ae, -a)	sītis
		sit		sint
Plup.	complexus	essem	complexī	essēmus
	(-a, -um)	essēs	(-ae, -a)	essētis
		esset		essent

IMPERATIVE

Pres.	complectere	complectiminī

INFINITIVE

Pres.	complectī
Perf.	complexus (-a, -um) esse
Fut.	complexūrus (-a, -um) esse

PARTICIPLE

	Active	Passive
Pres.	complectēns, (-tis)	
Perf.	complexus (-a, -um)	
Fut.	complexūrus (-a, -um)	complectendus (-a, -um) (GERUNDIVE)

GERUND complectendī, -ō, -um, -ō   SUPINE complexum, -ū

Alternate forms: **conplector** = complector
Compounds and related words: **amplector, -i, -plexus sum** embrace; **amplexor (1)** embrace;
   amplexus, -us, m. embrace; **duplex, -icis** double; **multiplex, -icis** many-sided; **plico (1)** fold;
   simplex, -icis single; **supplex, -icis** suppliant; **supplicium, -i, n.** punishment
Model sentence: *His corpus tremulum **complectens** undique vestis candida purpurea talos incinxerat
   ora.* —Catullus

sing together, harmonize, make harmonize

	ACTIVE			PASSIVE	
			INDICATIVE		
Pres.	concinō	concinimus		concinor	concinimur
	concinis	concinitis		concineris (-re)	conciniminī
	concinit	concinunt		concinitur	concinuntur
Impf.	concinēbam	concinēbāmus		concinēbar	concinēbāmur
	concinēbās	concinēbātis		concinēbāris (-re)	concinēbāminī
	concinēbat	concinēbant		concinēbātur	concinēbantur
Fut.	concinam	concinēmus		concinar	concinēmur
	concinēs	concinētis		concinēris (-re)	concinēminī
	concinet	concinent		concinētur	concinentur
Perf.	concinuī	concinuimus			
	concinuistī	concinuistis			
	concinuit	concinuērunt (-ēre)			
Plup.	concinueram	concinuerāmus			
	concinuerās	concinuerātis			
	concinuerat	concinuerant			
Fut.	concinuerō	concinuerimus			
Perf.	concinueris	concinueritis			
	concinuerit	concinuerint			
			SUBJUNCTIVE		
Pres.	concinam	concināmus		concinar	concināmur
	concinās	concinātis		concināris (-re)	concināminī
	concinat	concinant		concinātur	concinantur
Impf.	concinerem	concinerēmus		concinerer	concinerēmur
	concinerēs	concinerētis		concinerēris (-re)	concinerēminī
	concineret	concinerent		concinerētur	concinerentur
Perf.	concinuerim	concinuerimus			
	concinueris	concinueritis			
	concinuerit	concinuerint			
Plup.	concinuissem	concinuissēmus			
	concinuissēs	concinuissētis			
	concinuisset	concinuissent			
			IMPERATIVE		
Pres.	concine	concinite			
			INFINITIVE		
Pres.	concinere			concinī	
Perf.	concinuisse				
Fut.					
			PARTICIPLE		
Pres.	concinēns, (-tis)				
Perf.					
Fut.				concinendus (-a, -um) (GERUNDIVE)	

GERUND concinendī, -ō, -um, -ō   SUPINE

Compounds and related words: **cano, -ere, cecini, cantum** sing
Model sentence: *Haec cum pressis et flebilibus modis, qui totis theatris maestitiam inferant,*
   concinuntur. —Cicero

found, make, hide

ACTIVE		PASSIVE	
INDICATIVE			
Pres. condō	condimus	condor	condimur
condis	conditis	conderis (-re)	condiminī
condit	condunt	conditur	conduntur
Impf. condēbam	condēbāmus	condēbar	condēbāmur
condēbās	condēbātis	condēbāris (-re)	condēbāminī
condēbat	condēbant	condēbātur	condēbantur
Fut. condam	condēmus	condar	condēmur
condēs	condētis	condēris (-re)	condēminī
condet	condent	condētur	condentur
Perf. condidī	condidimus	conditus sum	conditī sumus
condidistī	condidistis	(-a, -um) es	(-ae, -a) estis
condidit	condidērunt (-ēre)	est	sunt
Plup. condideram	condiderāmus	conditus eram	conditī erāmus
condiderās	condiderātis	(-a, -um) erās	(-ae, -a) erātis
condiderat	condiderant	erat	erant
Fut. condiderō	condiderimus	conditus erō	conditī erimus
Perf. condideris	condideritis	(-a, -um) eris	(-ae, -a) eritis
condiderit	condiderint	erit	erunt
SUBJUNCTIVE			
Pres. condam	condāmus	condar	condāmur
condās	condātis	condāris (-re)	condāminī
condat	condant	condātur	condantur
Impf. conderem	conderēmus	conderer	conderēmur
conderēs	conderētis	conderēris (-re)	conderēminī
conderet	conderent	conderētur	conderentur
Perf. condiderim	condiderimus	conditus sim	conditī sīmus
condideris	condideritis	(-a, -um) sīs	(-ae, -a) sītis
condiderit	condiderint	sit	sint
Plup. condidissem	condidissēmus	conditus essem	conditī essēmus
condidissēs	condidissētis	(-a, -um) essēs	(-ae, -a) essētis
condidisset	condidissent	esset	essent
IMPERATIVE			
Pres. conde	condite		
INFINITIVE			
Pres. condere		condī	
Perf. condidisse		conditus (-a, -um) esse	
Fut. conditūrus (-a, -um) esse			
PARTICIPLE			
Pres. condēns, (-tis)			
Perf.		conditus (-a, -um)	
Fut. conditūrus (-a, -um)		condendus (-a, -um) (GERUNDIVE)	

GERUND condendī, -ō, -um, -ō   SUPINE conditum, -ū

Compounds and related words: **abscondo (3)** to hide; **conditor, -s, m.** founder; **condo (3)** to establish;
    recondo (3) to hide away; **trado (3)** to betray
Model sentence: *Tantae molis erat Romanam **condere** gentem.* —Vergil

bring together, be useful

	ACTIVE			PASSIVE	
			INDICATIVE		
Pres.	conferō	conferimus		conferor	conferimur
	confers	confertis		conferris (-re)	conferiminī
	confert	conferunt		confertur	conferuntur
Impf.	conferēbam	conferēbāmus		conferēbar	conferēbāmur
	conferēbās	conferēbātis		conferēbāris (-re)	conferēbāminī
	conferēbat	conferēbant		conferēbātur	conferēbantur
Fut.	conferam	conferēmus		conferar	conferēmur
	conferēs	conferētis		conferēris (-re)	conferēminī
	conferet	conferent		conferētur	conferentur
Perf.	contulī	contulimus		collātus sum	collātī sumus
	contulistī	contulistis		(-a, -um) es	(-ae, -a) estis
	contulit	contulērunt (-ēre)		est	sunt
Plup.	contuleram	contulerāmus		collātus eram	collātī erāmus
	contulerās	contulerātis		(-a, -um) erās	(-ae, -a) erātis
	contulerat	contulerant		erat	erant
Fut.	contulerō	contulerimus		collātus erō	collātī erimus
Perf.	contuleris	contuleritis		(-a, -um) eris	(-ae, -a) eritis
	contulerit	contulerint		erit	erunt
			SUBJUNCTIVE		
Pres.	conferam	conferāmus		conferar	conferāmur
	conferās	conferātis		conferāris (-re)	conferāminī
	conferat	conferant		conferātur	conferantur
Impf.	conferrem	conferrēmus		conferrer	conferrēmur
	conferrēs	conferrētis		conferrēris (-re)	conferrēminī
	conferret	conferrent		conferrētur	conferrentur
Perf.	contulerim	contulerimus		collātus sim	collātī sīmus
	contuleris	contuleritis		(-a, -um) sīs	(-ae, -a) sītis
	contulerit	contulerint		sit	sint
Plup.	contulissem	contulissēmus		collātus essem	collātī essēmus
	contulissēs	contulissētis		(-a, -um) essēs	(-ae, -a) essētis
	contulisset	contulissent		esset	essent
			IMPERATIVE		
Pres.	confer	conferte			
			INFINITIVE		
Pres.	conferre			conferrī	
Perf.	contulisse			collātus (-a, -um) esse	
Fut.	collātūrus (-a, -um) esse				
			PARTICIPLE		
Pres.	conferēns, (-tis)				
Perf.				collātus (-a, -um)	
Fut.	collātūrus (-a, -um)			conferendus (-a, -um) (GERUNDIVE)	

GERUND conferendī, -ō, -um, -ō   SUPINE collātum, -ū

Alternate forms: **conlatum** = collatum
Compounds and related words: **confertus, -a, -um** crowded; **conlatio, -onis, f.** comparison, battle;
    conlator, -is, m. contributor
See **fero** for related compounds of this verb.
Model sentence: ***Contulit** aes populus de quo delubra Metellus fecit.* —Ovid

accomplish, finish

ACTIVE		PASSIVE	
INDICATIVE			
Pres. conficiō	conficimus	conficior	conficimur
conficis	conficitis	conficeris (-re)	conficiminī
conficit	conficiunt	conficitur	conficiuntur
Impf. conficiēbam	conficiēbāmus	conficiēbar	conficiēbāmur
conficiēbās	conficiēbātis	conficiēbāris (-re)	conficiēbāminī
conficiēbat	conficiēbant	conficiēbātur	conficiēbantur
Fut. conficiam	conficiēmus	conficiar	conficiēmur
conficiēs	conficiētis	conficiēris (-re)	conficiēminī
conficiet	conficient	conficiētur	conficientur
Perf. confēcī	confēcimus	confectus sum	confectī sumus
confēcistī	confēcistis	(-a, -um) es	(-ae, -a) estis
confēcit	confēcērunt (-ēre)	est	sunt
Plup. confēceram	confēcerāmus	confectus eram	confectī erāmus
confēcerās	confēcerātis	(-a, -um) erās	(-ae, -a) erātis
confēcerat	confēcerant	erat	erant
Fut. confēcerō	confēcerimus	confectus erō	confectī erimus
Perf. confēceris	confēceritis	(-a, -um) eris	(-ae, -a) eritis
confēcerit	confēcerint	erit	erunt
SUBJUNCTIVE			
Pres. conficiam	conficiāmus	conficiar	conficiāmur
conficiās	conficiātis	conficiāris (-re)	conficiāminī
conficiat	conficiant	conficiātur	conficiantur
Impf. conficerem	conficerēmus	conficerer	conficerēmur
conficerēs	conficerētis	conficerēris (-re)	conficerēminī
conficeret	conficerent	conficerētur	conficerentur
Perf. confēcerim	confēcerimus	confectus sim	confectī sīmus
confēceris	confēceritis	(-a, -um) sīs	(-ae, -a) sītis
confēcerit	confēcerint	sit	sint
Plup. confēcissem	confēcissēmus	confectus essem	confectī essēmus
confēcissēs	confēcissētis	(-a, -um) essēs	(-ae, -a) essētis
confēcisset	confēcissent	esset	essent
IMPERATIVE			
Pres. confice	conficite		
INFINITIVE			
Pres. conficere		conficī	
Perf. confēcisse		confectus (-a, -um) esse	
Fut. confectūrus (-a, -um) esse			
PARTICIPLE			
Pres. conficiēns, (-tis)			
Perf.		confectus (-a, -um)	
Fut. confectūrus (-a, -um)		conficiendus (-a, -um) (GERUNDIVE)	

GERUND conficiendī, -ō, -um, -ō   SUPINE confectum, -ū

Alternate forms: **confexim** = confecerim; **confiant** = conficiantur; **confiat** = conficiatur;
  confierent = conficerentur; **confieret** = conficeretur; **confieri** = confici; **confit** = conficitur;
  confiunt = conficiuntur
Compounds and related words: **confectio, -onis, f.** a completing, consumption; **confector, -is, m.**
  one who completes
See **facio** for related compounds of this verb.
Model sentence: *Opera ex pecunia attributa divisaque inter se haec **confecerunt**.* —Livy

confess, concede

ACTIVE

INDICATIVE

Pres.	confiteor	confitēmur
	confitēris (-re)	confitēminī
	confitētur	confitentur
Impf.	confitēbar	confitēbāmur
	confitēbāris (-re)	confitēbāminī
	confitēbātur	confitēbantur
Fut.	confitēbor	confitēbimur
	confitēberis (-re)	confitēbiminī
	confitēbitur	confitēbuntur

Perf.	confessus	sum	confessī	sumus
	(-a, -um)	es	(-ae, -a)	estis
		est		sunt
Plup.	confessus	eram	confessī	erāmus
	(-a, -um)	erās	(-ae, -a)	erātis
		erat		erant
Fut.	confessus	erō	confessī	erimus
Perf.	(-a, -um)	eris	(-ae, -a)	eritis
		erit		erunt

SUBJUNCTIVE

Pres.	confitear	confiteāmur
	confiteāris (-re)	confiteāminī
	confiteātur	confiteantur
Impf.	confitērer	confitērēmur
	confitērēris (-re)	confitērēminī
	confitērētur	confitērentur

Perf.	confessus	sim	confessī	sīmus
	(-a, -um)	sīs	(-ae, -a)	sītis
		sit		sint
Plup.	confessus	essem	confessī	essēmus
	(-a, -um)	essēs	(-ae, -a)	essētis
		esset		essent

IMPERATIVE

Pres.	confitēre	confitēminī

INFINITIVE

Pres.	confitērī
Perf.	confessus (-a, -um) esse
Fut.	confessūrus (-a, -um) esse

PARTICIPLE

	Active	**Passive**
Pres.	confitēns, (-tis)	
Perf.	confessus (-a, -um)	
Fut.	confessūrus (-a, -um)	confitendus (-a, -um) (GERUNDIVE)

GERUND confitendī, -ō, -um, -ō   SUPINE confessum, -ū

Alternate forms: **confiterier** = confiteri
Compounds and related words: **confessio, -onis, f.** confession
See **fateor** for related compounds of this verb.
Model sentence: *Me abs te cupisse laudari aperte atque ingenue **confitebar.*** —Cicero

break

ACTIVE		PASSIVE	
INDICATIVE			

Pres.
confringō	confringimus	confringor	confringimur
confringis	confringitis	confringeris (-re)	confringiminī
confringit	confringunt	confringitur	confringuntur

Impf.
confringēbam	confringēbāmus	confringēbar	confringēbāmur
confringēbās	confringēbātis	confringēbāris (-re)	confringēbāminī
confringēbat	confringēbant	confringēbātur	confringēbantur

Fut.
confringam	confringēmus	confringar	confringēmur
confringēs	confringētis	confringēris (-re)	confringēminī
confringet	confringent	confringētur	confringentur

Perf.
confrēgī	confrēgimus	confrāctus sum	confrāctī sumus
confrēgistī	confrēgistis	(-a, -um) es	(-ae, -a) estis
confrēgit	confrēgērunt (-ēre)	est	sunt

Plup.
confrēgeram	confrēgerāmus	confrāctus eram	confrāctī erāmus
confrēgerās	confrēgerātis	(-a, -um) erās	(-ae, -a) erātis
confrēgerat	confrēgerant	erat	erant

Fut.
Perf.
confrēgerō	confrēgerimus	confrāctus erō	confrāctī erimus
confrēgeris	confrēgeritis	(-a, -um) eris	(-ae, -a) eritis
confrēgerit	confrēgerint	erit	erunt

SUBJUNCTIVE			

Pres.
confringam	confringāmus	confringar	confringāmur
confringās	confringātis	confringāris (-re)	confringāminī
confringat	confringant	confringātur	confringantur

Impf.
confringerem	confringerēmus	confringerer	confringerēmur
confringerēs	confringerētis	confringerēris (-re)	confringerēminī
confringeret	confringerent	confringerētur	confringerentur

Perf.
confrēgerim	confrēgerimus	confrāctus sim	confrāctī sīmus
confrēgeris	confrēgeritis	(-a, -um) sīs	(-ae, -a) sītis
confrēgerit	confrēgerint	sit	sint

Plup.
confrēgissem	confrēgissēmus	confrāctus essem	confrāctī essēmus
confrēgissēs	confrēgissētis	(-a, -um) essēs	(-ae, -a) essētis
confrēgisset	confrēgissent	esset	essent

IMPERATIVE			

Pres.   confringe   confringite

INFINITIVE			

Pres.   confringere   confringī
Perf.   confrēgisse   confrāctus (-a, -um) esse
Fut.   confrāctūrus (-a, -um) esse

PARTICIPLE			

Pres.   confringēns, (-tis)
Perf.   confrāctus (-a, -um)
Fut.   confrāctūrus (-a, -um)   confringendus (-a, -um) (GERUNDIVE)

GERUND confringendī, -ō, -um, -ō   SUPINE confractum, -ū

Compounds and related words: **confragosus, -a, -um** uneven, rugged
See **frango** for related compounds of this verb.
Model sentence: *Pultando pedibus paene **confregi** hasce ambas fores.* —Plautus

hurl

ACTIVE		PASSIVE	
INDICATIVE			
Pres. cōniciō	cōnicimus	cōnicior	cōnicimur
cōnicis	cōnicitis	cōniceris (-re)	cōniciminī
cōnicit	cōniciunt	cōnicitur	cōniciuntur
Impf. cōniciēbam	cōniciēbāmus	cōniciēbar	cōniciēbāmur
cōniciēbās	cōniciēbātis	cōniciēbāris (-re)	cōniciēbāminī
cōniciēbat	cōniciēbant	cōniciēbātur	cōniciēbantur
Fut. cōniciam	cōniciēmus	cōniciar	cōniciēmur
cōniciēs	cōniciētis	cōniciēris (-re)	cōniciēminī
cōniciet	conicient	cōniciētur	cōnicientur
Perf. cōniēcī	cōniēcimus	cōniectus sum	cōniectī sumus
cōniēcistī	cōniēcistis	(-a, -um) es	(-ae, -a) estis
cōniēcit	cōniēcērunt (-ēre)	est	sunt
Plup. cōniēceram	cōniēcerāmus	cōniēctus eram	cōniectī erāmus
cōniēcerās	cōniēcerātis	(-a, -um) erās	(-ae, -a) erātis
cōniēcerat	cōniēcerant	erat	erant
Fut. cōniēcerō	cōniēcerimus	cōniectus erō	cōniectī erimus
Perf. cōniēceris	cōniēceritis	(-a, -um) eris	(-ae, -a) eritis
cōniēcerit	cōniēcerint	erit	erunt
SUBJUNCTIVE			
Pres. cōniciam	cōniciāmus	cōniciar	cōniciāmur
cōniciās	cōniciātis	cōniciāris (-re)	cōniciāminī
coniciat	cōniciant	cōniciātur	cōniciantur
Impf. cōnicerem	cōnicerēmus	cōnicerer	cōnicerēmur
cōnicerēs	cōnicerētis	cōnicerēris (-re)	cōnicerēminī
cōniceret	cōnicerent	cōnicerētur	cōnicerentur
Perf. cōniēcerim	cōniēcerimus	cōniectus sim	cōniectī sīmus
cōniēceris	cōniēceritis	(-a, -um) sīs	(-ae, -a) sītis
cōniēcerit	cōniēcerint	sit	sint
Plup. cōniēcissem	cōniēcissēmus	cōniectus essem	cōniectī essēmus
cōniēcissēs	cōniēcissētis	(-a, -um) essēs	(-ae, -a) essētis
cōniēcisset	cōniēcissent	esset	essent
IMPERATIVE			
Pres. cōnice	cōnicite		
INFINITIVE			
Pres. cōnicere		cōnicī	
Perf. cōniēcisse		cōniectus (-a, -um) esse	
Fut. cōniectūrus (-a, -um) esse			
PARTICIPLE			
Pres. cōniciēns, (-tis)			
Perf.		cōniectus (-a, -um)	
Fut. cōniectūrus (-a, -um)		cōniciendus (-a, -um) (GERUNDIVE)	

GERUND cōniciendī, -ō, -um, -ō   SUPINE cōniectum, -ū

Alternate forms: **coicio** = conicio
Compounds and related words: **coniectio, -onis, f.** a throwing; **coniectio (1)** to throw together;
    coniector, -is, m. interpreter of dreams; **coniectura, -ae, f.** a guess; **coniectus, -us, m.**
    a throwing together
See **iacio** for related compounds of this verb.
Model sentence: *Quinque dies aquam in os suum non **coniecit**, non micam panis.* —Petronius

try, attempt

ACTIVE

INDICATIVE

Pres.	cōnor	cōnāmur
	cōnāris (-re)	cōnāminī
	cōnātur	cōnantur
Impf.	cōnābar	cōnābāmur
	cōnābāris (-re)	cōnābāminī
	cōnābātur	cōnābantur
Fut.	cōnābor	cōnābimur
	cōnāberis (-re)	cōnābiminī
	cōnābitur	cōnābuntur
Perf.	cōnātus sum	cōnātī sumus
	(-a, -um) es	(-ae, -a) estis
	est	sunt
Plup.	cōnātus eram	cōnātī erāmus
	(-a, -um) erās	(-ae, -a) erātis
	erat	erant
Fut.	cōnātus erō	cōnātī erimus
Perf.	(-a, -um) eris	(-ae, -a) eritis
	erit	erunt

SUBJUNCTIVE

Pres.	cōner	cōnēmur
	cōnēris (-re)	cōnēminī
	cōnētur	cōnentur
Impf.	cōnārer	cōnārēmur
	cōnārēris (-re)	cōnārēminī
	cōnārētur	cōnārentur
Perf.	cōnātus sim	cōnātī sīmus
	(-a, -um) sīs	(-ae, -a) sītis
	sit	sint
Plup.	cōnātus essem	cōnātī essēmus
	(-a, -um) essēs	(-ae, -a) essētis
	esset	essent

IMPERATIVE

Pres.	cōnāre	cōnāminī

INFINITIVE

Pres.	cōnārī
Perf.	cōnātus (-a, -um) esse
Fut.	cōnātūrus (-a, -um) esse

PARTICIPLE

	Active	Passive
Pres.	cōnāns, (-tis)	
Perf.	cōnātus (-a, -um)	
Fut.	cōnātūrus (-a, -um)	cōnandus (-a, -um) (GERUNDIVE)

GERUND cōnandī, -ō, -um, -ō   SUPINE cōnātum, -ū

Model sentence: *Paene vapulavi quia **conatus sum** circa solium sedentibus carmen recitare.* —Petronius

consecrō

dedicate, deify

ACTIVE		PASSIVE	
INDICATIVE			

	ACTIVE		PASSIVE	
Pres.	consecrō	consecrāmus	consecror	consecrāmur
	consecrās	consecrātis	consecrāris (-re)	consecrāminī
	consecrat	consecrant	consecrātur	consecrantur
Impf.	consecrābam	consecrābāmus	consecrābar	consecrābāmur
	consecrābās	consecrābātis	consecrābāris (-re)	consecrābāminī
	consecrābat	consecrābant	consecrābātur	consecrābantur
Fut.	consecrābo	consecrābimus	consecrābor	consecrābimur
	consecrābis	consecrābltls	consecrāberis (-re)	consecrābiminī
	consecrābit	consecrābunt	consecrābitur	consecrābuntur
Perf.	consecrāvī	consecrāvimus	consecrātus sum	consecrātī sumus
	consecrāvistī	consecrāvistis	(-a, -um) es	(-ae, -a) estis
	consecrāvit	consecrāvērunt (-ēre)	est	sunt
Plup.	consecrāveram	consecrāverāmus	consecrātus eram	consecrātī erāmus
	consecrāverās	consecrāverātis	(-a, -um) erās	(-ae, -a) erātis
	consecrāverat	consecrāverant	erat	erant
Fut.	consecrāverō	consecrāverimus	consecrātus erō	consecrātī erimus
Perf.	consecrāveris	consecrāveritis	(-a, -um) eris	(-ae, -a) eritis
	consecrāverit	consecrāverint	erit	erunt
SUBJUNCTIVE				
Pres.	consecrem	consecrēmus	consecrer	consecrēmur
	consecrēs	consecrētis	consecrēris (-re)	consecrēminī
	consecret	consecrent	consecrētur	consecrentur
Impf.	consecrārem	consecrārēmus	consecrārer	consecrārēmur
	consecrārēs	consecrārētis	consecrārēris (-re)	consecrārēminī
	consecrāret	consecrārent	consecrārētur	consecrārentur
Perf.	consecrāverim	consecrāverimus	consecrātus sim	consecrātī sīmus
	consecrāveris	consecrāveritis	(-a, -um) sīs	(-ae, -a) sītis
	consecrāverit	consecrāverint	sit	sint
Plup.	consecrāvissem	consecrāvissēmus	consecrātus essem	consecrātī essēmus
	consecrāvissēs	consecrāvissētis	(-a, -um) essēs	(-ae, -a) essētis
	consecrāvisset	consecrāvissent	esset	essent
IMPERATIVE				
Pres.	consecrā	consecrāte		
INFINITIVE				
Pres.	consecrāre		consecrārī	
Perf.	consecrāvisse		consecrātus (-a, -um) esse	
Fut.	consecrātūrus (-a, -um) esse			
PARTICIPLE				
Pres.	consecrāns, (-tis)			
Perf.			consecrātus (-a, -um)	
Fut.	consecrātūrus (-a, -um)		consecrandus (-a, -um) (GERUNDIVE)	

GERUND consecrandī, -ō, -um, -ō   SUPINE consecrātum, -ū

Alternate forms: **consacro** = consecro
Compounds and related words: **consecratio, -onis, f.** dedication; **sacro (1)** to dedicate
Model sentence: ***Consecrabantur*** *ades, non privatorum domicilia, sed quae sacra nominantur.* —Cicero

decide, determine

ACTIVE		PASSIVE	
INDICATIVE			
Pres. constituō	constituimus	cōnstituor	constituimur
constituis	constituitis	cōnstitueris (-re)	constituiminī
constituit	constituunt	cōnstituitur	constituuntur
Impf. constituēbam	constituēbāmus	cōnstituēbar	constituēbāmur
constituēbās	constituēbātis	cōnstituēbāris (-re)	constituēbāminī
constituēbat	constituēbant	cōnstituēbātur	constituēbantur
Fut. constituam	constituēmus	cōnstituar	constituēmur
constituēs	constituētis	cōnstituēris (-re)	constituēminī
constituet	constituent	cōnstituētur	constituentur
Perf. constituī	constituimus	cōnstitūtus sum	constitūtī sumus
constituistī	constituistis	(-a, -um) es	(-ae, -a) estis
constituit	constituērunt (-ēre)	est	sunt
Plup. constitueram	constituerāmus	cōnstitūtus eram	constitūtī erāmus
constituerās	constituerātis	(-a, -um) erās	(-ae, -a) erātis
constituerat	constituerant	erat	erant
Fut. constituerō	constituerimus	cōnstitūtus erō	constitūtī erimus
Perf. constitueris	constitueritis	(-a, -um) eris	(-ae, -a) eritis
constituerit	constituerint	erit	erunt
SUBJUNCTIVE			
Pres. constituam	constituāmus	constituar	constituāmur
constituās	constituātis	constituāris (-re)	constituāminī
constituat	constituant	constituātur	constituantur
Impf. constituerem	constituerēmus	constituerer	constituerēmur
constituerēs	constituerētis	constituerēris (-re)	constituerēminī
constitueret	constituerent	constituerētur	constituerentur
Perf. constituerim	constituerimus	constitūtus sim	constitūtī sīmus
constitueris	constitueritis	(-a, -um) sīs	(-ae, -a) sītis
constituerit	constituerint	sit	sint
Plup. constituissem	constituissēmus	constitūtus essem	constitūtī essēmus
constituissēs	constituissētis	(-a, -um) essēs	(-ae, -a) essētis
constituisset	constituissent	esset	essent
IMPERATIVE			
Pres. constitue	constituite		
INFINITIVE			
Pres. constituere		constituī	
Perf. constituisse		constitūtus (-a, -um) esse	
Fut. constitūtūrus (-a, -um) esse			
PARTICIPLE			
Pres. constituēns, (-tis)			
Perf.		constitūtus (-a, -um)	
Fut. constitūtūrus (-a, -um)		constituendus (-a, -um) (GERUNDIVE)	

GERUND constituendī, -ō, -um, -ō   SUPINE constitūtum, -ū

Compounds and related words: **constitutio, -onis, f.** the act of agreeing; **constitutum, -i. n.** something agreed upon; **constitutus, -a, -um** arranged

Model sentence: *Ineuntis enim aetatis inscitia senum **constituenda** et regenda prudentia est.* —Cicero

consult, deliberate

<table>
<tr><td colspan="2" align="center">**ACTIVE**</td><td colspan="2" align="center">**PASSIVE**</td></tr>
<tr><td colspan="4" align="center">**INDICATIVE**</td></tr>
<tr><td>*Pres.*</td><td>consulō
consulis
consulit</td><td>consulimus
consulitis
consulunt</td><td>consulitur</td><td>consuluntur</td></tr>
<tr><td>*Impf.*</td><td>consulēbam
consulēbās
consulēbat</td><td>consulēbāmus
consulēbātis
consulēbant</td><td>consulēbātur</td><td>consulēbantur</td></tr>
<tr><td>*Fut.*</td><td>consulam
consulēs
consulet</td><td>consulēmus
consulētis
consulent</td><td>consulētur</td><td>consulentur</td></tr>
<tr><td>*Perf.*</td><td>consuluī
consuluistī
consuluit</td><td>consuluimus
consuluistis
consuluērunt (-ēre)</td><td>consultus (-a, -um) est</td><td>consultī (-ae, -a) sunt</td></tr>
<tr><td>*Plup.*</td><td>consulueram
consuluerās
consuluerat</td><td>consuluerāmus
consuluerātis
consuluerant</td><td>consultus (-a, -um) erat</td><td>consultī (-ae, -a) erant</td></tr>
<tr><td>*Fut.*
Perf.</td><td>consuluerō
consulueris
consuluerit</td><td>consuluerimus
consulueritis
consuluerint</td><td>consultus (-a, -um) erit</td><td>consultī (-ae, -a) erunt</td></tr>
<tr><td colspan="4" align="center">**SUBJUNCTIVE**</td></tr>
<tr><td>*Pres.*</td><td>consulam
consulās
consulat</td><td>consulāmus
consulātis
consulant</td><td>consulātur</td><td>consulantur</td></tr>
<tr><td>*Impf.*</td><td>consulerem
consulerēs
consuleret</td><td>consulerēmus
consulerētis
consulerent</td><td>consulerētur</td><td>consulerentur</td></tr>
<tr><td>*Perf.*</td><td>consuluerim
consulueris
consuluerit</td><td>consuluerimus
consulueritis
consuluerint</td><td>consultus (-a, -um) sit</td><td>consultī (-ae, -a) sint</td></tr>
<tr><td>*Plup.*</td><td>consuluissem
consuluissēs
consuluisset</td><td>consuluissēmus
consuluissētis
consuluissent</td><td>consultus (-a, -um) esset</td><td>consultī (-ae, -a) essent</td></tr>
<tr><td colspan="4" align="center">**IMPERATIVE**</td></tr>
<tr><td>*Pres.*</td><td>consule</td><td>consulite</td><td></td><td></td></tr>
<tr><td colspan="4" align="center">**INFINITIVE**</td></tr>
<tr><td>*Pres.*</td><td colspan="2">consulere</td><td colspan="2">consulī</td></tr>
<tr><td>*Perf.*</td><td colspan="2">consuluisse</td><td colspan="2">consultus (-a, -um) esse</td></tr>
<tr><td>*Fut.*</td><td colspan="2">consultūrus (-a, -um) esse</td><td colspan="2"></td></tr>
<tr><td colspan="4" align="center">**PARTICIPLE**</td></tr>
<tr><td>*Pres.*</td><td colspan="2">consulēns, (-tis)</td><td colspan="2"></td></tr>
<tr><td>*Perf.*</td><td colspan="2"></td><td colspan="2">consultus (-a, -um)</td></tr>
<tr><td>*Fut.*</td><td colspan="2">consultūrus (-a, -um)</td><td colspan="2">consulendus (-a, -um) (GERUNDIVE)</td></tr>
</table>

GERUND consulendī, -ō, -um, -ō   SUPINE consultum, -ū

Compounds and related words: **consultatio, -onis, f.** deliberation; **consulto (adv.)** deliberately;
   consulto (1) to consider; **consultor, -is, m.** adviser; **consultum, -i, n.** decree; **consultus, -i, m.** lawyer;
   inconsultus, -a, -um unconsulted
Model sentence: *Bello confecto de Rhodiis* **consultum est.** —Sallust

despise

ACTIVE			PASSIVE	
INDICATIVE				
Pres.	contemnō	contemnimus	contemnor	contemnimur
	contemnis	contemnitis	contemneris (-re)	contemniminī
	contemnit	contemnunt	contemnitur	contemnuntur
Impf.	contemnēbam	contemnēbāmus	contemnēbar	contemnēbāmur
	contemnēbās	contemnēbātis	contemnēbāris (-re)	contemnēbāminī
	contemnēbat	contemnēbant	contemnēbātur	contemnēbantur
Fut.	contemnam	contemnēmus	contemnar	contemnēmur
	contemnēs	contemnētis	contemnēris (-re)	contemnēminī
	contemnet	contemnent	contemnētur	contemnentur
Perf.	contempsī	contempsimus	contemptus sum	contemptī sumus
	contempsistī	contempsistis	(-a, -um) es	(-ae, -a) estis
	contempsit	contempsērunt (-ēre)	est	sunt
Plup.	contempseram	contempserāmus	contemptus eram	contemptī erāmus
	contempserās	contempserātis	(-a, -um) erās	(-ae, -a) erātis
	contempserat	contempserant	erat	erant
Fut.	contempserō	contempserimus	contemptus erō	contemptī erimus
Perf.	contempseris	contempseritis	(-a, -um) eris	(-ae, -a) eritis
	contempserit	contempserint	erit	erunt
SUBJUNCTIVE				
Pres.	contemnam	contemnāmus	contemnar	contemnāmur
	contemnās	contemnātis	contemnāris (-re)	contemnāminī
	contemnat	contemnant	contemnātur	contemnantur
Impf.	contemnerem	contemnerēmus	contemnerer	contemnerēmur
	contemnerēs	contemnerētis	contemnerēris (-re)	contemnerēminī
	contemneret	contemnerent	contemnerētur	contemnerentur
Perf.	contempserim	contempserimus	contemptus sim	contemptī sīmus
	contempseris	contempseritis	(-a, -um) sīs	(-ae, -a) sītis
	contempserit	contempserint	sit	sint
Plup.	contempsissem	contempsissēmus	contemptus essem	contemptī essēmus
	contempsissēs	contempsissētis	(-a, -um) essēs	(-ae, -a) essētis
	contempsisset	contempsissent	esset	essent
IMPERATIVE				
Pres.	contemne	contemnite		
INFINITIVE				
Pres.	contemnere		contemnī	
Perf.	contempsisse		contemptus (-a, -um) esse	
Fut.	contemptūrus (-a, -um) esse			
PARTICIPLE				
Pres.	contemnēns, (-tis)			
Perf.			contemptus (-a, -um)	
Fut.	contemptūrus (-a, -um)		contemnendus (-a, -um) (GERUNDIVE)	

GERUND contemnendī, -ō, -um, -ō   SUPINE contemptum, -ū

Alternate forms: **contempno** = contemno; **contemsi** = contempsi; **contemtum** = contemptum
Compounds and related words: **contemptim** contemptuously; **contemptio, -onis, f.** scorn
   contemptor, -is, m. one who despises; **contemptus, -a, -um** despicable; **contemptus, -us, m.** disdain
Model sentence: *Urere manum potuit **contempto** Mucius igne.* —Martial

hasten, fight

ACTIVE		PASSIVE
INDICATIVE		

	ACTIVE		PASSIVE
Pres.	contendō	contendimus	
	contendis	contenditis	
	contendit	contendunt	contenditur (Impers.)
Impf.	contendēbam	contendēbāmus	
	contendēbās	contendēbātis	
	contendēbat	contendēbant	contendēbātur (Impers.)
Fut.	contendam	contendēmus	
	contendēs	contendētis	
	contendet	contendent	contendētur (Impers.)
Perf.	contendī	contendimus	
	contendistī	contendistis	
	contendit	contendērunt (-ēre)	contentum est (Impers.)
Plup.	contenderam	contenderāmus	
	contenderās	contenderātis	
	contenderat	contenderant	contentum erat (Impers.)
Fut.	contenderō	contenderimus	
Perf.	contenderis	contenderitis	
	contenderit	contenderint	contentum erit (Impers.)

SUBJUNCTIVE			
Pres.	contendam	contendāmus	
	contendās	contendātis	
	contendat	contendant	contendātur (Impers.)
Impf.	contenderem	contenderēmus	
	contenderēs	contenderētis	
	contenderet	contenderent	contenderētur (Impers.)
Perf.	contenderim	contenderimus	
	contenderis	contenderitis	
	contenderit	contenderint	contentum erit (Impers.)
Plup.	contendissem	contendissēmus	
	contendissēs	contendissētis	
	contendisset	contendissent	contentum esset (Impers.)

IMPERATIVE		
Pres.	contende	contendite

INFINITIVE		
Pres.	contendere	contendī
Perf.	contendisse	contentum esse
Fut.	contentūrus (-a, -um) esse	

PARTICIPLE		
Pres.	contendēns, (-tis)	
Perf.		contentus (-a, -um)
Fut.	contentūrus (-a, -um)	contendendus (-a, -um) (GERUNDIVE)

GERUND contendendī, -ō, -um, -ō   SUPINE contentum, -ū

Compounds and related words: **contentio, -onis, f.** effort; **contentus, -a, -um** tense
Model sentence: ***Contendit** omnis nervos Chrysippus.* —Cicero

hold together, contain, restrain

ACTIVE			PASSIVE	
INDICATIVE				
Pres.	contineō	continēmus	contineor	continēmur
	continēs	continētis	continēris (-re)	continēminī
	continet	continent	continētur	continentur
Impf.	continēbam	continēbāmus	continēbar	continēbāmur
	continēbās	continēbātis	continēbāris (-re)	continēbāminī
	continēbat	continēbant	continēbātur	continēbantur
Fut.	continēbo	continēbimus	continēbor	continēbimur
	continēbis	continēbitis	continēberis (-re)	continēbiminī
	continēbit	continēbunt	continēbitur	continēbuntur
Perf.	continuī	continuimus	contentus sum	contentī sumus
	continuistī	continuistis	(-a, -um) es	(-ae, -a) estis
	continuit	continuērunt (-ēre)	est	sunt
Plup.	continueram	continuerāmus	contentus eram	contentī erāmus
	continuerās	continuerātis	(-a, -um) erās	(-ae, -a) erātis
	continuerat	continuerant	erat	erant
Fut. *Perf.*	continuerō	continuerimus	contentus erō	contentī erimus
	continueris	continueritis	(-a, -um) eris	(-ae, -a) eritis
	continuerit	continuerint	erit	erunt
SUBJUNCTIVE				
Pres.	contineam	contineāmus	continear	contineāmur
	contineās	contineātis	contineāris (-re)	contineāminī
	contineat	contineant	contineātur	contineantur
Impf.	continērem	continērēmus	continērer	continērēmur
	continērēs	continērētis	continērēris (-re)	continērēminī
	continēret	continērent	continērētur	continērentur
Perf.	continuerim	continuerimus	contentus sim	contentī sīmus
	continueris	continueritis	(-a, -um) sīs	(-ae, -a) sītis
	continuerit	continuerint	sit	sint
Plup.	continuissem	continuissēmus	contentus essem	contentī essēmus
	continuissēs	continuissētis	(-a, -um) essēs	(-ae, -a) essētis
	continuisset	continuissent	esset	essent
IMPERATIVE				
Pres.	continē	continēte		
INFINITIVE				
Pres.	continēre		continērī	
Perf.	continuisse		contentus (-a, -um) esse	
Fut.	contentūrus (-a, -um) esse			
PARTICIPLE				
Pres.	continēns, (-tis)			
Perf.			contentus (-a, -um)	
Fut.	contentūrus (-a, -um)		continendus (-a, -um) (GERUNDIVE)	

GERUND continendī, -ō, -um, -ō   SUPINE contentum, -ū

Compounds and related words: **contentus, -a, -um** content; **continens, -ntis** bordering; **continentia, -ae, f.** self-control; **continuo (1)** to unite; **continuus, -a, -um** continuous, successive
See **teneo** for related compounds of this verb.
Model sentence: *Mundus omnia complexu suo coercet et **continet.*** —Cicero

touch, reach, happen

ACTIVE			PASSIVE	

INDICATIVE

	ACTIVE		PASSIVE	
Pres.	contingō	contingimus	contingor	contingimur
	contingis	contingitis	contingeris (-re)	contingiminī
	contingit	contingunt	contingitur	continguntur
Impf.	contingēbam	contingēbāmus	contingēbar	contingēbāmur
	contingēbās	contingēbātis	contingēbāris (-re)	contingēbāminī
	contingēbat	contingēbant	contingēbātur	contingēbantur
Fut.	contingam	contingēmus	contingar	contingēmur
	contingēs	contingētis	contingēris (-re)	contingēminī
	continget	contingent	contingētur	contingentur
Perf.	contigī	contigimus	contāctus sum	contāctī sumus
	contigistī	contigistis	(-a, -um) es	(-ae, -a) estis
	contigit	contigērunt (-ēre)	est	sunt
Plup.	contigeram	contigerāmus	contāctus eram	contāctī erāmus
	contigerās	contigerātis	(-a, -um) erās	(-ae, -a) erātis
	contigerat	contigerant	erat	erant
Fut.	contigerō	contigerimus	contāctus erō	contāctī erimus
Perf.	contigeris	contigeritis	(-a, -um) eris	(-ae, -a) eritis
	contigerit	contigerint	erit	erunt

SUBJUNCTIVE

	ACTIVE		PASSIVE	
Pres.	contingam	contingāmus	contingar	contingāmur
	contingās	contingātis	contingāris (-re)	contingāminī
	contingat	contingant	contingātur	contingantur
Impf.	contingerem	contingerēmus	contingerer	contingerēmur
	contingerēs	contingerētis	contingerēris (-re)	contingerēminī
	contingeret	contingerent	contingerētur	contingerentur
Perf.	contigerim	contigerimus	contāctus sim	contāctī sīmus
	contigeris	contigeritis	(-a, -um) sīs	(-ae, -a) sītis
	contigerit	contigerint	sit	sint
Plup.	contigissem	contigissēmus	contāctus essem	contāctī essēmus
	contigissēs	contigissētis	(-a, -um) essēs	(-ae, -a) essētis
	contigisset	contigissent	esset	essent

IMPERATIVE

	ACTIVE			
Pres.	continge	contingite		

INFINITIVE

	ACTIVE	PASSIVE
Pres.	contingere	contingī
Perf.	contigisse	contāctus (-a, -um) esse
Fut.	contāctūrus (-a, -um) esse	

PARTICIPLE

	ACTIVE	PASSIVE
Pres.	contingēns, (-tis)	
Perf.		contāctus (-a, -um)
Fut.	contāctūrus (-a, -um)	contingendus (-a, -um) (GERUNDIVE)

GERUND contingendī, -ō, -um, -ō   SUPINE contāctum, -ū

Compounds and related words: **contactus, -us, m.** contact; **contages, -is, f.** contact; **contagio, -onis, f.** contact; **contagium, -i, n.** contact
See **tango** for related compounds of this verb.
Model sentence: ***Contigeris** nostros, Caesar, siforte libellos...* —Martial

beat, break

ACTIVE			PASSIVE	
INDICATIVE				
Pres.	contundō	contundimus	contundor	contundimur
	contundis	contunditis	contunderis (-re)	contundiminī
	contundit	contundunt	contunditur	contunduntur
Impf.	contundēbam	contundēbāmus	contundēbar	contundēbāmur
	contundēbās	contundēbātis	contundēbāris (-re)	contundēbāminī
	contundēbat	contundēbant	contundēbātur	contundēbantur
Fut.	contundam	contundēmus	contundar	contundēmur
	contundēs	contundētis	contundēris (-re)	contundēminī
	contundet	contundent	contundētur	contundentur
Perf.	contudī	contudimus	contūsus sum	contūsī sumus
	contudistī	contudistis	(-a, -um) es	(-ae, -a) estis
	contudit	contudērunt (-ēre)	est	sunt
Plup.	contuderam	contuderāmus	contūsus eram	contūsī erāmus
	contuderās	contuderātis	(-a, -um) erās	(-ae, -a) erātis
	contuderat	contuderant	erat	erant
Fut.	contuderō	contuderimus	contūsus erō	contūsī erimus
Perf.	contuderis	contuderitis	(-a, -um) eris	(-ae, -a) eritis
	contuderit	contuderint	erit	erunt
SUBJUNCTIVE				
Pres.	contundam	contundāmus	contundar	contundāmur
	contundās	contundātis	contundāris (-re)	contundāminī
	contundat	contundant	contundātur	contundantur
Impf.	contunderem	contunderēmus	contunderer	contunderēmur
	contunderēs	contunderētis	contunderēris (-re)	contunderēminī
	contunderet	contunderent	contunderētur	contunderentur
Perf.	contuderim	contuderimus	contūsus sim	contūsī sīmus
	contuderis	contuderitis	(-a, -um) sīs	(-ae, -a) sītis
	contuderit	contuderint	sit	sint
Plup.	contudissem	contudissēmus	contūsus essem	contūsī essēmus
	contudissēs	contudissētis	(-a, -um) essēs	(-ae, -a) essētis
	contudisset	contudissent	esset	essent
IMPERATIVE				
Pres.	contunde	contundite		
INFINITIVE				
Pres.	contundere		contundī	
Perf.	contudisse		contūsus (-a, -um) esse	
Fut.	contūsūrus (-a, -um) esse			
PARTICIPLE				
Pres.	contundēns, (-tis)			
Perf.			contūsus (-a, -um)	
Fut.	contūsūrus (-a, -um)		contundendus (-a, -um) (GERUNDIVE)	

GERUND contundendī, -ō, -um, -ō   SUPINE contūsum, -ū

Alternate forms: **contunsum** = contusum
Compounds and related words: **tundo, -ere, tutudi, tunsum** to strike
Model sentence: *Classis regis Antiochi antehac fusa,* **contusa,** *fugataque est.* —Livy

91

cook, contrive

ACTIVE		PASSIVE	
INDICATIVE			
Pres. coquō	coquimus	coquor	coquimur
coquis	coquitis	coqueris (-re)	coquiminī
coquit	coquunt	coquitur	coquuntur
Impf. coquēbam	coquēbāmus	coquēbar	coquēbāmur
coquēbās	coquēbātis	coquēbāris (-re)	coquēbāminī
coquēbat	coquēbant	coquēbātur	coquēbantur
Fut. coquam	coquēmus	coquar	coquēmur
coquēs	coquētis	coquēris (-re)	coquēminī
coquet	coquent	coquētur	coquentur
Perf. coxī	coximus	coctus sum	coctī sumus
coxistī	coxistis	(-a, -um) es	(-ae, -a) estis
coxit	coxērunt (-ēre)	est	sunt
Plup. coxeram	coxerāmus	coctus eram	coctī erāmus
coxerās	coxerātis	(-a, -um) erās	(-ae, -a) erātis
coxerat	coxerant	erat	erant
Fut. coxerō	coxerimus	coctus erō	coctī erimus
Perf. coxeris	coxeritis	(-a, -um) eris	(-ae, -a) eritis
coxerit	coxerint	erit	erunt
SUBJUNCTIVE			
Pres. coquam	coquāmus	coquar	coquāmur
coquās	coquātis	coquāris (-re)	coquāminī
coquat	coquant	coquātur	coquantur
Impf. coquerem	coquerēmus	coquerer	coquerēmur
coquerēs	coquerētis	coquerēris (-re)	coquerēminī
coqueret	coquerent	coquerētur	coquerentur
Perf. coxerim	coxerimus	coctus sim	coctī sīmus
coxeris	coxeritis	(-a, -um) sīs	(-ae, -a) sītis
coxerit	coxerint	sit	sint
Plup. coxissem	coxissēmus	coctus essem	coctī essēmus
coxissēs	coxissētis	(-a, -um) essēs	(-ae, -a) essētis
coxisset	coxissent	esset	essent
IMPERATIVE			
Pres. coque	coquite		
INFINITIVE			
Pres. coquere		coquī	
Perf. coxisse		coctus (-a, -um) esse	
Fut. coctūrus (-a, -um) esse			
PARTICIPLE			
Pres. coquēns, (-tis)			
Perf.		coctus (-a, -um)	
Fut. coctūrus (-a, -um)		coquendus (-a, -um) (GERUNDIVE)	

GERUND coquendī, -ō, -um, -ō   SUPINE coctum, -ū

Compounds and related words: **concoquo (3)** to cook thoroughly; **coqua, -ae, f.** a female cook; **coquina, -ae, f.** kitchen; **coquino (1)** to cook; **coquus/cocus, -i, m.** a male cook
Model sentence: *Cottidie sic cena ei **coquebatur**...* —Nepos

believe

ACTIVE		PASSIVE	
		INDICATIVE	
Pres.	crēdō	crēdimus		
	crēdis	crēditis		
	crēdit	crēdunt	crēditur	crēduntur
Impf.	crēdēbam	crēdēbāmus		
	crēdēbās	crēdēbātis		
	crēdēbat	crēdēbant	crēdēbātur	crēdēbantur
Fut.	crēdam	crēdēmus		
	crēdēs	crēdētis		
	crēdet	crēdent	crēdētur	crēdentur
Perf.	crēdidī	crēdidimus		
	crēdidistī	crēdidistis		
	crēdidit	crēdidērunt (-ēre)	crēditus (-a, -um) est	crēditī (-ae, -a) sunt
Plup.	crēdideram	crēdiderāmus		
	crēdiderās	crēdiderātis		
	crēdiderat	crēdiderant	crēditus (-a, -um) erat	crēditī (-ae, -a) erant
Fut.	crēdiderō	crēdiderimus		
Perf.	crēdideris	crēdideritis		
	crēdiderit	crēdiderint	crēditus (-a, -um) erit	crēditī (-ae, -a) erunt
		SUBJUNCTIVE	
Pres.	crēdam	crēdāmus		
	crēdās	crēdātis		
	crēdat	crēdant	crēdātur	crēdantur
Impf.	crēderem	crēderēmus		
	crēderēs	crēderētis		
	crēderet	crēderent	crēderētur	crēderentur
Perf.	crēdiderim	crēdiderimus		
	crēdideris	crēdideritis		
	crēdiderit	crēdiderint	crēditus (-a, -um) sit	crēditī (-ae, -a) sint
Plup.	crēdidissem	crēdidissēmus		
	crēdidissēs	crēdidissētis		
	crēdidisset	crēdidissent	crēditus (-a, -um) esset	crēditī (-ae, -a) essent
		IMPERATIVE	
Pres.	crēde	crēdite		
		INFINITIVE	
Pres.	crēdere		crēdī	
Perf.	crēdidisse		crēditus (-a, -um) esse	
Fut.	crēditūrus (-a, -um) esse			
		PARTICIPLE	
Pres.	crēdēns, (-tis)			
Perf.			crēditus (-a, -um)	
Fut.	crēditūrus (-a, -um)		crēdendus (-a, -um) (GERUNDIVE)	

GERUND crēdendī, -ō, -um, -ō SUPINE crēditum, -ū

Usage notes: generally used with the **dative**
Alternate forms: **credier** = credi; **creduam** = credam; **creduas** = credas; **creduat** = credat;
     creduis = credas; **creduit** = credat; **crevi** = credidi
Compounds and related words: **credulus, -a, -um** trusting; **incredibilis, -e** unbelievable
Model sentence: *Experto **credite.*** —Vergil

make, elect, beget

ACTIVE		PASSIVE	

INDICATIVE

	ACTIVE		PASSIVE	
Pres.	creō	creāmus	creor	creāmur
	creās	creātis	creāris (-re)	creāminī
	creat	creant	creātur	creantur
Impf.	creābam	creābāmus	creābar	creābāmur
	creābās	creābātis	creābāris (-re)	creābāminī
	creābat	creābant	creābātur	creābantur
Fut.	creābo	creābimus	creābor	creābimur
	creābis	creābitis	creāberis (-re)	creābiminī
	creābit	creābunt	creābitur	creābuntur
Perf.	creāvī	creāvimus	creātus sum	creātī sumus
	creāvistī	creāvistis	(-a, -um) es	(-ae, -a) estis
	creāvit	creāvērunt (-ēre)	est	sunt
Plup.	creāveram	creāverāmus	creātus eram	creātī erāmus
	creāverās	creāverātis	(-a, -um) erās	(-ae, -a) erātis
	creāverat	creāverant	erat	erant
Fut.	creāverō	creāverimus	creātus erō	creātī erimus
Perf.	creāveris	creāveritis	(-a, -um) eris	(-ae, -a) eritis
	creāverit	creāverint	erit	erunt

SUBJUNCTIVE

	ACTIVE		PASSIVE	
Pres.	creem	creēmus	creer	creēmur
	creēs	creētis	creēris (-re)	creēminī
	creet	creent	creētur	creentur
Impf.	creārem	creārēmus	creārer	creārēmur
	creārēs	creārētis	creārēris (-re)	creārēminī
	creāret	creārent	creārētur	creārentur
Perf.	creāverim	creāverimus	creātus sim	creātī sīmus
	creāveris	creāveritis	(-a, -um) sīs	(-ae, -a) sītis
	creāverit	creāverint	sit	sint
Plup.	creāvissem	creāvissēmus	creātus essem	creātī essēmus
	creāvissēs	creāvissētis	(-a, -um) essēs	(-ae, -a) essētis
	creāvisset	creāvissent	esset	essent

IMPERATIVE

	ACTIVE	
Pres.	creā	creāte

INFINITIVE

	ACTIVE	PASSIVE
Pres.	creāre	creārī
Perf.	creāvisse	creātus (-a, -um) esse
Fut.	creātūrus (-a, -um) esse	

PARTICIPLE

	ACTIVE	PASSIVE
Pres.	creāns, (-tis)	
Perf.		creātus (-a, -um)
Fut.	creātūrus (-a, -um)	creandus (-a, -um) (GERUNDIVE)

GERUND creandī, -ō, -um, -ō   SUPINE creātum, -ū

Alternate forms: **cereo** = creo
Compounds and related words: **creator, -is, m.** creator; **creatura, -ae, f.** creature; **cresco, -ere, crevi, cretum** to come into being, grow; **recreo (2)** to remake
Model sentence: *Saepe **creat** molles aspera spina rosas.* —Ovid

make a noise

ACTIVE

INDICATIVE

Pres.	crepō	crepāmus
	crepās	crepātis
	crepat	crepant
Impf.	crepābam	crepābāmus
	crepābās	crepābātis
	crepābat	crepābant
Fut.	crepābō	crepāmus
	crepābis	crepābitis
	crepābit	crepābunt
Perf.	crepuī	crepuimus
	crepuistī	crepuistis
	crepuit	crepuērunt (-ēre)
Plup.	crepueram	crepuerāmus
	crepuerās	crepuerātis
	crepuerat	crepuerant
Fut.	crepuerō	crepuerimus
Perf.	crepueris	crepueritis
	crepuerit	crepuerint

SUBJUNCTIVE

Pres.	crepem	crepēmus
	crepēs	crepētis
	crepet	crepent
Impf.	crepārem	crepārēmus
	crepārēs	crepārētis
	crepāret	crepārent
Perf.	crepuerim	crepuerimus
	crepueris	crepueritis
	crepuerit	crepuerint
Plup.	crepuissem	crepuissēmus
	crepuissēs	crepuissētis
	crepuisset	crepuissent

IMPERATIVE

Pres.	crepā	crepāte

INFINITIVE

Pres.	crepāre
Perf.	crepuisse
Fut.	crepitūrus (-a, -um) esse

PARTICIPLE

	Active	Passive
Pres.	crepāns, (-tis)	
Perf.		crepitus (-a, -um)
Fut.	crepitūrus (-a, -um)	crepandus (-a, -um) (GERUNDIVE)

GERUND crepandī, -ō, -um, -ō   SUPINE crepitum, -ū

Compounds and related words: **concrepo, -are, -ui, -itum** make a noise; **crepitaculum, -i, m.** a little rattle (noise); **crepito (1)** make a noise; **crepudia, -ae, f.** a rattle (baby toy); **increpo, -are, -ui, -itum** make a noise
Model sentence: *Digiti **crepantis** signa novit eunuchus.* —Martial

grow larger, increase

ACTIVE　　　　　　　　　　　　PASSIVE

INDICATIVE

	ACTIVE			PASSIVE	
Pres.	crēscō	crēscimus		crēscor	crēscimur
	crēscis	crēscitis		crēsceris (-re)	crēsciminī
	crēscit	crēscunt		crēscitur	crēscuntur
Impf.	crēscēbam	crēscēbāmus		crēscēbar	crēscēbāmur
	crēscēbās	crēscēbātis		crēscēbāris (-re)	crēscēbāminī
	crēscēbat	crēscēbant		crēscēbātur	crēscēbantur
Fut.	crēscam	crēscēmus		crēscar	crēscēmur
	crēscēs	crēscētis		crēscēris (-re)	crēscēminī
	crēscet	crēscent		crēscētur	crēscentur
Perf.	crēvī	crēvimus		crētus sum	crētī sumus
	crēvistī	crēvistis		(-a, -um) es	(-ae, -a) estis
	crēvit	crēvērunt (-ēre)		est	sunt
Plup.	crēveram	crēverāmus		crētus eram	crētī erāmus
	crēverās	crēverātis		(-a, -um) erās	(-ae, -a) erātis
	crēverat	crēverant		erat	erant
Fut. *Perf.*	crēverō	crēverimus		crētus erō	crētī erimus
	crēveris	crēveritis		(-a, -um) eris	(-ae, -a) eritis
	crēverit	crēverint		erit	erunt

SUBJUNCTIVE

	ACTIVE			PASSIVE	
Pres.	crēscam	crēscāmus		crēscar	crēscāmur
	crēscās	crēscātis		crēscāris (-re)	crēscāminī
	crēscat	crēscant		crēscātur	crēscantur
Impf.	crēscerem	crēscerēmus		crēscerer	crēscerēmur
	crēscerēs	crēscerētis		crēscerēris (-re)	crēscerēminī
	crēsceret	crēscerent		crēscerētur	crēscerentur
Perf.	crēverim	crēverimus		crētus sim	crētī sīmus
	crēveris	crēveritis		(-a, -um) sīs	(-ae, -a) sītis
	crēverit	crēverint		sit	sint
Plup.	crēvissem	crēvissēmus		crētus essem	crētī essēmus
	crēvissēs	crēvissētis		(-a, -um) essēs	(-ae, -a) essētis
	crēvisset	crēvissent		esset	essent

IMPERATIVE

Pres.	crēsce	crēscite

INFINITIVE

	ACTIVE	PASSIVE
Pres.	crēscere	crēscī
Perf.	crēvisse	crētus (-a, -um) esse
Fut.	crētūrus (-a, -um) esse	

PARTICIPLE

	ACTIVE	PASSIVE
Pres.	crēscēns, (-tis)	
Perf.		crētus (-a, -um)
Fut.	crētūrus (-a, -um)	crēscendus (-a, -um) (GERUNDIVE)

GERUND crēscendī, -ō, -um, -ō　　SUPINE crētum, -ū

Alternate forms: **cresse** = crevisse
Compounds and related words: **concresco (3)** to congeal; **creo (1)** to create
Model sentence: *Hic ubi **crescunt** media pegmata celsa via.* —Martial

torture, crucify

ACTIVE		PASSIVE	
INDICATIVE			

	ACTIVE		PASSIVE	
Pres.	cruciō	cruciāmus	crucior	cruciāmur
	cruciās	cruciātis	cruciāris (-re)	cruciāminī
	cruciat	cruciant	cruciātur	cruciantur
Impf.	cruciābam	cruciābāmus	cruciābar	cruciābāmur
	cruciābās	cruciābātis	cruciābāris (-re)	cruciābāminī
	cruciābat	cruciābant	cruciābātur	cruciābantur
Fut.	cruciābo	cruciābimus	cruciābor	cruciābimur
	cruciābis	cruciābitis	cruciāberis (-re)	cruciābiminī
	cruciābit	cruciābunt	cruciābitur	cruciābuntur
Perf.	cruciāvī	cruciāvimus	cruciātus sum	cruciātī sumus
	cruciāvistī	cruciāvistis	(-a, -um) es	(-ae, -a) estis
	cruciāvit	cruciāvērunt (-ēre)	est	sunt
Plup.	cruciāveram	cruciāverāmus	cruciātus eram	cruciātī erāmus
	cruciāverās	cruciāverātis	(-a, -um) erās	(-ae, -a) erātis
	cruciāverat	cruciāverant	erat	erant
Fut.	cruciāverō	cruciāverimus	cruciātus erō	cruciātī erimus
Perf.	cruciāveris	cruciāveritis	(-a, -um) eris	(-ae, -a) eritis
	cruciāverit	cruciāverint	erit	erunt

SUBJUNCTIVE			

	ACTIVE		PASSIVE	
Pres.	cruciem	cruciēmus	crucier	cruciēmur
	cruciēs	cruciētis	cruciēris (-re)	cruciēminī
	cruciet	crucient	cruciētur	crucientur
Impf.	cruciārem	cruciārēmus	cruciārer	cruciārēmur
	cruciārēs	cruciārētis	cruciārēris (-re)	cruciārēminī
	cruciāret	cruciārent	cruciārētur	cruciārentur
Perf.	cruciāverim	cruciāverimus	cruciātus sim	cruciātī sīmus
	cruciāveris	cruciāveritis	(-a, -um) sīs	(-ae, -a) sītis
	cruciāverit	cruciāverint	sit	sint
Plup.	cruciāvissem	cruciāvissēmus	cruciātus essem	cruciātī essēmus
	cruciāvissēs	cruciāvissētis	(-a, -um) essēs	(-ae, -a) essētis
	cruciāvisset	cruciāvissent	esset	essent

IMPERATIVE			
Pres.	cruciā	cruciāte	

INFINITIVE		
Pres.	cruciāre	cruciārī
Perf.	cruciāvisse	cruciātus (-a, -um) esse
Fut.	cruciātūrus (-a, -um) esse	

PARTICIPLE		
Pres.	cruciāns, (-tis)	
Perf.		cruciātus (-a, -um)
Fut.	cruciātūrus (-a, -um)	cruciandus (-a, -um) (GERUNDIVE)

GERUND cruciandī, -ō, -um, -ō   SUPINE cruciātum, -ū

Usage notes: passive forms may be used with middle sense
Compounds and related words: **cruciabilitas, -tatis, f.** torturer; **cruciamentum, -i, n.** torture; **cruciatus, -us, m.** torture; **crucifico (1)** to crucify; **crux, crucis, f.** cross; **excruciabilis, -e** worthy of torture; **excrucio (1)** to torture;
Model sentence: *Officii me deliberatio **cruciat cruciavit**que adhuc.* —Cicero

recline, sleep

ACTIVE

INDICATIVE

Pres.	cubō	cubāmus
	cubās	cubātis
	cubat	cubant
Impf.	cubābam	cubābāmus
	cubābās	cubābātis
	cubābat	cubābant
Fut.	cubābō	cubāmus
	cubābis	cubābitis
	cubābit	cubābunt
Perf.	cubuī	cubuimus
	cubuistī	cubuistis
	cubuit	cubuērunt (-ēre)
Plup.	cubueram	cubuerāmus
	cubuerās	cubuerātis
	cubuerat	cubuerant
Fut.	cubuerō	cubuerimus
Perf.	cubueris	cubueritis
	cubuerit	cubuerint

SUBJUNCTIVE

Pres.	cubem	cubēmus
	cubēs	cubētis
	cubet	cubent
Impf.	cubārem	cubārēmus
	cubārēs	cubārētis
	cubāret	cubārent
Perf.	cubuerim	cubuerimus
	cubueris	cubueritis
	cubuerit	cubuerint
Plup.	cubuissem	cubuissēmus
	cubuissēs	cubuissētis
	cubuisset	cubuissent

IMPERATIVE

Pres.	cubā	cubāte

INFINITIVE

Pres.	cubāre
Perf.	cubuisse
Fut.	cubitūrus (-a, -um) esse

PARTICIPLE

	Active	Passive
Pres.	cubāns, (-tis)	
Perf.		
Fut.	cubitūrus (-a, -um)	cubandus (-a, -um) (GERUNDIVE)

GERUND cubandī, -ō, -um, -ō   SUPINE cubitum, -ū

Alternate forms: **cubaris** = cubueris; **cubasse** = cubuisse; **cubavi** = cubui
Compounds and related words: **accubo, -are, -ui, -itum** recline at a table; **concubina, -ae, f.** concubine; **cubicularis, -e** pertaining to bedroom; **cubiculum, -i, n.** bedroom; **cubile, -is, n.** bed, bedroom; **cubital, -is, n.** an elbow cushion; **cubito (1)** recline often; **cubitum, -i, n.** elbow; **incubo, -are, -ui, -itum** lie upon; **recubo, -are, -ui, -itum** recline

ACTIVE

INDICATIVE

Pres.	cunctor	cunctāmur
	cunctāris (-re)	cunctāminī
	cunctātur	cunctantur
Impf.	cunctābar	cunctābāmur
	cunctābāris (-re)	cunctābāminī
	cunctābātur	cunctābantur
Fut.	cunctābor	cunctābimur
	cunctāberis (-re)	cunctābiminī
	cunctābitur	cunctābuntur
Perf.	cunctātus sum	cunctātī sumus
	(-a, -um) es	(-ae, -a) estis
	est	sunt
Plup.	cunctātus eram	cunctātī erāmus
	(-a, -um) erās	(-ae, -a) erātis
	erat	erant
Fut.	cunctātus erō	cunctātī erimus
Perf.	(-a, -um) eris	(-ae, -a) eritis
	erit	erunt

SUBJUNCTIVE

Pres.	cuncter	cunctēmur
	cunctēris (-re)	cunctēminī
	cunctētur	cunctentur
Impf.	cunctārer	cunctārēmur
	cunctārēris (-re)	cunctārēminī
	cunctārētur	cunctārentur
Perf.	cunctātus sim	cunctātī sīmus
	(-a, -um) sīs	(-ae, -a) sītis
	sit	sint
Plup.	cunctātus essem	cunctātī essēmus
	(-a, -um) essēs	(-ae, -a) essētis
	esset	essent

IMPERATIVE

Pres.	cunctāre	cunctāminī

INFINITIVE

Pres.	cunctārī
Perf.	cunctātus (-a, -um) esse
Fut.	cunctātūrus (-a, -um) esse

PARTICIPLE

	Active	Passive
Pres.	cunctāns, (-tis)	
Perf.	cunctātus (-a, -um)	
Fut.	cunctātūrus (-a, -um)	cunctandus (-a, -um) (GERUNDIVE)

GERUND cunctandī, -ō, -um, -ō SUPINE cunctātum, -ū

Alternate forms: **contor** = cunctor; **cunctarier** = cunctari; **cuncto (1)** = cunctor
Compounds and related words: **cunctabundus, -a, -um** loitering; **cunctatio, -onis, f.** a delay; **cunctator, -is, m.** he who delays
Model sentence: ***Cunctatur** amnis rauca sonans revocatque pedem Tiberinus ab alto.* —Vergil

desire, wish

	ACTIVE		PASSIVE	
		INDICATIVE		
Pres.	cupiō	cupimus	cupior	cupimur
	cupis	cupitis	cuperis (-re)	cupiminī
	cupit	cupiunt	cupītur	cupiuntur
Impf.	cupiēbam	cupiēbāmus	cupiēbar	cupiēbāmur
	cupiēbas	cupiēbātis	cupiēbāris (-re)	cupiēbāminī
	cupiēbat	cupiēbant	cupiēbātur	cupiēbantur
Fut.	cupiam	cupiēmus	cupiar	cupiēmur
	cupiēs	cupiētis	cupiēris (-re)	cupiēminī
	cupiet	cupient	cupiētur	cupientur
Perf.	cupīvī	cupīvimus	cupītus sum	cupītī sumus
	cupīvistī	cupīvistis	(-a, -um) es	(-ae, -a) estis
	cupīvit	cupīvērunt (-ēre)	est	sunt
Plup.	cupīveram	cupīverāmus	cupītus eram	cupītī erāmus
	cupīverās	cupīverātis	(-a, -um) erās	(-ae, -a) erātis
	cupīverat	cupīverant	erat	erant
Fut.	cupīverō	cupīverimus	cupītus erō	cupiti erimus
Perf.	cupīveris	cupīveritis	(-a, -um) eris	(-ae, -a) eritis
	cupīverit	cupīverint	erit	erunt
		SUBJUNCTIVE		
Pres.	cupiam	cupiāmus	cupiar	cupiāmur
	cupiās	cupiātis	cupiāris (-re)	cupiāminī
	cupiat	cupiant	cupiātur	cupiantur
Impf.	cuperem	cuperēmus	cuperer	cuperēmur
	cuperēs	cuperētis	cuperēris (-re)	cuperēminī
	cuperet	cuperent	cuperētur	cuperentur
Perf.	cupīverim	cupīverimus	cupītus sim	cupītī sīmus
	cupīveris	cupīveritis	(-a, -um) sīs	(-ae, -a) sītis
	cupīverit	cupīverint	sit	sint
Plup.	cupīvissem	cupīvissēmus	cupītus essem	cupītī essēmus
	cupīvissēs	cupīvissētis	(-a, -um) essēs	(-ae, -a) essētis
	cupīvisset	cupīvissent	esset	essent
		IMPERATIVE		
Pres.	cupe	cupite		
		INFINITIVE		
Pres.	cupere		cupī	
Perf.	cupīvisse		cupītus (-a, -um) esse	
Fut.	cupītūrus (-a, -um) esse			
		PARTICIPLE		
Pres.	cupiēns, (-tis)			
Perf.			cupītus (-a, -um)	
Fut.	cupitūrus (-a, -um)		cupiendus (-a, -um) (GERUNDIVE)	

GERUND cupiendī, -ō, -um, -ō   SUPINE cupītum, -ū

Alternate forms: **cupiret** = cuperet
Compounds and related words: **concupisco (3)** to desire; **cupiditas, -tatis, f.** greed; **cupido, -onis, f.**
　desire; **cupidus, -a, -um** greedy
Model sentence: *Daedale, Lucano cum sic lacereris ab urso, quam **cuperes** pinnas nunc habuisse
　tuas!* —Martial

care for

ACTIVE		PASSIVE	
INDICATIVE			

	ACTIVE		PASSIVE	
Pres.	cūrō	cūrāmus	cūror	cūrāmur
	cūrās	cūrātis	cūrāris (-re)	cūrāminī
	cūrat	cūrant	cūrātur	cūrantur
Impf.	cūrābam	cūrābāmus	cūrābar	cūrābāmur
	cūrābās	cūrābātis	cūrābāris (-re)	cūrābāminī
	cūrābat	cūrābant	cūrābātur	cūrābantur
Fut.	cūrābo	cūrābimus	cūrābor	cūrābimur
	cūrābis	cūrābitis	cūrāberis (-re)	cūrābiminī
	cūrābit	cūrābunt	cūrābitur	cūrābuntur
Perf.	cūrāvī	cūrāvimus	cūrātus sum	cūrātī sumus
	cūrāvistī	cūrāvistis	(-a, -um) es	(-ae, -a) estis
	cūrāvit	cūrāvērunt (-ēre)	est	sunt
Plup.	cūrāveram	cūrāverāmus	cūrātus eram	cūrātī erāmus
	cūrāverās	cūrāverātis	(-a, -um) erās	(-ae, -a) erātis
	cūrāverat	cūrāverant	erat	erant
Fut.	cūrāverō	cūrāverimus	cūrātus erō	cūrātī erimus
Perf.	cūrāveris	cūrāveritis	(-a, -um) eris	(-ae, -a) eritis
	cūrāverit	cūrāverint	erit	erunt

SUBJUNCTIVE

	ACTIVE		PASSIVE	
Pres.	cūrem	cūrēmus	cūrer	cūrēmur
	cūrēs	cūrētis	cūrēris (-re)	cūrēminī
	cūret	cūrent	cūrētur	cūrentur
Impf.	cūrārem	cūrārēmus	cūrārer	cūrārēmur
	cūrārēs	cūrārētis	cūrārēris (-re)	cūrārēminī
	cūrāret	cūrārent	cūrārētur	cūrārentur
Perf.	cūrāverim	cūrāverimus	cūrātus sim	cūrātī sīmus
	cūrāveris	cūrāveritis	(-a, -um) sīs	(-ae, -a) sītis
	cūrāverit	cūrāverint	sit	sint
Plup.	cūrāvissem	cūrāvissēmus	cūrātus essem	cūrātī essēmus
	cūrāvissēs	cūrāvissētis	(-a, -um) essēs	(-ae, -a) essētis
	cūrāvisset	cūrāvissent	esset	essent

IMPERATIVE

Pres.	cūrā	cūrāte

INFINITIVE

	ACTIVE	PASSIVE
Pres.	cūrāre	cūrārī
Perf.	cūrāvisse	cūrātus (-a, -um) esse
Fut.	cūrātūrus (-a, -um) esse	

PARTICIPLE

	ACTIVE	PASSIVE
Pres.	cūrāns, (-tis)	
Perf.		cūrātus (-a, -um)
Fut.	cūrātūrus (-a, -um)	cūrandus (-a, -um) (GERUNDIVE)

GERUND cūrandī, -ō, -um, -ō   SUPINE cūrātum, -ū

Alternate forms: **coerandi** = curandi; **coerari** = curari; **coeret** = curet; **coero** = curo; **coiro** = curo; **curarier** = curari; **curassis** = curavisses

Compounds and related words: **accurate** carefully; **accuratio, -onis, f.** accuracy; **accuro (1)** take care of; **procuro (1)** take care of; **securus, -a, -um** secure

Model sentence: *Magna di **curant**, parva neglegunt.* —Cicero

run

	ACTIVE		PASSIVE
		INDICATIVE	
Pres.	currō	currimus	
	curris	curritis	
	currit	currunt	curritur (Impers.)
Impf.	currēbam	currēbāmus	
	currēbās	currēbātis	
	currēbat	currēbant	currēbātur (Impers.)
Fut.	curram	currēmus	
	currēs	currētis	
	curret	current	currētur (Impers.)
Perf.	cucurrī	cucurrimus	
	cucurristī	cucurristis	
	cucurrit	cucurrērunt (-ēre)	cursum est (Impers.)
Plup.	cucurreram	cucurrerāmus	
	cucurrerās	cucurrerātis	
	cucurrerat	cucurrerant	cursum erat (Impers.)
Fut.	cucurrerō	cucurrerimus	
Perf.	cucurreris	cucurreritis	
	cucurrerit	cucurrerint	cursum erit (Impers.)
		SUBJUNCTIVE	
Pres.	curram	currāmus	
	currās	currātis	
	currat	currant	currātur (Impers.)
Impf.	currerem	currerēmus	
	currerēs	currerētis	
	curreret	currerent	currerētur (Impers.)
Perf.	cucurrerim	cucurrerimus	
	cucurreris	cucurreritis	
	cucurrerit	cucurrerint	cursum sit (Impers.)
Plup.	cucurrissem	cucurrissēmus	
	cucurrissēs	cucurrissētis	
	cucurrisset	cucurrissent	cursum esset (Impers.)
		IMPERATIVE	
Pres.	curre	currite	
		INFINITIVE	
Pres.	currere		currī
Perf.	cucurrisse		cursum esse
Fut.	cursūrus (-a, -um) esse		
		PARTICIPLE	
Pres.	currēns, (-tis)		
Perf.			cursus (-a, -um)
Fut.	cursūrus (-a, -um)		currendus (-a, -um) (GERUNDIVE)

GERUND currendī, -ō, -um, -ō   SUPINE cursum, -ū

Alternate forms: **cecurri** = cucurri; **curri** = cucurri
Compounds and related words: **accurro (3)** run to; **concurro (3)** rush together; **curriculum, -i, n.** course; **currus, -us, m.** chariot; **cursus, -us, m.** course; **decurro (3)** run down; **discurro (3)** run in different directions; **incurro (3)** run into; **occurro (3)** meet; **occurso (1)** meet; **percurro (3)** run through; **procurro (3)** rush forward; **recurro (3)** return; **succurro (3)** run to the aid of
Model sentence: *Nec iacuit partus, sed matre cadente **cucurrit**.* —Martial

guard

	ACTIVE		**PASSIVE**	

INDICATIVE

Pres.	custōdiō	custōdīmus	custōdior	custōdīmur
	custōdīs	custōdītis	custōdīris (-re)	custōdīminī
	custōdit	custōdiunt	custōdītur	custōdiuntur
Impf.	custōdiēbam	custōdiēbāmus	custōdiēbar	custōdiēbāmur
	custōdiēbās	custōdiēbātis	custōdiēbāris (-re)	custōdiēbāminī
	custōdiēbat	custōdiēbant	custōdiēbātur	custōdiēbantur
Fut.	custōdiam	custōdiēmus	custōdiar	custōdiēmur
	custōdiēs	custōdiētis	custōdiēris (-re)	custōdiēminī
	custōdiet	custōdient	custōdiētur	custōdientur
Perf.	custōdīvī	custōdīvimus	custōdītus sum	custōdītī sumus
	custōdīvistī	custōdīvistis	(-a, -um) es	(-ae, -a) estis
	custōdīvit	custōdīvērunt (-ēre)	est	sunt
Plup.	custōdīveram	custōdīverāmus	custōdītus eram	custōdītī erāmus
	custōdīverās	custōdīverātis	(-a, -um) erās	(-ae, -a) erātis
	custōdīverat	custōdīverant	erat	erant
Fut.	custōdīverō	custōdīverimus	custōdītus erō	custōdītī erimus
Perf.	custōdīveris	custōdīveritis	(-a, -um) eris	(-ae, -a) eritis
	custōdīverit	custōdīverint	erit	erunt

SUBJUNCTIVE

Pres.	custōdiam	custōdiāmus	custōdiar	custōdiāmur
	custōdiās	custōdiātis	custōdiāris (-re)	custōdiāminī
	custōdiat	custōdiant	custōdiātur	custōdiantur
Impf.	custōdīrem	custōdīrēmus	custōdīrer	custōdīrēmur
	custōdīrēs	custōdīrētis	custōdīrēris (-re)	custōdīrēminī
	custōdīret	custōdīrent	custōdīrētur	custōdīrentur
Perf.	custōdīverim	custōdīverimus	custōdītus sim	custōdītī sīmus
	custōdīveris	custōdīveritis	(-a, -um) sīs	(-ae, -a) sītis
	custōdīverit	custōdīverint	sit	sint
Plup.	custōdīvissem	custōdīvissēmus	custōdītus essem	custōdītī essēmus
	custōdīvissēs	custōdīvissētis	(-a, -um) essēs	(-ae, -a) essētis
	custōdīvisset	custōdīvissent	esset	essent

IMPERATIVE

Pres.	custōdī	custōdīte	

INFINITIVE

Pres.	custōdīre	custōdīrī
Perf.	custōdīvisse	custōdītus (-a, -um) esse
Fut.	custōdītūrus (-a, -um) esse	

PARTICIPLE

Pres.	custōdiēns, (-tis)	
Perf.		custōdītus (-a, -um)
Fut.	custōdītūrus (-a, -um)	custōdiendus (-a, -um) (GERUNDIVE)

GERUND custōdiendī, -ō, -um, -ō　　SUPINE custōdītum, -ū

Alternate forms: **custodibitur** = custodietur; **custodii** = custodivi
Compounds and related words: **custodia, -ae, f.** guard; **custos, -todis, m.** guard
Model sentence: *Quis **custodiet** ipsos custodes?* —Juvenal

ought, owe

ACTIVE		PASSIVE	
INDICATIVE			

Pres.

dēbeō	dēbēmus	dēbeor	dēbēmur
dēbēs	dēbētis	dēbēris (-re)	dēbēminī
dēbet	dēbent	dēbētur	dēbentur

Impf.

dēbēbam	dēbēbāmus	dēbēbar	dēbēbāmur
dēbēbās	dēbēbātis	dēbēbāris (-re)	dēbēbāminī
dēbēbat	dēbēbant	dēbēbātur	dēbēbantur

Fut.

dēbēbō	dēbēbimus	dēbēbor	dēbēbimur
dēbēbis	dēbēbitis	dēbēberis (-re)	dēbēbiminī
dēbēbit	dēbēbunt	dēbēbitur	dēbēbuntur

Perf.

dēbuī	dēbuimus	dēbitus sum	dēbitī sumus
dēbuistī	dēbuistis	(-a, -um) es	(-ae, -a) estis
dēbuit	dēbuērunt (-ēre)	est	sunt

Plup.

dēbueram	dēbuerāmus	dēbitus eram	dēbitī erāmus
dēbuerās	dēbuerātis	(-a, -um) erās	(-ae, -a) erātis
dēbuerat	dēbuerant	erat	erant

Fut.
Perf.

dēbuerō	dēbuerimus	dēbitus erō	dēbitī erimus
dēbueris	dēbueritis	(-a, -um) eris	(-ae, -a) eritis
dēbuerit	dēbuerint	erit	erunt

SUBJUNCTIVE			

Pres.

dēbeam	dēbeāmus	dēbear	dēbeāmur
dēbeās	dēbeātis	dēbeāris (-re)	dēbeāminī
dēbeat	dēbeant	dēbeātur	dēbeantur

Impf.

dēbērem	dēbērēmus	dēbērer	dēbērēmur
dēbērēs	dēbērētis	dēbērēris (-re)	dēbērēminī
dēbēret	dēbērent	dēbērētur	dēbērentur

Perf.

dēbuerim	dēbuerimus	dēbitus sim	dēbitī sīmus
dēbueris	dēbueritis	(-a, -um) sīs	(-ae, -a) sītis
dēbuerit	dēbuerint	sit	sint

Plup.

dēbuissem	dēbuissēmus	dēbitus essem	dēbitī essēmus
dēbuissēs	dēbuissētis	(-a, -um) essēs	(-ae, -a) essētis
dēbuisset	dēbuissent	esset	essent

IMPERATIVE			

Pres.

dēbē	dēbēte	

INFINITIVE		

Pres.	dēbēre	dēbērī
Perf.	dēbuisse	dēbitus (-a, -um) esse
Fut.	dēbitūrus (-a, -um) esse	

PARTICIPLE		

Pres.	dēbēns, (-tis)	
Perf.		dēbitus (-a, -um)
Fut.	dēbitūrus (-a, -um)	dēbendus (-a, -um) (GERUNDIVE)

GERUND dēbendī, -ō, -um, -ō   SUPINE dēbitum, -ū

Alternate forms: **dehibeo** = debeo
Compounds and related words: **debitio, -onis, f.** debt; **debitor, -is, m.** debtor
Model sentence: *Modum tenere debemus.* —Seneca

decide, decree, resolve

ACTIVE		PASSIVE	
INDICATIVE			
Pres. dēcernō	dēcernimus	dēcernor	dēcernimur
dēcernis	dēcernitis	dēcerneris (-re)	dēcerniminī
dēcernit	dēcernunt	dēcernitur	dēcernuntur
Impf. dēcernēbam	dēcernēbāmus	dēcernēbar	dēcernēbāmur
dēcernēbās	dēcernēbātis	dēcernēbāris (-re)	dēcernēbāminī
dēcernēbat	dēcernēbant	dēcernēbātur	dēcernēbantur
Fut. dēcernam	dēcernēmus	dēcernar	dēcernēmur
dēcernēs	dēcernētis	dēcernēris (-re)	dēcernēminī
dēcernet	dēcernent	dēcernētur	dēcernentur
Perf. dēcrēvī	dēcrēvimus	dēcrētus sum	dēcrētī sumus
dēcrēvistī	dēcrēvistis	(-a, -um) es	(-ae, -a) estis
dēcrēvit	dēcrēvērunt (-ēre)	est	sunt
Plup. dēcrēveram	dēcrēverāmus	dēcrētus eram	dēcrētī erāmus
dēcrēverās	dēcrēverātis	(-a, -um) erās	(-ae, -a) erātis
dēcrēverat	dēcrēverant	erat	erant
Fut. dēcrēverō	dēcrēverimus	dēcrētus erō	dēcrētī erimus
Perf. dēcrēveris	dēcrēveritis	(-a, -um) eris	(-ae, -a) eritis
dēcrēverit	dēcrēverint	erit	erunt
SUBJUNCTIVE			
Pres. dēcernam	dēcernāmus	dēcernar	dēcernāmur
dēcernās	dēcernātis	dēcernāris (-re)	dēcernāminī
dēcernat	dēcernant	dēcernātur	dēcernantur
Impf. dēcernerem	dēcernerēmus	dēcernerer	dēcernerēmur
dēcernerēs	dēcernerētis	dēcernerēris (-re)	dēcernerēminī
dēcerneret	dēcernerent	dēcernerētur	dēcernerentur
Perf. dēcrēverim	dēcrēverimus	dēcrētus sim	dēcrētī sīmus
dēcrēveris	dēcrēveritis	(-a, -um) sīs	(-ae, -a) sītis
dēcrēverit	dēcrēverint	sit	sint
Plup. dēcrēvissem	dēcrēvissēmus	dēcrētus essem	dēcrētī essēmus
dēcrēvissēs	dēcrēvissētis	(-a, -um) essēs	(-ae, -a) essētis
dēcrēvisset	dēcrēvissent	esset	essent
IMPERATIVE			
Pres. dēcerne	dēcernite		
INFINITIVE			
Pres. dēcernere		dēcernī	
Perf. dēcrēvisse		dēcrētus (-a, -um) esse	
Fut. dēcrētūrus (-a, -um) esse			
PARTICIPLE			
Pres. dēcernēns, (-tis)			
Perf.		dēcrētus (-a, -um)	
Fut. dēcrētūrus (-a, -um)		dēcernendus (-a, -um) (GERUNDIVE)	

GERUND dēcernendī, -ō, -um, -ō   SUPINE dēcrētum, -ū

Alternate forms: **decreram, etc.** = decreveram, etc.; **decrerim, etc.** = decreverim, etc.;
    decresse = decrevisse
Compounds and related words: **decretum, -i, n.** a resolution
Model sentence: *Si quod est admissum facinus, si caedes facta, idem Druides **decernunt**.* —Caesar

is fitting, becomes (Impers.)

INDICATIVE
Pres.

decet

Impf.

decēbat

Fut.

decēbit

Perf.

decuit

Plup.

decuerat

Fut.
Perf.

decuerit

SUBJUNCTIVE
Pres.

deceat

Impf.

decēret

Perf.

decuerit

Plup.

decuisset

INFINITIVE
Pres.　decēre
Perf.　decuisse

PARTICIPLE
Pres.　decēns, (-tis)

Usage notes: Impersonal, but third person plural forms also appear.
Compounds and related words: **decens, -tis** proper; **decor, -is, m.** beauty; **decoro (1)** adorn;
    decorus, -a, -um adorned; **decus, -oris, n.** beauty; **dedecus, -oris, n.** disgrace
Model sentence: *Te non citharae **decent**.* —Horace

turn aside, lower, avoid

ACTIVE		PASSIVE	
INDICATIVE			

Pres.	dēclīnō	dēclīnāmus	dēclīnor	dēclīnāmur
	dēclīnās	dēclīnātis	dēclīnāris (-re)	dēclīnāminī
	dēclīnat	dēclīnant	dēclīnātur	dēclīnantur
Impf.	dēclīnābam	dēclīnābāmus	dēclīnābar	dēclīnābāmur
	dēclīnābās	dēclīnābātis	dēclīnābāris (-re)	dēclīnābāminī
	dēclīnābat	dēclīnābant	dēclīnābātur	dēclīnābantur
Fut.	dēclīnābo	dēclīnābimus	dēclīnābor	dēclīnābimur
	dēclīnābis	dēclīnābitis	dēclīnāberis (-re)	dēclīnābiminī
	dēclīnābit	dēclīnābunt	dēclīnābitur	dēclīnābuntur
Perf.	dēclīnāvī	dēclīnāvimus	dēclīnātus sum	dēclīnātī sumus
	dēclīnāvistī	dēclīnāvistis	(-a, -um) es	(-ae, -a) estis
	dēclīnāvit	dēclīnāvērunt (-ēre)	est	sunt
Plup.	dēclīnāveram	dēclīnāverāmus	dēclīnātus eram	dēclīnātī erāmus
	dēclīnāverās	dēclīnāverātis	(-a, -um) erās	(-ae, -a) erātis
	dēclīnāverat	dēclīnāverant	erat	erant
Fut.	dēclīnāverō	dēclīnāverimus	dēclīnātus erō	dēclīnātī erimus
Perf.	dēclīnāveris	dēclīnāveritis	(-a, -um) eris	(-ae, -a) eritis
	dēclīnāverit	dēclīnāverint	erit	erunt

SUBJUNCTIVE			

Pres.	dēclīnem	dēclīnēmus	dēclīner	dēclīnēmur
	dēclīnēs	dēclīnētis	dēclīnēris (-re)	dēclīnēminī
	dēclīnet	dēclīnent	dēclīnētur	dēclīnentur
Impf.	dēclīnārem	dēclīnārēmus	dēclīnārer	dēclīnārēmur
	dēclīnārēs	dēclīnārētis	dēclīnārēris (-re)	dēclīnārēminī
	dēclīnāret	dēclīnārent	dēclīnārētur	dēclīnārentur
Perf.	dēclīnāverim	dēclīnāverimus	dēclīnātus sim	dēclīnātī sīmus
	dēclīnāveris	dēclīnāveritis	(-a, -um) sīs	(-ae, -a) sītis
	dēclīnāverit	dēclīnāverint	sit	sint
Plup.	dēclīnāvissem	dēclīnāvissēmus	dēclīnātus essem	dēclīnātī essēmus
	dēclīnāvissēs	dēclīnāvissētis	(-a, -um) essēs	(-ae, -a) essētis
	dēclīnāvisset	dēclīnāvissent	esset	essent

IMPERATIVE			

Pres.	dēclīnā	dēclīnāte		

INFINITIVE			

Pres.	dēclīnāre		dēclīnārī	
Perf.	dēclīnāvisse		dēclīnātus (-a, -um) esse	
Fut.	dēclīnātūrus (-a, -um) esse			

PARTICIPLE			

Pres.	dēclīnāns, (-tis)			
Perf.			dēclīnātus (-a, -um)	
Fut.	dēclīnātūrus (-a, -um)		dēclīnandus (-a, -um) (GERUNDIVE)	

GERUND dēclīnandī, -ō, -um, -ō   SUPINE dēclīnātum, -ū

Compounds and related words: **clivosus, -a, -um** steep; **clivus, -i, m.** slope; **declinatio, -onis, f.** turning
away; **inclino (1)** bend; **reclino (1)** lean back; **triclinium, -i, n.** dining room
Model sentence: *Ego modo **declinavi** paullum me extra viam.* —Plautus

107

defend

	ACTIVE		PASSIVE	
		INDICATIVE		
Pres.	dēfendō	dēfendimus	dēfendor	dēfendimur
	dēfendis	dēfenditis	dēfenderis (-re)	dēfendiminī
	dēfendit	dēfendunt	dēfenditur	dēfenduntur
Impf.	dēfendēbam	dēfendēbāmus	dēfendēbar	dēfendēbāmur
	dēfendēbās	dēfendēbātis	dēfendēbāris (-re)	dēfendēbāminī
	dēfendēbat	dēfendēbant	dēfendēbātur	dēfendēbantur
Fut.	dēfendam	dēfendēmus	dēfendar	dēfendēmur
	dēfendēs	dēfendētis	dēfendēris (-re)	dēfendēminī
	dēfendet	dēfendent	dēfendētur	dēfendentur
Perf.	dēfendī	dēfendimus	dēfensus sum	dēfensī sumus
	dēfendistī	dēfendistis	(-a, -um) es	(-ae, -a) estis
	dēfendit	dēfendērunt (-ēre)	est	sunt
Plup.	dēfenderam	dēfenderāmus	dēfensus eram	dēfensī erāmus
	dēfenderās	dēfenderātis	(-a, -um) erās	(-ae, -a) erātis
	dēfenderat	dēfenderant	erat	erant
Fut.	dēfenderō	dēfenderimus	dēfensus erō	dēfensī erimus
Perf.	dēfenderis	dēfenderitis	(-a, -um) eris	(-ae, -a) eritis
	dēfenderit	dēfenderint	erit	erunt
		SUBJUNCTIVE		
Pres.	dēfendam	dēfendāmus	dēfendar	dēfendāmur
	dēfendās	dēfendātis	dēfendāris (-re)	dēfendāminī
	dēfendat	dēfendant	dēfendātur	dēfendantur
Impf.	dēfenderem	dēfenderēmus	dēfenderer	dēfenderēmur
	dēfenderēs	dēfenderētis	dēfenderēris (-re)	dēfenderēminī
	dēfenderet	dēfenderent	dēfenderētur	dēfenderentur
Perf.	dēfenderim	dēfenderimus	dēfensus sim	dēfensī sīmus
	dēfenderis	dēfenderitis	(-a, -um) sīs	(-ae, -a) sītis
	dēfenderit	dēfenderint	sit	sint
Plup.	dēfendissem	dēfendissēmus	dēfensus essem	dēfensī essēmus
	dēfendissēs	dēfendissētis	(-a, -um) essēs	(-ae, -a) essētis
	dēfendisset	dēfendissent	esset	essent
		IMPERATIVE		
Pres.	dēfende	dēfendite		
		INFINITIVE		
Pres.	dēfendere		dēfendī	
Perf.	dēfendisse		dēfensus (-a, -um) esse	
Fut.	dēfensūrus (-a, -um) esse			
		PARTICIPLE		
Pres.	dēfendēns, (-tis)			
Perf.			dēfensus (-a, -um)	
Fut.	dēfensūrus (-a, -um)		dēfendendus (-a, -um) (GERUNDIVE)	

GERUND dēfendendī, -ō, -um, -ō   SUPINE dēfensum, -ū

Alternate forms: **defendier** = defendi
Compounds and related words: **offendo (3)** to hit against
Model sentence: *Arma ferunt alii et pergunt **defendere** muros.* —Vergil

bring down or away

	ACTIVE		PASSIVE	

INDICATIVE

Pres.	dēferō	dēferimus	dēferor	dēferimur
	dēfers	dēfertis	dēferris (-re)	dēferiminī
	dēfert	dēferunt	dēfertur	dēferuntur
Impf.	dēferēbam	dēferēbāmus	dēferēbar	dēferēbāmur
	dēferēbās	dēferēbātis	dēferēbāris (-re)	dēferēbāminī
	dēferēbat	dēferēbant	dēferēbātur	dēferēbantur
Fut.	dēferam	dēferēmus	dēferar	dēferēmur
	dēferēs	dēferētis	dēferēris (-re)	dēferēminī
	dēferet	dēferent	dēferētur	dēferentur
Perf.	dētulī	dētulimus	dēlātus sum	dēlātī sumus
	dētulistī	dētulistis	(-a, -um) es	(-ae, -a) estis
	dētulit	dētulērunt (-ēre)	est	sunt
Plup.	dētuleram	dētulerāmus	dēlātus eram	dēlātī erāmus
	dētulerās	dētulerātis	(-a, -um) erās	(-ae, -a) erātis
	dētulerat	dētulerant	erat	erant
Fut.	dētulerō	dētulerimus	dēlātus erō	dēlātī erimus
Perf.	dētuleris	dētuleritis	(-a, -um) eris	(-ae, -a) eritis
	dētulerit	dētulerint	erit	erunt

SUBJUNCTIVE

Pres.	dēferam	dēferāmus	dēferar	dēferāmur
	dēferās	dēferātis	dēferāris (-re)	dēferāminī
	dēferat	dēferant	dēferātur	dēferantur
Impf.	dēferrem	dēferrēmus	dēferrer	dēferrēmur
	dēferrēs	dēferrētis	dēferrēris (-re)	dēferrēminī
	dēferret	dēferrent	dēferrētur	dēferrentur
Perf.	dētulerim	dētulerimus	dēlātus sim	dēlātī sīmus
	dētuleris	dētuleritis	(-a, -um) sīs	(-ae, -a) sītis
	dētulerit	dētulerint	sit	sint
Plup.	dētulissem	dētulissēmus	dēlātus essem	dēlātī essēmus
	dētulissēs	dētulissētis	(-a, -um) essēs	(-ae, -a) essētis
	dētulisset	dētulissent	esset	essent

IMPERATIVE

Pres.	dēfer	dēferte		

INFINITIVE

Pres.	dēferre	dēferrī	
Perf.	dētulisse	dēlātus (-a, -um) esse	
Fut.	dēlātūrus (-a, -um) esse		

PARTICIPLE

Pres.	dēferēns, (-tis)		
Perf.		dēlātus (-a, -um)	
Fut.	dēlātūrus (-a, -um)	dēferendus (-a, -um) (GERUNDIVE)	

GERUND dēferendī, -ō, -um, -ō   SUPINE dēlātum, -ū

Compounds and related words: **delatio, -onis, f.** denunciation; **delator, -is, m.** informer
See **fero** for related compounds of this verb.
Model sentence: *Semen quod ex arbore per surculos **defertur** in terram.* —Varro

throw down, dislodge

	ACTIVE			PASSIVE	
			INDICATIVE		
Pres.	dēiciō	dēicimus		dēicior	dēicimur
	dēicis	dēicitis		dēiceris (-re)	dēiciminī
	dēicit	dēiciunt		dēicitur	dēiciuntur
Impf.	dēiciēbam	dēiciēbāmus		dēiciēbar	dēiciēbāmur
	dēiciēbās	dēiciēbātis		dēiciēbāris (-re)	dēiciēbāminī
	dēiciēbat	dēiciēbant		dēiciēbātur	dēiciēbantur
Fut.	dēiciam	dēiciēmus		dēiciar	dēiciēmur
	dēiciēs	dēiciētis		dēiciēris (-re)	dēiciēminī
	dēiciet	dēicient		dēiciētur	dēicientur
Perf.	dēiēcī	dēiēcimus		dēiectus sum	dēiectī sumus
	dēiēcistī	dēiēcistis		(-a, -um) es	(-ae, -a) estis
	dēiēcit	dēiēcērunt (-ēre)		est	sunt
Plup.	dēiēceram	dēiēcerāmus		dēiectus eram	dēiectī erāmus
	dēiēcerās	dēiēcerātis		(-a, -um) erās	(-ae, -a) erātis
	dēiēcerat	dēiēcerant		erat	erant
Fut.	dēiēcerō	dēiēcerimus		dēiectus erō	dēiectī erimus
Perf.	dēiēceris	dēiēceritis		(-a, -um) eris	(-ae, -a) eritis
	dēiēcerit	dēiēcerint		erit	erunt
			SUBJUNCTIVE		
Pres.	dēiciam	dēiciāmus		dēiciar	dēiciāmur
	dēiciās	dēiciātis		dēiciāris (-re)	dēiciāminī
	dēiciat	dēiciant		dēiciātur	dēiciantur
Impf.	dēicerem	dēicerēmus		dēicerer	dēicerēmur
	dēicerēs	dēicerētis		dēicerēris (-re)	dēicerēminī
	dēiceret	dēicerent		dēicerētur	dēicerentur
Perf.	dēiēcerim	dēiēcerimus		dēiectus sim	dēiectī sīmus
	dēiēceris	dēiēceritis		(-a, -um) sīs	(-ae, -a) sītis
	dēiēcerit	dēiēcerint		sit	sint
Plup.	dēiēcissem	dēiēcissēmus		dēiectus essem	dēiectī essēmus
	dēiēcissēs	dēiēcissētis		(-a, -um) essēs	(-ae, -a) essētis
	dēiēcisset	dēiēcissent		esset	essent
			IMPERATIVE		
Pres.	dēice	dēicite			
			INFINITIVE		
Pres.	dēicere			dēicī	
Perf.	dēiēcisse			dēiectus (-a, -um) esse	
Fut.	dēiectūrus (-a, -um) esse				
			PARTICIPLE		
Pres.	dēiciēns, (-tis)				
Perf.				dēiectus (-a, -um)	
Fut.	dēiectūrus (-a, -um)			dēiciendus (-a, -um)	(GERUNDIVE)

GERUND dēiciendī, -ō, -um, -o   SUPINE dēiectum, -ū

Compounds and related words: **deiectio, -onis, f.** eviction; **deiectus, -us, m.** throwing down
See **iacio** for related compounds of this verb.
Model sentence: *Se de superiore parte aedium deiecit.* —Nepos

destroy

ACTIVE		PASSIVE	
INDICATIVE			

Pres.	dēleō	dēlēmus	dēleor	dēlēmur
	dēlēs	dēlētis	dēlēris (-re)	dēlēminī
	dēlet	dēlent	dēlētur	dēlentur

Impf.	dēlēbam	dēlēbāmus	dēlēbar	dēlēbāmur
	dēlēbās	dēlēbātis	dēlēbāris (-re)	dēlēbāminī
	dēlēbat	dēlēbant	dēlēbātur	dēlēbantur

Fut.	dēlēbo	dēlēbimus	dēlēbor	dēlēbimur
	dēlēbis	dēlēbitis	dēlēberis (-re)	dēlēbiminī
	dēlēbit	dēlēbunt	dēlēbitur	dēlēbuntur

Perf.	dēlēvī	dēlēvimus	dēlētus sum	dēlētī sumus
	dēlēvistī	dēlēvistis	(-a, -um) es	(-ae, -a) estis
	dēlēvit	dēlēvērunt (-ēre)	est	sunt

Plup.	dēlēveram	dēlēverāmus	dēlētus eram	dēlētī erāmus
	dēlēverās	dēlēverātis	(-a, -um) erās	(-ae, -a) erātis
	dēlēverat	dēlēverant	erat	erant

Fut.	dēlēverō	dēlēverimus	dēlētus erō	dēlētī erimus
Perf.	dēlēveris	dēlēveritis	(-a, -um) eris	(-ae, -a) eritis
	dēlēverit	dēlēverint	erit	erunt

SUBJUNCTIVE			

Pres.	dēleam	dēleāmus	dēlear	dēleāmur
	dēleās	dēleātis	dēleāris (-re)	dēleāminī
	dēleat	dēleant	dēleātur	dēleantur

Impf.	dēlērem	dēlērēmus	dēlērer	dēlērēmur
	dēlērēs	dēlērētis	dēlērēris (-re)	dēlērēminī
	dēlēret	dēlērent	dēlērētur	dēlērentur

Perf.	dēlēverim	dēlēverimus	dēlētus sim	dēlētī sīmus
	dēlēveris	dēlēveritis	(-a, -um) sīs	(-ae, -a) sītis
	dēlēverit	dēlēverint	sit	sint

Plup.	dēlēvissem	dēlēvissēmus	dēlētus essem	dēlētī essēmus
	dēlēvissēs	dēlēvissētis	(-a, -um) essēs	(-ae, -a) essētis
	dēlēvisset	dēlēvissent	esset	essent

IMPERATIVE			
Pres.	dēlē	dēlēte		

INFINITIVE			
Pres.	dēlēre		dēlērī	
Perf.	dēlēvisse		dēlētus (-a, -um) esse	
Fut.	dēlētūrus (-a, -um) esse			

PARTICIPLE			
Pres.	dēlēns, (-tis)			
Perf.			dēlētus (-a, -um)	
Fut.	dēlētūrus (-a, -um)		dēlendus (-a, -um) (GERUNDIVE)	

GERUND dēlendī, -ō, -um, -ō   SUPINE dēlētum, -ū

Alternate forms: **delerant** = deleverant; **delerat** = deleverat; **delerit** = deleverit; **delerunt** = deleverunt;
   delesset = delevisset; **delitus** = deletus
Model sentence: *Juppiter saepe urbes **delevit.*** —Cicero

perish

ACTIVE

INDICATIVE

Pres.	dēpereō	dēperīmus
	dēperīs	dēperītis
	dēperit	dēpereunt
Impf.	dēperībam	dēperībāmus
	dēperībās	dēperībātis
	dēperībat	dēperībant
Fut.	dēperībō	dēperībimus
	dēperībis	dēperībitis
	dēperībit	dēperībunt
Perf.	dēperiī	dēperiimus
	dēperiistī	dēperiistis
	dēperiit	dēperiērunt (-ēre)
Plup.	dēperieram	dēperierāmus
	dēperierās	dēperierātis
	dēperierat	dēperierant
Fut.	dēperierō	dēperierimus
Perf.	dēperieris	dēperieritis
	dēperierit	dēperierint

SUBJUNCTIVE

Pres.	dēpeream	dēpereāmus
	dēpereās	dēpereātis
	dēpereat	dēpereant
Impf.	dēperīrem	dēperīrēmus
	dēperīrēs	dēperīrētis
	dēperīret	dēperīrent
Perf.	dēperierim	dēperierimus
	dēperieris	dēperieritis
	dēperierit	dēperierint
Plup.	dēperīssem	dēperīssēmus
	dēperīssēs	dēperīssētis
	dēperīsset	dēperīssent

IMPERATIVE

Pres.	dēperī	dēperīte

INFINITIVE

Pres.	dēperīre
Perf.	dēperīsse
Fut.	dēperitūrus (-a, -um) esse

PARTICIPLE

	Active	Passive
Pres.	dēperiēns, (-euntis)	
Perf.		
Fut.	dēperitūrus (-a, -um)	dēpereundus (-a, -um) (GERUNDIVE)

GERUND dēpereundī, -ō, -um, -ō   SUPINE

Alternate forms: **deperiet** = deperibit; **deperivi** = deperii
See **eo** for related compounds of this verb.
Model sentence: *Perexigua pars illius exercitus superest, magna pars **deperiit**.* —Caesar

abandon

	ACTIVE		PASSIVE	
		INDICATIVE		
Pres.	dēserō	dēserimus	dēseror	dēserimur
	dēseris	dēseritis	dēsereris (-re)	dēseriminī
	dēserit	dēserunt	dēseritur	dēseruntur
Impf.	dēserēbam	dēserēbāmus	dēserēbar	dēserēbāmur
	dēserēbās	dēserēbātis	dēserēbāris (-re)	dēserēbāminī
	dēserēbat	dēserēbant	dēserēbātur	dēserēbantur
Fut.	dēseram	dēserēmus	dēserar	dēserēmur
	dēserēs	dēserētis	dēserēris (-re)	dēserēminī
	dēseret	dēserent	dēserētur	dēserentur
Perf.	dēseruī	dēseruimus	dēsertus sum	dēsertī sumus
	dēseruistī	dēseruistis	(-a, -um) es	(-ae, -a) estis
	dēseruit	dēseruērunt (-ēre)	est	sunt
Plup.	dēserueram	dēseruerāmus	dēsertus eram	dēsertī erāmus
	dēseruerās	dēseruerātis	(-a, -um) erās	(-ae, -a) erātis
	dēseruerat	dēseruerant	erat	erant
Fut.	dēseruerō	dēseruerimus	dēsertus erō	dēsertī erimus
Perf.	dēserueris	dēserueritis	(-a, -um) eris	(-ae, -a) eritis
	dēseruerit	dēseruerint	erit	erunt
		SUBJUNCTIVE		
Pres.	dēseram	dēserāmus	dēserar	dēserāmur
	dēserās	dēserātis	dēserāris (-re)	dēserāminī
	dēserat	dēserant	dēserātur	dēserantur
Impf.	dēsererem	dēsererēmus	dēsererer	dēsererēmur
	dēsererēs	dēsererētis	dēsererēris (-re)	dēsererēminī
	dēsereret	dēsererent	dēsererētur	dēsererentur
Perf.	dēseruerim	dēseruerimus	dēsertus sim	dēsertī sīmus
	dēserueris	dēserueritis	(-a, -um) sīs	(-ae, -a) sītis
	dēseruerit	dēseruerint	sit	sint
Plup.	dēseruissem	dēseruissēmus	dēsertus essem	dēsertī essēmus
	dēseruissēs	dēseruissētis	(-a, -um) essēs	(-ae, -a) essētis
	dēseruisset	dēseruissent	esset	essent
		IMPERATIVE		
Pres.	dēsere	dēserite		
		INFINITIVE		
Pres.	dēserere		dēserī	
Perf.	dēseruisse		dēsertus (-a, -um) esse	
Fut.	dēsertūrus (-a, -um) esse			
		PARTICIPLE		
Pres.	dēserēns, (-tis)			
Perf.			dēsertus (-a, -um)	
Fut.	dēsertūrus (-a, -um)		dēserendus (-a, -um)	(GERUNDIVE)

GERUND dēserendī, -ō, -um, -ō   SUPINE dēsertum, -ū

Compounds and related words: **dissero, -ere, -ui, -tum** to arrange in order
Model sentence: ***Deseritur** a suis Varus.* —Caesar

jump down

ACTIVE

INDICATIVE

Pres.	dēsiliō	dēsilīmus
	dēsilīs	dēsilītis
	dēsilit	dēsiliunt
Impf.	dēsiliēbam	dēsiliēbāmus
	dēsiliēbās	dēsiliēbātis
	dēsiliēbat	dēsiliēbant
Fut.	dēsiliam	dēsiliēmus
	dēsiliēs	dēsiliētis
	dēsiliēt	dēsiliēnt
Perf.	dēsiluī	dēsiluimus
	dēsiluistī	dēsiluistis
	dēsiluit	dēsiluērunt (-ēre)
Plup.	dēsilueram	dēsiluerāmus
	dēsiluerās	dēsiluerātis
	dēsiluerat	dēsiluerant
Fut.	dēsiluerō	dēsiluerimus
Perf.	dēsilueris	dēsilueritis
	dēsiluerit	dēsiluerint

SUBJUNCTIVE

Pres.	dēsiliam	dēsiliāmus
	dēsiliās	dēsiliātis
	dēsiliat	dēsiliant
Impf.	dēsilīrem	dēsilīrēmus
	dēsilīrēs	dēsilīrētis
	dēsilīret	dēsilīrent
Perf.	dēsiluerim	dēsiluerimus
	dēsilueris	dēsilueritis
	dēsiluerit	dēsiluerint
Plup.	dēsiluissem	dēsiluissēmus
	dēsiluissēs	dēsiluissētis
	dēsiluisset	dēsiluissent

IMPERATIVE

Pres.	dēsilī	dēsilīte

INFINITIVE

Pres.	dēsilīre
Perf.	dēsiluisse
Fut.	dēsultūrus (-a, -um) esse

PARTICIPLE

	Active	Passive
Pres.	dēsiliēns, (-tis)	
Perf.		dēsultus (-a, -um)
Fut.	dēsultūrus (-a, -um)	dēsiliendus (-a, -um) (GERUNDIVE)

GERUND dēsiliendī, -ō, -um, -ō   SUPINE dēsultum, -ū

Alternate forms: **desilii** = desilui; **desilivi** = desilui; **desului** = desilui
See **salio** for compounds of this verb.
Model sentence: *"**Desilite**," inquit "milites, nisi vultis aquilam hostibus prodere."* —Caesar

fail, fall short

ACTIVE

INDICATIVE

Pres.	dēsum	dēsumus
	dēes	dēestis
	dēest	dēsunt
Impf.	dēeram	dēerāmus
	dēerās	dēerātis
	dēerat	dēerant
Fut.	dēerō	dēerimus
	dēeris	dēeritis
	dēerit	dēerunt
Perf.	dēfuī	dēfuimus
	dēfuistī	dēfuistis
	dēfuit	dēfuērunt (-ēre)
Plup.	dēfueram	dēfuerāmus
	dēfuerās	dēfuerātis
	dēfuerat	dēfuerant
Fut.	dēfuerō	dēfuerimus
Perf.	dēfueris	dēfueritis
	dēfuerit	dēfuerint

SUBJUNCTIVE

Pres.	dēsim	dēsīmus
	dēsīs	dēsītis
	dēsit	dēsint
Impf.	dēessem (dēforem)	dēessēmus (dēforēmus)
	dēessēs (dēforēs)	dēessētis (dēforētis)
	dēesset (dēforet)	dēessent (dēforent)
Perf.	dēfuerim	dēfuerimus
	dēfueris	dēfueritis
	dēfuerit	dēfuerint
Plup.	dēfuissem	dēfuissēmus
	dēfuissēs	dēfuissētis
	dēfuisset	dēfuissent

IMPERATIVE

Pres.	dēes	dēeste

INFINITIVE

Pres.	dēesse
Perf.	dēfuisse
Fut.	dēfutūrus (-a, -um) esse (dēfore)

PARTICIPLE

	Active	Passive
Pres.		
Perf.		
Fut.	dēfutūrus (-a, -um)	

GERUND   SUPINE

Usage notes: regularly with **dative** object
Alternate forms: **desiet** = desit
See **sum** for related compounds of this verb.
Model sentence: *Non **deest** rei publicae consilium neque auctoritas huius ordinis; nos consules* **desumus.** —Cicero

115

dīcō

say, speak, tell

ACTIVE | PASSIVE

INDICATIVE

	ACTIVE		PASSIVE	
Pres.	dīcō	dīcimus	dīcor	dīcimur
	dīcis	dīcitis	dīceris (-re)	dīciminī
	dīcit	dīcunt	dīcitur	dīcuntur
Impf.	dīcēbam	dīcēbāmus	dīcēbar	dīcēbāmur
	dīcēbās	dīcēbātis	dīcēbāris (-re)	dīcēbāminī
	dīcēbat	dīcēbant	dīcēbātur	dīcēbantur
Fut.	dīcam	dīcēmus	dīcar	dīcēmur
	dīcēs	dīcētis	dīcēris (-re)	dīcēminī
	dīcet	dīcent	dīcētur	dīcentur
Perf.	dīxī	dīximus	dīctus sum	dīctī sumus
	dīxistī	dīxistis	(-a, -um) es	(-ae, -a) estis
	dīxit	dīxērunt (-ēre)	est	sunt
Plup.	dīxeram	dīxerāmus	dīctus eram	dīctī erāmus
	dīxerās	dīxerātis	(-a, -um) erās	(-ae, -a) erātis
	dīxerat	dīxerant	erat	erant
Fut.	dīxerō	dīxerimus	dīctus erō	dīctī erimus
Perf.	dīxeris	dīxeritis	(-a, -um) eris	(-ae, -a) eritis
	dīxerit	dīxerint	erit	erunt

SUBJUNCTIVE

	ACTIVE		PASSIVE	
Pres.	dīcam	dīcāmus	dīcar	dīcāmur
	dīcās	dīcātis	dīcāris (-re)	dīcāminī
	dīcat	dīcant	dīcātur	dīcantur
Impf.	dīcerem	dīcerēmus	dīcerer	dīcerēmur
	dīcerēs	dīcerētis	dīcerēris (-re)	dīcerēminī
	dīceret	dīcerent	dīcerētur	dīcerentur
Perf.	dīxerim	dīxerimus	dīctus sim	dīctī sīmus
	dīxeris	dīxeritis	(-a, -um) sīs	(-ae, -a) sītis
	dīxerit	dīxerint	sit	sint
Plup.	dīxissem	dīxissēmus	dīctus essem	dīctī essēmus
	dīxissēs	dīxissētis	(-a, -um) essēs	(-ae, -a) essētis
	dīxisset	dīxissent	esset	essent

IMPERATIVE

Pres.	dīc	dīcite

INFINITIVE

	ACTIVE	PASSIVE
Pres.	dīcere	dīcī
Perf.	dīxisse	dīctus (-a, -um) esse
Fut.	dīctūrus (-a, -um) esse	

PARTICIPLE

	ACTIVE	PASSIVE
Pres.	dīcēns, (-tis)	
Perf.		dīctus (-a, -um)
Fut.	dīctūrus (-a, -um)	dīcendus (-a, -um) (GERUNDIVE)

GERUND dīcendī, -ō, -um, -ō   SUPINE dīctum, -ū

Alternate forms: **deico** = dico; **deixserint** = dixerint; **dicem** = dicam; **dicier** = dici; **dixe** = dixisse; **dixem** = dixissem; **dixis** = dixeris; **dixti** = dixisti

Compounds and related words: **benedico (3)** to praise; **dico (1)** to consecrate; **indico (1)** to point out; **indico (3)** to declare; **interdico (3)** to forbid; **maledico (3)** to curse; **praedico (3)** to mention beforehand; **vindico (1)** to claim

Model sentence: *Credula vitam spes fovet et melius cras fore semper dicit.* —Tibullus

116

scatter, harass, delay, differ

ACTIVE		PASSIVE	

INDICATIVE

Pres.	differō	differimus	differor	differimur
	differs	differtis	differris (-re)	differiminī
	differt	differunt	differtur	differuntur
Impf.	differēbam	differēbāmus	differēbar	differēbāmur
	differēbās	differēbātis	differēbāris (-re)	differēbāminī
	differēbat	differēbant	differēbātur	differēbantur
Fut.	differam	differēmus	differar	differēmur
	differēs	differētis	differēris (-re)	differēminī
	differet	different	differētur	differentur
Perf.	distulī	distulimus	dīlātus sum	dīlātī sumus
	distulistī	distulistis	(-a, -um) es	(-ae, -a) estis
	distulit	distulērunt (-ēre)	est	sunt
Plup.	distuleram	distulerāmus	dīlātus eram	dīlātī erāmus
	distulerās	distulerātis	(-a, -um) erās	(-ae, -a) erātis
	distulerat	distulerant	erat	erant
Fut.	distulerō	distulerimus	dīlātus erō	dīlātī erimus
Perf.	distuleris	distuleritis	(-a, -um) eris	(-ae, -a) eritis
	distulerit	distulerint	erit	erunt

SUBJUNCTIVE

Pres.	differam	differāmus	differar	differāmur
	differās	differātis	differāris (-re)	differāminī
	differat	differant	differātur	differantur
Impf.	differrem	differrēmus	differrer	differrēmur
	differrēs	differrētis	differrēris (-re)	differrēminī
	differret	differrent	differrētur	differrentur
Perf.	distulerim	distulerimus	dīlātus sim	dīlātī sīmus
	distuleris	distuleritis	(-a, -um) sīs	(-ae, -a) sītis
	distulerit	distulerint	sit	sint
Plup.	distulissem	distulissēmus	dīlātus essem	dīlātī essēmus
	distulissēs	distulissētis	(-a, -um) essēs	(-ae, -a) essētis
	distulisset	distulissent	esset	essent

IMPERATIVE

Pres.	differ	differte	

INFINITIVE

Pres.	differre	differrī	
Perf.	distulisse	dīlātus (-a, -um) esse	
Fut.	dīlātūrus (-a, -um) esse		

PARTICIPLE

Pres.	differēns, (-tis)		
Perf.		dīlātus (-a, -um)	
Fut.	dīlātūrus (-a, -um)	differendus (-a, -um) (GERUNDIVE)	

GERUND differendī, -ō, -um, -ō   SUPINE dīlātum, -ū

Alternate forms: **differier** = differi

Compounds and related words: **differentia, -ae, f.** difference; **differitas, -tatis, f.** difference; **dilatio, -onis, f.** delaying; **dilato (1)** to extend; **dilator, -is, m.** a loiterer

Model sentence: *Nos cum scapha tempestas **differt** ab illis.* —Plautus

think worthy

	ACTIVE		PASSIVE	
		INDICATIVE		
Pres.	dignō	dignāmus	dignor	dignāmur
	dignās	dignātis	dignāris (-re)	dignāminī
	dignat	dignant	dignātur	dignantur
Impf.	dignābam	dignābāmus	dignābar	dignābāmur
	dignābās	dignābātis	dignābāris (-re)	dignābāminī
	dignābat	dignābant	dignābātur	dignābantur
Fut.	dignābo	dignābimus	dignābor	dignābimur
	dignābis	dignābitis	dignāberis (-re)	dignābiminī
	dignābit	dignābunt	dignābitur	dignābuntur
Perf.	dignāvī	dignāvimus	dignātus sum	dignātī sumus
	dignāvistī	dignāvistis	(-a, -um) es	(-ae, -a) estis
	dignāvit	dignāvērunt (-ēre)	est	sunt
Plup.	dignāveram	dignāverāmus	dignātus eram	dignātī erāmus
	dignāverās	dignāverātis	(-a, -um) erās	(-ae, -a) erātis
	dignāverat	dignāverant	erat	erant
Fut.	dignāverō	dignāverimus	dignātus erō	dignātī erimus
Perf.	dignāveris	dignāveritis	(-a, -um) eris	(-ae, -a) eritis
	dignāverit	dignāverint	erit	erunt
		SUBJUNCTIVE		
Pres.	dignem	dignēmus	digner	dignēmur
	dignēs	dignētis	dignēris (-re)	dignēminī
	dignet	dignent	dignētur	dignentur
Impf.	dignārem	dignārēmus	dignārer	dignārēmur
	dignārēs	dignārētis	dignārēris (-re)	dignārēminī
	dignāret	dignārent	dignārētur	dignārentur
Perf.	dignāverim	dignāverimus	dignātus sim	dignātī sīmus
	dignāveris	dignāveritis	(-a, -um) sīs	(-ae, -a) sītis
	dignāverit	dignāverint	sit	sint
Plup.	dignāvissem	dignāvissēmus	dignātus essem	dignātī essēmus
	dignāvissēs	dignāvissētis	(-a, -um) essēs	(-ae, -a) essētis
	dignāvisset	dignāvissent	esset	essent
		IMPERATIVE		
Pres.	dignā	dignāte		
		INFINITIVE		
Pres.	dignāre		dignārī	
Perf.	dignāvisse		dignātus (-a, -um) esse	
Fut.	dignātūrus (-a, -um) esse			
		PARTICIPLE		
Pres.	dignāns, (-tis)			
Perf.			dignātus (-a, -um)	
Fut.	dignātūrus (-a, -um)		dignandus (-a, -um) (GERUNDIVE)	

GERUND dignandī, -ō, -um, -ō   SUPINE dignātum, -ū

Usage notes: passive forms often used as deponents
Compounds and related words: **dignatio, -onis, f.** esteem; **dignitas, -tatis, f.** dignity; **dignor (1)** think
worthy; **dignus, -a, -um** worthy; **indignor (1)** be angry at; **indignus, -a, -um** unworthy
Model sentence: *Haud equidem tali me **dignor** honore.* —Vergil

pick, choose, love

ACTIVE		PASSIVE	
INDICATIVE			

	ACTIVE		PASSIVE	
Pres.	dīligō	dīligimus	dīligor	dīligimur
	dīligis	dīligitis	dīligeris (-re)	dīligiminī
	dīligit	dīligunt	dīligitur	dīliguntur
Impf.	dīligēbam	dīligēbāmus	dīligēbar	dīligēbāmur
	dīligēbās	dīligēbātis	dīligēbāris (-re)	dīligēbāminī
	dīligēbat	dīligēbant	dīligēbātur	dīligēbantur
Fut.	dīligam	dīligēmus	dīligar	dīligēmur
	dīligēs	dīligētis	dīligēris (-re)	dīligēminī
	dīliget	dīligent	dīligētur	dīligentur
Perf.	dīlēxī	dīlēximus	dīlēctus sum	dīlēctī sumus
	dīlēxistī	dīlēxistis	(-a, -um) es	(-ae, -a) estis
	dīlēxit	dīlēxērunt (-ēre)	est	sunt
Plup.	dīlēxeram	dīlēxerāmus	dīlēctus eram	dīlēctī erāmus
	dīlēxerās	dīlēxerātis	(-a, -um) erās	(-ae, -a) erātis
	dīlēxerat	dīlēxerant	erat	erant
Fut.	dīlēxerō	dīlēxerimus	dīlēctus erō	dīlēctī erimus
Perf.	dīlēxeris	dīlēxeritis	(-a, -um) eris	(-ae, -a) eritis
	dīlēxerit	dīlēxerint	erit	erunt
SUBJUNCTIVE			
Pres.	dīligam	dīligāmus	dīligar	dīligāmur
	dīligās	dīligātis	dīligāris (-re)	dīligāminī
	dīligat	dīligant	dīligātur	dīligantur
Impf.	dīligerem	dīligerēmus	dīligerer	dīligerēmur
	dīligerēs	dīligerētis	dīligerēris (-re)	dīligerēminī
	dīligeret	dīligerent	dīligerētur	dīligerentur
Perf.	dīlēxerim	dīlēxerimus	dīlēctus sim	dīlēctī sīmus
	dīlēxeris	dīlēxeritis	(-a, -um) sīs	(-ae, -a) sītis
	dīlēxerit	dīlēxerint	sit	sint
Plup.	dīlēxissem	dīlēxissēmus	dīlēctus essem	dīlēctī essēmus
	dīlēxissēs	dīlēxissētis	(-a, -um) essēs	(-ae, -a) essētis
	dīlēxisset	dīlēxissent	esset	essent
IMPERATIVE			
Pres.	dīlige	dīligite		
INFINITIVE			
Pres.	dīligere		dīligī	
Perf.	dīlēxisse		dīlēctus (-a, -um) esse	
Fut.	dīlēctūrus (-a, -um) esse			
PARTICIPLE			
Pres.	dīligēns, (-tis)			
Perf.			dīlēctus (-a, -um)	
Fut.	dīlēctūrus (-a, -um)		dīligendus (-a, -um) (GERUNDIVE)	

GERUND dīligendī, -ō, -um, -ō　　SUPINE dīlēctum -ū

Compounds and related words: **dilectio, -onis, f.** love; **dilectus, -a, -um** beloved; **diligens, -ntis** careful; **diligentia, -ae, f.** carefulness
See **lego** for related compounds of this verb.
Model sentence: *Quem di **diligunt**, adolescens moritur.* —Plautus

119

arrange, send in a straight line

ACTIVE		PASSIVE	
INDICATIVE			

	ACTIVE		PASSIVE	
Pres.	dīrigō	dīrigimus	dīrigor	dīrigimur
	dīrigis	dīrigitis	dīrigeris (-re)	dīrigiminī
	dīrigit	dīrigunt	dīrigitur	dīriguntur
Impf.	dīrigēbam	dīrigēbāmus	dīrigēbar	dīrigēbāmur
	dīrigēbās	dīrigēbātis	dīrigēbāris (-re)	dīrigēbāminī
	dīrigēbat	dīrigēbant	dīrigēbātur	dīrigēbantur
Fut.	dīrigam	dīrigēmus	dīrigar	dīrigēmur
	dīrigēs	dīrigētis	dīrigēris (-re)	dīrigēminī
	dīriget	dīrigent	dīrigētur	dīrigentur
Perf.	dīrēxī	dīrēximus	dīrēctus sum	dīrēctī sumus
	dīrēxistī	dīrēxistis	(-a, -um) es	(-ae, -a) estis
	dīrēxit	dīrēxērunt (-ēre)	est	sunt
Plup.	dīrēxeram	dīrēxerāmus	dīrēctus eram	dīrēctī erāmus
	dīrēxerās	dīrēxerātis	(-a, -um) erās	(-ae, -a) erātis
	dīrēxerat	dīrēxerant	erat	erant
Fut. *Perf.*	dīrēxerō	dīrēxerimus	dīrēctus erō	dīrēctī erimus
	dīrēxeris	dīrēxeritis	(-a, -um) eris	(-ae, -a) eritis
	dīrēxerit	dīrēxerint	erit	erunt

	ACTIVE		PASSIVE	
SUBJUNCTIVE				
Pres.	dīrigam	dīrigāmus	dīrigar	dīrigāmur
	dīrigās	dīrigātis	dīrigāris (-re)	dīrigāminī
	dīrigat	dīrigant	dīrigātur	dīrigantur
Impf.	dīrigerem	dīrigerēmus	dīrigerer	dīrigerēmur
	dīrigerēs	dīrigerētis	dīrigerēris (-re)	dīrigerēminī
	dīrigeret	dīrigerent	dīrigerētur	dīrigerentur
Perf.	dīrēxerim	dīrēxerimus	dīrēctus sim	dīrēctī sīmus
	dīrēxeris	dīrēxeritis	(-a, -um) sīs	(-ae, -a) sītis
	dīrēxerit	dīrēxerint	sit	sint
Plup.	dīrēxissem	dīrēxissēmus	dīrēctus essem	dīrēctī essēmus
	dīrēxissēs	dīrēxissētis	(-a, -um) essēs	(-ae, -a) essētis
	dīrēxisset	dīrēxissent	esset	essent

ACTIVE		PASSIVE
IMPERATIVE		
Pres. dīrige	dīrigite	

ACTIVE	PASSIVE
INFINITIVE	
Pres. dīrigere	dīrigī
Perf. dīrēxisse	dīrēctus (-a, -um) esse
Fut. dīrēctūrus (-a, -um) esse	

ACTIVE	PASSIVE
PARTICIPLE	
Pres. dīrigēns, (-tis)	
Perf.	dīrēctus (-a, -um)
Fut. dīrēctūrus (-a, -um)	dīrigendus (-a, -um) (GERUNDIVE)

GERUND dīrigendī, -ō, -um, -ō   SUPINE dīrēctum, -ū

Alternate forms: **derigo** = dirigo; **direxti** = direxisti
Compounds and related words: **directim** directly; **directitudo, -inis, f.** correctness; **directus, -a, -um** straight
See **rego** for related compounds of this verb.
Model sentence: *Meas cogitationes sic **dirigo** . . . .* —Cicero

discerpō, discerpere, discerpsī, discerptum

discerpō

rend, scatter

ACTIVE		PASSIVE	
INDICATIVE			

Pres.
discerpō / discerpimus / discerpor / discerpimur
discerpis / discerpitis / discerperis (-re) / discerpiminī
discerpit / discerpunt / discerpitur / discerpuntur

Impf.
discerpēbam / discerpēbāmus / discerpēbar / discerpēbāmur
discerpēbās / discerpēbātis / discerpēbāris (-re) / discerpēbāminī
discerpēbat / discerpēbant / discerpēbātur / discerpēbantur

Fut.
discerpam / discerpēmus / discerpar / discerpēmur
discerpēs / discerpētis / discerpēris (-re) / discerpēminī
discerpet / discerpent / discerpētur / discerpentur

Perf.
discerpsī / discerpsimus / discerptus sum / discerptī sumus
discerpsistī / discerpsistis / (-a, -um) es / (-ae, -a) estis
discerpsit / discerpsērunt (-ēre) / est / sunt

Plup.
discerpseram / discerpserāmus / discerptus eram / discerptī erāmus
discerpserās / discerpserātis / (-a, -um) erās / (-ae, -a) erātis
discerpserat / discerpserant / erat / erant

Fut. Perf.
discerpserō / discerpserimus / discerptus erō / discerptī erimus
discerpseris / discerpseritis / (-a, -um) eris / (-ae, -a) eritis
discerpserit / discerpserint / erit / erunt

SUBJUNCTIVE

Pres.
discerpam / discerpāmus / discerpar / discerpāmur
discerpās / discerpātis / discerpāris (-re) / discerpāminī
discerpat / discerpant / discerpātur / discerpantur

Impf.
discerperem / discerperēmus / discerperer / discerperēmur
discerperēs / discerperētis / discerperēris (-re) / discerperēminī
discerperet / discerperent / discerperētur / discerperentur

Perf.
discerpserim / discerpserimus / discerptus sim / discerptī sīmus
discerpseris / discerpseritis / (-a, -um) sīs / (-ae, -a) sītis
discerpserit / discerpserint / sit / sint

Plup.
discerpsissem / discerpsissēmus / discerptus essem / discerptī essēmus
discerpsissēs / discerpsissētis / (-a, -um) essēs / (-ae, -a) essētis
discerpsisset / discerpsissent / esset / essent

IMPERATIVE

Pres. discerpe / discerpite

INFINITIVE

Pres. discerpere / discerpī
Perf. discerpsisse / discerptus (-a, -um) esse
Fut. discerptūrus (-a, -um) esse

PARTICIPLE

Pres. discerpēns, (-tis)
Perf. / discerptus (-a, -um)
Fut. discerptūrus (-a, -um) / discerpendus (-a, -um) (GERUNDIVE)

GERUND discerpendī, -ō, -um, -ō   SUPINE discerptum, -ū

See **carpo** for related compounds of this verb.
Model sentence: *Animus nec secerni nec dividi nec **discerpi** nec distrahi potest.* —Cicero

learn

ACTIVE

INDICATIVE

Pres.	discō	discimus
	discis	discitis
	discit	discunt
Impf.	discēbam	discēbāmus
	discēbās	discēbātis
	discēbat	discēbant
Fut.	discam	discēmus
	discēs	discētis
	discet	discent
Perf.	didicī	didicimus
	didicistī	didicistis
	didicit	didicērunt (-ēre)
Plup.	didiceram	didicerāmus
	didicerās	didicerātis
	didicerat	didicerant
Fut.	didicerō	didicerimus
Perf.	didiceris	didiceritis
	didicerit	didicerint

SUBJUNCTIVE

Pres.	discam	discāmus
	discās	discātis
	discat	discant
Impf.	discerem	discerēmus
	discerēs	discerētis
	disceret	discerent
Perf.	didicerim	didicerimus
	didiceris	didiceritis
	didicerit	didicerint
Plup.	didicissem	didicissēmus
	didicissēs	didicissētis
	didicisset	didicissent

IMPERATIVE

Pres.	disce	discite

INFINITIVE

Pres.	discere
Perf.	didicisse
Fut.	

PARTICIPLE

	Active	Passive
Pres.	discēns, (-tis)	
Perf.		
Fut.		

GERUND discendī, -ō, -um, -ō,   SUPINE

Compounds and related words: **disciplina, -ae, f.** instruction; **discipulus, -i, m.** student; **edisco (3)** learn well

Model sentence: *Homines dum docent, **discunt.*** —Seneca

scatter

ACTIVE		PASSIVE	
INDICATIVE			
Pres.	disiciō	disicimus	disicior	disicimur
	disicis	disicitis	disiceris (-re)	disiciminī
	disicit	disiciunt	disicitur	disiciuntur
Impf.	disiciēbam	disiciēbāmus	disiciēbar	disiciēbāmur
	disiciēbās	disiciēbātis	disiciēbāris (-re)	disiciēbāminī
	disiciēbat	disiciēbant	disiciēbātur	disiciēbantur
Fut.	disiciam	disiciēmus	disiciar	disiciēmur
	disiciēs	disiciētis	disiciēris (-re)	disiciēminī
	disiciet	disicient	disiciētur	disicientur
Perf.	disiēcī	disiēcimus	disiectus sum	disiectī sumus
	disiēcistī	disiēcistis	(-a, -um) es	(-ae, -a) estis
	disiēcit	disiēcērunt (-ēre)	est	sunt
Plup.	disiēceram	disiēcerāmus	disiectus eram	disiectī erāmus
	disiēcerās	disiēcerātis	(-a, -um) erās	(-ae, -a) erātis
	disiēcerat	disiēcerant	erat	erant
Fut.	disiēcerō	disiēcerimus	disiectus erō	disiectī erimus
Perf.	disiēceris	disiēceritis	(-a, -um) eris	(-ae, -a) eritis
	disiēcerit	disiēcerint	erit	erunt
SUBJUNCTIVE			
Pres.	disiciam	disiciāmus	disiciar	disiciāmur
	disiciās	disiciātis	disiciāris (-re)	disiciāminī
	disiciat	disiciant	disiciātur	disiciantur
Impf.	disicerem	disicerēmus	disicerer	disicerēmur
	disicerēs	disicerētis	disicerēris (-re)	disicerēminī
	disiceret	disicerent	disicerētur	disicerentur
Perf.	disiēcerim	disiēcerimus	disiectus sim	disiectī sīmus
	disiēceris	disiēceritis	(-a, -um) sīs	(-ae, -a) sītis
	disiēcerit	disiēcerint	sit	sint
Plup.	disiēcissem	disiēcissēmus	disiectus essem	disiectī essēmus
	disiēcissēs	disiēcissētis	(-a, -um) essēs	(-ae, -a) essētis
	disiēcisset	disiēcissent	esset	essent
IMPERATIVE			
Pres.	disice	disicite		
INFINITIVE			
Pres.	disicere		disicī	
Perf.	disiēcisse		disiectus (-a, -um) esse	
Fut.	disiectūrus (-a, -um) esse			
PARTICIPLE			
Pres.	disiciēns, (-tis)			
Perf.			disiectus (-a, -um)	
Fut.	disiectūrus (-a, -um)		disiciendus (-a, -um) (GERUNDIVE)	

GERUND disiciendī, -ō, -um, -ō   SUPINE disiectum, -ū

Alternate forms: **dissicio** = disicio
Compounds and related words: **disiecto (1)** to scatter; **disiectus, -us, m.** a scattering
See **iacio** for related compounds of this verb.
Model sentence: *Alia **disiecerunt**, alia igni corruperunt.* —Livy

displease

	ACTIVE		PASSIVE
		INDICATIVE	
Pres.	displiceō	displicēmus	
	displicēs	displicētis	
	displicet	displicent	displicētur (Impers.)
Impf.	displicēbam	displicēbāmus	
	displicēbās	displicēbātis	
	displicēbat	displicēbant	displicēbātur (Impers.)
Fut.	displicēbo	displicēbimus	
	displicēbis	displicēbitis	
	displicēbit	displicēbunt	displicēbitur (Impers.)
Perf.	displicuī	displicuimus	
	displicuistī	displicuistis	
	displicuit	displicuērunt (-ēre)	displicitum est (Impers.)
Plup.	displicueram	displicuerāmus	
	displicuerās	displicuerātis	
	displicuerat	displicuerant	displicitum erat (Impers.)
Fut.	displicuerō	displicuerimus	
Perf.	displicueris	displicueritis	
	displicuerit	displicuerint	displicitum erit (Impers.)
		SUBJUNCTIVE	
Pres.	displiceam	displiceāmus	
	displiceās	displiceātis	
	displiceat	displiceant	displiceātur (Impers.)
Impf.	displicērem	displicērēmus	
	displicērēs	displicērētis	
	displicēret	displicērent	displicērētur (Impers.)
Perf.	displicuerim	displicuerimus	
	displicueris	displicueritis	
	displicuerit	displicuerint	displicitum sit (Impers.)
Plup.	displicuissem	displicuissēmus	
	displicuissēs	displicuissētis	
	displicuisset	displicuissent	displicitum esset (Impers.)
		IMPERATIVE	
Pres.	displicē	displicēte	
		INFINITIVE	
Pres.	displicēre		displicērī
Perf.	displicuisse		displicitus (-a, -um) esse
Fut.	displicitūrus (-a, -um) esse		
		PARTICIPLE	
Pres.	displicēns, (-tis)		
Perf.			displicitus (-a, -um)
Fut.	displicitūrus (-a, -um)		displicendus (-a, -um) (GERUNDIVE)

GERUND displicendī, -ō, -um, -ō   SUPINE displicitum, -ū

Compounds and related words: **displicentia, -ae, f.** dissatisfaction
See **placeo** for related compounds of this verb.
Model sentence: *Mirabar quare nunquam me, Cotta, vocasses: | Iam scio me nudum **displicuisse**
tibi.* —Martial

divide

ACTIVE		PASSIVE	
INDICATIVE			
Pres.	dīvidō	dīvidimus	dīvidor	dīvidimur
	dīvidis	dīviditis	dīvideris (-re)	dīvidiminī
	dīvidit	dīvidunt	dīviditur	dīviduntur
Impf.	dīvidēbam	dīvidēbāmus	dīvidēbar	dīvidēbāmur
	dīvidēbās	dīvidēbātis	dīvidēbāris (-re)	dīvidēbāminī
	dīvidēbat	dīvidēbant	dīvidēbātur	dīvidēbantur
Fut.	dīvidam	dīvidēmus	dīvidar	dīvidēmur
	dīvidēs	dīvidētis	dīvidēris (-re)	dīvidēminī
	dīvidet	dīvident	dīvidētur	dīvidentur
Perf.	dīvīsī	dīvīsimus	dīvīsus sum	dīvīsī sumus
	dīvīsistī	dīvīsistis	(-a, -um) es	(-ae, -a) estis
	dīvīsit	dīvīsērunt (-ēre)	est	sunt
Plup.	dīvīseram	dīvīserāmus	dīvīsus eram	dīvīsī erāmus
	dīvīserās	dīvīserātis	(-a, -um) erās	(-ae, -a) erātis
	dīvīserat	dīvīserant	erat	erant
Fut.	dīvīserō	dīvīserimus	dīvīsus erō	dīvīsī erimus
Perf.	dīvīseris	dīvīseritis	(-a, -um) eris	(-ae, -a) eritis
	dīvīserit	dīvīserint	erit	erunt
SUBJUNCTIVE			
Pres.	dīvidam	dīvidāmus	dīvidar	dīvidāmur
	dīvidās	dīvidātis	dīvidāris (-re)	dīvidāminī
	dīvidat	dīvidant	dīvidātur	dīvidantur
Impf.	dīviderem	dīviderēmus	dīviderer	dīviderēmur
	dīviderēs	dīviderētis	dīviderēris (-re)	dīviderēminī
	dīvideret	dīviderent	dīviderētur	dīviderentur
Perf.	dīvīserim	dīvīserimus	dīvīsus sim	dīvīsī sīmus
	dīvīseris	dīvīseritis	(-a, -um) sīs	(-ae, -a) sītis
	dīvīserit	dīvīserint	sit	sint
Plup.	dīvīsissem	dīvīsissēmus	dīvīsus essem	dīvīsī essēmus
	dīvīsissēs	dīvīsissētis	(-a, -um) essēs	(-ae, -a) essētis
	dīvīsisset	dīvīsissent	esset	essent
IMPERATIVE			
Pres.	dīvide	dīvidite		
INFINITIVE			
Pres.	dīvidere		dīvidī	
Perf.	dīvīsisse		dīvīsus (-a, -um) esse	
Fut.	dīvīsūrus (-a, -um) esse			
PARTICIPLE			
Pres.	dīvidēns, (-tis)			
Perf.			dīvīsus (-a, -um)	
Fut.	dīvīsūrus (-a, -um)		dīvidendus (-a, -um) (GERUNDIVE)	

GERUND dīvidendī, -ō, -um, -ō   SUPINE dīvīsum, -ū

Alternate forms: **divisse** = divisisse
Compounds and related words: **dividia, -ae, f.** division; **dividuus, -a, -um** divisible; **divisio, -onis, f.**
    division; **divisor, -is, m.** divider
Model sentence: *Opera ex pecunia attributa **divisa**que inter se haec confecerunt.* —Livy

give

	ACTIVE		PASSIVE	
			INDICATIVE	
Pres.	dō	damus		damur
	dās	datis	daris (-re)	daminī
	dat	dant	datur	dantur
Impf.	dabam	dabāmus	dabar	dabāmur
	dabās	dabātis	dabāris (-re)	dabāminī
	dabat	dabant	dabātur	dabantur
Fut.	dabō	dabimus	dabor	dabimur
	dabis	dabitis	daberis (-re)	dabiminī
	dabit	dabunt	dabitur	dabuntur
Perf.	dedī	dedimus	datus sum	datī sumus
	dedistī	dedistis	(-a, -um) es	(-ae, -a) estis
	dedit	dedērunt (-ēre)	est	sunt
Plup.	dederam	dederāmus	datus eram	datī erāmus
	dederās	dederātis	(-a, -um) erās	(-ae, -a) erātis
	dederat	dederant	erat	erant
Fut.	dederō	dederimus	datus erō	datī erimus
Perf.	dederis	dederitis	(-a, -um) eris	(-ae, -a) eritis
	dederit	dederint	erit	erunt
			SUBJUNCTIVE	
Pres.	dem	dēmus		dēmur
	dēs	dētis	dēris (-re)	dēminī
	det	dent	dētur	dentur
Impf.	dārem	dārēmus	darer	darēmur
	dārēs	dārētis	darēris (-re)	darēminī
	dāret	dārent	darētur	darentur
Perf.	dederim	dederimus	datus sim	datī sīmus
	dederis	dederitis	(-a, -um) sīs	(-ae, -a) sītis
	dederit	dederint	sit	sint
Plup.	dedissem	dedissēmus	datus essem	datī essēmus
	dedissēs	dedissētis	(-a, -um) essēs	(-ae, -a) essētis
	dedisset	dedissent	esset	essent
			IMPERATIVE	
Pres.	dā	date		
			INFINITIVE	
Pres.	dare		darī	
Perf.	dedisse		datus (-a, -um) esse	
Fut.	datūrus (-a, -um) esse			
			PARTICIPLE	
Pres.	dāns, (-tis)			
Perf.			datus (-a, -um)	
Fut.	datūrus (-a, -um)		dandus (-a, -um) (GERUNDIVE)	

GERUND dandī, -ō, -um, -ō   SUPINE datum, -ū

Alternate forms: **dane** = dasne; **danunt** = dant; **dasi** = dari; **duas** = des; **duim** = dem; **duint** = dent; **duis** = des; **duit** = det

Compounds and related words: **circumdo (1)** surround; **dono (1)** give

Model sentence: *Divina natura **dedit** agros, ars humana aedificavit urbes.* —Varro

explain, teach

ACTIVE			PASSIVE		
INDICATIVE					
Pres.	doceō	docēmus	doceor	docēmur	
	docēs	docētis	docēris (-re)	docēminī	
	docet	docent	docētur	docentur	
Impf.	docēbam	docēbāmus	docēbar	docēbāmur	
	docēbās	docēbātis	docēbāris (-re)	docēbāminī	
	docēbat	docēbant	docēbātur	docēbantur	
Fut.	docēbō	docēbimus	docēbor	docēbimur	
	docēbis	docēbitis	docēberis (-re)	docēbiminī	
	docēbit	docēbunt	docēbitur	docēbuntur	
Perf.	docuī	docuimus	doctus sum	doctī sumus	
	docuistī	docuistis	(-a, -um) es	(-ae, -a) estis	
	docuit	docuērunt (-ēre)	est	sunt	
Plup.	docueram	docuerāmus	doctus eram	doctī erāmus	
	docuerās	docuerātis	(-a, -um) erās	(-ae, -a) erātis	
	docuerat	docuerant	erat	erant	
Fut. Perf.	docuerō	docuerimus	doctus erō	doctī erimus	
	docueris	docueritis	(-a, -um) eris	(-ae, -a) eritis	
	docuerit	docuerint	erit	erunt	
SUBJUNCTIVE					
Pres.	doceam	doceāmus	docear	doceāmur	
	doceās	doceātis	doceāris (-re)	doceāminī	
	doceat	doceant	doceātur	doceantur	
Impf.	docērem	docērēmus	docērer	docērēmur	
	docērēs	docērētis	docērēris (-re)	docērēminī	
	docēret	docērent	docērētur	docērentur	
Perf.	docuerim	docuerimus	doctus sim	doctī sīmus	
	docueris	docueritis	(-a, -um) sīs	(-ae, -a) sītis	
	docuerit	docuerint	sit	sint	
Plup.	docuissem	docuissēmus	doctus essem	doctī essēmus	
	docuissēs	docuissētis	(-a, -um) essēs	(-ae, -a) essētis	
	docuisset	docuissent	esset	essent	
IMPERATIVE					
Pres.	docē	docēte			
INFINITIVE					
Pres.	docēre		docērī		
Perf.	docuisse		doctus (-a, -um) esse		
Fut.	doctūrus (-a, -um) esse				
PARTICIPLE					
Pres.	docēns, (-tis)				
Perf.			doctus (-a, -um)		
Fut.	doctūrus (-a, -um)		docendus (-a, -um) (GERUNDIVE)		

GERUND docendī, -ō, -um, -ō   SUPINE doctum, -ū

Usage notes: generally **accusative** of person and **accusative** of thing taught
Compounds and related words: **docilis, -e** teachable; **doctor, -is, m.** teacher; **doctrina, -ae, f.** instruction;
    documentum, -i, n. lesson; **edoceo (2)** to teach clearly
Model sentence: *Homines dum **docent**, discunt.* —Seneca

doleō

feel pain, grieve

ACTIVE		PASSIVE	
INDICATIVE			

	ACTIVE		PASSIVE	
Pres.	doleō	dolēmus	doleor	dolēmur
	dolēs	dolētis	dolēris (-re)	dolēminī
	dolet	dolent	dolētur	dolentur
Impf.	dolēbam	dolēbāmus	dolēbar	dolēbāmur
	dolēbās	dolēbātis	dolēbāris (-re)	dolēbāminī
	dolēbat	dolēbant	dolēbātur	dolēbantur
Fut.	dolēbo	dolēbimus	dolēbor	dolēbimur
	dolēbis	dolēbitis	dolēberis (-re)	dolēbiminī
	dolēbit	dolēbunt	dolēbitur	dolēbuntur
Perf.	doluī	doluimus	dolitus sum	dolitī sumus
	doluistī	doluistis	(-a, -um) es	(-ae, -a) estis
	doluit	doluērunt (-ēre)	est	sunt
Plup.	dolueram	doluerāmus	dolitus eram	dolitī erāmus
	doluerās	doluerātis	(-a, -um) erās	(-ae, -a) erātis
	doluerat	doluerant	erat	erant
Fut.	doluerō	doluerimus	dolitus erō	dolitī erimus
Perf.	dolueris	dolueritis	(-a, -um) eris	(-ae, -a) eritis
	doluerit	doluerint	erit	erunt

	SUBJUNCTIVE			
Pres.	doleam	doleāmus	dolear	doleāmur
	doleās	doleātis	doleāris (-re)	doleāminī
	doleat	doleant	doleātur	doleantur
Impf.	dolērem	dolērēmus	dolērer	dolērēmur
	dolērēs	dolērētis	dolērēris (-re)	dolērēminī
	dolēret	dolērent	dolērētur	dolērentur
Perf.	doluerim	doluerimus	dolitus sim	dolitī sīmus
	dolueris	dolueritis	(-a, -um) sīs	(-ae, -a) sītis
	doluerit	doluerint	sit	sint
Plup.	doluissem	doluissēmus	dolitus essem	dolitī essēmus
	doluissēs	doluissētis	(-a, -um) essēs	(-ae, -a) essētis
	doluisset	doluissent	esset	essent

	IMPERATIVE		
Pres.	dolē	dolēte	

	INFINITIVE		
Pres.	dolēre	dolērī	
Perf.	doluisse	dolitus (-a, -um) esse	
Fut.	dolitūrus (-a, -um) esse		

	PARTICIPLE		
Pres.	dolēns, (-tis)		
Perf.		dolitus (-a, -um)	
Fut.	dolitūrus (-a, -um)	dolendus (-a, -um) (GERUNDIVE)	

GERUND dolendī, -ō, -um, -ō SUPINE dolitum, -ū

Usage notes: Third person sometimes used impersonally. Passive forms used as deponents.
Compounds and related words: **dolor, -is, m.** pain
Model sentence: *Ille **dolet** vere qui sine teste **dolet**.* —Martial

sleep

ACTIVE		PASSIVE
INDICATIVE		

	ACTIVE		PASSIVE
Pres.	dormiō	dormīmus	
	dormīs	dormītis	
	dormit	dormiunt	dormītur (Impers.)
Impf.	dormiēbam	dormiēbāmus	
	dormiēbās	dormiēbātis	
	dormiēbat	dormiēbant	dormiēbātur (Impers.)
Fut.	dormiam	dormiēmus	
	dormiēs	dormiētis	
	dormiet	dormient	dormiētur (Impers.)
Perf.	dormīvī	dormīvimus	
	dormīvistī	dormīvistis	
	dormīvit	dormīvērunt (-ēre)	dormītum est (Impers.)
Plup.	dormīveram	dormīverāmus	
	dormīverās	dormīverātis	
	dormīverat	dormīverant	dormītum erat (Impers.)
Fut.	dormīverō	dormīverimus	
Perf.	dormīveris	dormīveritis	
	dormīverit	dormīverint	dormītum erit (Impers.)

SUBJUNCTIVE		

	ACTIVE		PASSIVE
Pres.	dormiam	dormiāmus	
	dormiās	dormiātis	
	dormiat	dormiant	dormiātur (Impers.)
Impf.	dormīrem	dormīrēmus	
	dormīrēs	dormīrētis	
	dormīret	dormīrent	dormīrētur (Impers.)
Perf.	dormīverim	dormīverimus	
	dormīveris	dormīveritis	
	dormīverit	dormīverint	dormītum sit (Impers.)
Plup.	dormīvissem	dormīvissēmus	
	dormīvissēs	dormīvissētis	
	dormīvisset	dormīvissent	dormītum esset (Impers.)

IMPERATIVE		

	ACTIVE	
Pres.	dormī	dormīte

INFINITIVE		

	ACTIVE	PASSIVE
Pres.	dormīre	dormīrī
Perf.	dormīvisse	dormītum esse
Fut.	dormītūrus (-a, -um) esse	

PARTICIPLE		

	ACTIVE	PASSIVE
Pres.	dormiēns, (-tis)	
Perf.		dormītus (-a, -um)
Fut.	dormītūrus (-a, -um)	dormiendus (-a, -um) (GERUNDIVE)

GERUND dormiendī, -ō, -um, -ō   SUPINE dormītum, -ū

Alternate forms: **dormibit** = dormiet; **dormibo** = dormiam; **dormii** = dormivi
Compounds and related words: **dormito (1)** to be sleepy; **obdormio (4)** to fall asleep
Model sentence: *Cubiculum in quo ipse **dormio** est viperae huius sessorium.* —Petronius

doubt, hesitate

	ACTIVE		**PASSIVE**	
		INDICATIVE		
Pres.	dubitō	dubitāmus	dubitor	dubitāmur
	dubitās	dubitātis	dubitāris (-re)	dubitāminī
	dubitat	dubitant	dubitātur	dubitantur
Impf.	dubitābam	dubitābāmus	dubitābar	dubitābāmur
	dubitābās	dubitābātis	dubitābāris (-re)	dubitābāminī
	dubitābat	dubitābant	dubitābātur	dubitābantur
Fut.	dubitābō	dubitābimus	dubitābor	dubitābimur
	dubitābis	dubitābitis	dubitāberis (-re)	dubitābiminī
	dubitābit	dubitābunt	dubitābitur	dubitābuntur
Perf.	dubitāvī	dubitāvimus	dubitātus sum	dubitātī sumus
	dubitāvistī	dubitāvistis	(-a, -um) es	(-ae, -a) estis
	dubitāvit	dubitāvērunt (-ēre)	est	sunt
Plup.	dubitāveram	dubitāverāmus	dubitātus eram	dubitātī erāmus
	dubitāverās	dubitāverātis	(-a, -um) erās	(-ae, -a) erātis
	dubitāverat	dubitāverant	erat	erant
Fut.	dubitāverō	dubitāverimus	dubitātus erō	dubitātī erimus
Perf.	dubitāveris	dubitāveritis	(-a, -um) eris	(-ae, -a) eritis
	dubitāverit	dubitāverint	erit	erunt
		SUBJUNCTIVE		
Pres.	dubitem	dubitēmus	dubiter	dubitēmur
	dubitēs	dubitētis	dubitēris (-re)	dubitēminī
	dubitet	dubitent	dubitētur	dubitentur
Impf.	dubitārem	dubitārēmus	dubitārer	dubitārēmur
	dubitārēs	dubitārētis	dubitārēris (-re)	dubitārēminī
	dubitāret	dubitārent	dubitārētur	dubitārentur
Perf.	dubitāverim	dubitāverimus	dubitātus sim	dubitātī sīmus
	dubitāveris	dubitāveritis	(-a, -um) sīs	(-ae, -a) sītis
	dubitāverit	dubitāverint	sit	sint
Plup.	dubitāvissem	dubitāvissēmus	dubitātus essem	dubitātī essēmus
	dubitāvissēs	dubitāvissētis	(-a, -um) essēs	(-ae, -a) essētis
	dubitāvisset	dubitāvissent	esset	essent
		IMPERATIVE		
Pres.	dubitā	dubitāte		
		INFINITIVE		
Pres.	dubitāre		dubitārī	
Perf.	dubitāvisse		dubitātus (-a, -um) esse	
Fut.	dubitātūrus (-a, -um) esse			
		PARTICIPLE		
Pres.	dubitāns, (-tis)			
Perf.			dubitātus (-a, -um)	
Fut.	dubitātūrus (-a, -um)		dubitandus (-a, -um) (GERUNDIVE)	

GERUND dubitandī, -ō, -um, -ō   SUPINE dubitātum, -ū

Compounds and related words: **addubito (1)** begin to doubt; **dubitabilis, -e** doubtful; **dubitatio, -onis, f.** uncertainty; **dubius, -a, -um** doubtful

Model sentence: *Multi **dubitabant** quid optimum esset.* —Cicero

lead

ACTIVE | PASSIVE

INDICATIVE

	ACTIVE		PASSIVE	
Pres.	dūcō	dūcimus	dūcor	dūcimur
	dūcis	dūcitis	dūceris (-re)	dūciminī
	dūcit	dūcunt	dūcitur	dūcuntur
Impf.	dūcēbam	dūcēbāmus	dūcēbar	dūcēbāmur
	dūcēbās	dūcēbātis	dūcēbāris (-re)	dūcēbāminī
	dūcēbat	dūcēbant	dūcēbātur	dūcēbantur
Fut.	dūcam	dūcēmus	dūcar	dūcēmur
	dūcēs	dūcētis	dūcēris (-re)	dūcēminī
	dūcet	dūcent	dūcētur	dūcentur
Perf.	dūxī	dūximus	ductus sum	ductī sumus
	dūxistī	dūxistis	(-a, -um) es	(-ae, -a) estis
	dūxit	dūxērunt (-ēre)	est	sunt
Plup.	dūxeram	dūxerāmus	ductus eram	ductī erāmus
	dūxerās	dūxerātis	(-a, -um) erās	(-ae, -a) erātis
	dūxerat	dūxerant	erat	erant
Fut.	dūxerō	dūxerimus	ductus erō	ductī erimus
Perf.	dūxeris	dūxeritis	(-a, -um) eris	(-ae, -a) eritis
	dūxerit	dūxerint	erit	erunt

SUBJUNCTIVE

	ACTIVE		PASSIVE	
Pres.	dūcam	dūcāmus	dūcar	dūcāmur
	dūcās	dūcātis	dūcāris (-re)	dūcāminī
	dūcat	dūcant	dūcātur	dūcantur
Impf.	dūcerem	dūcerēmus	dūcerer	dūcerēmur
	dūcerēs	dūcerētis	dūcerēris (-re)	dūcerēminī
	dūceret	dūcerent	dūcerētur	dūcerentur
Perf.	dūxerim	dūxerimus	ductus sim	ductī sīmus
	dūxeris	dūxeritis	(-a, -um) sīs	(-ae, -a) sītis
	dūxerit	dūxerint	sit	sint
Plup.	dūxissem	dūxissēmus	ductus essem	ductī essēmus
	dūxissēs	dūxissētis	(-a, -um) essēs	(-ae, -a) essētis
	dūxisset	dūxissent	esset	essent

IMPERATIVE

	ACTIVE	
Pres.	dūc	dūcite

INFINITIVE

	ACTIVE	PASSIVE
Pres.	dūcere	dūcī
Perf.	dūxisse	ductus (-a, -um) esse
Fut.	ductūrus (-a, -um) esse	

PARTICIPLE

	ACTIVE	PASSIVE
Pres.	dūcēns, (-tis)	
Perf.		ductus (-a, -um)
Fut.	ductūrus (-a, -um)	dūcendus (-a, -um) (GERUNDIVE)

GERUND dūcendī, -ō, -um, -ō   SUPINE ductum, -ū

Alternate forms: **duxti** = duxisti

Compounds and related words: **abduco (3)** to lead away; **adduco (3)** to lead to; **circumduco (3)** to lead around; **conduco (3)** to assemble; **deduco (3)** to lead away; **ductor, is, m.** leader; **dux, is, m.** leader; **educo (3)** to lead out; **induco (3)** to introduce; **introduco (3)** to introduce; **obduco (3)** to cover over; **perduco (3)** to guide; **produco (3)** to bring forward; **reduco (3)** to lead back; **seduco (3)** to take away; **subduco (3)** to steal; **traduco (3)** to bring across

Model sentence: *Ratio ducat, non fortuna.* —Livy

harden, remain

	ACTIVE			**PASSIVE**	
			INDICATIVE		
Pres.	dūrō	dūrāmus		dūror	dūrāmur
	dūrās	dūrātis		dūrāris (-re)	dūrāminī
	dūrat	dūrant		dūrātur	dūrantur
Impf.	dūrābam	dūrābāmus		dūrābar	dūrābāmur
	dūrābās	dūrābātis		dūrābāris (-re)	dūrābāminī
	dūrābat	dūrābant		dūrābātur	dūrābantur
Fut.	dūrābo	dūrābimus		dūrābor	dūrābimur
	dūrābis	dūrābitis		dūrāberis (-re)	dūrābiminī
	dūrābit	dūrābunt		dūrābitur	dūrābuntur
Perf.	dūrāvī	dūrāvimus		dūrātus sum	dūrātī sumus
	dūrāvistī	dūrāvistis		(-a, -um) es	(-ae, -a) estis
	dūrāvit	dūrāvērunt (-ēre)		est	sunt
Plup.	dūrāveram	dūrāverāmus		dūrātus eram	dūrātī erāmus
	dūrāverās	dūrāverātis		(-a, -um) erās	(-ae, -a) erātis
	dūrāverat	dūrāverant		erat	erant
Fut.	dūrāverō	dūrāverimus		dūrātus erō	dūrātī erimus
Perf.	dūrāveris	dūrāveritis		(-a, -um) eris	(-ae, -a) eritis
	dūrāverit	dūrāverint		erit	erunt
			SUBJUNCTIVE		
Pres.	dūrem	dūrēmus		dūrer	dūrēmur
	dūrēs	dūrētis		dūrēris (-re)	dūrēminī
	dūret	dūrent		dūrētur	dūrentur
Impf.	dūrārem	dūrārēmus		dūrārer	dūrārēmur
	dūrārēs	dūrārētis		dūrārēris (-re)	dūrārēminī
	dūrāret	dūrārent		dūrārētur	dūrārentur
Perf.	dūrāverim	dūrāverimus		dūrātus sim	dūrātī sīmus
	dūrāveris	dūrāveritis		(-a, -um) sīs	(-ae, -a) sītis
	dūrāverit	dūrāverint		sit	sint
Plup.	dūrāvissem	dūrāvissēmus		dūrātus essem	dūrātī essēmus
	dūrāvissēs	dūrāvissētis		(-a, -um) essēs	(-ae, -a) essētis
	dūrāvisset	dūrāvissent		esset	essent
			IMPERATIVE		
Pres.	dūrā	dūrāte			
			INFINITIVE		
Pres.	dūrāre			dūrārī	
Perf.	dūrāvisse			dūrātus (-a, -um) esse	
Fut.	dūrātūrus (-a, -um) esse				
			PARTICIPLE		
Pres.	dūrāns, (-tis)				
Perf.				dūrātus (-a, -um)	
Fut.	dūrātūrus (-a, -um)			dūrandus (-a, -um) (GERUNDIVE)	

GERUND dūrandī, -ō, -um, -ō   SUPINE dūrātum, -ū

Compounds and related words: **durabilis, -e** durable; **duramen, -minis, n.** hardness;
   duresco (3) to harden; **duritas, -tatis, f.** hardness; **duritia, -ae, f.** hardness; **durus, -a, -um** hard;
   obduro (1) to harden
Model sentence: *...ut opere in duro durarent membra manusque.* —Lucretius

set forth, explain

ACTIVE		PASSIVE	
INDICATIVE			
Pres. ēdō	ēdimus	ēdor	ēdimur
ēdis	ēditis	ēderis (-re)	ēdiminī
ēdit	ēdunt	ēditur	ēduntur
Impf. ēdēbam	ēdēbāmus	ēdēbar	ēdēbāmur
ēdēbās	ēdēbātis	ēdēbāris (-re)	ēdēbāminī
ēdēbat	ēdēbant	ēdēbātur	ēdēbantur
Fut. ēdam	ēdēmus	ēdar	ēdēmur
ēdēs	ēdētis	ēdēris (-re)	ēdēminī
ēdet	ēdent	ēdētur	ēdentur
Perf. ēdidī	ēdidimus	ēditus sum	ēditī sumus
ēdidistī	ēdidistis	(-a, -um) es	(-ae, -a) estis
ēdidit	ēdidērunt (-ēre)	est	sunt
Plup. ēdideram	ēdiderāmus	ēditus eram	ēditī erāmus
ēdiderās	ēdiderātis	(-a, -um) erās	(-ae, -a) erātis
ēdiderat	ēdiderant	erat	erant
Fut. ēdiderō	ēdiderimus	ēditus erō	ēditī erimus
Perf. ēdideris	ēdideritis	(-a, -um) eris	(-ae, -a) eritis
ēdiderit	ēdiderint	erit	erunt
SUBJUNCTIVE			
Pres. ēdam	ēdāmus	ēdar	ēdāmur
ēdās	ēdātis	ēdāris (-re)	ēdāminī
ēdat	ēdant	ēdātur	ēdantur
Impf. ēderem	ēderēmus	ēderer	ēderēmur
ēderēs	ēderētis	ēderēris (-re)	ēderēminī
ēderet	ēderent	ēderētur	ēderentur
Perf. ēdiderim	ēdiderimus	ēditus sim	ēditī sīmus
ēdideris	ēdideritis	(-a, -um) sīs	(-ae, -a) sītis
ēdiderit	ēdiderint	sit	sint
Plup. ēdidissem	ēdidissēmus	ēditus essem	ēditī essēmus
ēdidissēs	ēdidissētis	(-a, -um) essēs	(-ae, -a) essētis
ēdidisset	ēdidissent	esset	essent
IMPERATIVE			
Pres. ēde	ēdite		
INFINITIVE			
Pres. ēdere		ēdī	
Perf. ēdidisse		ēditus (-a, -um) esse	
Fut. ēditūrus (-a, -um) esse			
PARTICIPLE			
Pres. ēdēns, (-tis)			
Perf.		ēditus (-a, -um)	
Fut. ēditūrus (-a, -um)		ēdendus (-a, -um) (GERUNDIVE)	

GERUND ēdendī, -ō, -um, -ō   SUPINE ēditum, -ū

Compounds and related words: **editio, -onis, f.** publishing; **editus, -a, -um** high
Model sentence: *Talia tum placido Saturnius **edidit** ore....* —Ovid

edō

eat

	ACTIVE		PASSIVE
	INDICATIVE		
Pres.	edō	edimus	
	ēs (edis)	ēstis (editis)	
	ēst (edit)	edunt	ēstur (Impers.)
Impf.	edēbam	edēbāmus	
	edēbās	edēbātis	
	edēbat	edēbant	
Fut.	edam	edēmus	
	edēs	edētis	
	edet	edent	
Perf.	ēdī	ēdimus	
	ēdistī	ēdistis	
	ēdit	ēdērunt (-ēre)	
Plup.	ēderam	ēderāmus	
	ēderās	ēderātis	
	ēderat	ēderant	
Fut.	ēderō	ēderimus	
Perf.	ēderis	ēderitis	
	ēderit	ēderint	
	SUBJUNCTIVE		
Pres.	edam (edim)	edāmus (edīmus)	
	edās (edīs)	edātis (edītis)	
	edat (edit)	edant (edint)	
Impf.	ederem	ēssēmus (ederēmus)	
	ēssēs (ederēs)	ēssētis (ederētis)	
	ēsset (ederet)	ēssent (ederent)	ēssētur (Impers.)
Perf.	ēderim	ēderimus	
	ēderis	ēderitis	
	ēderit	ēderint	
Plup.	ēdissem	ēdissēmus	
	ēdissēs	ēdissētis	
	ēdisset	ēdissent	
	IMPERATIVE		
Pres.	ēs (ede)	ēste (edite)	
	INFINITIVE		
Pres.	ēsse (edere)		
Perf.	ēdisse		
Fut.	ēsūrus (-a, -um) esse		
	PARTICIPLE		
Pres.	edēns, (-tis)		
Perf.			
Fut.	ēsūrus (-a, -um)		

GERUND edendī, -ō, -um, -ō   SUPINE ēsum, -ū

Alternate forms: incorporated above
Compounds and related words: **adedo (3)** to nibble; **comedo (3)** to devour; **edax, edacis** gluttonous
Model sentence: *Boletum qualem Claudius **edit, edas**.* —Martial

carry out, bury, raise up

ACTIVE		PASSIVE	
INDICATIVE			
Pres. efferō	efferimus	efferor	efferimur
effers	effertis	efferris (-re)	efferiminī
effert	efferunt	effertur	efferuntur
Impf. efferēbam	efferēbāmus	efferēbar	efferēbāmur
efferēbās	efferēbātis	efferēbāris (-re)	efferēbāminī
efferēbat	efferēbant	efferēbātur	efferēbantur
Fut. efferam	efferēmus	efferar	efferēmur
efferēs	efferētis	efferēris (-re)	efferēminī
efferet	efferent	efferētur	efferentur
Perf. extulī	extulimus	ēlātus sum	ēlātī sumus
extulistī	extulistis	(-a, -um) es	(-ae, -a) estis
extulit	extulērunt (-ēre)	est	sunt
Plup. extuleram	extulerāmus	ēlātus eram	ēlātī erāmus
extulerās	extulerātis	(-a, -um) erās	(-ae, -a) erātis
extulerat	extulerant	erat	erant
Fut. extulerō	extulerimus	ēlātus erō	ēlātī erimus
Perf. extuleris	extuleritis	(-a, -um) eris	(-ae, -a) eritis
extulerit	extulerint	erit	erunt
SUBJUNCTIVE			
Pres. efferam	efferāmus	efferar	efferāmur
efferās	efferātis	efferāris (-re)	efferāminī
efferat	efferant	efferātur	efferantur
Impf. efferrem	efferrēmus	efferrer	efferrēmur
efferrēs	efferrētis	efferrēris (-re)	efferrēminī
efferret	efferrent	efferrētur	efferrentur
Perf. extulerim	extulerimus	ēlātus sim	ēlātī sīmus
extuleris	extuleritis	(-a, -um) sīs	(-ae, -a) sītis
extulerit	extulerint	sit	sint
Plup. extulissem	extulissēmus	ēlātus essem	ēlātī essēmus
extulissēs	extulissētis	(-a, -um) essēs	(-ae, -a) essētis
extulisset	extulissent	esset	essent
IMPERATIVE			
Pres. effer	efferte		
INFINITIVE			
Pres. efferre		efferrī	
Perf. extulisse		ēlātus (-a, -um) esse	
Fut. ēlātūrus (-a, -um) esse			
PARTICIPLE			
Pres. efferēns, (-tis)			
Perf.		ēlātus (-a, -um)	
Fut. ēlātūrus (-a, -um)		efferendus (-a, -um) (GERUNDIVE)	

GERUND efferendī, -ō, -um, -ō   SUPINE ēlātum, -ū

Alternate forms: **ecfero** = effero; **ecferre** = efferre
Compounds and related words: **elatio, -onis, f.** exaltation; **elatus, -a, -um** high
See **fero** for related compounds of this verb.
Model sentence: *Argentum iubeo iam intus **efferri** foras.* —Plautus

escape, avoid

	ACTIVE		PASSIVE	

INDICATIVE

Pres.	effugiō	effugimus		effugior	effugimur
	effugis	effugitis		effugeris (-re)	effugiminī
	effugit	effugiunt		effugitur	effugiuntur
Impf.	effugiēbam	effugiēbāmus		effugiēbar	effugiēbāmur
	effugiēbās	effugiēbātis		effugiēbāris (-re)	effugiēbāminī
	effugiēbat	effugiēbant		effugiēbātur	effugiēbantur
Fut.	effugiam	effugiēmus		effugiar	effugiēmur
	effugiēs	effugiētis		effugiēris (-re)	effugiēminī
	effugiet	effugient		effugiētur	effugientur
Perf.	effūgī	effūgimus			
	effūgistī	effūgistis			
	effūgit	effūgērunt (-ēre)			
Plup.	effūgeram	effūgerāmus			
	effūgerās	effūgerātis			
	effūgerat	effūgerant			
Fut.	effūgerō	effūgerimus			
Perf.	effūgeris	effūgeritis			
	effūgerit	effūgerint			

SUBJUNCTIVE

Pres.	effugiam	effugiāmus		effugiar	effugiāmur
	effugiās	effugiātis		effugiāris (-re)	effugiāminī
	effugiat	effugiant		effugiātur	effugiantur
Impf.	effugerem	effugerēmus		effugerer	effugerēmur
	effugerēs	effugerētis		effugerēris (-re)	effugerēminī
	effugeret	effugerent		effugerētur	effugerentur
Perf.	effūgerim	effūgerimus			
	effūgeris	effūgeritis			
	effūgerit	effūgerint			
Plup.	effūgissem	effūgissēmus			
	effūgissēs	effūgissētis			
	effūgisset	effūgissent			

IMPERATIVE

Pres.	effuge	effugite	

INFINITIVE

Pres.	effugere		effugī
Perf.	effūgisse		
Fut.	effugitūrus (-a, -um) esse		

PARTICIPLE

Pres.	effugiēns, (-tis)		
Perf.			
Fut.	effugitūrus (-a, -um)		effugiendus (-a, -um) (GERUNDIVE)

GERUND effugiendī, -ō, -um, -ō   SUPINE

Alternate forms: **effugiri** = effugi
Compounds and related words: **effugium, -i, n.** flight; **effugo (1)** to rout
See **fugio** for related compounds of this verb.
Model sentence: *Ita vix poteris **effugere** infortunium.* —Plautus

pour out

ACTIVE		PASSIVE	

INDICATIVE

Pres.	effundō	effundimus	effundor	effundimur
	effundis	effunditis	effunderis (-re)	effundiminī
	effundit	effundunt	effunditur	effunduntur
Impf.	effundēbam	effundēbāmus	effundēbar	effundēbāmur
	effundēbās	effundēbātis	effundēbāris (-re)	effundēbāminī
	effundēbat	effundēbant	effundēbātur	effundēbantur
Fut.	effundam	effundēmus	effundar	effundēmur
	effundēs	effundētis	effundēris (-re)	effundēminī
	effundet	effundent	effundētur	effundentur
Perf.	effūdī	effūdimus	effūsus sum	effūsī sumus
	effūdistī	effūdistis	(-a, -um) es	(-ae, -a) estis
	effūdit	effūdērunt (-ēre)	est	sunt
Plup.	effūderam	effūderāmus	effūsus eram	effūsī erāmus
	effūderās	effūderātis	(-a, -um) erās	(-ae, -a) erātis
	effūderat	effūderant	erat	erant
Fut.	effūderō	effūderimus	effūsus erō	effūsī erimus
Perf.	effūderis	effūderitis	(-a, -um) eris	(-ae, -a) eritis
	effūderit	effūderint	erit	erunt

SUBJUNCTIVE

Pres.	effundam	effundāmus	effundar	effundāmur
	effundās	effundātis	effundāris (-re)	effundāminī
	effundat	effundant	effundātur	effundantur
Impf.	effunderem	effunderēmus	effunderer	effunderēmur
	effunderēs	effunderētis	effunderēris (-re)	effunderēminī
	effunderet	effunderent	effunderētur	effunderentur
Perf.	effūderim	effūderimus	effūsus sim	effūsī sīmus
	effūderis	effūderitis	(-a, -um) sīs	(-ae, -a) sītis
	effūderit	effūderint	sit	sint
Plup.	effūdissem	effūdissēmus	effūsus essem	effūsī essēmus
	effūdissēs	effūdissētis	(-a, -um) essēs	(-ae, -a) essētis
	effūdisset	effūdissent	esset	essent

IMPERATIVE

Pres.	effunde	effundite	

INFINITIVE

Pres.	effundere		effundī
Perf.	effūdisse		effūsus (-a, -um) esse
Fut.	effūsūrus (-a, -um) esse		

PARTICIPLE

Pres.	effundēns, (-tis)		
Perf.			effūsus (-a, -um)
Fut.	effūsūrus (-a, -um)		effundendus (-a, -um) (GERUNDIVE)

GERUND effundendī, -ō, -um, -ō SUPINE effūsum, -ū

Usage notes: passive forms often in middle sense with the meaning "surrender"
Alternate forms: **ecfundo** = effundo
Compounds and related words: **effuse** profusely; **effusio, -onis, f.** an outpour
Model sentence: *Sangarius flumen in Propontidem se effundit.* —Livy

be in need

	ACTIVE		PASSIVE	
		INDICATIVE		
Pres.	egeō	egēmus		
	egēs	egētis		
	eget	egent	egētur (Impers.)	
Impf.	egēbam	egēbāmus		
	egēbās	egēbātis		
	egēbat	egēbant	egēbātur (Impers.)	
Fut.	egēbo	egēbimus		
	egēbis	egēbitis		
	egēbit	egēbunt	egēbitur (Impers.)	
Perf.	eguī	eguimus		
	eguistī	eguistis		
	eguit	eguērunt (-ēre)		
Plup.	egueram	eguerāmus		
	eguerās	eguerātis		
	eguerat	eguerant		
Fut.	eg-uerō	eguerimus		
Perf.	egueris	egueritis		
	eguerit	eguerint		
		SUBJUNCTIVE		
Pres.	egeam	egeāmus		
	egeās	egeātis		
	egeat	egeant	egeātur (Impers.)	
Impf.	egērem	egērēmus		
	egērēs	egērētis		
	egēret	egērent	egērētur (Impers.)	
Perf.	eguerim	eguerimus		
	egueris	egueritis		
	eguerit	eguerint		
Plup.	eguissem	eguissēmus		
	eguissēs	eguissētis		
	eguisset	eguissent		
		IMPERATIVE		
Pres.	egē	egēte		
		INFINITIVE		
Pres.	egēre		egērī	
Perf.	eguisse			
Fut.	egitūrus (-a, -um) esse			
		PARTICIPLE		
Pres.	egēns, (-tis)			
Perf.				
Fut.	egitūrus (-a, -um)		egendus (-a, -um) (GERUNDIVE)	

GERUND egendī, -ō, -um, -ō   SUPINE

Usage notes: generally used with the **ablative**
Compounds and related words: **egestas, -tatis, f.** need; **indigeo (2)** to need
Model sentence: *Dictitabant se domo patriaque expulsos omnibus necessariis egere rebus.* —Caesar

throw out

ACTIVE		PASSIVE	
INDICATIVE			
Pres. ēiciō	ēicimus	ēicior	ēicimur
ēicis	ēicitis	ēiceris (-re)	ēiciminī
ēicit	ēiciunt	ēicitur	ēiciuntur
Impf. ēiciēbam	ēiciēbāmus	ēiciēbar	ēiciēbāmur
ēiciēbās	ēiciēbātis	ēiciēbāris (-re)	ēiciēbāminī
ēiciēbat	ēiciēbant	ēiciēbātur	ēiciēbantur
Fut. ēiciam	ēiciēmus	ēiciar	ēiciēmur
ēiciēs	ēiciētis	ēiciēris (-re)	ēiciēminī
ēiciet	ēicient	ēiciētur	ēicientur
Perf. ēiēcī	ēiēcimus	ēiectus sum	ēiectī sumus
ēiēcistī	ēiēcistis	(-a, -um) es	(-ae, -a) estis
ēiēcit	ēiēcērunt (-ēre)	est	sunt
Plup. ēiēceram	ēiēcerāmus	ēiectus eram	ēiectī erāmus
ēiēcerās	ēiēcerātis	(-a, -um) erās	(-ae, -a) erātis
ēiēcerat	ēiēcerant	erat	erant
Fut. ēiēcerō	ēiēcerimus	ēiectus erō	ēiectī erimus
Perf. ēiēceris	ēiēceritis	(-a, -um) eris	(-ae, -a) eritis
ēiēcerit	ēiēcerint	erit	erunt
SUBJUNCTIVE			
Pres. ēiciam	ēiciāmus	ēiciar	ēiciāmur
ēiciās	ēiciātis	ēiciāris (-re)	ēiciāminī
ēiciat	ēiciant	ēiciātur	ēiciantur
Impf. ēicerem	ēicerēmus	ēicerer	ēicerēmur
ēicerēs	ēicerētis	ēicerēris (-re)	ēicerēminī
ēiceret	ēicerent	ēicerētur	ēicerentur
Perf. ēiēcerim	ēiēcerimus	ēiectus sim	ēiectī sīmus
ēiēceris	ēiēceritis	(-a, -um) sīs	(-ae, -a) sītis
ēiēcerit	ēiēcerint	sit	sint
Plup. ēiēcissem	ēiēcissēmus	ēiectus essem	ēiectī essēmus
ēiēcissēs	ēiēcissētis	(-a, -um) essēs	(-ae, -a) essētis
ēiēcisset	ēiēcissent	esset	essent
IMPERATIVE			
Pres. ēice	ēicite		
INFINITIVE			
Pres. ēicere		ēicī	
Perf. ēiēcisse		ēiectus (-a, -um) esse	
Fut. ēiectūrus (-a, -um) esse			
PARTICIPLE			
Pres. ēiciēns, (-tis)			
Perf.		ēiectus (-a, -um)	
Fut. ēiectūrus (-a, -um)		ēiciendus (-a, -um) (GERUNDIVE)	

GERUND ēiciendī, -ō, -um, -ō   SUPINE ēiectum, -ū

Compounds and related words: **eiectio, -onis, f.** banishment; **eiecto (1)** throw out;
  eiectus, -us, m. ejection
See **iacio** for related compounds of this verb.
Model sentence: *Ventus tollit se ac rectis ita faucibus eicit alte.* —Lucretius

slip away, escape

ACTIVE

INDICATIVE

Pres.	ēlābor	ēlābimur
	ēlāberis (-re)	ēlābiminī
	ēlābitur	ēlābuntur
Impf.	ēlābēbar	ēlābēbāmur
	ēlābēbāris (-re)	ēlābēbāminī
	ēlābēbātur	ēlābēbantur
Fut.	ēlābar	ēlābēmur
	ēlābēris (-re)	ēlābēminī
	ēlābētur	ēlābentur
Perf.	ēlapsus sum	ēlapsī sumus
	(-a, -um) es	(-ae, -a) estis
	est	sunt
Plup.	ēlapsus eram	ēlapsī erāmus
	(-a, -um) erās	(-ae, -a) erātis
	erat	erant
Fut.	ēlapsus erō	ēlapsī erimus
Perf.	(-a, -um) eris	(-ae, -a) eritis
	erit	erunt

SUBJUNCTIVE

Pres.	ēlābar	ēlābāmur
	ēlābāris (-re)	ēlābāminī
	ēlābātur	ēlābantur
Impf.	ēlāberer	ēlāberēmur
	ēlāberēris (-re)	ēlāberēminī
	ēlāberētur	ēlāberentur
Perf.	ēlapsus sim	ēlapsī sīmus
	(-a, -um) sīs	(-ae, -a) sītis
	sit	sint
Plup.	ēlapsus essem	ēlapsī essēmus
	(-a, -um) essēs	(-ae, -a) essētis
	esset	essent

IMPERATIVE

Pres.	ēlābere	ēlābiminī

INFINITIVE

Pres.	ēlābī
Perf.	ēlapsus (-a, -um) esse
Fut.	ēlapsūrus (-a, -um) esse

PARTICIPLE

	Active	Passive
Pres.	ēlābēns, (-tis)	
Perf.	ēlapsus (-a, -um)	
Fut.	ēlapsūrus (-a, -um)	ēlābendus (-a, -um) (GERUNDIVE)

GERUND ēlābendī, -ō, -um, -ō   SUPINE ēlapsum, -ū

Alternate forms: **elabsus** = elapsus
See **labor** for related compounds of this verb.
Model sentence: ***Elapsae** manibus cecidere tabellae.* —Ovid

choose, elect

ACTIVE		PASSIVE	
INDICATIVE			

Pres.	ēligō	ēligimus	ēligor	ēligimur
	ēligis	ēligitis	ēligeris (-re)	ēligiminī
	ēligit	ēligunt	ēligitur	ēliguntur
Impf.	ēligēbam	ēligēbāmus	ēligēbar	ēligēbāmur
	ēligēbās	ēligēbātis	ēligēbāris (-re)	ēligēbāminī
	ēligēbat	ēligēbant	ēligēbātur	ēligēbantur
Fut.	ēligam	ēligēmus	ēligar	ēligēmur
	ēligēs	ēligētis	ēligēris (-re)	ēligēminī
	ēliget	ēligent	ēligētur	ēligentur
Perf.	ēlēgī	ēlēgimus	ēlēctus sum	ēlēctī sumus
	ēlēgistī	ēlēgistis	(-a, -um) es	(-ae, -a) estis
	ēlēgit	ēlēgērunt (-ēre)	est	sunt
Plup.	ēlēgeram	ēlēgerāmus	ēlēctus eram	ēlēctī erāmus
	ēlēgerās	ēlēgerātis	(-a, -um) erās	(-ae, -a) erātis
	ēlēgerat	ēlēgerant	erat	erant
Fut.	ēlēgerō	ēlēgerimus	ēlēctus erō	ēlēctī erimus
Perf.	ēlēgeris	ēlēgeritis	(-a, -um) eris	(-ae, -a) eritis
	ēlēgerit	ēlēgerint	erit	erunt

SUBJUNCTIVE			

Pres.	ēligam	ēligāmus	ēligar	ēligāmur
	ēligās	ēligātis	ēligāris (-re)	ēligāminī
	ēligat	ēligant	ēligātur	ēligantur
Impf.	ēligerem	ēligerēmus	ēligerer	ēligerēmur
	ēligerēs	ēligerētis	ēligerēris (-re)	ēligerēminī
	ēligeret	ēligerent	ēligerētur	ēligerentur
Perf.	ēlēgerim	ēlēgerimus	ēlēctus sim	ēlēctī sīmus
	ēlēgeris	ēlēgeritis	(-a, -um) sīs	(-ae, -a) sītls
	ēlēgerit	ēlēgerint	sit	sint
Plup.	ēlēgissem	ēlēgissēmus	ēlēctus essem	ēlēctī essēmus
	ēlēgissēs	ēlēgissētis	(-a, -um) essēs	(-ae, -a) essētis
	ēlēgisset	ēlēgissent	esset	essent

IMPERATIVE			
Pres.	ēlige	ēligite		

INFINITIVE			
Pres.	ēligere		ēligī	
Perf.	ēlēgisse		ēlēctus (-a, -um) esse	
Fut.	ēlēctūrus (-a, -um) esse			

PARTICIPLE			
Pres.	ēligēns, (-tis)			
Perf.			ēlēctus (-a, -um)	
Fut.	ēlēctūrus (-a, -um)		ēligendus (-a, -um) (GERUNDIVE)	

GERUND ēligendī, -ō, -um, -ō SUPINE ēlēctum, -ū

Compounds and related words: **electio, -onis, f.** choice; **elegans, -ntis** refined; **elegantia, -ae, f.** elegance
Model sentence: *Haud semper errat fama, aliquando et elegit.* —Tacitus

buy

	ACTIVE			PASSIVE	
INDICATIVE					
Pres.	emō	emimus		emor	emimur
	emis	emitis		emeris (-re)	emiminī
	emit	emunt		emitur	emuntur
Impf.	emēbam	emēbāmus		emēbar	emēbāmur
	emēbās	emēbātis		emēbāris (-re)	emēbāminī
	emēbat	emēbant		emēbātur	emēbantur
Fut.	emam	emēmus		emar	emēmur
	emēs	emētis		emēris (-re)	emēminī
	emet	ement		emētur	ementur
Perf.	ēmī	ēmimus		emptus sum	emptī sumus
	ēmistī	ēmistis		(-a, -um) es	(-ae, -a) estis
	ēmit	ēmērunt (-ēre)		est	sunt
Plup.	ēmeram	ēmerāmus		emptus eram	emptī erāmus
	ēmerās	ēmerātis		(-a, -um) erās	(-ae, -a) erātis
	ēmerat	ēmerant		erat	erant
Fut.	ēmerō	ēmerimus		emptus erō	emptī erimus
Perf.	ēmeris	ēmeritis		(-a, -um) eris	(-ae, -a) eritis
	ēmerit	ēmerint		erit	erunt
SUBJUNCTIVE					
Pres.	emam	emāmus		emar	emāmur
	emās	emātis		emāris (-re)	emāminī
	emat	emant		emātur	emantur
Impf.	emerem	emerēmus		emerer	emerēmur
	emerēs	emerētis		emerēris (-re)	emerēminī
	emeret	emerent		emerētur	emerentur
Perf.	ēmerim	ēmerimus		emptus sim	emptī sīmus
	ēmeris	ēmeritis		(-a, -um) sīs	(-ae, -a) sītis
	ēmerit	ēmerint		sit	sint
Plup.	ēmissem	ēmissēmus		emptus essem	emptī essēmus
	ēmissēs	ēmissētis		(-a, -um) essēs	(-ae, -a) essētis
	ēmisset	ēmissent		esset	essent
IMPERATIVE					
Pres.	eme	emite			
INFINITIVE					
Pres.	emere			emī	
Perf.	ēmisse			emptus (-a, -um) esse	
Fut.	emptūrus (-a, -um) esse				
PARTICIPLE					
Pres.	emēns, (-tis)				
Perf.				emptus (-a, -um)	
Fut.	emptūrus (-a, -um)			emendus (-a, -um) (GERUNDIVE)	

GERUND emendī, -ō, -um, -ō   SUPINE emptum, -ū

Alternate forms: **emissim** = emerim

Compounds and related words: **ademptio, -onis, f.** removal; **adimo (3)** to take away; **como (3)** to arrange; **demo (3)** to take away; **eximius, -a, -um** distinguished; **interimo (3)** to destroy; **perimo (3)** to destroy; **promo (3)** to produce; **promptus, -a, -um** ready; **redemptio, -onis, f.** ransoming; **redimo (3)** to buy back; **sumo (3)** to take up

go

ACTIVE		PASSIVE
INDICATIVE		

	ACTIVE		PASSIVE
Pres.	eō	īmus	
	īs	ītis	
	it	eunt	ītur (Impers.)
Impf.	ībam	ībāmus	
	ībās	ībātis	
	ībat	ībant	ībātur (Impers.)
Fut.	ībō	ībimus	
	ībis	ībitis	
	ībit	ībunt	ībitur (Impers.)
Perf.	iī (īvī)	iimus (īvimus)	
	iistī (īvistī)	iistis (īvistis)	
	iit (īvit)	iērunt (iēre) or īvērunt (īvēre)	itum est (Impers.)
Plup.	ieram (īveram)	ierāmus (īverāmus)	
	ierās (īverās)	ierātis (īverātis)	
	ierat (īverat)	ierant (īverant)	itum erat (Impers.)
Fut. Perf.	ierō (īverō)	ierimus (īverimus)	
	ieris (īveris)	ieritis (īveritis)	
	ierit (īverit)	ierint (īverint)	itum erit (Impers.)

SUBJUNCTIVE			
Pres.	eam	eāmus	
	eās	eātis	
	eat	eant	eātur (Impers.)
Impf.	īrem	īrēmus	
	īrēs	īrētis	
	īret	īrent	irētur (Impers.)
Perf.	ierim (īverim)	ierimus (īverimus)	
	ieris (īveris)	ieritis (īveritis)	
	ierit (īverit)	ierint (īverint)	itum sit (Impers.)
Plup.	īssem (īvissem)	īssēmus (īvissēmus)	
	īssēs (īvissēs)	īssētis (īvissētis)	
	īsset (īvisset)	īssent (īvissent)	itum esset (Impers.)

IMPERATIVE		
Pres.	ī	īte

INFINITIVE		
Pres.	īre	īrī
Perf.	īsse (īvisse)	itum esse
Fut.	itūrus (-a, -um) esse	

PARTICIPLE		
Pres.	iēns, (euntis)	
Perf.		
Fut.	itūrus (-a, -um)	eundum (GERUNDIVE)

GERUND eundī, -ō, -um, -ō   SUPINE itum, ū

Alternate forms: **irier** = iri; **isse** = iisse; **issem, etc.** = iissem, etc.; **isti** = iisti **istis** = iistis; **ivi** = ii
Compounds and related words: **abeo, -ire** to go away; **abitio, -onis, f.** departure; **abito (1)** to go away;
   abitus, -us, m. departure; **adeo, -ire** to approach; **aditus, -us, m.** approach; **ambio, -ire** to go around;
   circumeo, -ire to go around; **coeo, -ire** to meet; **comitor, -ari** to accompany; **depereo, -ire** to perish;
   exeo, -ire to go out; **ineo, -ire** to enter; **intereo, -ire** to perish; **introeo, -ire** to enter; **obeo, -ire** to meet;
   pereo, -ire to perish; **praeeo, -ire** to lead the way; **praetereo, -ire** to pass by; **prodeo, -ire** to go forward;
   redeo, -ire to return; **subeo, -ire** to come up to; **transeo, -ire** to cross; **veneo, -ire** to be for sale

snatch

ACTIVE		PASSIVE	
INDICATIVE			

Pres.	ēripiō	ēripimus	ēripior	ēripimur
	ēripis	ēripitis	ēriperis (-re)	ēripiminī
	ēripit	ēripiunt	ēripitur	ēripiuntur
Impf.	ēripiēbam	ēripiēbāmus	ēripiēbar	ēripiēbāmur
	ēripiēbās	ēripiēbātis	ēripiēbāris (-re)	ēripiēbāminī
	ēripiēbat	ēripiēbant	ēripiēbātur	ēripiēbantur
Fut.	ēripiam	ēripiēmus	ēripiar	ēripiēmur
	ēripiēs	ēripiētis	ēripiēris (-re)	ēripiēminī
	ēripiet	ēripient	ēripiētur	ēripientur
Perf.	ēripuī	ēripuimus	ēreptus sum	ēreptī sumus
	ēripuistī	ēripuistis	(-a, -um) es	(-ae, -a) estis
	ēripuit	ēripuērunt (-ēre)	est	sunt
Plup.	ēripueram	ēripuerāmus	ēreptus eram	ēreptī erāmus
	ēripuerās	ēripuerātis	(-a, -um) erās	(-ae, -a) erātis
	ēripuerat	ēripuerant	erat	erant
Fut.	ēripuerō	ēripuerimus	ēreptus erō	ēreptī erimus
Perf.	ēripueris	ēripueritis	(-a, -um) eris	(-ae, -a) eritis
	ēripuerit	ēripuerint	erit	erunt

SUBJUNCTIVE			

Pres.	ēripiam	ēripiāmus	ēripiar	ēripiāmur
	ēripiās	ēripiātis	ēripiāris (-re)	ēripiāminī
	ēripiat	ēripiant	ēripiātur	ēripiantur
Impf.	ēriperem	ēriperēmus	ēriperer	ēriperēmur
	ēriperēs	ēriperētis	ēriperēris (-re)	ēriperēminī
	ēriperet	ēriperent	ēriperētur	ēriperentur
Perf.	ēripuerim	ēripuerimus	ēreptus sim	ēreptī sīmus
	ēripueris	ēripueritis	(-a, -um) sīs	(-ae, -a) sītis
	ēripuerit	ēripuerint	sit	sint
Plup.	ēripuissem	ēripuissēmus	ēreptus essem	ēreptī essēmus
	ēripuissēs	ēripuissētis	(-a, -um) essēs	(-ae, -a) essētis
	ēripuisset	ēripuissent	esset	essent

IMPERATIVE			
Pres.	ēripe	ēripite		

INFINITIVE			
Pres.	ēripere		ēripī	
Perf.	ēripuisse		ēreptus (-a, -um) esse	
Fut.	ēreptūrus (-a, -um) esse			

PARTICIPLE			
Pres.	ēripiēns, (-tis)			
Perf.			ēreptus (-a, -um)	
Fut.	ēreptūrus (-a, -um)		ēripiendus (-a, -um) (GERUNDIVE)	

GERUND ēripiendī, -ō, -um, -ō   SUPINE ēreptum, -ū

See **rapio** for related compounds of this verb.
Model sentence: ***Eripiunt** flammae noctem.* —Silius Italicus

make a mistake, wander

	ACTIVE			PASSIVE
INDICATIVE				
Pres.	errō	errāmus		
	errās	errātis		
	errat	errant		errātur (Impers.)
Impf.	errābam	errābāmus		
	errābās	errābātis		
	errābat	errābant		errābātur (Impers.)
Fut.	errābō	errābimus		
	errābis	errābitis		
	errābit	errābunt		errābitur (Impers.)
Perf.	errāvī	errāvimus		
	errāvistī	errāvistis		
	errāvit	errāvērunt (-ēre)		errātum est (Impers.)
Plup.	errāveram	errāverāmus		
	errāverās	errāverātis		
	errāverat	errāverant		errātum erat (Impers.)
Fut.	errāverō	errāverimus		
Perf.	errāveris	errāveritis		
	errāverit	errāverint		errātum erit (Impers.)
SUBJUNCTIVE				
Pres.	errem	errēmus		
	errēs	errētis		
	erret	errent		errētur (Impers.)
Impf.	errārem	errārēmus		
	errārēs	errārētis		
	errāret	errārent		errārētur (Impers.)
Perf.	errāverim	errāverimus		
	errāveris	errāveritis		
	errāverit	errāverint		errātum sit (Impers.)
Plup.	errāvissem	errāvissēmus		
	errāvissēs	errāvissētis		
	errāvisset	errāvissent		errātum esset (Impers.)
IMPERATIVE				
Pres.	errā	errāte		
INFINITIVE				
Pres.	errāre			errārī
Perf.	errāvisse			errātum esse
Fut.	errātūrus (-a, -um) esse			
PARTICIPLE				
Pres.	errāns, (-tis)			
Perf.				errātus (-a, -um)
Fut.	errātūrus (-a, -um)			errandus (-a, -um) (GERUNDIVE)

GERUND errandī, -ō, -um, -ō   SUPINE errātum, -ū

Compounds and related words: **aberro (1)** to wander; **erro, -onis, m.** a wanderer; **error, -is, m.** mistake
Model sentence: ***Errare** est humanum.* —Seneca

polish, educate

	ACTIVE			PASSIVE	
			INDICATIVE		
Pres.	ērudiō	ērudīmus		ērudior	ērudīmur
	ērudīs	ērudītis		ērudīris (-re)	ērudīminī
	ērudit	ērudiunt		ērudītur	ērudiuntur
Impf.	ērudiēbam	ērudiēbāmus		ērudiēbar	ērudiēbāmur
	ērudiēbās	ērudiēbātis		ērudiēbāris (-re)	ērudiēbāminī
	ērudiēbat	ērudiēbant		ērudiēbātur	ērudiēbantur
Fut.	ērudiam	ērudiēmus		ērudiar	ērudiēmur
	ērudiēs	ērudiētis		ērudiēris (-re)	ērudiēminī
	ērudiet	ērudient		ērudiētur	ērudientur
Perf.	ērudīvī	ērudīvimus		ērudītus sum	ērudītī sumus
	ērudīvistī	ērudīvistis		(-a, -um) es	(-ae, -a) estis
	ērudīvit	ērudīvērunt (-ēre)		est	sunt
Plup.	ērudīveram	ērudīverāmus		ērudītus eram	ērudītī erāmus
	ērudīverās	ērudīverātis		(-a, -um) erās	(-ae, -a) erātis
	ērudīverat	ērudīverant		erat	erant
Fut.	ērudīverō	ērudīverimus		ērudītus erō	ērudītī erimus
Perf.	ērudīveris	ērudīveritis		(-a, -um) eris	(-ae, -a) eritis
	ērudīverit	ērudīverint		erit	erunt
			SUBJUNCTIVE		
Pres.	ērudiam	ērudiāmus		ērudiar	ērudiāmur
	ērudiās	ērudiātis		ērudiāris (-re)	ērudiāminī
	ērudiat	ērudiant		ērudiātur	ērudiantur
Impf.	ērudīrem	ērudīrēmus		ērudīrer	ērudīrēmur
	ērudīrēs	ērudīrētis		ērudīrēris (-re)	ērudīrēminī
	ērudīret	ērudīrent		ērudīrētur	ērudīrentur
Perf.	ērudīverim	ērudīverimus		ērudītus sim	ērudītī sīmus
	ērudīveris	ērudīveritis		(-a, -um) sīs	(-ae, -a) sītis
	ērudīverit	ērudīverint		sit	sint
Plup.	ērudīvissem	ērudīvissēmus		ērudītus essem	ērudītī essēmus
	ērudīvissēs	ērudīvissētis		(-a, -um) essēs	(-ae, -a) essētis
	ērudīvisset	ērudīvissent		esset	essent
			IMPERATIVE		
Pres.	ērudī	ērudīte			
			INFINITIVE		
Pres.	ērudīre			ērudīrī	
Perf.	ērudīvisse			ērudītus (-a, -um) esse	
Fut.	ērudītūrus (-a, -um) esse				
			PARTICIPLE		
Pres.	ērudiēns, (-tis)				
Perf.				ērudītus (-a, -um)	
Fut.	ērudītūrus (-a, -um)			ērudiendus (-a, -um) (GERUNDIVE)	

GERUND ērudiendī, -ō, -um, -ō   SUPINE ērudītum, -ū

Alternate forms: **erudii** = erudivi
Compounds and related words: **eruditio, -onis, f.** education; **eruditus, -a, -um** learned
Model sentence: *Non est saits politus iis artibus, quas qui tenent **eruditi** appellantur.* —Cicero

go out, escape

ACTIVE

INDICATIVE

Pres.	ēvādō	ēvādimus
	ēvādis	ēvāditis
	ēvādit	ēvādunt
Impf.	ēvādēbam	ēvādēbāmus
	ēvādēbās	ēvādēbātis
	ēvādēbat	ēvādēbant
Fut.	ēvādam	ēvādēmus
	ēvādēs	ēvādētis
	ēvādēt	ēvādēnt
Perf.	ēvāsī	ēvāsimus
	ēvāsistī	ēvāsistis
	ēvāsit	ēvāsērunt (-ēre)
Plup.	ēvāseram	ēvāserāmus
	ēvāserās	ēvāserātis
	ēvāserat	ēvāserant
Fut.	ēvāserō	ēvāserimus
Perf.	ēvāseris	ēvāseritis
	ēvāserit	ēvāserint

SUBJUNCTIVE

Pres.	ēvādam	ēvādāmus
	ēvādās	ēvādātis
	ēvādat	ēvādant
Impf.	ēvāderem	ēvāderēmus
	ēvāderēs	ēvāderētis
	ēvāderet	ēvāderent
Perf.	ēvāserim	ēvāserimus
	ēvāseris	ēvāseritis
	ēvāserit	ēvāserint
Plup.	ēvāsissem	ēvāsissēmus
	ēvāsissēs	ēvāsissētis
	ēvāsisset	ēvāsissent

IMPERATIVE

Pres.	ēvāde	ēvādite

INFINITIVE

Pres.	ēvādere
Perf.	ēvāsisse
Fut.	ēvāsūrus (-a, -um) esse

PARTICIPLE

	Active	Passive
Pres.	ēvādēns, (-tis)	
Perf.		ēvāsus (-a, -um)
Fut.	ēvāsūrus (-a, -um)	ēvādendus (-a, -um) (GERUNDIVE)

GERUND ēvādendī, -ō, -um, -ō   SUPINE ēvāsum, -ū

Alternate forms: **evadi** = evasi; **evasti** = evasisti
See **vado** for other compounds of this verb.
Model sentence: *Evado ad summi fastigia culminis.* —Vergil

go out

ACTIVE		PASSIVE
INDICATIVE		

Pres.	exeō	exīmus	
	exīs	exītis	
	exit	exeunt	exītur (Impers.)
Impf.	exībam	exībāmus	
	exībās	exībātis	
	exībat	exībant	exībātur (Impers.)
Fut.	exībō	exībimus	
	exībis	exībitis	
	exībit	exībunt	exībitur (Impers.)
Perf.	exiī	exiimus	
	exiistī	exiistis	
	exiit	exiērunt (-ēre)	exitum est (Impers.)
Plup.	exieram	exierāmus	
	exierās	exierātis	
	exierat	exierant	exitum erat (Impers.)
Fut.	exierō	exierimus	
Perf.	exieris	exieritis	
	exierit	exierint	exitum erit (Impers.)

SUBJUNCTIVE		
Pres.	exeam	exeāmus	
	exeās	exeātis	
	exeat	exeant	exeātur (Impers.)
Impf.	exīrem	exīrēmus	
	exīrēs	exīrētis	
	exīret	exīrent	exīrētur (Impers.)
Perf.	exierim	exierimus	
	exieris	exieritis	
	exierit	exierint	exitum sit (Impers.)
Plup.	exīssem	exīssēmus	
	exīssēs	exīssētis	
	exīsset	exīssent	exitum esset (Impers.)

IMPERATIVE		
Pres.	exī	exīte	

INFINITIVE		
Pres.	exīre		exīrī
Perf.	exīsse		exitus (-a, -um) esse
Fut.	exitūrus (-a, -um) esse		

PARTICIPLE		
Pres.	exiēns, (-euntis)		
Perf.			exitus (-a, -um)
Fut.	exitūrus (-a, -um)		exeundus (-a, -um) (GERUNDIVE)

GERUND exeundī, -ō, -um, -ō   SUPINE exitum, -ū

Alternate forms: **exies** = exibis; **exiet** = exibit; **exit** = exiit; **exivi** = exii
Compounds and related words: **exitium, -i, n.** destruction; **exitus, -us, m.** outcome
See **eo** for related compounds of this verb.
Model sentence: *Potest ex casa magnus vir exire.* —Pliny

train

ACTIVE   PASSIVE

INDICATIVE

Pres.	exerceō	exercēmus		exerceor	exercēmur
	exercēs	exercētis		exercēris (-re)	exercēminī
	exercet	exercent		exercētur	exercentur
Impf.	exercēbam	exercēbāmus		exercēbar	exercēbāmur
	exercēbās	exercēbātis		exercēbāris (-re)	exercēbāminī
	exercēbat	exercēbant		exercēbātur	exercēbantur
Fut.	exercēbō	exercēbimus		exercēbor	exercēbimur
	exercēbis	exercēbitis		exercēberis (-re)	exercēbiminī
	exercēbit	exercēbunt		exercēbitur	exercēbuntur
Perf.	exercuī	exercuimus		exercitus sum	exercitī sumus
	exercuistī	exercuistis		(-a, -um) es	(-ae, -a) estis
	exercuit	exercuērunt (-ēre)		est	sunt
Plup.	exercueram	exercuerāmus		exercitus eram	exercitī erāmus
	exercuerās	exercuerātis		(-a, -um) erās	(-ae, -a) erātis
	exercuerat	exercuerant		erat	erant
Fut.	exercuerō	exercuerimus		exercitus erō	exercitī erimus
Perf.	exercueris	exercueritis		(-a, -um) eris	(-ae, -a) eritis
	exercuerit	exercuerint		erit	erunt

SUBJUNCTIVE

Pres.	exerceam	exerceāmus		exercear	exerceāmur
	exerceās	exerceātis		exerceāris (-re)	exerceāminī
	exerceat	exerceant		exerceātur	exerceantur
Impf.	exercērem	exercērēmus		exercērer	exercērēmur
	exercērēs	exercērētis		exercēreris (-re)	exercērēminī
	exercēret	exercērent		exercērētur	exercērentur
Perf.	exercuerim	exercuerimus		exercitus sim	exercitī sīmus
	exercueris	exercueritis		(-a, -um) sīs	(-ae, -a) sītis
	exercuerit	exercuerint		sit	sint
Plup.	exercuissem	exercuissēmus		exercitus essem	exercitī essēmus
	exercuissēs	exercuissētis		(-a, -um) essēs	(-ae, -a) essētis
	exercuisset	exercuissent		esset	essent

IMPERATIVE

Pres.	exercē	exercēte	

INFINITIVE

Pres.	exercēre		exercērī
Perf.	exercuisse		exercitus (-a, -um) esse
Fut.	exercitūrus (-a, -um) esse		

PARTICIPLE

Pres.	exercēns, (-tis)		
Perf.			exercitus (-a, -um)
Fut.	exercitūrus (-a, -um)		exercendus (-a, -um) (GERUNDIVE)

GERUND exercendī, -ō, -um, -ō   SUPINE exercitum, -ū

Compounds and related words: **exercitatio, -onis, f.** practice; **exercitatus, -a, -um** trained;
   exercitium, -i, n. practice; **exercito (1)** to train hard; **exercitus, -us, m.** army
Model sentence: *Difficile est tenere quae acceperis nisi exerceas.* —Pliny

drive out, demand, complete, examine

	ACTIVE		PASSIVE	
INDICATIVE				
Pres.	exigō	exigimus	exigor	exigimur
	exigis	exigitis	exigeris (-re)	exigiminī
	exigit	exigunt	exigitur	exiguntur
Impf.	exigēbam	exigēbāmus	exigēbar	exigēbāmur
	exigēbās	exigēbātis	exigēbāris (-re)	exigēbāminī
	exigēbat	exigēbant	exigēbātur	exigēbantur
Fut.	exigam	exigēmus	exigar	exigēmur
	exigēs	exigētis	exigēris (-re)	exigēminī
	exiget	exigent	exigētur	exigentur
Perf.	exēgī	exēgimus	exāctus sum	exāctī sumus
	exēgistī	exēgistis	(-a, -um) es	(-ae, -a) estis
	exēgit	exēgērunt (-ēre)	est	sunt
Plup.	exēgeram	exēgerāmus	exāctus eram	exāctī erāmus
	exēgerās	exēgerātis	(-a, -um) erās	(-ae, -a) erātis
	exēgerat	exēgerant	erat	erant
Fut. Perf.	exēgerō	exēgerimus	exāctus erō	exāctī erimus
	exēgeris	exēgeritis	(-a, -um) eris	(-ae, -a) eritis
	exēgerit	exēgerint	erit	erunt
SUBJUNCTIVE				
Pres.	exigam	exigāmus	exigar	exigāmur
	exigās	exigātis	exigāris (-re)	exigāminī
	exigat	exigant	exigātur	exigantur
Impf.	exigerem	exigerēmus	exigerer	exigerēmur
	exigerēs	exigerētis	exigerēris (-re)	exigerēminī
	exigeret	exigerent	exigerētur	exigerentur
Perf.	exēgerim	exēgerimus	exāctus sim	exāctī sīmus
	exēgeris	exēgeritis	(-a, -um) sīs	(-ae, -a) sītis
	exēgerit	exēgerint	sit	sint
Plup.	exēgissem	exēgissēmus	exāctus essem	exāctī essēmus
	exēgissēs	exēgissētis	(-a, -um) essēs	(-ae, -a) essētis
	exēgisset	exēgissent	esset	essent
IMPERATIVE				
Pres.	exige	exigite		
INFINITIVE				
Pres.	exigere		exigī	
Perf.	exēgisse		exāctus (-a, -um) esse	
Fut.	exāctūrus (-a, -um) esse			
PARTICIPLE				
Pres.	exigēns, (-tis)			
Perf.			exāctus (-a, -um)	
Fut.	exāctūrus (-a, -um)		exigendus (-a, -um) (GERUNDIVE)	

GERUND exigendī, -ō, -um, -ō   SUPINE exactum, -ū

Compounds and related words: **exactio, -onis, f.** expulsion; **exactor, -is, m.** one who drives out; **exiguus, -a, -um** tiny
See **ago** for related compounds of this verb.
Model sentence: *Exegi monumentum aere perennius.* —Horace

think

	ACTIVE		**PASSIVE**	
			INDICATIVE	

Pres.	existimō	existimāmus	existimor	existimāmur
	existimās	existimātis	existimāris (-re)	existimāminī
	existimat	existimant	existimātur	existimantur
Impf.	existimābam	existimābāmus	existimābar	existimābāmur
	existimābās	existimābātis	existimābāris (-re)	existimābāminī
	existimābat	existimābant	existimābātur	existimābantur
Fut.	existimābō	existimābimus	existimābor	existimābimur
	existimābis	existimābitis	existimāberis (-re)	existimābiminī
	existimābit	existimābunt	existimābitur	existimābuntur
Perf.	existimāvī	existimāvimus	existimātus sum	existimātī sumus
	existimāvistī	existimāvistis	(-a, -um) es	(-ae, -a) estis
	existimāvit	existimāvērunt (-ēre)	est	sunt
Plup.	existimāveram	existimāverāmus	existimātus eram	existimātī erāmus
	existimāverās	existimāverātis	(-a, -um) erās	(-ae, -a) erātis
	existimāverat	existimāverant	erat	erant
Fut.	existimāverō	existimāverimus	existimātus erō	existimātī erimus
Perf.	existimāveris	existimāveritis	(-a, -um) eris	(-ae, -a) eritis
	existimāverit	existimāverint	erit	erunt
			SUBJUNCTIVE	
Pres.	existimem	existimēmus	existimer	existimēmur
	existimēs	existimētis	existimēris (-re)	existimēminī
	existimet	existiment	existimētur	existimentur
Impf.	existimārem	existimārēmus	existimārer	existimārēmur
	existimārēs	existimārētis	existimārēris (-re)	existimārēminī
	existimāret	existimārent	existimārētur	existimārentur
Perf.	existimāverim	existimāverimus	existimātus sim	existimātī sīmus
	existimāveris	existimāveritis	(-a, -um) sīs	(-ae, -a) sītis
	existimāverit	existimāverint	sit	sint
Plup.	existimāvissem	existimāvissēmus	existimātus essem	existimātī essēmus
	existimāvissēs	existimāvissētis	(-a, -um) essēs	(-ae, -a) essētis
	existimāvisset	existimāvissent	esset	essent
			IMPERATIVE	
Pres.	existimā	existimāte		
			INFINITIVE	
Pres.	existimāre		existimārī	
Perf.	existimāvisse		existimātus (-a, -um) esse	
Fut.	existimātūrus (-a, -um) esse			
			PARTICIPLE	
Pres.	existimāns, (-tis)			
Perf.			existimātus (-a, -um)	
Fut.	existimātūrus (-a, -um)		existimandus (-a, -um) (GERUNDIVE)	

GERUND existimandī, -ō, -um, -ō   SUPINE existimātum, -ū

Alternate forms: **existumo** = existimo
Compounds and related words: **existimatio, -onis, f.** opinion; **existimator, -is, m.** one who gives an opinion
Model sentence: *Non possum existimare, plus quemquam a se ipso quam me a te amari.* —Cicero

drive out

	ACTIVE		PASSIVE	
		INDICATIVE		
Pres.	expellō	expellimus	expellor	expellimur
	expellis	expellitis	expelleris (-re)	expelliminī
	expellit	expellunt	expellitur	expelluntur
Impf.	expellēbam	expellēbāmus	expellēbar	expellēbāmur
	expellēbās	expellēbātis	expellēbāris (-re)	expellēbāminī
	expellēbat	expellēbant	expellēbātur	expellēbantur
Fut.	expellam	expellēmus	expellar	expellēmur
	expellēs	expellētis	expellēris (-re)	expellēminī
	expellet	expellent	expellētur	expellentur
Perf.	expulī	expulimus	expulsus sum	expulsī sumus
	expulistī	expulistis	(-a, -um) es	(-ae, -a) estis
	expulit	expulērunt (-ēre)	est	sunt
Plup.	expuleram	expulerāmus	expulsus eram	expulsī erāmus
	expulerās	expulerātis	(-a, -um) erās	(-ae, -a) erātis
	expulerat	expulerant	erat	erant
Fut.	expulerō	expulerimus	expulsus erō	expulsī erimus
Perf.	expuleris	expuleritis	(-a, -um) eris	(-ae, -a) eritis
	expulerit	expulerint	erit	erunt
		SUBJUNCTIVE		
Pres.	expellam	expellāmus	expellar	expellāmur
	expellās	expellātis	expellāris (-re)	expellāminī
	expellat	expellant	expellātur	expellantur
Impf.	expellerem	expellerēmus	expellerer	expellerēmur
	expellerēs	expellerētis	expellerēris (-re)	expellerēminī
	expelleret	expellerent	expellerētur	expellerentur
Perf.	expulerim	expulerimus	expulsus sim	expulsī sīmus
	expuleris	expuleritis	(-a, -um) sīs	(-ae, -a) sītis
	expulerit	expulerint	sit	sint
Plup.	expulissem	expulissēmus	expulsus essem	expulsī essēmus
	expulissēs	expulissētis	(-a, -um) essēs	(-ae, -a) essētis
	expulisset	expulissent	esset	essent
		IMPERATIVE		
Pres.	expelle	expellite		
		INFINITIVE		
Pres.	expellere		expellī	
Perf.	expulisse		expulsus (-a, -um) esse	
Fut.	expulsūrus (-a, -um) esse			
		PARTICIPLE		
Pres.	expellēns, (-tis)			
Perf.			expulsus (-a, -um)	
Fut.	expulsūrus (-a, -um)		expellendus (-a, -um) (GERUNDIVE)	

GERUND expellendī, -ō, -um, -ō   SUPINE expulsum, -ū

Compounds and related words: **expulsio, -onis, f.** expulsion; **expulso (1)** to drive out; **expulsor, -is, m.** one who drives out
See **pello** for related compounds of this verb.
Model sentence: *Haec tanta virtus ex hac urbe **expelletur**, exterminabitur, proicietur?* —Cicero

try, test, prove

ACTIVE

INDICATIVE

Pres.	experior	experīmur
	experīris (-re)	experīminī
	experītur	experiuntur
Impf.	experiēbar	experiēbāmur
	experiēbāris (-re)	experiēbāminī
	experiēbātur	experiēbantur
Fut.	experiar	experiēmur
	experiēris (-re)	experiēminī
	experiētur	experientur
Perf.	expertus sum	expertī sumus
	(-a, -um) es	(-ae, -a) estis
	est	sunt
Plup.	expertus eram	expertī erāmus
	(-a, -um) erās	(-ae, -a) erātis
	erat	erant
Fut.	expertus erō	expertī erimus
Perf.	(-a, -um) eris	(-ae, -a) eritis
	erit	erunt

SUBJUNCTIVE

Pres.	experiar	experiāmur
	experiāris (-re)	experiāminī
	experiātur	experiantur
Impf.	experīrer	experīrēmur
	experīrēris (-re)	experīrēminī
	experīrētur	experīrentur
Perf.	expertus sim	expertī sīmus
	(-a, -um) sīs	(-ae, -a) sītis
	sit	sint
Plup.	expertus essem	expertī essēmus
	(-a, -um) essēs	(-ae, -a) essētis
	esset	essent

IMPERATIVE

Pres.	experīre	experīminī

INFINITIVE

Pres.	experīrī
Perf.	expertus (-a, -um) esse
Fut.	expertūrus (-a, -um) esse

PARTICIPLE

	Active	Passive
Pres.	experiēns, (-tis)	
Perf.	expertus (-a, -um)	
Fut.	expertūrus (-a, -um)	experiendus (-a, -um) (GERUNDIVE)

GERUND experiendī, -ō, -um, -ō   SUPINE expertum, -ū

Compounds and related words: **experientia, -ae, f.** trial; **experimentum, -i, n.** experiment
Model sentence: *Habuisse aiunt domi venenum, vimque eius **esse expertum** in servo quodam.* —Cicero

extinguish, quench

ACTIVE   PASSIVE

INDICATIVE

Pres.	exstinguō	exstinguimus		exstinguor	exstinguimur
	exstinguis	exstinguitis		exstingueris (-re)	exstinguiminī
	exstinguit	exstinguunt		exstinguitur	exstinguuntur
Impf.	exstinguēbam	exstinguēbāmus		exstinguēbar	exstinguēbāmur
	exstinguēbās	exstinguēbātis		exstinguēbāris (-re)	exstinguēbāminī
	exstinguēbāt	exstinguēbant		exstinguēbātur	exstinguēbantur
Fut.	exstinguam	exstinguēmus		exstinguar	exstinguēmur
	exstinguēs	exstinguētis		exstinguēris (-re)	exstinguēminī
	exstinguet	exstinguent		exstinguētur	exstinguentur
Perf.	exstinxī	exstinximus		exstinctus sum	exstinctī sumus
	exstinxistī	exstinxistis		(-a, -um) es	(-ae, -a) estis
	exstinxit	exstinxērunt (-ēre)		est	sunt
Plup.	exstinxeram	exstinxerāmus		exstinctus eram	exstinctī erāmus
	exstinxerās	exstinxerātis		(-a, -um) erās	(-ae, -a) erātis
	exstinxerat	exstinxerant		erat	erant
Fut.	exstinxerō	exstinxerimus		exstinctus erō	exstinctī erimus
Perf.	exstinxeris	exstinxeritis		(-a, -um) eris	(-ae, -a) eritis
	exstinxerit	exstinxerint		erit	erunt

SUBJUNCTIVE

Pres.	exstinguam	exstinguāmus		exstinguar	exstinguāmur
	exstinguās	exstinguātis		exstinguāris (-re)	exstinguāminī
	exstinguat	exstinguant		exstinguātur	exstinguantur
Impf.	exstinguerem	exstinguerēmus		exstinguerer	exstinguerēmur
	exstinguerēs	exstinguerētis		exstinguerēris (-re)	exstinguerēminī
	exstingueret	exstinguerent		exstinguerētur	exstinguerentur
Perf.	exstinxerim	exstinxerimus		exstinctus sim	exstinctī sīmus
	exstinxeris	exstinxeritis		(-a, -um) sīs	(-ae, -a) sītis
	exstinxerit	exstinxerint		sit	sint
Plup.	exstinxissem	exstinxissēmus		exstinctus essem	exstinctī essēmus
	exstinxissēs	exstinxissētis		(-a, -um) essēs	(-ae, -a) essētis
	exstinxisset	exstinxissent		esset	essent

IMPERATIVE

Pres.	exstingue	exstinguite	

INFINITIVE

Pres.	exstinguere	exstinguī
Perf.	exstinxisse	exstinctus (-a, -um) esse
Fut.	exstinctūrus (-a, -um) esse	

PARTICIPLE

Pres.	exstinguēns, (-tis)	
Perf.		exstinctus (-a, -um)
Fut.	exstinctūrus (-a, -um)	exstinguendus (-a, -um) (GERUNDIVE)

GERUND exstinguendī, -ō, -um, -ō   SUPINE exstinctum, -ū

Alternate forms: **exstinguo** = extinguo; **exstinxem** = exstinxissem; **exstinxit** = exstinxerit;
     exstinxsti = exstinxisti
Compounds and related words: **distinguo (3)** distinguish; **exstinguo (3)** extinguish;
     restinguo (3) extinguish
Model sentence: *Senes mori sic videntur ut sua sponte nulla adhibita vi consumptus ignis*
     exstinguitur. —Cicero

be banished, live in exile

ACTIVE

INDICATIVE

Pres.	exsulō	exsulāmus
	exsulās	exsulātis
	exsulat	exsulant
Impf.	exsulābam	exsulābāmus
	exsulābās	exsulābātis
	exsulābat	exsulābant
Fut.	exsulābō	exsulāmus
	exsulābis	exsulābitis
	exsulābit	exsulābunt
Perf.	exsulāvī	exsulāvimus
	exsulāvistī	exsulāvistis
	exsulāvit	exsulāvērunt (-ēre)
Plup.	exsulāveram	exsulāverāmus
	exsulāverās	exsulāverātis
	exsulāverat	exsulāverant
Fut.	exsulāverō	exsulāverimus
Perf.	exsulāveris	exsulāveritis
	exsulāverit	exsulāverint

SUBJUNCTIVE

Pres.	exsulem	exsulēmus
	exsulēs	exsulētis
	exsulet	exsulent
Impf.	exsulārem	exsulārēmus
	exsulārēs	exsulārētis
	exsulāret	exsulārent
Perf.	exsulāverim	exsulāverimus
	exsulāveris	exsulāveritis
	exsulāverit	exsulāverint
Plup.	exsulāvissem	exsulāvissēmus
	exsulāvissēs	exsulāvissētis
	exsulāvisset	exsulāvissent

IMPERATIVE

Pres.	exsulā	exsulāte

INFINITIVE

Pres.	exsulāre
Perf.	exsulāvisse
Fut.	exsulātūrus (-a, -um) esse

PARTICIPLE

	Active	Passive
Pres.	exsulāns, (-tis)	
Perf.		exsulātus (-a, -um)
Fut.	exsulātūrus (-a, -um)	exsulandus (-a, -um) (GERUNDIVE)

GERUND exsulandī, -ō, -um, -ō   SUPINE exsulātum, -ū

Alternate forms: **exolo** = exsulo; **exsolo** = exsulo; **exulo** = exsulo
Compounds and related words: **exsul, -is, c.** an exile; **exsulatio, -onis, f.** banishment
Model sentence: *In Volscos **exsulatum** abiit.* —Livy

strip

ACTIVE		PASSIVE	
INDICATIVE			

	ACTIVE		PASSIVE	
Pres.	exuō	exuimus	exuor	exuimur
	exuis	exuitis	exueris (-re)	exuiminī
	exuit	exuunt	exuitur	exuuntur
Impf.	exuēbam	exuēbāmus	exuēbar	exuēbāmur
	exuēbās	exuēbātis	exuēbāris (-re)	exuēbāminī
	exuēbat	exuēbant	exuēbātur	exuēbantur
Fut.	exuam	exuēmus	exuar	exuēmur
	exuēs	exuētis	exuĕris (-re)	exuēminī
	exuet	exuent	exuētur	exuentur
Perf.	exuī	exuimus	exūtus sum	exūtī sumus
	exuistī	exuistis	(-a, -um) es	(-ae, -a) estis
	exuit	exuērunt (-ēre)	est	sunt
Plup.	exueram	exuerāmus	exūtus eram	exūtī erāmus
	exuerās	exuerātis	(-a, -um) erās	(-ae, -a) erātis
	exuerat	exuerant	erat	erant
Fut.	exuerō	exuerimus	exūtus erō	exūtī erimus
Perf.	exueris	exueritis	(-a, -um) eris	(-ae, -a) eritis
	exuerit	exuerint	erit	erunt

SUBJUNCTIVE				
Pres.	exuam	exuāmus	exuar	exuāmur
	exuās	exuātis	exuāris (-re)	exuāminī
	exuat	exuant	exuātur	exuantur
Impf.	exuerem	exuerēmus	exuerer	exuerēmur
	exuerēs	exuerētis	exuerēris (-re)	exuerēminī
	exueret	exuerent	exuerētur	exuerentur
Perf.	exuerim	exuerimus	exūtus sim	exūtī sīmus
	exueris	exueritis	(-a, -um) sīs	(-ae, -a) sītis
	exuerit	exuerint	sit	sint
Plup.	exuissem	exuissēmus	exūtus essem	exūtī essēmus
	exuissēs	exuissētis	(-a, -um) essēs	(-ae, -a) essētis
	exuisset	exuissent	esset	essent

IMPERATIVE			
Pres.	exue	exuite	

INFINITIVE			
Pres.	exuere		exuī
Perf.	exuisse		exūtus (-a, -um) esse
Fut.	exūtūrus (-a, -um) esse		

PARTICIPLE			
Pres.	exuēns, (-tis)		
Perf.			exūtus (-a, -um)
Fut.	exūtūrus (-a, -um)		exuendus (-a, -um) (GERUNDIVE)

GERUND exuendī, -ō, -um, -ō   SUPINE exūtum, -ū

Compounds and related words: **exutio, -onis, f.** exclusion; **exuviae, -arum, f. pl.** spoils stripped
from bodies

Model sentence: *Serpens **exuit** in spinis vestem.* —Lucretius

do, make

ACTIVE		PASSIVE	
INDICATIVE			

	ACTIVE		PASSIVE			
Pres.	faciō	facimus	fīō		fīmus	
	facis	facitis	fīs		fītis	
	facit	faciunt	fit		fīunt	
Impf.	faciēbam	faciēbāmus	fīēbam		fīēbāmus	
	faciēbās	faciēbātis	fīēbās		fīēbātis	
	faciēbat	faciēbant	fīēbat		fīēbant	
Fut.	faciam	faciēmus	fīam		fīēmus	
	faciēs	faciētis	fīēs		fīētis	
	faciet	facient	fīet		fient	
Perf.	fēcī	fēcimus	factus	sum	factī	sumus
	fēcistī	fēcistis	(-a, -um)	es	(-ae, -a)	estis
	fēcit	fēcērunt (-ēre)		est		sunt
Plup.	fēceram	fēcerāmus	factus	eram	factī	erāmus
	fēcerās	fēcerātis	(-a, -um)	erās	(-ae, -a)	erātis
	fēcerat	fēcerant		erat		erant
Fut.	fēcerō	fēcerimus	factus	erō	factī	erimus
Perf.	fēceris	fēceritis	(-a, -um)	eris	(-ae, a-)	eritis
	fēcerit	fēcerint		erit		erunt
SUBJUNCTIVE						
Pres.	faciam	faciāmus	fīam		fīāmus	
	faciās	faciātis	fīās		fīātis	
	faciat	faciant	fīat		fīant	
Impf.	facerem	facerēmus	fierem		fierēmus	
	facerēs	facerētis	fierēs		fierētis	
	faceret	facerent	fieret		fierent	
Perf.	fēcerim	fēcerimus	factus	sim	factī	sīmus
	fēceris	fēceritis	(-a, -um)	sīs	(-ae, -a)	sītis
	fēcerit	fēcerint		sit		sint
Plup.	fēcissem	fēcissēmus	factus	essem	factī	essēmus
	fēcissēs	fēcissētis	(-a, -um)	essēs	(-ae, -a)	essētis
	fēcisset	fēcissent		esset		essent
IMPERATIVE						
Pres.	fac	facite				
INFINITIVE						
Pres.	facere		fierī			
Perf.	fēcisse		factus (-a, -um) esse			
Fut.	factūrus (-a, -um) esse					
PARTICIPLE						
Pres.	faciēns, (-tis)					
Perf.			factus (-a, -um)			
Fut.	factūrus (-a, -um)		faciendus (-a, -um) (GERUNDIVE)			

GERUND faciendī, -ō, -um, -ō   SUPINE factum, -ū

Alternate forms: **face** = fac; **faciatur** = fiat; **facie** = faciam; **facitur** = fit; **faxim, etc.** = fecerim, etc.; **faxo** = fecero; **fiebantur** = fiebant; **fiere** = fieri; **fitum est** = factum est; **fitur** = fit

Compounds and related words: **aedifico (1)** to build; **afficio (3)** to influence; **artifex, -ficis, m.** artisan; **conficio (3)** to finish; **deficio (3)** to fall short; **difficilis, -e** difficult; **difficultas, -tatis, f.** difficulty; **efficio (3)** to cause; **facilis, -e** easy; **facinus, -oris, n.** (evil) deed; **factum, -i, n.** deed; **inficio (3)** to taint; **interficio (3)** to kill; **patefacio (3)** to open up; **perficio (3)** to complete; **pontifex, -ficis, m.** high priest; **praeficio (3)** to put in charge; **proficio (3)** to make progress; **proficiscor (3)** to set out; **reficio (3)** to repair; **sacrifieo (1)** to sacrifice; **significo (1)** to indicate; **stupefacio (3)** to stun; **sufficio (3)** to supply

fallō, fallere, fefellī, falsum

deceive, fail

ACTIVE PASSIVE

INDICATIVE

	ACTIVE		PASSIVE	
Pres.	fallō	fallimus	fallor	fallimur
	fallis	fallitis	falleris (-re)	falliminī
	fallit	fallunt	fallitur	falluntur
Impf.	fallēbam	fallēbāmus	fallēbar	fallēbāmur
	fallēbās	fallēbātis	fallēbāris (-re)	fallēbāminī
	fallēbat	fallēbant	fallēbātur	fallēbantur
Fut.	fallam	fallēmus	fallar	fallēmur
	fallēs	fallētis	fallēris (-re)	fallēminī
	fallet	fallent	fallētur	fallentur
Perf.	fefellī	fefellimus	falsus sum	falsī sumus
	fefellistī	fefellistis	(-a, -um) es	(-ae, -a) estis
	fefellit	fefellērunt (-ēre)	est	sunt
Plup.	fefelleram	fefellerāmus	falsus eram	falsī erāmus
	fefellerās	fefellerātis	(-a, -um) erās	(-ae, -a) erātis
	fefellerat	fefellerant	erat	erant
Fut.	fefellerō	fefellerimus	falsus erō	falsī erimus
Perf.	fefelleris	fefelleritis	(-a, -um) eris	(-ae, -a) eritis
	fefellerit	fefellerint	erit	erunt

SUBJUNCTIVE

	ACTIVE		PASSIVE	
Pres.	fallam	fallāmus	fallar	fallāmur
	fallās	fallātis	fallāris (-re)	fallāminī
	fallat	fallant	fallātur	fallantur
Impf.	fallerem	fallerēmus	fallerer	fallerēmur
	fallerēs	fallerētis	fallerēris (-re)	fallerēminī
	falleret	fallerent	fallerētur	fallerentur
Perf.	fefellerim	fefellerimus	falsus sim	falsī sīmus
	fefelleris	fefelleritis	(-a, -um) sīs	(-ae, -a) sītis
	fefellerit	fefellerint	sit	sint
Plup.	fefellissem	fefellissēmus	falsus essem	falsī essēmus
	fefellissēs	fefellissētis	(-a, -um) essēs	(-ae, -a) essētis
	fefellisset	fefellissent	esset	essent

IMPERATIVE

Pres.	falle	fallite

INFINITIVE

	ACTIVE	PASSIVE
Pres.	fallere	fallī
Perf.	fefellisse	falsus (-a, -um) esse
Fut.	falsūrus (-a, -um) esse	

PARTICIPLE

	ACTIVE	PASSIVE
Pres.	fallēns, (-tis)	
Perf.		falsus (-a, -um)
Fut.	falsūrus (-a, -um)	fallendus (-a, -um) (GERUNDIVE)

GERUND fallendī, -ō, -um, -ō SUPINE falsum, -ū

Alternate forms: **fallier** = falli; **fefellitus sum** = falsus sum
Compounds and related words: **fallax, -acis** false; **falsus, -a, -um** false
Model sentence: *Num me fefellit, Catilina, non modo res tanta, verum dies?* —Cicero

admit, confess

ACTIVE

INDICATIVE

Pres.	fateor	fatēmur
	fatēris (-re)	fatēminī
	fatētur	fatentur
Impf.	fatēbar	fatēbāmur
	fatēbāris (-re)	fatēbāminī
	fatēbātur	fatēbantur
Fut.	fatēbor	fatēbimur
	fatēberis (-re)	fatēbiminī
	fatēbitur	fatēbuntur
Perf.	fassus sum	fassī sumus
	(-a, -um) es	(-ae, -a) estis
	est	sunt
Plup.	fassus eram	fassī erāmus
	(-a, -um) erās	(-ae, -a) erātis
	erat	erant
Fut.	fassus erō	fassī erimus
Perf.	(-a, -um) eris	(-ae, -a) eritis
	erit	erunt

SUBJUNCTIVE

Pres.	fatear	fateāmur
	fateāris (-re)	fateāminī
	fateātur	fateantur
Impf.	fatērer	fatērēmur
	fatērēris (-re)	fatērēminī
	fatērētur	fatērentur
Perf.	fassus sim	fassī sīmus
	(-a, -um) sīs	(-ae, -a) sītis
	sit	sint
Plup.	fassus essem	fassī essēmus
	(-a, -um) essēs	(-ae, -a) essētis
	esset	essent

IMPERATIVE

Pres.	fatēre	fatēminī

INFINITIVE

Pres.	fatērī
Perf.	fassus (-a, -um) esse
Fut.	fassūrus (-a, -um) esse

PARTICIPLE

	Active	Passive
Pres.	fatēns, (-tis)	
Perf.	fassus (-a, -um)	
Fut.	fassūrus (-a, -um)	fatendus (-a, -um) (GERUNDIVE)

GERUND fatendī, -ō, -um, -ō   SUPINE fassum, -ū

Alternate forms: **faterier** = fateri
Compounds and related words: **confiteor (2)** to confess; **profiteor (2)** to confess
Model sentence: *A servo scis te genitum blandeque fateris.* —Martial

favor

ACTIVE

INDICATIVE

Pres.	faveō	favēmus
	favēs	favētis
	favet	favent
Impf.	favēbam	favēbāmus
	favēbās	favēbātis
	favēbat	favēbant
Fut.	favēbō	favēbimus
	favēbis	favēbitis
	favēbit	favēbunt
Perf.	fāvī	fāvimus
	fāvistī	fāvistis
	fāvit	fāvērunt (-ēre)
Plup.	fāveram	fāverāmus
	fāverās	fāverātis
	fāverat	fāverant
Fut. Perf.	fāverō	fāverimus
	fāveris	fāveritis
	fāverit	fāverint

SUBJUNCTIVE

Pres.	faveam	faveāmus
	faveās	faveātis
	faveat	faveant
Impf.	favērem	favērēmus
	favērēs	favērētis
	favēret	favērent
Perf.	fāverim	fāverimus
	fāveris	fāveritis
	fāverit	fāverint
Plup.	fāvissem	fāvissēmus
	fāvissēs	fāvissētis
	fāvisset	fāvissent

IMPERATIVE

Pres.	favē	favēte

INFINITIVE

Pres.	favēre
Perf.	fāvisse
Fut.	fotūrus (-a, -um) esse

PARTICIPLE

	Active	Passive
Pres.	favēns, (-tis)	
Perf.		
Fut.	fautūrus (-a, -um)	favendus (-a, -um) (GERUNDIVE)

GERUND favendī, -ō, -um, -ō   SUPINE fautum, -ū

Usage notes: generally used with the **dative**

Compounds and related words: **faustus, -a, -um** lucky; **fautor, -is, m.** patron; **favor, -is, m.** support; **favorabilis, -e** popular

Model sentence: *Qui diligebant hunc, illi favebant.* —Cicero

ACTIVE   PASSIVE

INDICATIVE

	ACTIVE		PASSIVE	
Pres.	feriō	ferīmus	ferior	ferīmur
	ferīs	ferītis	ferīris (-re)	ferīminī
	ferit	feriunt	ferītur	feruntur
Impf.	feriēbam	feriēbāmus	feriēbar	feriēbāmur
	feriēbās	feriēbātis	feriēbāris (-re)	feriēbāminī
	feriēbat	feriēbant	feriēbātur	feriēbantur
Fut.	feriam	feriēmus	feriar	feriēmur
	feriēs	feriētis	feriēris (-re)	feriēminī
	feriet	ferient	feriētur	ferientur
Perf.				
Plup.				
Fut. Perf.				

SUBJUNCTIVE

	ACTIVE		PASSIVE	
Pres.	feriam	feriāmus	feriar	feriāmur
	feriās	feriātis	feriāris (-re)	feriāminī
	feriat	feriant	feriātur	feriantur
Impf.	ferīrem	ferīrēmus	ferīrer	ferīrēmur
	ferīrēs	ferīrētis	ferīrēris (-re)	ferīrēminī
	ferīret	ferīrent	ferīrētur	ferīrentur
Perf.				
Plup.				

IMPERATIVE

Pres.	ferī	ferīte

INFINITIVE

	ACTIVE	PASSIVE
Pres.	ferīre	ferīrī
Perf.		
Fut.		

PARTICIPLE

	ACTIVE	PASSIVE
Pres.	feriēns, (-tis)	
Perf.		
Fut.	feritūrus (-a, -um)	feriendus (-a, -um) (GERUNDIVE)

GERUND feriendī, -ō, -um, -ō   SUPINE

Usage notes: perfect forms supplied by **percutio**
Alternate forms: **ferinunt** = feriunt
Compounds and related words: **fericio (4)** to rage; **ferinus, -a, -um** pertaining to wild animals; **feritas, -tatis, f.** wildness; **ferocia, -ae, f.** fierceness; **ferocitas, -tatis, f.** fierceness; **ferox, -ocis** savage; **ferus, -a, -um** wild
Model sentence: *Stricto **ferit** retinacula ferro.* —Vergil

bear, bring, carry

	ACTIVE		PASSIVE	

INDICATIVE

	ACTIVE		PASSIVE	
Pres.	ferō	ferimus	feror	ferimur
	fers	fertis	ferris (-re)	feriminī
	fert	ferunt	fertur	feruntur
Impf.	ferēbam	ferēbāmus	ferēbar	ferēbāmur
	ferēbās	ferēbātis	ferēbāris (-re)	ferēbāminī
	ferēbat	ferēbant	ferēbātur	ferēbantur
Fut.	feram	ferēmus	ferar	ferēmur
	ferēs	ferētis	ferēris (-re)	ferēminī
	feret	ferent	ferētur	ferentur
Perf.	tulī	tulimus	lātus sum	lātī sumus
	tulistī	tulistis	(-a, -um) es	(-ae, -a) estis
	tulit	tulērunt (-ēre)	est	sunt
Plup.	tuleram	tulerāmus	lātus eram	lātī erāmus
	tulerās	tulerātis	(-a, -um) erās	(-ae, -a) erātis
	tulerat	tulerant	erat	erant
Fut.	tulerō	tulerimus	lātus erō	lātī erimus
Perf.	tuleris	tuleritis	(-a, -um) eris	(-ae, -a) eritis
	tulerit	tulerint	erit	erunt

SUBJUNCTIVE

	ACTIVE		PASSIVE	
Pres.	feram	ferāmus	ferar	ferāmur
	ferās	ferātis	ferāris (-re)	ferāminī
	ferat	ferant	ferātur	ferantur
Impf.	ferrem	ferrēmus	ferrer	ferrēmur
	ferrēs	ferrētis	ferrēris (-re)	ferrēminī
	ferret	ferrent	ferrētur	ferrentur
Perf.	tulerim	tulerimus	lātus sim	lātī sīmus
	tuleris	tuleritis	(-a, -um) sīs	(-ae, -a) sītis
	tulerit	tulerint	sit	sint
Plup.	tulissem	tulissēmus	lātus essem	lātī essēmus
	tulissēs	tulissētis	(-a, -um) essēs	(-ae, -a) essētis
	tulisset	tulissent	esset	essent

IMPERATIVE

	ACTIVE		PASSIVE	
Pres.	fer	ferte		

INFINITIVE

	ACTIVE	PASSIVE
Pres.	ferre	ferrī
Perf.	tulisse	lātus (-a, -um) esse
Fut.	lātūrus (-a, -um) esse	

PARTICIPLE

	ACTIVE	PASSIVE
Pres.	ferēns, (-tis)	
Perf.		lātus (-a, -um)
Fut.	lātūrus (-a, -um)	ferendus (-a, -um) (GERUNDIVE)

GERUND ferendī, -ō, -um, -ō   SUPINE lātum, -ū

Alternate forms: **tetuli, etc.** = tuli, etc.

Compounds and related words: **affero, -ferre** to carry to; **aufero, -ferre** to carry away; **circumfero, -ferre** to carry around; **confero, -ferre** to bring together; **defero, -ferre** to bring down; **differo, -ferre** to disperse; **dilato (1)** to expand; **effero, -ferre** to carry out; **ferculum, -i, n.** tray; **infero, -ferre** to bring in; **offero, -ferre** to offer; **perfero, -ferre** to endure; **praefero, -ferre** to prefer; **profero, -ferre** to bring forward; **refero, -ferre** to bring back; **suffero, -ferre** to undergo; **transfero, -ferre** to bring across

Model sentence: *Leve fit quod bene **fertur** onus.* —Ovid

boil, seethe

	ACTIVE		PASSIVE
		INDICATIVE	
Pres.	ferveō *or* fervō	fervēmus *or* fervimus	
	fervēs *or* fervis	fervētis *or* fervitis	
	fervet *or* fervit	fervent *or* fervunt	fervētur *or* fervitur (Impers.)
Impf.	fervēbam	fervēbāmus	
	fervēbās	fervēbātis	
	fervēbat	fervēbant	fervēbātur (Impers.)
Fut.	fervēbō *or* fervam	fervēbimus *or* fervēmus	
	fervēbis *or* fervēs	fervēbitis *or* fervētis	
	fervēbit *or* fervet	fervēbunt *or* fervent	fervēbitur *or* fervet (Impers.)
Perf.	ferbuī *or* fervī	ferbuimus *or* fervimus	
	ferbuistī *or* fervistī	ferbuistis *or* fervistis	
	ferbuit *or* fervit	ferbuērunt (-ēre) *or* fervērunt (-ēre)	
Plup.	ferbueram *or* ferveram	ferbuerāmus *or* ferverāmus	
	ferbuerās *or* ferverās	ferbuerātis *or* ferverātis	
	ferbuerat *or* ferverat	ferbuerant *or* ferverant	
Fut.	ferbuerō *or* ferverō	ferbuerimus *or* ferverimus	
Perf.	ferbueris *or* ferveris	ferbueritis *or* ferveritis	
	ferbuerit *or* ferverit	ferbuerint *or* ferverint	
		SUBJUNCTIVE	
Pres.	ferveam *or* fervam	ferveāmus *or* fervāmus	
	ferveās *or* fervās	ferveātis *or* fervātis	
	ferveat *or* fervat	ferveant *or* fervant	ferveatur *or* fervatur (Impers.)
Impf.	fervērem *or* ferverem	fervērēmus *or* ferverēmus	
	fervērēs *or* ferverēs	fervērētis *or* ferverētis	
	fervēret *or* ferveret	fervērent *or* ferverent	fervērētur *or* ferverētur (Impers.)
Perf.	ferbuerim *or* ferverim	ferbuerimus *or* ferverimus	
	ferbueris *or* ferveris	ferbueritis *or* ferveritis	
	ferbuerit *or* ferverit	ferbuerint *or* ferverint	
Plup.	ferbuissem *or* fervissem	ferbuissēmus *or* fervissēmus	
	ferbuissēs *or* fervissēs	ferbuissētis *or* fervissētis	
	ferbuisset *or* fervisset	ferbuissent *or* fervissent	
		IMPERATIVE	
Pres.	fervē *or* ferve	fervēte *or* fervite	
		INFINITIVE	
Pres.	fervēre *or* fervere		fervērī *or* fervī
Perf.	ferbuisse *or* fervisse		
Fut.			
		PARTICIPLE	
Pres.	fervēns, (-tis)		
Perf.			
Fut.			fervendus (-a, -um) (GERUNDIVE)

GERUND fervendī, -ō, -um, -ō   SUPINE

Usage notes: third person may be used impersonally.

Alternate forms: This verb is found in second and third conjugation, the latter forms appearing chiefly in the ante- and post-Classical periods.

Compounds and related words: **fervidus, -a, -um** hot; **fervor, -is, m.** heat

Model sentence: ***Fervet*** *avaritia miseroque cupidine pectus.* —Horace

trust

ACTIVE

INDICATIVE

Pres.	fīdō	fīdimus
	fīdis	fīditis
	fīdit	fīdunt

Impf.	fīdēbam	fīdēbāmus
	fīdēbās	fīdēbātis
	fīdēbat	fīdēbant

Fut.	fīdam	fīdēmus
	fīdēs	fīdētis
	fīdēt	fīdēnt

Perf.	fīsus	sum	fīsī	sumus
	(-a, -um)	es	(-ae, -a)	estis
		est		sunt

Plup.	fīsus	eram	fīsī	erāmus
	(-a, -um)	erās	(-ae, -a)	erātis
		erat		erant

Fut.	fīsus	erō	fīsī	erimus
Perf.	(-a, -um)	eris	(-ae, -a)	eritis
		erit		erunt

SUBJUNCTIVE

Pres.	fīdam	fīdāmus
	fīdās	fīdātis
	fīdat	fīdant

Impf.	fīderem	fīderēmus
	fīderēs	fīderētis
	fīderet	fīderent

Perf.	fīsus	sim	fīsī	sīmus
	(-a, -um)	sīs	(-ae, -a)	sītis
		sit		sint

Plup.	fīsus	essem	fīsī	essēmus
	(-a, -um)	essēs	(-ae, -a)	essētis
		esset		essent

IMPERATIVE

Pres.	fīde	fīdite

INFINITIVE

Pres.	fīdere
Perf.	fīsus (-a, -um) esse
Fut.	fīsūrus (-a, -um) esse

PARTICIPLE

	Active	Passive
Pres.	fīdēns, (-tis)	
Perf.		fīsus (-a, -um)
Fut.	fīsūrus (-a, -um)	fīdendus (-a, -um) (GERUNDIVE)

GERUND fīdendī, -ō, -um, -ō   SUPINE fīsum, -ū

Usage notes: generally used with the **dative**, occasionally with the **ablative**

Compounds and related words: **confīdo (3)** to trust; **diffīdo (3)** to distrust; **fidelis, -e** faithful; **fides, -ei, f.** trust; **fiducia, -ae, f.** confidence; **fidus, -a, -um** faithful; **infidus, -a, -um** unsafe; **perfidia, -ae, f.** treachery; **perfidus, -a, -um** treacherous

Model sentence: *Sequitur pulcherrimus Astyr, Astyr equo **fidens** et versicoloribus armis.* —Vergil

attach, pierce

	ACTIVE			PASSIVE	
			INDICATIVE		
Pres.	figō	figimus		figor	figimur
	figis	figitis		figeris (-re)	figiminī
	figit	figunt		figitur	figuntur
Impf.	figēbam	figēbāmus		figēbar	figēbāmur
	figēbās	figēbātis		figēbāris (-re)	figēbāminī
	figēbat	figēbant		figēbātur	figēbantur
Fut.	figam	figēmus		figar	figēmur
	figēs	figētis		figēris (-re)	figēminī
	figet	figent		figētur	figentur
Perf.	fixī	fiximus		fixus sum	fixī sumus
	fixistī	fixistis		(-a, -um) es	(-ae, -a) estis
	fixit	fixērunt (-ēre)		est	sunt
Plup.	fixeram	fixerāmus		fixus eram	fixī erāmus
	fixerās	fixerātis		(-a, -um) erās	(-ae, -a) erātis
	fixerat	fixerant		erat	erant
Fut.	fixerō	fixerimus		fixus erō	fixī erimus
Perf.	fixeris	fixeritis		(-a, -um) eris	(-ae, -a) eritis
	fixerit	fixerint		erit	erunt
			SUBJUNCTIVE		
Pres.	figam	figāmus		figar	figāmur
	figās	figātis		figāris (-re)	figāminī
	figat	figant		figātur	figantur
Impf.	figerem	figerēmus		figerer	figerēmur
	figerēs	figerētis		figerēris (-re)	figerēminī
	figeret	figerent		figerētur	figerentur
Perf.	fixerim	fixerimus		fixus sim	fixī sīmus
	fixeris	fixeritis		(-a, -um) sīs	(-ae, -a) sītis
	fixerit	fixerint		sit	sint
Plup.	fixissem	fixissēmus		fixus essem	fixī essēmus
	fixissēs	fixissētis		(-a, -um) essēs	(-ae, -a) essētis
	fixisset	fixissent		esset	essent
			IMPERATIVE		
Pres.	fige	figite			
			INFINITIVE		
Pres.	figere			figī	
Perf.	fixisse			fixus (-a, -um) esse	
Fut.	fixūrus (-a, -um) esse				
			PARTICIPLE		
Pres.	figēns, (-tis)				
Perf.				fixus (-a, -um)	
Fut.	fixūrus (-a, -um)			figendus (-a, -um) (GERUNDIVE)	

GERUND figendī, -ō, -um, -ō   SUPINE fixum, -ū

Alternate forms: **fictus** = fixus
Compounds and related words: **affigo (3)** to attach; **defigo (3)** to attach firmly; **transfigo (3)** to pierce
Model sentence: ***Fixisset** gravidam cum levis hasta suem...* —Martial

fingō

shape, arrange, alter

ACTIVE | PASSIVE

INDICATIVE

	ACTIVE			PASSIVE	
Pres.	fingō	fingimus		fingor	fingimur
	fingis	fingitis		fingeris (-re)	fingiminī
	fingit	fingunt		fingitur	finguntur
Impf.	fingēbam	fingēbāmus		fingēbar	fingēbāmur
	fingēbās	fingēbātis		fingēbāris (-re)	fingēbāminī
	fingēbat	fingēbant		fingēbātur	fingēbantur
Fut.	fingam	fingēmus		fingar	fingēmur
	fingēs	fingētis		fingēris (-re)	fingēminī
	finget	fingent		fingētur	fingentur
Perf.	fīnxī	fīnximus		fictus sum	fictī sumus
	fīnxistī	fīnxistis		(-a, -um) es	(-ae, -a) estis
	fīnxit	fīnxērunt (-ēre)		est	sunt
Plup.	fīnxeram	fīnxerāmus		fictus eram	fictī erāmus
	fīnxerās	fīnxerātis		(-a, -um) erās	(-ae, -a) erātis
	fīnxerat	fīnxerant		erat	erant
Fut. Perf.	fīnxerō	fīnxerimus		fictus erō	fictī erimus
	fīnxeris	fīnxeritis		(-a, -um) eris	(-ae, -a) eritis
	fīnxerit	fīnxerint		erit	erunt

SUBJUNCTIVE

	ACTIVE			PASSIVE	
Pres.	fingam	fingāmus		fingar	fingāmur
	fingās	fingātis		fingāris (-re)	fingāminī
	fingat	fingant		fingātur	fingantur
Impf.	fingerem	fingerēmus		fingerer	fingerēmur
	fingerēs	fingerētis		fingerēris (-re)	fingerēminī
	fingeret	fingerent		fingerētur	fingerentur
Perf.	fīnxerim	fīnxerimus		fictus sim	fictī sīmus
	fīnxeris	fīnxeritis		(-a, -um) sīs	(-ae, -a) sītis
	fīnxerit	fīnxerint		sit	sint
Plup.	fīnxissem	fīnxissēmus		fictus essem	fictī essēmus
	fīnxissēs	fīnxissētis		(-a, -um) essēs	(-ae, -a) essētis
	fīnxisset	fīnxissent		esset	essent

IMPERATIVE

	ACTIVE			PASSIVE
Pres.	finge	fingite		

INFINITIVE

	ACTIVE	PASSIVE
Pres.	fingere	fingī
Perf.	fīnxisse	fictus (-a, -um) esse
Fut.	fictūrus (-a, -um) esse	

PARTICIPLE

	ACTIVE	PASSIVE
Pres.	fingēns, (-tis)	
Perf.		fictus (-a, -um)
Fut.	fictūrus (-a, -um)	fingendus (-a, -um) (GERUNDIVE)

GERUND fingendī, -ō, -um, -ō   SUPINE fictum, -ū

Compounds and related words: effigies, -ei, f. likeness; **ficticius, -a, -um** artificial; **fictilis, -e** earthen; **fictio, -onis, f.** formation; **fictor, -is, m.** creator; **fingibilis, -e** imaginary
Model sentence: ***Finxit** te ipsa natura ad honestatem.* —Cicero

limit, restrain, end

<table>
<tr><th colspan="2" align="center">ACTIVE</th><th colspan="2" align="center">PASSIVE</th></tr>
<tr><th colspan="4" align="center">INDICATIVE</th></tr>
</table>

	ACTIVE		PASSIVE	
Pres.	fīniō	fīnīmus	fīnior	fīnīmur
	fīnīs	fīnītis	fīnīris (-re)	fīnīminī
	fīnit	fīniunt	fīnītur	fīniuntur
Impf.	fīniēbam	fīniēbāmus	fīniēbar	fīniēbāmur
	fīniēbās	fīniēbātis	fīniēbāris (-re)	fīniēbāminī
	fīniēbat	fīniēbant	fīniēbātur	fīniēbantur
Fut.	fīniam	fīniēmus	fīniar	fīniēmur
	fīniēs	fīniētis	fīniēris (-re)	fīniēminī
	fīniet	fīnient	fīniētur	fīnientur
Perf.	fīnīvī	fīnīvimus	fīnītus sum	fīnītī sumus
	fīnīvistī	fīnīvistis	(-a, -um) es	(-ae, -a) estis
	fīnīvit	fīnīvērunt (-ēre)	est	sunt
Plup.	fīnīveram	fīnīverāmus	fīnītus eram	fīnītī erāmus
	fīnīverās	fīnīverātis	(-a, -um) erās	(-ae, -a) erātis
	fīnīverat	fīnīverant	erat	erant
Fut. **Perf.**	fīnīverō	fīnīverimus	fīnītus erō	fīnītī erimus
	fīnīveris	fīnīveritis	(-a, -um) eris	(-ae, -a) eritis
	fīnīverit	fīnīverint	erit	erunt

<table><tr><th colspan="4" align="center">SUBJUNCTIVE</th></tr></table>

	ACTIVE		PASSIVE	
Pres.	fīniam	fīniāmus	fīniar	fīniāmur
	fīniās	fīniātis	fīniāris (-re)	fīniāminī
	fīniat	fīniant	fīniātur	fīniantur
Impf.	fīnīrem	fīnīrēmus	fīnīrer	fīnīrēmur
	fīnīrēs	fīnīrētis	fīnīrēris (-re)	fīnīrēminī
	fīnīret	fīnīrent	fīnīrētur	fīnīrentur
Perf.	fīnīverim	fīnīverimus	fīnītus sim	fīnītī sīmus
	fīnīveris	fīnīveritis	(-a, -um) sīs	(-ae, -a) sītis
	fīnīverit	fīnīverint	sit	sint
Plup.	fīnīvissem	fīnīvissēmus	fīnītus essem	fīnītī essēmus
	fīnīvissēs	fīnīvissētis	(-a, -um) essēs	(-ae, -a) essētis
	fīnīvisset	fīnīvissent	esset	essent

<table><tr><th colspan="4" align="center">IMPERATIVE</th></tr></table>

	ACTIVE		PASSIVE
Pres.	fīnī	fīnīte	

<table><tr><th colspan="4" align="center">INFINITIVE</th></tr></table>

	ACTIVE	PASSIVE
Pres.	fīnīre	fīnīrī
Perf.	fīnīvisse	fīnītus (-a, -um) esse
Fut.	fīnītūrus (-a, -um) esse	

<table><tr><th colspan="4" align="center">PARTICIPLE</th></tr></table>

	ACTIVE	PASSIVE
Pres.	fīniēns, (-tis)	
Perf.		fīnītus (-a, -um)
Fut.	fīnītūrus (-a, -um)	fīniendus (-a, -um) (GERUNDIVE)

GERUND fīniendī, -ō, -um, -ō   SUPINE fīnītum, -ū

Usage notes: passive may be used impersonally.
Alternate forms: **fīnii** = finivi
Compounds and related words: **finis, -is, m.** end, limit; **finitimus, -a, -um** neighboring; **finitor, -is, m.** a land surveyor
Model sentence: *Non potuit Caesar melius litem **finire** iococam.* —Martial

bend

	ACTIVE		PASSIVE	
		INDICATIVE		
Pres.	flectō	flectimus	flector	flectimur
	flectis	flectitis	flecteris (-re)	flectiminī
	flectit	flectunt	flectitur	flectuntur
Impf.	flectēbam	flectēbāmus	flectēbar	flectēbāmur
	flectēbās	flectēbātis	flectēbāris (-re)	flectēbāminī
	flectēbat	flectēbant	flectēbātur	flectēbantur
Fut.	flectam	flectēmus	flectar	flectēmur
	flectēs	flectētis	flectēris (-re)	flectēminī
	flectet	flectent	flectētur	flectentur
Perf.	flexī	fleximus	flectus sum	flectī sumus
	flexistī	flexistis	(-a, -um) es	(-ae, -a) estis
	flexit	flexērunt (-ēre)	est	sunt
Plup.	flexeram	flexerāmus	flectus eram	flectī erāmus
	flexerās	flexerātis	(-a, -um) erās	(-ae, -a) erātis
	flexerat	flexerant	erat	erant
Fut.	flexerō	flexerimus	flectus erō	flectī erimus
Perf.	flexeris	flexeritis	(-a, -um) eris	(-ae, -a) eritis
	flexerit	flexerint	erit	erunt
		SUBJUNCTIVE		
Pres.	flectam	flectāmus	flectar	flectāmur
	flectās	flectātis	flectāris (-re)	flectāminī
	flectat	flectant	flectātur	flectantur
Impf.	flecterem	flecterēmus	flecterer	flecterēmur
	flecterēs	flecterētis	flecterēris (-re)	flecterēminī
	flecteret	flecterent	flecterētur	flecterentur
Perf.	flexerim	flexerimus	flectus sim	flectī sīmus
	flexeris	flexeritis	(-a, -um) sīs	(-ae, -a) sītis
	flexerit	flexerint	sit	sint
Plup.	flexissem	flexissēmus	flectus essem	flectī essēmus
	flexissēs	flexissētis	(-a, -um) essēs	(-ae, -a) essētis
	flexisset	flexissent	esset	essent
		IMPERATIVE		
Pres.	flecte	flectite		
		INFINITIVE		
Pres.	flectere		flectī	
Perf.	flexisse		flectus (-a, -um) esse	
Fut.	flectūrus (-a, -um) esse			
		PARTICIPLE		
Pres.	flectēns, (-tis)			
Perf.			flectus (-a, -um)	
Fut.	flectūrus (-a, -um)		flectendus (-a, -um) (GERUNDIVE)	

GERUND flectendī, -ō, -um, -ō   SUPINE flectum, -ū

Compounds and related words: **flexibilis, -e** pliant; **flexilis, -e** pliable; **flexio, -onis, f.** a bend; **flexo (1)** to bend; **flexus, -us, m.** a bending; **reflecto (3)** to turn back
Model sentence: *Animal omne membra quocumque vult, **flectit**, contorquet, porrigit, contrahit.* —Cicero

weep, lament

ACTIVE		PASSIVE
INDICATIVE		

Pres.	fleō	flēmus	
	flēs	flētis	
	flet	flent	flētur (Impers.)
Impf.	flēbam	flēbāmus	
	flēbās	flēbātis	
	flēbat	flēbant	flēbātur (Impers.)
Fut.	flēbo	flēbimus	
	flēbis	flēbitis	
	flēbit	flēbunt	flēbitur (Impers.)
Perf.	flēvī	flēvimus	
	flēvistī	flēvistis	
	flēvit	flēvērunt (-ēre)	flētum est (Impers.)
Plup.	flēveram	flēverāmus	
	flēverās	flēverātis	
	flēverat	flēverant	flētum erat (Impers.)
Fut.	flēverō	flēverimus	
Perf.	flēveris	flēveritis	
	flēverit	flēverint	flētum erit (Impers.)

SUBJUNCTIVE

Pres.	fleam	fleāmus	
	fleās	fleātis	
	fleat	fleant	fleātur (Impers.)
Impf.	flērem	flērēmus	
	flērēs	flērētis	
	flēret	flērent	flērētur (Impers.)
Perf.	flēverim	flēverimus	
	flēveris	flēveritis	
	flēverit	flēverint	flētum sit (Impers.)
Plup.	flēvissem	flēvissēmus	
	flēvissēs	flēvissētis	
	flēvisset	flēvissent	flētum esset (Impers.)

IMPERATIVE

| *Pres.* | flē | flēte | |

INFINITIVE

Pres.	flēre	flērī
Perf.	flēvisse	flētus (-a, -um) esse
Fut.	flētūrus (-a, -um) esse	

PARTICIPLE

Pres.	flēns, (-tis)	
Perf.		flētus (-a, -um)
Fut.	flētūrus (-a, -um)	flendus (-a, -um) (GERUNDIVE)

GERUND flendī, -ō, -um, -ō　　SUPINE flētum, -ū

Alternate forms: **flemus** = flevimus; **flerunt** = fleverunt; **flesse** = flevisse; **flesset** = flevisset;
　flesti = flevisti
Compounds and related words: **defleo (2)** to weep bitterly; **flebilis, -e** lamentable; **fletus, -us, m.**
　a weeping
Model sentence: *Si vis me **flere** dolendum est primum ipsi tibi.* —Horace

bloom, prosper

ACTIVE

INDICATIVE

Pres.	flōreō	flōrēmus
	flōrēs	flōrētis
	flōret	flōrent
Impf.	flōrēbam	flōrēbāmus
	flōrēbās	flōrēbātis
	flōrēbat	flōrēbant
Fut.	flōrēbo	flōrēbimus
	flōrēbis	flōrēbitis
	flōrēbit	flōrēbunt
Perf.	flōruī	flōruimus
	flōruistī	flōruistis
	flōruit	flōruērunt (-ēre)
Plup.	flōrueram	flōruerāmus
	flōruerās	flōruerātis
	flōruerat	flōruerant
Fut.	flōruerō	flōruerimus
Perf.	flōrueris	flōrueritis
	flōruerit	flōruerint

SUBJUNCTIVE

Pres.	flōream	flōreāmus
	flōreās	flōreātis
	flōreat	flōreant
Impf.	flōrērem	flōrērēmus
	flōrērēs	flōrērētis
	flōrēret	flōrērent
Perf.	flōruerim	flōruerimus
	flōrueris	flōrueritis
	flōruerit	flōruerint
Plup.	flōruissem	flōruissēmus
	flōruissēs	flōruissētis
	flōruisset	flōruissent

IMPERATIVE

Pres.	flōrē	flōrēte

INFINITIVE

Pres.	flōrēre
Perf.	flōruisse
Fut.	

PARTICIPLE

Pres.	flōrēns, (-tis)
Perf.	
Fut.	flōrendus (-a, -um) (GERUNDIVE)

GERUND flōrendī, -ō, -um, -ō   SUPINE

Compounds and related words: **Flora, -ae, f.** goddess of flowers; **floresco (3)** to begin to bloom; **floreus, -a, -um** made of flowers; **floridus, -a, -um** flowery; **florifer, -a, -um** bearing flowers; **flos, floris, m.** flower

Model sentence: *Per terras frondent atque omnia florent.* —Lucretius

ACTIVE

INDICATIVE

Pres.	fluō		fluimus
	fluis		fluitis
	fluit		fluunt
Impf.	fluēbam		fluēbāmus
	fluēbās		fluēbātis
	fluēbat		fluēbant
Fut.	fluam		fluēmus
	fluēs		fluētis
	fluet		fluent
Perf.	fluxī		fluximus
	fluxistī		fluxistis
	fluxit		fluxērunt (-ēre)
Plup.	fluxeram		fluxerāmus
	fluxerās		fluxerātis
	fluxerat		fluxerant
Fut.	fluxerō		fluxerimus
Perf.	fluxeris		fluxeritis
	fluxerit		fluxerint

SUBJUNCTIVE

Pres.	fluam		fluāmus
	fluās		fluātis
	fluat		fluant
Impf.	fluerem		fluerēmus
	fluerēs		fluerētis
	flueret		fluerent
Perf.	fluxerim		fluxerimus
	fluxeris		fluxeritis
	fluxerit		fluxerint
Plup.	fluxissem		fluxissēmus
	fluxissēs		fluxissētis
	fluxisset		fluxissent

IMPERATIVE

Pres.	flue		fluite

INFINITIVE

Pres.	fluere
Perf.	fluxisse
Fut.	

PARTICIPLE

Pres.	fluēns, (-tis)
Perf.	fluxus (-a, -um)
Fut.	fluendus (-a, -um) (GERUNDIVE)

GERUND fluendī, -ō, -um, -ō   SUPINE fluxum, -ū

Alternate forms: **fluctum** = fluxum

Compounds and related words: **confluo (3)** flow together; **defluo (3)** flow down; **effluo (3)** flow out; **fluctuo (1)** undulate; **fluctus, -us, m.** wave; **fluito (1)** flow; **flumen, -inis, n.** river; **fluvius, -i, m.** stream; **profluo (3)** keep flowing

Model sentence: *Gaudia saepe **fluent** imo sic quoque lapsa sinu.* —Martial

dig, stab

ACTIVE			PASSIVE	
INDICATIVE				
Pres.	fodiō	fodimus	fodior	fodimur
	fodis	foditis	foderis (-re)	fodiminī
	fodit	fodiunt	foditur	fodiuntur
Impf.	fodiēbam	fodiēbāmus	fodiēbar	fodiēbāmur
	fodiēbās	fodiēbātis	fodiēbāris (-re)	fodiēbāminī
	fodiēbat	fodiēbant	fodiēbātur	fodiēbantur
Fut.	fodiam	fodiēmus	fodiar	fodiēmur
	fodiēs	fodiētis	fodiēris (-re)	fodiēminī
	fodiet	fodient	fodiētur	fodientur
Perf.	fōdī	fōdimus	fossus sum	fossī sumus
	fōdistī	fōdistis	(-a, -um) es	(-ae, -a) estis
	fōdit	fōdērunt (-ēre)	est	sunt
Plup.	fōderam	fōderāmus	fossus eram	fossī erāmus
	fōderās	fōderātis	(-a, -um) erās	(-ae, -a) erātis
	fōderat	fōderant	erat	erant
Fut. *Perf.*	fōderō	fōderimus	fossus erō	fossī erimus
	fōderis	fōderitis	(-a, -um) eris	(-ae, -a) eritis
	fōderit	fōderint	erit	erunt
SUBJUNCTIVE				
Pres.	fodiam	fodiāmus	fodiar	fodiāmur
	fodiās	fodiātis	fodiāris (-re)	fodiāminī
	fodiat	fodiant	fodiātur	fodiantur
Impf.	foderem	foderēmus	foderer	foderēmur
	foderēs	foderētis	foderēris (-re)	foderēminī
	foderet	foderent	foderētur	foderentur
Perf.	fōderim	fōderimus	fossus sim	fossī sīmus
	fōderis	fōderitis	(-a, -um) sīs	(-ae, -a) sītis
	fōderit	fōderint	sit	sint
Plup.	fōdissem	fōdissēmus	fossus essem	fossī essēmus
	fōdissēs	fōdissētis	(-a, -um) essēs	(-ae, -a) essētis
	fōdisset	fōdissent	esset	essent
IMPERATIVE				
Pres.	fode	fodite		
INFINITIVE				
Pres.	fodere		fodī	
Perf.	fōdisse		fossus (-a, -um) esse	
Fut.	fossūrus (-a, -um) esse			
PARTICIPLE				
Pres.	fodiēns, (-tis)			
Perf.			fossus (-a, -um)	
Fut.	fossūrus (-a, -um)		fodiendus (-a, -um) (GERUNDIVE)	

GERUND fodiendī, -ō, -um, -ō   SUPINE fossum, -ū

Alternate forms: **fodiri** = fodi
Compounds and related words: **defodio (3)** to bury; **fossa, -ae, f.** ditch
Model sentence: *Numquam domum revertor quin te in fundo conspicer **fodere** aut arare.* —Terence

defile, dishonor

ACTIVE		PASSIVE	
INDICATIVE			
Pres. foedō	foedāmus	foedor	foedāmur
foedās	foedātis	foedāris (-re)	foedāminī
foedat	foedant	foedātur	foedantur
Impf. foedābam	foedābāmus	foedābar	foedābāmur
foedābās	foedābātis	foedābāris (-re)	foedābāminī
foedābat	foedābant	foedābātur	foedābantur
Fut. foedābo	foedābimus	foedābor	foedābimur
foedābis	foedābitis	foedāberis (-re)	foedābiminī
foedābit	foedābunt	foedābitur	foedābuntur
Perf. foedāvī	foedāvimus	foedātus sum	foedātī sumus
foedāvistī	foedāvistis	(-a, -um) es	(-ae, -a) estis
foedāvit	foedāvērunt (-ēre)	est	sunt
Plup. foedāveram	foedāverāmus	foedātus eram	foedātī erāmus
foedāverās	foedāverātis	(-a, -um) erās	(-ae, -a) erātis
foedāverat	foedāverant	erat	erant
Fut. foedāverō	foedāverimus	foedātus erō	foedātī erimus
Perf. foedāveris	foedāveritis	(-a, -um) eris	(-ae, -a) eritis
foedāverit	foedāverint	erit	erunt
SUBJUNCTIVE			
Pres. foedem	foedēmus	foeder	foedēmur
foedēs	foedētis	foedēris (-re)	foedēminī
foedet	foedent	foedētur	foedentur
Impf. foedārem	foedārēmus	foedārer	foedārēmur
foedārēs	foedārētis	foedārēris (-re)	foedārēminī
foedāret	foedārent	foedārētur	foedārentur
Perf. foedāverim	foedāverimus	foedātus sim	foedātī sīmus
foedāveris	foedāveritis	(-a, -um) sīs	(-ae, -a) sītis
foedāverit	foedāverint	sit	sint
Plup. foedāvissem	foedāvissēmus	foedātus essem	foedātī essēmus
foedāvissēs	foedāvissētis	(-a, -um) essēs	(-ae, -a) essētis
foedāvisset	foedāvissent	esset	essent
IMPERATIVE			
Pres. foedā	foedāte		
INFINITIVE			
Pres. foedāre		foedārī	
Perf. foedāvisse		foedātus (-a, -um) esse	
Fut. foedātūrus (-a, -um) esse			
PARTICIPLE			
Pres. foedāns, (-tis)			
Perf.		foedātus (-a, -um)	
Fut. foedātūrus (-a, -um)		foedandus (-a, -um) (GERUNDIVE)	

GERUND foedandī, -ō, -um, -ō   SUPINE foedātum, -ū

Compounds and related words: **foedus, -a, -um** foul
Model sentence: *Harpyiae contactu omnia **foedant** immundo.* —Vergil

speak

ACTIVE

INDICATIVE

Pres.				
	fātur		fantur	
Impf.				
Fut.	fābor			
	fābitur			
Perf.	fātus	sum	fātī	sumus
	(-a, -um)	es	(-ae, -a)	estis
		est		sunt
Plup.	fātus	eram	fātī	erāmus
	(-a, -um)	erās	(-ae, -a)	erātis
		erat		erant
Fut.	fātus	erō	fātī	erimus
Perf.	(-a, -um)	eris	(-ae, -a)	eritis
		erit		erunt

IMPERATIVE

Pres.   fāre

INFINITIVE

Pres.   fārī
Perf.   fātus (-a, -um) esse
Fut.   fātūrus (-a, -um) esse

PARTICIPLE

	Active	Passive
Pres.	fāns, (-tis)	
Perf.	fātus (-a, -um)	
Fut.	fātūrus (-a, -um)	fandus (-a, -um) (GERUNDIVE)

GERUND fandī, -ō, -um, -ō   SUPINE fātum, -ū

Usage notes: defective

Compounds and related words: **affabilis, -e** affable; **affabilitas, -tatis, f.** affability; **affatus, -us, m.** speech; **affor (1)** to address; **fabula, -ae, f.** story; **facundia, -ae, f.** eloquence; **facundus, -a, -um** eloquent; **fama, -ae, f.** rumor; **fas** divinely right; **fatum, -i, n.** fate; **infamia, -ae, f.** disgrace; **infamo (1)** to disgrace; **infans, -ntis, c.** speechless; **nefandus, -a, -um** impious; **nefarius, -a, -um** heinous; **nefas** wickedness; **praefor (1)** to say in advance

Model sentence: ***Fatur** is qui primum homo significabilem ore mittit vocem.* —Varro

warm, cherish

	ACTIVE		PASSIVE	
		INDICATIVE		
Pres.	foveō	fovēmus	foveor	fovēmur
	fovēs	fovētis	fovēris (-re)	fovēminī
	fovet	fovent	fovētur	foventur
Impf.	fovēbam	fovēbāmus	fovēbar	fovēbāmur
	fovēbās	fovēbātis	fovēbāris (-re)	fovēbāminī
	fovēbat	fovēbant	fovēbātur	fovēbantur
Fut.	fovēbo	fovēbimus	fovēbor	fovēbimur
	fovēbis	fovēbitis	fovēberis (-re)	fovēbiminī
	fovēbit	fovēbunt	fovēbitur	fovēbuntur
Perf.	fōvī	fōvimus	fōtus　　 sum	fōtī　　 sumus
	fōvistī	fōvistis	(-a, -um) es	(-ae, -a) estis
	fōvit	fōvērunt (-ēre)	est	sunt
Plup.	fōveram	fōverāmus	fōtus　　 eram	fōtī　　 erāmus
	fōverās	fōverātis	(-a, -um) erās	(-ae, -a) erātis
	fōverat	fōverant	erat	erant
Fut.	fōverō	fōverimus	fōtus　　 erō	fōtī　　 erimus
Perf.	fōveris	fōveritis	(-a, -um) eris	(-ae, -a) eritis
	fōverit	fōverint	erit	erunt
		SUBJUNCTIVE		
Pres.	foveam	foveāmus	fovear	foveāmur
	foveās	foveātis	foveāris (-re)	foveāminī
	foveat	foveant	foveātur	foveantur
Impf.	fovērem	fovērēmus	fovērer	fovērēmur
	fovērēs	fovērētis	fovērēris (-re)	fovērēminī
	fovēret	fovērent	fovērētur	fovērentur
Perf.	fōverim	fōverimus	fōtus　　 sim	fōtī　　 sīmus
	fōveris	fōveritis	(-a, -um) sīs	(-ae, -a) sītis
	fōverit	fōverint	sit	sint
Plup.	fōvissem	fōvissēmus	fōtus　　 essem	fōtī　　 essēmus
	fōvissēs	fōvissētis	(-a, -um) essēs	(-ae, -a) essētis
	fōvisset	fōvissent	esset	essent
		IMPERATIVE		
Pres.	fovē	fovēte		
		INFINITIVE		
Pres.	fovēre		fovērī	
Perf.	fōvisse		fōtus (-a, -um) esse	
Fut.	fōtūrus (-a, -um) esse			
		PARTICIPLE		
Pres.	fovēns, (-tis)			
Perf.			fōtus (-a, -um)	
Fut.	fōtūrus (-a, -um)		fovendus (-a, -um) (GERUNDIVE)	

GERUND fovendī, -ō, -um, -ō　　SUPINE fōtum, -ū

Compounds and related words: **fotus, -us, m.** a warming; **refoveo (2)** refresh
Model sentence: *Credula vitam spes **fovet** et melius cras fore semper dicit.* —Tibullus

break in pieces, shatter

	ACTIVE		PASSIVE	
		INDICATIVE		
Pres.	frangō	frangimus	frangor	frangimur
	frangis	frangitis	frangeris (-re)	frangiminī
	frangit	frangunt	frangitur	franguntur
Impf.	frangēbam	frangēbāmus	frangēbar	frangēbāmur
	frangēbās	frangēbātis	frangēbāris (-re)	frangēbāminī
	frangēbat	frangēbant	frangēbātur	frangēbantur
Fut.	frangam	frangēmus	frangar	frangēmur
	frangēs	frangētis	frangēris (-re)	frangēminī
	franget	frangent	frangētur	frangentur
Perf.	frēgī	frēgimus	frāctus sum	frāctī sumus
	frēgistī	frēgistis	(-a, -um) es	(-ae, -a) estis
	frēgit	frēgērunt (-ēre)	est	sunt
Plup.	frēgeram	frēgerāmus	frāctus eram	frāctī erāmus
	frēgerās	frēgerātis	(-a, -um) erās	(-ae, -a) erātis
	frēgerat	frēgerant	erat	erant
Fut.	frēgerō	frēgerimus	frāctus erō	frāctī erimus
Perf.	frēgeris	frēgeritis	(-a, -um) eris	(-ae, -a) eritis
	frēgerit	frēgerint	erit	erunt
		SUBJUNCTIVE		
Pres.	frangam	frangāmus	frangar	frangāmur
	frangās	frangātis	frangāris (-re)	frangāminī
	frangat	frangant	frangātur	frangantur
Impf.	frangerem	frangerēmus	frangerer	frangerēmur
	frangerēs	frangerētis	frangerēris (-re)	frangerēminī
	frangeret	frangerent	frangerētur	frangerentur
Perf.	frēgerim	frēgerimus	frāctus sim	frāctī sīmus
	frēgeris	frēgeritis	(-a, -um) sīs	(-ae, -a) sītis
	frēgerit	frēgerint	sit	sint
Plup.	frēgissem	frēgissēmus	frāctus essem	frāctī essēmus
	frēgissēs	frēgissētis	(-a, -um) essēs	(-ae, -a) essētis
	frēgisset	frēgissent	esset	essent
		IMPERATIVE		
Pres.	frange	frangite		
		INFINITIVE		
Pres.	frangere		frangī	
Perf.	frēgisse		frāctus (-a, -um) esse	
Fut.	frāctūrus (-a, -um) esse			
		PARTICIPLE		
Pres.	frangēns, (-tis)			
Perf.			frāctus (-a, -um)	
Fut.	frāctūrus (-a, -um)		frangendus (-a, -um) (GERUNDIVE)	

GERUND frangendī, -ō, -um, -ō   SUPINE frāctum, -ū

Compounds and related words: **confringo (3)** to break; **fragesco (3)** to become broken; **fragilis, -e** breakable; **fragilitas, -tatis, f.** brittleness; **fragmen, -minis, n.** fracture; **fragor, -is, m.** crash
Model sentence: *Ianua frangatur, canis latret.* —Horace

roar, grumble

ACTIVE

INDICATIVE

Pres.	fremō	fremimus
	fremis	fremitis
	fremit	fremunt
Impf.	fremēbam	fremēbāmus
	fremēbās	fremēbātis
	fremēbat	fremēbant
Fut.	fremam	fremēmus
	fremēs	fremētis
	fremet	frement
Perf.	fremuī	fremuimus
	fremuistī	fremuistis
	fremuit	fremuērunt (-ēre)
Plup.	fremueram	fremuerāmus
	fremuerās	fremuerātis
	fremuerat	fremuerant
Fut.	fremuerō	fremuerimus
Perf.	fremueris	fremueritis
	fremuerit	fremuerint

SUBJUNCTIVE

Pres.	fremam	fremāmus
	fremās	fremātis
	fremat	fremant
Impf.	fremerem	fremerēmus
	fremerēs	fremerētis
	fremeret	fremerent
Perf.	fremuerim	fremuerimus
	fremueris	fremueritis
	fremuerit	fremuerint
Plup.	fremuissem	fremuissēmus
	fremuissēs	fremuissētis
	fremuisset	fremuissent

IMPERATIVE

Pres.	freme	fremite

INFINITIVE

Pres.	fremere
Perf.	fremuisse
Fut.	fremitūrus (-a, -um) esse

PARTICIPLE

	Active	Passive
Pres.	fremēns, (-tis)	
Perf.		
Fut.	fremitūrus (-a, -um)	fremendus (-a, -um) (GERUNDIVE)

GERUND fremendī, -ō, -um, -ō   SUPINE fremitum, -ū

Compounds and related words: **fremitus, -us, m.** roaring; **fremor, -is, m.** a low roar
Model sentence: *Ventus ibi speluncas inter magnas fremit ante tumultu.* —Lucretius

177

enjoy

ACTIVE

INDICATIVE

Pres.	fruor	fruimur
	frueris (-re)	fruiminī
	fruitur	fruuntur
Impf.	fruēbar	fruēbāmur
	fruēbāris (-re)	fruēbāminī
	fruēbātur	fruēbantur
Fut.	fruar	fruēmur
	fruēris (-re)	fruēminī
	fruētur	fruentur
Perf.	frūctus sum	frūctī sumus
	(-a, -um) es	(-ae, -a) estis
	est	sunt
Plup.	frūctus eram	frūctī erāmus
	(-a, -um) erās	(-ae, -a) erātis
	erat	erant
Fut.	frūctus erō	frūctī erimus
Perf.	(-a, -um) eris	(-ae, -a) eritis
	erit	erunt

SUBJUNCTIVE

Pres.	fruar	fruāmur
	fruāris (-re)	fruāminī
	fruātur	fruantur
Impf.	fruerer	fruerēmur
	fruerēris (-re)	fruerēminī
	fruerētur	fruerentur
Perf.	frūctus sim	frūctī sīmus
	(-a, -um) sīs	(-ae, -a) sītis
	sit	sint
Plup.	frūctus essem	frūctī essēmus
	(-a, -um) essēs	(-ae, -a) essētis
	esset	essent

IMPERATIVE

Pres.	fruere	fruiminī

INFINITIVE

Pres.	fruī
Perf.	frūctus (-a, -um) esse
Fut.	frūctūrus (-a, -um) esse

PARTICIPLE

	Active	Passive
Pres.	fruēns, (-tis)	
Perf.	frūctus (-a, -um)	
Fut.	frūctūrus (-a, -um)	fruendus (-a, -um) (GERUNDIVE)

GERUND fruendī, -ō, -um, -ō   SUPINE frūctum, -ū

Usage notes: generally used with the **ablative**

Alternate forms: **fruiturus** = fructurus; **fruitus** = fructus

Compounds and related words: **fructus, -us, m.** fruit; **frumentarius, -a, -um** pertaining to grain; **frumentum, -i, n.** grain; **frutex, -ticis, m.** bush; **frux, frugis, m.** fruit

Model sentence: *Tu voluptate **frueris**, ego utor: tu illam summum bonum putas, ego nec bonum.* —Seneca

ACTIVE

INDICATIVE

Pres.	fugiō	fugimus
	fugis	fugitis
	fugit	fugiunt
Impf.	fugiēbam	fugiēbāmus
	fugiēbās	fugiēbātis
	fugiēbat	fugiēbant
Fut.	fugiam	fugiēmus
	fugiēs	fugiētis
	fugiet	fugient
Perf.	fūgī	fūgimus
	fūgistī	fūgistis
	fūgit	fūgērunt (-ēre)
Plup.	fūgeram	fūgerāmus
	fūgerās	fūgerātis
	fūgerat	fūgerant
Fut.	fūgerō	fūgerimus
Perf.	fūgeris	fūgeritis
	fūgerit	fūgerint

SUBJUNCTIVE

Pres.	fugiam	fugiāmus
	fugiās	fugiātis
	fugiat	fugiant
Impf.	fugerem	fugerēmus
	fugerēs	fugerētis
	fugeret	fugerent
Perf.	fūgerim	fūgerimus
	fūgeris	fūgeritis
	fūgerit	fūgerint
Plup.	fūgissem	fūgissēmus
	fūgissēs	fūgissētis
	fūgisset	fūgissent

IMPERATIVE

Pres.	fuge	fugite

INFINITIVE

Pres.	fugere
Perf.	fūgisse
Fut.	fugitūrus (-a, -um) esse

PARTICIPLE

	Active	Passive
Pres.	fugiēns, (-tis)	
Perf.		
Fut.	fugitūrus (-a, -um)	fugiendus (-a, -um) (GERUNDIVE)

GERUND fugiendī, -ō, -um, -ō   SUPINE

Compounds and related words: **aufugio (3)** to run away; **confugio (3)** to flee; **defugio (3)** to run away from; **diffugio (3)** to flee in different directions; **effugio (3)** to escape; **fuga, -ae, f.** flight; **fugax, -cis, m.** swift; **fugitivus, -a, -um** fugitive; **fugo (1)** to rout; **perfugio (3)** to flee for refuge; **profugio (3)** to flee; **profugus, -a, -um** fugitive; **refugio (3)** to run away from
Model sentence: *Hunc leo cum fugeret, praeceps in tela cucurrit.* —Martial

fugō

fugō, fugāre, fugāvī, fugātum

rout

	ACTIVE		PASSIVE	
INDICATIVE				
Pres.	fugō	fugāmus	fugor	fugāmur
	fugās	fugātis	fugāris (-re)	fugāminī
	fugat	fugant	fugātur	fugantur
Impf.	fugābam	fugābāmus	fugābar	fugābāmur
	fugābās	fugābātis	fugābāris (-re)	fugābāminī
	fugābat	fugābant	fugābātur	fugābantur
Fut.	fugābo	fugābimus	fugābor	fugābimur
	fugābis	fugābitis	fugāberis (-re)	fugābiminī
	fugābit	fugābunt	fugābitur	fugābuntur
Perf.	fugāvī	fugāvimus	fugātus sum	fugātī sumus
	fugāvistī	fugāvistis	(-a, -um) es	(-ae, -a) estis
	fugāvit	fugāvērunt (-ēre)	est	sunt
Plup.	fugāveram	fugāverāmus	fugātus eram	fugātī erāmus
	fugāverās	fugāverātis	(-a, -um) erās	(-ae, -a) erātis
	fugāverat	fugāverant	erat	erant
Fut.	fugāverō	fugāverimus	fugātus erō	fugātī erimus
Perf.	fugāveris	fugāveritis	(-a, -um) eris	(-ae, -a) eritis
	fugāverit	fugāverint	erit	erunt
SUBJUNCTIVE				
Pres.	fugem	fugēmus	fuger	fugēmur
	fugēs	fugētis	fugēris (-re)	fugēminī
	fuget	fugent	fugētur	fugentur
Impf.	fugārem	fugārēmus	fugārer	fugārēmur
	fugārēs	fugārētis	fugārēris (-re)	fugārēminī
	fugāret	fugārent	fugārētur	fugārentur
Perf.	fugāverim	fugāverimus	fugātus sim	fugātī sīmus
	fugāveris	fugāveritis	(-a, -um) sīs	(-ae, -a) sītis
	fugāverit	fugāverint	sit	sint
Plup.	fugāvissem	fugāvissēmus	fugātus essem	fugātī essēmus
	fugāvissēs	fugāvissētis	(-a, -um) essēs	(-ae, -a) essētis
	fugāvisset	fugāvissent	esset	essent
IMPERATIVE				
Pres.	fugā	fugāte		
INFINITIVE				
Pres.	fugāre		fugārī	
Perf.	fugāvisse		fugātus (-a, -um) esse	
Fut.	fugātūrus (-a, -um) esse			
PARTICIPLE				
Pres.	fugāns, (-tis)			
Perf.			fugātus (-a, -um)	
Fut.	fugātūrus (-a, -um)		fugandus (-a, -um) (GERUNDIVE)	

GERUND fugandī, -ō, -um, -ō   SUPINE fugātum, -ū

Compounds and related words: **fuga, -ae, f.** flight; **fugax, -acis** liable to flee; **fugio (3)** to flee
Model sentence: *Indoctum doctumque fugat recitator acerbus.* —Horace

180

flash, shine

ACTIVE

INDICATIVE

Pres.	fulgeō	fulgēmus	
	fulgēs	fulgētis	
	fulget	fulgent	
Impf.	fulgēbam	fulgēbāmus	
	fulgēbās	fulgēbātis	
	fulgēbat	fulgēbant	
Fut.	fulgēbo	fulgēbimus	
	fulgēbis	fulgēbitis	
	fulgēbit	fulgēbunt	
Perf.	fulsī	fulsimus	
	fulsistī	fulsistis	
	fulsit	fulsērunt (-ēre)	
Plup.	fulseram	fulserāmus	
	fulserās	fulserātis	
	fulserat	fulserant	
Fut. *Perf.*	fulserō	fulserimus	
	fulseris	fulseritis	
	fulserit	fulserint	

SUBJUNCTIVE

Pres.	fulgeam	fulgeāmus	
	fulgeās	fulgeātis	
	fulgeat	fulgeant	
Impf.	fulgērem	fulgērēmus	
	fulgērēs	fulgērētis	
	fulgēret	fulgērent	
Perf.	fulserim	fulserimus	
	fulseris	fulseritis	
	fulserit	fulserint	
Plup.	fulsissem	fulsissēmus	
	fulsissēs	fulsissētis	
	fulsisset	fulsissent	

IMPERATIVE

Pres.	fulgē	fulgēte

INFINITIVE

Pres.	fulgēre
Perf.	fulsisse
Fut.	

PARTICIPLE

Pres.	fulgēns, (-tis)
Perf.	
Fut.	fulgendus (-a, -um) (GERUNDIVE)

GERUND fulgendī, -ō, -um, -ō SUPINE

Alternate forms: **fulgere** = fulgēre; **fulgit** = fulget
Compounds and related words: **adfulgeo (2)** to shine; **fulgor, -is, m.** lightning; **fulgur, -is, n.** lightning; **fulmen, -minis, n.** thunderbolt
Model sentence: *Sacro veneranda petes Palatia clivo, plurima qua summi fulget imago ducis.* —Martial

181

pour, spread, scatter

<table>
<tr><th colspan="2" align="center">ACTIVE</th><th colspan="2" align="center">PASSIVE</th></tr>
<tr><th colspan="4" align="center">INDICATIVE</th></tr>
</table>

	ACTIVE		PASSIVE	
Pres.	fundō	fundimus	fundor	fundimur
	fundis	funditis	funderis (-re)	fundiminī
	fundit	fundunt	funditur	funduntur
Impf.	fundēbam	fundēbāmus	fundēbar	fundēbāmur
	fundēbās	fundēbātis	fundēbāris (-re)	fundēbāminī
	fundēbat	fundēbant	fundēbātur	fundēbantur
Fut.	fundam	fundēmus	fundar	fundēmur
	fundēs	fundētis	fundēris (-re)	fundēminī
	fundet	fundent	fundētur	fundentur
Perf.	fūdī	fūdimus	fūsus sum	fūsī sumus
	fūdistī	fūdistis	(-a, -um) es	(-ae, -a) estis
	fūdit	fūdērunt (-ēre)	est	sunt
Plup.	fūderam	fūderāmus	fūsus eram	fūsī erāmus
	fūderās	fūderātis	(-a, -um) erās	(-ae, -a) erātis
	fūderat	fūderant	erat	erant
Fut.	fūderō	fūderimus	fūsus erō	fūsī erimus
Perf.	fūderis	fūderitis	(-a, -um) eris	(-ae, -a) eritis
	fūderit	fūderint	erit	erunt

<table>
<tr><th colspan="4" align="center">SUBJUNCTIVE</th></tr>
</table>

	ACTIVE		PASSIVE	
Pres.	fundam	fundāmus	fundar	fundāmur
	fundās	fundātis	fundāris (-re)	fundāminī
	fundat	fundant	fundātur	fundantur
Impf.	funderem	funderēmus	funderer	funderēmur
	funderēs	funderētis	funderēris (-re)	funderēminī
	funderet	funderent	funderētur	funderentur
Perf.	fūderim	fūderimus	fūsus sim	fūsī sīmus
	fūderis	fūderitis	(-a, -um) sīs	(-ae, -a) sītis
	fūderit	fūderint	sit	sint
Plup.	fūdissem	fūdissēmus	fūsus essem	fūsī essēmus
	fūdissēs	fūdissētis	(-a, -um) essēs	(-ae, -a) essētis
	fūdisset	fūdissent	esset	essent

<table>
<tr><th colspan="4" align="center">IMPERATIVE</th></tr>
</table>

	ACTIVE		PASSIVE	
Pres.	funde	fundite		

<table>
<tr><th colspan="4" align="center">INFINITIVE</th></tr>
</table>

	ACTIVE	PASSIVE
Pres.	fundere	fundī
Perf.	fūdisse	fūsus (-a, -um) esse
Fut.	fūsūrus (-a, -um) esse	

<table>
<tr><th colspan="4" align="center">PARTICIPLE</th></tr>
</table>

	ACTIVE	PASSIVE
Pres.	fundēns, (-tis)	
Perf.		fūsus (-a, -um)
Fut.	fūsūrus (-a, -um)	fundendus (-a, -um) (GERUNDIVE)

GERUND fundendī, -ō, -um, -ō   SUPINE fūsum, -ū

Compounds and related words: **adfundo (3)** to pour upon; **circumfundo (3)** to pour around; **confundo (3)** to mix; **diffundo (3)** to diffuse; **effundo (3)** to pour out; **infundo (3)** to pour in; **perfundo (3)** to drench; **profundo (3)** to pour out; **profundus, -a, -um** deep
Model sentence: *Parumne **fusum** est Latini sanguinis?* —Horace

busy one's self, perform

ACTIVE
INDICATIVE

Pres.	fungor		fungimur	
	fungeris (-re)		fungiminī	
	fungitur		funguntur	
Impf.	fungēbar		fungēbāmur	
	fungēbāris (-re)		fungēbāminī	
	fungēbātur		fungēbantur	
Fut.	fungar		fungēmur	
	fungēris (-re)		fungēminī	
	fungētur		fungentur	
Perf.	functus	sum	functī	sumus
	(-a, -um)	es	(-ae, -a)	estis
		est		sunt
Plup.	functus	eram	functī	erāmus
	(-a, -um)	erās	(-ae, -a)	erātis
		erat		erant
Fut.	functus	erō	functī	erimus
Perf.	(-a, -um)	eris	(-ae, -a)	eritis
		erit		erunt

SUBJUNCTIVE

Pres.	fungar		fungāmur	
	fungāris (-re)		fungāminī	
	fungātur		fungantur	
Impf.	fungerer		fungerēmur	
	fungerēris (-re)		fungerēminī	
	fungerētur		fungerentur	
Perf.	functus	sim	functī	sīmus
	(-a, -um)	sīs	(-ae, -a)	sītis
		sit		sint
Plup.	functus	essem	functī	essēmus
	(-a, -um)	essēs	(-ae, -a)	essētis
		esset		essent

IMPERATIVE

Pres.	fungere	fungiminī

INFINITIVE

Pres.	fungī
Perf.	functus (-a, -um) esse
Fut.	functūrus (-a, -um) esse

PARTICIPLE

	Active	Passive
Pres.	fungēns, (-tis)	
Perf.	functus (-a, -um)	
Fut.	functūrus (-a, -um)	fungendus (-a, -um) (GERUNDIVE)

GERUND fungendī, -ō, -um, -ō   SUPINE functum, -ū

Usage notes: generally used with the **ablative**
Compounds and related words: **defungor (3)** to finish with; **functio, -onis, f.** performance
Model sentence: *Valetudo opportuna est, ut dolore careas et muneribus **fungare** corporis.* —Cicero

rejoice

ACTIVE

INDICATIVE

Pres.	gaudeō	gaudēmus
	gaudēs	gaudētis
	gaudet	gaudent
Impf.	gaudēbam	gaudēbāmus
	gaudēbās	gaudēbātis
	gaudēbat	gaudēbant
Fut.	gaudēbō	gaudēbimus
	gaudēbis	gaudēbitis
	gaudēbit	gaudēbunt
Perf.	gāvīsus sum	gāvīsī sumus
	(-a, -um) es	(-ae, -a) estis
	est	sunt
Plup.	gāvīsus eram	gāvīsī erāmus
	(-a, -um) erās	(-ae, -a) erātis
	erat	erant
Fut.	gāvīsus erō	gāvīsī erimus
Perf.	(-a, -um) eris	(-ae, -a) eritis
	erit	erunt

SUBJUNCTIVE

Pres.	gaudeam	gaudeāmus
	gaudeās	gaudeātis
	gaudeat	gaudeant
Impf.	gaudērem	gaudērēmus
	gaudērēs	gaudērētis
	gaudēret	gaudērent
Perf.	gāvīsus sim	gāvīsī sīmus
	(-a, -um) sīs	(-ae, -a) sītis
	sit	sint
Plup.	gāvīsus essem	gāvīsī essēmus
	(-a, -um) essēs	(-ae, -a) essētis
	esset	essent

IMPERATIVE

Pres.	gaudē	gaudēte

INFINITIVE

Pres.	gaudēre
Perf.	gāvīsus (-a, -um) esse
Fut.	gāvīsūrus (-a, -um) esse

PARTICIPLE

Pres.	gaudēns, (-tis)
Perf.	gāvīsus (-a, -um)
Fut.	gāvīsūrus (-a, -um)

GERUND gaudendī, -ō, -um, -ō   SUPINE

Usage notes: may take an **ablative** object

Alternate forms: **gavisi** = gavisus sum

Compounds and related words: **gaudium, -i, n.** joy

Model sentence: *Addebantur et laudes, quibus haud minus quam praemio* **gaudent** *militum animi.* —Livy

groan, lament

ACTIVE		PASSIVE	

INDICATIVE

Pres.	gemō	gemimus	gemor	gemimur
	gemis	gemitis	gemeris (-re)	gemiminī
	gemit	gemunt	gemitur	gemuntur
Impf.	gemēbam	gemēbāmus	gemēbar	gemēbāmur
	gemēbās	gemēbātis	gemēbāris (-re)	gemēbāminī
	gemēbat	gemēbant	gemēbātur	gemēbantur
Fut.	gemam	gemēmus	gemar	gemēmur
	gemēs	gemētis	gemēris (-re)	gemēminī
	gemet	gement	gemētur	gementur
Perf.	gemuī	gemuimus	gemitus sum	gemitī sumus
	gemuistī	gemuistis	(-a, -um) es	(-ae, -a) estis
	gemuit	gemuērunt (-ēre)	est	sunt
Plup.	gemueram	gemuerāmus	gemitus eram	gemitī erāmus
	gemuerās	gemuerātis	(-a, -um) erās	(-ae, -a) erātis
	gemuerat	gemuerant	erat	erant
Fut.	gemuerō	gemuerimus	gemitus erō	gemitī erimus
Perf.	gemueris	gemueritis	(-a, -um) eris	(-ae, -a) eritis
	gemuerit	gemuerint	erit	erunt

SUBJUNCTIVE

Pres.	gemam	gemāmus	gemar	gemāmur
	gemās	gemātis	gemāris (-re)	gemāminī
	gemat	gemant	gemātur	gemantur
Impf.	gemerem	gemerēmus	gemerer	gemerēmur
	gemerēs	gemerētis	gemerēris (-re)	gemerēminī
	gemeret	gemerent	gemerētur	gemerentur
Perf.	gemuerim	gemuerimus	gemitus sim	gemitī sīmus
	gemueris	gemueritis	(-a, -um) sīs	(-ae, -a) sītis
	gemuerit	gemuerint	sit	sint
Plup.	gemuissem	gemuissēmus	gemitus essem	gemitī essēmus
	gemuissēs	gemuissētis	(-a, -um) essēs	(-ae, -a) essētis
	gemuisset	gemuissent	esset	essent

IMPERATIVE

Pres.	geme	gemite	

INFINITIVE

Pres.	gemere	gemī
Perf.	gemuisse	gemitus (-a, -um) esse
Fut.	gemitūrus (-a, -um) esse	

PARTICIPLE

Pres.	gemēns, (-tis)	
Perf.		gemitus (-a, -um)
Fut.	gemitūrus (-a, -um)	gemendus (-a, -um) (GERUNDIVE)

GERUND gemendī, -ō, -um, -ō   SUPINE gemitum, -ū

Compounds and related words: **gemitus, -us, m.** a groan; **ingemisco (3)** to groan
Model sentence: *Hos pro me lugere, hos **gemere** videbam.* —Cicero

wear, carry on (war), wage (war)

	ACTIVE		PASSIVE	
INDICATIVE				
Pres.	gerō	gerimus	geror	gerimur
	geris	geritis	gereris (-re)	geriminī
	gerit	gerunt	geritur	geruntur
Impf.	gerēbam	gerēbāmus	gerēbar	gerēbāmur
	gerēbās	gerēbātis	gerēbāris (-re)	gerēbāminī
	gerēbat	gerēbant	gerēbātur	gerēbantur
Fut.	geram	gerēmus	gerar	gerēmur
	gerēs	gerētis	gerēris (-re)	gerēminī
	geret	gerent	gerētur	gerentur
Perf.	gessī	gessimus	gestus sum	gestī sumus
	gessistī	gessistis	(-a, -um) es	(-ae, -a) estis
	gessit	gessērunt (-ēre)	est	sunt
Plup.	gesseram	gesserāmus	gestus eram	gestī erāmus
	gesserās	gesserātis	(-a, -um) erās	(-ae, -a) erātis
	gesserat	gesserant	erat	erant
Fut.	gesserō	gesserimus	gestus erō	gestī erimus
Perf.	gesseris	gesseritis	(-a, -um) eris	(-ae, -a) eritis
	gesserit	gesserint	erit	erunt
SUBJUNCTIVE				
Pres.	geram	gerāmus	gerar	gerāmur
	gerās	gerātis	gerāris (-re)	gerāminī
	gerat	gerant	gerātur	gerantur
Impf.	gererem	gererēmus	gererer	gererēmur
	gererēs	gererētis	gererēris (-re)	gererēminī
	gereret	gererent	gererētur	gererentur
Perf.	gesserim	gesserimus	gestus sim	gestī sīmus
	gesseris	gesseritis	(-a, -um) sīs	(-ae, -a) sītis
	gesserit	gesserint	sit	sint
Plup.	gessissem	gessissēmus	gestus essem	gestī essēmus
	gessissēs	gessissētis	(-a, -um) essēs	(-ae, -a) essētis
	gessisset	gessissent	esset	essent
IMPERATIVE				
Pres.	gere	gerite		
INFINITIVE				
Pres.	gerere		gerī	
Perf.	gessisse		gestus (-a, -um) esse	
Fut.	gestūrus (-a, -um) esse			
PARTICIPLE				
Pres.	gerēns, (-tis)			
Perf.			gestus (-a, -um)	
Fut.	gestūrus (-a, -um)		gerendus (-a, -um) (GERUNDIVE)	

GERUND gerendī, -ō, -um, -ō   SUPINE gestum, -ū

Alternate forms: **ger** = gere
Compounds and related words: **congero (3)** to accumulate; **digero (3)** to divide; **gestio (4)** to be excited; **gestio, -onis, f.** management; **gesto (1)** to carry around; **gestus, -us, m.** gesture; **ingero (3)** to bring in
Model sentence: *Si ipse negotium meum **gererem**, nihil **gererem** nisi consilio tuo.* —Cicero

beget, cause (pass. be born)

ACTIVE		PASSIVE	

INDICATIVE

Pres.	gignō	gignimus	gignor	gignimur	
	gignis	gignitis	gigneris (-re)	gigniminī	
	gignit	gignunt	gignitur	gignuntur	
Impf.	gignēbam	gignēbāmus	gignēbar	gignēbāmur	
	gignēbās	gignēbātis	gignēbāris (-re)	gignēbāminī	
	gignēbat	gignēbant	gignēbātur	gignēbantur	
Fut.	gignam	gignēmus	gignar	gignēmur	
	gignēs	gignētis	gignēris (-re)	gignēminī	
	gignet	gignent	gignētur	gignentur	
Perf.	genuī	genuimus	genitus sum	genitī sumus	
	genuistī	genuistis	(-a, -um) es	(-ae, -a) estis	
	genuit	genuērunt (-ēre)	est	sunt	
Plup.	genueram	genuerāmus	genitus eram	genitī erāmus	
	genuerās	genuerātis	(-a, -um) erās	(-ae, -a) erātis	
	genuerat	genuerant	erat	erant	
Fut. Perf.	genuerō	genuerimus	genitus erō	genitī erimus	
	genueris	genueritis	(-a, -um) eris	(-ae, -a) eritis	
	genuerit	genuerint	erit	erunt	

SUBJUNCTIVE

Pres.	gignam	gignāmus	gignar	gignāmur	
	gignās	gignātis	gignāris (-re)	gignāminī	
	gignat	gignant	gignātur	gignantur	
Impf.	gignerem	gignerēmus	gignerer	gignerēmur	
	gignerēs	gignerētis	gignerēris (-re)	gignerēminī	
	gigneret	gignerent	gignerētur	gignerentur	
Perf.	genuerim	genuerimus	genitus sim	genitī sīmus	
	genueris	genueritis	(-a, -um) sīs	(-ae, -a) sītis	
	genuerit	genuerint	sit	sint	
Plup.	genuissem	genuissēmus	genitus essem	genitī essēmus	
	genuissēs	genuissētis	(-a, -um) essēs	(-ae, -a) essētis	
	genuisset	genuissent	esset	essent	

IMPERATIVE

Pres.	gigne	gignite

INFINITIVE

Pres.	gignere	gignī
Perf.	genuisse	genitus (-a, -um) esse
Fut.	genitūrus (-a, -um) esse	

PARTICIPLE

Pres.	gignēns, (-tis)	
Perf.		genitus (-a, -um)
Fut.	genitūrus (-a, -um)	gignendus (-a, -um) (GERUNDIVE)

GERUND gignendī, -ō, -um, -ō   SUPINE genitum, -ū

Usage notes: passive often used with **ablative**

Alternate forms: **genendi** = gignendi; **geni** = gigni; **geno** = gigno; **gignier** = gigni

Compounds and related words: **gener, -i, m.** son-in-law; **genetrix, -tricis, f.** she who produces; **genitor, -is, m.** he who produces; **genius, -i, m.** guardian spirit; **gens, gentis, f.** clan; **genus, -eris, n.** origin, race

Model sentence: *A servo scis te **genitum** blandeque fateris.* —Martial

step, go

ACTIVE

INDICATIVE

Pres.	gradior		gradimur
	graderis (-re)		gradiminī
	graditur		gradiuntur
Impf.	gradiēbar		gradiēbāmur
	gradiēbāris (-re)		gradiēbāminī
	gradiēbātur		gradiēbantur
Fut.	gradiar		gradiēmur
	gradiēris (-re)		gradiēminī
	gradiētur		gradientur
Perf.	gressus	sum	gressī sumus
	(-a, -um)	es	(-ae, -a) estis
		est	sunt
Plup.	gressus	eram	gressī erāmus
	(-a, -um)	erās	(-ae, -a) erātis
		erat	erant
Fut.	gressus	erō	gressī erimus
Perf.	(-a, -um)	eris	(-ae, -a) eritis
		erit	erunt

SUBJUNCTIVE

Pres.	gradiar		gradiāmur
	gradiāris (-re)		gradiāminī
	gradiātur		gradiantur
Impf.	graderer		graderēmur
	graderēris (-re)		graderēminī
	graderētur		graderentur
Perf.	gressus	sim	gressī sīmus
	(-a, -um)	sīs	(-ae, -a) sītis
		sit	sint
Plup.	gressus	essem	gressī essēmus
	(-a, -um)	essēs	(-ae, -a) essētis
		esset	essent

IMPERATIVE

Pres.	gradere	gradiminī

INFINITIVE

Pres.	gradī
Perf.	gressus (-a, -um) esse
Fut.	gressūrus (-a, -um) esse

PARTICIPLE

	Active	Passive
Pres.	gradiēns, (-tis)	
Perf.	gressus (-a, -um)	
Fut.	gressūrus (-a, -um)	gradiendus (-a, -um) (GERUNDIVE)

GERUND gradiendī, -ō, -um, -ō   SUPINE gressum, -ū

Compounds and related words: **aggredior (3)** to attack; **congredior (3)** to assemble; **digredior (3)** to separate; **egredior (3)** to leave; **gradus, -us, m.** step; **grassor (1)** to walk around; **gressus, -us, m.** step; **ingredior (3)** to enter; **progredior (3)** to go forward; **regredior (3)** to return; **transgredior (3)** to cross over

Model sentence: *Iam alia animalia **gradiendo**, alia serpendo ad pastum accedunt.* —Cicero

have

ACTIVE		PASSIVE	
INDICATIVE			

Pres.	habeō	habēmus	habeor	habēmur
	habēs	habētis	habēris (-re)	habēminī
	habet	habent	habētur	habentur
Impf.	habēbam	habēbāmus	habēbar	habēbāmur
	habēbās	habēbātis	habēbāris (-re)	habēbāminī
	habēbat	habēbant	habēbātur	habēbantur
Fut.	habēbō	habēbimus	habēbor	habēbimur
	habēbis	habēbitis	habēberis (-re)	habēbiminī
	habēbit	habēbunt	habēbitur	habēbuntur

Perf.	habuī	habuimus	habitus sum	habitī sumus
	habuistī	habuistis	(-a, -um) es	(-ae, -a) estis
	habuit	habuērunt (-ēre)	est	sunt
Plup.	habueram	habuerāmus	habitus eram	habitī erāmus
	habuerās	habuerātis	(-a, -um) erās	(-ae, -a) erātis
	habuerat	habuerant	erat	erant
Fut. *Perf.*	habuerō	habuerimus	habitus erō	habitī erimus
	habueris	habueritis	(-a, -um) eris	(-ae, -a) eritis
	habuerit	habuerint	erit	erunt

SUBJUNCTIVE			

Pres.	habeam	habeāmus	habear	habeāmur
	habeās	habeātis	habeāris (-re)	habeāminī
	habeat	habeant	habeātur	habeantur
Impf.	habērem	habērēmus	habērer	habērēmur
	habērēs	habērētis	habērēris (-re)	habērēminī
	habēret	habērent	habērētur	habērentur
Perf.	habuerim	habuerimus	habitus sim	habitī sīmus
	habueris	habueritis	(-a, -um) sīs	(-ae, -a) sītis
	habuerit	habuerint	sit	sint
Plup.	habuissem	habuissēmus	habitus essem	habitī essēmus
	habuissēs	habuissētis	(-a, -um) essēs	(-ae, -a) essētis
	habuisset	habuissent	esset	essent

IMPERATIVE		
Pres.	habē	habēte

INFINITIVE		
Pres.	habēre	habērī
Perf.	habuisse	habitus (-a, -um) esse
Fut.	habitūrus (-a, -um) esse	

PARTICIPLE		
Pres.	habēns, (-tis)	
Perf.		habitus (-a, -um)
Fut.	habitūrus (-a, -um)	habendus (-a, -um) (GERUNDIVE)

GERUND habendī, -ō, -um, -ō   SUPINE habitum, -ū

Alternate forms: **haberier** = haberi; **habessit** = habueris
Compounds and related words: **adhibeo (2)** to apply to; **cohibeo (2)** to restrain; **exhibeo (2)** to display; **habilis, -e** handy; **habito (1)** to dwell; **habitus, -us, m.** condition; **inhibeo (2)** to restrain; **perhibeo (2)** to assert; **praebeo (2)** to hold out; **prohibeo (2)** to hinder
Model sentence: *Non omnes qui **habent** citharam sunt citharoedi.* —Varro

dwell, inhabit

ACTIVE		PASSIVE	
INDICATIVE			
Pres.	habitō habitāmus		
	habitās habitātis		
	habitat habitant	habitātur	habitantur
Impf.	habitābam habitābāmus		
	habitābās habitābātis		
	habitābat habitābant	habitābātur	habitābantur
Fut.	habitābo habitābimus		
	habitābis habitābitis		
	habitābit habitābunt	habitābitur	habitābuntur
Perf.	habitāvī habitāvimus		
	habitāvistī habitāvistis		
	habitāvit habitāvērunt (-ēre)	habitātus (-a, -um) est	habitātī (-ae, -a) sunt
Plup.	habitāveram habitāverāmus		
	habitāverās habitāverātis		
	habitāverat habitāverant	habitātus (-a, -um) erat	habitātī (-ae, -a) erant
Fut. *Perf.*	habitāverō habitāverimus		
	habitāveris habitāveritis		
	habitāverit habitāverint	habitātus (-a, -um) erit	habitātī (-ae, -a) erunt
SUBJUNCTIVE			
Pres.	habitem habitēmus		
	habitēs habitētis		
	habitet habitent	habitētur	habitentur
Impf.	habitārem habitārēmus		
	habitārēs habitārētis		
	habitāret habitārent	habitārētur	habitārentur
Perf.	habitāverim habitāverimus		
	habitāveris habitāveritis		
	habitāverit habitāverint	habitātus (-a, -um) sit	habitātī (-ae, -a) sint
Plup.	habitāvissem habitāvissēmus		
	habitāvissēs habitāvissētis		
	habitāvisset habitāvissent	habitātus (-a, -um) esset	habitātī (-ae, -a) essent
IMPERATIVE			
Pres.	habitā habitāte		
INFINITIVE			
Pres.	habitāre	habitārī	
Perf.	habitāvisse	habitātus (-a, -um) esse	
Fut.	habitātūrus (-a, -um) esse		
PARTICIPLE			
Pres.	habitāns, (-tis)		
Perf.		habitātus (-a, -um)	
Fut.	habitātūrus (-a, -um)	habitandus (-a, -um) (GERUNDIVE)	

GERUND habitandī, -ō, -um, -ō   SUPINE habitātum, -ū

Usage notes: third person also used impersonally.

Compounds and related words: **habitabilis, -e** inhabitable; **habitatio, -ionis, f.** a dwelling; **habitator, -is, m.** tenant; **inhabitabilis, -e** uninhabitable; **inhabito (1)** to inhabit

Model sentence: *Argiletanas mavis **habitare** tabernas.* —Martial

cling, stick

ACTIVE

INDICATIVE

Pres.	haereō	haerēmus
	haerēs	haerētis
	haeret	haerent
Impf.	haerēbam	haerēbāmus
	haerēbās	haerēbātis
	haerēbat	haerēbant
Fut.	haerēbō	haerēbimus
	haerēbis	haerēbitis
	haerēbit	haerēbunt
Perf.	haesī	haesimus
	haesistī	haesistis
	haesit	haesērunt (-ēre)
Plup.	haeseram	haeserāmus
	haeserās	haeserātis
	haeserat	haeserant
Fut.	haeserō	haeserimus
Perf.	haeseris	haeseritis
	haeserit	haeserint

SUBJUNCTIVE

Pres.	haeream	haereāmus
	haereās	haereātis
	haereat	haereant
Impf.	haerērem	haerērēmus
	haerērēs	haerērētis
	haerēret	haerērent
Perf.	haeserim	haeserimus
	haeseris	haeseritis
	haeserit	haeserint
Plup.	haesissem	haesissēmus
	haesissēs	haesissētis
	haesisset	haesissent

IMPERATIVE

Pres.	haere	haerēte

INFINITIVE

Pres.	haerēre
Perf.	haesisse
Fut.	haesūrus (-a, -um) esse

PARTICIPLE

	Active	Passive
Pres.	haerēns, (-tis)	
Perf.		
Fut.	haesūrus (-a, -um)	haerendus (-a, -um) (GERUNDIVE)

GERUND haerendī, -ō, -um, -ō   SUPINE haesum, -ū

Compounds and related words: **adhaereo (2)** to cling to; **adhaesio, -ionis, f.** adhesion; **haesito (1)** to stick fast; **inhaereo (2)** to cling to
Model sentence: *Obstipui, steteruntque comae, et vox faucibus **haesit**.* —Vergil

drain, consume

ACTIVE		PASSIVE	
INDICATIVE			
Pres.			
haurō	haurīmus	haurior	haurīmur
haurīs	haurītis	haurīris (-re)	haurīminī
haurit	hauriunt	haurītur	hauriuntur
Impf.			
hauriēbam	hauriēbāmus	hauriēbar	hauriēbāmur
hauriēbās	hauriēbātis	hauriēbāris (-re)	hauriēbāminī
hauriēbat	hauriēbant	hauriēbātur	hauriēbantur
Fut.			
hauriam	hauriēmus	hauriar	hauriēmur
hauriēs	hauriētis	hauriēris (-re)	hauriēminī
hauriet	haurient	hauriētur	haurientur
Perf.			
hausī	hausimus	haustus sum	haustī sumus
hausistī	hausistis	(-a, -um) es	(-ae, -a) estis
hausit	hausērunt (-ēre)	est	sunt
Plup.			
hauseram	hauserāmus	haustus eram	haustī erāmus
hauserās	hauserātis	(-a, -um) erās	(-ae, -a) erātis
hauserat	hauserant	erat	erant
Fut. *Perf.*			
hauserō	hauserimus	haustus erō	haustī erimus
hauseris	hauseritis	(-a, -um) eris	(-ae, -a) eritis
hauserit	hauserint	erit	erunt
SUBJUNCTIVE			
Pres.			
hauriam	hauriāmus	hauriar	hauriāmur
hauriās	hauriātis	hauriāris (-re)	hauriāminī
hauriat	hauriant	hauriātur	hauriantur
Impf.			
haurīrem	haurīrēmus	haurīrer	haurīrēmur
haurīrēs	haurīrētis	haurīrēris (-re)	haurīrēminī
haurīret	haurīrent	haurīrētur	haurīrentur
Perf.			
hauserim	hauserimus	haustus sim	haustī sīmus
hauseris	hauseritis	(-a, -um) sīs	(-ae, -a) sītis
hauserit	hauserint	sit	sint
Plup.			
hausissem	hausissēmus	haustus essem	haustī essēmus
hausissēs	hausissētis	(-a, -um) essēs	(-ae, -a) essētis
hausisset	hausissent	esset	essent
IMPERATIVE			
Pres. haurī	haurīte		
INFINITIVE			
Pres. haurīre		haurīrī	
Perf. hausisse		haustus (-a, -um) esse	
Fut. haustūrus (-a, -um) esse			
PARTICIPLE			
Pres. hauriēns, (-tis)			
Perf.		haustus (-a, -um)	
Fut. hausūrus (-a, -um)		hauriendus (-a, -um) (GERUNDIVE)	

GERUND hauriendī, -ō, -um, -ō   SUPINE haustum, -ū

Alternate forms: **hauribant** = hauriebant; **haurierint** = hauserint; **hauritu** = haustu; **hauriturus** = haustūrus; **hauritus** = haustus; **hausiturus** = haustūrus; **hausurus** = haustūrus
Compounds and related words: **exhaurio (4)** to drain completely; **haustus, -us, m.** a drink
Model sentence: *Ita vina ex libidine **hauriuntur**, atque etiam praemio invitatur ebrietas.* —Pliny

ACTIVE

INDICATIVE

Pres.	horreō	horrēmus
	horrēs	horrētis
	horret	horrent
Impf.	horrēbam	horrēbāmus
	horrēbās	horrēbātis
	horrēbat	horrēbant
Fut.	horrēbo	horrēbimus
	horrēbis	horrēbitis
	horrēbit	horrēbunt
Perf.	horruī	horruimus
	horruistī	horruistis
	horruit	horruērunt (-ēre)
Plup.	horrueram	horruerāmus
	horruerās	horruerātis
	horruerat	horruerant
Fut.	horruerō	horruerimus
Perf.	horrueris	horrueritis
	horruerit	horruerint

SUBJUNCTIVE

Pres.	horream	horreāmus
	horreās	horreātis
	horreat	horreant
Impf.	horrērem	horrērēmus
	horrērēs	horrērētis
	horrēret	horrērent
Perf.	horruerim	horruerimus
	horrueris	horrueritis
	horruerit	horruerint
Plup.	horruissem	horruissēmus
	horruissēs	horruissētis
	horruisset	horruissent

IMPERATIVE

Pres.	horrē	horrēte

INFINITIVE

Pres.	horrēre
Perf.	horruisse
Fut.	

PARTICIPLE

Pres.	horrēns, (-tis)
Perf.	
Fut.	horrendus (-a, -um) (GERUNDIVE)

GERUND horrendī, -ō, -um, -ō   SUPINE

Compounds and related words: **abhorreo (2)** to shrink back; **horribilis, -e** terrifying; **horridus, -a, -um** bristling; **horror, -is, m.** dread

Model sentence: *In corpore pili, ut arista in spica hordei, **horrent.*** —Varro

urge

ACTIVE

INDICATIVE

Pres.	hortor	hortāmur
	hortāris (-re)	hortāminī
	hortātur	hortantur
Impf.	hortābar	hortābāmur
	hortābāris (-re)	hortābāminī
	hortābātur	hortābantur
Fut.	hortābor	hortābimur
	hortāberis (-re)	hortābiminī
	hortābitur	hortābuntur
Perf.	hortātus sum	hortātī sumus
	(-a, -um) es	(-ae, -a) estis
	est	sunt
Plup.	hortātus eram	hortātī erāmus
	(-a, -um) erās	(-ae, -a) erātis
	erit	erant
Fut.	hortātus erō	hortātī erimus
Perf.	(-a, -um) eris	(-ae, -a) eritis
	erat	erunt

SUBJUNCTIVE

Pres.	horter	hortēmur
	hortēris (-re)	hortēminī
	hortētur	hortentur
Impf.	hortārer	hortārēmur
	hortārēris (-re)	hortārēminī
	hortārētur	hortārentur
Perf.	hortātus sim	hortātī sīmus
	(-a, -um) sīs	(-ae, -a) sītis
	sit	sint
Plup.	hortātus essem	hortātī essēmus
	(-a, -um) essēs	(-ae, -a) essētis
	esset	essent

IMPERATIVE

Pres.	hortāre	hortāminī

INFINITIVE

Pres.	hortārī
Perf.	hortātus (-a, -um) esse
Fut.	hortātūrus (-a, -um) esse

PARTICIPLE

	Active	Passive
Pres.	hortāns, (-tis)	
Perf.	hortātus (-a, -um)	
Fut.	hortātūrus (-a, -um)	hortandus (-a, -um) (GERUNDIVE)

GERUND hortandī, -ō, -um, -ō   SUPINE hortātum, -ū

Alternate forms: **hortarier** = hortari

Compounds and related words: **adhortatio, -onis, f.** encouragement; **adhortator, -is, m.** one who enourages; **adhortor (1)** to encourage; **cohortor (1)** to urge; **dehortor (1)** to discourage

Model sentence: *Senex in culina clamat:* **hortatur** *cocos.* —Plautus

lie (recline)

ACTIVE

INDICATIVE

Pres.	iaceō	iacēmus
	iacēs	iacētis
	iacet	iacent

Impf.	iacēbam	iacēbāmus
	iacēbās	iacēbātis
	iacēbat	iacēbant

Fut.	iacēbō	iacēbimus
	iacēbis	iacēbitis
	iacēbit	iacēbunt

Perf.	iacuī	iacuimus
	iacuistī	iacuistis
	iacuit	iacuērunt (-ēre)

Plup.	iacueram	iacuerāmus
	iacuerās	iacuerātis
	iacuerat	iacuerant

Fut.	iacuerō	iacuerimus
Perf.	iacueris	iacueritis
	iacuerit	iacuerint

SUBJUNCTIVE

Pres.	iaceam	iaceāmus
	iaceās	iaceātis
	iaceat	iaceant

Impf.	iacērem	iacērēmus
	iacērēs	iacērētis
	iacēret	iacērent

Perf.	iacuerim	iacuerimus
	iacueris	iacueritis
	iacuerit	iacuerint

Plup.	iacuissem	iacuissēmus
	iacuissēs	iacuissētis
	iacuisset	iacuissent

IMPERATIVE

Pres.	iacē	iacēte

INFINITIVE

Pres.	iacēre
Perf.	iacuisse
Fut.	

PARTICIPLE

Pres.	iacēns, (-tis)
Perf.	
Fut.	

GERUND iacendī, -ō, -um, -ō   SUPINE

Alternate forms: **iaciturus** (fut. act. part.)
Compounds and related words: **subiaceo (2)** to lie under
Model sentence: *Nec **iacuit** partus, sed matre cadente cucurrit.* —Martial

iaciō

throw

	ACTIVE		PASSIVE	
		INDICATIVE		
Pres.	iaciō	iacimus	iacior	iacimur
	iacis	iacitis	iaceris (-re)	iaciminī
	iacit	iaciunt	iacitur	iaciuntur
Impf.	iaciēbam	iaciēbāmus	iaciēbar	iaciēbāmur
	iaciēbās	iaciēbātis	iaciēbāris (-re)	iaciēbāminī
	iaciēbat	iaciēbant	iaciēbātur	iaciēbantur
Fut.	iaciam	iaciēmus	iaciar	iaciēmur
	iaciēs	iaciētis	iaciēris (-re)	iaciēminī
	iaciet	iacient	iaciētur	iacientur
Perf.	iēcī	iēcimus	iactus sum	iactī sumus
	iēcistī	iēcistis	(-a, -um) es	(-ae, -a) estis
	iēcit	iēcērunt (-ēre)	est	sunt
Plup.	iēceram	iēcerāmus	iactus eram	iactī erāmus
	iēcerās	iēcerātis	(-a, -um) erās	(-ae, -a) erātis
	iecierat	iēcerant	erat	erant
Fut.	iēcerō	iēcerimus	iactus erō	iactī erimus
Perf.	iēceris	iēceritis	(-a, -um) eris	(-ae, -a) eritis
	iēcerit	iēcerint	erit	erunt
		SUBJUNCTIVE		
Pres.	iaciam	iaciāmus	iaciar	iaciāmur
	iaciās	iaciātis	iaciāris (-re)	iaciāminī
	iaciat	iaciant	iaciātur	iaciantur
Impf.	iacerem	iacerēmus	iacerer	iacerēmur
	iacerēs	iacerētis	iacerēris (-re)	iacerēminī
	iaceret	iacerent	iacerētur	iacerentur
Perf.	iēcerim	iēcerimus	iactus sim	iactī sīmus
	iēceris	iēceritis	(-a, -um) sīs	(-ae, -a) sītis
	iēcerit	iēcerint	sit	sint
Plup.	iēcissem	iēcissēmus	iactus essem	iactī essēmus
	iēcissēs	iēcissētis	(-a, -um) essēs	(-ae, -a) essētis
	iēcisset	iēcissent	esset	essent
		IMPERATIVE		
Pres.	iace	iacite		
		INFINITIVE		
Pres.	iacere		iacī	
Perf.	iēcisse		iactus (-a, -um) esse	
Fut.	iactūrus (-a, -um) esse			
		PARTICIPLE		
Pres.	iaciēns, (-tis)			
Perf.			iactus (-a, -um)	
Fut.	iactūrus (-a, -um)		iaciendus (-a, -um) (GERUNDIVE)	

GERUND iaciendī, -ō, -um, -ō   SUPINE iactum, -ū

Compounds and related words: **abicio (3)** to throw away; **adicio (3)** to throw at; **adiectio, -onis, f.** addition; **adiectus, -us, m.** addition; **conicio (3)** to throw; **deicio (3)** to throw down; **disicio (3)** to scatter; **eicio (3)** to throw out; **iacto (1)** to buffet; **iactura, -ae, f.** loss; **iaculum, -i, n.** javelin; **inicio (3)** to throw in; **obicio (3)** to throw against; **proicio (3)** to throw forward; **reicio (3)** to throw back; **subicio (3)** to put under; **traicio (3)** to pierce
Model sentence: *Alii faces atque aridam materiem de muro in aggerem eminus **iaciebant**.* —Caesar

196

dip, stain, inspire

	ACTIVE		PASSIVE	
			INDICATIVE	

	ACTIVE		PASSIVE	
Pres.	imbuō	imbuimus	imbuor	imbuimur
	imbuis	imbuitis	imbueris (-re)	imbuiminī
	imbuit	imbuunt	imbuitur	imbuuntur
Impf.	imbuēbam	imbuēbāmus	imbuēbar	imbuēbāmur
	imbuēbās	imbuēbātis	imbuēbāris (-re)	imbuēbāminī
	imbuēbat	imbuēbant	imbuēbātur	imbuēbantur
Fut.	imbuam	imbuēmus	imbuar	imbuēmur
	imbuēs	imbuētis	imbuēris (-re)	imbuēminī
	imbuet	imbuent	imbuētur	imbuentur
Perf.	imbuī	imbuimus	imbūtus sum	imbūtī sumus
	imbuistī	imbuistis	(-a, -um) es	(-ae, -a) estis
	imbuit	imbuērunt (-ēre)	est	sunt
Plup.	imbueram	imbuerāmus	imbūtus eram	imbūtī erāmus
	imbuerās	imbuerātis	(-a, -um) erās	(-ae, -a) erātis
	imbuerat	imbuerant	erat	erant
Fut.	imbuerō	imbuerimus	imbūtus erō	imbūtī erimus
Perf.	imbueris	imbueritis	(-a, -um) eris	(-ae, -a) eritis
	imbuerit	imbuerint	erit	erunt

SUBJUNCTIVE

	ACTIVE		PASSIVE	
Pres.	imbuam	imbuāmus	imbuar	imbuāmur
	imbuās	imbuātis	imbuāris (-re)	imbuāminī
	imbuat	imbuant	imbuātur	imbuantur
Impf.	imbuerem	imbuerēmus	imbuerer	imbuerēmur
	imbuerēs	imbuerētis	imbuerēris (-re)	imbuerēminī
	imbueret	imbuerent	imbuerētur	imbuerentur
Perf.	imbuerim	imbuerimus	imbūtus sim	imbūtī sīmus
	imbueris	imbueritis	(-a, -um) sīs	(-ae, -a) sītis
	imbuerit	imbuerint	sit	sint
Plup.	imbuissem	imbuissēmus	imbūtus essem	imbūtī essēmus
	imbuissēs	imbuissētis	(-a, -um) essēs	(-ae, -a) essētis
	imbuisset	imbuissent	esset	essent

IMPERATIVE

Pres.	imbue	imbuite

INFINITIVE

Pres.	imbuere	imbuī
Perf.	imbuisse	imbūtus (-a, -um) esse
Fut.	imbūtūrus (-a, -um) esse	

PARTICIPLE

Pres.	imbuēns, (-tis)	
Perf.		imbūtus (-a, -um)
Fut.	imbūtūrus (-a, -um)	imbuendus (-a, -um) (GERUNDIVE)

GERUND imbuendī, -ō, -um, -ō   SUPINE imbūtum, -ū

Alternate forms: **inbuo** = imbuo
Model sentence: *Nemo est tam immanis, cuius mentem non* **imbuerit** *deorum opinio.* —Cicero

imitate, represent

ACTIVE

INDICATIVE

Pres.	imitor	imitāmur
	imitāris (-re)	imitāminī
	imitātur	imitantur
Impf.	imitābar	imitābāmur
	imitābāris (-re)	imitābāminī
	imitābātur	imitābantur
Fut.	imitābor	imitābimur
	imitāberis (-re)	imitābiminī
	imitābitur	imitābuntur
Perf.	imitātus sum	imitātī sumus
	(-a, -um) es	(-ae, -a) estis
	est	sunt
Plup.	imitātus eram	imitātī erāmus
	(-a, -um) erās	(-ae, -a) erātis
	erat	erant
Fut.	imitātus erō	imitātī erimus
Perf.	(-a, -um) eris	(-ae, -a) eritis
	erit	erunt

SUBJUNCTIVE

Pres.	imiter	imitēmur
	imitēris (-re)	imitēminī
	imitētur	imitentur
Impf.	imitārer	imitārēmur
	imitārēris (-re)	imitārēminī
	imitārētur	imitārentur
Perf.	imitātus sim	imitātī sīmus
	(-a, -um) sīs	(-ae, -a) sītis
	sit	sint
Plup.	imitātus essem	imitātī essēmus
	(-a, -um) essēs	(-ae, -a) essētis
	esset	essent

IMPERATIVE

Pres.	imitāre	imitāminī

INFINITIVE

Pres.	imitārī
Perf.	imitātus (-a, -um) esse
Fut.	imitātūrus (-a, -um) esse

PARTICIPLE

	Active	Passive
Pres.	imitāns, (-tis)	
Perf.	imitātus (-a, -um)	
Fut.	imitātūrus (-a, -um)	imitandus (-a, -um) (GERUNDIVE)

GERUND imitandī, -ō, -um, -ō   SUPINE imitātum, -ū

Alternate forms: **imitarier** = imitari
Compounds and related words: **imitabilis, -e** imitable; **imitamen, -minis, n.** likeness; **imitatio, -onis, f.** imitation; **imitator, -is, m.** imitator; **imitatus, -us, m.** imitation
Model sentence: *Argilla quidvis imitabitur uda.* —Horace

hinder

ACTIVE		PASSIVE	
INDICATIVE			

INDICATIVE

	ACTIVE		PASSIVE	
Pres.	impediō	impedīmus	impedior	impedīmur
	impedīs	impedītis	impedīris (-re)	impedīminī
	impedit	impediunt	impedītur	impediuntur
Impf.	impediēbam	impediēbāmus	impediēbar	impediēbāmur
	impediēbās	impediēbātis	impediēbāris (-re)	impediēbāminī
	impediēbat	impediēbant	impediēbātur	impediēbantur
Fut.	impediam	impediēmus	impediar	impediēmur
	impediēs	impediētis	impediēris (-re)	impediēminī
	impediet	impedient	impediētur	impedientur
Perf.	impedīvī	impedīvimus	impedītus sum	impedītī sumus
	impedīvistī	impedīvistis	(-a, -um) es	(-ae, -a) estis
	impedīvit	impedīvērunt (-ēre)	est	sunt
Plup.	impedīveram	impedīverāmus	impedītus eram	impedītī erāmus
	impedīverās	impedīverātis	(-a, -um) erās	(-ae, -a) erātis
	impedīverat	impedīverant	erat	erant
Fut.	impedīverō	impedīverimus	impedītus erō	impedītī erimus
Perf.	impedīveris	impedīveritis	(-a, -um) eris	(-ae, -a) eritis
	impedīverit	impedīverint	erit	erunt

SUBJUNCTIVE

	ACTIVE		PASSIVE	
Pres.	impediam	impediāmus	impediar	impediāmur
	impediās	impediātis	impediāris (-re)	impediāminī
	impediat	impediant	impediātur	impediantur
Impf.	impedīrem	impedīrēmus	impedīrer	impedīrēmur
	impedīrēs	impedīrētis	impedīrēris (-re)	impedīrēminī
	impedīret	impedīrent	impedīrētur	impedīrentur
Perf.	impedīverim	impedīverimus	impedītus sim	impedītī sīmus
	impedīveris	impedīveritis	(-a, -um) sīs	(-ae, -a) sītis
	impedīverit	impedīverint	sit	sint
Plup.	impedīvissem	impedīvissēmus	impedītus essem	impedītī essēmus
	impedīvissēs	impedīvissētis	(-a, -um) essēs	(-ae, -a) essētis
	impedīvisset	impedīvissent	esset	essent

IMPERATIVE

	ACTIVE	
Pres.	impedī	impedīte

INFINITIVE

	ACTIVE	PASSIVE
Pres.	impedīre	impedīrī
Perf.	impedīvisse	impedītus (-a, -um) esse
Fut.	impedītūrus (-a, -um) esse	

PARTICIPLE

	ACTIVE	PASSIVE
Pres.	impediēns, (-tis)	
Perf.		impedītus (-a, -um)
Fut.	impedītūrus (-a, -um)	impediendus (-a, -um) (GERUNDIVE)

GERUND impediendī, -ō, -um, -ō   SUPINE impedītum, -ū

Alternate forms: **inpedio** = impedio

Compounds and related words: **expedio (4)** to unencumber; **expeditio, -onis, f.** expedition; **impedimentum, -i, n.** hindrance; **pes, pedis, m.** foot; **praepes** swift

Model sentence: *Me quotidie aliud ex alio impedit.* —Cicero

hang over, threaten

ACTIVE

INDICATIVE

Pres.	impendeō	impendēmus
	impendēs	impendētis
	impendet	impendent
Impf.	impendēbam	impendēbāmus
	impendēbās	impendēbātis
	impendēbat	impendēbant
Fut.	impendēbo	impendēbimus
	impendēbis	impendēbitis
	impendēbit	impendēbunt
Perf.		
Plup.		
Fut.		
Perf.		

SUBJUNCTIVE

Pres.	impendeam	impendeāmus
	impendeās	impendeātis
	impendeat	impendeant
Impf.	impendērem	impendērēmus
	impendērēs	impendērētis
	impendēret	impendērent
Perf.		
Plup.		

IMPERATIVE

Pres.	impendē	impendēte

INFINITIVE

Pres.	impendēre
Perf.	
Fut.	

PARTICIPLE

Pres.	impendēns, (-tis)
Perf.	
Fut.	impendendus (-a, -um) (GERUNDIVE)

GERUND impendendī, -ō, -um, -ō   SUPINE

Usage notes: often used with a **dative** object
Alternate forms: **inpendeo** = impendeo
Compounds and related words: **impedo (3)** to weigh out; **impendium, -i, n.** cost, expense
See **pendeo** for related compounds of this verb.
Model sentence: *Quid sibi **impenderet**, coepit suspicari.* —Cicero

command, order

ACTIVE		PASSIVE	
INDICATIVE			

	ACTIVE		PASSIVE	
Pres.	imperō	imperāmus	imperor	imperāmur
	imperās	imperātis	imperāris (-re)	imperāminī
	imperat	imperant	imperātur	imperantur
Impf.	imperābam	imperābāmus	imperābar	imperābāmur
	imperābās	imperābātis	imperābāris (-re)	imperābāminī
	imperābat	imperābant	imperābātur	imperābantur
Fut.	imperābō	imperābimus	imperābor	imperābimur
	imperābis	imperābitis	imperāberis (-re)	imperābiminī
	imperābit	imperābunt	imperābitur	imperābuntur
Perf.	imperāvī	imperāvimus	imperātus sum	imperātī sumus
	imperāvistī	imperāvistis	(-a, -um) es	(-ae, -a) estis
	imperāvit	imperāvērunt (-ēre)	est	sunt
Plup.	imperāveram	imperāverāmus	imperātus eram	imperātī erāmus
	imperāverās	imperāverātis	(-a, -um) erās	(-ae, -a) erātis
	imperāverat	imperāverant	erat	erant
Fut.	imperāverō	imperāverimus	imperātus erō	imperātī erimus
Perf.	imperāveris	imperāveritis	(-a, -um) eris	(-ae, -a) eritis
	imperāverit	imperāverint	erit	erunt

SUBJUNCTIVE			

	ACTIVE		PASSIVE	
Pres.	imperem	imperēmus	imperer	imperēmur
	imperēs	imperētis	imperēris (-re)	imperēminī
	imperet	imperent	imperētur	imperentur
Impf.	imperārem	imperārēmus	imperārer	imperārēmur
	imperārēs	imperārētis	imperārēris (-re)	imperārēminī
	imperāret	imperārent	imperārētur	imperārentur
Perf.	imperāverim	imperāverimus	imperātus sim	imperātī sīmus
	imperāveris	imperāveritis	(-a, -um) sīs	(-ae, -a) sītis
	imperāverit	imperāverint	sit	sint
Plup.	imperāvissem	imperāvissēmus	imperātus essem	imperātī essēmus
	imperāvissēs	imperāvissētis	(-a, -um) essēs	(-ae, -a) essētis
	imperāvisset	imperāvissent	esset	essent

IMPERATIVE			

	ACTIVE			
Pres.	imperā	imperāte		

INFINITIVE			

	ACTIVE	PASSIVE
Pres.	imperāre	imperārī
Perf.	imperāvisse	imperātus (-a, -um) esse
Fut.	imperātūrus (-a, -um) esse	

PARTICIPLE			

	ACTIVE	PASSIVE
Pres.	imperāns, (-tis)	
Perf.		imperātus (-a, -um)
Fut.	imperātūrus (-a, -um)	imperandus (-a, -um) (GERUNDIVE)

GERUND imperandī, -ō, -um, -ō　SUPINE imperātum, -ū

Usage notes: generally used with the **accusative** for the thing and the **dative** for the person
Alternate forms: **imperassit** = imperavisset; **induperantum** = imperantium; **inpero** = impero
Compounds and related words: **imperator, -is, m.** general; **imperito (1)** to command;
　imperium, -i, n. power
Model sentence: *Ius est belli ut qui vicissent iis quos vicissent quemadmodum vellent*
　imperarent. —Caesar

impleō

fill

	ACTIVE			PASSIVE	
			INDICATIVE		
Pres.	impleō	implēmus		impleor	implēmur
	implēs	implētis		implēris (-re)	implēminī
	implet	implent		implētur	implentur
Impf.	implēbam	implēbāmus		implēbar	implēbāmur
	implēbās	implēbātis		implēbāris (-re)	implēbāminī
	implēbat	implēbant		implēbātur	implēbantur
Fut.	implēbo	implēbimus		implēbor	implēbimur
	implēbis	implēbitis		implēberis (-re)	implēbiminī
	implēbit	implēbunt		implēbitur	implēbuntur
Perf.	implēvī	implēvimus		implētus sum	implētī sumus
	implēvistī	implēvistis		(-a, -um) es	(-ae, -a) estis
	implēvit	implēvērunt (-ēre)		est	sunt
Plup.	implēveram	implēverāmus		implētus eram	implētī erāmus
	implēverās	implēverātis		(-a, -um) erās	(-ae, -a) erātis
	implēverat	implēverant		erat	erant
Fut.	implēverō	implēverimus		implētus erō	implētī erimus
Perf.	implēveris	implēveritis		(-a, -um) eris	(-ae, -a) eritis
	implēverit	implēverint		erit	erunt
			SUBJUNCTIVE		
Pres.	impleam	impleāmus		implear	impleāmur
	impleās	impleātis		impleāris (-re)	impleāminī
	impleat	impleant		impleātur	impleantur
Impf.	implērem	implērēmus		implērer	implērēmur
	implērēs	implērētis		implērēris (-re)	implērēminī
	implēret	implērent		implērētur	implērentur
Perf.	implēverim	implēverimus		implētus sim	implētī sīmus
	implēveris	implēveritis		(-a, -um) sīs	(-ae, -a) sītis
	implēverit	implēverint		sit	sint
Plup.	implēvissem	implēvissēmus		implētus essem	implētī essēmus
	implēvissēs	implēvissētis		(-a, -um) essēs	(-ae, -a) essētis
	implēvisset	implēvissent		esset	essent
			IMPERATIVE		
Pres.	implē	implēte			
			INFINITIVE		
Pres.	implēre			implērī	
Perf.	implēvisse			implētus (-a, -um) esse	
Fut.	implētūrus (-a, -um) esse				
			PARTICIPLE		
Pres.	implēns, (-tis)				
Perf.				implētus (-a, -um)	
Fut.	implētūrus (-a, -um)			implendus (-a, -um) (GERUNDIVE)	

GERUND implendī, -ō, -um, -ō   SUPINE implētum, -ū

Alternate forms: **implerat** = impleverat; **implerint** = impleverint; **impleris** = impleveris; **implerit** = implevit; **implerunt** = impleverunt; **implessem** = implevissem; **implesset** = impevisset; **inpleo** = impleo; **inplesse** = implevisse

Compounds and related words: **compleo (2)** to fill up; **expleo (2)** to fill up; **impleo (2)** to fill; **plenus, -a, -um** full; **repleo (2)** to refill

Model sentence: ***Implevit** mero patellam.* —Vergil

enclose

	ACTIVE			**PASSIVE**	
INDICATIVE					
Pres.	implicō	implicāmus		implicor	implicāmur
	implicās	implicātis		implicāris (-re)	implicāminī
	implicat	implicant		implicātur	implicantur
Impf.	implicābam	implicābāmus		implicābar	implicābāmur
	implicābās	implicābātis		implicābāris (-re)	implicābāminī
	implicābat	implicābant		implicābātur	implicābantur
Fut.	implicābo	implicābimus		implicābor	implicābimur
	implicābis	implicābitis		implicāberis (-re)	implicābiminī
	implicābit	implicābunt		implicābitur	implicābuntur
Perf.	implicāvī	implicāvimus		implicātus sum	implicātī sumus
	implicāvistī	implicāvistis		(-a, -um) es	(-ae, -a) estis
	implicāvit	implicāvērunt (-ēre)		est	sunt
Plup.	implicāveram	implicāverāmus		implicātus eram	implicātī erāmus
	implicāverās	implicāverātis		(-a, -um) erās	(-ae, -a) erātis
	implicāverat	implicāverant		erat	erant
Fut.	implicāverō	implicāverimus		implicātus erō	implicātī erimus
Perf.	implicāveris	implicāveritis		(-a, -um) eris	(-ae, -a) eritis
	implicāverit	implicāverint		erit	erunt
SUBJUNCTIVE					
Pres.	implicem	implicēmus		implicer	implicēmur
	implicēs	implicētis		implicēris (-re)	implicēminī
	implicet	implicent		implicētur	implicentur
Impf.	implicārem	implicārēmus		implicārer	implicārēmur
	implicārēs	implicārētis		implicārēris (-re)	implicārēminī
	implicāret	implicārent		implicārētur	implicārentur
Perf.	implicāverim	implicāverimus		implicātus sim	implicātī sīmus
	implicāveris	implicāveritis		(-a, -um) sīs	(-ae, -a) sītis
	implicāverit	implicāverint		sit	sint
Plup.	implicāvissem	implicāvissēmus		implicātus essem	implicātī essēmus
	implicāvissēs	implicāvissētis		(-a, -um) essēs	(-ae, -a) essētis
	implicāvisset	implicāvissent		esset	essent
IMPERATIVE					
Pres.	implicā	implicāte			
INFINITIVE					
Pres.	implicāre			implicārī	
Perf.	implicāvisse			implicātus (-a, -um) esse	
Fut.	implicātūrus (-a, -um) esse				
PARTICIPLE					
Pres.	implicāns, (-tis)				
Perf.				implicātus (-a, -um)	
Fut.	implicātūrus (-a, -um)			implicandus (-a, -um) (GERUNDIVE)	

GERUND implicandī, -ō, -um, -ō   SUPINE implicātum, -ū

Alternate forms: **implicitum** = implicatum; **implicui** = implicavi; **inplico** = implico
Compounds and related words: **amplector (1)** to embrace; **applico (1)** to attach; **complector (1)** to embrace; **explico (1)** to unfold; **implico (1)** to enfold; **multiplico (1)** to multiply; **simplicitas, -tatis, f.** simplicity; **supplicium, -i, n.** punishment; **supplico (1)** to beg
Model sentence: *Tenax hedera huc et illuc arborem **implicat** errans.* —Catullus

incendō

set fire to, burn

ACTIVE		PASSIVE	
INDICATIVE			

	ACTIVE		PASSIVE	
Pres.	incendō	incendimus	incendor	incendimur
	incendis	incenditis	incenderis (-re)	incendiminī
	incendit	incendunt	incenditur	incenduntur
Impf.	incendēbam	incendēbāmus	incendēbar	incendēbāmur
	incendēbās	incendēbātis	incendēbāris (-re)	incendēbāminī
	incendēbat	incendēbant	incendēbātur	incendēbantur
Fut.	incendam	incendēmus	incendar	incendēmur
	incendēs	incendētis	incendēris (-re)	incendēminī
	incendet	incendent	incendētur	incendentur
Perf.	incendī	incendimus	incensus sum	incensī sumus
	incendistī	incendistis	(-a, -um) es	(-ae, -a) estis
	incendit	incendērunt (-ēre)	est	sunt
Plup.	incenderam	incenderāmus	incensus eram	incensī erāmus
	incenderās	incenderātis	(-a, -um) erās	(-ae, -a) erātis
	incenderat	incenderant	erat	erant
Fut.	incenderō	incenderimus	incensus erō	incensī erimus
Perf.	incenderis	incenderitis	(-a, -um) eris	(-ae, -a) eritis
	incenderit	incenderint	erit	erunt

SUBJUNCTIVE			

	ACTIVE		PASSIVE	
Pres.	incendam	incendāmus	incendar	incendāmur
	incendās	incendātis	incendāris (-re)	incendāminī
	incendat	incendant	incendātur	incendantur
Impf.	incenderem	incenderēmus	incenderer	incenderēmur
	incenderēs	incenderētis	incenderēris (-re)	incenderēminī
	incendere	incenderent	incenderētur	incenderentur
Perf.	incenderim	incenderimus	incensus sim	incensī sīmus
	incenderis	incenderitis	(-a, -um) sīs	(-ae, -a) sītis
	incenderit	incenderint	sit	sint
Plup.	incendissem	incendissēmus	incensus essem	incensī essēmus
	incendissēs	incendissētis	(-a, -um) essēs	(-ae, -a) essētis
	incendisset	incendissent	esset	essent

IMPERATIVE			
Pres.	incende	incendite	

INFINITIVE		
Pres.	incendere	incendī
Perf.	incendisse	incensus (-a, -um) esse
Fut.	incensūrus (-a, -um) esse	

PARTICIPLE		
Pres.	incendēns, (-tis)	
Perf.		incensus (-a, -um)
Fut.	incensūrus (-a, -um)	incendendus (-a, -um) (GERUNDIVE)

GERUND incendendī, -ō, -um, -ō   SUPINE incensum, -ū

Alternate forms: **incensit** = incenderit
Compounds and related words: **accendo (3)** to set on fire; **incendium, -i, n.** fire; **incensio, -onis, f.** a
  burning; **succendo (3)** to set on fire
Model sentence: *Classem inflammari **incendi**que iussit.* —Cicero

arouse

ACTIVE		PASSIVE	
		INDICATIVE	

	ACTIVE		PASSIVE	
Pres.	incitō	incitāmus	incitor	incitāmur
	incitās	incitātis	incitāris (-re)	incitāminī
	incitat	incitant	incitātur	incitantur
Impf.	incitābam	incitābāmus	incitābar	incitābāmur
	incitābās	incitābātis	incitābāris (-re)	incitābāminī
	incitābat	incitābant	incitābātur	incitābantur
Fut.	incitābō	incitābimus	incitābor	incitābimur
	incitābis	incitābitis	incitāberis (-re)	incitābiminī
	incitābit	incitābunt	incitābitur	incitābuntur
Perf.	incitāvī	incitāvimus	incitātus sum	incitātī sumus
	incitāvistī	incitāvistis	(-a, -um) es	(-ae, -a) estis
	incitāvit	incitāvērunt (-ēre)	est	sunt
Plup.	incitāveram	incitāverāmus	incitātus eram	incitātī erāmus
	incitāverās	incitāverātis	(-a, -um) erās	(-ae, -a) erātis
	incitāverat	incitāverant	erat	erant
Fut.	incitāverō	incitāverimus	incitātus erō	incitātī erimus
Perf.	incitāveris	incitāveritis	(-a, -um) eris	(-ae, -a) eritis
	incitāverit	incitāverint	erit	erunt
		SUBJUNCTIVE		
Pres.	incitem	incitēmus	inciter	incitēmur
	incitēs	incitētis	incitēris (-re)	incitēminī
	incitet	incitent	incitētur	incitentur
Impf.	incitārem	incitārēmus	incitārer	incitārēmur
	incitārēs	incitārētis	incitārēris (-re)	incitārēminī
	incitāret	incitārent	incitārētur	incitārentur
Perf.	incitāverim	incitāverimus	incitātus sim	incitātī sīmus
	incitāveris	incitāveritis	(-a, -um) sīs	(-ae, -a) sītis
	incitāverit	incitāverint	sit	sint
Plup.	incitāvissem	incitāvissēmus	incitātus essem	incitātī essēmus
	incitāvissēs	incitāvissētis	(-a, -um) essēs	(-ae, -a) essētis
	incitāvisset	incitāvissent	esset	essent
		IMPERATIVE		
Pres.	incitā	incitāte		
		INFINITIVE		
Pres.	incitāre		incitārī	
Perf.	incitāvisse		incitātus (-a, -um) esse	
Fut.	incitātūrus (-a, -um) esse			
		PARTICIPLE		
Pres.	incitāns, (-tis)			
Perf.			incitātus (-a, -um)	
Fut.	incitātūrus (-a, -um)		incitandus (-a, -um) (GERUNDIVE)	

GERUND incitandī -ō, -um, -ō   SUPINE incitātum, -ū

Compounds and related words: **concito (1)** to excite; **excito (1)** to excite; **incitatio, -onis, f.** excitement
Model sentence: *Stellarum motus tum **incitantur**, tum retardantur.* —Cicero

inclūdō

enclose, hinder

ACTIVE   PASSIVE

INDICATIVE

Pres.	inclūdō	inclūdimus	inclūdor	inclūdimur
	inclūdis	inclūditis	inclūderis (-re)	inclūdiminī
	inclūdit	inclūdunt	inclūditur	inclūduntur
Impf.	inclūdēbam	inclūdēbāmus	inclūdēbar	inclūdēbāmur
	inclūdēbās	inclūdēbātis	inclūdēbāris (-re)	inclūdēbāminī
	inclūdēbat	inclūdēbant	inclūdēbātur	inclūdēbantur
Fut.	inclūdam	inclūdēmus	inclūdar	inclūdēmur
	inclūdēs	inclūdētis	inclūdēris (-re)	inclūdēminī
	inclūdet	inclūdent	inclūdētur	inclūdentur
Perf.	inclūsī	inclūsimus	inclūsus sum	inclūsī sumus
	inclūsistī	inclūsistis	(-a, -um) es	(-ae, -a) estis
	inclūsit	inclūsērunt (-ēre)	est	sunt
Plup.	inclūseram	inclūserāmus	inclūsus eram	inclūsī erāmus
	inclūserās	inclūserātis	(-a, -um) erās	(-ae, -a) erātis
	inclūserat	inclūserant	erat	erant
Fut.	inclūserō	inclūserimus	inclūsus erō	inclūsī erimus
Perf.	inclūseris	inclūseritis	(-a, -um) eris	(-ae, -a) eritis
	inclūserit	inclūserint	erit	erunt

SUBJUNCTIVE

Pres.	inclūdam	inclūdāmus	inclūdar	inclūdāmur
	inclūdās	inclūdātis	inclūdāris (-re)	inclūdāminī
	inclūdat	inclūdant	inclūdātur	inclūdantur
Impf.	inclūderem	inclūderēmus	inclūderer	inclūderēmur
	inclūderēs	inclūderētis	inclūderēris (-re)	inclūderēminī
	inclūderet	inclūderent	inclūderētur	inclūderentur
Perf.	inclūserim	inclūserimus	inclūsus sim	inclūsī sīmus
	inclūseris	inclūseritis	(-a, -um) sīs	(-ae, -a) sītis
	inclūserit	inclūserint	sit	sint
Plup.	inclūsissem	inclūsissēmus	inclūsus essem	inclūsī essēmus
	inclūsissēs	inclūsissētis	(-a, -um) essēs	(-ae, -a) essētis
	inclūsisset	inclūsissent	esset	essent

IMPERATIVE

Pres.	inclūde	inclūdite	

INFINITIVE

Pres.	inclūdere	inclūdī
Perf.	inclūsisse	inclūsus (-a, -um) esse
Fut.	inclūsūrus (-a, -um) esse	

PARTICIPLE

Pres.	inclūdēns, (-tis)	
Perf.		inclūsus (-a, -um)
Fut.	inclūsūrus (-a, -um)	inclūdendus (-a, -um) (GERUNDIVE)

GERUND inclūdendī, -ō, -um, -ō   SUPINE inclūsum, -ū

Compounds and related words: **inclusio, -onis, f.** confinement
See **claudo** for related compounds of this verb.
Model sentence: *Habemus senatusconsultum **inclusum** in tabulis, tamquam in vagina
reconditum.* —Cicero

lean or recline, burden, choose

ACTIVE

INDICATIVE

Pres.	incumbō	incumbimus
	incumbis	incumbitis
	incumbit	incumbunt
Impf.	incumbēbam	incumbēbāmus
	incumbēbās	incumbēbātis
	incumbēbat	incumbēbant
Fut.	incumbam	incumbēmus
	incumbēs	incumbētis
	incumbēt	incumbēnt
Perf.	incubuī	incubuimus
	incubuistī	incubuistis
	incubuit	incubuērunt (-ēre)
Plup.	incubueram	incubuerāmus
	incubuerās	incubuerātis
	incubuerat	incubuerant
Fut.	incubuerō	incubuerimus
Perf.	incubueris	incubueritis
	incubuerit	incubuerint

SUBJUNCTIVE

Pres.	incumbam	incumbāmus
	incumbās	incumbātis
	incumbat	incumbant
Impf.	incumberem	incumberēmus
	incumberēs	incumberētis
	incumberet	incumberent
Perf.	incubuerim	incubuerimus
	incubueris	incubueritis
	incubuerit	incubuerint
Plup.	incubuissem	incubuissēmus
	incubuissēs	incubuissētis
	incubuisset	incubuissent

IMPERATIVE

Pres.	incumbe	incumbite

INFINITIVE

Pres.	incumbere
Perf.	incubuisse
Fut.	incubitūrus (-a, -um) esse

PARTICIPLE

	Active	Passive
Pres.	incumbēns, (-tis)	
Perf.		incubitus (-a, -um)
Fut.		incumbendus (-a, -um) (GERUNDIVE)

GERUND incumbendī, -ō, -um, -ō   SUPINE incubitum, -ū

Alternate forms: compounds with **de-, ob-, pro-, re-,** and **sub-** lack the perfect participle.

Compounds and related words: **accumbo (3)** to recline; **discumbo (3)** to recline at a table; **procumbo (3)** to fall forward; **recumbo (3)** to lie down; **succumbo (3)** to submit

Model sentence: *Densis ordinibus nunc alii in alios, nunc in scuta **incumbentes** sustinebant impetus Romanorum.* —Livy

show

ACTIVE		PASSIVE	
INDICATIVE			

	ACTIVE		PASSIVE	
Pres.	indicō	indicāmus	indicor	indicāmur
	indicās	indicātis	indicāris (-re)	indicāminī
	indicat	indicant	indicātur	indicantur
Impf.	indicābam	indicābāmus	indicābar	indicābāmur
	indicābās	indicābātis	indicābāris (-re)	indicābāminī
	indicābat	indicābant	indicābātur	indicābantur
Fut.	indicābo	indicābimus	indicābor	indicābimur
	indicābis	indicābitis	indicāberis (-re)	indicābiminī
	indicābit	indicābunt	indicābitur	indicābuntur
Perf.	indicāvī	indicāvimus	indicātus sum	indicātī sumus
	indicāvistī	indicāvistis	(-a, -um) es	(-ae, -a) estis
	indicāvit	indicāvērunt (-ēre)	est	sunt
Plup.	indicāveram	indicāverāmus	indicātus eram	indicātī erāmus
	indicāverās	indicāverātis	(-a, -um) erās	(-ae, -a) erātis
	indicāverat	indicāverant	erat	erant
Fut.	indicāverō	indicāverimus	indicātus erō	indicātī erimus
Perf.	indicāveris	indicāveritis	(-a, -um) eris	(-ae, -a) eritis
	indicāverit	indicāverint	erit	erunt
SUBJUNCTIVE				
Pres.	indicem	indicēmus	indicer	indicēmur
	indicēs	indicētis	indicēris (-re)	indicēminī
	indicet	indicent	indicētur	indicentur
Impf.	indicārem	indicārēmus	indicārer	indicārēmur
	indicārēs	indicārētis	indicārēris (-re)	indicārēminī
	indicāret	indicārent	indicārētur	indicārentur
Perf.	indicāverim	indicāverimus	indicātus sim	indicātī sīmus
	indicāveris	indicāveritis	(-a, -um) sīs	(-ae, -a) sītis
	indicāverit	indicāverint	sit	sint
Plup.	indicāvissem	indicāvissēmus	indicātus essem	indicātī essēmus
	indicāvissēs	indicāvissētis	(-a, -um) essēs	(-ae, -a) essētis
	indicāvisset	indicāvissent	esset	essent
IMPERATIVE				
Pres.	indicā	indicāte		
INFINITIVE				
Pres.	indicāre		indicārī	
Perf.	indicāvisse		indicātus (-a, -um) esse	
Fut.	indicātūrus (-a, -um) esse			
PARTICIPLE				
Pres.	indicāns, (-tis)			
Perf.			indicātus (-a, -um)	
Fut.	indicātūrus (-a, -um)		indicandus (-a, -um) (GERUNDIVE)	

GERUND indicandī, -ō, -um, -ō   SUPINE indicātum, -ū

Compounds and related words: **abdico (1)** to renounce; **dedico (1)** to dedicate; **dico (1)** to dedicate
Model sentence: ***Indicabo** meum consilium tibi.* —Cicero

put on (clothing or ornaments)

ACTIVE		PASSIVE	
INDICATIVE			

Pres.

induō	induimus	induor	induimur
induis	induitis	indueris (-re)	induiminī
induit	induunt	induitur	induuntur

Impf.

induēbam	induēbāmus	induēbar	induēbāmur
induēbās	induēbātis	induēbāris (-re)	induēbāminī
induēbat	induēbant	induēbātur	induēbantur

Fut.

induam	induēmus	induar	induēmur
induēs	induētis	induēris (-re)	induēminī
induet	induent	induētur	induentur

Perf.

induī	induimus	indūtus sum	indūtī sumus
induistī	induistis	(-a, -um) es	(-ae, -a) estis
induit	induērunt (-ēre)	est	sunt

Plup.

indueram	induerāmus	indūtus eram	indūtī erāmus
induerās	induerātis	(-a, -um) erās	(-ae, -a) erātis
induerat	induerant	erat	erant

Fut.
Perf.

induerō	induerimus	indūtus erō	indūtī erimus
indueris	indueritis	(-a, -um) eris	(-ae, -a) eritis
induerit	induerint	erit	erunt

SUBJUNCTIVE			

Pres.

induam	induāmus	induar	induāmur
induās	induātis	induāris (-re)	induāminī
induat	induant	induātur	induantur

Impf.

induerem	induerēmus	induerer	induerēmur
induerēs	induerētis	induerēris (-re)	induerēminī
indueret	induerent	induerētur	induerentur

Perf.

induerim	induerimus	indūtus sim	indūtī sīmus
indueris	indueritis	(-a, -um) sīs	(-ae, -a) sītis
induerit	induerint	sit	sint

Plup.

induissem	induissēmus	indūtus essem	indūtī essēmus
induissēs	induissētis	(-a, -um) essēs	(-ae, -a) essētis
induisset	induissent	esset	essent

IMPERATIVE			

Pres.   indue   induite

INFINITIVE			

Pres.	induere	induī
Perf.	induisse	indūtus (-a, -um) esse
Fut.	indūtūrus (-a, -um) esse	

PARTICIPLE			

Pres.	induēns, (-tis)	
Perf.		indūtus (-a, -um)
Fut.	indūtūrus (-a, -um)	induendus (-a, -um) (GERUNDIVE)

GERUND induendī, -ō, -um, -ō   SUPINE indūtum, -ū

Compounds and related words: **exuo (3)** to strip
Model sentence: *Pomis se arbos induit.* —Vergil

enter

ACTIVE			PASSIVE		
INDICATIVE					
Pres.	ineō	inīmus	ineor	inīmur	
	inīs	inītis	inīris (-re)	inīminī	
	init	ineunt	inītur	ineuntur	
Impf.	inībam	inībāmus	inībar	inībāmur	
	inībās	inībātis	inībāris (-re)	inībāminī	
	inībat	inībant	inībātur	inībantur	
Fut.	inībō	inībimus	inībor	inībimur	
	inībis	inībitis	inīberis (-re)	inībiminī	
	inībit	inībunt	inībitur	inībuntur	
Perf.	iniī	iniimus	initus sum	initī sumus	
	iniistī	iniistis	(-a, -um) es	(-ae, -a) estis	
	iniit	iniērunt (-ēre)	est	sunt	
Plup.	inieram	inierāmus	initus eram	initī erāmus	
	inierās	inierātis	(-a, -um) erās	(-ae, -a) erātis	
	inierat	inierant	erat	erant	
Fut.	inierō	inierimus	initus erō	initī erimus	
Perf.	inieris	inieritis	(-a, -um) eris	(-ae, -a) eritis	
	inierit	inierint	erit	erunt	
SUBJUNCTIVE					
Pres.	ineam	ineāmus	inear	ineāmur	
	ineās	ineātis	ineāris (-re)	ineāminī	
	ineat	ineant	ineātur	ineantur	
Impf.	inīrem	inīrēmus	inīrer	inīrēmur	
	inīrēs	inīrētis	inīrēris (-re)	inīrēminī	
	inīret	inīrent	inīrētur	inīrentur	
Perf.	inierim	inierimus	initus sim	initī sīmus	
	inieris	inieritis	(-a, -um) sīs	(-ae, -a) sītis	
	inierit	inierint	sit	sint	
Plup.	inīssem	inīssēmus	initus essem	initī essēmus	
	inīssēs	inīssētis	(-a, -um) essēs	(-ae, -a) essētis	
	inīsset	inīssent	esset	essent	
IMPERATIVE					
Pres.	inī	inīte			
INFINITIVE					
Pres.	inīre		inīrī		
Perf.	inīsse		initus (-a, -um) esse		
Fut.	initūrus (-a, -um) esse				
PARTICIPLE					
Pres.	iniēns, (-euntis)				
Perf.			initus (-a, -um)		
Fut.	initūrus (-a, -um)		ineundus (-a, -um) (GERUNDIVE)		

GERUND ineundī, -ō, -um, -ō   SUPINE initum, -ū

Alternate forms: **iniet** = inibit; **inivi** = inii
Compounds and related words: **initus, -us, m.** entrance
See **eo** for related compounds of this verb.
Model sentence: *Nemus nullis illud **initur** equis.* —Ovid

inferō

bring in, cause

ACTIVE		PASSIVE	
INDICATIVE			

	ACTIVE		PASSIVE	
Pres.	inferō	inferimus	inferor	inferimur
	infers	infertis	inferris (-re)	inferiminī
	infert	inferunt	infertur	inferuntur
Impf.	inferēbam	inferēbāmus	inferēbar	inferēbāmur
	inferēbās	inferēbātis	inferēbāris (-re)	inferēbāminī
	inferēbat	inferēbant	inferēbātur	inferēbantur
Fut.	inferam	inferēmus	inferar	inferēmur
	inferēs	inferētis	inferēris (-re)	inferēminī
	inferet	inferent	inferētur	inferentur
Perf.	intulī	intulimus	illātus sum	illātī sumus
	intulistī	intulistis	(-a, -um) es	(-ae, -a) estis
	intulit	intulērunt (-ēre)	est	sunt
Plup.	intuleram	intulerāmus	illātus eram	illātī erāmus
	intulerās	intulerātis	(-a, -um) erās	(-ae, -a) erātis
	intulerat	intulerant	erat	erant
Fut.	intulerō	intulerimus	illātus erō	illātī erimus
Perf.	intuleris	intuleritis	(-a, -um) eris	(-ae, -a) eritis
	intulerit	intulerint	erit	erunt
SUBJUNCTIVE				
Pres.	inferam	inferāmus	inferar	inferāmur
	inferās	inferātis	inferāris (-re)	inferāminī
	inferat	inferant	inferātur	inferantur
Impf.	inferrem	inferrēmus	inferrer	inferrēmur
	inferrēs	inferrētis	inferrēris (-re)	inferrēminī
	inferret	inferrent	inferrētur	inferrentur
Perf.	intulerim	intulerimus	illātus sim	illātī sīmus
	intuleris	intuleritis	(-a, -um) sīs	(-ae, -a) sītis
	intulerit	intulerint	sit	sint
Plup.	intulissem	intulissēmus	illātus essem	illātī essēmus
	intulissēs	intulissētis	(-a, -um) essēs	(-ae, -a) essētis
	intulisset	intulissent	esset	essent
IMPERATIVE				
Pres.	infer	inferte		
INFINITIVE				
Pres.	inferre		inferrī	
Perf.	intulisse		illātus (-a, -um) esse	
Fut.	illātūrus (-a, -um) esse			
PARTICIPLE				
Pres.	inferēns, (-tis)			
Perf.			illātus (-a, -um)	
Fut.	illātūrus (-a, -um)		inferendus (-a, -um) (GERUNDIVE)	

GERUND inferendī, -ō, -um, -ō   SUPINE illātum, -ū

Compounds and related words: **illatio, -onis, f.** a carrying in; **infertor, -is, m.** a waiter
See **fero** for related compounds of this verb.
Model sentence: *Reliquias eius maiorum tumulis inferri iussit.* —Justinus

carry in, give, repeat

ACTIVE		PASSIVE	
INDICATIVE			

	ACTIVE		PASSIVE	
Pres.	ingerō	ingerimus	ingeror	ingerimur
	ingeris	ingeritis	ingereris (-re)	ingeriminī
	ingerit	ingerunt	ingeritur	ingeruntur
Impf.	ingerēbam	ingerēbāmus	ingerēbar	ingerēbāmur
	ingerēbās	ingerēbātis	ingerēbāris (-re)	ingerēbāminī
	ingerēbat	ingerēbant	ingerēbātur	ingerēbantur
Fut.	ingeram	ingerēmus	ingerar	ingerēmur
	ingerēs	ingerētis	ingerēris (-re)	ingerēminī
	ingeret	ingerent	ingerētur	ingerentur
Perf.	ingessī	ingessimus	ingestus sum	ingestī sumus
	ingessistī	ingessistis	(-a, -um) es	(-ae, -a) estis
	ingessit	ingessērunt (-ēre)	est	sunt
Plup.	ingesseram	ingesserāmus	ingestus eram	ingestī erāmus
	ingesserās	ingesserātis	(-a, -um) erās	(-ae, -a) erātis
	ingesserat	ingesserant	erat	erant
Fut.	ingesserō	ingesserimus	ingestus erō	ingestī erimus
Perf.	ingesseris	ingesseritis	(-a, -um) eris	(-ae, -a) eritis
	ingesserit	ingesserint	erit	erunt
SUBJUNCTIVE				
Pres.	ingeram	ingerāmus	ingerar	ingerāmur
	ingerās	ingerātis	ingerāris (-re)	ingerāminī
	ingerat	ingerant	ingerātur	ingerantur
Impf.	ingererem	ingererēmus	ingererer	ingererēmur
	ingererēs	ingererētis	ingererēris (-re)	ingererēminī
	ingereret	ingererent	ingererētur	ingererentur
Perf.	ingesserim	ingesserimus	ingestus sim	ingestī sīmus
	ingesseris	ingesseritis	(-a, -um) sīs	(-ae, -a) sītis
	ingesserit	ingesserint	sit	sint
Plup.	ingessissem	ingessissēmus	ingestus essem	ingestī essēmus
	ingessissēs	ingessissētis	(-a, -um) essēs	(-ae, -a) essētis
	ingessisset	ingessissent	esset	essent
IMPERATIVE				
Pres.	ingere	ingerite		
INFINITIVE				
Pres.	ingerere		ingerī	
Perf.	ingessisse		ingestus (-a, -um) esse	
Fut.	ingestūrus (-a, -um) esse			
PARTICIPLE				
Pres.	ingerēns, (-tis)			
Perf.			ingestus (-a, -um)	
Fut.	ingestūrus (-a, -um)		ingerendus (-a, -um) (GERUNDIVE)	

GERUND ingerendī, -ō, -um, -ō   SUPINE ingestum, -ū

Alternate forms: **inger** = ingere

Compounds and related words: **ingestabilis, -e** unbearable; **ingestio, -onis, f.** introduction; **ingesto (1)** to bear

Model sentence: *Hinc raptas fugientibus **ingerit** hastas in tergum.* —Vergil

enter, engage in, begin

ACTIVE

INDICATIVE

Pres.	ingredior	ingredimur
	ingrederis (-re)	ingrediminī
	ingreditur	ingrediuntur
Impf.	ingrediēbar	ingrediēbāmur
	ingrediēbāris (-re)	ingrediēbāminī
	ingrediēbātur	ingrediēbantur
Fut.	ingrediar	ingrediēmur
	ingrediēris (-re)	ingrediēminī
	ingrediētur	ingredientur
Perf.	ingressus sum	ingressī sumus
	(-a, -um) es	(-ae, -a) estis
	est	sunt
Plup.	ingressus eram	ingressī erāmus
	(-a, -um) erās	(-ae, -a) erātis
	erat	erant
Fut.	ingressus erō	ingressī erimus
Perf.	(-a, -um) eris	(-ae, -a) eritis
	erit	erunt

SUBJUNCTIVE

Pres.	ingrediar	ingrediāmur
	ingrediāris (-re)	ingrediāminī
	ingrediātur	ingrediantur
Impf.	ingrederer	ingrederēmur
	ingrederēris (-re)	ingrederēminī
	ingrederētur	ingrederentur
Perf.	ingressus sim	ingressī sīmus
	(-a, -um) sīs	(-ae, -a) sītis
	sit	sint
Plup.	ingressus essem	ingressī essēmus
	(-a, -um) essēs	(-ae, -a) essētis
	esset	essent

IMPERATIVE

Pres.	ingredere	ingrediminī

INFINITIVE

Pres.	ingredī
Perf.	ingressus (-a, -um) esse
Fut.	ingressūrus (-a, -um) esse

PARTICIPLE

	Active	Passive
Pres.	ingrediēns, (-tis)	
Perf.	ingressus (-a, -um)	
Fut.	ingressūrus (-a, -um)	ingrediendus (-a, -um) (GERUNDIVE)

GERUND ingrediendī, -ō, -um, -ō   SUPINE ingressum, -ū

Compounds and related words: **ingressio, -onis, f.** entrance; **ingressus, -us, m.** entrance
Model sentence: *Tu **ingredi** illam domum ausus es? Tu illud sanctissimum limen intrare?* —Cicero

throw in or on, cause

	ACTIVE		PASSIVE	
INDICATIVE				
Pres.	iniciō	inicimus	inicior	inicimur
	inicis	inicitis	iniceris (-re)	iniciminī
	inicit	iniciunt	inicitur	iniciuntur
Impf.	iniciēbam	iniciēbāmus	iniciēbar	iniciēbāmur
	iniciēbās	iniciēbātis	iniciēbāris (-re)	iniciēbāminī
	iniciēbat	iniciēbant	iniciēbātur	iniciēbantur
Fut.	iniciam	iniciēmus	iniciar	iniciēmur
	iniciēs	iniciētis	iniciēris (-re)	iniciēminī
	iniciet	inicient	iniciētur	inicientur
Perf.	iniēcī	iniēcimus	iniectus sum	iniectī sumus
	iniēcistī	iniēcistis	(-a, -um) es	(-ae, -a) estis
	iniēcit	iniēcērunt (-ēre)	est	sunt
Plup.	iniēceram	iniēcerāmus	iniectus eram	iniectī erāmus
	iniēcerās	iniēcerātis	(-a, -um) erās	(-ae, -a) erātis
	iniēcerat	iniēcerant	erat	erant
Fut.	iniēcerō	iniēcerimus	iniectus erō	iniectī erimus
Perf.	iniēceris	iniēceritis	(-a, -um) eris	(-ae, -a) eritis
	iniēcerit	iniēcerint	erit	erunt
SUBJUNCTIVE				
Pres.	iniciam	iniciāmus	iniciar	iniciāmur
	iniciās	iniciātis	iniciāris (-re)	iniciāminī
	iniciat	iniciant	iniciātur	iniciantur
Impf.	inicerem	inicerēmus	inicerer	inicerēmur
	inicerēs	inicerētis	inicerēris (-re)	inicerēminī
	iniceret	inicerent	inicerētur	inicerentur
Perf.	iniēcerim	iniēcerimus	iniectus sim	iniectī sīmus
	iniēceris	iniēceritis	(-a, -um) sīs	(-ae, -a) sītis
	iniēcerit	iniēcerint	sit	sint
Plup.	iniēcissem	iniēcissēmus	iniectus essem	iniectī essēmus
	iniēcissēs	iniēcissētis	(-a, -um) essēs	(-ae, -a) essētis
	iniēcisset	iniēcissent	esset	essent
IMPERATIVE				
Pres.	inice	inicite		
INFINITIVE				
Pres.	inicere		inicī	
Perf.	iniēcisse		iniectus (-a, -um) esse	
Fut.	iniectūrus (-a, -um) esse			
PARTICIPLE				
Pres.	iniciēns, (-tis)			
Perf.			iniectus (-a, -um)	
Fut.	iniectūrus (-a, -um)		iniciendus (-a, -um) (GERUNDIVE)	

GERUND iniciendī, -ō, -um, -ō   SUPINE iniectum, -ū

Alternate forms: **iniexit** = iniecerit
See **iacio** for related compounds of this verb.
Model sentence: *Continuo adveniens pilum **iniecisti** mihi.* —Plautus

say

ACTIVE

INDICATIVE

Pres.	inquam	inquimus
	inquis	inquitis
	inquit	inquiunt

Impf.

       inquiēbat

Fut.

       inquiēs
       inquiet

Perf.   inquiī
       inquīstī

Plup.

Fut.
Perf.

SUBJUNCTIVE

Pres.

Impf.

Perf.

Plup.

IMPERATIVE

Pres.   inque *or* inquitō

INFINITIVE

Pres.
Perf.
Fut.

PARTICIPLE

Pres.
Perf.
Fut.

            GERUND   SUPINE

Usage notes: defective
Alternate forms: **inquio** = inquam
Model sentence: *Hunc unum diem, hunc unum **inquam,** hodiernum diem defende si potes.* —Cicero

be in or upon

ACTIVE

INDICATIVE

Pres.	insum	insumus
	ines	inestis
	inest	insunt
Impf.	ineram	inerāmus
	inerās	inerātis
	inerat	inerant
Fut.	inerō	inerimus
	ineris	ineritis
	inerit	inerunt
Perf.	infuī	infuimus
	infuistī	infuistis
	infuit	infuērunt (-ēre)
Plup.	infueram	infuerāmus
	infuerās	infuerātis
	infuerat	infuerant
Fut.	infuerō	infuerimus
Perf.	infueris	infueritis
	infuerit	infuerint

SUBJUNCTIVE

Pres.	insim	insīmus
	insīs	insītis
	insit	insint
Impf.	inessem	inessēmus
	inessēs	inessētis
	inesset	inessent
Perf.	infuerim	infuerimus
	infueris	infueritis
	infuerit	infuerint
Plup.	infuissem	infuissēmus
	infuissēs	infuissētis
	infuisset	infuissent

IMPERATIVE

Pres.	ines	ineste

INFINITIVE

Pres.	inesse
Perf.	infuisse
Fut.	

PARTICIPLE

Pres.	
Perf.	
Fut.	

GERUND   SUPINE

See **sum** for related compounds of this verb.

Model sentence: *Nummi octingenti aurei in marsupio **infuerunt**.* —Plautus

realize, understand

ACTIVE		PASSIVE	
INDICATIVE			
Pres. intellegō	intellegimus	intellegor	intellegimur
intellegis	intellegitis	intellegeris (-re)	intellegiminī
intellegit	intellegunt	intellegitur	intelleguntur
Impf. intellegēbam	intellegēbāmus	intellegēbar	intellegēbāmur
intellegēbās	intellegēbātis	intellegēbāris (-re)	intellegēbāminī
intellegēbat	intellegēbant	intellegēbātur	intellegēbāntur
Fut. intellegam	intellegēmus	intellegar	intellegēmur
intellegēs	intellegētis	intellegēris (-re)	intellegēminī
intelleget	intellegent	intellegētur	intellegentur
Perf. intellēxī	intellēximus	intellēctus sum	intellēctī sumus
intellēxistī	intellēxistis	(-a, -um) es	(-ae, -a) estis
intellēxit	intellēxērunt (-ēre)	est	sunt
Plup. intellēxeram	intellēxerāmus	intellēctus eram	intellēctī erāmus
intellēxerās	intellēxerātis	(-a, -um) erās	(-ae, -a) erātis
intellēxerat	intellēxerant	erat	erant
Fut. intellēxerō	intellēxerimus	intellēctus erō	intellēctī erimus
Perf. intellēxeris	intellēxeritis	(-a, -um) eris	(-ae, -a) eritis
intellēxerit	intellēxerint	erit	erunt
SUBJUNCTIVE			
Pres. intellegam	intellegāmus	intellegar	intellegāmur
intellegās	intellegātis	intellegāris (-re)	intellegāminī
intellegat	intellegant	intellegātur	intellegantur
Impf. intellegerem	intellegerēmus	intellegerer	intellegerēmur
intellegerēs	intellegerētis	intellegerēris (-re)	intellegerēminī
intellegeret	intellegerent	intellegerētur	intellegerentur
Perf. intellēxerim	intellēxerimus	intellēctus sīm	intellēctī sīmus
intellēxeris	intellēxeritis	(-a, -um) sīs	(-ae, -a) sītis
intellēxerit	intellēxerint	sit	sint
Plup. intellēxissem	intellēxissēmus	intellēctus essem	intellēctī essēmus
intellēxissēs	intellēxissētis	(-a, -um) essēs	(-ae, -a) essētis
intellēxisset	intellēxissent	esset	essent
IMPERATIVE			
Pres. intellege	intellegite		
INFINITIVE			
Pres. intellegere		intellegī	
Perf. intellēxisse		intellēctus (-a, -um) esse	
Fut. intellēctūrus (-a, -um) esse			
PARTICIPLE			
Pres. intellegēns, (-tis)			
Perf.		intellēctus (-a, -um)	
Fut. intellēctūrus (-a, -um)		intellegendus (-a, -um) (GERUNDIVE)	

GERUND intellegendī, -ō, -um, -ō   SUPINE intellēctum, -ū

Alternate forms: **intellegerint** = intellexerint; **intellexes** = intellexisses; **intellexti** = intellexisti; **intelligo** = intellego

Compounds and related words: **intellectus, -us, m.** perception; **intellegentia, -ae, f.** understanding
See **lego** for related compounds of this verb.

Model sentence: *Puderet me dicere non **intellegere**, si vos ipsi **intellegeretis**.* —Cicero

go between, perish

ACTIVE

INDICATIVE

Pres.	intereō	interīmus
	interīs	interītis
	interit	intereunt
Impf.	interībam	interībāmus
	interībās	interībātis
	interībat	interībant
Fut.	interībō	interībimus
	interībis	interībitis
	interībit	interībunt
Perf.	interiī	interiimus
	interiistī	interiistis
	interiit	interiērunt (-ēre)
Plup.	interieram	interierāmus
	interierās	interierātis
	interierat	interierant
Fut.	interierō	interierimus
Perf.	interieris	interieritis
	interierit	interierint

SUBJUNCTIVE

Pres.	inteream	intereāmus
	intereās	intereātis
	intereat	intereant
Impf.	interīrem	interīrēmus
	interīrēs	interīrētis
	interīret	interīrent
Perf.	interierim	interierimus
	interieris	interieritis
	interierit	interierint
Plup.	interīssem	interīssēmus
	interīssēs	interīssētis
	interīsset	interīssent

IMPERATIVE

Pres.	interī	interīte

INFINITIVE

Pres.	interīre
Perf.	interīsse
Fut.	interitūrus (-a, -um) esse

PARTICIPLE

	Active	Passive
Pres.	interiēns, (-euntis)	
Perf.		interitus (-a, -um)
Fut.	interitūrus (-a, -um)	intereundus (-a, -um) (GERUNDIVE)

GERUND intereundī, -ō, -um, -ō   SUPINE

Alternate forms: **interissent** = interiissent; **interivi** = interii
Compounds and related words: **interitus, -us, m.** destruction
See **eo** for related compounds of this verb.
Model sentence: *Non intellego, quomodo, calore exstincto, corpora **intereant.*** —Cicero

	ACTIVE		PASSIVE	
			INDICATIVE	
Pres.	interficiō	interficimus	interficior	interficimur
	interficis	interficitis	interficeris (-re)	interficiminī
	interficit	interficiunt	interficitur	interficiuntur
Impf.	interficiēbam	interficiēbāmus	interficiēbar	interficiēbāmur
	interficiēbās	interficiēbātis	interficiēbāris (-re)	interficiēbāminī
	interficiēbat	interficiēbant	interficiēbātur	interficiēbantur
Fut.	interficiam	interficiēmus	interficiar	interficiēmur
	interficiēs	interficiētis	interficiēris (-re)	interficiēminī
	interficiet	interficient	interficiētur	interficientur
Perf.	interfēcī	interfēcimus	interfectus sum	interfectī sumus
	interfēcistī	interfēcistis	(-a, -um) es	(-ae, -a) estis
	interfēcit	interfēcērunt (-ēre)	est	sunt
Plup.	interfēceram	interfēcerāmus	interfectus eram	interfectī erāmus
	interfēcerās	interfēcerātis	(-a, -um) erās	(-ae, -a) erātis
	interfēcerat	interfēcerant	erat	erant
Fut.	interfēcerō	interfēcerimus	interfectus erō	interfectī erimus
Perf.	interfēceris	interfēceritis	(-a, -um) eris	(-ae, -a) eritis
	interfēcerit	interfēcerint	erit	erunt
			SUBJUNCTIVE	
Pres.	interficiam	interficiāmus	interficiar	interficiāmur
	interficiās	interficiātis	interficiāris (-re)	interficiāminī
	interficiat	interficiant	interficiātur	interficiantur
Impf.	interficerem	interficerēmus	interficerer	interficerēmur
	interficerēs	interficerētis	interficerēris (-re)	interficerēminī
	interficeret	interficerent	interficerētur	interficerentur
Perf.	interfēcerim	interfēcerimus	interfectus sim	interfectī sīmus
	interfēceris	interfēceritis	(-a, -um) sīs	(-ae, -a) sītis
	interfēcerit	interfēcerint	sit	sint
Plup.	interfēcissem	interfēcissēmus	interfectus essem	interfectī essēmus
	interfēcissēs	interfēcissētis	(-a, -um) essēs	(-ae, -a) essētis
	interfēcisset	interfēcissent	esset	essent
			IMPERATIVE	
Pres.	interfice	interficite		
			INFINITIVE	
Pres.	interficere		interficī	
Perf.	interfēcisse		interfectus (-a, -um) esse	
Fut.	interfectūrus (-a, -um) esse			
			PARTICIPLE	
Pres.	interficiēns, (-tis)			
Perf.			interfectus (-a, -um)	
Fut.	interfectūrus (-a, -um)		interficiendus (-a, -um) (GERUNDIVE)	

GERUND interficiendī, -ō, -um, -ō   SUPINE interfectum, -ū

Alternate forms: **interfiat** = interfaciatur; **interfieri** = interfici
Compounds and related words: **interfectibilis, -e** deadly; **interfectio, -onis, f.** a killing;
interfector, -is, m. murderer
Model sentence: *Illi, ut erat imperatum, circumsistunt hominem atque **interficiunt.*** —Caesar

be between, differ, attend

ACTIVE

INDICATIVE

Pres.	intersum	intersumus
	interes	interestis
	interest	intersunt
Impf.	intereram	intererāmus
	intererās	intererātis
	intererat	intererant
Fut.	intererō	intererimus
	intereris	interieritis
	intererit	intererunt
Perf.	interfuī	interfuimus
	interfuistī	interfuistis
	interfuit	interfuērunt (-ēre)
Plup.	interfueram	interfuerāmus
	interfuerās	interfuerātis
	interfuerat	interfuerant
Fut.	interfuerō	interfuerimus
Perf.	interfueris	interfueritis
	interfuerit	interfuerint

SUBJUNCTIVE

Pres.	intersim	intersīmus
	intersīs	intersītis
	intersit	intersint
Impf.	interessem	interessēmus
	interessēs	interessētis
	interesset	interessent
Perf.	interfuerim	interfuerimus
	interfueris	interfueritis
	interfuerit	interfuerint
Plup.	interfuissem	interfuissēmus
	interfuissēs	interfuissētis
	interfuisset	interfuissent

IMPERATIVE

Pres.	interes	intereste

INFINITIVE

Pres.	interesse
Perf.	interfuisse
Fut.	interfutūrus (-a, -um) esse

PARTICIPLE

Pres.	
Perf.	
Fut.	interfutūrus (-a, -um)

GERUND   SUPINE

Usage notes: third person often used impersonally meaning *be of interest or importance*

Model sentence: *Inter Laviniam conditum et Albam Longam coloniam deductam triginta ferme* **interfuere** *anni.* —Livy

enter, pierce

	ACTIVE		PASSIVE	
		INDICATIVE		
Pres.	intrō	intrāmus	intror	intrāmur
	intrās	intrātis	intrāris (-re)	intrāminī
	intrat	intrant	intrātur	intrantur
Impf.	intrābam	intrābāmus	intrābar	intrābāmur
	intrābās	intrābātis	intrābāris (-re)	intrābāminī
	intrābat	intrābant	intrābātur	intrābantur
Fut.	intrābo	intrābimus	intrābor	intrābimur
	intrābis	intrābitis	intrāberis (-re)	intrābiminī
	intrābit	intrābunt	intrābitur	intrābuntur
Perf.	intrāvī	intrāvimus	intrātus sum	intrātī sumus
	intrāvistī	intrāvistis	(-a, -um) es	(-ae, -a) estis
	intrāvit	intrāvērunt (-ēre)	est	sunt
Plup.	intrāveram	intrāverāmus	intrātus eram	intrātī erāmus
	intrāverās	intrāverātis	(-a, -um) erās	(-ae, -a) erātis
	intrāverat	intrāverant	erat	erant
Fut.	intrāverō	intrāverimus	intrātus erō	intrātī erimus
Perf.	intrāveris	intrāveritis	(-a, -um) eris	(-ae, -a) eritis
	intrāverit	intrāverint	erit	erunt
		SUBJUNCTIVE		
Pres.	intrem	intrēmus	intrer	intrēmur
	intrēs	intrētis	intrēris (-re)	intrēminī
	intret	intrent	intrētur	intrentur
Impf.	intrārem	intrārēmus	intrārer	intrārēmur
	intrārēs	intrārētis	intrārēris (-re)	intrārēminī
	intrāret	intrārent	intrārētur	intrārentur
Perf.	intrāverim	intrāverimus	intrātus sim	intrātī sīmus
	intrāveris	intrāveritis	(-a, -um) sīs	(-ae, -a) sītis
	intrāverit	intrāverint	sit	sint
Plup.	intrāvissem	intrāvissēmus	intrātus essem	intrātī essēmus
	intrāvissēs	intrāvissētis	(-a, -um) essēs	(-ae, -a) essētis
	intrāvisset	intrāvissent	esset	essent
		IMPERATIVE		
Pres.	intrā	intrāte		
		INFINITIVE		
Pres.	intrāre		intrārī	
Perf.	intrāvisse		intrātus (-a, -um) esse	
Fut.	intrātūrus (-a, -um) esse			
		PARTICIPLE		
Pres.	intrāns, (-tis)			
Perf.			intrātus (-a, -um)	
Fut.	intrātūrus (-a, -um)		intrandus (-a, -um) (GERUNDIVE)	

GERUND intrandī, -ō, -um, -ō   SUPINE intrātum, -ū

Usage notes: passive forms also used impersonally
Alternate forms: **intrassis** = intraveris
Compounds and related words: **intra** within; **intrabilis, -e** that which can be entered; **intro** inwardly
Model sentence: *Non **intret** Cato theatrum meum.* —Martial

enter

	ACTIVE		PASSIVE
		INDICATIVE	
Pres.	introeō	introīmus	
	introīs	introītis	
	introit	introeunt	introītur (Impers.)
Impf.	introībam	introībāmus	
	introībās	introībātis	
	introībat	introībant	introībātur (Impers.)
Fut.	introībō	introībimus	
	introībis	introībitis	
	introībit	introībunt	introībitur (Impers.)
Perf.	introiī	introiimus	
	introiistī	introiistis	
	introiit	introiērunt (-ēre)	introitum est (Impers.)
Plup.	introieram	introierāmus	
	introierās	introierātis	
	introierat	introierant	introitum erat (Impers.)
Fut.	introierō	introierimus	
Perf.	introieris	introieritis	
	introierit	introierint	introitum erit (Impers.)
		SUBJUNCTIVE	
Pres.	introeam	introeāmus	
	introeās	introeātis	
	introeat	introeant	introeātur (Impers.)
Impf.	introīrem	introīrēmus	
	introīrēs	introīrētis	
	introīret	introīrent	introīrētur (Impers.)
Perf.	introierim	introierimus	
	introieris	introieritis	
	introierit	introierint	introitum sit (Impers.)
Plup.	introīssem	introīssēmus	
	introīssēs	introīssētis	
	introīsset	introīssent	introitum esset (Impers.)
		IMPERATIVE	
Pres.	introī	introīte	
		INFINITIVE	
Pres.	introīre		introīrī
Perf.	introīsse		introitus (-a, -um) esse
Fut.	introitūrus (-a, -um) esse		
		PARTICIPLE	
Pres.	introiēns, (-euntis)		
Perf.			introitus (-a, -um)
Fut.	introitūrus (-a, -um)		introeundus (-a, -um) (GERUNDIVE)

GERUND introeundī, -ō, -um, -ō   SUPINE introitum, -ū

Alternate forms: **introdeo** = introeo; **introiet** = introibit; **introivi** = introii
Compounds and related words: **introitus, -us, m.** entrance
Model sentence: *C. Cornelius et L. Vargunteius constituere ea nocte paulo post cum armatis hominibus sicuti salutatum **introire** ad Ciceronem.* —Sallust

find, acquire

	ACTIVE		PASSIVE	
		INDICATIVE		
Pres.	inveniō	invenīmus	invenior	invenīmur
	invenīs	invenītis	invenīris (-re)	invenīminī
	invenit	inveniunt	invenītur	inveniuntur
Impf.	inveniēbam	inveniēbāmus	inveniēbar	inveniēbāmur
	inveniēbās	inveniēbātis	inveniēbāris (-re)	inveniēbāminī
	inveniēbat	inveniēbant	inveniēbātur	inveniēbantur
Fut.	inveniam	inveniēmus	inveniar	inveniēmur
	inveniēs	inveniētis	inveniēris (-re)	inveniēminī
	inveniet	invenient	inveniētur	invenientur
Perf.	invēnī	invēnimus	inventus sum	inventī sumus
	invēnistī	invēnistis	(-a, -um) es	(-ae, -a) estis
	invēnit	invēnērunt (-ēre)	est	sunt
Plup.	invēneram	invēnerāmus	inventus eram	inventī erāmus
	invēnerās	invēnerātis	(-a, -um) erās	(-ae, -a) erātis
	invēnerat	invēnerant	erat	erant
Fut.	invēnerō	invēnerimus	inventus erō	inventī erimus
Perf.	invēneris	invēneritis	(-a, -um) eris	(-ae, -a) eritis
	invēnerit	invēnerint	erit	erunt
		SUBJUNCTIVE		
Pres.	inveniam	inveniāmus	inveniar	inveniāmur
	inveniās	inveniātis	inveniāris (-re)	inveniāminī
	inveniat	inveniant	inveniātur	inveniantur
Impf.	invenīrem	invenīrēmus	invenīrer	invenīrēmur
	invenīrēs	invenīrētis	invenīrēris (-re)	invenīrēminī
	invenīret	invenīrent	invenīrētur	invenīrentur
Perf.	invēnerim	invēnerimus	inventus sim	inventī sīmus
	invēneris	invēneritis	(-a, -um) sīs	(-ae, -a) sītis
	invēnerit	invēnerint	sit	sint
Plup.	invēnissem	invēnissēmus	inventus essem	inventī essēmus
	invēnissēs	invēnissētis	(-a, -um) essēs	(-ae, -a) essētis
	invēnisset	invēnissent	esset	essent
		IMPERATIVE		
Pres.	invenī	invenīte		
		INFINITIVE		
Pres.	invenīre		invenīrī	
Perf.	invēnisse		inventus (-a, -um) esse	
Fut.	inventūrus (-a, -um) esse			
		PARTICIPLE		
Pres.	inveniēns, (-tis)			
Perf.			inventus (-a, -um)	
Fut.	inventūrus (-a, -um)		inveniendus (-a, -um) (GERUNDIVE)	

GERUND inveniendī, -ō, -um, -ō   SUPINE inventum, -ū

Alternate forms: **invenibit** = inveniet
Compounds and related words: **inventio, -onis, f.** invention; **inventium, -i, n.** an invention;
   inventor, -is, m. discoverer
Model sentence: *Fata viam **invenient**.* —Vergil

be angry

ACTIVE

INDICATIVE

Pres.	īrāscor	īrāscimur
	īrāsceris (-re)	īrāsciminī
	īrāscitur	īrāscuntur
Impf.	īrāscēbar	īrāscēbāmur
	īrāscēbāris (-re)	īrāscēbāminī
	īrāscēbātur	īrāscēbantur
Fut.	īrāscar	īrāscēmur
	īrāscēris (-re)	īrāscēminī
	īrāscētur	īrāscentur
Perf.	īrātus sum	īrātī sumus
	(-a, -um) es	(-ae, -a) estis
	est	sunt
Plup.	īrātus eram	īrātī erāmus
	(-a, -um) erās	(-ae, -a) erātis
	erat	erant
Fut.	īrātus erō	īrātī erimus
Perf.	(-a, -um) eris	(-ae, -a) eritis
	erit	erunt

SUBJUNCTIVE

Pres.	īrāscar	īrāscāmur
	īrāscāris (-re)	īrāscāminī
	īrāscātur	īrāscantur
Impf.	īrāscerer	īrāscerēmur
	īrāscerēris (-re)	īrāscerēminī
	īrāscerētur	īrāscerentur
Perf.	īrātus sim	īrātī sīmus
	(-a, -um) sīs	(-ae, -a) sītis
	sit	sint
Plup.	īrātus essem	īrātī essēmus
	(-a, -um) essēs	(-ae, -a) essētis
	esset	essent

IMPERATIVE

Pres.	īrāscere	īrāsciminī

INFINITIVE

Pres.	īrāscī
Perf.	īrātus (-a, -um) esse
Fut.	īrātūrus (-a, -um) esse

PARTICIPLE

Pres.	īrāscēns, (-tis)
Perf.	īrātus (-a, -um)
Fut.	īrātūrus (-a, -um)

GERUND īrāscendī, -ō, -um, -ō   SUPINE īrātum, -ū

Usage notes: often used with the **dative**

Alternate forms: **irascier** = irasci; **irasco** = irascor

Compounds and related words: **ira, -ae, f.** anger; **iracundia, -ae, f.** quick temper; **iratus, -a, -um** angry

Model sentence: *Tarde sed graviter vir sapiens **irascitur.*** —Publilius Syrus

	ACTIVE		**PASSIVE**	
		INDICATIVE		
Pres.	iubeō	iubēmus	iubeor	iubēmur
	iubēs	iubētis	iubēris (-re)	iubēminī
	iubet	iubent	iubētur	iubentur
Impf.	iubēbam	iubēbāmus	iubēbar	iubēbāmur
	iubēbās	iubēbātis	iubēbāris (-re)	iubēbāminī
	iubēbat	iubēbant	iubēbātur	iubēbantur
Fut.	iubēbō	iubēbimus	iubēbor	iubēbimur
	iubēbis	iubēbitis	iubēberis (-re)	iubēbiminī
	iubēbit	iubēbunt	iubēbitur	iubēbuntur
Perf.	iussī	iussimus	iussus sum	iussī sumus
	iussistī	iussistis	(-a, -um) es	(-ae, -a) estis
	iussit	iussērunt (-ēre)	est	sunt
Plup.	iusseram	iusserāmus	iussus eram	iussī erāmus
	iusserās	iusserātis	(-a, -um) erās	(-ae, -a) erātis
	iusserat	iusserant	erat	erant
Fut.	iusserō	iusserimus	iussus erō	iussī erimus
Perf.	iusseris	iusseritis	(-a, -um) eris	(-ae, -a) eritis
	iusserit	iusserint	erit	erunt
		SUBJUNCTIVE		
Pres.	iubeam	iubeāmus	iubear	iubeāmur
	iubeās	iubeātis	iubeāris (-re)	iubeāminī
	iubeat	iubeant	iubeātur	iubeantur
Impf.	iubērem	iubērēmus	iubērer	iubērēmur
	iubērēs	iubērētis	iubērēris (-re)	iubērēminī
	iubēret	iubērent	iubērētur	iubērentur
Perf.	iusserim	iusserimus	iussus sim	iussī sīmus
	iusseris	iusseritis	(-a, -um) sīs	(-ae, -a) sītis
	iusserit	iusserint	sit	sint
Plup.	iussissem	iussissēmus	iussus essem	iussī essēmus
	iussissēs	iussissētis	(-a, -um) essēs	(-ae, -a) essētis
	iussisset	iussissent	esset	essent
		IMPERATIVE		
Pres.	iubē	iubēte		
		INFINITIVE		
Pres.	iubēre		iubērī	
Perf.	iussisse		iussus (-a, -um) esse	
Fut.	iussūrus (-a, -um) esse			
		PARTICIPLE		
Pres.	iubēns, (-tis)			
Perf.			iussus (-a, -um)	
Fut.	iussūrus (-a, -um)		iubendus (-a, -um) (GERUNDIVE)	

GERUND iubendī, -ō, -um, -ō SUPINE iussum, -ū

Alternate forms: **iusse** = iussisse; **iussitur** = iubetur; **iusso** = iussero; **iusti** = iussisti
Compounds and related words: **iniussus, -a, -um** unbidden; **iussu** by order
Model sentence: *Me vitare turbam **iubes**.* —Seneca

iūdicō

decide, judge

	ACTIVE		PASSIVE	
		INDICATIVE		
Pres.	iūdicō	iūdicāmus	iūdicor	iūdicāmur
	iūdicās	iūdicātis	iūdicāris (-re)	iūdicāminī
	iūdicat	iūdicant	iūdicātur	iūdicantur
Impf.	iūdicābam	iūdicābāmus	iūdicābar	iūdicābāmur
	iūdicābās	iūdicābātis	iūdicābāris (-re)	iūdicābāminī
	iūdicābat	iūdicābant	iūdicābātur	iūdicābantur
Fut.	iūdicābō	iūdicābimus	iūdicābor	iūdicābimur
	iūdicābis	iūdicābitis	iūdicāberis (-re)	iūdicābiminī
	iūdicābit	iūdicābunt	iūdicābitur	iūdicābuntur
Perf.	iūdicāvī	iūdicāvimus	iūdicātus sum	iūdicātī sumus
	iūdicāvistī	iūdicāvistis	(-a, -um) es	(-ae, -a) estis
	iūdicāvit	iūdicāvērunt (-ēre)	est	sunt
Plup.	iūdicāveram	iūdicāverāmus	iūdicātus eram	iūdicātī erāmus
	iūdicāverās	iūdicāverātis	(-a, -um) erās	(-ae, -a) erātis
	iūdicāverat	iūdicāverant	erat	erant
Fut.	iūdicāverō	iūdicāverimus	iūdicātus erō	iūdicātī erimus
Perf.	iūdicāveris	iūdicāveritis	(-a, -um) eris	(-ae, -a) eritis
	iūdicāverit	iūdicāverint	erit	erunt
		SUBJUNCTIVE		
Pres.	iūdicem	iūdicēmus	iūdicer	iūdicēmur
	iūdicēs	iūdicētis	iūdicēris (-re)	iūdicēminī
	iūdicet	iūdicent	iūdicētur	iūdicentur
Impf.	iūdicārem	iūdicārēmus	iūdicārer	iūdicārēmur
	iūdicārēs	iūdicārētis	iūdicārēris (-re)	iūdicārēminī
	iūdicāret	iūdicārent	iūdicārētur	iūdicārentur
Perf.	iūdicāverim	iūdicāverimus	iūdicātus sim	iūdicātī sīmus
	iūdicāveris	iūdicāveritis	(-a, -um) sīs	(-ae, -a) sītis
	iūdicāverit	iūdicāverint	sit	sint
Plup.	iūdicāvissem	iūdicāvissēmus	iūdicātus essem	iūdicātī essēmus
	iūdicāvissēs	iūdicāvissētis	(-a, -um) essēs	(-ae, -ae) essētis
	iūdicāvisset	iūdicāvissent	esset	essent
		IMPERATIVE		
Pres.	iūdicā	iūdicāte		
		INFINITIVE		
Pres.	iūdicāre		iūdicārī	
Perf.	iūdicāvisse		iūdicātus (-a, -um) esse	
Fut.	iūdicātūrus (-a, -um) esse			
		PARTICIPLE		
Pres.	iūdicāns, (-tis)			
Perf.			iūdicātus (-a, -um)	
Fut.	iūdicātūrus (-a, -um)		iūdicandus (-a, -um) (GERUNDIVE)	

GERUND iūdicandī, -ō, -um, -ō   SUPINE iūdicātum, -ū

Alternate forms: **iudicassit** = iudicaverit

Compounds and related words: **abiudico (1)** to take away by a judgement; **adiudico (1)** to award as judge; **iniustus, -a, -um** unjust; **iudex, iudicis, m.** judge; **iudicium, -i, n.** judgement; **ius, iuris, n.** right; **iustitia, -ae, f.** justice; **iustus, -a, -um** fair

Model sentence: *Ne supra crepidam sutor **iudicaret**.* —Pliny

join

	ACTIVE		PASSIVE	
		INDICATIVE		
Pres.	iungō	iungimus	iungor	iungimur
	iungis	iungitis	iungeris (-re)	iungiminī
	iungit	iungunt	iungitur	iunguntur
Impf.	iungēbam	iungēbāmus	iungēbar	iungēbāmur
	iungēbās	iungēbātis	iungēbāris (-re)	iungēbāminī
	iungēbat	iungēbant	iungēbātur	iungēbantur
Fut.	iungam	iungēmus	iungar	iungēmur
	iungēs	iungētis	iungēris (-re)	iungēminī
	iunget	iungent	iungētur	iungentur
Perf.	iūnxī	iūnximus	iūnctus sum	iūnctī sumus
	iūnxistī	iūnxistis	(-a, -um) es	(-ae, -a) estis
	iūnxit	iūnxērunt (-ēre)	est	sunt
Plup.	iūnxeram	iūnxerāmus	iūnctus eram	iūnctī erāmus
	iūnxerās	iūnxerātis	(-a, -um) erās	(-ae, -a) erātis
	iūnxerat	iūnxerant	erat	erant
Fut.	iūnxerō	iūnxerimus	iūnctus erō	iūnctī erimus
Perf.	iūnxeris	iūnxeritis	(-a, -um) eris	(-ae, -a) eritis
	iūnxerit	iūnxerint	erit	erunt
		SUBJUNCTIVE		
Pres.	iungam	iungāmus	iungar	iungāmur
	iungās	iungātis	iungāris (-re)	iungāminī
	iungat	iungant	iungātur	iungantur
Impf.	iungerem	iungerēmus	iungerer	iungerēmur
	iungerēs	iungerētis	iungerēris (-re)	iungerēminī
	iungeret	iungerent	iungerētur	iungerentur
Perf.	iūnxerim	iūnxerimus	iūnctus sim	iūnctī sīmus
	iūnxeris	iūnxeritis	(-a, -um) sīs	(-ae, -a) sītis
	iūnxerit	iūnxerint	sit	sint
Plup.	iūnxissem	iūnxissēmus	iūnctus essem	iūnctī essēmus
	iūnxissēs	iūnxissētis	(-a, -um) essēs	(-ae, -a) essētis
	iūnxisset	iūnxissent	esset	essent
		IMPERATIVE		
Pres.	iunge	iungite		
		INFINITIVE		
Pres.	iungere		iungī	
Perf.	iūnxisse		iūnctus (-a, -um) esse	
Fut.	iūnctūrus (-a, -um) esse			
		PARTICIPLE		
Pres.	iungēns, (-tis)			
Perf.			iūnctus (-a, -um)	
Fut.	iūnctūrus (-a, -um)		iungendus (-a, -um) (GERUNDIVE)	

GERUND iungendī, -ō, -um, -ō   SUPINE iūnctum, -ū

Compounds and related words: **abiungo (3)** to unharness; **adiungo (3)** to connect; **coniugium, -i, n.** union; **coniungo (3)** to join together; **coniunx, -iugis, c.** spouse; **iniungo (3)** to attach; **iugalis, -e** yoked together; **iugerum, -i, n.** acre; **iugum, -i, n.** yoke; **iuxta** close together; **iuxtim** close by
Model sentence: *Primus Erichthonius currus et quattuor ausus [est] **iungere** equos.* —Vergil

227

iūrō

swear

ACTIVE		PASSIVE	
INDICATIVE			
Pres. iūrō	iūrāmus	iūror	iūrāmur
iūrās	iūrātis	iūrāris (-re)	iūrāminī
iūrat	iūrant	iūrātur	iūrantur
Impf. iūrābam	iūrābāmus	iūrābar	iūrābāmur
iūrābās	iūrābātis	iūrābāris (-re)	iūrābāminī
iūrābat	iūrābant	iūrābātur	iūrābantur
Fut. iūrābō	iūrābimus	iūrābor	iūrābimur
iūrābis	iūrābitis	iūrāberis (-re)	iūrābiminī
iūrābit	iūrābunt	iūrābitur	iūrābuntur
Perf. iūrāvī	iūrāvimus	iūrātus sum	iūrātī sumus
iūrāvistī	iūrāvistis	(-a, -um) es	(-ae, -a) estis
iūrāvit	iūrāvērunt (-ēre)	est	sunt
Plup. iūrāveram	iūrāverāmus	iūrātus eram	iūrātī erāmus
iūrāverās	iūrāverātis	(-a, -um) erās	(-ae, -a) erātis
iūrāverat	iūrāverant	erat	erant
Fut. iūrāverō	iūrāverimus	iūrātus erō	iūrātī erimus
Perf. iūrāveris	iūrāveritis	(-a, -um) eris	(-ae, -a) eritis
iūrāverit	iūrāverint	erit	erunt
SUBJUNCTIVE			
Pres. iūrem	iūrēmus	iūrer	iūrēmur
iūrēs	iūrētis	iūrēris (-re)	iūrēminī
iūret	iūrent	iūrētur	iūrentur
Impf. iūrārem	iūrārēmus	iūrārer	iūrārēmur
iūrārēs	iūrārētis	iūrārēris (-re)	iūrārēminī
iūrāret	iūrārent	iūrārētur	iūrārentur
Perf. iūrāverim	iūrāverimus	iūrātus sim	iūrātī sīmus
iūrāveris	iūrāveritis	(-a, -um) sīs	(-ae, -a) sītis
iūrāverit	iūrāverint	sit	sint
Plup. iūrāvissem	iūrāvissēmus	iūrātus essem	iūrātī essēmus
iūrāvissēs	iūrāvissētis	(-a, -um) essēs	(-ae, -a) essētis
iūrāvisset	iūrāvissent	esset	essent
IMPERATIVE			
Pres. iūrā	iūrāte		
INFINITIVE			
Pres. iūrāre		iūrārī	
Perf. iūrāvisse		iūrātus (-a, -um) esse	
Fut. iūrātūrus (-a, -um) esse			
PARTICIPLE			
Pres. iūrāns, (-tis)			
Perf.		iūrātus (-a, -um)	
Fut. iūrātūrus (-a, -um)		iūrandus (-a, -um) (GERUNDIVE)	

GERUND iūrandī, -ō, -um, -ō   SUPINE iūrātum, -ū

Usage notes: passive forms sometimes used as deponent
Compounds and related words: **abiuro (1)** to deny on oath; **adiuro (1)** to swear; **coniuro (1)** to swear; **ius, iuris, n.** right
Model sentence: *Posteaquam iuratum est denegatur actio.* —Cicero

please, aid

ACTIVE		PASSIVE	
INDICATIVE			

Pres.	iuvō	iuvāmus	iuvor	iuvāmur
	iuvās	iuvātis	iuvāris (-re)	iuvāminī
	iuvat	iuvant	iuvātur	iuvantur
Impf.	iuvābam	iuvābāmus	iuvābar	iuvābāmur
	iuvābās	iuvābātis	iuvābāris (-re)	iuvābāminī
	iuvābat	iuvābant	iuvābātur	iuvābantur
Fut.	iuvābō	iuvābimus	iuvābor	iuvābimur
	iuvābis	iuvābitis	iuvāberis (-re)	iuvābiminī
	iuvābit	iuvābunt	iuvābitur	iuvābuntur

Perf.	iūvī	iūvimus	iūtus	sum	iūtī	sumus
	iūvistī	iūvistis	(-a, -um)	es	(-ae, -a)	estis
	iūvit	iūvērunt (-ēre)		est		sunt
Plup.	iūveram	iūverāmus	iūtus	eram	iūtī	erāmus
	iūverās	iūverātis	(-a, -um)	erās	(-ae, -a)	erātis
	iūverat	iūverant		erat		erant
Fut.	iūverō	iūverimus	iūtus	erō	iūtī	erimus
Perf.	iūveris	iūveritis	(-a, -um)	eris	(-ae, -a)	eritis
	iūverit	iūverint		erit		erunt

SUBJUNCTIVE			

Pres.	iuvem	iuvēmus	iuver	iuvēmur
	iuvēs	iuvētis	iuvēris (-re)	iuvēminī
	iuvet	iuvent	iuvētur	iuventur
Impf.	iuvārem	iuvārēmus	iuvārer	iuvārēmur
	iuvārēs	iuvārētis	iuvārēris (-re)	iuvārēminī
	iuvāret	iuvārent	iuvārētur	iuvārentur

Perf.	iūverim	iūverimus	iūtus	sim	iūtī	sīmus
	iūveris	iūveritis	(-a, -um)	sīs	(-ae, -a)	sītis
	iūverit	iūverint		sit		sint
Plup.	iūvissem	iūvissēmus	iūtus	essem	iūtī	essēmus
	iūvissēs	iūvissētis	(-a, -um)	essēs	(-ae, -a)	essētis
	iūvisset	iūvissent		esset		essent

IMPERATIVE			

Pres.	iuvā	iuvāte		

INFINITIVE			

Pres.	iuvāre	iuvārī
Perf.	iūvisse	iūtus (-a, -um) esse
Fut.	iūtūrus (-a, -um) esse	

PARTICIPLE			

Pres.	iuvāns, (-tis)	
Perf.		iūtus (-a, -um)
Fut.	iūtūrus (-a, -um)	iuvandus (-a, -um) (GERUNDIVE)

GERUND iuvandī, -ō, -um, -ō   SUPINE iūtum, -ū

Alternate forms: **iuerint** = iuverint; **iuvaturus** = iuturus
Compounds and related words: **adiuto (1)** to help; **adiutor, -is, m.** helper; **adiuvo (1)** to help
Model sentence: *Forsan et haec olim meminisse **iuvabit**.* —Vergil

lābor

slip, glide

ACTIVE

INDICATIVE

Pres.	lābor	lābimur
	lāberis (-re)	lābiminī
	lābitur	lābuntur
Impf.	lābēbar	lābēbāmur
	lābēbāris (-re)	lābēbāminī
	lābēbātur	lābēbantur
Fut.	lābar	lābēmur
	lābēris (-re)	lābēminī
	lābētur	lābentur
Perf.	lapsus sum	lapsī sumus
	(-a, -um) es	(-ae, -a) estis
	est	sunt
Plup.	lapsus eram	lapsī erāmus
	(-a, -um) erās	(-ae, -a) erātis
	erat	erant
Fut. *Perf.*	lapsus erō	lapsī erimus
	(-a, -um) eris	(-ae, -a) eritis
	erit	erunt

SUBJUNCTIVE

Pres.	lābar	lābāmur
	lābāris (-re)	lābāminī
	lābātur	lābantur
Impf.	lāberer	lāberēmur
	lāberēris (-re)	lāberēminī
	lāberētur	lāberentur
Perf.	lapsus sim	lapsī sīmus
	(-a, -um) sīs	(-ae, -a) sītis
	sit	sint
Plup.	lapsus essem	lapsī essēmus
	(-a, -um) essēs	(-ae, -a) essētis
	esset	essent

IMPERATIVE

Pres.	lābere	lābiminī

INFINITIVE

Pres.	lābī
Perf.	lapsus (-a, -um) esse
Fut.	lapsūrus (-a, -um) esse

PARTICIPLE

	Active	Passive
Pres.	lābēns, (-tis)	
Perf.	lapsus (-a, -um)	
Fut.	lapsūrus (-a, -um)	lābendus (-a, -um) (GERUNDIVE)

GERUND lābendī, -ō, -um, -ō   SUPINE lapsum, -ū

Alternate forms: **labier** = labi; **labundus** = labendus
Compounds and related words: **delabor (3)** to slip down; **elabor (3)** to escape, to slip out; **lapsus, -us, m.** slip; **prolabor (3)** to slip forward
Model sentence: *Eheu! Fugaces **labuntur** anni.* —Horace

230

work

	ACTIVE		PASSIVE	
			INDICATIVE	
Pres.	labōrō	labōrāmus		
	labōrās	labōrātis		
	labōrat	labōrant	labōrātur	labōrantur
Impf.	labōrābam	labōrābāmus		
	labōrābās	labōrābātis		
	labōrābat	labōrābant	labōrābātur	labōrābantur
Fut.	labōrābō	labōrābimus		
	labōrābis	labōrābitis		
	labōrābit	labōrābunt	labōrābitur	labōrābuntur
Perf.	labōrāvī	labōrāvimus		
	labōrāvistī	labōrāvistis		
	labōrāvit	labōrāvērunt (-ēre)	labōrātus (-a, -um) est	labōrātī (-ae, -a) sunt
Plup.	labōrāveram	labōrāverāmus		
	labōrāverās	labōrāverātis		
	labōrāverat	labōrāverant	labōrātus (-a, -um) erat	labōrātī (-ae, -a) erant
Fut.	labōrāverō	labōrāverimus		
Perf.	labōrāveris	labōrāveritis		
	labōrāverit	labōrāverint	labōrātus (-a, -um) erit	labōrātī (-ae, -a) erunt
			SUBJUNCTIVE	
Pres.	labōrem	labōrēmus		
	labōrēs	labōrētis		
	labōret	labōrent	labōrētur	labōrentur
Impf.	labōrārem	labōrārēmus		
	labōrārēs	labōrārētis		
	labōrāret	labōrārent	labōrārētur	labōrārentur
Perf.	labōrāverim	labōrāverimus		
	labōrāveris	labōrāveritis		
	labōrāverit	labōrāverint	labōrātus (-a, -um) sit	labōrātī (-ae, -a) sint
Plup.	labōrāvissem	labōrāvissēmus		
	labōrāvissēs	labōrāvissētis		
	labōrāvisset	labōrāvissent	labōrātus (-a, -um) esset	labōrātī (-ae, -a) essent
			IMPERATIVE	
Pres.	labōrā	labōrāte		
			INFINITIVE	
Pres.	labōrāre		labōrārī	
Perf.	labōrāvisse		labōrātus (-a, -um) esse	
Fut.	labōrātūrus (-a, -um) esse			
			PARTICIPLE	
Pres.	labōrāns, (-tis)			
Perf.			labōrātus (-a, -um)	
Fut.	labōrātūrus (-a, -um)		labōrandus (-a, -um) (GERUNDIVE)	

GERUND labōrandī, -ō, -um, -ō   SUPINE labōrātum, -ū

Compounds and related words: **elaboro (1)** to exert oneself; **labor, -is, m.** work; **laboriosus, -a, -um** laborious

Model sentence: *Si magna res esset, non magis **laborarem.*** —Cicero

lacerō

mutilate, torture, ruin

ACTIVE   PASSIVE

INDICATIVE

	ACTIVE		PASSIVE	
Pres.	lacerō	lacerāmus	laceror	lacerāmur
	lacerās	lacerātis	lacerāris (-re)	lacerāminī
	lacerat	lacerant	lacerātur	lacerantur
Impf.	lacerābam	lacerābāmus	lacerābar	lacerābāmur
	lacerābās	lacerābātis	lacerābāris (-re)	lacerābāminī
	lacerābat	lacerābant	lacerābātur	lacerābantur
Fut.	lacerābo	lacerābimus	lacerābor	lacerābimur
	lacerābis	lacerābitis	lacerāberis (-re)	lacerābiminī
	lacerābit	lacerābunt	lacerābitur	lacerābuntur
Perf.	lacerāvī	lacerāvimus	lacerātus sum	lacerātī sumus
	lacerāvistī	lacerāvistis	(-a, -um) es	(-ae, -a) estis
	lacerāvit	lacerāvērunt (-ēre)	est	sunt
Plup.	lacerāveram	lacerāverāmus	lacerātus eram	lacerātī erāmus
	lacerāverās	lacerāverātis	(-a, -um) erās	(-ae, -a) erātis
	lacerāverat	lacerāverant	erat	erant
Fut.	lacerāverō	lacerāverimus	lacerātus erō	lacerātī erimus
Perf.	lacerāveris	lacerāveritis	(-a, -um) eris	(-ae, -a) eritis
	lacerāverit	lacerāverint	erit	erunt

SUBJUNCTIVE

	ACTIVE		PASSIVE	
Pres.	lacerem	lacerēmus	lacerer	lacerēmur
	lacerēs	lacerētis	lacerēris (-re)	lacerēminī
	laceret	lacerent	lacerētur	lacerentur
Impf.	lacerārem	lacerārēmus	lacerārer	lacerārēmur
	lacerārēs	lacerārētis	lacerārēris (-re)	lacerārēminī
	lacerāret	lacerārent	lacerārētur	lacerārentur
Perf.	lacerāverim	lacerāverimus	lacerātus sim	lacerātī sīmus
	lacerāveris	lacerāveritis	(-a, -um) sīs	(-ae, -a) sītis
	lacerāverit	lacerāverint	sit	sint
Plup.	lacerāvissem	lacerāvissēmus	lacerātus essem	lacerātī essēmus
	lacerāvissēs	lacerāvissētis	(-a, -um) essēs	(-ae, -a) essētis
	lacerāvisset	lacerāvissent	esset	essent

IMPERATIVE

	ACTIVE		PASSIVE
Pres.	lacerā	lacerāte	

INFINITIVE

	ACTIVE	PASSIVE
Pres.	lacerāre	lacerārī
Perf.	lacerāvisse	lacerātus (-a, -um) esse
Fut.	lacerātūrus (-a, -um) esse	

PARTICIPLE

	ACTIVE	PASSIVE
Pres.	lacerāns, (-tis)	
Perf.		lacerātus (-a, -um)
Fut.	lacerātūrus (-a, -um)	lacerandus (-a, -um) (GERUNDIVE)

GERUND lacerandī, -ō, -um, -ō   SUPINE lacerātum, -ū

Model sentence: *Daedale, Lucano cum sic **lacereris** ab urso,*
Quam cuperes pinnas nunc habuisse tuas! —Martial

<table>
<tr><td colspan="2" align="center">ACTIVE</td><td colspan="2" align="center">PASSIVE</td></tr>
</table>

			INDICATIVE		

	ACTIVE		PASSIVE	
Pres.	laedō	laedimus	laedor	laedimur
	laedis	laeditis	laederis (-re)	laediminī
	laedit	laedunt	laeditur	laeduntur
Impf.	laedēbam	laedēbāmus	laedēbar	laedēbāmur
	laedēbās	laedēbātis	laedēbāris (-re)	laedēbāminī
	laedēbat	laedēbant	laedēbātur	laedēbantur
Fut.	laedam	laedēmus	laedar	laedēmur
	laedēs	laedētis	laedēris (-re)	laedēminī
	laedet	laedent	laedētur	laedentur
Perf.	laesī	laesimus	laesus sum	laesī sumus
	laesistī	laesistis	(-a, -um) es	(-ae, -a) estis
	laesit	laesērunt (-ēre)	est	sunt
Plup.	laeseram	laeserāmus	laesus eram	laesī erāmus
	laeserās	laeserātis	(-a, -um) erās	(-ae, -a) erātis
	laeserat	laeserant	erat	erant
Fut.	laeserō	laeserimus	laesus erō	laesī erimus
Perf.	laeseris	laeseritis	(-a, -um) eris	(-ae, -a) eritis
	laeserit	laeserint	erit	erunt

			SUBJUNCTIVE		

	ACTIVE		PASSIVE	
Pres.	laedam	laedāmus	laedar	laedāmur
	laedās	laedātis	laedāris (-re)	laedāminī
	laedat	laedant	laedātur	laedantur
Impf.	laederem	laederēmus	laederer	laederēmur
	laederēs	laederētis	laederēris (-re)	laederēminī
	laederet	laederent	laederētur	laederentur
Perf.	laeserim	laeserimus	laesus sim	laesī sīmus
	laeseris	laeseritis	(-a, -um) sīs	(-ae, -a) sītis
	laeserit	laeserint	sit	sint
Plup.	laesissem	laesissēmus	laesus essem	laesī essēmus
	laesissēs	laesissētis	(-a, -um) essēs	(-ae, -a) essētis
	laesisset	laesissent	esset	essent

		IMPERATIVE	
Pres.	laede	laedite	

		INFINITIVE	
Pres.	laedere	laedī	
Perf.	laesisse	laesus (-a, -um) esse	
Fut.	laesūrus (-a, -um) esse		

		PARTICIPLE	
Pres.	laedēns, (-tis)		
Perf.		laesus (-a, -um)	
Fut.	laesūrus (-a, -um)	laedendus (-a, -um) (GERUNDIVE)	

GERUND laedendī, -ō, -um, -ō   SUPINE laesum, -ū

Compounds and related words: **laesio, -onis, f.** an injuring; **laesura, -ae, f.** an injuring
Model sentence: *Proprium humani ingenii est odisse quem **laeseris**.* —Tacitus

laetō

laetō, laetāre, laetāvī, laetātum

make joyful (passive: rejoice)

	ACTIVE		PASSIVE	
		INDICATIVE		
Pres.	laetō	laetāmus	laetor	laetāmur
	laetās	laetātis	laetāris (-re)	laetāminī
	laetat	laetant	laetātur	laetantur
Impf.	laetābam	laetābāmus	laetābar	laetābāmur
	laetābās	laetābātis	laetābāris (-re)	laetābāminī
	laetābat	laetābant	laetābātur	laetābantur
Fut.	laetābo	laetābimus	laetābor	laetābimur
	laetābis	laetābitis	laetāberis (-re)	laetābiminī
	laetābit	laetābunt	laetābitur	laetābuntur
Perf.	laetāvī	laetāvimus	laetātus sum	laetātī sumus
	laetāvistī	laetāvistis	(-a, -um) es	(-ae, -a) estis
	laetāvit	laetāvērunt (-ēre)	est	sunt
Plup.	laetāveram	laetāverāmus	laetātus eram	laetātī erāmus
	laetāverās	laetāverātis	(-a, -um) erās	(-ae, -a) erātis
	laetāverat	laetāverant	erat	erant
Fut.	laetāverō	laetāverimus	laetātus erō	laetātī erimus
Perf.	laetāveris	laetāveritis	(-a, -um) eris	(-ae, -a) eritis
	laetāverit	laetāverint	erit	erunt
		SUBJUNCTIVE		
Pres.	laetem	laetēmus	laeter	laetēmur
	laetēs	laetētis	laetēris (-re)	laetēminī
	laetet	laetent	laetētur	laetentur
Impf.	laetārem	laetārēmus	laetārer	laetārēmur
	laetārēs	laetārētis	laetārēris (-re)	laetārēminī
	laetāret	laetārent	laetārētur	laetārentur
Perf.	laetāverim	laetāverimus	laetātus sim	laetātī sīmus
	laetāveris	laetāveritis	(-a, -um) sīs	(-ae, -a) sītis
	laetāverit	laetāverint	sit	sint
Plup.	laetāvissem	laetāvissēmus	laetātus essem	laetātī essēmus
	laetāvissēs	laetāvissētis	(-a, -um) essēs	(-ae, -a) essētis
	laetāvisset	laetāvissent	esset	essent
		IMPERATIVE		
Pres.	laetā	laetāte		
		INFINITIVE		
Pres.	laetāre		laetārī	
Perf.	laetāvisse		laetātus (-a, -um) esse	
Fut.	laetātūrus (-a, -um) esse			
		PARTICIPLE		
Pres.	laetāns, (-tis)			
Perf.			laetātus (-a, -um)	
Fut.	laetātūrus (-a, -um)		laetandus (-a, -um) (GERUNDIVE)	

GERUND laetandī, -ō, -um, -ō   SUPINE laetātum, -ū

Usage notes: passive forms also deponent
Compounds and related words: **laetifico (1)** to gladden; **laetitia, -ae, f.** happiness; **laetus, -a, -um** happy
Model sentence: ***Laetaris** tu in omnium gemitu.* —Cicero

ACTIVE

INDICATIVE

Pres.	lateō	latēmus
	latēs	latētis
	latet	latent
Impf.	latēbam	latēbāmus
	latēbās	latēbātis
	latēbat	latēbant
Fut.	latēbo	latēbimus
	latēbis	latēbitis
	latēbit	latēbunt
Perf.	latuī	latuimus
	latuistī	latuistis
	latuit	latuērunt (-ēre)
Plup.	latueram	latuerāmus
	latuerās	latuerātis
	latuerat	latuerant
Fut.	latuerō	latuerimus
Perf.	latueris	latueritis
	latuerit	latuerint

SUBJUNCTIVE

Pres.	lateam	lateāmus
	lateās	lateātis
	lateat	lateant
Impf.	latērem	latērēmus
	latērēs	latērētis
	latēret	latērent
Perf.	latuerim	latuerimus
	latueris	latueritis
	latuerit	latuerint
Plup.	latuissem	latuissēmus
	latuissēs	latuissētis
	latuisset	latuissent

IMPERATIVE

Pres.	latē	latēte

INFINITIVE

Pres.	latēre
Perf.	latuisse
Fut.	

PARTICIPLE

Pres.	latēns, (-tis)
Perf.	
Fut.	latendus (-a, -um) (GERUNDIVE)

GERUND latendī, -ō, -um, -ō SUPINE

Compounds and related words: **latebra, -ae, f.** a hiding place; **latebrosus, -a, -um** full of hiding places
Model sentence: *Nec sunt grata tibi gaudia si qua **latent**.* —Martial

praise

	ACTIVE			PASSIVE	
			INDICATIVE		
Pres.	laudō	laudāmus		laudor	laudāmur
	laudās	laudātis		laudāris (-re)	laudāminī
	laudat	laudant		laudātur	laudantur
Impf.	laudābam	laudābāmus		laudābar	laudābāmur
	laudābās	laudābātis		laudābāris (-re)	laudābāminī
	laudābat	laudābant		laudābātur	laudābantur
Fut.	laudābō	laudābimus		laudābor	laudābimur
	laudābis	laudābitis		laudāberis (-re)	laudābiminī
	laudābit	laudābunt		laudābitur	laudābuntur
Perf.	laudāvī	laudāvimus		laudātus sum	laudātī sumus
	laudāvistī	laudāvistis		(-a, -um) es	(-ae, -a) estis
	laudāvit	laudāvērunt (-ēre)		est	sunt
Plup.	laudāveram	laudāverāmus		laudātus eram	laudātī erāmus
	laudāverās	laudāverātis		(-a, -um) erās	(-ae, -a) erātis
	laudāverat	laudāverant		erat	erant
Fut.	laudāverō	laudāverimus		laudātus erō	laudātī erimus
Perf.	laudāveris	laudāveritis		(-a, -um) eris	(-ae, -a) eritis
	laudāverit	laudāverint		erit	erunt
			SUBJUNCTIVE		
Pres.	laudem	laudēmus		lauder	laudēmur
	laudēs	laudētis		laudēris (-re)	laudēminī
	laudet	laudent		laudētur	laudentur
Impf.	laudārem	laudārēmus		laudārer	laudārēmur
	laudārēs	laudārētis		laudārēris (-re)	laudārēminī
	laudāret	laudārent		laudārētur	laudārentur
Perf.	laudāverim	laudāverimus		laudātus sim	laudātī sīmus
	laudāveris	laudāveritis		(-a, -um) sīs	(-ae, -a) sītis
	laudāverit	laudāverint		sit	sint
Plup.	laudāvissem	laudāvissēmus		laudātus essem	laudātī essēmus
	laudāvissēs	laudāvissētis		(-a, -um) essēs	(-ae, -a) essētis
	laudāvisset	laudāvissent		esset	essent
			IMPERATIVE		
Pres.	laudā	laudāte			
			INFINITIVE		
Pres.	laudāre			laudārī	
Perf.	laudāvisse			laudātus (-a, -um) esse	
Fut.	laudātūrus (-a, -um) esse				
			PARTICIPLE		
Pres.	laudāns, (-tis)				
Perf.				laudātus (-a, -um)	
Fut.	laudātūrus (-a, -um)			laudandus (-a, -um) (GERUNDIVE)	

GERUND laudandī, -ō, -um, -ō   SUPINE laudātum, -ū

Compounds and related words: **laudabilis, -e** praiseworthy; **laus, laudis, f.** praise
Model sentence: *Probitas laudatur et alget.* —Juvenal

ACTIVE		PASSIVE	

INDICATIVE

Pres.	lavō	lavāmus	lavor	lavāmur	
	lavās	lavātis	lavāris (-re)	lavāminī	
	lavat	lavant	lavātur	lavantur	
Impf.	lavābam	lavābāmus	lavābar	lavābāmur	
	lavābās	lavābātis	lavābāris (-re)	lavābāminī	
	lavābat	lavābant	lavābātur	lavābantur	
Fut.	lavābo	lavābimus	lavābor	lavābimur	
	lavābis	lavābitis	lavāberis (-re)	lavābiminī	
	lavābit	lavābunt	lavābitur	lavābuntur	
Perf.	lāvī	lāvimus	lautus　sum	lautī　sumus	
	lāvistī	lāvistis	(-a, -um) es	(-ae, -a) estis	
	lāvit	lāvērunt (-ēre)	est	sunt	
Plup.	lāveram	lāverāmus	lautus　eram	lautī　erāmus	
	lāverās	lāverātis	(-a, -um) erās	(-ae, -a) erātis	
	lāverat	lāverant	erat	erant	
Fut.	lāverō	lāverimus	lautus　erō	lautī　erimus	
Perf.	lāveris	lāveritis	(-a, -um) eris	(-ae, -a) eritis	
	lāverit	lāverint	erit	erunt	

SUBJUNCTIVE

Pres.	lavem	lavēmus	laver	lavēmur	
	lavēs	lavētis	lavēris (-re)	lavēminī	
	lavet	lavent	lavētur	laventur	
Impf.	lavārem	lavārēmus	lavārer	lavārēmur	
	lavārēs	lavārētis	lavārēris (-re)	lavārēminī	
	lavāret	lavārent	lavārētur	lavārentur	
Perf.	lāverim	lāverimus	lautus　sim	lautī　sīmus	
	lāveris	lāveritis	(-a, -um) sīs	(-ae, -a) sītis	
	lāverit	lāverint	sit	sint	
Plup.	lāvissem	lāvissēmus	lautus　essem	lautī　essēmus	
	lāvissēs	lāvissētis	(-a, -um) essēs	(-ae, -a) essētis	
	lāvisset	lāvissent	esset	essent	

IMPERATIVE

Pres.	lavā	lavāte	

INFINITIVE

Pres.	lavāre	lavārī
Perf.	lāvisse	lautus (-a, -um) esse
Fut.	lautūrus (-a, -um) esse	

PARTICIPLE

Pres.	lavāns, (-tis)	
Perf.		lautus (-a, -um)
Fut.	lautūrus (-a, -um)	lavandus (-a, -um) (GERUNDIVE)

GERUND lavandī, -ō, -um, -ō　SUPINE lavātum, -ū

Usage notes: supine always **lavatum**
Alternate forms: **lavatum** = lautum; **lavere (3)** = lavare; **lavis** = lavas; **lotum** = lautum
Compounds and related words: **lautus, -a, -um** washed, elegant; **lavabrum, -i, n.** a washing tub;
　　lavacrum, -i, n. a bath; **lavatio, -onis, f.** a bath; **lavito (1)** to bathe
Model Sentence: *Is lavatum in balineas.* —Plautus

legō

choose, read

	ACTIVE		PASSIVE	
INDICATIVE				
Pres.	legō	legimus	legor	legimur
	legis	legitis	legeris (-re)	legiminī
	legit	legunt	legitur	leguntur
Impf.	legēbam	legēbāmus	legēbar	legēbāmur
	legēbās	legēbātis	legēbāris (-re)	legēbāminī
	legēbat	legēbant	legēbātur	legēbantur
Fut.	legam	legēmus	legar	legēmur
	legēs	legētis	legēris (-re)	legēminī
	leget	legent	legētur	legentur
Perf.	lēgī	lēgimus	lēctus sum	lēctī sumus
	lēgistī	lēgistis	(-a, -um) es	(-ae, -a) estis
	lēgit	lēgērunt (-ēre)	est	sunt
Plup.	lēgeram	lēgerāmus	lēctus eram	lēctī erāmus
	lēgerās	lēgerātis	(-a, -um) erās	(-ae, -a) erātis
	lēgerat	lēgerant	erat	erant
Fut. Perf.	lēgerō	lēgerimus	lēctus erō	lēctī erimus
	lēgeris	lēgeritis	(-a, -um) eris	(-ae, -a) eritis
	lēgerit	lēgerint	erit	erunt
SUBJUNCTIVE				
Pres.	legam	legāmus	legar	legāmur
	legās	legātis	legāris (-re)	legāminī
	legat	legant	legātur	legantur
Impf.	legerem	legerēmus	legerer	legerēmur
	legerēs	legerētis	legerēris (-re)	legerēminī
	legeret	legerent	legerētur	legerentur
Perf.	lēgerim	lēgerimus	lēctus sim	lēctī sīmus
	lēgeris	lēgeritis	(-a, -um) sīs	(-ae, -a) sītis
	lēgerit	lēgerint	sit	sint
Plup.	lēgissem	lēgissēmus	lēctus essem	lēctī essēmus
	lēgissēs	lēgissētis	(-a, -um) essēs	(-ae, -a) essētis
	lēgisset	lēgissent	esset	essent
IMPERATIVE				
Pres.	lege	legite		
INFINITIVE				
Pres.	legere		legī	
Perf.	lēgisse		lēctus (-a, -um) esse	
Fut.	lēctūrus (-a, -um) esse			
PARTICIPLE				
Pres.	legēns, (-tis)			
Perf.			lēctus (-a, -um)	
Fut.	lēctūrus (-a, -um)		legendus (-a, -um) (GERUNDIVE)	

GERUND legendī, -ō, -um, -ō   SUPINE lēctum, -ū

Compounds and related words: **colligo (3), collegi, collectum** to gather; **deligo (3)** to select; **diligo (3), dilexi, dilectum** to love; **eligo (3)** to pick out; **intellego (3)** to understand; **lectio, -onis, f.** selecting; **lector, -is, m.** reader; **legatus, -i, m.** delegate; **legio, -onis, f.** legion; **lego (1)** to commission; **neglego (3)** to neglect; **perlego (3)** to read through
Model sentence: *Hic est quem legis ille, quem requiris, toto notus in orbe Martialis.* —Martial

it is pleasing

	ACTIVE	PASSIVE
		INDICATIVE
Pres.	libet	
Impf.	libēbat	
Fut.	libēbit	
Perf.	libuit	libitum est
Plup.	libuerat	libitum erat
Fut. Perf.	libuerit	libitum erit
		SUBJUNCTIVE
Pres.	libeat	
Impf.	libēret	
Perf.	libuerit	libitum sit
Plup.	libuisset	libitum esset
		IMPERATIVE
Pres.		
		INFINITIVE
Pres.	libēre	
Perf.	libuisse	libitum esse
Fut.	libitūrum esse	
		PARTICIPLE
Pres.	libēns, (-tis)	
Perf.		libitus (-a, -um)
Fut.	libitūrus (-a, -um)	libendus (-a, -um) (GERUNDIVE)

GERUND libendī, -ō, -um, -ō   SUPINE libitum, -ū

Usage notes: impersonal generally used with a **dative**
Alternate forms: **lubet, lubere (2)** = libet, libere (2)
Compounds and related words: **libens, -ntis** willing; **libido, -inis,** desire; **quilibet** any
Model sentence: *Quod tibi **lubet**, idem mihi **lubet**.* —Plautus

lībō

taste, make a libation, dedicate, diminish

ACTIVE			PASSIVE	
INDICATIVE				
Pres.	lībō	lībāmus	lībor	lībāmur
	lībās	lībātis	lībāris (-re)	lībāminī
	lībat	lībant	lībātur	lībantur
Impf.	lībābam	lībābāmus	lībābar	lībābāmur
	lībābās	lībābātis	lībābāris (-re)	lībābāminī
	lībābat	lībābant	lībābātur	lībābantur
Fut.	lībābo	lībābimus	lībābor	lībābimur
	lībābis	lībābitis	lībāberis (-re)	lībābiminī
	lībābit	lībābunt	lībābitur	lībābuntur
Perf.	lībāvī	lībāvimus	lībātus sum	lībātī sumus
	lībāvistī	lībāvistis	(-a, -um) es	(-ae, -a) estis
	lībāvit	lībāvērunt (-ēre)	est	sunt
Plup.	lībāveram	lībāverāmus	lībātus eram	lībātī erāmus
	lībāverās	lībāverātis	(-a, -um) erās	(-ae, -a) erātis
	lībāverat	lībāverant	erat	erant
Fut.	lībāverō	lībāverimus	lībātus erō	lībātī erimus
Perf.	lībāveris	lībāveritis	(-a, -um) eris	(-ae, -a) eritis
	lībāverit	lībāverint	erit	erunt
SUBJUNCTIVE				
Pres.	lībem	lībēmus	lībēr	lībēmur
	lībēs	lībētis	lībēris (-re)	lībēminī
	lībet	lībent	lībētur	lībentur
Impf.	lībārem	lībārēmus	lībārer	lībārēmur
	lībārēs	lībārētis	lībārēris (-re)	lībārēminī
	lībāret	lībārent	lībārētur	lībārentur
Perf.	lībāverim	lībāverimus	lībātus sim	lībātī sīmus
	lībāveris	lībāveritis	(-a, -um) sīs	(-ae, -a) sītis
	lībāverit	lībāverint	sit	sint
Plup.	lībāvissem	lībāvissēmus	lībātus essem	lībātī essēmus
	lībāvissēs	lībāvissētis	(-a, -um) essēs	(-ae, -a) essētis
	lībāvisset	lībāvissent	esset	essent
IMPERATIVE				
Pres.	lībā	lībāte		
INFINITIVE				
Pres.	lībāre		lībārī	
Perf.	lībāvisse		lībātus (-a, -um) esse	
Fut.	lībātūrus (-a, -um) esse			
PARTICIPLE				
Pres.	lībāns, (-tis)			
Perf.			lībātus (-a, -um)	
Fut.	lībātūrus (-a, -um)		lībandus (-a, -um) (GERUNDIVE)	

GERUND lībandī, -ō, -um, -ō   SUPINE lībātum, -ū

Model sentence: *Sepulchrum mei Tlepolemi tuo luminum cruore **libabo**.* —Appuleius

240

is allowed, is permitted, may (Impers.)

ACTIVE

INDICATIVE

Pres.

        licet

Impf.

        licēbat

Fut.

        licēbit

Perf.

        licuit or licitum est

Plup.

        licuerat

Fut.
Perf.

        licuerit

SUBJUNCTIVE

Pres.

        liceat

Impf.

        licēret

Perf.

        licuerit

Plup.

        licuisset

IMPERATIVE

Pres.

INFINITIVE

Pres.   licēre
Perf.   licuisse
Fut.   licitūrum esse

PARTICIPLE

Pres.
Perf.
Fut.

GERUND   SUPINE

Usage notes: impersonal, with **dative** of person given permission
Alternate forms: **licessit** = licuerit
Compounds and related words: **licentia, -ae, f.** license; **scilicet** of course; **videlicet** clearly
Model sentence: *Non **licet** omnibus adire Corinthum.* —Horace

ligō

tie, bind

ACTIVE		PASSIVE	
INDICATIVE			

Pres.	ligō	ligāmus	ligor	ligāmur
	ligās	ligātis	ligāris (-re)	ligāminī
	ligat	ligant	ligātur	ligantur
Impf.	ligābam	ligābāmus	ligābar	ligābāmur
	ligābās	ligābātis	ligābāris (-re)	ligābāminī
	ligābat	ligābant	ligābātur	ligābantur
Fut.	ligābo	ligābimus	ligābor	ligābimur
	ligābis	ligābitis	ligāberis (-re)	ligābiminī
	ligābit	ligābunt	ligābitur	ligābuntur
Perf.	ligāvī	ligāvimus	ligātus sum	ligātī sumus
	ligāvistī	ligāvistis	(-a, -um) es	(-ae, -a) estis
	ligāvit	ligāvērunt (-ēre)	est	sunt
Plup.	ligāveram	ligāverāmus	ligātus eram	ligātī erāmus
	ligāverās	ligāverātis	(-a, -um) erās	(-ae, -a) erātis
	ligāverat	ligāverant	erat	erant
Fut.	ligāverō	ligāverimus	ligātus erō	ligātī erimus
Perf.	ligāveris	ligāveritis	(-a, -um) eris	(-ae, -a) eritis
	ligāverit	ligāverint	erit	erunt

SUBJUNCTIVE			
Pres.	ligem	ligēmus	liger	ligēmur
	ligēs	ligētis	ligēris (-re)	ligēminī
	liget	ligent	ligētur	ligentur
Impf.	ligārem	ligārēmus	ligārer	ligārēmur
	ligārēs	ligārētis	ligārēris (-re)	ligārēminī
	ligāret	ligārent	ligārētur	ligārentur
Perf.	ligāverim	ligāverimus	ligātus sim	ligātī sīmus
	ligāveris	ligāveritis	(-a, -um) sīs	(-ae, -a) sītis
	ligāverit	ligāverint	sit	sint
Plup.	ligāvissem	ligāvissēmus	ligātus essem	ligātī essēmus
	ligāvissēs	ligāvissētis	(-a, -um) essēs	(-ae, -a) essētis
	ligāvisset	ligāvissent	esset	essent

IMPERATIVE			
Pres.	ligā	ligāte		

INFINITIVE		
Pres.	ligāre	ligārī
Perf.	ligāvisse	ligātus (-a, -um) esse
Fut.	ligātūrus (-a, -um) esse	

PARTICIPLE		
Pres.	ligāns, (-tis)	
Perf.		ligātus (-a, -um)
Fut.	ligātūrus (-a, -um)	ligandus (-a, -um) (GERUNDIVE)

GERUND ligandī, -ō, -um, -ō SUPINE ligātum, -ū

Compounds and related words: **alligo (1)** to tie to; **colligo (1)** to tie up; **lex, legis, f.** law; **religio, -onis, f.** religious scruple; **religiosus, -a, -um** scrupulous; **religo (1)** to tie up
Model sentence: *Balteus loricam **ligat.*** —Valerius Flaccus

leave

	ACTIVE			PASSIVE	
			INDICATIVE		
Pres.	linquō	linquimus		linquor	linquimur
	linquis	linquitis		linqueris (-re)	linquiminī
	linquit	linquunt		linquitur	linquuntur
Impf.	linquēbam	linquēbāmus		linquēbar	linquēbāmur
	linquēbās	linquēbātis		linquēbāris (-re)	linquēbāminī
	linquēbat	linquēbant		linquēbātur	linquēbantur
Fut.	linquam	linquēmus		linquar	linquēmur
	linquēs	linquētis		linquēris (-re)	linquēminī
	linquet	linquent		linquētur	linquentur
Perf.	līquī	līquimus		lictus sum	lictī sumus
	līquistī	līquistis		(-a, -um) es	(-ae, -a) estis
	līquit	līquērunt (-ēre)		est	sunt
Plup.	līqueram	līquerāmus		lictus eram	lictī erāmus
	līquerās	līquerātis		(-a, -um) erās	(-ae, -a) erātis
	līquerat	līquerant		erat	erant
Fut.	līquerō	līquerimus		lictus erō	lictī erimus
Perf.	līqueris	līqueritis		(-a, -um) eris	(-ae, -a) eritis
	līquerit	līquerint		erit	erunt
			SUBJUNCTIVE		
Pres.	linquam	linquāmus		linquar	linquāmur
	linquās	linquātis		linquāris (-re)	linquāminī
	linquat	linquant		linquātur	linquantur
Impf.	linquerem	linquerēmus		linquerer	linquerēmur
	linquerēs	linquerētis		linquerēris (-re)	linquerēminī
	linqueret	linquerent		linquerētur	linquerentur
Perf.	līquerim	līquerimus		lictus sim	lictī sīmus
	līqueris	līqueritis		(-a, -um) sīs	(-ae, -a) sītis
	līquerit	līquerint		sit	sint
Plup.	līquissem	līquissēmus		lictus essem	lictī essēmus
	līquissēs	līquissētis		(-a, -um) essēs	(-ae, -a) essētis
	līquisset	līquissent		esset	essent
			IMPERATIVE		
Pres.	linque	linquite			
			INFINITIVE		
Pres.	linquere			linquī	
Perf.	līquisse			lictus (-a, -um) esse	
Fut.	lictūrus (-a, -um) esse				
			PARTICIPLE		
Pres.	linquēns, (-tis)				
Perf.				lictus (-a, -um)	
Fut.	lictūrus (-a, -um)			linquendus (-a, -um) (GERUNDIVE)	

GERUND linquendī, -ō, -um, -ō   SUPINE lictum, -ū

Usage notes: third person singular also used impersonally
Compounds and related words: **delinquo (3)** to leave behind; **derelinquo (3)** to abandon; **relinquo (3)** to leave behind; **reliquiae, -arum, f. pl.** remains; **reliquus, -a, -um** remaining
Model sentence: *Urbem exsul **linquat.*** —Plautus

243

place, lend

<table>
<tr><th colspan="2" align="center">ACTIVE</th><th colspan="2" align="center">PASSIVE</th></tr>
<tr><td colspan="4" align="center">INDICATIVE</td></tr>
<tr><td>*Pres.*</td><td>locō
locās
locat</td><td>locāmus
locātis
locant</td><td>locor
locāris (-re)
locātur</td><td>locāmur
locāminī
locantur</td></tr>
</table>

	ACTIVE		PASSIVE	
		INDICATIVE		
Pres.	locō locās locat	locāmus locātis locant	locor locāris (-re) locātur	locāmur locāminī locantur
Impf.	locābam locābās locābat	locābāmus locābātis locābant	locābar locābāris (-re) locābātur	locābāmur locābāminī locābantur
Fut.	locābo locābis locābit	locābimus locābitis locābunt	locābor locāberis (-re) locābitur	locābimur locābiminī locābuntur
Perf.	locāvī locāvistī locāvit	locāvimus locāvistis locāvērunt (-ēre)	locātus sum (-a, -um) es est	locātī sumus (-ae, -a) estis sunt
Plup.	locāveram locāverās locāverat	locāverāmus locāverātis locāverant	locātus eram (-a, -um) erās erat	locātī erāmus (-ae, -a) erātis erant
Fut. Perf.	locāverō locāveris locāverit	locāverimus locāveritis locāverint	locātus erō (-a, -um) eris erit	locātī erimus (-ae, -a) eritis erunt
		SUBJUNCTIVE		
Pres.	locem locēs locet	locēmus locētis locent	locer locēris (-re) locētur	locēmur locēminī locentur
Impf.	locārem locārēs locāret	locārēmus locārētis locārent	locārer locārēris (-re) locārētur	locārēmur locārēminī locārentur
Perf.	locāverim locāveris locāverit	locāverimus locāveritis locāverint	locātus sim (-a, -um) sīs sit	locātī sīmus (-ae, -a) sītis sint
Plup.	locāvissem locāvissēs locāvisset	locāvissēmus locāvissētis locāvissent	locātus essem (-a, -um) essēs esset	locātī essēmus (-ae, -a) essētis essent
		IMPERATIVE		
Pres.	locā	locāte		
		INFINITIVE		
Pres.	locāre		locārī	
Perf.	locāvisse		locātus (-a, -um) esse	
Fut.	locātūrus (-a, -um) esse			
		PARTICIPLE		
Pres.	locāns, (-tis)			
Perf.			locātus (-a, -um)	
Fut.	locātūrus (-a, -um)		locandus (-a, -um) (GERUNDIVE)	

GERUND locandī, -ō, -um, -ō   SUPINE locātum, -ū

Alternate forms: **locassim** = locaverim; **locassint** = locaverint
Compounds and related words: **colloco (1)** to place; **conloco (1)** to arrange; **locuples, -pletis** wealthy; **locupleto (1)** to enrich; **locus, -i, m.** place
Model sentence: *Primos et extremos cum expeditis manipulis tribunos **locaverat**.* —Sallust

ACTIVE

INDICATIVE

Pres.	loquor	loquimur
	loqueris (-re)	loquiminī
	loquitur	loquuntur
Impf.	loquēbar	loquēbāmur
	loquēbāris (-re)	loquēbāminī
	loquēbātur	loquēbantur
Fut.	loquar	loquēmur
	loquēris (-re)	loquēminī
	loquētur	loquentur
Perf.	locūtus sum	locūtī sumus
	(-a, -um) es	(-ae, -a) estis
	est	sunt
Plup.	locūtus eram	locūtī erāmus
	(-a, -um) erās	(-ae, -a) erātis
	erat	erant
Fut.	locūtus erō	locūtī erimus
Perf.	(-a, -um) eris	(-ae, -a) eritis
	erit	erunt

SUBJUNCTIVE

Pres.	loquar	loquāmur
	loquāris (-re)	loquāminī
	loquātur	loquantur
Impf.	loquerer	loquerēmur
	loquerēris (-re)	loquerēminī
	loquerētur	loquerentur
Perf.	locūtus sim	locūtī sīmus
	(-a, -um) sīs	(-ae, -a) sītis
	sit	sint
Plup.	locūtus essem	locūtī essēmus
	(-a, -um) essēs	(-ae, -a) essētis
	esset	essent

IMPERATIVE

Pres.	loquere	loquiminī

INFINITIVE

Pres.	loquī
Perf.	locūtus (-a, -um) esse
Fut.	locūtūrus (-a, -um) esse

PARTICIPLE

	Active	Passive
Pres.	loquēns, (-tis)	
Perf.	locūtus (-a, -um)	
Fut.	locūtūrus (-a, -um)	loquendus (-a, -um) (GERUNDIVE)

GERUND loquendī, -ō, -um, -ō   SUPINE locūtum, -ū

Alternate forms: **loquier** = loqui   **loquutus** = locutus

Compounds and related words: **alloquor (3)** to address; **colloquor (3)** to converse; **eloquentia, -ae, f.** eloquence; **eloquium, -i, n.** eloquence; **eloquor (3)** to speak; **loquax, -acis** talkative

Model sentence: *Curae leves loquuntur ingentes student.* —Seneca

play

ACTIVE   PASSIVE

INDICATIVE

Pres.	lūdō	lūdimus	lūdor	lūdimur
	lūdis	lūditis	lūderis (-re)	lūdiminī
	lūdit	lūdunt	lūditur	lūduntur
Impf.	lūdēbam	lūdēbāmus	lūdēbar	lūdēbāmur
	lūdēbās	lūdēbātis	lūdēbāris (-re)	lūdēbāminī
	lūdēbat	lūdēbant	lūdēbātur	lūdēbantur
Fut.	lūdam	lūdēmus	lūdar	lūdēmur
	lūdēs	lūdētis	lūdēris (-re)	lūdēminī
	lūdet	lūdent	lūdētur	lūdentur
Perf.	lūsī	lūsimus	lūsus sum	lūsī sumus
	lūsistī	lūsistis	(-a, -um) es	(-ae, -a) estis
	lūsit	lūsērunt (-ēre)	est	sunt
Plup.	lūseram	lūserāmus	lūsus eram	lūsī erāmus
	lūserās	lūserātis	(-a, -um) erās	(-ae, -a) erātis
	lūserat	lūserant	erat	erant
Fut.	lūserō	lūserimus	lūsus erō	lūsī erimus
Perf.	lūseris	lūseritis	(-a, -um) eris	(-ae, -a) eritis
	lūserit	lūserint	erit	erunt

SUBJUNCTIVE

Pres.	lūdam	lūdāmus	lūdar	lūdāmur
	lūdās	lūdātis	lūdāris (-re)	lūdāminī
	lūdat	lūdant	lūdātur	lūdantur
Impf.	lūderem	lūderēmus	lūderer	lūderēmur
	lūderēs	lūderētis	lūderēris (-re)	lūderēminī
	lūderet	lūderent	lūderētur	lūderentur
Perf.	lūserim	lūserimus	lūsus sim	lūsī sīmus
	lūseris	lūseritis	(-a, -um) sīs	(-ae, -a) sītis
	lūserit	lūserint	sit	sint
Plup.	lūsissem	lūsissēmus	lūsus essem	lūsī essēmus
	lūsissēs	lūsissētis	(-a, -um) essēs	(-ae, -a) essētis
	lūsisset	lūsissent	esset	essent

IMPERATIVE

Pres.	lūde	lūdite	

INFINITIVE

Pres.	lūdere		lūdi
Perf.	lūsisse		lūsus (-a, -um) esse
Fut.	lūsūrus (-a, -um) esse		

PARTICIPLE

Pres.	lūdēns, (-tis)		
Perf.			lūsus (-a, -um)
Fut.	lūsūrus (-a, -um)		lūdendus (-a, -um) (GERUNDIVE)

GERUND lūdendī, -ō, -um, -ō   SUPINE lūsum, -ū

Usage notes: may be used with the **ablative** or the **accusative**
Alternate forms: **ludier** = ludi
Compounds and related words: **eludo (3)** to outmanoeuvre; **illudo (3)** to play; **ludibrium, -i, n.** mockery;
    ludus, -i, m. game
Model sentence: *Tutus et ingenti **ludit** in ore lepus.* —Martial

ACTIVE		PASSIVE	

INDICATIVE

	ACTIVE		PASSIVE	
Pres.	lūgeō	lūgēmus	lūgeor	lūgēmur
	lūgēs	lūgētis	lūgēris (-re)	lūgēminī
	lūget	lūgent	lūgētur	lūgentur
Impf.	lūgēbam	lūgēbāmus	lūgēbar	lūgēbāmur
	lūgēbās	lūgēbātis	lūgēbāris (-re)	lūgēbāminī
	lūgēbat	lūgēbant	lūgēbātur	lūgēbantur
Fut.	lūgēbo	lūgēbimus	lūgēbor	lūgēbimur
	lūgēbis	lūgēbitis	lūgēberis (-re)	lūgēbiminī
	lūgēbit	lūgēbunt	lūgēbitur	lūgēbuntur
Perf.	luxī	luximus		
	luxistī	luxistis		
	luxit	luxērunt (-ēre)		
Plup.	luxeram	luxerāmus		
	luxerās	luxerātis		
	luxerat	luxerant		
Fut. *Perf.*	luxerō	luxerimus		
	luxeris	luxeritis		
	luxerit	luxerint		

SUBJUNCTIVE

	ACTIVE		PASSIVE	
Pres.	lūgeam	lūgeāmus	lūgear	lūgeāmur
	lūgeās	lūgeātis	lūgeāris (-re)	lūgeāminī
	lūgeat	lūgeant	lūgeātur	lūgeantur
Impf.	lūgērem	lūgērēmus	lūgērer	lūgērēmur
	lūgērēs	lūgērētis	lūgērēris (-re)	lūgērēminī
	lūgēret	lūgērent	lūgērētur	lūgērentur
Perf.	luxerim	luxerimus		
	luxeris	luxeritis		
	luxerit	luxerint		
Plup.	luxissem	luxissēmus		
	luxissēs	luxissētis		
	luxisset	luxissent		

IMPERATIVE

	ACTIVE		PASSIVE
Pres.	lūgē	lūgēte	

INFINITIVE

	ACTIVE	PASSIVE
Pres.	lūgēre	lūgērī
Perf.	luxisse	
Fut.		

PARTICIPLE

	ACTIVE	PASSIVE
Pres.	lūgēns, (-tis)	
Perf.		
Fut.		lūgendus (-a, -um) (GERUNDIVE)

GERUND lūgendī, -ō, -um, -ō   SUPINE luctum, -ū

Alternate forms: **lugeri** (deponent); **luxti** = luxisti
Compounds and related words: **lugubris, -e** tearful
Model sentence: *Non **luget** quisquis laudari quaerit.* —Martial

release, pay, undergo

	ACTIVE		PASSIVE	
INDICATIVE				
Pres.	luō	luimus	luor	luimur
	luis	luitis	lueris (-re)	luiminī
	luit	luunt	luitur	luuntur
Impf.	luēbam	luēbāmus	luēbar	luēbāmur
	luēbās	luēbātis	luēbāris (-re)	luēbāminī
	luēbat	luēbant	luēbātur	luēbantur
Fut.	luam	luēmus	luar	luēmur
	luēs	luētis	lueris (-re)	luēminī
	luet	luent	luētur	luentur
Perf.	luī	luimus		
	luistī	luistis		
	luit	luērunt (-ēre)		
Plup.	lueram	luerāmus		
	luerās	luerātis		
	luerat	luerant		
Fut.	luerō	luerimus		
Perf.	lueris	lueritis		
	luerit	luerint		
SUBJUNCTIVE				
Pres.	luam	luāmus	luar	luāmur
	luās	luātis	luāris (-re)	luāminī
	luat	luant	luātur	luantur
Impf.	luerem	luerēmus	luerer	luerēmur
	luerēs	luerētis	luerēris (-re)	luerēminī
	lueret	luerent	luerētur	luerentur
Perf.	luerim	luerimus		
	lueris	lueritis		
	luerit	luerint		
Plup.	luissem	luissēmus		
	luissēs	luissētis		
	luisset	luissent		
IMPERATIVE				
Pres.	lue	luite		
INFINITIVE				
Pres.	luere		luī	
Perf.	luisse			
Fut.	luitūrus (-a, -um) esse			
PARTICIPLE				
Pres.	luēns, (-tis)			
Perf.				
Fut.	luitūrus (-a, -um)		luendus (-a, -um) (GERUNDIVE)	

GERUND luendī, -ō, -um, -ō   SUPINE

Compounds and related words: **abluo (3)** to wash; **alluo (3)** to wash; **alluvies, -ei, f.** overflow pool; **alluvio, -onis, f.** alluvial land

Model sentence: *Itaque mei peccati **luo** poenas.* —Cicero

248

lament (passive: be sad)

	ACTIVE		PASSIVE	
INDICATIVE				
Pres.	maereō	maerēmus	maereor	maerēmur
	maerēs	maerētis	maerēris (-re)	maerēminī
	maeret	maerent	maerētur	maerentur
Impf.	maerēbam	maerēbāmus	maerēbar	maerēbāmur
	maerēbās	maerēbātis	maerēbāris (-re)	maerēbāminī
	maerēbat	maerēbant	maerēbātur	maerēbantur
Fut.	maerēbo	maerēbimus	maerēbor	maerēbimur
	maerēbis	maerēbitis	maerēberis (-re)	maerēbiminī
	maerēbit	maerēbunt	maerēbitur	maerēbuntur
Perf.	maeruī	maeruimus		
	maeruistī	maeruistis		
	maeruit	maeruērunt (-ēre)		
Plup.	maerueram	maeruerāmus		
	maeruerās	maeruerātis		
	maeruerat	maeruerant		
Fut. Perf.	maeruerō	maeruerimus		
	maerueris	maerueritis		
	maeruerit	maeruerint		
SUBJUNCTIVE				
Pres.	maeream	maereāmus	maerear	maereāmur
	maereās	maereātis	maereāris (-re)	maereāminī
	maereat	maereant	maereātur	maereantur
Impf.	maerērem	maerērēmus	maerērer	maerērēmur
	maerērēs	maerērētis	maerērēris (-re)	maerērēminī
	maerēret	maerērent	maerērētur	maerērentur
Perf.	maeruerim	maeruerimus		
	maerueris	maerueritis		
	maeruerit	maeruerint		
Plup.	maeruissem	maeruissēmus		
	maeruissēs	maeruissētis		
	maeruisset	maeruissent		
IMPERATIVE				
Pres.	maerē	maerēte		
INFINITIVE				
Pres.	maerēre		maerērī	
Perf.	maeruisse			
Fut.				
PARTICIPLE				
Pres.	maerēns, (-tis)			
Perf.				
Fut.			maerendus (-a, -um) (GERUNDIVE)	

GERUND maerendī, -ō, -um, -ō   SUPINE

Usage notes: generally used with the **dative**; third person may be used impersonally
Alternate forms: **moereo** = maereo
Compounds and related words: **maestus, -a, -um** sad
Model sentence: *Maereat haec genero, maereat illa viro.* —Tibullus

choose, prefer

ACTIVE

INDICATIVE

Pres.	mālō	mālumus
	māvīs	māvultis
	māvult	mālunt
Impf.	mālēbam	mālēbāmus
	mālēbās	mālēbātis
	mālēbat	mālēbant
Fut.	mālam	mālēmus
	mālēs	mālētis
	mālet	mālent
Perf.	mālui	māluimus
	māluistī	māluistis
	māluit	māluērunt (-ēre)
Plup.	mālueram	māluerāmus
	māluerās	māluerātis
	māluerat	māluerant
Fut.	māluerō	māluerimus
Perf.	mālueris	mālueritis
	māluerit	māluerint

SUBJUNCTIVE

Pres.	mālim	mālimus
	mālis	mālitis
	mālit	mālint
Impf.	māllem	māllēmus
	māllēs	māllētis
	māllet	māllent
Perf.	māluerim	māluerimus
	mālueris	mālueritis
	māluerit	māluerint
Plup.	māluissem	māluissēmus
	māluissēs	māluissētis
	māluisset	māluissent

IMPERATIVE

Pres.

INFINITIVE

Pres.	mālle
Perf.	māluisse
Fut.	

PARTICIPLE

Pres.
Perf.
Fut.

GERUND   SUPINE

Alternate forms: **mavelim** = malim; **mavelis** = malis; **mavelit** = malit; **mavellem** = mallem; **mavolet** = malet; **mavolo** = malo; **mavoluit** = maluit; **mavolunt** = malunt
Compounds and related words: **nolo, nolle** to be unwilling; **volo, velle** to be willing
Model sentence: *Argiletanas **mavis** habitare tabernas.* —Martial

entrust, order

ACTIVE		PASSIVE	
INDICATIVE			

	ACTIVE		PASSIVE	
Pres.	mandō	mandāmus	mandor	mandāmur
	mandās	mandātis	mandāris (-re)	mandāminī
	mandat	mandant	mandātur	mandantur
Impf.	mandābam	mandābāmus	mandābar	mandābāmur
	mandābās	mandābātis	mandābāris (-re)	mandābāminī
	mandābat	mandābant	mandābātur	mandābantur
Fut.	mandābō	mandābimus	mandābor	mandābimur
	mandābis	mandābitis	mandāberis (-re)	mandābiminī
	mandābit	mandābunt	mandābitur	mandābuntur
Perf.	mandāvī	mandāvimus	mandātus sum	mandātī sumus
	mandāvistī	mandāvistis	(-a, -um) es	(-ae, a) estis
	mandāvit	mandāvērunt (-ēre)	est	sunt
Plup.	mandāveram	mandāverāmus	mandātus eram	mandātī erāmus
	mandāverās	mandāverātis	(-a, -um) erās	(-ae, -a) erātis
	mandāverat	mandāverant	erat	erant
Fut.	mandāverō	mandāverimus	mandātus erō	mandātī erimus
Perf.	mandāveris	mandāveritis	(-a, -um) eris	(-ae, -a) eritis
	mandāverit	mandāverint	erit	erunt
SUBJUNCTIVE				
Pres.	mandem	mandēmus	mander	mandēmur
	mandēs	mandētis	mandēris (-re)	mandēminī
	mandet	mandent	mandētur	mandentur
Impf.	mandārem	mandārēmus	mandārer	mandārēmur
	mandārēs	mandārētis	mandārēris (-re)	mandārēminī
	mandāret	mandārent	mandārētur	mandārentur
Perf.	mandāverim	mandāverimus	mandātus sim	mandātī sīmus
	mandāveris	mandāveritis	(-a, -um) sīs	(-ae, -a) sītis
	mandāverit	mandāverint	sit	sint
Plup.	mandāvissem	mandāvissēmus	mandātus essem	mandātī essēmus
	mandāvissēs	mandāvissētis	(-a, -um) essēs	(-ae, -a) essētis
	mandāvisset	mandāvissent	esset	essent
IMPERATIVE				
Pres.	mandā	mandāte		
INFINITIVE				
Pres.	mandāre		mandārī	
Perf.	mandāvisse		mandātus (-a, -um) esse	
Fut.	mandātūrus (-a, -um) esse			
PARTICIPLE				
Pres.	mandāns, (-tis)			
Perf.			mandātus (-a, -um)	
Fut.	mandātūrus (-a, -um)		mandandus (-a, -um) (GERUNDIVE)	

GERUND mandandī, -ō, -um, -ō   SUPINE mandātum, -ū

Compounds and related words: **commendo (1)** to entrust; **emendo (1)** to correct; **mandatu** by order; **mandatum, -i, n.** order

Model sentence: *Non aliter cineres **mando** iacere meos.* —Martial

remain, stay

ACTIVE		PASSIVE
INDICATIVE		

Pres.	maneō	manēmus	
	manēs	manētis	
	manet	manent	manētur (Impers.)
Impf.	manēbam	manēbāmus	
	manēbās	manēbātis	
	manēbat	manēbant	manēbātur (Impers.)
Fut.	manēbō	manēbimus	
	manēbis	manēbitis	
	manēbit	manēbunt	manēbitur (Impers.)
Perf.	mānsī	mānsimus	
	mānsistī	mānsistis	
	mānsit	mānsērunt (-ēre)	mānsum est (Impers.)
Plup.	mānseram	mānserāmus	
	mānserās	mānserātis	
	mānserat	mānserant	mānsum erat (Impers.)
Fut.	mānserō	mānserimus	
Perf.	mānseris	mānseritis	
	mānserit	mānserint	mānsum erit (Impers.)

SUBJUNCTIVE		

Pres.	maneam	maneāmus	
	maneās	maneātis	
	maneat	maneant	maneātur (Impers.)
Impf.	manērem	manērēmus	
	manērēs	manērētis	
	manēret	manērent	manērētur (Impers.)
Perf.	mānserim	mānserimus	
	mānseris	mānseritis	
	mānserit	mānserint	mānsum sit (Impers.)
Plup.	mānsissem	mānsissēmus	
	mānsissēs	mānsissētis	
	mānsisset	mānsissent	mānsum esset (Impers.)

IMPERATIVE		

Pres.	manē	manēte	

INFINITIVE		

Pres.	manēre		manērī
Perf.	mānsisse		mānsum esse
Fut.	mānsūrus (-a, -um) esse		

PARTICIPLE		

Pres.	manēns, (-tis)		
Perf.			mānsus (-a, -um)
Fut.	mānsūrus (-a, -um)		

GERUND manendī, -ō, -um, -ō   SUPINE mānsum, -ū

Alternate forms: **mansti** = mansisti
Compounds and related words: **mansio, -onis, f.** a stay; **mansito (1)** to stay; **permaneo (2)** to last; **remaneo (2)** to stay
Model sentence: *Verba volant, scripta manent.* —proverb

meditor

think, intend, practice

ACTIVE

INDICATIVE

Pres.	meditor	meditāmur
	meditāris (-re)	meditāminī
	meditātur	meditantur
Impf.	meditābar	meditābāmur
	meditābāris (-re)	meditābāminī
	meditābātur	meditābantur
Fut.	meditābor	meditābimur
	meditāberis (-re)	meditābiminī
	meditābitur	meditābuntur
Perf.	meditātus sum	meditātī sumus
	(-a, -um) es	(-ae, -a) estis
	est	sunt
Plup.	meditātus eram	meditātī erāmus
	(-a, -um) erās	(-ae, -a) erātis
	erat	erant
Fut.	meditātus erō	meditātī erimus
Perf.	(-a, -um) eris	(-ae, -a) eritis
	erit	erunt

SUBJUNCTIVE

Pres.	mediter	meditēmur
	meditēris (-re)	meditēminī
	meditētur	meditentur
Impf.	meditārer	meditārēmur
	meditārēris (-re)	meditārēminī
	meditārētur	meditārentur
Perf.	meditātus sim	meditātī sīmus
	(-a, -um) sīs	(-ae, -a) sītis
	sit	sint
Plup.	meditātus essem	meditātī essēmus
	(-a, -um) essēs	(-ae, -a) essētis
	esset	essent

IMPERATIVE

Pres.	meditāre	meditāminī

INFINITIVE

Pres.	meditārī
Perf.	meditātus (-a, -um) esse
Fut.	meditātūrus (-a, -um) esse

PARTICIPLE

	Active	Passive
Pres.	meditāns, (-tis)	
Perf.	meditātus (-a, -um)	
Fut.	meditātūrus (-a, -um)	meditandus (-a, -um) (GERUNDIVE)

GERUND meditandī, -ō, -um, -ō SUPINE meditātum, -ū

Compounds and related words: **meditamen, -minis, n.** preparation; **meditamentum, -i, n.** preparation; **meditatio, -onis, f.** cogitation; **meditatus, -a, -um** practiced
Model sentence: *Ea nunc **meditabor** quo modo illi dicam.* —Plautus

remember (Note: Perfect in form, Present in meaning)

ACTIVE

INDICATIVE

Pres.

Impf.

Fut.

Perf.	meminī	meminimus
	meministī	meministis
	meminit	meminērunt (-ēre)
Plup.	memineram	meminerāmus
	minerās	meminerātis
	meminerat	meminerant
Fut.	meminerō	meminerimus
Perf.	memineris	memineritis
	meminerit	meminerint

SUBJUNCTIVE

Pres.

Impf.

Perf.	meminerim	meminerimus
	memineris	memineritis
	meminerit	meminerint
Plup.	meminissem	meminissēmus
	meminissēs	meminissētis
	meminisset	meminissent

IMPERATIVE

Fut.	mementō	mementōte

INFINITIVE

Pres.
Perf. meminisse
Fut.

PARTICIPLE

Pres.
Perf.
Fut.

GERUND   SUPINE

Usage notes: generally used with the **genitive**

Compounds and related words: **immemor, -is, m.** unmindful; **memor, -is, m.** mindful; **memorabilis, -e** remarkable; **memoria, -ae, f.** memory; **memoro (1)** to mention

Model sentence: *Forsan et haec olim **meminisse** iuvabit.* —Vergil

mention, remind

ACTIVE		PASSIVE	

INDICATIVE

	ACTIVE		PASSIVE	
Pres.	memorō	memorāmus	memoror	memorāmur
	memorās	memorātis	memorāris (-re)	memorāminī
	memorat	memorant	memorātur	memorantur
Impf.	memorābam	memorābāmus	memorābar	memorābāmur
	memorābās	memorābātis	memorābāris (-re)	memorābāminī
	memorābat	memorābant	memorābātur	memorābantur
Fut.	memorābo	memorābimus	memorābor	memorābimur
	memorābis	memorābitis	memorāberis (-re)	memorābiminī
	memorābit	memorābunt	memorābitur	memorābuntur
Perf.	memorāvī	memorāvimus	memorātus sum	memorātī sumus
	memorāvistī	memorāvistis	(-a, -um) es	(-ae, -a) estis
	memorāvit	memorāvērunt (-ēre)	est	sunt
Plup.	memorāveram	memorāverāmus	memorātus eram	memorātī erāmus
	memorāverās	memorāverātis	(-a, -um) erās	(-ae, -a) erātis
	memorāverat	memorāverant	erat	erant
Fut.	memorāverō	memorāverimus	memorātus erō	memorātī erimus
Perf.	memorāveris	memorāveritis	(-a, -um) eris	(-ae, -a) eritis
	memorāverit	memorāverint	erit	erunt

SUBJUNCTIVE

	ACTIVE		PASSIVE	
Pres.	memorem	memorēmus	memorer	memorēmur
	memorēs	memorētis	memorēris (-re)	memorēminī
	memoret	memorent	memorētur	memorentur
Impf.	memorārem	memorārēmus	memorārer	memorārēmur
	memorārēs	memorārētis	memorārēris (-re)	memorārēminī
	memorāret	memorārent	memorārētur	memorārentur
Perf.	memorāverim	memorāverimus	memorātus sim	memorātī sīmus
	memorāveris	memorāveritis	(-a, -um) sīs	(-ae, -a) sītis
	memorāverit	memorāverint	sit	sint
Plup.	memorāvissem	memorāvissēmus	memorātus essem	memorātī essēmus
	memorāvissēs	memorāvissētis	(-a, -um) essēs	(-ae, -a) essētis
	memorāvisset	memorāvissent	esset	essent

IMPERATIVE

	ACTIVE		PASSIVE	
Pres.	memorā	memorāte		

INFINITIVE

	ACTIVE	PASSIVE
Pres.	memorāre	memorārī
Perf.	memorāvisse	memorātus (-a, -um) esse
Fut.	memorātūrus (-a, -um) esse	

PARTICIPLE

	ACTIVE	PASSIVE
Pres.	memorāns, (-tis)	
Perf.		memorātus (-a, -um)
Fut.	memorātūrus (-a, -um)	memorandus (-a, -um) (GERUNDIVE)

GERUND memorandī, -ō, -um, -ō   SUPINE memorātum, -ū

Alternate forms: **memorarier** = memorari

Compounds and related words: **commemoro (1)** to remind; **immemor, -is** forgetful; **memor, -is** mindful; **memorabilis, -e** memorable; **memoria, -ae, f.** memory; **memoro (1)** to recall

Model sentence: *Antequam arma inciperent, misere legatos amicitiam obsequiumque* ***memoraturos.*** —Tacitus

lie

ACTIVE

INDICATIVE

Pres.	mentior	mentīmur
	mentīris (-re)	mentīminī
	mentītur	mentiuntur
Impf.	mentiēbar	mentiēbāmur
	mentiēbāris (-re)	mentiēbāminī
	mentiēbātur	mentiēbantur
Fut.	mentiar	mentiēmur
	mentiēris (-re)	mentiēminī
	mentiētur	mentientur
Perf.	mentītus sum	mentītī sumus
	(-a, -um) es	(-ae, -a) estis
	est	sunt
Plup.	mentītus eram	mentītī erāmus
	(-a, -um) erās	(-ae, -a) erātis
	erat	erant
Fut.	mentītus erō	mentītī erimus
Perf.	(-a, -um) eris	(-ae, -a) eritis
	erit	erunt

SUBJUNCTIVE

Pres.	mentiar	mentiāmur
	mentiāris (-re)	mentiāminī
	mentiātur	mentiantur
Impf.	mentīrer	mentīrēmur
	mentīrēris (-re)	mentīrēminī
	mentīrētur	mentīrentur
Perf.	mentītus sim	mentītī sīmus
	(-a, -um) sīs	(-ae, -a) sītis
	sit	sint
Plup.	mentītus essem	mentītī essēmus
	(-a, -um) essēs	(-ae, -a) essētis
	esset	essent

IMPERATIVE

Pres.	mentīre	mentīminī

INFINITIVE

Pres.	mentīrī
Perf.	mentītus (-a, -um) esse
Fut.	mentītūrus (-a, -um) esse

PARTICIPLE

	Active	Passive
Pres.	mentiēns, (-tis)	
Perf.	mentītus (-a, -um)	
Fut.	mentītūrus (-a, -um)	mentiendus (-a, -um) (GERUNDIVE)

GERUND mentiendī, -ō, -um, -ō   SUPINE mentītum, -ū

Alternate forms: **mentibitur** = mentietur
Compounds and related words: **mendacium, -i, n.** a lie; **mendax, -acis** deceptive
Model sentence: *Quid mihi sit boni, si **mentiar?*** —Plautus

ACTIVE		PASSIVE	

INDICATIVE

	ACTIVE		PASSIVE	
Pres.	mereō	merēmus	mereor	merēmur
	merēs	merētis	merēris (-re)	merēminī
	meret	merent	merētur	merentur
Impf.	merēbam	merēbāmus	merēbar	merēbāmur
	merēbās	merēbātis	merēbāris (-re)	merēbāminī
	merēbat	merēbant	merēbātur	merēbantur
Fut.	merēbo	merēbimus	merēbor	merēbimur
	merēbis	merēbitis	merēberis (-re)	merēbiminī
	merēbit	merēbunt	merēbitur	merēbuntur
Perf.	meruī	meruimus	meritus sum	meritī sumus
	meruistī	meruistis	(-a, -um) es	(-ae, -a) estis
	meruit	meruērunt (-ēre)	est	sunt
Plup.	merueram	meruerāmus	meritus eram	meritī erāmus
	meruerās	meruerātis	(-a, -um) erās	(-ae, -a) erātis
	meruerat	meruerant	erat	erant
Fut.	meruerō	meruerimus	meritus erō	meritī erimus
Perf.	merueris	merueritis	(-a, -um) eris	(-ae, -a) eritis
	meruerit	meruerint	erit	erunt

SUBJUNCTIVE

	ACTIVE		PASSIVE	
Pres.	meream	mereāmus	merear	mereāmur
	mereās	mereātis	mereāris (-re)	mereāminī
	mereat	mereant	mereātur	mereantur
Impf.	merērem	merērēmus	merērer	merērēmur
	merērēs	merērētis	merērēris (-re)	merērēminī
	merēret	merērent	merērētur	merērentur
Perf.	meruerim	meruerimus	meritus sim	meritī sīmus
	merueris	merueritis	(-a, -um) sīs	(-ae, -a) sītis
	meruerit	meruerint	sit	sint
Plup.	meruissem	meruissēmus	meritus essem	meritī essēmus
	meruissēs	meruissētis	(-a, -um) essēs	(-ae, -a) essētis
	meruisset	meruissent	esset	essent

IMPERATIVE

	ACTIVE		PASSIVE	
Pres.	merē	merēte		

INFINITIVE

	ACTIVE	PASSIVE
Pres.	merēre	merērī
Perf.	meruisse	meritus (-a, -um) esse
Fut.	meritūrus (-a, -um) esse	

PARTICIPLE

	ACTIVE	PASSIVE
Pres.	merēns, (-tis)	
Perf.		meritus (-a, -um)
Fut.	meritūrus (-a, -um)	merendus (-a, -um) (GERUNDIVE)

GERUND merendī, -ō, -um, -ō   SUPINE meritum, -ū

Usage notes: passive forms also used as deponent
Compounds and related words: **emereo (2)** to deserve; **immeritus, -a, -um** undeserving; **merito (1)** to
    earn regularly; **meritorius, -a, -um** rented; **meritus, -a, -um** deserving
Model sentence: *Convivae **meruere** tui fortasse perire.* —Martial

mergō

mergō, mergere, mersī, mersum

dip, sink

	ACTIVE			PASSIVE	
	INDICATIVE				
Pres.	mergō	mergimus		mergor	mergimur
	mergis	mergitis		mergeris (-re)	mergiminī
	mergit	mergunt		mergitur	merguntur
Impf.	mergēbam	mergēbāmus		mergēbar	mergēbāmur
	mergēbās	mergēbātis		mergēbāris (-re)	mergēbāminī
	mergēbat	mergēbant		mergēbātur	mergēbantur
Fut.	mergam	mergēmus		mergar	mergēmur
	mergēs	mergētis		mergēris (-re)	mergēminī
	merget	mergent		mergētur	mergentur
Perf.	mersī	mersimus		mersus sum	mersī sumus
	mersistī	mersistis		(-a, -um) es	(-ae, -a) estis
	mersit	mersērunt (-ēre)		est	sunt
Plup.	merseram	merserāmus		mersus eram	mersī erāmus
	merserās	merserātis		(-a, -um) erās	(-ae, -a) erātis
	merserat	merserant		erat	erant
Fut.	merserō	merserimus		mersus erō	mersī erimus
Perf.	merseris	merseritis		(-a, -um) eris	(-ae, -a) eritis
	merserit	merserint		erit	erunt
	SUBJUNCTIVE				
Pres.	mergam	mergāmus		mergar	mergāmur
	mergās	mergātis		mergāris (-re)	mergāminī
	mergat	mergant		mergātur	mergantur
Impf.	mergerem	mergerēmus		mergerer	mergerēmur
	mergerēs	mergerētis		mergerēris (-re)	mergerēminī
	mergeret	mergerent		mergerētur	mergerentur
Perf.	merserim	merserimus		mersus sim	mersī sīmus
	merseris	merseritis		(-a, -um) sīs	(-ae, -a) sītis
	merserit	merserint		sit	sint
Plup.	mersissem	mersissēmus		mersus essem	mersī essēmus
	mersissēs	mersissētis		(-a, -um) essēs	(-ae, -a) essētis
	mersisset	mersissent		esset	essent
	IMPERATIVE				
Pres.	merge	mergite			
	INFINITIVE				
Pres.	mergere			mergī	
Perf.	mersisse			mersus (-a, -um) esse	
Fut.	mersūrus (-a, -um) esse				
	PARTICIPLE				
Pres.	mergēns, (-tis)				
Perf.				mersus (-a, -um)	
Fut.	mersūrus (-a, -um)			mergendus (-a, -um) (GERUNDIVE)	

GERUND mergendī, -ō, -um, -ō   SUPINE mersum, -ū

Compounds and related words: **demergo (3)** to submerge; **emergo (3)** to emerge; **immergo (3)** to plunge; **mergo (3)** to sink; **submergo (3)** to plunge under

Model sentence: *Sic miser adfatus dicitur undas: "Parcite dum propero, **mergite** cum redeo."* —Martial

258

ACTIVE

INDICATIVE

Pres.	mētior	mētīmur
	mētīris (-re)	mētīminī
	mētītur	mētiuntur
Impf.	mētiēbar	mētiēbāmur
	mētiēbāris (-re)	mētiēbāminī
	mētiēbātur	mētiēbantur
Fut.	mētiar	mētiēmur
	mētiēris (-re)	mētiēminī
	mētiētur	mētientur
Perf.	mensus sum	mensī sumus
	(-a, -um) es	(-ae, -a) estis
	est	sunt
Plup.	mensus eram	mensī erāmus
	(-a, -um) erās	(-ae, -a) erātis
	erat	erant
Fut. Perf.	mensus erō	mensī erimus
	(-a, -um) eris	(-ae, -a) eritis
	erit	erunt

SUBJUNCTIVE

Pres.	mētiar	mētiāmur
	mētiāris (-re)	mētiāminī
	mētiātur	mētiantur
Impf.	mētīrer	mētīrēmur
	mētīrēris (-re)	mētīrēminī
	mētīrētur	mētīrentur
Perf.	mensus sim	mensī sīmus
	(-a, -um) sīs	(-ae, -a) sītis
	sit	sint
Plup.	mensus essem	mensī essēmus
	(-a, -um) essēs	(-ae, -a) essētis
	esset	essent

IMPERATIVE

Pres.	mētīre	mētīminī

INFINITIVE

Pres.	mētīrī
Perf.	mensus (-a, -um) esse
Fut.	mensūrus (-a, -um) esse

PARTICIPLE

	Active	Passive
Pres.	mētiēns, (-tis)	
Perf.	mensus (-a, -um)	
Fut.	mensūrus (-a, -um)	mētiendus (-a, -um) (GERUNDIVE)

GERUND mētiendī, -ō, -um, -ō SUPINE mensum, -ū

Alternate forms: **metitus** = mensus
Compounds and related words: **emetior (4)** to measure out; **immensus, -a, -um** immeasurable; **mensura, -ae, f.** measure
Model sentence: *Vides igitur, si amicitiam sua caritate metiare, nihil est praestantius.* —Cicero

reap, gather, mow down

ACTIVE
PASSIVE

INDICATIVE

Pres.	metō	metimus	metor	metimur	
	metis	metitis	meteris (-re)	metiminī	
	metit	metunt	metitur	metuntur	
Impf.	metēbam	metēbāmus	metēbar	metēbāmur	
	metēbās	metēbātis	metēbāris (-re)	metēbāminī	
	metēbat	metēbant	metēbātur	metēbantur	
Fut.	metam	metēmus	metar	metēmur	
	metēs	metētis	metēris (-re)	metēminī	
	metet	metent	metētur	metentur	
Perf.	messuī	messuimus	messus sum	messī sumus	
	messuistī	messuistis	(-a, -um) es	(-ae, -a) estis	
	messuit	messuērunt (-ēre)	est	sunt	
Plup.	messueram	messuerāmus	messus eram	messī erāmus	
	messuerās	messuerātis	(-a, -um) erās	(-ae, -a) erātis	
	messuerat	messuerant	erat	erant	
Fut.	messuerō	messuerimus	messus erō	messī erimus	
Perf.	messueris	messueritis	(-a, -um) eris	(-ae, -a) eritis	
	messuerit	messuerint	erit	erunt	

SUBJUNCTIVE

Pres.	metam	metāmus	metar	metāmur	
	metās	metātis	metāris (-re)	metāminī	
	metat	metant	metātur	metantur	
Impf.	meterem	meterēmus	meterer	meterēmur	
	meterēs	meterētis	meterēris (-re)	meterēminī	
	meteret	meterent	meterētur	meterentur	
Perf.	messuerim	messuerimus	messus sim	messī sīmus	
	messueris	messueritis	(-a, -um) sīs	(-ae, -a) sītis	
	messuerit	messuerint	sit	sint	
Plup.	messuissem	messuissēmus	messus essem	messī essēmus	
	messuissēs	messuissētis	(-a, -um) essēs	(-ae, -a) essētis	
	messuisset	messuissent	esset	essent	

IMPERATIVE

Pres.	mete	metite

INFINITIVE

Pres.	metere	metī
Perf.	messuisse	messus (-a, -um) esse
Fut.	messūrus (-a, -um) esse	

PARTICIPLE

Pres.	metēns, (-tis)	
Perf.		messus (-a, -um)
Fut.	messūrus (-a, -um)	metendus (-a, -um) (GERUNDIVE)

GERUND metendī, -ō, -um, -ō   SUPINE messum, -ū

Compounds and related words: **messis, -is, f.** harvest; **messor, -is, m.** reaper
Model sentence: *Ut sementem feceris, ita **metes**.* —Cicero

ACTIVE

INDICATIVE

Pres.	metuō	metuimus
	metuis	metuitis
	metuit	metuunt
Impf.	metuēbam	metuēbāmus
	metuēbās	metuēbātis
	metuēbat	metuēbant
Fut.	metuam	metuēmus
	metuēs	metuētis
	metuet	metuent
Perf.	metuī	metuimus
	metuistī	metuistis
	metuit	metuērunt (-ēre)
Plup.	metueram	metuerāmus
	metuerās	metuerātis
	metuerat	metuerant
Fut.	metuerō	metuerimus
Perf.	metueris	metueritis
	metuerit	metuerint

SUBJUNCTIVE

Pres.	metuam	metuāmus
	metuās	metuātis
	metuat	metuant
Impf.	metuerem	metuerēmus
	metuerēs	metuerētis
	metueret	metuerent
Perf.	metuerim	metuerimus
	metueris	metueritis
	metuerit	metuerint
Plup.	metuissem	metuissēmus
	metuissēs	metuissētis
	metuisset	metuissent

IMPERATIVE

Pres.	metue	metuite

INFINITIVE

Pres.	metuere	
Perf.	metuisse	
Fut.		

PARTICIPLE

	Active	Passive
Pres.	metuēns, (-tis)	
Perf.		
Fut.		metuendus (-a, -um) (GERUNDIVE)

GERUND metuendī, -ō, -um, -ō   SUPINE

Compounds and related words: **metus, -us, m**. fear
Model sentence: *Summum nec **metuas** diem nec optes.* —Martial

project, threaten

ACTIVE

INDICATIVE

Pres.	minor	mināmur
	mināris (-re)	mināminī
	minātur	minantur
Impf.	minābar	minābāmur
	minābāris (-re)	minābāminī
	minābātur	minābantur
Fut.	minābor	minābimur
	mināberis (-re)	minābiminī
	minābitur	minābuntur
Perf.	minātus sum	minātī sumus
	(-a, -um) es	(-ae, -a) estis
	est	sunt
Plup.	minātus eram	minātī erāmus
	(-a, -um) erās	(-ae, -a) erātis
	erat	erant
Fut.	minātus erō	minātī erimus
Perf.	(-a, -um) eris	(-ae, -a) eritis
	erit	erunt

SUBJUNCTIVE

Pres.	miner	minēmur
	minēris (-re)	minēminī
	minētur	minentur
Impf.	minārer	minārēmur
	minārēris (-re)	minārēminī
	minārētur	minārentur
Perf.	minātus sim	minātī sīmus
	(-a, -um) sīs	(-ae, -a) sītis
	sit	sint
Plup.	minātus essem	minātī essēmus
	(-a, -um) essēs	(-ae, -a) essētis
	esset	essent

IMPERATIVE

Pres.	mināre	mināminī

INFINITIVE

Pres.	minārī
Perf.	minātus (-a, -um) esse
Fut.	minātūrus (-a, -um) esse

PARTICIPLE

	Active	Passive
Pres.	mināns, (-tis)	
Perf.	minātus (-a, -um)	
Fut.	minātūrus (-a, -um)	minandus (-a, -um) (GERUNDIVE)

GERUND minandī, -ō, -um, -ō   SUPINE minātum, -ū

Compounds and related words: **emineo (2)** to project; **immineo (2)** to overhang; **minae, -arum, f.** threats; **minax, -acis** threatening; **minitor (1)** to threaten
Model sentence: *Gemini minantur in caelum scopuli.* —Vergil

lessen, make smaller

ACTIVE		PASSIVE	
INDICATIVE			

	ACTIVE		PASSIVE	
Pres.	minuō	minuimus	minuor	minuimur
	minuis	minuitis	minueris (-re)	minuiminī
	minuit	minuunt	minuitur	minuuntur
Impf.	minuēbam	minuēbāmus	minuēbar	minuēbāmur
	minuēbās	minuēbātis	minuēbāris (-re)	minuēbāminī
	minuēbat	minuēbant	minuēbātur	minuēbantur
Fut.	minuam	minuēmus	minuar	minuēmur
	minuēs	minuētis	minuēris (-re)	minuēminī
	minuet	minuent	minuētur	minuentur
Perf.	minuī	minuimus	minūtus sum	minūtī sumus
	minuistī	minuistis	(-a, -um) es	(-ae, -a) estis
	minuit	minuērunt (-ēre)	est	sunt
Plup.	minueram	minuerāmus	minūtus eram	minūtī erāmus
	minuerās	minuerātis	(-a, -um) erās	(-ae, -a) erātis
	minuerat	minuerant	erat	erant
Fut.	minuerō	minuerimus	minūtus erō	minūtī erimus
Perf.	minueris	minueritis	(-a, -um) eris	(-ae, -a) eritis
	minuerit	minuerint	erit	erunt

SUBJUNCTIVE

	ACTIVE		PASSIVE	
Pres.	minuam	minuāmus	minuar	minuāmur
	minuās	minuātis	minuāris (-re)	minuāminī
	minuat	minuant	minuātur	minuantur
Impf.	minuerem	minuerēmus	minuerer	minuerēmur
	minuerēs	minuerētis	minuerēris (-re)	minuerēminī
	minueret	minuerent	minuerētur	minuerentur
Perf.	minuerim	minuerimus	minūtus sim	minūtī sīmus
	minueris	minueritis	(-a, -um) sīs	(-ae, -a) sītis
	minuerit	minuerint	sit	sint
Plup.	minuissem	minuissēmus	minūtus essem	minūtī essēmus
	minuissēs	minuissētis	(-a, -um) essēs	(-ae, -a) essētis
	minuisset	minuissent	esset	essent

IMPERATIVE

Pres.	minue	minuite

INFINITIVE

	ACTIVE	PASSIVE
Pres.	minuere	minuī
Perf.	minuisse	minūtus (-a, -um) esse
Fut.	minūtūrus (-a, -um) esse	

PARTICIPLE

	ACTIVE	PASSIVE
Pres.	minuēns, (-tis)	
Perf.		minūtus (-a, -um)
Fut.	minūtūrus (-a, -um)	minuendus (-a, -um) (GERUNDIVE)

GERUND minuendī, -ō, -um, -ō   SUPINE minūtum, -ū

Compounds and related words: **comminuo (3)** to make small; **deminuo (3)** to lessen; **minor, minus** smaller; **minus** less; **minusculus, -a, -um** rather small; **minutatim** gradually; **minutia, -ae, f.** smallness; **minutus, -a, -um** paultry

Model sentence: *Consul proelio uno et vulnere suo **minutus erat**.* —Livy

wonder, be amazed

ACTIVE

INDICATIVE

Pres.	mīror	mīrāmur
	mīrāris (-re)	mīrāminī
	mīrātur	mīrantur
Impf.	mīrābar	mīrābāmur
	mīrābāris (-re)	mīrābāminī
	mīrābātur	mīrābantur
Fut.	mīrābor	mīrābimur
	mīrāberis (-re)	mīrābiminī
	mīrābitur	mīrabuntur

Perf.	mīrātus	sum	mīrātī	sumus
	(-a, -um)	es	(-ae, -a)	estis
		est		sunt
Plup.	mīrātus	eram	mīrātī	erāmus
	(-a, -um)	erās	(-ae, -a)	erātis
		erat		erant
Fut.	mīrātus	erō	mīrātī	erimus
Perf.	(-a, -um)	eris	(-ae, -a)	eritis
		erit		erunt

SUBJUNCTIVE

Pres.	mīrer	mīrēmur
	mīrēris (-re)	mīrēminī
	mīrētur	mīrentur
Impf.	mīrārer	mīrārēmur
	mīrārēris (-re)	mīrārēminī
	mīrārētur	mīrārentur

Perf.	mīrātus	sim	mīrātī	sīmus
	(-a, -um)	sīs	(-ae, -a)	sītis
		sit		sint
Plup.	mīrātus	essem	mīrātī	essēmus
	(-a, -um)	essēs	(-ae, -a)	essētis
		esset		essent

IMPERATIVE

Pres.	mīrāre	mīrāminī

INFINITIVE

Pres.	mīrārī
Perf.	mīrātus (-a, -um) esse
Fut.	mīrātūrus (-a, -um) esse

PARTICIPLE

	Active	Passive
Pres.	mīrāns, (-tis)	
Perf.	mīrātus (-a, -um)	
Fut.	mīrātūrus (-a, -um)	mīrandus (-a, -um) (GERUNDIVE)

GERUND mīrandī, -ō, -um, -ō   SUPINE mīrātum, -ū

Alternate forms: **miro** = miror

Compounds and related words: **admirabilis, -e** admirable; **admiratio, -onis, f.** admiration; **admiror (1)** to admire; **mirabilis, -e** wonderful; **miraculum, -i, n.** miracle; **mirus, -a, -um** wonderful

Model sentence: *Nubere vis Prisco: non* **miror**, *Paula: sapisti. Ducere te non vult Priscus— et ille sapit.* —Martial

confuse, mingle, mix

ACTIVE		PASSIVE	
INDICATIVE			
Pres. miscō	miscēmus	misceor	miscēmur
misces	miscētis	miscēris (-re)	miscēminī
miscet	miscent	miscētur	miscentur
Impf. miscēbam	miscēbāmus	miscēbar	miscēbāmur
miscēbās	miscēbātis	miscēbāris (-re)	miscēbāminī
miscēbat	miscēbant	miscēbātur	miscēbantur
Fut. miscēbō	miscēbimus	miscēbor	miscēbimur
miscēbis	miscēbitis	miscēberis (-re)	miscēbiminī
miscēbit	miscēbunt	miscēbitur	miscēbuntur
Perf. miscuī	miscuimus	mixtus sum	mixtī sumus
miscuistī	miscuistis	(-a, -um) es	(-ae, -a) estis
miscuit	miscuērunt (-ēre)	est	sunt
Plup. miscueram	miscuerāmus	mixtus eram	mixtī erāmus
miscuerās	miscuerātis	(-a, -um) erās	(-ae, -a) erātis
miscuerat	miscuerant	erat	erant
Fut. miscuerō	miscuerimus	mixtus erō	mixtī erimus
Perf. miscueris	miscueritis	(-a, -um) eris	(-ae, -a) eritis
miscuerit	miscuerint	erit	erunt
SUBJUNCTIVE			
Pres. misceam	misceāmus	miscear	misceāmur
misceās	misceātis	misceāris (-re)	misceāminī
misceat	misceant	misceātur	misceantur
Impf. miscērem	miscērēmus	miscērer	miscērēmur
miscērēs	miscērētis	miscērēris (-re)	miscērēminī
miscēret	miscērent	miscērētur	miscērentur
Perf. miscuerim	miscuerimus	mixtus sim	mixtī sīmus
miscueris	miscueritis	(-a, -um) sīs	(-ae, -a) sītis
miscuerit	miscuerint	sit	sint
Plup. miscuissem	miscuissēmus	mixtus essem	mixtī essēmus
miscuissēs	miscuissētis	(-a, -um) essēs	(-ae, -a) essētis
miscuisset	miscuissent	esset	essent
IMPERATIVE			
Pres. miscē	miscēte		
INFINITIVE			
Pres. miscēre		miscērī	
Perf. miscuisse		mixtus (-a, -um) esse	
Fut. mixtūrus (-a, -um) esse			
PARTICIPLE			
Pres. miscēns, (-tis)			
Perf.		mixtus (-a, -um)	
Fut. mixtūrus (-a, -um)		miscendus (-a, -um) (GERUNDIVE)	

GERUND miscendī, -ō, -um, -ō   SUPINE mixtum, -ū

Alternate forms: **mistum** = mixtum
Compounds and related words: **admisceo (2)** to mix in; **admixtio, -onis, f.** admixture; **miscellanea, -orum, n. pl.** mixture of disparate things; **mixtura, -ae, f.** mixture; **permisceo (2)** to mingle
Model sentence: *Amor misceri cum timore non potest.* —Publilius Syrus

feel pity

ACTIVE		PASSIVE	
INDICATIVE			
Pres. misereō	miserēmus	misereor	miserēmur
miserēs	miserētis	miserēris (-re)	miserēminī
miseret	miserent	miserētur	miserentur
Impf. miserēbam	miserēbāmus	miserēbar	miserēbāmur
miserēbās	miserēbātis	miserēbāris (-re)	miserēbāminī
miserēbat	miserēbant	miserēbātur	miserēbantur
Fut. miserēbo	miserēbimus	miserēbor	miserēbimur
miserēbis	miserēbitis	miserēberis (-re)	miserēbiminī
miserēbit	miserēbunt	miserēbitur	miserēbuntur
Perf. miseruī	miseruimus	miseritus sum	miseritī sumus
miseruistī	miseruistis	(-a, -um) es	(-ae, -a) estis
miseruit	miseruērunt (-ēre)	est	sunt
Plup. miserueram	miseruerāmus	miseritus eram	miseritī erāmus
miseruerās	miseruerātis	(-a, -um) erās	(-ae, -a) erātis
miseruerat	miseruerant	erat	erant
Fut. miseruerō	miseruerimus	miseritus erō	miseritī erimus
Perf. miserueris	miserueritis	(-a, -um) eris	(-ae, -a) eritis
miseruerit	miseruerint	erit	erunt
SUBJUNCTIVE			
Pres. miseream	mi misereāmus	miserear	misereāmur
misereās	misereātis	misereāris (-re)	misereāminī
misereat	misereant	misereātur	misereantur
Impf. miserērem	miserērēmus	miserērer	miserērēmur
miserērēs	miserērētis	miserērēris (-re)	miserērēminī
miserēret	miserērent	miserērētur	miserērentur
Perf. miseruerim	miseruerimus	miseritus sim	miseritī sīmus
miserueris	miserueritis	(-a, -um) sīs	(-ae, -a) sītis
miseruerit	miseruerint	sit	sint
Plup. miseruissem	miseruissēmus	miseritus essem	miseritī essēmus
miseruissēs	miseruissētis	(-a, -um) essēs	(-ae, -a) essētis
miseruisset	miseruissent	esset	essent
IMPERATIVE			
Pres. miserē	miserēte		
INFINITIVE			
Pres. miserēre		miserērī	
Perf. miseruisse		miseritus (-a, -um) esse	
Fut. miseritūrus (-a, -um) esse			
PARTICIPLE			
Pres. miserēns, (-tis)			
Perf.		miseritus (-a, -um)	
Fut. miseritūrus (-a, -um)		miserendus (-a, -um) (GERUNDIVE)	

GERUND miserendī, -ō, -um, -ō SUPINE miseritum, -ū

Usage notes: passive forms are deponent; third person singular active and passive used impersonally
Alternate forms: **misererier** = misereri; **misertus** = miseritus
Compounds and related words: **misellus, -a, -um** poor little; **miser, -a, -um** wretched; **miserabilis, -e** pitiful; **miseratio, -onis, f.** pity; **miseria, -ae, f.** misery; **misericordia, -ae, f.** sympathy; **misericors, -cordis** sympathetic; **miseror (1)** to pity
Model sentence: *Cogebant hostes ut misereret.* —Ennius

ACTIVE   PASSIVE

INDICATIVE

Pres.	mittō	mittimus	mittor	mittimur	
	mittis	mittitis	mitteris (-re)	mittiminī	
	mittit	mittunt	mittitur	mittuntur	
Impf.	mittēbam	mittēbāmus	mittēbar	mittēbāmur	
	mittēbās	mittēbātis	mittēbāris (-re)	mittēbāminī	
	mittēbat	mittēbant	mittēbātur	mittēbantur	
Fut.	mittam	mittēmus	mittar	mittēmur	
	mittēs	mittētis	mittēris (-re)	mittēminī	
	mittet	mittent	mittētur	mittentur	
Perf.	mīsī	mīsimus	missus sum	missī sumus	
	mīsistī	mīsistis	(-a, -um) es	(-ae, -a) estis	
	mīsit	mīsērunt (-ēre)	est	sunt	
Plup.	mīseram	mīserāmus	missus eram	missī erāmus	
	mīserās	mīserātis	(-a, -um) erās	(-ae, -a) erātis	
	mīserat	mīserant	erat	erant	
Fut.	mīserō	mīserimus	missus erō	missī erimus	
Perf.	mīseris	mīseritis	(-a, -um) eris	(-ae, -a) eritis	
	mīserit	mīserint	erit	erunt	

SUBJUNCTIVE

Pres.	mittam	mittāmus	mittar	mittāmur	
	mittās	mittātis	mittāris (-re)	mittāminī	
	mittat	mittant	mittātur	mittantur	
Impf.	mitterem	mitterēmus	mitterer	mitterēmur	
	mitterēs	mitterētis	mitterēris (-re)	mitterēminī	
	mitteret	mitterent	mitterētur	mitterentur	
Perf.	mīserim	mīserimus	missus sim	missī sīmus	
	mīseris	mīseritis	(-a, -um) sīs	(-ae, -a) sītis	
	mīserit	mīserint	sit	sint	
Plup.	mīsissem	mīsissēmus	missus essem	missī essēmus	
	mīsissēs	mīsissētis	(-a, -um) essēs	(-ae, -a) essētls	
	mīsisset	mīsissent	esset	essent	

IMPERATIVE

Pres.	mitte	mittite

INFINITIVE

Pres.	mittere	mittī
Perf.	mīsisse	missus (-a, -um) esse
Fut.	missūrus (-a, -um) esse	

PARTICIPLE

Pres.	mittēns, (-tis)	
Perf.		missus (-a, -um)
Fut.	missūrus (-a, -um)	mittendus (-a, -um) (GERUNDIVE)

GERUND mittendī, -ō, -um, -ō SUPINE missum, -ū

Alternate forms: **misti** = misisti; **mittier** = mitti

Compounds and related words: **admitto (3)** to give access to; **amitto (3)** to lose; **committo (3)** to join; **demitto (3)** to let down; **dimitto (3)** to dismiss; **emitto (3)** to send out; **immitto (3)** to send in; **intermitto (3)** to interrupt; **intromitto (3)** to admit; **omitto (3)** to overlook; **permitto (3)** to allow; **praemitto (3)** to send in advance; **praetermitto (3)** to let pass; **promitto (3)** to promise; **remitto (3)** to send back; **submitto (3)** to send up; **transmitto (3)** to transfer

Model sentence: *Litteras ad exercitus tamquam adepto principatu misit.* —Tacitus

set in motion, work, build, strive

ACTIVE

INDICATIVE

Pres.	mōlior	mōlīmur
	mōlīris (-re)	mōlīminī
	mōlītur	mōliuntur
Impf.	mōliēbar	mōliēbāmur
	mōliēbāris (-re)	mōliēbāminī
	mōliēbātur	mōliēbantur
Fut.	mōliar	mōliēmur
	mōliēris (-re)	mōliēminī
	mōliētur	mōlientur
Perf.	mōlītus sum	mōlītī sumus
	(-a, -um) es	(-ae, -a) estis
	est	sunt
Plup.	mōlītus eram	mōlītī erāmus
	(-a, -um) erās	(-ae, -a) erātis
	erat	erant
Fut.	mōlītus erō	mōlītī erimus
Perf.	(-a, -um) eris	(-ae, -a) eritis
	erit	erunt

SUBJUNCTIVE

Pres.	mōliar	mōliāmur
	mōliāris (-re)	mōliāminī
	mōliātur	mōliantur
Impf.	mōlīrer	mōlīrēmur
	mōlīrēris (-re)	mōlīrēminī
	mōlīrētur	mōlīrentur
Perf.	mōlītus sim	mōlītī sīmus
	(-a, -um) sīs	(-ae, -a) sītis
	sit	sint
Plup.	mōlītus essem	mōlītī essēmus
	(-a, -um) essēs	(-ae, -a) essētis
	esset	essent

IMPERATIVE

Pres.	mōlīre	mōlīminī

INFINITIVE

Pres.	mōlīrī
Perf.	mōlītus (-a, -um) esse
Fut.	mōlītūrus (-a, -um) esse

PARTICIPLE

	Active	Passive
Pres.	mōliēns, (-tis)	
Perf.	mōlītus (-a, -um)	
Fut.	mōlītūrus (-a, -um)	mōliendus (-a, -um) (GERUNDIVE)

GERUND mōliendī, -ō, -um, -ō   SUPINE mōlītum, -ū

Alternate forms: **molirier** = moliri
Compounds and related words: **moles, molis, f.** a shapeless mass; **molestia, -ae, f.** an annoyance; **molestus, -a, -um** bothersome; **molimen, -minis, n.** a great effort; **molimentum, -i, n.** a great effort; **molitio, -onis, f.** a great effort; **molitor, -is, m.** a builder;
Model sentence: *Viden ut misere **moliuntur?*** —Plautus

advise, warn

ACTIVE		PASSIVE	
INDICATIVE			

Pres.	moneō	monēmus	moneor	monēmur
	monēs	monētis	monēris (-re)	monēminī
	monet	monent	monētur	monentur
Impf.	monēbam	monēbāmus	monēbar	monēbāmur
	monēbās	monēbātis	monēbāris (-re)	monēbāminī
	monēbat	monēbant	monēbātur	monēbantur
Fut.	monēbō	monēbimus	monēbor	monēbimur
	monēbis	monēbitis	monēberis (-re)	monēbiminī
	monēbit	monēbunt	monēbitur	monēbuntur
Perf.	monuī	monuimus	monitus　sum	monitī　sumus
	monuistī	monuistis	(-a, um)　es	(-ae, -a)　estis
	monuit	monuērunt (-ēre)	est	sunt
Plup.	monueram	monuerāmus	monitus　eram	monitī　erāmus
	monuerās	monuerātis	(-a, -um)　erās	(-ae, -a)　erātis
	monuerat	monuerant	erat	erant
Fut.	monuerō	monuerimus	monitus　erō	monitī　erimus
Perf.	mounueris	mounueritis	(-a, -um)　eris	(-ae, -a)　eritis
	monuerit	monuerint	erit	erunt

SUBJUNCTIVE			

Pres.	moneam	moneāmus	monear	moneāmur
	moneās	moneātis	moneāris (-re)	moneāminī
	moneat	moneant	moneātur	moneantur
Impf.	monērem	monērēmus	monērer	monērēmur
	monērēs	monērētis	monērēris (-re)	monērēminī
	monēret	monērent	monērētur	monērentur
Perf.	monuerim	monuerimus	monitus　sim	monitī　sīmus
	monueris	monueritis	(-a, -um)　sīs	(-ae, -a)　sītis
	monuerit	monuerint	sit	sint
Plup.	monuissem	monuissēmus	monitus　essem	monitī　essēmus
	monuissēs	monuissētis	(-a, -um)　essēs	(-ae, -a)　essētis
	monuisset	monuissent	esset	essent

IMPERATIVE			
Pres.	monē	monēte		

INFINITIVE			
Pres.	monēre		monērī	
Perf.	monuisse		monitus (-a, -um) esse	
Fut.	monitūrus (-a, -um) esse			

PARTICIPLE			
Pres.	monēns, (-tis)			
Perf.			monitus (-a, -um)	
Fut.	monitūrus (-a, -um)		monendus (-a, -um) (GERUNDIVE)	

GERUND monendī, -ō, -um, -ō　SUPINE monitum, -ū

Alternate forms: **monerier** = moneri;　**moneris** = monueris
Compounds and related words: **admoneo (2)** to suggest;　**monitio, -onis, f.** warning;　**monitor, -is, m.** prompter;　**monitus, -us, m.** warning;　**monumentum, -i, n.** monument
Model sentence: *Eos hoc **moneo**, desinant furere.* —Cicero

show

	ACTIVE			PASSIVE	
	INDICATIVE				
Pres.	monstrō	monstrāmus		monstror	monstrāmur
	monstrās	monstrātis		monstrāris (-re)	monstrāminī
	monstrat	monstrant		monstrātur	monstrantur
Impf.	monstrābam	monstrābāmus		monstrābar	monstrābāmur
	monstrābās	monstrābātis		monstrābāris (-re)	monstrābāminī
	monstrābat	monstrābant		monstrābātur	monstrābantur
Fut.	monstrābo	monstrābimus		monstrābor	monstrābimur
	monstrābis	monstrābitis		monstrāberis (-re)	monstrābiminī
	monstrābit	monstrābunt		monstrābitur	monstrābuntur
Perf.	monstrāvī	monstrāvimus		monstrātus sum	monstrātī sumus
	monstrāvistī	monstrāvistis		(-a, -um) es	(-ae, -a) estis
	monstrāvit	monstrāvērunt (-ēre)		est	sunt
Plup.	monstrāveram	monstrāverāmus		monstrātus eram	monstrātī erāmus
	monstrāverās	monstrāverātis		(-a, -um) erās	(-ae, -a) erātis
	monstrāverat	monstrāverant		erat	erant
Fut.	monstrāverō	monstrāverimus		monstrātus erō	monstrātī erimus
Perf.	monstrāveris	monstrāveritis		(-a, -um) eris	(-ae, -a) eritis
	monstrāverit	monstrāverint		erit	erunt
	SUBJUNCTIVE				
Pres.	monstrem	monstrēmus		monstrer	monstrēmur
	monstrēs	monstrētis		monstrēris (-re)	monstrēminī
	monstret	monstrent		monstrētur	monstrentur
Impf.	monstrārem	monstrārēmus		monstrārer	monstrārēmur
	monstrārēs	monstrārētis		monstrārēris (-re)	monstrārēminī
	monstrāret	monstrārent		monstrārētur	monstrārentur
Perf.	monstrāverim	monstrāverimus		monstrātus sim	monstrātī sīmus
	monstrāveris	monstrāveritis		(-a, -um) sīs	(-ae, -a) sītis
	monstrāverit	monstrāverint		sit	sint
Plup.	monstrāvissem	monstrāvissēmus		monstrātus essem	monstrātī essēmus
	monstrāvissēs	monstrāvissētis		(-a, -um) essēs	(-ae, -a) essētis
	monstrāvisset	monstrāvissent		esset	essent
	IMPERATIVE				
Pres.	monstrā	monstrāte			
	INFINITIVE				
Pres.	monstrāre			monstrārī	
Perf.	monstrāvisse			monstrātus (-a, -um) esse	
Fut.	monstrātūrus (-a, -um) esse				
	PARTICIPLE				
Pres.	monstrāns, (-tis)				
Perf.				monstrātus (-a, -um)	
Fut.	monstrātūrus (-a, -um)			monstrandus (-a, -um) (GERUNDIVE)	

GERUND monstrandī, -ō, -um, -ō   SUPINE monstrātum, -ū

Alternate forms: **mostro** = monstro
Compounds and related words: **demonstro (1)** to show; **monstratio, -onis, f.** demonstration;
    monstrator, -is, m. one who shows; **monstrum, -i, n.** portent
Model sentence: *Inulas ego primus amaras **monstravi** incoquere.* —Horace

bite

ACTIVE		PASSIVE	
INDICATIVE			
Pres. mordeō	mordēmus	mordeor	mordēmur
mordēs	mordētis	mordēris (-re)	mordēminī
mordet	mordent	mordētur	mordentur
Impf. mordēbam	mordēbāmus	mordēbar	mordēbāmur
mordēbās	mordēbātis	mordēbāris (-re)	mordēbāminī
mordēbat	mordēbant	mordēbātur	mordēbantur
Fut. mordēbo	mordēbimus	mordēbor	mordēbimur
mordēbis	mordēbitis	mordēberis (-re)	mordēbiminī
mordēbit	mordēbunt	mordēbitur	mordēbuntur
Perf. momordī	momordimus	morsus sum	morsī sumus
momordistī	momordistis	(-a, -um) es	(-ae, -a) estis
momordit	momordērunt (-ēre)	est	sunt
Plup. momorderam	momorderāmus	morsus eram	morsī erāmus
momorderās	momorderātis	(-a, -um) erās	(-ae, -a) erātis
momorderat	momorderant	erat	erant
Fut. momorderō	momorderimus	morsus erō	morsī erimus
Perf. momorderis	momorderitis	(-a, -um) eris	(-ae, -a) eritis
momorderit	momorderint	erit	erunt
SUBJUNCTIVE			
Pres. mordeam	mordeāmus	mordear	mordeāmur
mordeās	mordeātis	mordeāris (-re)	mordeāminī
mordeat	mordeant	mordeātur	mordeantur
Impf. mordērem	mordērēmus	mordērer	mordērēmur
mordērēs	mordērētis	mordērēris (-re)	mordērēminī
mordēret	mordērent	mordērētur	mordērentur
Perf. momorderim	momorderimus	morsus sim	morsī sīmus
momorderis	momorderitis	(-a, -um) sīs	(-ae, -a) sītis
momorderit	momorderint	sit	sint
Plup. momordissem	momordissēmus	morsus essem	morsī essēmus
momordissēs	momordissētis	(-a, -um) essēs	(-ae, -a) essētis
momordisset	momordissent	esset	essent
IMPERATIVE			
Pres. mordē	mordēte		
INFINITIVE			
Pres. mordēre		mordērī	
Perf. momordisse		morsus (-a, -um) esse	
Fut. morsūrus (-a, -um) esse			
PARTICIPLE			
Pres. mordēns, (-tis)			
Perf.		morsus (-a, -um)	
Fut. morsūrus (-a, -um)		mordendus (-a, -um) (GERUNDIVE)	

GERUND mordendī, -ō, -um, -ō   SUPINE morsum, -ū

Alternate forms: **memordi** = momordi
Compounds and related words: **mordax, -acis** biting; **mordicus** by biting; **morsus, -us, m.** bite;
    remordeo (2) to worry
Model sentence: *Canis timidus vehementius latrat quam **mordet**.* —Curtius Rufus

die

ACTIVE

INDICATIVE

Pres.	morior	morimur
	moreris (-re)	moriminī
	moritur	moriuntur
Impf.	moriēbar	moriēbāmur
	moriēbāris (-re)	moriēbāminī
	moriēbātur	moriēbantur
Fut.	moriar	moriēmur
	moriēris	moriēminī
	moriētur	morientur
Perf.	mortuus sum	mortuī sumus
	(-a, -um) es	(-ae, -a) estis
	est	sunt
Plup.	mortuus eram	mortuī erāmus
	(-a, -um) erās	(-ae, -a) erātis
	erat	erant
Fut.	mortuus erō	mortuī erimus
Perf.	(-a, -um) eris	(-ae, -a) eritis
	erit	erunt

SUBJUNCTIVE

Pres.	moriar	moriāmur
	moriāris (-re)	moriāminī
	moriātur	moriantur
Impf.	morerer	morerēmur
	morerēris (-re)	morerēminī
	morerētur	morerentur
Perf.	mortuus sim	mortuī sīmus
	(-a, -um) sīs	(-ae, -a) sītis
	sit	sint
Plup.	mortuus essem	mortuī essēmus
	(-a, -um) essēs	(-ae, -a) essētis
	esset	essent

IMPERATIVE

Pres.	morere	moriminī

INFINITIVE

Pres.	morī
Perf.	mortuus (-a, -um) esse
Fut.	moritūrus (-a, -um) esse

PARTICIPLE

	Active	Passive
Pres.	moriēns, (-tis)	
Perf.	mortuus (-a, -um)	moriendus (-a, -um) (GERUNDIVE)

GERUND moriendī, -ō, -um, -ō   SUPINE mortuum, -ū

Alternate forms: **moriri** = mori
Compounds and related words: **immortalis, -e** immortal; **mors, mortis, f.** death; **mortalis, -e** mortal; **mortifer, -a, -um** deadly; **mortuus, -a, -um** dead
Model sentence: *Dulce et decorum est pro patria **mori**.* —Horace

delay, linger

ACTIVE

INDICATIVE

Pres.	moror	morāmur
	morāris (-re)	morāminī
	morātur	morantur
Impf.	morābar	morābāmur
	morābāris (-re)	morābāminī
	morābātur	morābantur
Fut.	morābor	morābimur
	morāberis (-re)	morābiminī
	morābitur	morābuntur
Perf.	morātus sum	morātī sumus
	(-a, -um) es	(-ae, -a) estis
	est	sunt
Plup.	morātus eram	morātī erāmus
	(-a, -um) erās	(-ae, -a) erātis
	erat	erant
Fut. Perf.	morātus erō	morātī erimus
	(-a, -um) eris	(-ae, -a) eritis
	erit	erunt

SUBJUNCTIVE

Pres.	morer	morēmur
	morēris (-re)	morēminī
	morētur	morentur
Impf.	morārer	morārēmur
	morārēris (-re)	morārēminī
	morārētur	morārentur
Perf.	morātus sim	morātī sīmus
	(-a, -um) sīs	(-ae, -a) sītis
	sit	sint
Plup.	morātus essem	morātī essēmus
	(-a, -um) essēs	(-ae, -a) essētis
	esset	essent

IMPERATIVE

Pres.	morāre	morāminī

INFINITIVE

Pres.	morārī
Perf.	morātus (-a, -um) esse
Fut.	morātūrus (-a, -um) esse

PARTICIPLE

	Active	Passive
Pres.	morāns, (-tis)	
Perf.	morātus (-a, -um)	
Fut.	morātūrus (-a, -um)	morandus (-a, -um) (GERUNDIVE)

GERUND morandī, -ō, -um, -ō SUPINE morātum, -ū

Compounds and related words: **commoror (1)** to wait; **demoror (1)** to wait; **mora, -ae, f.** delay
Model sentence: *Quid multis **moror**?* —Terence

move

	ACTIVE			PASSIVE	
			INDICATIVE		
Pres.	moveō	movēmus		moveor	movēmur
	movēs	movētis		movēris (-re)	movēminī
	movet	movent		movētur	moventur
Impf.	movēbam	movēbāmus		movēbar	movēbāmur
	movēbās	movēbātis		movēbāris (-re)	movēbāminī
	movēbat	movēbant		movēbātur	movēbantur
Fut.	movēbō	movēbimus		movēbor	movēbimur
	movēbis	movēbitis		movēberis (-re)	movēbiminī
	movēbit	movēbunt		movēbitur	movēbuntur
Perf.	mōvī	mōvimus		mōtus sum	mōtī sumus
	mōvistī	mōvistis		(-a, um) es	(-ae, -a) estis
	mōvit	mōvērunt (-ēre)		est	sunt
Plup.	mōveram	mōverāmus		mōtus eram	mōtī erāmus
	mōverās	mōverātis		(-a, -um) erās	(-ae, -a) erātis
	mōverat	mōverant		erat	erant
Fut.	mōverō	mōverimus		mōtus erō	mōtī erimus
Perf.	mōveris	mōveritis		(-a, -um) eris	(-ae, -a) eritis
	mōverit	mōverint		erit	erunt
			SUBJUNCTIVE		
Pres.	moveam	moveāmus		movear	moveāmur
	moveās	moveātis		moveāris (-re)	moveāminī
	moveat	moveant		moveātur	moveantur
Impf.	movērem	movērēmus		movērer	movērēmur
	movērēs	movērētis		movērēris (-re)	movērēminī
	movēret	movērent		movērētur	movērentur
Perf.	mōverim	mōverimus		mōtus sim	mōtī sīmus
	mōveris	mōveritis		(-a, -um) sīs	(-ae, -a) sītis
	mōverit	mōverint		sit	sint
Plup.	mōvissem	mōvissēmus		mōtus essem	mōtī essēmus
	mōvissēs	mōvissētis		(-a, -um) essēs	(-ae, -a) essētis
	mōvisset	mōvissent		esset	essent
			IMPERATIVE		
Pres.	movē	movēte			
			INFINITIVE		
Pres.	movēre			movērī	
Perf.	mōvisse			mōtus (-a, -um) esse	
Fut.	mōtūrus (-a, -um) esse				
			PARTICIPLE		
Pres.	movēns, (-tis)				
Perf.				mōtus (-a, -um)	
Fut.	mōtūrus (-a, -um)			movendus (-a, -um) (GERUNDIVE)	

GERUND movendī, -ō, -um, -ō   SUPINE mōtum, -ū

Alternate forms: **morunt** = moverunt; **mostis** = movistis
Compounds and related words: **admoveo (2)** to move; **commoveo (2)** to upset; **motio, -onis, f.**
     movement; **moto (1)** to move around; **motus, -us, m.** movement; **permoveo (2)** to move deeply;
     promoveo (2) to advance; **removeo (2)** to move back; **submoveo (2)** to remove
Model sentence: *Praecepit eis ne se ex eo loco **moverent**.* —Livy

stroke, soothe

ACTIVE		PASSIVE	
INDICATIVE			
Pres.			
mulceō	mulcēmus	mulceor	mulcēmur
mulcēs	mulcētis	mulcēris (-re)	mulcēminī
mulcet	mulcent	mulcētur	mulcentur
Impf.			
mulcēbam	mulcēbāmus	mulcēbar	mulcēbāmur
mulcēbās	mulcēbātis	mulcēbāris (-re)	mulcēbāminī
mulcēbat	mulcēbant	mulcēbātur	mulcēbantur
Fut.			
mulcēbo	mulcēbimus	mulcēbor	mulcēbimur
mulcēbis	mulcēbitis	mulcēberis (-re)	mulcēbiminī
mulcēbit	mulcēbunt	mulcēbitur	mulcēbuntur
Perf.			
mulsī	mulsimus	mulsus　sum	mulsī　sumus
mulsistī	mulsistis	(-a, -um) es	(-ae, -a) estis
mulsit	mulsērunt (-ēre)	est	sunt
Plup.			
mulseram	mulserāmus	mulsus　eram	mulsī　erāmus
mulserās	mulserātis	(-a, -um) erās	(-ae, -a) erātis
mulserat	mulserant	erat	erant
Fut. *Perf.*			
mulserō	mulserimus	mulsus　erō	mulsī　erimus
mulseris	mulseritis	(-a, -um) eris	(-ae, -a) eritis
mulserit	mulserint	erit	erunt
SUBJUNCTIVE			
Pres.			
mulceam	mulceāmus	mulcear	mulceāmur
mulceās	mulceātis	mulceāris (-re)	mulceāminī
mulceat	mulceant	mulceātur	mulceantur
Impf.			
mulcērem	mulcērēmus	mulcērer	mulcērēmur
mulcērēs	mulcērētis	mulcērēris (-re)	mulcērēminī
mulcēret	mulcērent	mulcērētur	mulcērentur
Perf.			
mulserim	mulserimus	mulsus　sim	mulsī　sīmus
mulseris	mulseritis	(-a, -um) sīs	(-ae, -a) sītis
mulserit	mulserint	sit	sint
Plup.			
mulsissem	mulsissēmus	mulsus　essem	mulsī　essēmus
mulsissēs	mulsissētis	(-a, -um) essēs	(-ae, -a) essētis
mulsisset	mulsissent	esset	essent
IMPERATIVE			
Pres.	mulcē　　mulcēte		
INFINITIVE			
Pres.	mulcēre	mulcērī	
Perf.	mulsisse	mulsus (-a, -um) esse	
Fut.	mulsūrus (-a, -um) esse		
PARTICIPLE			
Pres.	mulcēns, (-tis)		
Perf.		mulsus (-a, -um)	
Fut.	mulsūrus (-a, -um)	mulcendus (-a, -um) (GERUNDIVE)	

GERUND mulcendī, -ō, -um, -ō　　SUPINE mulsum, -ū

Alternate forms: **mulctum** = mulsum
Model sentence: ***Mulcebant*** *Zephyri flores.* —Ovid

fortify, protect

ACTIVE		PASSIVE	
INDICATIVE			

Pres.	mūniō	mūnīmus	mūnior	mūnīmur	
	mūnīs	mūnītis	mūnīris (-re)	mūnīminī	
	mūnit	mūniunt	mūnītur	mūniuntur	
Impf.	mūniēbam	mūniēbāmus	mūniēbar	mūniēbāmur	
	mūniēbās	mūniēbātis	mūniēbāris (-re)	mūniēbāminī	
	mūniēbat	mūniēbant	mūniēbātur	mūniēbantur	
Fut.	mūniam	mūniēmus	mūniar	mūniēmur	
	mūniēs	mūniētis	mūniēris (-re)	mūniēminī	
	mūniet	mūnient	mūniētur	mūnientur	
Perf.	mūnīvī	mūnīvimus	mūnītus sum	mūnītī sumus	
	mūnīvistī	mūnīvistis	(-a, -um) es	(-ae, -a) estis	
	mūnīvit	mūnīvērunt (-ēre)	est	sunt	
Plup.	mūnīveram	mūnīverāmus	mūnītus eram	mūnītī erāmus	
	mūnīverās	mūnīverātis	(-a, -um) erās	(-ae, -a) erātis	
	mūnīverat	mūnīverant	erat	erant	
Fut.	mūnīverō	mūnīverimus	mūnītus erō	mūnītī erimus	
Perf.	mūnīveris	mūnīveritis	(-a, -um) eris	(-ae, -a) eritis	
	mūnīverit	mūnīverint	erit	erunt	

SUBJUNCTIVE			

Pres.	mūniam	mūniāmus	mūniar	mūniāmur	
	mūniās	mūniātis	mūniāris (-re)	mūniāminī	
	mūniat	mūniant	mūniātur	mūniantur	
Impf.	mūnīrem	mūnīrēmus	mūnīrer	mūnīrēmur	
	mūnīrēs	mūnīrētis	mūnīrēris (-re)	mūnīrēminī	
	mūnīret	mūnīrent	mūnīrētur	mūnīrentur	
Perf.	mūnīverim	mūnīverimus	mūnītus sim	mūnītī sīmus	
	mūnīveris	mūnīveritis	(-a, -um) sīs	(-ae, -a) sītis	
	mūnīverit	mūnīverint	sit	sint	
Plup.	mūnīvissem	mūnīvissēmus	mūnītus essem	mūnītī essēmus	
	mūnīvissēs	mūnīvissētis	(-a, -um) essēs	(-ae, -a) essētis	
	mūnīvisset	mūnīvissent	esset	essent	

IMPERATIVE			

Pres.	mūnī	mūnīte	

INFINITIVE			

Pres.	mūnīre		mūnīrī
Perf.	mūnīvisse		mūnītus (-a, -um) esse
Fut.	mūnītūrus (-a, -um) esse		

PARTICIPLE			

Pres.	mūniēns, (-tis)		
Perf.			mūnītus (-a, -um)
Fut.	mūnītūrus (-a, -um)		mūniendus (-a, -um) (GERUNDIVE)

GERUND mūniendī, -ō, -um, -ō   SUPINE mūnītum, -ū

Usage notes: passive can be used in a middle sense
Alternate forms: **moenio** = munio; **munibis** = munies; **munii** = munivi
Compounds and related words: **munitio, -ionis, f.** fortification; **munus, -eris, n.** service
Model sentence: *Hieme quaternis tunicis et tibialibus **muniebatur**. —Suetonius*

change

ACTIVE | PASSIVE

INDICATIVE

	ACTIVE		PASSIVE	
Pres.	mūtō	mūtāmus	mūtor	mūtāmur
	mūtās	mūtātis	mūtāris (-re)	mūtāminī
	mūtat	mūtant	mūtātur	mūtantur
Impf.	mūtābam	mūtābāmus	mūtābar	mūtābāmur
	mūtābās	mūtābātis	mūtābāris (-re)	mūtābāminī
	mūtābat	mūtābant	mūtābātur	mūtābantur
Fut.	mūtābō	mūtābimus	mūtābor	mūtābimur
	mūtābis	mūtābitis	mūtāberis (-re)	mūtābiminī
	mūtābit	mūtābunt	mūtābitur	mūtābuntur
Perf.	mūtāvī	mūtāvimus	mūtātus sum	mūtātī sumus
	mūtāvistī	mūtāvistis	(-a, -um) es	(-ae, -a) estis
	mūtāvit	mūtāvērunt (-ēre)	est	sunt
Plup.	mūtāveram	mūtāverāmus	mūtātus eram	mūtātī erāmus
	mūtāverās	mūtāverātis	(-a, -um) erās	(-ae, -a) erātis
	mūtāverat	mūtāverant	erat	erant
Fut. Perf.	mūtāverō	mūtāverimus	mūtātus erō	mūtātī erimus
	mūtāveris	mūtāveritis	(-a, -um) eris	(-ae, -a) eritis
	mūtāverit	mūtāverint	erit	erint

SUBJUNCTIVE

	ACTIVE		PASSIVE	
Pres.	mūtem	mūtēmus	mūter	mūtēmur
	mūtēs	mūtētis	mūtēris (-re)	mūtēminī
	mūtet	mūtent	mūtētur	mūtentur
Impf.	mūtārem	mūtārēmus	mūtārer	mūtārēmur
	mūtārēs	mūtārētis	mūtārēris (-re)	mūtārēminī
	mūtāret	mūtārent	mūtārētur	mūtārentur
Perf.	mūtāverim	mūtāverimus	mūtātus sim	mūtātī sīmus
	mūtāveris	mūtāveritis	(-a, -um) sīs	(-ae, -a) sītis
	mūtāverit	mūtāverint	sit	sint
Plup.	mūtāvissem	mūtāvissēmus	mūtātus essem	mūtātī essēmus
	mūtāvissēs	mūtāvissētis	(-a, -um) essēs	(-ae, -a) essētis
	mūtāvisset	mūtāvissent	esset	essent

IMPERATIVE

Pres.	mūtā	mūtāte

INFINITIVE

	ACTIVE	PASSIVE
Pres.	mūtāre	mūtārī
Perf.	mūtāvisse	mūtātus (-a, -um) esse
Fut.	mūtātūrus (-a, -um) esse	

PARTICIPLE

	ACTIVE	PASSIVE
Pres.	mūtāns, (-tis)	
Perf.		mūtātus (-a, -um)
Fut.	mūtātūrus (-a, -um)	mūtandus (-a, -um) (GERUNDIVE)

GERUND mūtandī, -ō, -um, -ō SUPINE mūtātum, -ū

Alternate forms: **mutarier** = mutari

Compounds and related words: **commuto (1)** change; **mutabilis, -e** variable; **mutabilitas, -tatis, f.** changeableness; **mutatio, -onis, f.** change

Model sentence: *Malum est consilium quod **mutari** non potest.* —Publilius Syrus

find

ACTIVE

INDICATIVE

Pres.	nancīscor	nancīscimur	
	nancīsceris (-re)	nancīsciminī	
	nancīscitur	nancīscuntur	
Impf.	nancīscēbar	nancīscēbāmur	
	nancīscēbāris (-re)	nancīscēbāminī	
	nancīscēbātur	nancīscēbantur	
Fut.	nancīscar	nancīscēmur	
	nancīscēris (-re)	nancīscēminī	
	nancīscētur	nancīscentur	

Perf.	nanctus (nactus)	sum	nanctī (nactī)	sumus
	(-a, -um)	es	(-ae, -a)	estis
		est		sunt
Plup.	nanctus (nactus)	eram	nanctī (nactī)	erāmus
	(-a, -um)	erās	(-ae, -a)	erātis
		erat		erant
Fut.	nanctus (nactus)	erō	nanctī (nactī)	erimus
Perf.	(-a, -um)	eris	(-ae, -a)	eritis
		erit		erunt

SUBJUNCTIVE

Pres.	nancīscar	nancīscāmur	
	nancīscāris (-re)	nancīscāminī	
	nancīscātur	nancīscantur	
Impf.	nancīscerer	nancīscerēmur	
	nancīscerēris (-re)	nancīscerēminī	
	nancīscerētur	nancīscerentur	

Perf.	nanctus (nactus)	sim	nanctī (nactī)	sīmus
	(-a, -um)	sīs	(-ae, -a)	sītis
		sit		sint
Plup.	nanctus (nactus)	essem	nanctī (nactī)	essēmus
	(-a, -um)	essēs	(-ae, -a)	essētis
		esset		essent

IMPERATIVE
Pres.   nancīscere   nancīsciminī

INFINITIVE
Pres.   nancīscī
Perf.   nanctus (nactus) (-a, -um) esse
Fut.   nanctūrus (-a, -um) esse

PARTICIPLE

	Active	Passive
Pres.	nancīscēns, (-tis)	
Perf.	nanctus (nactus) (-a, -um)	
Fut.	nanctūrus (-a, -um)	nancīscendus (-a, -um) (GERUNDIVE)

GERUND nancīscendī, -ō, -um, -ō   SUPINE nanctum (nactum), -ū

Alternate forms: **nactus** = nanctus; **nanciscier** = nancisci
Model sentence: *Immanes beluas **nanciscimur** venando.* —Cicero

relate, tell

ACTIVE		PASSIVE	
INDICATIVE			

	ACTIVE		PASSIVE	
Pres.	narrō	narrāmus	(narror)	(narrāmur)
	narrās	narrātis	(narrāris (-re))	(narrāminī)
	narrat	narrant	narrātur	narrantur
Impf.	narrābam	narrābāmus	(narrābar)	(narrābāmur)
	narrābās	narrābātis	(narrābāris (-re))	(narrābāminī)
	narrābat	narrābant	narrābātur	narrābantur
Fut.	narrābō	narrābimus	(narrābor)	(narrābimur)
	narrābis	narrābitis	(narrāberis (-re))	(narrābiminī)
	narrābit	narrābunt	narrābitur	narrābuntur
Perf.	narrāvī	narrāvimus	narrātus (sum)	narrātī (sumus)
	narrāvistī	narrāvistis	(-a, -um) (es)	(-ae, -a) (estis)
	narrāvit	narrāvērunt (-ēre)	est	sunt
Plup.	narrāveram	narrāverāmus	narrātus (eram)	narrātī (erāmus)
	narrāverās	narrāverātis	(-a, -um) (erās)	(-ae, -a) (erātis)
	narrāverat	narrāverant	erat	erant
Fut. Perf.	narrāverō	narrāverimus	narrātus (erō)	narrātī (erimus)
	narrāveris	narrāveritis	(-a, -um) (eris)	(-ae, -a) (eritis)
	narrāverit	narrāverint	erit	erunt

		SUBJUNCTIVE		
Pres.	narrem	narrēmus	(narrer)	(narrēmur)
	narrēs	narrētis	(narrēris (-re))	(narrēminī)
	narret	narrent	narrētur	narrentur
Impf.	narrārem	narrārēmus	(narrārer)	(narrārēmur)
	narrārēs	narrārētis	(narrārēris (-re))	(narrārēminī)
	narrāret	narrārent	narrārētur	narrārentur
Perf.	narrāverim	narrāverimus	narrātus (sim)	narrātī (sīmus)
	narrāveris	narrāveritis	(-a, -um) (sīs)	(-ae, -a) (sītis)
	narrāverit	narrāverint	sit	sint
Plup.	narrāvissem	narrāvissēmus	narrātus (essem)	narrātī (essēmus)
	narrāvissēs	narrāvissētis	(-a, -um) (essēs)	(-ae, -a) (essētis)
	narrāvisset	narrāvissent	esset	essent

		IMPERATIVE	
Pres.	narrā	narrāte	

	INFINITIVE	
Pres.	narrāre	narrārī
Perf.	narrāvisse	narrātus (-a, -um) esse
Fut.	narrātūrus (-a, -um) esse	

	PARTICIPLE	
Pres.	narrāns, (-tis)	
Perf.		narrātus (-a, -um)
Fut.	narrātūrus (-a, -um)	narrandus (-a, -um) (GERUNDIVE)

GERUND narrandī, -ō, -um, -ō   SUPINE narrātum, -ū

Compounds and related words: **narrabilis, -e** that can be told; **narratio, -onis, f.** narrative; **narrator, -is, m.** narrator; **narratus, -us, m.** narrative

Model sentence: *Quid rides?...De te fabula **narratur.*** —Horace

be born

ACTIVE

INDICATIVE

Pres.	nāscor		nāscimur	
	nāsceris (-re)		nāsciminī	
	nāscitur		nāscuntur	
Impf.	nāscēbar		nāscēbāmur	
	nāscēbāris (-re)		nāscēbāminī	
	nāscēbātur		nāscēbantur	
Fut.	nāscar		nāscēmur	
	nāscēris (-re)		nāscēminī	
	nāscētur		nāscentur	
Perf.	nātus	sum	nātī	sumus
	(-a, -um)	es	(-ae, -a)	estis
		est		sunt
Plup.	nātus	eram	nātī	erāmus
	(-a, -um)	erās	(-ae, -a)	erātis
		erat		erant
Fut.	nātus	erō	nātī	erimus
Perf.	(-a, -um)	eris	(-ae, -a)	eritis
		erit		erunt

SUBJUNCTIVE

Pres.	nāscar		nāscāmur	
	nāscāris (-re)		nāscāminī	
	nāscātur		nāscantur	
Impf.	nāscerer		nāscerēmur	
	nāscerēris (-re)		nāscerēminī	
	nāscerētur		nāscerentur	
Perf.	nātus	sim	nātī	sīmus
	(-a, -um)	sīs	(-ae, a)	sītis
		sit		sint
Plup.	nātus	essem	nātī	essēmus
	(-a, -um)	essēs	(-ae, -a)	essētis
		esset		essent

IMPERATIVE

Pres.	nāscere	nāsciminī

INFINITIVE

Pres.	nāscī
Perf.	nātus (-a, -um) esse
Fut.	nātūrus (-a, -um) esse

PARTICIPLE

	Active	Passive
Pres.	nāscēns, (-tis)	
Perf.	nātus (-a, -um)	
Fut.	nātūrus (-a, -um)	nāscendus (-a, -um) (GERUNDIVE)

GERUND nāscendī, -ō, -um, -ō   SUPINE nātum, -ū

Alternate forms: **gnatus** = natus; **nasciturus** = naturus
Compounds and related words: **innascor (3)** to be born in; **natalis, -e** pertaining to birth; **natio, -onis, f.** race; **natura, -ae, f.** nature; **naturalis, -e** natural; **natus/-a, -i/-ae, m./f.** offspring; **renascor (3)** to be born again
Model sentence: *Orator fit, poeta **nascitur**.* —proverb

280

ACTIVE		PASSIVE	
		INDICATIVE	

	ACTIVE		PASSIVE	
Pres.	nāvigō	nāvigāmus		
	nāvigās	nāvigātis		
	nāvigat	nāvigant	nāvigātur	nāvigantur
Impf.	nāvigābam	nāvigābāmus		
	nāvigābās	nāvigābātis		
	nāvigābat	nāvigābant	nāvigābātur	nāvigābantur
Fut.	nāvigābo	nāvigābimus		
	nāvigābis	nāvigābitis		
	nāvigābit	nāvigābunt	nāvigābitur	nāvigābuntur
Perf.	nāvigāvī	nāvigāvimus		
	nāvigāvistī	nāvigāvistis		
	nāvigāvit	nāvigāvērunt (-ēre)	nāvigātus (-a, -um) est	nāvigātī (-ae, -a) sunt
Plup.	nāvigāveram	nāvigāverāmus		
	nāvigāverās	nāvigāverātis		
	nāvigāverat	nāvigāverant	nāvigātus (-a, -um) erat	nāvigātī (-ae, -a) erant
Fut. Perf.	nāvigāverō	nāvigāverimus		
	nāvigāveris	nāvigāveritis		
	nāvigāverit	nāvigāverint	nāvigātus (-a, -um) erit	nāvigātī (-ae, -a) erunt

		SUBJUNCTIVE	

	ACTIVE		PASSIVE	
Pres.	nāvigem	nāvigēmus		
	nāvigēs	nāvigētis		
	nāviget	nāvigent	nāvigētur	nāvigentur
Impf.	nāvigārem	nāvigārēmus		
	nāvigārēs	nāvigārētis		
	nāvigāret	nāvigārent	nāvigārētur	nāvigārentur
Perf.	nāvigāverim	nāvigāverimus		
	nāvigāveris	nāvigāveritis		
	nāvigāverit	nāvigāverint	nāvigātus (-a, -um) sit	nāvigātī (-ae, -a) sint
Plup.	nāvigāvissem	nāvigāvissēmus		
	nāvigāvissēs	nāvigāvissētis		
	nāvigāvisset	nāvigāvissent	nāvigātus (-a, -um) esset	nāvigātī (-ae, -a) essent

		IMPERATIVE	
Pres.	nāvigā	nāvigāte	

		INFINITIVE	
Pres.	nāvigāre	nāvigārī	
Perf.	nāvigāvisse	nāvigātus (-a, -um) esse	
Fut.	nāvigātūrus (-a, -um) esse		

		PARTICIPLE	
Pres.	nāvigāns, (-tis)		
Perf.		nāvigātus (-a, -um)	
Fut.	nāvigātūrus (-a, -um)	nāvigandus (-a, -um) (GERUNDIVE)	

GERUND nāvigandī, -ō, -um, -ō   SUPINE nāvigātum, -ū

Usage notes: third person passive also used impersonally

Compounds and related words: **naufragium, -i, n.** shipwreck; **naufragus, -a, -um** shipwrecked; **nauta, -ae, m.** sailor; **navalis, -e** pertaining to a ship; **navicula, -ae, f.** boat; **navigium, -i, n.** vessel; **navis, -is, f.** ship; **navita, -ae, m.** sailor

Model sentence: *Cum per anni temporis **navigare** poteris, ad nos veni.* —Cicero

kill

ACTIVE   PASSIVE
INDICATIVE

Pres.	necō	necāmus		necor	necāmur	
	necās	necātis		necāris (-re)	necāminī	
	necat	necant		necātur	necantur	
Impf.	necābam	necābāmus		necābar	necābāmur	
	necābās	necābātis		necābāris (-re)	necābāminī	
	necābat	necābant		necābātur	necābantur	
Fut.	necābo	necābimus		necābor	necābimur	
	necābis	necābitis		necāberis (-re)	necābiminī	
	necābit	necābunt		necābitur	necābuntur	
Perf.	necāvī	necāvimus		necātus sum	necātī sumus	
	necāvistī	necāvistis		(-a, -um) es	(-ae, -a) estis	
	necāvit	necāvērunt (-ēre)		est	sunt	
Plup.	necāveram	necāverāmus		necātus eram	necātī erāmus	
	necāverās	necāverātis		(-a, -um) erās	(-ae, -a) erātis	
	necāverat	necāverant		erat	erant	
Fut.	necāverō	necāverimus		necātus erō	necātī erimus	
Perf.	necāveris	necāveritis		(-a, -um) eris	(-ae, -a) eritis	
	necāverit	necāverint		erit	erunt	

SUBJUNCTIVE

Pres.	necem	necēmus		necer	necēmur	
	necēs	necētis		necēris (-re)	necēminī	
	necet	necent		necētur	necentur	
Impf.	necārem	necārēmus		necārer	necārēmur	
	necārēs	necārētis		necārēris (-re)	necārēminī	
	necāret	necārent		necārētur	necārentur	
Perf.	necāverim	necāverimus		necātus sim	necātī sīmus	
	necāveris	necāveritis		(-a, -um) sīs	(-ae, -a) sītis	
	necāverit	necāverint		sit	sint	
Plup.	necāvissem	necāvissēmus		necātus essem	necātī essēmus	
	necāvissēs	necāvissētis		(-a, -um) essēs	(-ae, -a) essētis	
	necāvisset	necāvissent		esset	essent	

IMPERATIVE

Pres.	necā	necāte

INFINITIVE

Pres.	necāre	necārī
Perf.	necāvisse	necātus (-a, -um) esse
Fut.	necātūrus (-a, -um) esse	

PARTICIPLE

Pres.	necāns, (-tis)	
Perf.		necātus (-a, -um)
Fut.	necātūrus (-a, -um)	necandus (-a, -um) (GERUNDIVE)

GERUND necandī, -ō, -um, -ō   SUPINE necātum, -ū

Alternate forms: **nectus** = necatus; **necui** = necavi
Compounds and related words: **nex, necis, f.** murder; **pernicies, -ei, f.** destruction
Model sentence: *Is se praesente de se ter sortibus consultum dicebat utrum igni statim **necaretur,** an in aliud tempus reservaretur.* —Caesar

weave, bind, attach

ACTIVE		PASSIVE	
INDICATIVE			

	ACTIVE		PASSIVE	
Pres.	nectō	nectimus	nector	nectimur
	nectis	nectitis	necteris (-re)	nectiminī
	nectit	nectunt	nectitur	nectuntur
Impf.	nectēbam	nectēbāmus	nectēbar	nectēbāmur
	nectēbās	nectēbātis	nectēbāris (-re)	nectēbāminī
	nectēbat	nectēbant	nectēbātur	nectēbantur
Fut.	nectam	nectēmus	nectar	nectēmur
	nectēs	nectētis	nectēris (-re)	nectēminī
	nectet	nectent	nectētur	nectentur
Perf.	nexuī	nexuimus	nexus sum	nexī sumus
	nexuistī	nexuistis	(-a, -um) es	(-ae, -a) estis
	nexuit	nexuērunt (-ēre)	est	sunt
Plup.	nexueram	nexuerāmus	nexus eram	nexī erāmus
	nexuerās	nexuerātis	(-a, -um) erās	(-ae, -a) erātis
	nexuerat	nexuerant	erat	erant
Fut.	nexuerō	nexuerimus	nexus erō	nexī erimus
Perf.	nexueris	nexueritis	(-a, -um) eris	(-ae, -a) eritis
	nexuerit	nexuerint	erit	erunt

SUBJUNCTIVE			

	ACTIVE		PASSIVE	
Pres.	nectam	nectāmus	nectar	nectāmur
	nectās	nectātis	nectāris (-re)	nectāminī
	nectat	nectant	nectātur	nectantur
Impf.	necterem	necterēmus	necterer	necterēmur
	necterēs	necterētis	nectereris (-re)	necterēminī
	necteret	necterent	necterētur	necterentur
Perf.	nexuerim	nexuerimus	nexus sim	nexī sīmus
	nexueris	nexueritis	(-a, -um) sīs	(-ae, -a) sītis
	nexuerit	nexuerint	sit	sint
Plup.	nexuissem	nexuissēmus	nexus essem	nexī essēmus
	nexuissēs	nexuissētis	(-a, -um) essēs	(-ae, -a) essētis
	nexuisset	nexuissent	esset	essent

IMPERATIVE	
Pres.	necte	nectite		

INFINITIVE	
Pres.	nectere	nectī
Perf.	nexuisse	nexus (-a, -um) esse
Fut.	nexūrus (-a, -um) esse	

PARTICIPLE	
Pres.	nectēns, (-tis)	
Perf.		nexus (-a, -um)
Fut.	nexūrus (-a, -um)	nectendus (-a, -um) (GERUNDIVE)

GERUND nectendī, -ō, -um, -ō   SUPINE nexum, -ū

Alternate forms: **nectier** = necti; **nexi** = nexui
Compounds and related words: **conecto (3)** to join; **nexilis, -e** tied together; **nexus, -us, m.** an entwining
Model sentence: *Cum varia lentas **necterent** arte moras....* —Martial

neglect

ACTIVE		PASSIVE	
INDICATIVE			

	ACTIVE		PASSIVE	
Pres.	neglegō	neglegimus	neglegor	neglegimur
	neglegis	neglegitis	neglegeris (-re)	neglegiminī
	neglegit	neglegunt	neglegitur	nepleguntur
Impf.	neglegēbam	neglegēbāmus	neglegēbar	neglegēbāmur
	neglegēbās	neglegēbātis	neglegēbāris (-re)	neglegēbāminī
	neglegēbat	neglegēbant	neglegēbātur	neglegēbantur
Fut.	neglegam	neglegēmus	neglegar	neglegēmur
	neglegēs	neglegētis	neglegēris (-re)	neglegēminī
	negleget	neglegent	neglegētur	neglegentur
Perf.	neglēxī	neglēximus	neglēctus sum	neglēctī sumus
	neglēxistī	neglēxistis	(-a, -um) es	(-ae, -a) estis
	neglēxit	neglēxērunt (-ēre)	est	sunt
Plup.	neglēxeram	neglēxerāmus	neglēctus eram	neglēctī erāmus
	neglēxerās	neglēxerātis	(-a, -um) erās	(-ae, -a) erātis
	neglēxerat	neglēxerant	erat	erant
Fut.	neglēxerō	neglēxerimus	neglēctus erō	neglēctī erimus
Perf.	neglēxeris	neglēxeritis	(-a, -um) eris	(-ae, -a) eritis
	neglēxerit	neglēxerint	erit	erunt
SUBJUNCTIVE				
Pres.	neglegam	neglegāmus	neglegar	neglegāmur
	neglegās	neglegātis	neglegāris (-re)	neglegāminī
	neglegat	neglegant	neglegātur	neglegantur
Impf.	neglegerem	neglegerēmus	neglegerer	neglegerēmur
	neglegerēs	neglegerētis	neglegerēris (-re)	neglegerēminī
	neglegeret	neglegerent	neglegerētur	neglegerentur
Perf.	neglēxerim	neglēxerimus	neglēctus sim	neglēctī sīmus
	neglēxeris	neglēxeritis	(-a, -um) sīs	(-ae, -a) sītis
	neglēxerit	neglēxerint	sit	sint
Plup.	neglēxissem	neglēxissēmus	neglēctus essem	neglēctī essēmus
	neglēxissēs	neglēxissētis	(-a, -um) essēs	(-ae, -a) essētis
	neglēxisset	neglēxissent	esset	essent
IMPERATIVE				
Pres.	neglege	neglegite		
INFINITIVE				
Pres.	neglegere		neglegī	
Perf.	neglēxisse		neglēctus (-a, -um) esse	
Fut.	neglēctūrus (-a, -um) esse			
PARTICIPLE				
Pres.	neglegēns, (-tis)			
Perf.			neglēctus (-a, -um)	
Fut.	neglēctūrus (-a, -um)		neglegendus (-a, -um) (GERUNDIVE)	

GERUND neglegendī, -ō, -um, -ō   SUPINE neglēctum, -ū

Alternate forms: **neclego** = neglego; **neglegerit** = neglexerit; **neglegisset** = neglexisset;
   negligo = neglego
Compounds and related words: **abnego (1)** to deny; **negito (1)** to deny repeatedly; **neglectio, -onis, f.**
   neglect; **neglectus, -us, m.** disregard; **negligentia, -ae, f.** carelessness
Model sentence: *Magna di curant, parva **neglegunt**.* —Cicero

284

deny

ACTIVE		PASSIVE	

INDICATIVE

	ACTIVE		PASSIVE	
Pres.	negō	negāmus	negor	negāmur
	negās	negātis	negāris (-re)	negāminī
	negat	negant	negātur	negantur
Impf.	negābam	negābāmus	negābar	negābāmur
	negābās	negābātis	negābāris (-re)	negābāminī
	negābat	negābant	negābātur	negābantur
Fut.	negābō	negābimus	negābor	negābimur
	negābis	negābitis	negāberis (-re)	negābiminī
	negābit	negābunt	negābitur	negābuntur
Perf.	negāvī	negāvimus	negātus sum	negātī sumus
	negāvistī	negāvistis	(-a, -um) es	(-ae, -a) estis
	negāvit	negāvērunt (-ēre)	est	sunt
Plup.	negāveram	negāverāmus	negātus eram	negātī erāmus
	negāverās	negāverātis	(-a, -um) erās	(-ae, -a) erātis
	negāverat	negāverant	erat	erant
Fut.	negāverō	negāverimus	negātus erō	negātī erimus
Perf.	negāveris	negāveritis	(-a, -um) eris	(-ae, -a) eritis
	negāverit	negāverint	erit	erunt

SUBJUNCTIVE

	ACTIVE		PASSIVE	
Pres.	negem	negēmus	neger	negēmur
	negēs	negētis	negēris (-re)	negēminī
	neget	negent	negētur	negentur
Impf.	negārem	negārēmus	negārer	negārēmur
	negārēs	negārētis	negārēris (-re)	negārēminī
	negāret	negārent	negārētur	negārentur
Perf.	negāverim	negāverimus	negātus sim	negātī sīmus
	negāveris	negāveritis	(-a, -um) sīs	(-ae, -a) sītis
	negāverit	negāverint	sit	sint
Plup.	negāvissem	negāvissēmus	negātus essem	negātī essēmus
	negāvissēs	negāvissētis	(-a, -um) essēs	(-ae, -a) essētis
	negāvisset	negāvissent	esset	essent

IMPERATIVE

	ACTIVE			
Pres.	negā	negāte		

INFINITIVE

	ACTIVE	PASSIVE
Pres.	negāre	negārī
Perf.	negāvisse	negātus (-a, -um) esse
Fut.	negātūrus (-a, -um) esse	

PARTICIPLE

	ACTIVE	PASSIVE
Pres.	negāns, (-tis)	
Perf.		negātus (-a, -um)
Fut.	negātūrus (-a, -um)	negandus (-a, -um) (GERUNDIVE)

GERUND negandī, -ō, -um, -ō   SUPINE negātum, -ū

Alternate forms: **negassim** = negaverim; **negumo** = nego
Compounds and related words: **abnego (1)** deny; **neglego (3)** to neglect; **negligentia, -ae, f.** negligence
See **lego** for related compounds of this verb.
Model sentence: *Omnia iam fient fieri quae posse **negabam.*** —Ovid

be unable

ACTIVE

INDICATIVE

Pres.	nequeō (nōn queō)	nequīmus
	nequīs	nequītis
	nequit	nequeunt
Impf.		
	nequībat	nequībant
Fut.		
	nequībit	nequībunt
Perf.	nequīvī (nequiit)	
	nequīstī	
	nequīvit (nequiit)	nequīvērunt (nequiēre)
Plup.		
	nequīverat (nequierat)	nequīverant (nequierant)
Fut.		
Perf.		

SUBJUNCTIVE

Pres.	nequeam	nequeāmus
	nequeās	
	nequeat	nequeant
Impf.	nequīrem	
	nequīret	nequīrent
Perf.	nequīverim	
	nequīverit	nequīverint
Plup.		
	nequīvisset (nequīsset)	nequīssent

IMPERATIVE

Pres.

INFINITIVE

Pres.	nequīre
Perf.	nequīvisse (nequīsse)
Fut.	

PARTICIPLE

Pres.	nequiēns, (nequeuntis)
Perf.	
Fut.	

GERUND   SUPINE

Usage notes: defective
Alternate forms: **nequii** = nequivi
Compounds and related words: **nequior, -us** worthless; **nequissimus, -a, -um** utterly worthless
Model sentence: ***Nequeo** contineri quin loquar.* —Plautus

not to know

ACTIVE		PASSIVE
INDICATIVE		

	ACTIVE		PASSIVE
Pres.	nesciō	nescīmus	
	nescīs	nescītis	
	nescit	nesciunt	nescītur
Impf.	nesciēbam	nesciēbāmus	
	nesciēbās	nesciēbātis	
	nesciēbat	nesciēbant	nesciēbātur
Fut.	nesciam	nesciēmus	
	nesciēs	nesciētis	
	nesciet	nescient	nesciētur
Perf.	nescīvī	nescīvimus	
	nescīvistī	nescīvistis	
	nescīvit	nescīvērunt (-ēre)	nescītum est
Plup.	nescīveram	nescīverāmus	
	nescīverās	nescīverātis	
	nescīverat	nescīverant	nescītum erat
Fut.	nescīverō	nescīverimus	
Perf.	nescīveris	nescīveritis	
	nescīverit	nescīverint	nescītum erit

SUBJUNCTIVE

	ACTIVE		PASSIVE
Pres.	nesciam	nesciāmus	
	nesciās	nesciātis	
	nesciat	nesciant	nesciātur
Impf.	nescīrem	nescīrēmus	
	nescīrēs	nescīrētis	
	nescīret	nescīrent	nescīrētur
Perf.	nescīverim	nescīverimus	
	nescīveris	nescīveritis	
	nescīverit	nescīverint	nescītum sit
Plup.	nescīvissem	nescīvissēmus	
	nescīvissēs	nescīvissētis	
	nescīvisset	nescīvissent	nescītum esset

IMPERATIVE

	ACTIVE	
Pres.	nescī	nescīte

INFINITIVE

	ACTIVE	PASSIVE
Pres.	nescīre	nescīrī
Perf.	nescīvisse	nescītum esse
Fut.	nescītūrus (-a, -um) esse	

PARTICIPLE

	ACTIVE	PASSIVE
Pres.	nesciēns, (-tis)	
Perf.		nescītus (-a, -um)
Fut.	nescītūrus (-a, -um)	nesciendus (-a, -um) (GERUNDIVE)

GERUND nesciendī, -ō, -um, -ō SUPINE nescītum, -ū

Alternate forms: **nescii** = nescivi
Compounds and related words: **nescius, -a, -um** unaware
Model sentence: *Timendi causa est **nescire**.* —Seneca

shine, be beautiful

ACTIVE

INDICATIVE

Pres.	niteō	nitēmus
	nitēs	nitētis
	nitet	nitent
Impf.	nitēbam	nitēbāmus
	nitēbās	nitēbātis
	nitēbat	nitēbant
Fut.	nitēbo	nitēbimus
	nitēbis	nitēbitis
	nitēbit	nitēbunt
Perf.		
Plup.		
Fut.		
Perf.		

SUBJUNCTIVE

Pres.	niteam	niteāmus
	niteās	niteātis
	niteat	niteant
Impf.	nitērem	nitērēmus
	nitērēs	nitērētis
	nitēret	nitērent
Perf.		
Plup.		

IMPERATIVE

Pres.	nitē	nitēte

INFINITIVE

Pres.	nitēre
Perf.	
Fut.	

PARTICIPLE

Pres.	nitēns, (-tis)
Perf.	
Fut.	nitendus (-a, -um) (GERUNDIVE)

GERUND nitendī, -ō, -um, -ō   SUPINE

Compounds and related words: **nitesco (3)** to begin to shine; **nitidus, -a, -um** bright;
nitor, -is, m. brightness
Model sentence: *Luna potest solis radiis percussa **nitere**.* —Lucretius

strive, strain, rest upon

ACTIVE

INDICATIVE

Pres.	nītor	nītimur
	nīteris (-re)	nītiminī
	nītitur	nītuntur
Impf.	nītēbar	nītēbāmur
	nītēbāris (-re)	nītēbāminī
	nītēbātur	nītēbantur
Fut.	nītar	nītēmur
	nītēris (-re)	nītēminī
	nītētur	nītentur
Perf.	nīsus sum	nīsī sumus
	(-a, -um) es	(-ae, -a) estis
	est	sunt
Plup.	nīsus eram	nīsī erāmus
	(-a, -um) erās	(-ae, -a) erātis
	erat	erant
Fut.	nīsus erō	nīsī erimus
Perf.	(-a, -um) eris	(-ae, -a) eritis
	erit	erunt

SUBJUNCTIVE

Pres.	nītar	nītāmur
	nītāris (-re)	nītāminī
	nītātur	nītantur
Impf.	nīterer	nīterēmur
	nīterēris (-re)	nīterēminī
	nīterētur	nīterentur
Perf.	nīsus sim	nīsī sīmus
	(-a, -um) sīs	(-ae, -a) sītis
	sit	sint
Plup.	nīsus essem	nīsī essēmus
	(-a, -um) essēs	(-ae, -a) essētis
	esset	essent

IMPERATIVE

Pres.	nītere	nītiminī

INFINITIVE

Pres.	nītī
Perf.	nīsus (-a, -um) esse
Fut.	nīsūrus (-a, -um) esse

PARTICIPLE

	Active	Passive
Pres.	nītēns, (-tis)	
Perf.	nīsus (-a, -um)	
Fut.	nīsūrus (-a, -um)	nītendus (-a, -um) (GERUNDIVE)

GERUND nītendī, -ō, -um, -ō SUPINE nīsum, -ū

Alternate forms: **gnitus** = nisus; **gnixus** = nisus; **nitier** = niti; **nixus** = nisus
Compounds and related words: **conitor (3)** to strive; **enitor (3)** to strive; **innitor (3)** to lean on;
 subnixus, -a, -um supported
Model sentence: *Ille iuvenis qui **nititur** hasta proxima sorte tenet lucis loca.* —Vergil

swim, float

ACTIVE

INDICATIVE

Pres.	nō	nāmus
	nās	nātis
	nat	nant
Impf.	nābam	nābāmus
	nābās	nābātis
	nābat	nābant
Fut.	nābō	nāmus
	nābis	nābitis
	nābit	nābunt
Perf.	nāvī	nāvimus
	nāvistī	nāvistis
	nāvit	nāvērunt (-ēre)
Plup.	nāveram	nāverāmus
	nāverās	nāverātis
	nāverat	nāverant
Fut.	nāverō	nāverimus
Perf.	nāveris	nāveritis
	nāverit	nāverint

SUBJUNCTIVE

Pres.	nem	nēmus
	nēs	nētis
	net	nent
Impf.	nārem	nārēmus
	nārēs	nārētis
	nāret	nārent
Perf.	nāverim	nāverimus
	nāveris	nāveritis
	nāverit	nāverint
Plup.	nāvissem	nāvissēmus
	nāvissēs	nāvissētis
	nāvisset	nāvissent

IMPERATIVE

Pres.	nā	nāte

INFINITIVE

Pres.	nāre
Perf.	nāvisse
Fut.	

PARTICIPLE

	Active	Passive
Pres.	nāns, (-tis)	
Perf.		
Fut.		nandus (-a, -um) (GERUNDIVE)

GERUND nandī, -ō, -um, -ō   SUPINE

Alternate forms: **nasse** = navisse
Compounds and related words: **nato (1)** to swim; **trano (1)** to swim across
Model sentence: *Pinus dicuntur liquidas Neptuni **nasse** per undas.* —Catullus

ACTIVE

INDICATIVE

Pres.	noceō	nocēmus
	nocēs	nocētis
	nocet	nocent
Impf.	nocēbam	nocēbāmus
	nocēbās	nocēbātis
	nocēbat	nocēbant
Fut.	nocēbō	nocēbimus
	nocēbis	nocēbitis
	nocēbit	nocēbunt
Perf.	nocuī	nocuimus
	nocuistī	nocuistis
	nocuit	nocuērunt (-ēre)
Plup.	nocueram	nocuerāmus
	nocuerās	nocuerātis
	nocuerat	nocuerant
Fut.	nocuerō	nocuerimus
Perf.	nocueris	nocueritis
	nocuerit	nocuerint

SUBJUNCTIVE

Pres.	noceam	noceāmus
	noceās	noceātis
	noceat	noceant
Impf.	nocērem	nocērēmus
	nocērēs	nocērētis
	nocēret	nocērent
Perf.	nocuerim	nocuerimus
	nocueris	nocueritis
	nocuerit	nocuerint
Plup.	nocuissem	nocuissēmus
	nocuissēs	nocuissētis
	nocuisset	nocuissent

IMPERATIVE

Pres.	nocē	nocēte

INFINITIVE

Pres.	nocēre
Perf.	nocuisse
Fut.	nocitūrus (-a, -um) esse

PARTICIPLE

	Active	Passive
Pres.	nocēns, (-tis)	
Perf.		
Fut.	nocitūrus (-a, -um)	nocendus (-a, -um) (GERUNDIVE)

GERUND nocendī, -ō, -um, -ō　　SUPINE

Usage notes:　generally used with the **dative**

Alternate forms:　**nocerier** = noceri;　**noxit** = nocuerit

Compounds and related words:　**innocens, -ntis** harmless;　**innocentia, -ae, f.** harmlessness;　**nocivus, -a, -um** harmful;　**noxa, -ae, f.** harm;　**noxia, -ae, f.** crime;　**noxiosus, -a, -um** guilty;　**noxius, -a, -um** harmful;　**obnoxius, -a, -um** punishable

Model sentence:　*Bonis **nocet** quisquis pepercit malis.* —Publilius Syrus

be unwilling, not want

ACTIVE

INDICATIVE

Pres.	nōlō	nōlumus
	nōn vīs	nōn vultis
	nōn vult	nōlunt
Impf.	nōlēbam	nōlēbāmus
	nōlēbās	nōlēbātis
	nōlēbat	nōlēbant
Fut.	nōlam	nōlēmus
	nōlēs	nōlētis
	nōlet	nōlent
Perf.	nōluī	nōluimus
	nōluistī	nōluistis
	nōluit	nōluērunt (-ēre)
Plup.	nōlueram	nōluerāmus
	nōluerās	nōluerātis
	nōluerat	nōluerant
Fut.	nōluerō	nōluerimus
Perf.	nōlueris	nōlueritis
	nōluerit	nōluerint

SUBJUNCTIVE

Pres.	nōlim	nōlimus
	nōlis	nōlitis
	nōlit	nōlint
Impf.	nōllem	nōllēmus
	nōllēs	nōllētis
	nōllet	nōllent
Perf.	nōluerim	nōluerimus
	nōlueris	nōlueritis
	nōluerit	nōluerint
Plup.	nōluissem	nōluissēmus
	nōluissēs	nōluissētis
	nōluisset	nōluissent

IMPERATIVE

Pres.	nōlī	nōlīte

INFINITIVE

Pres.	nōlle
Perf.	nōluisse
Fut.	

PARTICIPLE

Pres.	nōlēns, (-tis)

GERUND   SUPINE

Alternate forms: **nevis** = non vis; **nevult** = non vult; **noltis** = non vultis
Compounds and related words: **malo, malle** to prefer; **volo, velle** to be willing
Model sentence: *Novi ingenium mulierum: **nolunt,** ubi velis; ubi **nolis** cupiunt ultro.* —Terence

become acquainted, know

ACTIVE   PASSIVE

INDICATIVE

	ACTIVE		PASSIVE	
Pres.	nōscō	nōscimus	nōscor	nōscimur
	nōscis	nōscitis	nōsceris (-re)	nōsciminī
	nōscit	nōscunt	nōscitur	nōscuntur
Impf.	nōscēbam	nōscēbāmus	nōscēbar	nōscēbāmur
	nōscēbās	nōscēbātis	nōscēbāris (-re)	nōscēbāminī
	nōscēbat	nōscēbant	nōscēbātur	nōscēbantur
Fut.	nōscam	nōscēmus	nōscar	nōscēmur
	nōscēs	nōscētis	nōscēris (-re)	nōscēminī
	nōscet	nōscent	nōscētur	nōscentur
Perf.	nōvī	nōvimus	nōtus sum	nōtī sumus
	nōvistī	nōvistis	(-a, -um) es	(-ae, -a) estis
	nōvit	nōvērunt (-ēre)	est	sunt
Plup.	nōveram	nōverāmus	nōtus eram	nōtī erāmus
	nōverās	nōverātis	(-a, -um) erās	(-ae, -a) erātis
	nōverat	nōverant	erat	erant
Fut. Perf.	nōverō	nōverimus	nōtus erō	nōtī erimus
	nōveris	nōveritis	(-a, -um) eris	(-ae, -a) eritis
	nōverit	nōverint	erit	erunt

SUBJUNCTIVE

	ACTIVE		PASSIVE	
Pres.	nōscam	nōscāmus	nōscar	nōscāmur
	nōscās	nōscātis	nōscāris (-re)	nōscāminī
	nōscat	nōscant	nōscātur	nōscantur
Impf.	nōscerem	nōscerēmus	nōscerer	nōscerēmur
	nōscerēs	nōscerētis	nōscerēris (-re)	nōscerēminī
	nōsceret	nōscerent	nōscerētur	nōscerentur
Perf.	nōverim	nōverimus	nōtus sim	nōtī sīmus
	nōveris	nōveritis	(-a, -um) sīs	(-ae, -a) sītis
	nōverit	nōverint	sit	sint
Plup.	nōvissem	nōvissēmus	nōtus essem	nōtī essēmus
	nōvissēs	nōvissētis	(-a, -um) essēs	(-ae, -a) essētis
	nōvisset	nōvissent	esset	essent

IMPERATIVE

	ACTIVE	
Pres.	nōsce	nōscite

INFINITIVE

	ACTIVE	PASSIVE
Pres.	nōscere	nōscī
Perf.	nōvisse	nōtus (-a, -um) esse
Fut.	nōturus (-a, -um) esse	

PARTICIPLE

	ACTIVE	PASSIVE
Pres.	nōscēns, (-tis)	
Perf.		nōtus (-a, -um)
Fut.	nōturus (-a, -um)	nōscendus (-a, -um) (GERUNDIVE)

GERUND nōscendī, -ō, -um, -ō   SUPINE nōtum, -ū

Alternate forms: **gnosco, etc.** = nosco, etc.; **gnosse** = novisse; **nomus** = novimus; **noram** = noveram; **norim** = noverim; **norint** = noverint; **noris** = noveris; **nosse** = novisse; **nosti** = novisti

Compounds and related words: **agnosco (3)** to recognize; **cognosco (3)** to learn; **ignobilis, -e** unknown; **ignoro (1)** not to know; **ignosco (3)** to pardon; **ignotus, -a, -um** unknown; **notitia, -ae, f.** fame; **notus, -a, -um** famous

Model sentence: *Hanc **norint** unam saecula naumachiam.* —Martial

nūbō

nūbō, nūbere, nūpsī, nuptum

marry

	ACTIVE			PASSIVE	
			INDICATIVE		
Pres.	nūbō	nūbimus		nūbor	nūbimur
	nūbis	nūbitis		nūberis (-re)	nūbiminī
	nūbit	nūbunt		nūbitur	nūbuntur
Impf.	nūbēbam	nūbēbāmus		nūbēbar	nūbēbāmur
	nūbēbās	nūbēbātis		nūbēbāris (-re)	nūbēbāminī
	nūbēbat	nūbēbant		nūbēbātur	nūbēbantur
Fut.	nūbam	nūbēmus		nūbar	nūbēmur
	nūbēs	nūbētis		nūbēris (-re)	nūbēminī
	nūbet	nūbent		nūbētur	nūbentur
Perf.	nūpsī	nūpsimus		nuptus sum	nuptī sumus
	nūpsistī	nūpsistis		(-a, -um) es	(-ae, -a) estis
	nūpsit	nūpsērunt (-ēre)		est	sunt
Plup.	nūpseram	nūpserāmus		nuptus eram	nuptī erāmus
	nūpserās	nūpserātis		(-a, -um) erās	(-ae, -a) erātis
	nūpserat	nūpserant		erat	erant
Fut.	nūpserō	nūpserimus		nuptus erō	nuptī erimus
Perf.	nūpseris	nūpseritis		(-a, -um) eris	(-ae, -a) eritis
	nūpserit	nūpserint		erit	erunt
			SUBJUNCTIVE		
Pres.	nūbam	nūbāmus		nūbar	nūbāmur
	nūbās	nūbātis		nūbāris (-re)	nūbāminī
	nūbat	nūbant		nūbātur	nūbantur
Impf.	nūberem	nūberēmus		nūberer	nūberēmur
	nūberēs	nūberētis		nūberēris (-re)	nūberēminī
	nūberet	nūberent		nūberētur	nūberentur
Perf.	nūpserim	nūpserimus		nuptus sim	nuptī sīmus
	nūpseris	nūpseritis		(-a, -um) sīs	(-ae, -a) sītis
	nūpserit	nūpserint		sit	sint
Plup.	nūpsissem	nūpsissēmus		nuptus essem	nuptī essēmus
	nūpsissēs	nūpsissētis		(-a, -um) essēs	(-ae, -a) essētis
	nūpsisset	nūpsissent		esset	essent
			IMPERATIVE		
Pres.	nūbe	nūbite			
			INFINITIVE		
Pres.	nūbere			nūbī	
Perf.	nūpsisse			nuptus (-a, -um) esse	
Fut.	nuptūrus (-a, -um) esse				
			PARTICIPLE		
Pres.	nūbēns, (-tis)				
Perf.				nuptus (-a, -um)	
Fut.	nuptūrus (-a, -um)			nūbendus (-a, -um) (GERUNDIVE)	

GERUND nūbendī, -ō, -um, -ō   SUPINE nuptum, -ū

Usage notes: passive may also be used impersonally.

Compounds and related words: **conubium, -i, n.** marriage; **nubilis, -e** marriageable; **nuptiae, -arum, f. pl.** marriage

Model sentence: ***Nubere*** *vis Prisco: non miror, Paula; sapisti. Ducere te non vult Priscus— et ille sapit.* —Martial

announce

ACTIVE		PASSIVE	
INDICATIVE			
Pres. nūntiō	nūntiāmus	nūntior	nūntiāmur
nūntiās	nūntiātis	nūntiāris (-re)	nūntiāminī
nūntiat	nūntiant	nūntiātur	nūntiantur
Impf. nūntiābam	nūntiābāmus	nūntiābar	nūntiābāmur
nūntiābās	nūntiābātis	nūntiābāris (-re)	nūntiābāminī
nūntiābat	nūntiābant	nūntiābātur	nūntiābantur
Fut. nūntiābō	nūntiābimus	nūntiābor	nūntiābimur
nūntiābis	nūntiābitis	nūntiāberis (-re)	nūntiābiminī
nūntiābit	nūntiābunt	nūntiābitur	nūntiābuntur
Perf. nūntiāvī	nūntiāvimus	nūntiātus sum	nūntiātī sumus
nūntiāvistī	nūntiāvistis	(-a, -um) es	(-ae, -a) estis
nūntiāvit	nūntiāvērunt (-ēre)	est	sunt
Plup. nūntiāveram	nūntiāverāmus	nūntiātus eram	nūntiātī erāmus
nūntiāverās	nūntiāverātis	(-a, -um) erās	(-ae, -a) erātis
nūntiāverat	nūntiāverant	erat	erant
Fut. nūntiāverō	nūntiāverimus	nūntiātus erō	nūntiātī erimus
Perf. nūntiāveris	nūntiāveritis	(-a, -um) eris	(-ae, -a) eritis
nūntiāverit	nūntiāverint	erit	erunt
SUBJUNCTIVE			
Pres. nūntiem	nūntiēmus	nūntier	nūntiēmur
nūntiēs	nūntiētis	nūntiēris (-re)	nūntiēminī
nūntiet	nūntient	nūntiētur	nūntientur
Impf. nūntiārem	nūntiārēmus	nūntiārer	nūntiārēmur
nūntiārēs	nūntiārētis	nūntiārēris (-re)	nūntiārēminī
nūntiāret	nūntiārent	nūntiārētur	nūntiārentur
Perf. nūntiāverim	nūntiāverimus	nūntiātus sim	nūntiātī sīmus
nūntiāveris	nūntiāveritis	(-a, -um) sīs	(-ae, a) sītis
nūntiāverit	nūntiāverint	sit	sint
Plup. nūntiāvissem	nūntiāvissēmus	nūntiātus essem	nūntiātī essēmus
nūntiāvissēs	nūntiāvissētis	(-a, -um) essēs	(-ae, -a) essētis
nūntiāvisset	nūntiāvissent	esset	essent
IMPERATIVE			
Pres. nūntiā	nūntiāte		
INFINITIVE			
Pres. nūntiāre		nūntiārī	
Perf. nūntiāvisse		nūntiātus (-a, -um) esse	
Fut. nūntiātūrus (-a, -um) esse			
PARTICIPLE			
Pres. nūntiāns, (-tis)			
Perf.		nūntiātus (-a, -um)	
Fut. nūntiātūrus (-a, -um)		nūntiandus (-a, -um) (GERUNDIVE)	

GERUND nūntiandī, -ō, -um, -ō   SUPINE nūntiātum, -ū

Alternate forms: **nunctio** = nuntio
Compounds and related words: **denuntio (1)** to declare; **enuntio (1)** to report; **internuntius, -i, m.** messenger; **nuntius, -i, m.** messenger; **pronuntio (1)** to announce; **renuntio (1)** to report
Model sentence: *Utinam meus nunc mortuos pater ad me **nuntietur.*** —Plautus

nourish

	ACTIVE			PASSIVE	
			INDICATIVE		
Pres.	nūtriō	nūtrīmus		nūtrior	nūtrīmur
	nūtrīs	nūtrītis		nūtrīris (-re)	nūtrīminī
	nūtrit	nūtriunt		nūtrītur	nūtriuntur
Impf.	nūtriēbam	nūtriēbāmus		nūtriēbar	nūtriēbāmur
	nūtriēbās	nūtriēbātis		nūtriēbāris (-re)	nūtriēbāminī
	nūtriēbat	nūtriēbant		nūtriēbātur	nūtriēbantur
Fut.	nūtriam	nūtriēmus		nūtriar	nūtriēmur
	nūtriēs	nūtriētis		nūtriēris (-re)	nūtriēminī
	nūtriet	nūtrient		nūtriētur	nūtrientur
Perf.	nūtrīvī	nūtrīvimus		nūtrītus sum	nūtrītī sumus
	nūtrīvistī	nūtrīvistis		(-a, -um) es	(-ae, -a) estis
	nūtrīvit	nūtrīvērunt (-ēre)		est	sunt
Plup.	nūtrīveram	nūtrīverāmus		nūtrītus eram	nūtrītī erāmus
	nūtrīverās	nūtrīverātis		(-a, -um) erās	(-ae, -a) erātis
	nūtrīverat	nūtrīverant		erat	erant
Fut.	nūtrīverō	nūtrīverimus		nūtrītus erō	nūtrītī erimus
Perf.	nūtrīveris	nūtrīveritis		(-a, -um) eris	(-ae, -a) eritis
	nūtrīverit	nūtrīverint		erit	erunt
			SUBJUNCTIVE		
Pres.	nūtriam	nūtriāmus		nūtriar	nūtriāmur
	nūtriās	nūtriātis		nūtriāris (-re)	nūtriāminī
	nūtriat	nūtriant		nūtriātur	nūtriantur
Impf.	nūtrīrem	nūtrīrēmus		nūtrīrer	nūtrīrēmur
	nūtrīrēs	nūtrīrētis		nūtrīrēris (-re)	nūtrīrēminī
	nūtrīret	nūtrīrent		nūtrīrētur	nūtrīrentur
Perf.	nūtrīverim	nūtrīverimus		nūtrītus sim	nūtrītī sīmus
	nūtrīveris	nūtrīveritis		(-a, -um) sīs	(-ae, -a) sītis
	nūtrīverit	nūtrīverint		sit	sint
Plup.	nūtrīvissem	nūtrīvissēmus		nūtrītus essem	nūtrītī essēmus
	nūtrīvissēs	nūtrīvissētis		(-a, -um) essēs	(-ae, -a) essētis
	nūtrīvisset	nūtrīvissent		esset	essent
			IMPERATIVE		
Pres.	nūtrī	nūtrīte			
			INFINITIVE		
Pres.	nūtrīre			nūtrīrī	
Perf.	nūtrīvisse			nūtrītus (-a, -um) esse	
Fut.	nūtrītūrus (-a, -um) esse				
			PARTICIPLE		
Pres.	nūtriēns, (-tis)				
Perf.				nūtrītus (-a, -um)	
Fut.	nūtrītūrus (-a, -um)			nūtriendus (-a, -um) (GERUNDIVE)	

GERUND nūtriendī, -ō, -um, -ō   SUPINE nūtrītum, -ū

Alternate forms: **nutribant** = nutriebant; **nutribat** = nutriebat; **nutribo** = nutriam; **nutrii** = nutrivi; **nutrimus** = nutrivimus

Compounds and related words: **nutrimen, -minis, n.** nourishment; **nutrimentum, -i, n.** nourishment; **nutrito (1)** to nurse; **nutritor, -is, m.** breeder; **nutrix, -ticis, f.** nurse

Model sentence: *Balaenae mammis **nutriunt** fetus.* —Pliny

ACTIVE

INDICATIVE

Pres.	obeō	obīmus
	obīs	obītis
	obit	obeunt
Impf.	obībam	obībāmus
	obībās	obībātis
	obībat	obībant
Fut.	obībō	obībimus
	obībis	obībitis
	obībit	obībunt
Perf.	obiī	obiimus
	obiistī	obiistis
	obiit	obiērunt (-ēre)
Plup.	obieram	obierāmus
	obierās	obierātis
	obierat	obierant
Fut.	obierō	obierimus
Perf.	obieris	obieritis
	obierit	obierint

SUBJUNCTIVE

Pres.	obeam	obeāmus
	obeās	obeātis
	obeat	obeant
Impf.	obīrem	obīrēmus
	obīrēs	obīrētis
	obīret	obīrent
Perf.	obierim	obierimus
	obieris	obieritis
	obierit	obierint
Plup.	obīssem	obīssēmus
	obīssēs	obīssētis
	obīsset	obīssent

IMPERATIVE

Pres.	obī	obīte

INFINITIVE

Pres.	obīre
Perf.	obīsse
Fut.	obitūrus (-a, -um) esse

PARTICIPLE

	Active	Passive
Pres.	obiēns, (-euntis)	
Perf.		obitus (-a, -um)
Fut.	obitūrus (-a, -um)	obeundus (-a, -um) (GERUNDIVE)

GERUND obeundī, -ō, -um, -ō   SUPINE obitum

Alternate forms: **obinunt** = obeunt; **obit** = obiit; **obivi** = obii
Compounds and related words: **obiter** in passing; **obitus, -us, m.** death
See **eo** for related compounds of this verb.
Model sentence: *Honeste vixit, honeste **obiit**.* —Petronius

obiciō

throw in the way, expose, oppose

	ACTIVE			PASSIVE	
			INDICATIVE		
Pres.	obiciō	obicimus		obicior	obicimur
	obicis	obicitis		obiceris (-re)	obiciminī
	obicit	obiciunt		obicitur	obiciuntur
Impf.	obiciēbam	obiciēbāmus		obiciēbar	obiciēbāmur
	obiciēbās	obiciēbātis		obiciēbāris (-re)	obiciēbāminī
	obiciēbat	obiciēbant		obiciēbātur	obiciēbantur
Fut.	obiciam	obiciēmus		obiciar	obiciēmur
	obiciēs	obiciētis		obiciēris (-re)	obiciēminī
	obiciet	obicient		obiciētur	obicientur
Perf.	obiēcī	obiēcimus		obiectus sum	obiectī sumus
	obiēcistī	obiēcistis		(-a, -um) es	(-ae, -a) estis
	obiēcit	obiēcērunt (-ēre)		est	sunt
Plup.	obiēceram	obiēcerāmus		obiectus eram	obiectī erāmus
	obiēcerās	obiēcerātis		(-a, -um) erās	(-ae, -a) erātis
	obiēcerat	obiēcerant		erat	erant
Fut.	obiēcerō	obiēcerimus		obiectus erō	obiectī erimus
Perf.	obiēceris	obiēceritis		(-a, -um) eris	(-ae, -a) eritis
	obiēcerit	obiēcerint		erit	erunt
			SUBJUNCTIVE		
Pres.	obiciam	obiciāmus		obiciar	obiciāmur
	obiciās	obiciātis		obiciāris (-re)	obiciāminī
	obiciat	obiciant		obiciātur	obiciantur
Impf.	obicerem	obicerēmus		obicerer	obicerēmur
	obicerēs	obicerētis		obicerēris (-re)	obicerēminī
	obiceret	obicerent		obicerētur	obicerentur
Perf.	obiēcerim	obiēcerimus		obiectus sim	obiectī sīmus
	obiēceris	obiēceritis		(-a, -um) sīs	(-ae, -a) sītis
	obiēcerit	obiēcerint		sit	sint
Plup.	obiēcissem	obiēcissēmus		obiectus essem	obiectī essēmus
	obiēcissēs	obiēcissētis		(-a, -um) essēs	(-ae, -a) essētis
	obiēcisset	obiēcissent		esset	essent
			IMPERATIVE		
Pres.	obice	obicite			
			INFINITIVE		
Pres.	obicere			obicī	
Perf.	obiēcisse			obiectus (-a, -um) esse	
Fut.	obiectūrus (-a, -um) esse				
			PARTICIPLE		
Pres.	obiciēns, (-tis)				
Perf.				obiectus (-a, -um)	
Fut.	obiectūrus (-a, -um)			obiciendus (-a, -um) (GERUNDIVE)	

GERUND obiciendī, -ō, -um, -ō SUPINE obiectum, -ū

Alternate forms: **obiexim** = obiecerim; **obiexis** = obieceris
Compounds and related words: **obiecto (1)** to throw in the way; **obiectus, -us, m.** opposition
Model sentence: *Alpium vallum contra ascensum transgressionemque Gallorum obicio et oppono.* —Cicero

forget

ACTIVE
INDICATIVE

Pres.	oblīvīscor	oblīvīscimur
	oblīvīsceris (-re)	oblīvīsciminī
	oblīvīscitur	oblīvīscuntur
Impf.	oblīvīscēbar	oblīvīscēbāmur
	oblīvīscēbāris (-re)	oblīvīscēbāminī
	oblīvīscēbātur	oblīvīscēbantur
Fut.	oblīvīscar	oblīvīscēmur
	oblīvīscēris (-re)	oblīvīscēminī
	oblīvīscētur	oblīvīscentur
Perf.	oblītus sum	oblītī sumus
	(-a, -um) es	(-ae, -a) estis
	est	sunt
Plup.	oblītus eram	oblītī erāmus
	(-a, -um) erās	(-ae, -a) erātis
	erat	erant
Fut.	oblītus erō	oblītī erimus
Perf.	(-a, -um) eris	(-ae, -a) eritis
	erit	erunt

SUBJUNCTIVE

Pres.	oblīvīscar	oblīvīscāmur
	oblīvīscāris (-re)	oblīvīscāminī
	oblīvīscātur	oblīvīscantur
Impf.	oblīvīscerer	oblīvīscerēmur
	oblīvīscerēris (-re)	oblīvīscerēminī
	oblīvīscerētur	oblīvīscerentur
Perf.	oblītus sim	oblītī sīmus
	(-a, -um) sīs	(-ae, -a) sītis
	sit	sint
Plup.	oblītus essem	oblītī essēmus
	(-a, -um) essēs	(-ae, -a) essētis
	esset	essent

IMPERATIVE

Pres.	oblīvīscere	oblīvīsciminī

INFINITIVE

Pres.	oblīvīscī
Perf.	oblītus (-a, -um) esse
Fut.	oblītūrus (-a, -um) esse

PARTICIPLE

	Active	Passive
Pres.	oblīvīscēns, (-tis)	
Perf.	oblītus (-a, -um)	
Fut.	oblītūrus (-a, -um)	oblīvīscendus (-a, -um) (GERUNDIVE)

GERUND oblīvīscendī, -ō, -um, -ō   SUPINE oblītum, -ū

Usage notes: generally used with the **genitive**
Alternate forms: **obliscier** = oblivisci
Compounds and related words: **oblivio, -onis, f.** forgetfulness
Model sentence: *Vivorum memini, nec tamen Epicuri licet oblivisci.* —Cicero

be against, hinder, injure

ACTIVE

INDICATIVE

Pres.	obsum	obsumus
	obes	obestis
	obest	obsunt
Impf.	oberam	oberāmus
	oberās	oberātis
	oberat	oberant
Fut.	oberō	oberimus
	oberis	oberitis
	oberit	oberunt
Perf.	offuī	offuimus
	offuistī	offuistis
	offuit	offuērunt (-ēre)
Plup.	offueram	offuerāmus
	offuerās	offuerātis
	offuerat	offuerant
Fut.	offuerō	offuerimus
Perf.	offueris	offueritis
	offuerit	offuerint

SUBJUNCTIVE

Pres.	obsim	obsīmus
	obsīs	obsītis
	obsit	obsint
Impf.	obessem	obessēmus
	obessēs	obessētis
	obesset	obessent
Perf.	offuerim	offuerimus
	offueris	offueritis
	offuerit	offuerint
Plup.	offuissem	offuissēmus
	offuissēs	offuissētis
	offuisset	offuissent

IMPERATIVE

Pres.	obes	obeste

INFINITIVE

Pres.	obesse
Perf.	offuisse
Fut.	offutūrus (-a, -um) esse

PARTICIPLE

Pres.	
Perf.	
Fut.	offutūrus (-a, -um)

GERUND   SUPINE

Usage notes: generally used with the **dative**
Alternate forms: **obescet** = oberit; **obfui** = offui
See **sum** for related compounds of this verb.
Model sentence: ***Obsunt** auctoribus artes.* —Ovid

ACTIVE		PASSIVE	
INDICATIVE			
Pres. occīdō	occīdimus	occīdor	occīdimur
occīdis	occīditis	occīderis (-re)	occīdiminī
occīdit	occīdunt	occīditur	occīduntur
Impf. occīdēbam	occīdēbāmus	occīdēbar	occīdēbāmur
occīdēbās	occīdēbātis	occīdēbāris (-re)	occīdēbāminī
occīdēbat	occīdēbant	occīdēbātur	occīdēbantur
Fut. occīdam	occīdēmus	occīdar	occīdēmur
occīdēs	occīdētis	occīdēris (-re)	occīdēminī
occīdet	occīdent	occīdētur	occīdentur
Perf. occīdī	occīdimus	occīsus sum	occīsī sumus
occīdistī	occīdistis	(-a, -um) es	(-ae, -a) estis
occīdit	occīdērunt (-ēre)	est	sunt
Plup. occīderam	occīderāmus	occīsus eram	occīsī erāmus
occīderās	occīderātis	(-a, -um) erās	(-ae, -a) erātis
occīderat	occīderant	erat	erant
Fut. occīderō	occīderimus	occīsus erō	occīsī erimus
Perf. occīderis	occīderitis	(-a, -um) eris	(-ae, -a) eritis
occīderit	occīderint	erit	erunt
SUBJUNCTIVE			
Pres. occīdam	occīdāmus	occīdar	occīdāmur
occīdās	occīdātis	occīdāris (-re)	occīdāminī
occīdat	occīdant	occidātur	occīdantur
Impf. occīderem	occīderēmus	occīderer	occīderēmur
occīderēs	occīderētis	occīderēris (-re)	occīderēminī
occīderet	occīderent	occīderētur	occīderentur
Perf. occīderim	occīderimus	occīsus sim	occīsī sīmus
occīderis	occīderitis	(-a, -um) sīs	(-ae, -a) sītis
occīderit	occīderint	sit	sint
Plup. occīdissem	occīdissēmus	occīsus essem	occīsī essēmus
occīdissēs	occīdissētis	(-a, -um) essēs	(-ae, -a) essētis
occīdisset	occīdissent	esset	essent
IMPERATIVE			
Pres. occīde	occīdite		
INFINITIVE			
Pres. occīdere		occīdī	
Perf. occīdisse		occīsus (-a, -um) esse	
Fut. occīsūrus (-a, -um) esse			
PARTICIPLE			
Pres. occīdēns, (-tis)			
Perf.		occīsus (-a, -um)	
Fut. occīsūrus (-a, -um)		occīdendus (-a, -um) (GERUNDIVE)	

GERUND occīdendī, -ō, -um, -ō   SUPINE occīsum, -ū

Alternate forms: **obcido** = occido; **occisit** = occiderit
Compounds and related words: **occidio, -onis, f.** slaughter; **occisio, -onis, f.** slaughter;
    occisor, -is, m. murderer
See **caedo** for related compounds of this verb.
Model sentence: *Ipse pro castris fortissime pugnans **occiditur**.* —Caesar

conceal

	ACTIVE		PASSIVE	
INDICATIVE				
Pres.	occulō	occulimus	occulor	occulimur
	occulis	occulitis	occuleris (-re)	occuliminī
	occulit	occulunt	occulitur	occuluntur
Impf.	occulēbam	occulēbāmus	occulēbar	occulēbāmur
	occulēbās	occulēbātis	occulēbāris (-re)	occulēbāminī
	occulēbat	occulēbant	occulēbātur	occulēbantur
Fut.	occulam	occulēmus	occular	occulēmur
	occulēs	occulētis	occulēris (-re)	occulēminī
	occulet	occulent	occulētur	occulentur
Perf.	occuluī	occuluimus	occultus sum	occultī sumus
	occuluistī	occuluistis	(-a, -um) es	(-ae, -a) estis
	occuluit	occuluērunt (-ēre)	est	sunt
Plup.	occulueram	occuluerāmus	occultus eram	occultī erāmus
	occuluerās	occuluerātis	(-a, -um) erās	(-ae, -a) erātis
	occuluerat	occuluerant	erat	erant
Fut.	occuluerō	occuluerimus	occultus erō	occultī erimus
Perf.	occulueris	occulueritis	(-a, -um) eris	(-ae, -a) eritis
	occuluerit	occuluerint	erit	erunt
SUBJUNCTIVE				
Pres.	occulam	occulāmus	occular	occulāmur
	occulās	occulātis	occulāris (-re)	occulāminī
	occulat	occulant	occulātur	occulantur
Impf.	occulerem	occulerēmus	occulerer	occulerēmur
	occulerēs	occulerētis	occulerēris (-re)	occulerēminī
	occuleret	occulerent	occulerētur	occulerentur
Perf.	occuluerim	occuluerimus	occultus sim	occultī sīmus
	occulueris	occulueritis	(-a, -um) sīs	(-ae, -a) sītis
	occuluerit	occuluerint	sit	sint
Plup.	occuluissem	occuluissēmus	occultus essem	occultī essēmus
	occuluissēs	occuluissētis	(-a, -um) essēs	(-ae, -a) essētis
	occuluisset	occuluissent	esset	essent
IMPERATIVE				
Pres.	occule	occulite		
INFINITIVE				
Pres.	occulere		occulī	
Perf.	occuluisse		occultus (-a, -um) esse	
Fut.	occultūrus (-a, -um) esse			
PARTICIPLE				
Pres.	occulēns, (-tis)			
Perf.			occultus (-a, -um)	
Fut.	occultūrus (-a, -um)		occulendus (-a, -um) (GERUNDIVE)	

GERUND occulendī, -ō, -um, -ō   SUPINE occultum, -ū

Alternate forms: **obculo** = occulo; **occulerat** = occuluerat
Compounds and related words: **occulto (1)** to hide; **occultus, -a, -um** hidden
Model sentence: *Feminae parietum umbris occuluntur.* —Cicero

seize

ACTIVE		PASSIVE	

INDICATIVE

Pres.	occupō	occupāmus	occupor	occupāmur
	occupās	occupātis	occupāris (-re)	occupāminī
	occupat	occupant	occupātur	occupant
Impf.	occupābam	occupābāmus	occupābar	occupābāmur
	occupābās	occupābātis	occupābāris (-re)	occupābāminī
	occupābat	occupābant	occupābātur	occupābantur
Fut.	occupābō	occupābimus	occupābor	occupābimur
	occupābis	occupābitis	occupāberis (-re)	occupābiminī
	occupābit	occupābunt	occupābitur	occupābuntur
Perf.	occupāvī	occupāvimus	occupātus sum	occupātī sumus
	occupāvistī	occupāvistis	(-a, -um) es	(-ae, -a) estis
	occupāvit	occupāvērunt (-ēre)	est	sunt
Plup.	occupāveram	occupāverāmus	occupātus eram	occupātī erāmus
	occupāverās	occupāverātis	(-a, -um) erās	(-ae, -a) erātis
	occupāverat	occupāverant	erat	erant
Fut.	occupāverō	occupāverimus	occupātus erō	occupātī erimus
Perf.	occupāveris	occupāveritis	(-a, -um) eris	(-ae, -a) eritis
	occupāverit	occupāverint	erit	erunt

SUBJUNCTIVE

Pres.	occupem	occupēmus	occuper	occupēmur
	occupēs	occupētis	occupēris (-re)	occupēminī
	occupet	occupent	occupētur	occupentur
Impf.	occupārem	occupārēmus	occupārer	occupārēmur
	occupārēs	occupārētis	occupārēris (-re)	occupārēminī
	occupāret	occupārent	occupārētur	occupārentur
Perf.	occupāverim	occupāverimus	occupātus sim	occupātī sīmus
	occupāveris	occupāveritis	(-a, -um) sīs	(-ae, -a) sītis
	occupāverit	occupāverint	sit	sint
Plup.	occupāvissem	occupāvissēmus	occupātus essem	occupātī essēmus
	occupāvissēs	occupāvissētis	(-a, -um) essēs	(-ae, -a) essētis
	occupāvisset	occupāvissent	esset	essent

IMPERATIVE

Pres.	occupā	occupāte	

INFINITIVE

Pres.	occupāre	occupārī
Perf.	occupāvisse	occupātus (-a, -um) esse
Fut.	occupātūrus (-a, -um) esse	

PARTICIPLE

Pres.	occupāns, (-tis)	
Perf.		occupātus (-a, -um)
Fut.	occupātūrus (-a, -um)	occupandus (-a, -um) (GERUNDIVE)

GERUND occupāndī, -ō, -um, -ō SUPINE occupātum, -ū

Alternate forms: **occupassis** = occupaveris; **occupassit** = occupaverit
Compounds and related words: **occupatio, -onis, f.** occupation; **occupatus, -a, -um** busy
Model sentence: *Totam ltaliam suis praesidiis obsidere atque **occupare** cogitat.* —Cicero

meet, counter, occur

	ACTIVE		PASSIVE
		INDICATIVE	
Pres.	occurrō	occurrimus	
	occurris	occurritis	
	occurrit	occurrunt	occurritur (Impers.)
Impf.	occurrēbam	occurrēbāmus	
	occurrēbās	occurrēbātis	
	occurrēbat	occurrēbant	occurrēbātur (Impers.)
Fut.	occurram	occurrēmus	
	occurrēs	occurrētis	
	occurret	occurrent	occurrētur (Impers.)
Perf.	occurrī	occurrimus	
	occurristī	occurristis	
	occurrit	occurrērunt (-ēre)	occursum est (Impers.)
Plup.	occurreram	occurrerāmus	
	occurrerās	occurrerātis	
	occurrerat	occurrerant	occursum erat (Impers.)
Fut.	occurrerō	occurrerimus	
Perf.	occurreris	occurreritis	
	occurrerit	occurrerint	occursum erit (Impers.)
		SUBJUNCTIVE	
Pres.	occurram	occurrāmus	
	occurrās	occurrātis	
	occurrat	occurrant	occurrātur (Impers.)
Impf.	occurrerem	occurrerēmus	
	occurrerēs	occurrerētis	
	occurreret	occurrerent	occurrerētur (Impers.)
Perf.	occurrerim	occurrerimus	
	occurreris	occurreritis	
	occurrerit	occurrerint	occursum sit (Impers.)
Plup.	occurrissem	occurrissēmus	
	occurrissēs	occurrissētis	
	occurrisset	occurrissent	occursum esset (Impers.)
		IMPERATIVE	
Pres.	occurre	occurrite	
		INFINITIVE	
Pres.	occurrere		occurrī
Perf.	occurrisse		occursus (-a, -um) esse
Fut.	occursūrus (-a, -um) esse		
		PARTICIPLE	
Pres.	occurrēns, (-tis)		
Perf.			occursus (-a, -um)
Fut.	occursūrus (-a, -um)		occurrendus (-a, -um) (GERUNDIVE)

GERUND occurrendī, -ō, -um, -ō   SUPINE occursum, -ū

Usage notes: generally used with the **dative**
Alternate forms: **obcucurri** = occurri; **obcurro** = occurro; **occecurri** = occurri
Compounds and related words: **occursatio, -onis, f.** attention; **occurso (1)** to go to meet; **occursus, -us, m.** meeting
See **curro** for related compounds of this verb.
Model sentence: *Duabus Fabianis legionibus **occurrit**.* —Caesar

hate (Perfect in form, Present in meaning)

ACTIVE

INDICATIVE
Pres.

Impf.

Fut.

Perf.	ōdī	ōdimus
	ōdistī	ōdistis
	ōdit	ōdērunt (-ēre)
Plup.	ōderam	ōderāmus
	ōderās	ōderātis
	ōderat	ōderant
Fut.	ōderō	ōderimus
Perf.	ōderis	ōderitis
	ōderit	ōderint

SUBJUNCTIVE
Pres.

Impf.

Perf.	ōderim	ōderimus
	ōderis	ōderitis
	ōderit	ōderint
Plup.	ōdissem	ōdissēmus
	ōdissēs	ōdissētis
	ōdisset	ōdissent

IMPERATIVE
Pres.

INFINITIVE
Pres.
Perf.   ōdisse
Fut.

PARTICIPLE
Pres.
Perf.
Fut.

GERUND   SUPINE

Alternate forms: **oderem** = odissem; **odiant** = oderint; **odiebant** = odissent; **odiendi** (ger.); **odientes** (pres. part); **odies** = oderis; **odiet** = oderit; **odio** = odi; **odiremur** (impf.); **oditur** (pres. ind. pass.); **odivi** = odi; **odivit** = odit; **osus sum** = odi

Compounds and related words: **odiosus, -a, -um** hateful; **odium, -i, n.** hatred

Model sentence: *Proprium humani ingenii est **odisse** quem laeseris.* —Tacitus

bring before, offer, cause

ACTIVE   ## PASSIVE

INDICATIVE

Pres.	offerō	offerimus	offeror	offerimur	
	offers	offertis	offerris (-re)	offeriminī	
	offert	offerunt	offertur	offeruntur	
Impf.	offerēbam	offerēbāmus	offerēbar	offerēbāmur	
	offerēbās	offerēbātis	offerēbāris (-re)	offerēbāminī	
	offerēbat	offerēbant	offerēbātur	offerēbantur	
Fut.	offeram	offerēmus	offerar	offerēmur	
	offerēs	offerētis	offerēris (-re)	offerēminī	
	offeret	offerent	offerētur	offerentur	
Perf.	obtulī	obtulimus	oblātus sum	oblātī sumus	
	obtulistī	obtulistis	(-a, -um) es	(-ae, -a) estis	
	obtulit	obtulērunt (-ēre)	est	sunt	
Plup.	obtuleram	obtulerāmus	oblātus eram	oblātī erāmus	
	obtulerās	obtulerātis	(-a, -um) erās	(-ae, -a) erātis	
	obtulerat	obtulerant	erat	erant	
Fut.	obtulerō	obtulerimus	oblātus erō	oblātī erimus	
Perf.	obtuleris	obtuleritis	(-a, -um) eris	(-ae, -a) eritis	
	obtulerit	obtulerint	erit	erunt	

SUBJUNCTIVE

Pres.	offeram	offerāmus	offerar	offerāmur	
	offerās	offerātis	offerāris (-re)	offerāminī	
	offerat	offerant	offerātur	offerantur	
Impf.	offerrem	offerrēmus	offerrer	offerrēmur	
	offerrēs	offerrētis	offerrēris (-re)	offerrēminī	
	offerret	offerrent	offerrētur	offerrentur	
Perf.	obtulerim	obtulerimus	oblātus sim	oblātī sīmus	
	obtuleris	obtuleritis	(-a, -um) sīs	(-ae, -a) sītis	
	obtulerit	obtulerint	sit	sint	
Plup.	obtulissem	obtulissēmus	oblātus essem	oblātī essēmus	
	obtulissēs	obtulissētis	(-a, -um) essēs	(-ae, -a) essētis	
	obtulisset	obtulissent	esset	essent	

IMPERATIVE

Pres.	offer	offerte	

INFINITIVE

Pres.	offerre	offerrī
Perf.	obtulisse	oblātus (-a, -um) esse
Fut.	oblātūrus (-a, -um) esse	

PARTICIPLE

Pres.	offerēns, (-tis)	
Perf.		oblātus (-a, -um)
Fut.	oblātūrus (-a, -um)	offerendus (-a, -um) (GERUNDIVE)

GERUND offerendī, -ō, -um, -ō   SUPINE oblātum, -ū

Alternate forms: **obfero** = offero
Compounds and related words: **offerumenta, -ae, f.** a present
See **fero** for related compounds of this verb.
Model sentence: *Strictam aciem venientibus **offert**.* —Vergil

ACTIVE

INDICATIVE

Pres.	operor	operāmur
	operāris (-re)	operāminī
	operātur	operantur
Impf.	operābar	operābāmur
	operābāris (-re)	operābāminī
	operābātur	operābantur
Fut.	operābor	operābimur
	operāberis (-re)	operābiminī
	operābitur	operābuntur
Perf.	operātus sum	operātī sumus
	(-a, -um) es	(-ae, -a) estis
	est	sunt
Plup.	operātus eram	operātī erāmus
	(-a, -um) erās	(-ae, -a) erātis
	erat	erant
Fut.	operātus erō	operātī erimus
Perf.	(-a, -um) eris	(-ae, -a) eritis
	erit	erunt

SUBJUNCTIVE

Pres.	operer	operēmur
	operēris (-re)	operēminī
	operētur	operentur
Impf.	operārer	operārēmur
	operārēris (-re)	operārēminī
	operārētur	operārentur
Perf.	operātus sim	operātī sīmus
	(-a, -um) sīs	(-ae, -a) sītis
	sit	sint
Plup.	operātus essem	operātī essēmus
	(-a, -um) essēs	(-ae, -a) essētis
	esset	essent

IMPERATIVE

Pres.	operāre	operāminī

INFINITIVE

Pres.	operārī
Perf.	operātus (-a, -um) esse
Fut.	operātūrus (-a, -um) esse

PARTICIPLE

	Active	Passive
Pres.	operāns, (-tis)	
Perf.	operātus (-a, -um)	
Fut.	operātūrus (-a, -um)	operandus (-a, -um) (GERUNDIVE)

GERUND operandī, -ō, -um, -ō SUPINE operātum, -ū

Alternate forms: **opero** = operor
Compounds and related words: **opera, -ae, f.** work; **operosus, -a, -um** laborious; **opus, operis, n.** work
Model sentence: *Seniores apes intus **operantur**.* —Pliny

is fitting, ought (Impers.)

ACTIVE

INDICATIVE
Pres.

       oportet

Impf.

       oportēbat

Fut.

       oportēbit

Perf.

       oportuit

Plup.

       oportuerat

Fut.
Perf.
       oportuerit

SUBJUNCTIVE
Pres.

       oporteat

Impf.

       oportēret

Perf.

       oportuerit

Plup.

       oportuisset

IMPERATIVE
Pres.

INFINITIVE
Pres.   oportēre
Perf.   oportuisse
Fut.

PARTICIPLE
Pres.
Perf.
Fut.

GERUND   SUPINE

Usage notes: impersonal
Model sentence: *Mendacem memorem esse **oportet.*** —Quintilian

crush, surprise

ACTIVE		PASSIVE	
INDICATIVE			

	ACTIVE		PASSIVE	
Pres.	opprimō	opprimimus	opprimor	opprimimur
	opprimis	opprimitis	opprimeris (-re)	opprimiminī
	opprimit	opprimunt	opprimitur	opprimuntur
Impf.	opprimēbam	opprimēbāmus	opprimēbar	opprimēbāmur
	opprimēbās	opprimēbātis	opprimēbāris (-re)	opprimēbāminī
	opprimēbat	opprimēbant	opprimēbātur	opprimēbantur
Fut.	opprimam	opprimēmus	opprimar	opprimēmur
	opprimēs	opprimētis	opprimēris (-re)	opprimēminī
	opprimet	oppriment	opprimētur	opprimentur
Perf.	oppressī	oppressimus	oppressus sum	oppressī sumus
	oppressistī	oppressistis	(-a, -um) es	(-ae, -a) estis
	oppressit	oppressērunt (-ēre)	est	sunt
Plup.	oppresseram	oppresserāmus	oppressus eram	oppressī erāmus
	oppresserās	oppresserātis	(-a, -um) erās	(-ae, -a) erātis
	oppresserat	oppresserant	erat	erant
Fut. Perf.	oppresserō	oppresserimus	oppressus erō	oppressī erimus
	oppresseris	oppresseritis	(-a, -um) eris	(-ae, -a) eritis
	oppresserit	oppresserint	erit	erunt
SUBJUNCTIVE				
Pres.	opprimam	opprimāmus	opprimar	opprimāmur
	opprimās	opprimātis	opprimāris (-re)	opprimāminī
	opprimat	opprimant	opprimātur	opprimantur
Impf.	opprimerem	opprimerēmus	opprimerer	opprimerēmur
	opprimerēs	opprimerētis	opprimerēris (-re)	opprimerēminī
	opprimeret	opprimerent	opprimerētur	opprimerentur
Perf.	oppresserim	oppresserimus	oppressus sim	oppressī sīmus
	oppresseris	oppresseritis	(-a, -um) sīs	(-ae, -a) sītis
	oppresserit	oppresserint	sit	sint
Plup.	oppressissem	oppressissēmus	oppressus essem	oppressī essēmus
	oppressissēs	oppressissētis	(-a, -um) essēs	(-ae, -a) essētis
	oppressisset	oppressissent	esset	essent

	IMPERATIVE	
Pres.	opprime	opprimite

INFINITIVE		
Pres.	opprimere	opprimī
Perf.	oppressisse	oppressus (-a, -um) esse
Fut.	oppressūrus (-a, -um) esse	

PARTICIPLE		
Pres.	opprimēns, (-tis)	
Perf.		oppressus (-a, -um)
Fut.	oppressūrus (-a, -um)	opprimendus (-a, -um) (GERUNDIVE)

GERUND opprimendī, -ō, -um, -ō   SUPINE oppressum, -ū

Alternate forms: **obpressi** = obpressi; **obpressus** = oppressus; **obprimo** = opprimo
Compounds and related words: **oppressio, -onis, f.** oppression
See **premo** for related compounds of this verb.
Model sentence: *Suos quisque **opprimi** et circumveniri non patitur.* —Caesar

choose, wish for

ACTIVE   PASSIVE

INDICATIVE

Pres.	optō	optāmus	optor	optāmur
	optās	optātis	optāris (-re)	optāminī
	optat	optant	optātur	optantur
Impf.	optābam	optābāmus	optābar	optābāmur
	optābās	optābātis	optābāris (-re)	optābāminī
	optābat	optābant	optābātur	optābantur
Fut.	optābo	optābimus	optābor	optābimur
	optābis	optābitis	optāberis (-re)	optābiminī
	optābit	optābunt	optābitur	optābuntur
Perf.	optāvī	optāvimus	optātus sum	optātī sumus
	optāvistī	optāvistis	(-a, -um) es	(-ae, -a) estis
	optāvit	optāvērunt (-ēre)	est	sunt
Plup.	optāveram	optāverāmus	optātus eram	optātī erāmus
	optāverās	optāverātis	(-a, -um) erās	(-ae, -a) erātis
	optāverat	optāverant	erat	erant
Fut.	optāverō	optāverimus	optātus erō	optātī erimus
Perf.	optāveris	optāveritis	(-a, -um) eris	(-ae, -a) eritis
	optāverit	optāverint	erit	erunt

SUBJUNCTIVE

Pres.	optem	optēmus	opter	optēmur
	optēs	optētis	optēris (-re)	optēminī
	optet	optent	optētur	optentur
Impf.	optārem	optārēmus	optārer	optārēmur
	optārēs	optārētis	optārēris (-re)	optārēminī
	optāret	optārent	optārētur	optārentur
Perf.	optāverim	optāverimus	optātus sim	optātī sīmus
	optāveris	optāveritis	(-a, -um) sīs	(-ae, -a) sītis
	optāverit	optāverint	sit	sint
Plup.	optāvissem	optāvissēmus	optātus essem	optātī essēmus
	optāvissēs	optāvissētis	(-a, -um) essēs	(-ae, -a) essētis
	optāvisset	optāvissent	esset	essent

IMPERATIVE

Pres.	optā	optāte

INFINITIVE

Pres.	optāre	optārī
Perf.	optāvisse	optātus (-a, -um) esse
Fut.	optātūrus (-a, -um) esse	

PARTICIPLE

Pres.	optāns, (-tis)	
Perf.		optātus (-a, -um)
Fut.	optātūrus (-a, -um)	optandus (-a, -um) (GERUNDIVE)

GERUND optandī, -ō, -um, -ō   SUPINE optātum, -ū

Alternate forms: **optassis** = optaveris
Compounds and related words: **optabilis, -e** desirable; **optatio, -onis, f.** wish; **optio, -onis, f.** choice;
     optivus, -a, -um chosen
Model sentence: *Summum nec metuas diem nec **optes.*** —Martial

rise

ACTIVE

INDICATIVE

Pres.	orior	orīmur
	orīris (-re)	orīminī
	orītur	oriuntur
Impf.	oriēbar	oriēbāmur
	oriēbāris (-re)	oriēbāminī
	oriēbātur	oriēbantur
Fut.	oriar	oriēmur
	oriēris (-re)	oriēminī
	oriētur	orientur

Perf.	ortus	sum	ortī	sumus
	(-a, -um)	es	(-ae, -a)	estis
		est		sunt
Plup.	ortus	eram	ortī	erāmus
	(-a, -um)	erās	(-ae, -a)	erātis
		erat		erant
Fut.	ortus	erō	ortī	erimus
Perf.	(-a, -um)	eris	(-ae, -a)	eritis
		erit		erunt

SUBJUNCTIVE

Pres.	oriar	oriāmur
	oriāris (-re)	oriāminī
	oriātur	oriantur
Impf.	orīrer	orīrēmur
	orīrēris (-re)	orīrēminī
	orīrētur	orīrentur

Perf.	ortus	sim	ortī	sīmus
	(-a, -um)	sīs	(-ae, -a)	sītis
		sit		sint
Plup.	ortus	essem	ortī	essēmus
	(-a, -um)	essēs	(-ae, -a)	essētis
		esset		essent

IMPERATIVE

Pres.	orīre	orīminī

INFINITIVE

Pres.	orīrī
Perf.	ortus (-a, -um) esse
Fut.	ortūrus (-a, -um) esse

PARTICIPLE

Pres.	oriēns, (-tis)
Perf.	ortus (-a, -um)
Fut.	ortūrus (-a, -um)

GERUND oriendī, -ō, -um, -ō　SUPINE ortum, -ū

Alternate forms: **orere** = orire; **oreretur** = oriretur; **oreris** = orieris; **oriturus** = orturus
Compounds and related words: **aborior (4)** to set; **adorior (4)** to attack; **coorior (4)** to appear;
　exordium, -i, n. beginning; **exorior (4)** to start; **oriundus, -a, -um** arising from; **ortus, -us, m.** origin
Model sentence: *Quis vetat et stellas, quaeque oriturque caditque, dicere?* —Ovid

beg, plead

	ACTIVE		**PASSIVE**	
		INDICATIVE		
Pres.	ōrō	ōrāmus	ōror	ōrāmur
	ōrās	ōrātis	ōrāris (-re)	ōrāminī
	ōrat	ōrant	ōrātur	ōrantur
Impf.	ōrābam	ōrābāmus	ōrābar	ōrābāmur
	ōrābās	ōrābātis	ōrābāris (-re)	ōrābāminī
	ōrābat	ōrābant	ōrābātur	ōrābantur
Fut.	ōrābō	ōrābimus	ōrābor	ōrābimur
	ōrābis	ōrābitis	ōrāberis (-re)	ōrābiminī
	ōrābit	ōrābunt	ōrābitur	ōrābuntur
Perf.	ōrāvī	ōrāvimus	ōrātus sum	ōrātī sumus
	ōrāvistī	ōrāvistis	(-a, -um) es	(-ae, -a) estis
	ōrāvit	ōrāvērunt (-ēre)	est	sunt
Plup.	ōrāveram	ōrāverāmus	ōrātus eram	ōrātī erāmus
	ōrāverās	ōrāverātis	(-a, -um) erās	(-ae, -a) erātis
	ōrāverat	ōrāverant	erat	erant
Fut.	ōrāverō	ōrāverimus	ōrātus erō	ōrātī erimus
Perf.	ōrāveris	ōrāveritis	(-a, -um) eris	(-ae, -a) eritis
	ōrāverit	ōrāverint	erit	erunt
		SUBJUNCTIVE		
Pres.	ōrem	ōrēmus	ōrer	ōrēmur
	ōrēs	ōrētis	ōrēris (-re)	ōrēminī
	ōret	ōrent	ōrētur	ōrentur
Impf.	ōrārem	ōrārēmus	ōrārer	ōrārēmur
	ōrārēs	ōrārētis	ōrārēris (-re)	ōrārēminī
	ōrāret	ōrārent	ōrārētur	ōrārentur
Perf.	ōrāverim	ōrāverimus	ōrātus sim	ōrātī sīmus
	ōrāveris	ōrāveritis	(-a, -um) sīs	(-ae, -a) sītis
	ōrāverit	ōrāverint	sit	sint
Plup.	ōrāvissem	ōrāvissēmus	ōrātus essem	ōrātī essēmus
	ōrāvissēs	ōrāvissētis	(-a, -um) essēs	(-ae, -a) essētis
	ōrāvisset	ōrāvissent	esset	essent
		IMPERATIVE		
Pres.	ōrā	ōrāte		
		INFINITIVE		
Pres.	ōrāre		ōrārī	
Perf.	ōrāvisse		ōrātus (-a, -um) esse	
Fut.	ōrātūrus (-a, -um) esse			
		PARTICIPLE		
Pres.	ōrāns, (-tis)			
Perf.			ōrātus (-a, -um)	
Fut.	ōrātūrus (-a, -um)		ōrandus (-a, -um) (GERUNDIVE)	

GERUND ōrandī, -ō, -um, -ō   SUPINE ōrātum, -ū

Alternate forms: **orassis** = oraveris
Compounds and related words: **adoro (1)** to revere; **exoro (1)** to persuade; **oraculum, -i, n.** oracle; **oratio, -onis, f.** speech; **orator, -is, m.** orator; **oratorius, -a, -um** oratorical; **os, oris, n.** mouth
Model sentence: *Adnuit **oranti** Neptunus et abstulit illis.* —Ovid

show, hold out

ACTIVE		PASSIVE	
INDICATIVE			

INDICATIVE

Pres.	ostendō	ostendimus	ostendor	ostendimur
	ostendis	ostenditis	ostenderis (-re)	ostendiminī
	ostendit	ostendunt	ostenditur	ostenduntur
Impf.	ostendēbam	ostendēbāmus	ostendēbar	ostendēbāmur
	ostendēbās	ostendēbātis	ostendēbāris (-re)	ostendēbāminī
	ostendēbat	ostendēbant	ostendēbātur	ostendēbantur
Fut.	ostendam	ostendēmus	ostendar	ostendēmur
	ostendēs	ostendētis	ostendēris (-re)	ostendēminī
	ostendet	ostendent	ostendētur	ostendentur
Perf.	ostendī	ostendimus	ostentus sum	ostentī sumus
	ostendistī	ostendistis	(-a, -um) es	(-ae, -a) estis
	ostendit	ostendērunt (-ēre)	est	sunt
Plup.	ostenderam	ostenderāmus	ostentus eram	ostentī erāmus
	ostenderās	ostenderātis	(-a, -um) erās	(-ae, -a) erātis
	ostenderat	ostenderant	erat	erant
Fut.	ostenderō	ostenderimus	ostentus erō	ostentī erimus
Perf.	ostenderis	ostenderitis	(-a, -um) eris	(-ae, -a) eritis
	ostenderit	ostenderint	erit	erunt

SUBJUNCTIVE

Pres.	ostendam	ostendāmus	ostendar	ostendāmur
	ostendās	ostendātis	ostendāris (-re)	ostendāminī
	ostendat	ostendant	ostendātur	ostendantur
Impf.	ostenderem	ostenderēmus	ostenderer	ostenderēmur
	ostenderēs	ostenderētis	ostenderēris (-re)	ostenderēminī
	ostenderet	ostenderent	ostenderētur	ostenderentur
Perf.	ostenderim	ostenderimus	ostentus sim	ostentī sīmus
	ostenderis	ostenderitis	(-a, -um) sīs	(-ae, -a) sītis
	ostenderit	ostenderint	sit	sint
Plup.	ostendissem	ostendissēmus	ostentus essem	ostentī essēmus
	ostendissēs	ostendissētis	(-a, -um) essēs	(-ae, -a) essētis
	ostendisset	ostendissent	esset	essent

IMPERATIVE

Pres.	ostende	ostendite		

INFINITIVE

Pres.	ostendere		ostendī	
Perf.	ostendisse		ostentus (-a, -um) esse	
Fut.	ostentūrus (-a, -um) esse			

PARTICIPLE

Pres.	ostendēns, (-tis)			
Perf.			ostentus (-a, -um)	
Fut.	ostentūrus (-a, -um)		ostendendus (-a, -um) (GERUNDIVE)	

GERUND ostendendī, -ō, -um, -ō   SUPINE ostentum, -ū

Alternate forms: **ostensurus** = ostenturus; **ostensus** = ostentus
Compounds and related words: **ostentatio, -onis, f.** display; **ostentator, -is, m.** boaster;
    ostento (1) to offer
Model sentence: *Os suum populo Romano **ostendere** audet.* —Cicero

celebrate a triumph, rejoice

ACTIVE

INDICATIVE

Pres.

      ovās
      ovat

Impf.

Fut.

Perf.

Plup.

Fut.
Perf.

SUBJUNCTIVE

Pres.

       ovet

Impf.

       ovāret

Perf.

Plup.

IMPERATIVE

Pres.

INFINITIVE

Pres.
Perf.
Fut.

PARTICIPLE

Pres.   ovāns, (-tis)
Perf.   ovātus (-a, -um)
Fut.   ovātūrus (-a, -um)

GERUND ovandī, -ō, -um, -ō   SUPINE

Usage notes: defective
Compounds and related words: **ovatio, -onis, f.** ovation
Model sentence: *Sola fuga nautas comitabor **ovantis?*** —Vergil

repent (Impers.)

ACTIVE

INDICATIVE

Pres.

      paenitet

Impf.

      paenitēbat

Fut.

      paenitēbit

Perf.

      paenituit

Plup.

      paenituerat

Fut.
Perf.

      paenituerit

SUBJUNCTIVE

Pres.

      paeniteat

Impf.

      paenitēret

Perf.

      paenituerit

Plup.

      paenituisset

IMPERATIVE

Pres.

INFINITIVE

Pres.   paenitēre
Perf.   paenituisse
Fut.

PARTICIPLE

Pres.   paenitēns, (-tis)
Perf.
Fut.

GERUND paenitendī, -ō, -um, -ō SUPINE

Usage notes: impersonal verb used with the **genitive**
Alternate forms: **poenitet** = paenitet
Compounds and related words: **paenitentia, -ae, f.** repentance
Model sentence: *An **paenitet** vos, quod salvum atque incolumem exercitum traduxerim?* —Caesar

palleō

be or grow pale

ACTIVE

INDICATIVE

Pres.	palleō	pallēmus
	pallēs	pallētis
	pallet	pallent
Impf.	pallēbam	pallēbāmus
	pallēbās	pallēbātis
	pallēbat	pallēbant
Fut.	pallēbo	pallēbimus
	pallēbis	pallēbitis
	pallēbit	pallēbunt
Perf.	palluī	palluimus
	palluistī	palluistis
	palluit	palluērunt (-ēre)
Plup.	pallueram	palluerāmus
	palluerās	palluerātis
	palluerat	palluerant
Fut.	palluerō	palluerimus
Perf.	pallueris	pallueritis
	palluerit	palluerint

SUBJUNCTIVE

Pres.	palleam	palleāmus
	palleās	palleātis
	palleat	palleant
Impf.	pallērem	pallērēmus
	pallērēs	pallērētis
	pallēret	pallērent
Perf.	palluerim	palluerimus
	pallueris	pallueritis
	palluerit	palluerint
Plup.	palluissem	palluissēmus
	palluissēs	palluissētis
	palluisset	palluissent

IMPERATIVE

Pres.	pallē	pallēte

INFINITIVE

Pres.	pallēre
Perf.	palluisse
Fut.	

PARTICIPLE

Pres.	pallēns, (-tis)
Perf.	
Fut.	pallendus (-a, -um) (GERUNDIVE)

GERUND pallendī, -ō, -um, -ō   SUPINE

Compounds and related words: **pallesco (3)** to turn pale; **pallidus, -a, -um** pale
Model sentence: *Pulchre valet Charinus, et tamen **pallet**.* —Martial

spread out, open, explain

ACTIVE		PASSIVE	
INDICATIVE			
Pres.	pandō / pandimus	pandor / pandimur
	pandis / panditis	panderis (-re) / pandiminī
	pandit / pandunt	panditur / panduntur
Impf.	pandēbam / pandēbāmus	pandēbar / pandēbāmur
	pandēbās / pandēbātis	pandēbāris (-re) / pandēbāminī
	pandēbat / pandēbant	pandēbātur / pandēbantur
Fut.	pandam / pandēmus	pandar / pandēmur
	pandēs / pandētis	pandēris (-re) / pandēminī
	pandet / pandent	pandētur / pandentur
Perf.	pandī / pandimus	passus sum / passī sumus
	pandistī / pandistis	(-a, -um) es / (-ae, -a) estis
	pandit / pandērunt (-ēre)	est / sunt
Plup.	panderam / panderāmus	passus eram / passī erāmus
	panderās / panderātis	(-a, -um) erās / (-ae, -a) erātis
	panderat / panderant	erat / erant
Fut.	panderō / panderimus	passus erō / passī erimus
Perf.	panderis / panderitis	(-a, -um) eris / (-ae, -a) eritis
	panderit / panderint	erit / erunt
SUBJUNCTIVE			
Pres.	pandam / pandāmus	pandar / pandāmur
	pandās / pandātis	pandāris (-re) / pandāminī
	pandat / pandant	pandātur / pandantur
Impf.	panderem / panderēmus	panderer / panderēmur
	panderēs / panderētis	panderēris (-re) / panderēminī
	panderet / panderent	panderētur / panderentur
Perf.	panderim / panderimus	passus sim / passī sīmus
	panderis / panderitis	(-a, -um) sīs / (-ae, -a) sītis
	panderit / panderint	sit / sint
Plup.	pandissem / pandissēmus	passus essem / passī essēmus
	pandissēs / pandissētis	(-a, -um) essēs / (-ae, -a) essētis
	pandisset / pandissent	esset / essent
IMPERATIVE			
Pres.	pande / pandite		
INFINITIVE			
Pres.	pandere	pandī
Perf.	pandisse	passus (-a, -um) esse
Fut.	passūrus (-a, -um) esse	
PARTICIPLE			
Pres.	pandēns, (-tis)	
Perf.		passus (-a, -um)
Fut.	passūrus (-a, -um)	pandendus (-a, -um) (GERUNDIVE)

GERUND pandendī, -ō, -um, -ō   SUPINE passum, -ū

Alternate forms: **pansus** = passus
Compounds and related words: **passus, -a, -um** dishevelled
Model sentence: *Utere velis, totos **pande** sinus.* —Juvenal

fasten, drive in, fix, agree upon

<table>
<tr><td colspan="2" align="center">**ACTIVE**</td><td colspan="2" align="center">**PASSIVE**</td></tr>
<tr><td colspan="4" align="center">**INDICATIVE**</td></tr>
</table>

	ACTIVE		PASSIVE	
Pres.	pangō	pangimus	pangor	pangimur
	pangis	pangitis	pangeris (-re)	pangiminī
	pangit	pangunt	pangitur	panguntur
Impf.	pangēbam	pangēbāmus	pangēbar	pangēbāmur
	pangēbās	pangēbātis	pangēbāris (-re)	pangēbāminī
	pangēbat	pangēbant	pangēbātur	pangēbantur
Fut.	pangam	pangēmus	pangar	pangēmur
	pangēs	pangētis	pangēris (-re)	pangēminī
	panget	pangent	pangētur	pangentur
Perf.	panxī	panximus	panctus sum	panctī sumus
	panxistī	panxistis	(-a, -um) es	(-ae, -a) estis
	panxit	panxērunt (-ēre)	est	sunt
Plup.	panxeram	panxerāmus	panctus eram	panctī erāmus
	panxerās	panxerātis	(-a, -um) erās	(-ae, -a) erātis
	panxerat	panxerant	erat	erant
Fut.	panxerō	panxerimus	panctus erō	panctī erimus
Perf.	panxeris	panxeritis	(-a, -um) eris	(-ae, -a) eritis
	panxerit	panxerint	erit	erunt

SUBJUNCTIVE

	ACTIVE		PASSIVE	
Pres.	pangam	pangāmus	pangar	pangāmur
	pangās	pangātis	pangāris (-re)	pangāminī
	pangat	pangant	pangātur	pangantur
Impf.	pangerem	pangerēmus	pangerer	pangerēmur
	pangerēs	pangerētis	pangerēris (-re)	pangerēminī
	pangeret	pangerent	pangerētur	pangerentur
Perf.	panxerim	panxerimus	panctus sim	panctī sīmus
	panxeris	panxeritis	(-a, -um) sīs	(-ae, -a) sītis
	panxerit	panxerint	sit	sint
Plup.	panxissem	panxissēmus	panctus essem	panctī essēmus
	panxissēs	panxissētis	(-a, -um) essēs	(-ae, -a) essētis
	panxisset	panxissent	esset	essent

IMPERATIVE

	ACTIVE			
Pres.	pange	pangite		

INFINITIVE

	ACTIVE	PASSIVE
Pres.	pangere	pangī
Perf.	panxisse	panctus (-a, -um) esse
Fut.	panctūrus (-a, -um) esse	

PARTICIPLE

	ACTIVE	PASSIVE
Pres.	pangēns, (-tis)	
Perf.		panctus (-a, -um)
Fut.	panctūrus (-a, -um)	pangendus (-a, -um) (GERUNDIVE)

GERUND pangendī, -ō, -um, -ō   SUPINE panctum, -ū

Usage notes: perfect forms in *pepigī* or *pēgī* and *pactum* only in the sense *to agree upon*
Alternate forms: **paco** = pango; **pactum** = panctum; **pago** = pango; **pegi** = panxi; **pepigi** = panxi
Compounds and related words: **compingo (3)** to put together; **paco (1)** to pacify; **pax, pacis, f.** peace
Model sentence: *Pacem nobiscum pepigistis.* —Livy

spare

	ACTIVE		PASSIVE
		INDICATIVE	
Pres.	parcō	parcimus	
	parcis	parcitis	
	parcit	parcunt	parcitur (Impers.)
Impf.	parcēbam	parcēbāmus	
	parcēbās	parcēbātis	
	parcēbat	parcēbant	parcēbātur (Impers.)
Fut.	parcam	parcēmus	
	parcēs	parcētis	
	parcet	parcent	parcētur (Impers.)
Perf.	pepercī	pepercimus	
	pepercistī	pepercistis	
	pepercit	pepercērunt (-ēre)	parsum est (Impers.)
Plup.	peperceram	pepercerāmus	
	pepercerās	pepercerātis	
	pepercerat	pepercerant	parsum erat (Impers.)
Fut.	pepercerō	pepercerimus	
Perf.	peperceris	peperceritis	
	pepercerit	pepercerint	parsum erit (Impers.)
		SUBJUNCTIVE	
Pres.	parcam	parcāmus	
	parcās	parcātis	
	parcat	parcant	parcātur (Impers.)
Impf.	parcerem	parcerēmus	
	parcerēs	parcerētis	
	parceret	parcerent	parcerētur (Impers.)
Perf.	pepercerim	pepercerimus	
	peperceris	peperceritis	
	pepercerit	pepercerint	parsum sit (Impers.)
Plup.	pepercissem	pepercissēmus	
	pepercissēs	pepercissētis	
	pepercisset	pepercissent	parsum esset (Impers.)
		IMPERATIVE	
Pres.	parce	parcite	
		INFINITIVE	
Pres.	parcere		parcī
Perf.	pepercisse		parsum esse
Fut.	parsūrus (-a, -um) esse		
		PARTICIPLE	
Pres.	parcēns		
Perf.			
Fut.	parsūrus (-a, -um)		parcendus (-a, -um) (GERUNDIVE)

GERUND parcendī, -ō, -um, -ō   SUPINE parsum, -ū

Usage notes: generally used with the **dative**
Alternate forms: **parcitum** (supine); **parciturus** (fut. act. part.); **parcui** = peperci; **parsi** = peperci;
    parsum (supine); **parsurus** (fut. act. part.)
Compounds and related words: **parcepromus, -i, m.** a stingy person; **parcitas, -tatis, f.** sparingness;
    parcus, -a, -um thrifty; **parsimonia, -ae, f.** thrift
Model sentence: *Bonis nocet quisquis **pepercit** malis.* —Publilius Syrus

obey

ACTIVE

INDICATIVE

Pres.	pāreō	pārēmus
	pārēs	pārētis
	pāret	pārent
Impf.	pārēbam	pārēbāmus
	pārēbās	pārēbātis
	pārēbat	pārēbant
Fut.	pārēbō	pārēbimus
	pārēbis	pārēbitis
	pārēbit	pārēbunt
Perf.	pāruī	pāruimus
	pāruistī	pāruistis
	pāruit	pāruērunt (-ēre)
Plup.	pārueram	pāruerāmus
	pāruerās	pāruerātis
	pāruerat	pāruerant
Fut.	pāruerō	pāruerimus
Perf.	pārueris	pārueritis
	pāruerit	pāruerint

SUBJUNCTIVE

Pres.	pāream	pāreāmus
	pāreās	pāreātis
	pāreat	pāreant
Impf.	pārērem	pārērēmus
	pārērēs	pārērētis
	pārēret	pārērent
Perf.	pāruerim	pāruerimus
	pārueris	pārueritis
	pāruerit	pāruerint
Plup.	pāruissem	pāruissēmus
	pāruissēs	pāruissētis
	pāruisset	pāruissent

IMPERATIVE

Pres.	pārē	pārēte

INFINITIVE

Pres.	pārēre
Perf.	pāruisse
Fut.	

PARTICIPLE

Pres.	pārēns, (-tis)
Perf.	
Fut.	

GERUND pārendī, -ō, -um, -ō

Alternate forms: **parreo** = pareo

Compounds and related words: **appareo (2)** to appear; **parens, -ntis** obedient

Model sentence: *Festinant trepidi substringere carbasa nautae, ad portum quotiens **paruit** Hermogenes.* —Martial

give birth

ACTIVE   PASSIVE

INDICATIVE

	ACTIVE		PASSIVE	
Pres.	pariō	parimus	parior	parimur
	paris	paritis	pareris (-re)	pariminī
	parit	pariunt	paritur	pariuntur
Impf.	pariēbam	pariēbāmus	pariēbar	pariēbāmur
	pariēbās	pariēbātis	pariēbāris (-re)	pariēbāminī
	pariēbat	pariēbant	pariēbātur	pariēbantur
Fut.	pariam	pariēmus	pariar	pariēmur
	pariēs	pariētis	pariēris (-re)	pariēminī
	pariet	parient	pariētur	parientur
Perf.	peperī	peperimus	partus sum	partī sumus
	peperistī	peperistis	(-a, -um) es	(-ae, -a) estis
	peperit	peperērunt (-ēre)	est	sunt
Plup.	pepereram	pepererāmus	partus eram	partī erāmus
	pepererās	pepererātis	(-a, -um) erās	(-ae, -a) erātis
	pepererat	pepererant	erat	erant
Fut. Perf.	pephererō	pepererimus	partus erō	partī erimus
	pepereris	pepereritis	(-a, -um) eris	(-ae, -a) eritis
	pepererit	pepererint	erit	erunt

SUBJUNCTIVE

	ACTIVE		PASSIVE	
Pres.	pariam	pariāmus	pariar	pariāmur
	pariās	pariātis	pariāris (-re)	pariāminī
	pariat	pariant	pariātur	pariantur
Impf.	parerem	parerēmus	parerer	parerēmur
	parerēs	parerētis	parerēris (-re)	parerēminī
	pareret	parerent	parerētur	parerentur
Perf.	pepererim	pepererimus	partus sim	partī sīmus
	pepereris	pepereritis	(-a, -um) sīs	(-ae, -a) sītis
	pepererit	pepererint	sit	sint
Plup.	peperissem	peperissēmus	partus essem	partī essēmus
	peperissēs	peperissētis	(-a, -um) essēs	(-ae, -a) essētis
	peperisset	peperissent	esset	essent

IMPERATIVE

Pres.	pare	parite

INFINITIVE

	ACTIVE	PASSIVE
Pres.	parere	parī
Perf.	peperisse	partus (-a, -um) esse
Fut.	paritūrus (-a, -um) esse	

PARTICIPLE

	ACTIVE	PASSIVE
Pres.	pariēns, (-tis)	
Perf.		partus (-a, -um)
Fut.	paritūrus (-a, -um)	pariendus (-a, -um) (GERUNDIVE)

GERUND pariendī, -ō, -um, -ō   SUPINE partum, -ū

Alternate forms: **paribis** = paries; **parire** = parere; **paritum** = partum; **parturus** = pariturus
Compounds and related words: **aperio (4)** to open; **comperio (4)** to learn; **operio (4)** to close;
     reperio (4) to find (out)
Model sentence: *Veritas odium **parit**.* —Terence

prepare

	ACTIVE			PASSIVE	

INDICATIVE

Pres.	parō	parāmus	paror	parāmur	
	parās	parātis	parāris (-re)	parāminī	
	parat	parant	parātur	parantur	
Impf.	parābam	parābāmus	parābar	parābāmur	
	parābās	parābātis	parābāris (-re)	parābāminī	
	parābat	parābant	parābātur	parābantur	
Fut.	parābō	parābimus	parābor	parābimur	
	parābis	parābitis	parāberis (-re)	parābiminī	
	parābit	parābunt	parābitur	parābuntur	
Perf.	parāvī	parāvimus	parātus sum	parātī sumus	
	parāvistī	parāvistis	(-a, -um) es	(-ae, -a) estis	
	parāvit	parāvērunt (-ēre)	est	sunt	
Plup.	parāveram	parāverāmus	parātus eram	parātī erāmus	
	parāverās	parāverātis	(-a, -um) erās	(-ae, -a) erātis	
	parāverant	parāverant	erat	erant	
Fut.	parāverō	parāverimus	parātus erō	parātī erimus	
Perf.	parāveris	parāveritis	(-a, -um) eris	(-ae, -a) eritis	
	parāverit	parāverint	erit	erunt	

SUBJUNCTIVE

Pres.	parem	parēmus	parer	parēmur	
	parēs	parētis	parēris (-re)	parēminī	
	paret	parent	parētur	parentur	
Impf.	parārem	parārēmus	parārer	parārēmur	
	parārēs	parārētis	parārēris (-re)	parārēminī	
	parāret	parārent	parārētur	parārentur	
Perf.	parāverim	parāverimus	parātus sim	parātī sīmus	
	parāveris	parāveritis	(-a, -um) sīs	(-ae, -a) sītis	
	parāverit	parāverint	sit	sint	
Plup.	parāvissem	parāvissēmus	parātus essem	parātī essēmus	
	parāvissēs	parāvissētis	(-a, -um) essēs	(-ae, -a) essētis	
	parāvisset	parāvissent	esset	essent	

IMPERATIVE

Pres.	parā	parāte		

INFINITIVE

Pres.	parāre	parārī
Perf.	parāvisse	parātus (-a, -um) esse
Fut.	parātūrus (-a, -um) esse	

PARTICIPLE

Pres.	parāns, (-tis)	
Perf.		parātus (-a, -um)
Fut.	parātūrus (-a, -um)	parandus (-a, -um) (GERUNDIVE)

GERUND parandī, -ō, -um, -ō　　SUPINE parātum, -ū

Compounds and related words: **apparatus, -us, m.** equipment; **comparo (1)** to bring together; **praeparatio, -onis, f.** preparation; **praeparo (1)** to prepare; **reparatio, -onis, f.** reparation; **reparo (1)** to retrieve; **separatio, -onis, f.** separation; **separo (1)** to separate
Model sentence: *Si vis pacem, **para** bellum.* —Vegetius

feed, cherish

ACTIVE — PASSIVE

INDICATIVE

	ACTIVE		PASSIVE	
Pres.	pascō	pascimus	pascor	pascimur
	pascis	pascitis	pasceris (-re)	pasciminī
	pascit	pascunt	pascitur	pascuntur
Impf.	pascēbam	pascēbāmus	pascēbar	pascēbāmur
	pascēbās	pascēbātis	pascēbāris (-re)	pascēbāminī
	pascēbat	pascēbant	pascēbātur	pascēbantur
Fut.	pascam	pascēmus	pascar	pascēmur
	pascēs	pascētis	pascēris (-re)	pascēminī
	pascet	pascent	pascētur	pascentur
Perf.	pāvī	pāvimus	pastus sum	pastī sumus
	pāvistī	pāvistis	(-a, -um) es	(-ae, -a) estis
	pāvit	pāvērunt (-ēre)	est	sunt
Plup.	pāveram	pāverāmus	pastus eram	pastī erāmus
	pāverās	pāverātis	(-a, -um) erās	(-ae, -a) erātis
	pāverat	pāverant	erat	erant
Fut. Perf.	pāverō	pāverimus	pastus erō	pastī erimus
	pāveris	pāveritis	(-a, -um) eris	(-ae, -a) eritis
	pāverit	pāverint	erit	erunt

SUBJUNCTIVE

	ACTIVE		PASSIVE	
Pres.	pascam	pascāmus	pascar	pascāmur
	pascās	pascātis	pascāris (-re)	pascāminī
	pascat	pascant	pascātur	pascantur
Impf.	pascerem	pascerēmus	pascerer	pascerēmur
	pascerēs	pascerētis	pascerēris (-re)	pascerēminī
	pasceret	pascerent	pascerētur	pascerentur
Perf.	pāverim	pāverimus	pastus sim	pastī sīmus
	pāveris	pāveritis	(-a, -um) sīs	(-ae, -a) sītis
	pāverit	pāverint	sit	sint
Plup.	pāvissem	pāvissēmus	pastus essem	pastī essēmus
	pāvissēs	pāvissētis	(-a, -um) essēs	(-ae, -a) essētis
	pāvisset	pāvissent	esset	essent

IMPERATIVE

	ACTIVE		PASSIVE
Pres.	pasce	pascite	

INFINITIVE

	ACTIVE	PASSIVE
Pres.	pascere	pascī
Perf.	pāvisse	pastus (-a, -um) esse
Fut.	pastūrus (-a, -um) esse	

PARTICIPLE

	ACTIVE	PASSIVE
Pres.	pascēns, (-tis)	
Perf.		pastus (-a, -um)
Fut.	pastūrus (-a, -um)	pascendus (-a, -um) (GERUNDIVE)

GERUND pascendī, -ō, -um, -ō SUPINE pastum, -ū

Usage notes: passive often reflexive with deponent force
Compounds and related words: **depasco (3)** to feed off; **pascuum, -i, n.** pasture; **pastor, -is, m.** shepherd; **pastoralis, -e** pastoral
Model sentence: *Greges armentaque **pavit**.* —Ovid

lie open, extend

ACTIVE
INDICATIVE

Pres.	pateō	patēmus
	patēs	patētis
	patet	patent
Impf.	patēbam	patēbāmus
	patēbās	patēbātis
	patēbat	patēbant
Fut.	patēbō	patēbimus
	patēbis	patēbitis
	patēbit	patēbunt
Perf.	patuī	patuimus
	patuistī	patuistis
	patuit	patuērunt (-ēre)
Plup.	patueram	patuerāmus
	patuerās	patuerātis
	patuerat	patuerant
Fut.	patuerō	patuerimus
Perf.	patueris	patueritis
	patuerit	patuerint

SUBJUNCTIVE

Pres.	pateam	pateāmus
	pateās	pateātis
	pateat	pateant
Impf.	patērem	patērēmus
	patērēs	patērētis
	patēret	patērent
Perf.	patuerim	patuerimus
	patueris	patueritis
	patuerit	patuerint
Plup.	patuissem	patuissēmus
	patuissēs	patuissētis
	patuisset	patuissent

IMPERATIVE

Pres.	patē	patēte

INFINITIVE

Pres.	patēre
Perf.	patuisse
Fut.	

PARTICIPLE

Pres.	patēns, (-tis)
Perf.	
Fut.	

GERUND patendī, -ō, -um, -ō   SUPINE

Compounds and related words: **patefacio (3)** to disclose; **patens, -ntis** open; **patesco (3)** to become evident; **patulus, -a, -um** open

Model sentence: *Nares semper propter necessarias utilitates **patent**.* —Cicero

patior

allow, suffer

ACTIVE

INDICATIVE

Pres.	patior	patimur
	pateris (-re)	patiminī
	patitur	patiuntur
Impf.	patiēbar	patiēbāmur
	patiēbāris (-re)	patiēbāminī
	patiēbātur	patiēbantur
Fut.	patiar	patiēmur
	patiēris (-re)	patiēminī
	patiētur	patientur
Perf.	passus sum	passī sumus
	(-a, -um) es	(-ae, -a) estis
	est	sunt
Plup.	passus eram	passī erāmus
	(-a, -um) erās	(-ae, -a) erātis
	erat	erant
Fut.	passus erō	passī erimus
Perf.	(-a, -um) eris	(-ae, -a) eritis
	erit	erunt

SUBJUNCTIVE

Pres.	patiar	patiāmur
	patiāris (-re)	patiāminī
	patiātur	patiantur
Impf.	paterer	paterēmur
	paterēris (-re)	paterēminī
	paterētur	paterentur
Perf.	passus sim	passī sīmus
	(-a, -um) sīs	(-ae, -a) sītis
	sit	sint
Plup.	passus essem	passī essēmus
	(-a, -um) essēs	(-ae, -a) essētis
	esset	essent

IMPERATIVE

Pres.	patere	patiminī

INFINITIVE

Pres.	patī
Perf.	passus (-a, -um) esse
Fut.	passūrus (-a, -um) esse

PARTICIPLE

	Active	Passive
Pres.	patiēns, (-tis)	
Perf.	passus (-a, -um)	
Fut.	passūrus (-a, -um)	patiendus (-a, -um) (GERUNDIVE)

GERUND patiendī, -ō, -um, -ō   SUPINE passum, -ū

Alternate forms: **patias** = patiaris
Compounds and related words: **patibilis, -e** endurable; **patientia, -ae, f.** endurance;
   perpetior (3) to endure
Model sentence: *Vincit qui **patitur**.* —proverb

be afraid, tremble

ACTIVE

INDICATIVE

Pres.	paveō	pavēmus
	pavēs	pavētis
	pavet	pavent
Impf.	pavēbam	pavēbāmus
	pavēbās	pavēbātis
	pavēbat	pavēbant
Fut.	pavēbo	pavēbimus
	pavēbis	pavēbitis
	pavēbit	pavēbunt
Perf.	pāvī	pāvimus
	pāvistī	pāvistis
	pāvit	pāvērunt (-ēre)
Plup.	pāveram	pāverāmus
	pāverās	pāverātis
	pāverat	pāverant
Fut.	pāverō	pāverimus
Perf.	pāveris	pāveritis
	pāverit	pāverint

SUBJUNCTIVE

Pres.	paveam	paveāmus
	paveās	paveātis
	paveat	paveant
Impf.	pavērem	pavērēmus
	pavērēs	pavērētis
	pavēret	pavērent
Perf.	pāverim	pāverimus
	pāveris	pāveritis
	pāverit	pāverint
Plup.	pāvissem	pāvissēmus
	pāvissēs	pāvissētis
	pāvisset	pāvissent

IMPERATIVE

Pres.	pavē	pavēte

INFINITIVE

Pres.	pavēre
Perf.	pāvisse
Fut.	

PARTICIPLE

Pres.	pavēns, (-tis)
Perf.	
Fut.	pavendus (-a, -um) (GERUNDIVE)

GERUND pavendī, -ō, -um, -ō   SUPINE

Compounds and related words: **expavesco (3)** to dread; **pavidus, -a, -um** terrified; **pavor, is, m.** terror
Model sentence: *Et intus **paveo** et foris formido.* —Plautus

drive, rout

ACTIVE		PASSIVE	

INDICATIVE

	ACTIVE		PASSIVE	
Pres.	pellō	pellimus	pellor	pellimur
	pellis	pellitis	pelleris (-re)	pelliminī
	pellit	pellunt	pellitur	pelluntur
Impf.	pellēbam	pellēbāmus	pellēbar	pellēbāmur
	pellēbās	pellēbātis	pellēbāris (-re)	pellēbāminī
	pellēbat	pellēbant	pellēbātur	pellēbantur
Fut.	pellam	pellēmus	pellar	pellēmur
	pellēs	pellētis	pellēris (-re)	pellēminī
	pellet	pellent	pellētur	pellentur
Perf.	pepulī	pepulimus	pulsus sum	pulsī sumus
	pepulistī	pepulistis	(-a, -um) es	(-ae, -a) estis
	pepulit	pepulērunt (-ēre)	est	sunt
Plup.	pepuleram	pepulerāmus	pulsus eram	pulsī erāmus
	pepulerās	pepulerātis	(-a, -um) erās	(-ae, -a) erātis
	pepulerat	pepulerant	erat	erant
Fut.	pepulerō	pepulerimus	pulsus erō	pulsī erimus
Perf.	pepuleris	pepuleritis	(-a, -um) eris	(-ae, -a) eritis
	pepulerit	pepulerint	erit	erunt

SUBJUNCTIVE

	ACTIVE		PASSIVE	
Pres.	pellam	pellāmus	pellar	pellāmur
	pellās	pellātis	pellāris (-re)	pellāminī
	pellat	pellant	pellātur	pellantur
Impf.	pellerem	pellerēmus	pellerer	pellerēmur
	pellerēs	pellerētis	pellerēris (-re)	pellerēminī
	pelleret	pellerent	pellerētur	pellerentur
Perf.	pepulerim	pepulerimus	pulsus sim	pulsī sīmus
	pepuleris	pepuleritis	(-a, -um) sīs	(-ae, -a) sītis
	pepulerit	pepulerint	sit	sint
Plup.	pepulissem	pepulissēmus	pulsus essem	pulsī essēmus
	pepulissēs	pepulissētis	(-a, -um) essēs	(-ae, -a) essētis
	pepulisset	pepulissent	esset	essent

IMPERATIVE

Pres.	pelle	pellite

INFINITIVE

	ACTIVE	PASSIVE
Pres.	pellere	pellī
Perf.	pepulisse	pulsus (-a, -um) esse
Fut.	pulsūrus (-a, -um) esse	

PARTICIPLE

	ACTIVE	PASSIVE
Pres.	pellēns, (-tis)	
Perf.		pulsus (-a, -um)
Fut.	pulsūrus (-a, -um)	pellendus (-a, -um) (GERUNDIVE)

GERUND pellendī, -ō, -um, -ō   SUPINE pulsum, -ū

Alternate forms: **pulserat** = pepulerat
Compounds and related words: **appello (3)** to drive to; **compello (3)** to force; **depello (3)** to expel; **expello (3)** to drive out; **impello (3)** to drive; **interpello (3)** to interrupt; **pulso (1)** to batter; **pulsus, -us, m.** a beating; **pulto (1)** to batter; **repello (3)** to drive back
Model sentence: *Athenienses Diagoram philosophum **pepulerunt.*** —Valerius Maximus

hang, float, be uncertain

ACTIVE

INDICATIVE

Pres.	pendeō	pendēmus
	pendēs	pendētis
	pendet	pendent
Impf.	pendēbam	pendēbāmus
	pendēbās	pendēbātis
	pendēbat	pendēbant
Fut.	pendēbo	pendēbimus
	pendēbis	pendēbitis
	pendēbit	pendēbunt
Perf.	pependī	pependimus
	pependistī	pependistis
	pependit	pependērunt (-ēre)
Plup.	pependeram	pependerāmus
	pependerās	pependerātis
	pependerat	pependerant
Fut.	pependerō	pependerimus
Perf.	pependeris	pependeritis
	pependerit	pependerint

SUBJUNCTIVE

Pres.	pendeam	pendeāmus
	pendeās	pendeātis
	pendeat	pendeant
Impf.	pendērem	pendērēmus
	pendērēs	pendērētis
	pendēret	pendērent
Perf.	pependerim	pependerimus
	pependeris	pependeritis
	pependerit	pependerint
Plup.	pependissem	pependissēmus
	pependissēs	pependissētis
	pependisset	pependissent

IMPERATIVE

Pres.	pendē	pendēte

INFINITIVE

Pres.	pendēre
Perf.	pependisse
Fut.	

PARTICIPLE

Pres.	pendēns, (-tis)
Perf.	
Fut.	pendendus (-a, -um) (GERUNDIVE)

GERUND pendendī, -ō, -um, -ō   SUPINE

Compounds and related words: **impendeo (2)** to overhang; **pendo (3)** to weigh
Model sentence: *Tonstrix Suburae faucibus sedet primis,*
  cruenta **pendent** *qua flagella tortorum.* —Martial

weigh, pay, value

ACTIVE		PASSIVE	
INDICATIVE			

Pres.	pendō	pendimus	pendor	pendimur
	pendis	penditis	penderis (-re)	pendiminī
	pendit	pendunt	penditur	penduntur
Impf.	pendēbam	pendēbāmus	pendēbar	pendēbāmur
	pendēbās	pendēbātis	pendēbāris (-re)	pendēbāminī
	pendēbat	pendēbant	pendēbātur	pendēbantur
Fut.	pendam	pendēmus	pendar	pendēmur
	pendēs	pendētis	pendēris (-re)	pendēminī
	pendet	pendent	pendētur	pendentur
Perf.	pependī	pependimus	pensus　sum	pensī　sumus
	pependistī	pependistis	(-a, -um)　es	(-ae, -a)　estis
	pependit	pependērunt (-ēre)	est	sunt
Plup.	pependeram	pependerāmus	pensus　eram	pensī　erāmus
	pependerās	pependerātis	(-a, -um)　erās	(-ae, -a)　erātis
	pependerat	pependerant	erat	erant
Fut.	pependerō	pependerimus	pensus　erō	pensī　erimus
Perf.	pependeris	pependeritis	(-a, -um)　eris	(-ae, -a)　eritis
	pependerit	pependerint	erit	erunt

SUBJUNCTIVE			
Pres.	pendam	pendāmus	pendar	pendāmur
	pendās	pendātis	pendāris (-re)	pendāminī
	pendat	pendant	pendātur	pendantur
Impf.	penderem	penderēmus	penderer	penderēmur
	penderēs	penderētis	penderēris (-re)	penderēminī
	penderet	penderent	penderētur	penderentur
Perf.	pependerim	pependerimus	pensus　sim	pensī　sīmus
	pependeris	pependeritis	(-a, -um)　sīs	(-ae, -a)　sītis
	pependerit	pependerint	sit	sint
Plup.	pependissem	pependissēmus	pensus　essem	pensī　essēmus
	pependissēs	pependissētis	(-a, -um)　essēs	(-ae, -a)　essētis
	pependisset	pependissent	esset	essent

IMPERATIVE			
Pres.	pende	pendite		

INFINITIVE			
Pres.	pendere		pendī	
Perf.	pependisse		pensus (-a, -um) esse	
Fut.	pensūrus (-a, -um) esse			

PARTICIPLE			
Pres.	pendēns, (-tis)			
Perf.			pensus (-a, -um)	
Fut.	pensūrus (-a, -um)		pendendus (-a, -um) (GERUNDIVE)	

GERUND pendendī, -ō, -um, -ō　　SUPINE pensum, -ū

Alternate forms: **penderit** = pependerit; **pendissent** = pependissent
Compounds and related words: **dispenso (1)** to distribute; **expendo (3)** to weigh out; **impendeo (2)** to overhang; **pendeo (2)** to hang; **penso (1)** to weigh out; **perpendo (3)** to weigh carefully; **rependo (3)** to repay; **suspendo (3)** to hang
Model sentence: *Minoris **pendo** tergum illorum quam meum.* —Plautus

upset, ruin

ACTIVE   PASSIVE

INDICATIVE

	ACTIVE		PASSIVE	
Pres.	percellō	percellimus	percellor	percellimur
	percellis	percellitis	percelleris (-re)	percelliminī
	percellit	percellunt	percellitur	percelluntur
Impf.	percellēbam	percellēbāmus	percellēbar	percellēbāmur
	percellēbās	percellēbātis	percellēbāris (-re)	percellēbāminī
	percellēbat	percellēbant	percellēbātur	percellēbantur
Fut.	percellam	percellēmus	percellar	percellēmur
	percellēs	percellētis	percellēris (-re)	percellēminī
	percellet	percellent	percellētur	percellentur
Perf.	perculī	perculimus	perculsus sum	perculsī sumus
	perculistī	perculistis	(-a, -um) es	(-ae, -a) estis
	perculit	perculērunt (-ēre)	est	sunt
Plup.	perculeram	perculerāmus	perculsus eram	perculsī erāmus
	perculerās	perculerātis	(-a, -um) erās	(-ae, -a) erātis
	perculerat	perculerant	erat	erant
Fut.	perculerō	perculerimus	perculsus erō	perculsī erimus
Perf.	perculeris	perculeritis	(-a, -um) eris	(-ae, -a) eritis
	perculerit	perculerint	erit	erunt

SUBJUNCTIVE

	ACTIVE		PASSIVE	
Pres.	percellam	percellāmus	percellar	percellāmur
	percellās	percellātis	percellāris (-re)	percellāminī
	percellat	percellant	percellātur	percellantur
Impf.	percellerem	percellerēmus	percellerer	percellerēmur
	percellerēs	percellerētis	percellerēris (-re)	percellerēminī
	percelleret	percellerent	percellerētur	percellerentur
Perf.	perculerim	perculerimus	perculsus sim	perculsī sīmus
	perculeris	perculeritis	(-a, -um) sīs	(-ae, -a) sītis
	perculerit	perculerint	sit	sint
Plup.	perculissem	perculissēmus	perculsus essem	perculsī essēmus
	perculissēs	perculissētis	(-a, -um) essēs	(-ae, -a) essētis
	perculisset	perculissent	esset	essent

IMPERATIVE

	ACTIVE		PASSIVE
Pres.	percelle	percellite	

INFINITIVE

	ACTIVE	PASSIVE
Pres.	percellere	percellī
Perf.	perculisse	perculsus (-a, -um) esse
Fut.	perculsūrus (-a, -um) esse	

PARTICIPLE

	ACTIVE	PASSIVE
Pres.	percellēns, (-tis)	
Perf.		perculsus (-a, -um)
Fut.	perculsūrus (-a, -um)	percellendus (-a, -um) (GERUNDIVE)

GERUND percellendī, -ō, -um, -ō   SUPINE perculsum, -ū

Alternate forms: **perculsi** = perculi

Compounds and related words: **celsus, -a, -um** high; **excellens, -ntis** excellent; **excello (3)** to excel;
    excelsus, -a, -um high; **percello (3)** to knock down

Model sentence: *Mars communis saepe spoliantem iam et exsultantem evertit et **perculit** ab*
    abiecto. —Cicero

strike, pierce, kill

ACTIVE		PASSIVE	
INDICATIVE			
Pres.	percutiō	percutimus	percutior	percutimur
	percutis	percutitis	percuteris (-re)	percutiminī
	percutit	percutiunt	percutitur	percutiuntur
Impf.	percutiēbam	percutiēbāmus	percutiēbar	percutiēbāmur
	percutiēbās	percutiēbātis	percutiēbāris (-re)	percutiēbāminī
	percutiēbat	percutiēbant	percutiēbātur	percutiēbantur
Fut.	percutiam	percutiēmus	percutiar	percutiēmur
	percutiēs	percutiētis	percutiēris (-re)	percutiēminī
	percutiet	percutient	percutiētur	percutientur
Perf.	percussī	percussimus	percussus sum	percussī sumus
	percussistī	percussistis	(-a, -um) es	(-ae, -a) estis
	percussit	percussērunt (-ēre)	est	sunt
Plup.	percusseram	percusserāmus	percussus eram	percussī erāmus
	percusserās	percusserātis	(-a, -um) erās	(-ae, -a) erātis
	percusserat	percusserant	erat	erant
Fut.	percusserō	percusserimus	percussus erō	percussī erimus
Perf.	percusseris	percusseritis	(-a, -um) eris	(-ae, -a) eritis
	percusserit	percusserint	erit	erunt
SUBJUNCTIVE			
Pres.	percutiam	percutiāmus	percutiar	percutiāmur
	percutiās	percutiātis	percutiāris (-re)	percutiāminī
	percutiat	percutiant	percutiātur	percutiantur
Impf.	percuterem	percuterēmus	percuterer	percuterēmur
	percuterēs	percuterētis	percuterēris (-re)	percuterēminī
	percuteret	percuterent	percuterētur	percuterentur
Perf.	percusserim	percusserimus	percussus sim	percussī sīmus
	percusseris	percusseritis	(-a, -um) sīs	(-ae, -a) sītis
	percusserit	percusserint	sit	sint
Plup.	percussissem	percussissēmus	percussus essem	percussī essēmus
	percussissēs	percussissētis	(-a, -um) essēs	(-ae, -a) essētis
	percussisset	percussissent	esset	essent
IMPERATIVE			
Pres.	percute	percutite		
INFINITIVE			
Pres.	percutere		percutī	
Perf.	percussisse		percussus (-a, -um) esse	
Fut.	percussūrus (-a, -um) esse			
PARTICIPLE			
Pres.	percutiēns, (-tis)			
Perf.			percussus (-a, -um)	
Fut.	percussūrus (-a, -um)		percutiendus (-a, -um) (GERUNDIVE)	

GERUND percutiendī, -ō, -um, -ō   SUPINE percussum, -ū

Alternate forms: **percusti** = percusisti
Compounds and related words: **percussio, -onis, f.** a beating; **percussor, -is, m.** striker;
    percussus, -us, m. a beating
See **quatio** for related compounds of this verb.
Model sentence: *Hunc nec Iuppiter fulmine **percussit**.* —Cicero

be lost, be wasted, perish

ACTIVE

INDICATIVE

Pres.	pereō	perīmus
	perīs	perītis
	perit	pereunt
Impf.	perībam	perībāmus
	perībās	perībātis
	perībat	perībant
Fut.	perībō	perībimus
	perībis	perībitis
	perībit	perībunt
Perf.	periī	periimus
	periistī	periistis
	periit	periērunt (-ēre)
Plup.	perieram	perierāmus
	perierās	perierātis
	perierat	perierant
Fut.	perierō	perierimus
Perf.	perieris	perieritis
	perierit	perierint

SUBJUNCTIVE

Pres.	peream	pereāmus
	pereās	pereātis
	pereat	pereant
Impf.	perīrem	perīrēmus
	perīrēs	perīrētis
	perīret	perīrent
Perf.	perierim	perierimus
	perieris	perieritis
	perierit	perierint
Plup.	perīssem	perīssēmus
	perīssēs	perīssētis
	perīsset	perīssent

IMPERATIVE

Pres.	perī	perīte

INFINITIVE

Pres.	perīre
Perf.	perīsse
Fut.	peritūrus (-a, -um) esse

PARTICIPLE

	Active	Passive
Pres.	periēns, (-euntis)	
Perf.		peritus (-a, -um)
Fut.	peritūrus (-a, -um)	pereundus (-a, -um) (GERUNDIVE)

GERUND pereundī, -ō, -um, -ō   SUPINE

Alternate forms: **periet** = peribit; **perivi** = periī
See **eo** for related compounds of this verb.
Model sentence: *Qualis artifex **pereo**.* —Nero

carry through, endure

ACTIVE			PASSIVE	
INDICATIVE				
Pres.	perferō	perferimus	perferor	perferimur
	perfers	perfertis	perferris (-re)	perferiminī
	perfert	perferunt	perfertur	perferuntur
Impf.	perferēbam	perferēbāmus	perferēbar	perferēbāmur
	perferēbās	perferēbātis	perferēbāris (-re)	perferēbāminī
	perferēbat	perferēbant	perferēbātur	perferēbantur
Fut.	perferam	perferēmus	perferar	perferēmur
	perferēs	perferētis	perferēris (-re)	perferēminī
	perferet	perferent	perferētur	perferentur
Perf.	pertulī	pertulimus	perlātus sum	perlātī sumus
	pertulistī	pertulistis	(-a, -um) es	(-ae, -a) estis
	pertulit	pertulērunt (-ēre)	est	sunt
Plup.	pertuleram	pertulerāmus	perlātus eram	perlātī erāmus
	pertulerās	pertulerātis	(-a, -um) erās	(-ae, -a) erātis
	pertulerat	pertulerant	erat	erant
Fut.	pertulerō	pertulerimus	perlātus erō	perlātī erimus
Perf.	pertuleris	pertuleritis	(-a, -um) eris	(-ae, -a) eritis
	pertulerit	pertulerint	erit	erunt
SUBJUNCTIVE				
Pres.	perferam	perferāmus	perferar	perferāmur
	perferās	perferātis	perferāris (-re)	perferāminī
	perferat	perferant	perferātur	perferantur
Impf.	perferrem	perferrēmus	perferrer	perferrēmur
	perferrēs	perferrētis	perferrēris (-re)	perferrēminī
	perferret	perferrent	perferrētur	perferrentur
Perf.	pertulerim	pertulerimus	perlātus sim	perlātī sīmus
	pertuleris	pertuleritis	(-a, -um) sīs	(-ae, -a) sītis
	pertulerit	pertulerint	sit	sint
Plup.	pertulissem	pertulissēmus	perlātus essem	perlātī essēmus
	pertulissēs	pertulissētis	(-a, -um) essēs	(-ae, -a) essētis
	pertulisset	pertulissent	esset	essent
IMPERATIVE				
Pres.	perfer	perferte		
INFINITIVE				
Pres.	perferre		perferrī	
Perf.	pertulisse		perlātus (-a, -um) esse	
Fut.	perlātūrus (-a, -um) esse			
PARTICIPLE				
Pres.	perferēns, (-tis)			
Perf.			perlātus (-a, -um)	
Fut.	perlātūrus (-a, -um)		perferendus (-a, -um) (GERUNDIVE)	

GERUND perferendī, -ō, -um, -ō   SUPINE perlātum, -ū

Compounds and related words: **perlate** extensively
See **fero** for related compounds of this verb.
Model sentence: ***Perfer*** *et obdura; dolor hic tibi proderit olim.* —Ovid

pergō

pergō, pergere, perrēxī, perrēctum

continue, wake up, proceed

ACTIVE   PASSIVE

INDICATIVE

	ACTIVE		PASSIVE	
Pres.	pergō	pergimus	pergor	pergimur
	pergis	pergitis	pergeris (-re)	pergiminī
	pergit	pergunt	pergitur	perguntur
Impf.	pergēbam	pergēbāmus	pergēbar	pergēbāmur
	pergēbās	pergēbātis	pergēbāris (-re)	pergēbāminī
	pergēbat	pergēbant	pergēbātur	pergēbantur
Fut.	pergam	pergēmus	pergar	pergēmur
	pergēs	pergētis	pergēris (-re)	pergēminī
	perget	pergent	pergētur	pergentur
Perf.	perrēxī	perrēximus	perrēctus sum	perrēctī sumus
	perrēxistī	perrēxistis	(-a, -um) es	(-ae, -a) estis
	perrēxit	perrēxērunt (-ēre)	est	sunt
Plup.	perrēxeram	perrēxerāmus	perrēctus eram	perrēctī erāmus
	perrēxerās	perrēxerātis	(-a, -um) erās	(-ae, -a) erātis
	perrēxerat	perrēxerant	erat	erant
Fut.	perrēxerō	perrēxerimus	perrēctus erō	perrēctī erimus
Perf.	perrēxeris	perrēxeritis	(-a, -um) eris	(-ae, -a) eritis
	perrēxerit	perrēxerint	erit	erunt

SUBJUNCTIVE

	ACTIVE		PASSIVE	
Pres.	pergam	pergāmus	pergar	pergāmur
	pergās	pergātis	pergāris (-re)	pergāminī
	pergat	pergant	pergātur	pergantur
Impf.	pergerem	pergerēmus	pergerer	pergerēmur
	pergerēs	pergerētis	pergerēris (-re)	pergerēminī
	pergeret	pergerent	pergerētur	pergerentur
Perf.	perrēxerim	perrēxerimus	perrēctus sim	perrēctī sīmus
	perrēxeris	perrēxeritis	(-a, -um) sīs	(-ae, -a) sītis
	perrēxerit	perrēxerint	sit	sint
Plup.	perrēxissem	perrēxissēmus	perrēctus essem	perrēctī essēmus
	perrēxissēs	perrēxissētis	(-a, -um) essēs	(-ae, -a) essētis
	perrēxisset	perrēxissent	esset	essent

IMPERATIVE

	ACTIVE			
Pres.	perge	pergite		

INFINITIVE

	ACTIVE	PASSIVE
Pres.	pergere	pergī
Perf.	perrēxisse	perrēctus (-a, -um) esse
Fut.	perrēctūrus (-a, -um) esse	

PARTICIPLE

	ACTIVE	PASSIVE
Pres.	pergēns, (-tis)	
Perf.		perrēctus (-a, -um)
Fut.	perrēctūrus (-a, -um)	pergendus (-a, -um) (GERUNDIVE)

GERUND pergendī, -ō, -um, -ō   SUPINE perrēctum, -ū

Usage notes: passive sometimes used impersonally
See **rego** for related compounds of this verb.
Model sentence: *Arma ferunt alii et **pergunt** defendere muros.* —Vergil

334

ask for, seek

ACTIVE		PASSIVE	
INDICATIVE			

	ACTIVE		PASSIVE	
Pres.	petō	petimus	petor	petimur
	petis	petitis	peteris (-re)	petiminī
	petit	petunt	petitur	petuntur
Impf.	petēbam	petēbāmus	petēbar	petēbāmur
	petēbās	petēbātis	petēbāris (-re)	petēbāminī
	petēbat	petēbant	petēbātur	petēbantur
Fut.	petam	petēmus	petar	petēmur
	petēs	petētis	petēris (-re)	petēminī
	petet	petent	petētur	petentur
Perf.	petīvī	petīvimus	petītus sum	petītī sumus
	petīvistī	petīvistis	(-a, -um) es	(-ae, -a) estis
	petīvit	petīvērunt (-ēre)	est	sunt
Plup.	petīveram	petīverāmus	petītus eram	petītī erāmus
	petīverās	petīverātis	(-a, -um) erās	(-ae, -a) erātis
	petīverat	petīverant	erat	erant
Fut.	petīverō	petīverimus	petītus erō	petītī erimus
Perf.	petīveris	petīveritis	(-a, -um) eris	(-ae, -a) eritis
	petīverit	petīverint	erit	erunt

SUBJUNCTIVE				
Pres.	petam	petāmus	petar	petāmur
	petās	petātis	petāris (-re)	petāminī
	petat	petant	petātur	petantur
Impf.	peterem	peterēmus	peterer	peterēmur
	peterēs	peterētis	peterēris (-re)	peterēminī
	peteret	peterent	peterētur	peterentur
Perf.	petīverim	petīverimus	petītus sim	petītī sīmus
	petīveris	petīveritis	(-a, -um) sīs	(-ae, -a) sītis
	petīverit	petīverint	sit	sint
Plup.	petīvissem	petīvissēmus	petītus essem	petītī essēmus
	petīvissēs	petīvissētis	(-a, -um) essēs	(-ae, -a) essētis
	petīvisset	petīvissent	esset	essent

IMPERATIVE		
Pres.	pete	petite

INFINITIVE		
Pres.	petere	petī
Perf.	petīvisse	petītus (-a, -um) esse
Fut.	petītūrus (-a, -um) esse	

PARTICIPLE		
Pres.	petēns, (-tis)	
Perf.		petītus (-a, -um)
Fut.	petītūrus (-a, -um)	petendus (-a, -um) (GERUNDIVE)

GERUND petendī, -ō, -um, -ō   SUPINE petītum, -ū

Alternate forms: **petii** = petivi; **petisse** = petivisse; **petissem** = petivissem; **petisti** = petivisti;
   petistis = petivistis; **petit** = petivit
Compounds and related words: **appeto (3)** to attack; **competo (3)** to coincide; **expeto (3)** to aim at;
   impetus, -us, m. attack; **petitio, -onis, f.** claim; **petulans, -ntis** impudent; **repeto (3)** to revisit
Model sentence: *Dente lupus, cornu taurus petit.* —Horace

paint, embroider

	ACTIVE		PASSIVE	
INDICATIVE				
Pres.	pingō	pingimus	pingor	pingimur
	pingis	pingitis	pingeris (-re)	pingiminī
	pingit	pingunt	pingitur	pinguntur
Impf.	pingēbam	pingēbāmus	pingēbar	pingēbāmur
	pingēbās	pingēbātis	pingēbāris (-re)	pingēbāminī
	pingēbat	pingēbant	pingēbātur	pingēbantur
Fut.	pingam	pingēmus	pingar	pingēmur
	pingēs	pingētis	pingēris (-re)	pingēminī
	pinget	pingent	pingētur	pingentur
Perf.	pinxī	pinximus	pictus sum	pictī sumus
	pinxistī	pinxistis	(-a, -um) es	(-ae, -a) estis
	pinxit	pinxērunt (-ēre)	est	sunt
Plup.	pinxeram	pinxerāmus	pictus eram	pictī erāmus
	pinxerās	pinxerātis	(-a, -um) erās	(-ae, -a) erātis
	pinxerat	pinxerant	erat	erant
Fut.	pinxerō	pinxerimus	pictus erō	pictī erimus
Perf.	pinxeris	pinxeritis	(-a, -um) eris	(-ae, -a) eritis
	pinxerit	pinxerint	erit	erunt
SUBJUNCTIVE				
Pres.	pingam	pingāmus	pingar	pingāmur
	pingās	pingātis	pingāris (-re)	pingāminī
	pingat	pingant	pingātur	pingantur
Impf.	pingerem	pingerēmus	pingerer	pingerēmur
	pingerēs	pingerētis	pingerēris (-re)	pingerēminī
	pingeret	pingerent	pingerētur	pingerentur
Perf.	pinxerim	pinxerimus	pictus sim	pictī sīmus
	pinxeris	pinxeritis	(-a, -um) sīs	(-ae, -a) sītis
	pinxerit	pinxerint	sit	sint
Plup.	pinxissem	pinxissēmus	pictus essem	pictī essēmus
	pinxissēs	pinxissētis	(-a, -um) essēs	(-ae, -a) essētis
	pinxisset	pinxissent	esset	essent
IMPERATIVE				
Pres.	pinge	pingite		
INFINITIVE				
Pres.	pingere		pingī	
Perf.	pinxisse		pictus (-a, -um) esse	
Fut.	pictūrus (-a, -um) esse			
PARTICIPLE				
Pres.	pingēns, (-tis)			
Perf.			pictus (-a, -um)	
Fut.	pictūrus (-a, -um)		pingendus (-a, -um) (GERUNDIVE)	

GERUND pingendī, -ō, -um, -ō   SUPINE pictum, -ū

Compounds and related words: **depingo (3)** to depict; **pictor, -is, m.** painter; **pictura, -ae, f.** painting
Model sentence: *Qui **pinxit** Venerem tuam, Lycori blanditus, puto, pictor est Minervae.* —Martial

please

	ACTIVE			PASSIVE	
			INDICATIVE		
Pres.	placeō	placēmus		placeor	placēmur
	placēs	placētis		placēris (-re)	placēminī
	placet	placent		placētur	placentur
Impf.	placēbam	placēbāmus		placēbar	placēbāmur
	placēbās	placēbātis		placēbāris (-re)	placēbāminī
	placēbat	placēbant		placēbātur	placēbantur
Fut.	placēbō	placēbimus		placēbor	placēbimur
	placēbis	placēbitis		placēberis (-re)	placēbiminī
	placēbit	placēbunt		placēbitur	placēbuntur
Perf.	placuī	placuimus		placitus sum	placitī sumus
	placustī	placuistis		(-a, -um) es	(-ae, -a) estis
	placuit	placuērunt (-ēre)		est	sunt
Plup.	placueram	placuerāmus		placitus eram	placitī erāmus
	placuerās	placuerātis		(-a, -um) erās	(-ae, -a) erātis
	placuerat	placuerant		erat	erant
Fut.	placuerō	placuerimus		placitus erō	placitī erimus
Perf.	placueris	placueritis		(-a, -um) eris	(-ae, -a) eritis
	placuerit	placuerint		erit	erunt
			SUBJUNCTIVE		
Pres.	placeam	placeāmus		placear	placeāmur
	placeās	placeātis		placeāris (-re)	placeāminī
	placeat	placeant		placeātur	placeantur
Impf.	placērem	placērēmus		placērer	placērēmur
	placērēs	placērētis		placērēris (-re)	placērēminī
	placēret	placērent		placērētur	placērentur
Perf.	placuerim	placuerimus		placitus sim	placitī sīmus
	placueris	placueritis		(-a, -um) sīs	(-ae, -a) sītis
	placuerit	placuerint		sit	sint
Plup.	placuissem	placuissēmus		placitus essem	placitī essēmus
	placuissēs	placuissētis		(-a, -um) essēs	(-ae, -a) essētis
	placuisset	placuissent		esset	essent
			IMPERATIVE		
Pres.	placē	placēte			
			INFINITIVE		
Pres.	placēre			placērī	
Perf.	placuisse			placitus (-a, -um) esse	
Fut.	placitūrus (-a, -um) esse				
			PARTICIPLE		
Pres.	placēns, (-tis)				
Perf.				placitus (-a, -um)	
Fut.	placitūrus (-a, -um)			placendus (-a, -um) (GERUNDIVE)	

GERUND placendī, -ō, -um, -ō   SUPINE placitum, -ū

Usage notes: generally used with the **dative**
Compounds and related words: **displiceo (2)** to displease; **placidus, -a, -um** peaceful; **placo (1)** to calm
Model sentence: *Aliena nobis, nostra plus aliis **placent**.* —Publilius Syrus

plangō

beat, lament

ACTIVE		PASSIVE	
INDICATIVE			

Pres.

plangō	plangimus	plangor	plangimur
plangis	plangitis	plangeris (-re)	plangiminī
plangit	plangunt	plangitur	planguntur

Impf.

plangēbam	plangēbāmus	plangēbar	plangēbāmur
plangēbās	plangēbātis	plangēbāris (-re)	plangēbāminī
plangēbat	plangēbant	plangēbātur	plangēbantur

Fut.

plangam	plangēmus	plangar	plangēmur
plangēs	plangētis	plangēris (-re)	plangēminī
planget	plangent	plangētur	plangentur

Perf.

planxī	planximus	planctus sum	planctī sumus
planxistī	planxistis	(-a, -um) es	(-ae, -a) estis
planxit	planxērunt (-ēre)	est	sunt

Plup.

planxeram	planxerāmus	planctus eram	planctī erāmus
planxerās	planxerātis	(-a, -um) erās	(-ae, -a) erātis
planxerat	planxerant	erat	erant

Fut.
Perf.

planxerō	planxerimus	planctus erō	planctī erimus
planxeris	planxeritis	(-a, -um) eris	(-ae, -a) eritis
planxerit	planxerint	erit	erunt

SUBJUNCTIVE			

Pres.

plangam	plangāmus	plangar	plangāmur
plangās	plangātis	plangāris (-re)	plangāminī
plangat	plangant	plangātur	plangantur

Impf.

plangerem	plangerēmus	plangerer	plangerēmur
plangerēs	plangerētis	plangerēris (-re)	plangerēminī
plangeret	plangerent	plangerētur	plangerentur

Perf.

planxerim	planxerimus	planctus sim	planctī sīmus
planxeris	planxeritis	(-a, -um) sīs	(-ae, -a) sītis
planxerit	planxerint	sit	sint

Plup.

planxissem	planxissēmus	planctus essem	planctī essēmus
planxissēs	planxissētis	(-a, -um) essēs	(-ae, -a) essētis
planxisset	planxissent	esset	essent

IMPERATIVE			

Pres.

plange	plangite		

INFINITIVE			

Pres. plangere — plangī
Perf. planxisse — planctus (-a, -um) esse
Fut. planctūrus (-a, -um) esse

PARTICIPLE			

Pres. plangēns, (-tis)
Perf. — planctus (-a, -um)
Fut. planctūrus (-a, -um) — plangendus (-a, -um) (GERUNDIVE)

GERUND plangendī, -ō, -um, -ō   SUPINE planctum, -ū

Compounds and related words: **plaga, -ae, f.** blow
Model sentence: *Nunc Boreas ipsas alis **planget** stridentibus Alpes.* —Silius Italicus

plaudō

	ACTIVE			PASSIVE	
INDICATIVE					
Pres.	plaudō	plaudimus		plaudor	plaudimur
	plaudis	plauditis		plauderis (-re)	plaudiminī
	plaudit	plaudunt		plauditur	plauduntur
Impf.	plaudēbam	plaudēbāmus		plaudēbar	plaudēbāmur
	plaudēbās	plaudēbātis		plaudēbāris (-re)	plaudēbāminī
	plaudēbat	plaudēbant		plaudēbātur	plaudēbantur
Fut.	plaudam	plaudēmus		plaudar	plaudēmur
	plaudēs	plaudētis		plaudēris (-re)	plaudēminī
	plaudet	plaudent		plaudētur	plaudentur
Perf.	plausī	plausimus		plausus sum	plausī sumus
	plausistī	plausistis		(-a, -um) es	(-ae, -a) estis
	plausit	plausērunt (-ēre)		est	sunt
Plup.	plauseram	plauserāmus		plausus eram	plausī erāmus
	plauserās	plauserātis		(-a, -um) erās	(-ae, -a) erātis
	plauserat	plauserant		erat	erant
Fut.	plauserō	plauserimus		plausus erō	plausī erimus
Perf.	plauseris	plauseritis		(-a, -um) eris	(-ae, -a) eritis
	plauserit	plauserint		erit	erunt
SUBJUNCTIVE					
Pres.	plaudam	plaudāmus		plaudar	plaudāmur
	plaudās	plaudātis		plaudāris (-re)	plaudāminī
	plaudat	plaudant		plaudātur	plaudantur
Impf.	plauderem	plauderēmus		plauderer	plauderēmur
	plauderēs	plauderētis		plauderēris (-re)	plauderēminī
	plauderet	plauderent		plauderētur	plauderentur
Perf.	plauserim	plauserimus		plausus sim	plausī sīmus
	plauseris	plauseritis		(-a, -um) sīs	(-ae, -a) sītis
	plauserit	plauserint		sit	sint
Plup.	plausissem	plausissēmus		plausus essem	plausī essēmus
	plausissēs	plausissētis		(-a, -um) essēs	(-ae, -a) essētis
	plausisset	plausissent		esset	essent
IMPERATIVE					
Pres.	plaude	plaudite			
INFINITIVE					
Pres.	plaudere			plaudī	
Perf.	plausisse			plausus (-a, -um) esse	
Fut.	plausūrus (-a, -um) esse				
PARTICIPLE					
Pres.	plaudēns, (-tis)				
Perf.				plausus (-a, -um)	
Fut.	plausūrus (-a, -um)			plaudendus (-a, -um) (GERUNDIVE)	

GERUND plaudendī, -ō, -um, -ō   SUPINE plausum, -ū

Alternate forms: **plodo** = plaudo
Compounds and related words: **applaudo (3)** to applaud; **plausibilis, -e** worthy of applause;
   plausus, -us, m. applause
Model sentence: *Nunc, spectatores, Iovis summi causa clare **plaudite**.* —Plautus

cry out, lament

		ACTIVE			**PASSIVE**
		INDICATIVE			
Pres.	plōrō	plōrāmus	plōror	plōrāmur
	plōrās	plōrātis	plōrāris (-re)	plōrāminī
	plōrat	plōrant	plōrātur	plōrantur
Impf.	plōrābam	plōrābāmus	plōrābar	plōrābāmur
	plōrābās	plōrābātis	plōrābāris (-re)	plōrābāminī
	plōrābat	plōrābant	plōrābātur	plōrābantur
Fut.	plōrābo	plōrābimus	plōrābor	plōrābimur
	plōrābis	plōrābitis	plōrāberis (-re)	plōrābiminī
	plōrābit	plōrābunt	plōrābitur	plōrābuntur
Perf.	plōrāvī	plōrāvimus	plōrātus sum	plōrātī sumus
	plōrāvistī	plōrāvistis	(-a, -um) es	(-ae, -a) estis
	plōrāvit	plōrāvērunt (-ēre)	est	sunt
Plup.	plōrāveram	plōrāverāmus	plōrātus eram	plōrātī erāmus
	plōrāverās	plōrāverātis	(-a, -um) erās	(-ae, -a) erātis
	plōrāverat	plōrāverant	erat	erant
Fut.	plōrāverō	plōrāverimus	plōrātus erō	plōrātī erimus
Perf.	plōrāveris	plōrāveritis	(-a, -um) eris	(-ae, -a) eritis
	plōrāverit	plōrāverint	erit	erunt

SUBJUNCTIVE

Pres.	plōrem	plōrēmus	plōrer	plōrēmur
	plōrēs	plōrētis	plōrēris (-re)	plōrēminī
	plōret	plōrent	plōrētur	plōrentur
Impf.	plōrārem	plōrārēmus	plōrārer	plōrārēmur
	plōrārēs	plōrārētis	plōrārēris (-re)	plōrārēminī
	plōrāret	plōrārent	plōrārētur	plōrārentur
Perf.	plōrāverim	plōrāverimus	plōrātus sim	plōrātī sīmus
	plōrāveris	plōrāveritis	(-a, -um) sīs	(-ae, -a) sītis
	plōrāverit	plōrāverint	sit	sint
Plup.	plōrāvissem	plōrāvissēmus	plōrātus essem	plōrātī essēmus
	plōrāvissēs	plōrāvissētis	(-a, -um) essēs	(-ae, -a) essētis
	plōrāvisset	plōrāvissent	esset	essent

IMPERATIVE

Pres.	plōrā	plōrāte	

INFINITIVE

Pres.	plōrāre	plōrārī
Perf.	plōrāvisse	plōrātus (-a, -um) esse
Fut.	plōrātūrus (-a, -um) esse	

PARTICIPLE

Pres.	plōrāns, (-tis)	
Perf.		plōrātus (-a, -um)
Fut.	plōrātūrus (-a, -um)	plōrandus (-a, -um) (GERUNDIVE)

GERUND plōrandī, -ō, -um, -ō   SUPINE plōrātum, -ū

Compounds and related words: **imploro (1)** to beg; **plorabilis, -e** lamentable; **ploratus, -us, m.** a lamenting

Model sentence: *Ille suae puellae **plorabit** sobrius.* —Tibullus

promise

ACTIVE

INDICATIVE

Pres.	polliceor	pollicēmur
	pollicēris (-re)	pollicēminī
	pollicētur	pollicentur
Impf.	pollicēbar	pollicēbāmur
	pollicēbāris (-re)	pollicēbāminī
	pollicēbātur	pollicēbantur
Fut.	pollicēbor	pollicēbimur
	pollicēberis (-re)	pollicēbiminī
	pollicēbitur	pollicēbuntur
Perf.	pollicitus sum	pollicitī sumus
	(-a, -um) es	(-ae, -a) estis
	est	sunt
Plup.	pollicitus eram	pollicitī erāmus
	(-a, -um) erās	(-ae, -a) erātis
	erat	erant
Fut. Perf.	pollicitus erō	pollicitī erimus
	(-a, -um) eris	(-ae, -a) eritis
	erit	erunt

SUBJUNCTIVE

Pres.	pollicear	polliceāmur
	polliceāris (-re)	polliceāminī
	polliceātur	polliceantur
Impf.	pollicērer	pollicērēmur
	pollicērēris (-re)	pollicērēminī
	pollicērētur	pollicērentur
Perf.	pollicitus sim	pollicitī sīmus
	(-a, -um) sīs	(-ae, -a) sītis
	sit	sint
Plup.	pollicitus essem	pollicitī essēmus
	(-a, -um) essēs	(-ae, -a) essētis
	esset	essent

IMPERATIVE

Pres. pollicēre   pollicēminī

INFINITIVE

Pres. pollicērī
Perf. pollicitus (-a, -um) esse
Fut. pollicitūrus (-a, -um) esse

PARTICIPLE

	Active	Passive
Pres.	pollicēns, (-tis)	
Perf.	pollicitus (-a, -um)	
Fut.	pollicitūrus (-a, -um)	pollicendus (-a, -um) (GERUNDIVE)

GERUND pollicendī, -ō, -um, -ō   SUPINE pollicitum, -ū

Alternate forms: **polliceres** = pollicereris
Compounds and related words: **pollicitatio, -onis, f.** an offer; **pollicitor (1)** to keep promising; **pollicitum, -i, n.** a promise
Model sentence: *Pro certo **polliceor** hoc vobis atque confirmo me esse perfecturum.* —Cicero

put, place

<table>
<tr><td colspan="2" align="center">**ACTIVE**</td><td colspan="2" align="center">**PASSIVE**</td></tr>
<tr><td colspan="4" align="center">**INDICATIVE**</td></tr>
</table>

	ACTIVE		PASSIVE	
Pres.	pōnō	pōnimus	pōnor	pōnimur
	pōnis	pōnitis	pōneris (-re)	pōniminī
	pōnit	pōnunt	pōnitur	pōnuntur
Impf.	pōnēbam	pōnēbāmus	pōnēbar	pōnēbāmur
	pōnēbās	pōnēbātis	pōnēbāris (-re)	pōnēbāminī
	pōnēbat	pōnēbant	pōnēbātur	pōnēbantur
Fut.	pōnam	pōnēmus	pōnar	pōnēmur
	pōnēs	pōnētis	pōnēris (-re)	pōnēminī
	pōnet	pōnent	pōnētur	pōnentur
Perf.	posuī	posuimus	positus sum	positī sumus
	posuistī	posuistis	(-a, -um) es	(-ae, -a) estis
	posuit	posuērunt (-ēre)	est	sunt
Plup.	posueram	posuerāmus	positus eram	positī erāmus
	posuerās	posuerātis	(-a, -um) erās	(-ae, -a) erātis
	posuerat	posuerant	erat	erant
Fut.	posuerō	posuerimus	positus erō	positī erimus
Perf.	posueris	posueritis	(-a, -um) eris	(-ae, -a) eritis
	posuerit	posuerint	erit	erunt

	ACTIVE		PASSIVE	
			SUBJUNCTIVE	
Pres.	pōnam	pōnāmus	pōnar	pōnāmur
	pōnās	pōnātis	pōnāris (-re)	pōnāminī
	pōnat	pōnant	pōnātur	pōnantur
Impf.	pōnerem	pōnerēmus	pōnerer	pōnerēmur
	pōnerēs	pōnerētis	pōnerēris (-re)	pōnerēminī
	pōneret	pōnerent	pōnerētur	pōnerentur
Perf.	posuerim	posuerimus	positus sim	positī sīmus
	posueris	posueritis	(-a, -um) sīs	(-ae, -a) sītis
	posuerit	posuerint	sit	sint
Plup.	posuissem	posuissēmus	positus essem	positī essēmus
	posuissēs	posuissētis	(-a, -um) essēs	(-ae, -a) essētis
	posuisset	posuissent	esset	essent

		IMPERATIVE	
Pres.	pōne	pōnite	

	ACTIVE	PASSIVE
		INFINITIVE
Pres.	pōnere	pōnī
Perf.	posuisse	positus (-a, -um) esse
Fut.	positūrus (-a, -um) esse	

	ACTIVE	PASSIVE
		PARTICIPLE
Pres.	pōnēns, (-tis)	
Perf.		positus (-a, -um)
Fut.	positūrus (-a, -um)	pōnendus (-a, -um) (GERUNDIVE)

GERUND pōnendī, -ō, -um, -ō   SUPINE positum, -ū

Alternate forms: **poseivei** = posui; **posierunt** = posuerunt; **posit** = posuit; **posivi** = posui;
   postus = positus
Compounds and related words: **appono (3)** to put beside; **compono (3)** to put together; **depono (3)**
   to put aside; **dispono (3)** to arrange; **expono (3)** to explain; **impono (3)** to impose; **interpono (3)**
   to interrupt; **oppono (3)** to put against; **positio, -onis, f.** placement; **positor, -is, m.** builder; **positura,
   -ae, f.** situation; **positus, -us, m.** position; **praepono (3)** to put in charge; **propono (3)** to display;
   repono (3) to replace; **sepono (3)** to set aside; **suppono (3)** to substitute

reach or stretch out

	ACTIVE			PASSIVE	
			INDICATIVE		
Pres.	porrigō	porrigimus		porrigor	porrigimur
	porrigis	porrigitis		porrigeris (-re)	porrigiminī
	porrigit	porrigunt		porrigitur	porriguntur
Impf.	porrigēbam	porrigēbāmus		porrigēbar	porrigēbāmur
	porrigēbās	porrigēbātis		porrigēbāris (-re)	porrigēbāminī
	porrigēbat	porrigēbant		porrigēbātur	porrigēbantur
Fut.	porrigam	porrigēmus		porrigar	porrigēmur
	porrigēs	porrigētis		porrigēris (-re)	porrigēminī
	porriget	porrigent		porrigētur	porrigentur
Perf.	porrēxī	porrēximus		porrēctus sum	porrēctī sumus
	porrēxistī	porrēxistis		(-a, -um) es	(-ae, -a) estis
	porrēxit	porrēxērunt (-ēre)		est	sunt
Plup.	porrēxeram	porrēxerāmus		porrēctus eram	porrēctī erāmus
	porrēxerās	porrēxerātis		(-a, -um) erās	(-ae, -a) erātis
	porrēxerat	porrēxerant		erat	erant
Fut.	porrēxerō	porrēxerimus		porrēctus erō	porrēctī erimus
Perf.	porrēxeris	porrēxeritis		(-a, -um) eris	(-ae, -a) eritis
	porrēxerit	porrēxerint		erit	erunt
			SUBJUNCTIVE		
Pres.	porrigam	porrigāmus		porrigar	porrigāmur
	porrigās	porrigātis		porrigāris (-re)	porrigāminī
	porrigat	porrigant		porrigātur	porrigantur
Impf.	porrigerem	porrigerēmus		porrigerer	porrigerēmur
	porrigerēs	porrigerētis		porrigerēris (-re)	porrigerēminī
	porrigeret	porrigerent		porrigerētur	porrigerentur
Perf.	porrēxerim	porrēxerimus		porrēctus sim	porrēctī sīmus
	porrēxeris	porrēxeritis		(-a, -um) sīs	(-ae, -a) sītis
	porrēxerit	porrēxerint		sit	sint
Plup.	porrēxissem	porrēxissēmus		porrēctus essem	porrēctī essēmus
	porrēxissēs	porrēxissētis		(-a, -um) essēs	(-ae, -a) essētis
	porrēxisset	porrēxissent		esset	essent
			IMPERATIVE		
Pres.	porrige	porrigite			
			INFINITIVE		
Pres.	porrigere			porrigī	
Perf.	porrēxisse			porrēctus (-a, -um) esse	
Fut.	porrēctūrus (-a, -um) esse				
			PARTICIPLE		
Pres.	porrigēns, (-tis)				
Perf.				porrēctus (-a, -um)	
Fut.	porrēctūrus (-a, -um)			porrigendus (-a, -um) (GERUNDIVE)	

GERUND porrigendī, -ō, -um, -ō SUPINE porrēctum, -ū

Alternate forms: **porge** = porrige; **porgebat** = porrigebat; **porgens** = porrigens; **porgi** = porrigi;
   porgite = porrigite; **porgo** = porrigo; **porxit** = porrexit
Compounds and related words: **porrectio, -onis, f.** extension
See **rego** for related compounds of this verb.
Model sentence: *Animal omne membra quocumque vult, flectit, contorquet, **porrigit**, contrahit.* —Cicero

carry

	ACTIVE		PASSIVE	
		INDICATIVE		
Pres.	portō	portāmus	portor	portāmur
	portās	portātis	portāris (-re)	portāminī
	portat	portant	portātur	portantur
Impf.	portābam	portābāmus	portābar	portābāmur
	portābās	portābātis	portābāris (-re)	portābāminī
	portābat	portābant	portābātur	portābantur
Fut.	portābō	portābimus	portābor	portābimur
	portābis	portābitis	portāberis (-re)	portābiminī
	portābit	portābunt	portābitur	portābuntur
Perf.	portāvī	portāvimus	portātus sum	portātī sumus
	portāvistī	portāvistis	(-a, -um) es	(-ae, -a) estis
	portāvit	portāvērunt (-ēre)	est	sunt
Plup.	portāveram	portāverāmus	portātus eram	portātī erāmus
	portāverās	portāverātis	(-a, -um) erās	(-ae, -a) erātis
	portāverat	portāverant	erat	erant
Fut.	portāverō	portāverimus	portātus erō	portātī erimus
Perf.	portāveris	portāveritis	(-a, -um) eris	(-ae, -a) eritis
	portāverit	portāverint	erit	erunt
		SUBJUNCTIVE		
Pres.	portem	portēmus	porter	portēmur
	portēs	portētis	portēris (-re)	portēminī
	portet	portent	portētur	portentur
Impf.	portārem	portārēmus	portārer	portārēmur
	portārēs	portārētis	portārēris (-re)	portārēminī
	portāret	portārent	portārētur	portārentur
Perf.	portāverim	portāverimus	portātus sim	portātī sīmus
	portāveris	portāveritis	(-a, -um) sīs	(-ae, -a) sītis
	portāverit	portāverint	sit	sint
Plup.	portāvissem	portāvissēmus	portātus essem	portātī essēmus
	portāvissēs	portāvissētis	(-a, -um) essēs	(-ae, -a) essētis
	portāvisset	portāvissent	esset	essent
		IMPERATIVE		
Pres.	portā	portāte		
		INFINITIVE		
Pres.	portāre		portārī	
Perf.	portāvisse		portātus (-a, -um) esse	
Fut.	portātūrus (-a, -um) esse			
		PARTICIPLE		
Pres.	portāns, (-tis)			
Perf.			portātus (-a, -um)	
Fut.	portātūrus (-a, -um)		portandus (-a, -um) (GERUNDIVE)	

GERUND portandī, -ō, -um, -ō   SUPINE portātum, -ū

Compounds and related words: **asporto (1)** to carry off; **comporto (1)** to collect; **deporto (1)** to carry down; **porta, -ae, f.** gate; **portus, -us, m.** harbor; **reporto (1)** to bring back; **transporto (1)** to transport

Model sentence: *Nescio quid peccati **portet** haec purgatorio.* —Terence

demand, request

ACTIVE			PASSIVE	
INDICATIVE				
Pres.	poscō	poscimus	poscor	poscimur
	poscis	poscitis	posceris (-re)	posciminī
	poscit	poscunt	poscitur	poscuntur
Impf.	poscēbam	poscēbāmus	poscēbar	poscēbāmur
	poscēbās	poscēbātis	poscēbāris (-re)	poscēbāminī
	poscēbat	poscēbant	poscēbātur	poscēbantur
Fut.	poscam	poscēmus	poscar	poscēmur
	poscēs	poscētis	poscēris (-re)	poscēminī
	poscet	poscent	poscētur	poscentur
Perf.	poposcī	poposcimus		
	poposcistī	poposcistis		
	poposcit	poposcērunt (-ēre)		
Plup.	poposceram	poposcerāmus		
	poposcerās	poposcerātis		
	poposcerat	poposcerant		
Fut.	poposcerō	poposcerimus		
Perf.	poposceris	poposceritis		
	poposcerit	poposcerint		
SUBJUNCTIVE				
Pres.	poscam	poscāmus	poscar	poscāmur
	poscās	poscātis	poscāris (-re)	poscāminī
	poscat	poscant	poscātur	poscantur
Impf.	poscerem	poscerēmus	poscerer	poscerēmur
	poscerēs	poscerētis	poscerēris (-re)	poscerēminī
	posceret	poscerent	poscerētur	poscerentur
Perf.	poposcerim	poposcerimus		
	poposceris	poposceritis		
	poposcerit	poposcerint		
Plup.	poposcissem	poposcissēmus		
	poposcissēs	poposcissētis		
	poposcisset	poposcissent		
IMPERATIVE				
Pres.	posce	poscite		
INFINITIVE				
Pres.	poscere		poscī	
Perf.	poposcisse			
Fut.				
PARTICIPLE				
Pres.	poscēns, (-tis)			
Perf.				
Fut.			poscendus (-a, -um) (GERUNDIVE)	

GERUND poscendī, -ō, -um, -ō   SUPINE

Alternate forms: **peposci** = poposci
Compounds and related words: **deposco (3)** to demand
Model sentence: *Milia pro puero centum me mango **poposcit.*** —Martial

possideō

possideō, possidēre, possēdī, possessum

own, occupy

	ACTIVE		PASSIVE	
		INDICATIVE		
Pres.	possideō	possidēmus	possideor	possidēmur
	possidēs	possidētis	possidēris (-re)	possidēminī
	possidet	possident	possidētur	possidentur
Impf.	possidēbam	possidēbāmus	possidēbar	possidēbāmur
	possidēbās	possidēbātis	possidēbāris (-re)	possidēbāminī
	possidēbat	possidēbant	possidēbātur	possidēbantur
Fut.	possidēbo	possidēbimus	possidēbor	possidēbimur
	possidēbis	possidēbitis	possidēberis (-re)	possidēbiminī
	possidēbit	possidēbunt	possidēbitur	possidēbuntur
Perf.	possēdī	possēdimus	possessus sum	possessī sumus
	possēdistī	possēdistis	(-a, -um) es	(-ae, -a) estis
	possēdit	possēdērunt (-ēre)	est	sunt
Plup.	possēderam	possēderāmus	possessus eram	possessī erāmus
	possēderās	possēderātis	(-a, -um) erās	(-ae, -a) erātis
	possēderat	possēderant	erat	erant
Fut. Perf.	possēderō	possēderimus	possessus erō	possessī erimus
	possēderis	possēderitis	(-a, -um) eris	(-ae, -a) eritis
	possēderit	possēderint	erit	erunt
		SUBJUNCTIVE		
Pres.	possideam	possideāmus	possidear	possideāmur
	possideās	possideātis	possideāris (-re)	possideāminī
	possideat	possideant	possideātur	possideantur
Impf.	possidērem	possidērēmus	possidērer	possidērēmur
	possidērēs	possidērētis	possidērēris (-re)	possidērēminī
	possidēret	possidērent	possidērētur	possidērentur
Perf.	possēderim	possēderimus	possessus sim	possessī sīmus
	possēderis	possēderitis	(-a, -um) sīs	(-ae, -a) sītis
	possēderit	possēderint	sit	sint
Plup.	possēdissem	possēdissēmus	possessus essem	possessī essēmus
	possēdissēs	possēdissētis	(-a, -um) essēs	(-ae, -a) essētis
	possēdisset	possēdissent	esset	essent
		IMPERATIVE		
Pres.	possidē	possidēte		
		INFINITIVE		
Pres.	possidēre		possidērī	
Perf.	possēdisse		possessus (-a, -um) esse	
Fut.	possessūrus (-a, -um) esse			
		PARTICIPLE		
Pres.	possidēns, (-tis)			
Perf.			possessus (-a, -um)	
Fut.	possessūrus (-a, -um)		possidendus (-a, -um) (GERUNDIVE)	

GERUND possidendī, -ō, -um, -ō   SUPINE possessum, -ū

Alternate forms: **posidebunt** = possidebunt; **posideit** = possedit; **posident** = possident;
 posidere = possidere; **posidet** = possidet; **posideto** = posside
Compounds and related words: **possessio, -onis, f.** possession; **possessor, -is, m.** possessor;
 possessus, -us, m. possession; **possido (3)** to take possession
Model sentence: *Plus fidei quam artis, plus veritatis quam disciplinae **possidet** in se.* —Cicero

be able, can

ACTIVE

INDICATIVE

Pres.	possum	possumus
	potes	potestis
	potest	possunt
Impf.	poteram	poterāmus
	poterās	poterātis
	poterat	poterant
Fut.	poterō	poterimus
	poteris	poteritis
	poterit	poterunt
Perf.	potuī	potuimus
	potuistī	potuistis
	potuit	potuērunt (-ēre)
Plup.	potueram	potuerāmus
	potuerās	potuerātis
	potuerat	potuerant
Fut.	potuerō	potuerimus
Perf.	potueris	potueritis
	potuerit	potuerint

SUBJUNCTIVE

Pres.	possim	possīmus
	possīs	possītis
	possit	possint
Impf.	possem	possēmus
	possēs	possētis
	posset	possent
Perf.	potuerim	potuerimus
	potueris	potueritis
	potuerit	potuerint
Plup.	potuissem	potuissēmus
	potuissēs	potuissētis
	potuisset	potuissent

IMPERATIVE

Pres.

INFINITIVE

Pres.	posse
Perf.	potuisse
Fut.	

PARTICIPLE

Pres.	potēns, (-tis)
Perf.	
Fut.	

GERUND   SUPINE

Alternate forms: **possetur** (impf. subj. pass.); **possiem** = possim; **possies** = possis; **possitur** (pres. subj. pass.); **poteratur** (impf. ind. pass.); **potesse** = posse; **potestur** (pres. ind. pass.); **potin** = potisne; **potisit** = posset; **potisse** = posse; **potisset** = posset
Compounds and related words: **impotens, -ntis** powerless; **possibilis, -e** possible; **potens, -ntis** powerful; **potestas, -tatis, f.** power; **potentia, -ae, f.** power; **potis** able
Model sentence: *Stultum est timere quod vitare non **potes**.* —Publilius Syrus

demand

	ACTIVE			PASSIVE	
	INDICATIVE				
Pres.	postulō	postulāmus		postulor	postulāmur
	postulās	postulātis		postulāris (-re)	postulāminī
	postulat	postulant		postulātur	postulantur
Impf.	postulābam	postulābāmus		postulābar	postulābāmur
	postulābās	postulābātis		postulābāris (-re)	postulābāminī
	postulābat	postulābant		postulābātur	postulābantur
Fut.	postulābō	postulābimus		postulābor	postulābimur
	postulābis	postulābitis		postulāberis (-re)	postulābiminī
	postulābit	postulābunt		postulābitur	postulābuntur
Perf.	postulāvī	postulāvimus		postulātus sum	postulātī sumus
	postulāvistī	postulāvistis		(-a, -um) es	(-ae, -a) estis
	postulāvit	postulāvērunt (-ēre)		est	sunt
Plup.	postulāveram	postulāverāmus		postulātus eram	postulātī erāmus
	postulāverās	postulāverātis		(-a, -um) erās	(-ae, -a) erātis
	postulāverat	postulāverant		erat	erant
Fut.	postulāverō	postulāverimus		postulātus erō	postulātī erimus
Perf.	postulāveris	postulāveritis		(-a, -um) eris	(-ae, -a) eritis
	postulāverit	postulāverint		erit	erunt
	SUBJUNCTIVE				
Pres.	postulem	postulēmus		postuler	postulēmur
	postulēs	postulētis		postulēris (-re)	postulēminī
	postulet	postulent		postulētur	postulentur
Impf.	postulārem	postulārēmus		postulārer	postulārēmur
	postulārēs	postulārētis		postulārēris (-re)	postulārēminī
	postulāret	postulārent		postulārētur	postulārentur
Perf.	postulāverim	postulāverimus		postulātus sim	postulātī sīmus
	postulāveris	postulāveritis		(-a, -um) sīs	(-ae, -a) sītis
	postulāverit	postulāverint		sit	sint
Plup.	postulāvissem	postulāvissēmus		postulātus essem	postulātī essēmus
	postulāvissēs	postulāvissētis		(-a, -um) essēs	(-ae, -a) essētis
	postulāvisset	postulāvissent		esset	essent
	IMPERATIVE				
Pres.	postulā	postulāte			
	INFINITIVE				
Pres.	postulāre			postulārī	
Perf.	postulāvisse			postulātus (-a, -um) esse	
Fut.	postulātūrus (-a, -um) esse				
	PARTICIPLE				
Pres.	postulāns, (-tis)				
Perf.				postulātus (-a, -um)	
Fut.	postulātūrus (-a, -um)			postulandus (-a, -um) (GERUNDIVE)	

GERUND postulandī, -ō, -um, -ō   SUPINE postulātum, -ū

Compounds and related words: **posco (3)** to demand; **postulatio, -onis, f.** a demand; **postulator, -is, m.**
   a plaintiff; **postulatus, -us, m.** a legal suit
Model sentence: *Legatos ad Bocchum mittit **postulatum***
            ne sine causa hostis populo Romano fieret. —Sallust

acquire, take possession of

ACTIVE

INDICATIVE

Pres.	potior	potīmur
	potīris (-re)	potīminī
	potītur	potiuntur
Impf.	potiēbar	potiēbāmur
	potiēbāris (-re)	potiēbāminī
	potiēbātur	potiēbantur
Fut.	potiar	potiēmur
	potiēris (-re)	potiēminī
	potiētur	potientur
Perf.	potītus sum	potītī sumus
	(-a, -um) es	(-ae, -a) estis
	est	sunt
Plup.	potītus eram	potītī erāmus
	(-a, -um) erās	(-ae, -a) erātis
	erat	erant
Fut.	potītus erō	potītī erimus
Perf.	(-a, -um) eris	(-ae, -a) eritis
	erit	erunt

SUBJUNCTIVE

Pres.	potiar	potiāmur
	potiāris (-re)	potiāminī
	potiātur	potiantur
Impf.	potīrer	potīrēmur
	potīrēris (-re)	potīrēminī
	potīrētur	potīrentur
Perf.	potītus sim	potītī sīmus
	(-a, -um) sīs	(-ae, -a) sītis
	sit	sint
Plup.	potītus essem	potītī essēmus
	(-a, -um) essēs	(-ae, -a) essētis
	esset	essent

IMPERATIVE

Pres.	potīre	potīminī

INFINITIVE

Pres.	potīrī
Perf.	potītus (-a, -um) esse
Fut.	potītūrus (-a, -um) esse

PARTICIPLE

	Active	Passive
Pres.	potiēns, (-tis)	
Perf.	potītus (-a, -um)	
Fut.	potītūrus (-a, -um)	potiendus (-a, -um) (GERUNDIVE)

GERUND potiendī, -ō, -um, -ō   SUPINE potītum, -ū

Usage notes: may be used with the **genitive, accusative,** or **ablative**
Alternate forms: **poti** = potiri; **potio** = potior; **potirier** = potiri
Compounds and related words: **possum** (irr.) to be able; **potis** able
Model sentence: *Lusitani praeda **potiuntur.*** —Caesar

supply, show, approve, allow

ACTIVE		PASSIVE	
INDICATIVE			
Pres.	praebeō / praebēmus	praebeor / praebēmur	
	praebēs / praebētis	praebēris (-re) / praebēminī	
	praebet / praebent	praebētur / praebentur	
Impf.	praebēbam / praebēbāmus	praebēbar / praebēbāmur	
	praebēbās / praebēbātis	praebēbāris (-re) / praebēbāminī	
	praebēbat / praebēbant	praebēbātur / praebēbantur	
Fut.	praebēbo / praebēbimus	praebēbor / praebēbimur	
	praebēbis / praebēbitis	praebēberis (-re) / praebēbiminī	
	praebēbit / praebēbunt	praebēbitur / praebēbuntur	
Perf.	praebuī / praebuimus	praebitus sum (-a, -um) es / est	praebitī sumus (-ae, -a) estis / sunt
	praebuistī / praebuistis		
	praebuit / praebuērunt (-ēre)		
Plup.	praebueram / praebuerāmus	praebitus eram (-a, -um) erās / erat	praebitī erāmus (-ae, -a) erātis / erant
	praebuerās / praebuerātis		
	praebuerat / praebuerant		
Fut. Perf.	praebuerō / praebuerimus	praebitus erō (-a, -um) eris / erit	praebitī erimus (-ae, -a) eritis / erunt
	praebueris / praebueritis		
	praebuerit / praebuerint		
SUBJUNCTIVE			
Pres.	praebeam / praebeāmus	praebear / praebeāmur	
	praebeās / praebeātis	praebeāris (-re) / praebeāminī	
	praebeat / praebeant	praebeātur / praebeantur	
Impf.	praebērem / praebērēmus	praebērer / praebērēmur	
	praebērēs / praebērētis	praebērēris (-re) / praebērēminī	
	praebēret / praebērent	praebērētur / praebērentur	
Perf.	praebuerim / praebuerimus	praebitus sim (-a, -um) sīs / sit	praebitī sīmus (-ae, -a) sītis / sint
	praebueris / praebueritis		
	praebuerit / praebuerint		
Plup.	praebuissem / praebuissēmus	praebitus essem (-a, -um) essēs / esset	praebitī essēmus (-ae, -a) essētis / essent
	praebuissēs / praebuissētis		
	praebuisset / praebuissent		
IMPERATIVE			
Pres.	praebē / praebēte		
INFINITIVE			
Pres.	praebēre	praebērī	
Perf.	praebuisse	praebitus (-a, -um) esse	
Fut.	praebitūrus (-a, -um) esse		
PARTICIPLE			
Pres.	praebēns, (-tis)		
Perf.		praebitus (-a, -um)	
Fut.	praebitūrus (-a, -um)	praebendus (-a, -um) (GERUNDIVE)	

GERUND praebendī, -ō, -um, -ō   SUPINE praebitum, -ū

Alternate forms: **praeberier** = praeberi
Compounds and related words: **praebitor, -is, m.** supplier
Model sentence: *Nuda Caledonio viscera **praebuit** urso Laureolus.* —Martial

foretell, appoint, warn

ACTIVE		PASSIVE	
INDICATIVE			

Pres.

praedīcō	praedīcimus	praedīcor	praedīcimur
praedīcis	praedīcitis	praedīceris (-re)	praedīciminī
praedīcit	praedīcunt	praedīcitur	praedīcuntur

Impf.

praedīcēbam	praedīcēbāmus	praedīcēbar	praedīcēbāmur
praedīcēbās	praedīcēbātis	praedīcēbāris (-re)	praedīcēbāminī
praedīcēbat	praedīcēbant	praedīcēbātur	praedīcēbantur

Fut.

praedīcam	praedīcēmus	praedīcar	praedīcēmur
praedīcēs	praedīcētis	praedīcēris (-re)	praedīcēminī
praedīcet	praedīcent	praedīcētur	praedīcentur

Perf.

praedīxī	praedīximus	praedīctus sum	praedīctī sumus
praedīxistī	praedīxistis	(-a, -um) es	(-ae, -a) estis
praedīxit	praedīxērunt (-ēre)	est	sunt

Plup.

praedīxeram	praedīxerāmus	praedīctus eram	praedīctī erāmus
praedīxerās	praedīxerātis	(-a, -um) erās	(-ae, -a) erātis
praedīxerat	praedīxerant	erat	erant

Fut.
Perf.

praedīxerō	praedīxerimus	praedīctus erō	praedīctī erimus
praedīxeris	praedīxeritis	(-a, -um) eris	(-ae, -a) eritis
praedīxerit	praedīxerint	erit	erunt

SUBJUNCTIVE			

Pres.

praedīcam	praedīcāmus	praedīcar	praedīcāmur
praedīcās	praedīcātis	praedīcāris (-re)	praedīcāminī
praedīcat	praedīcant	praedīcātur	praedīcantur

Impf.

praedīcerem	praedīcerēmus	praedīcerer	praedīcerēmur
praedīcerēs	praedīcerētis	praedīcerēris (-re)	praedīcerēminī
praedīceret	praedīcerent	praedīcerētur	praedīcerentur

Perf.

praedīxerim	praedīxerimus	praedīctus sim	praedīctī sīmus
praedīxeris	praedīxeritis	(-a, -um) sīs	(-ae, -a) sītis
praedīxerit	praedīxerint	sit	sint

Plup.

praedīxissem	praedīxissēmus	praedīctus essem	praedīctī essēmus
praedīxissēs	praedīxissētis	(-a, -um) essēs	(-ae, -a) essētis
praedīxisset	praedīxissent	esset	essent

IMPERATIVE			

Pres.

praedīce	praedīcite		

INFINITIVE			

Pres.	praedīcere	praedīcī	
Perf.	praedīxisse	praedīctus (-a, -um) esse	
Fut.	praedīctūrus (-a, -um) esse		

PARTICIPLE			

Pres.	praedīcēns, (-tis)		
Perf.		praedīctus (-a, -um)	
Fut.	praedīctūrus (-a, -um)	praedīcendus (-a, -um) (GERUNDIVE)	

GERUND praedīcendī, -ō, -um, -ō   SUPINE praedīctum, -ū

Compounds and related words: **praedico (1)** to publish; **praedictio, -onis, f.** a prophesying
See **dico** for related compounds of this verb.
Model sentence: *Nihil adversi accidit non **praedicente** me.* —Cicero

meet, perish

ACTIVE

INDICATIVE

Pres.	praeeō	praeīmus
	praeīs	praeītis
	praeit	praeeunt
Impf.	praeībam	praeībāmus
	praeībās	praeībātis
	praeībat	praeībant
Fut.	praeībō	praeībimus
	praeībis	praeībitis
	praeībit	praeībunt
Perf.	praeiī	praeiimus
	praeiistī	praeiistis
	praeiit	praeiērunt (-ēre)
Plup.	praeieram	praeierāmus
	praeierās	praeierātis
	praeierat	praeierant
Fut.	praeierō	praeierimus
Perf.	praeieris	praeieritis
	praeierit	praeierint

SUBJUNCTIVE

Pres.	praeeam	praeeāmus
	praeeās	praeeātis
	praeeat	praeeant
Impf.	praeīrem	praeīrēmus
	praeīrēs	praeīrētis
	praeīret	praeīrent
Perf.	praeierim	praeierimus
	praeieris	praeieritis
	praeierit	praeierint
Plup.	praeīssem	praeīssēmus
	praeīssēs	praeīssētis
	praeīsset	praeīssent

IMPERATIVE

Pres.	praeī	praeīte

INFINITIVE

Pres.	praeīre
Perf.	praeīsse
Fut.	praeitūrus (-a, -um) esse

PARTICIPLE

	Active	Passive
Pres.	praeiēns, (-euntis)	
Perf.		praeitus (-a, -um)
Fut.	praeitūrus (-a, -um)	praeeundus (-a, -um) (GERUNDIVE)

GERUND praeeundī, -ō, -um, -ō   SUPINE praeitum

Usage notes: sometimes used with the **dative**
Alternate forms: **praeivi** = praeii
See **eo** for related compounds of this verb.
Model sentence: *Laevinus Romam **praeivit.*** —Livy

bring before, show, prefer

ACTIVE		PASSIVE	
INDICATIVE			

	ACTIVE		PASSIVE	
Pres.	praeferō	praeferimus	praeferor	praeferimur
	praefers	praefertis	praeferris (-re)	praeferiminī
	praefert	praeferunt	praefertur	praeferuntur
Impf.	praeferēbam	praeferēbāmus	praeferēbar	praeferēbāmur
	praeferēbās	praeferēbātis	praeferēbāris (-re)	praeferēbāminī
	praeferēbat	praeferēbant	praeferēbātur	praeferēbantur
Fut.	praeferam	praeferēmus	praeferar	praeferēmur
	praeferēs	praeferētis	praeferēris (-re)	praeferēminī
	praeferet	praeferent	praeferētur	praeferentur
Perf.	praetulī	praetulimus	praelātus sum	praelātī sumus
	praetulistī	praetulistis	(-a, -um) es	(-ae, -a) estis
	praetulit	praetulērunt (-ēre)	est	sunt
Plup.	praetuleram	praetulerāmus	praelātus eram	praelātī erāmus
	praetulerās	praetulerātis	(-a, -um) erās	(-ae, -a) erātis
	praetulerat	praetulerant	erat	erant
Fut.	praetulerō	praetulerimus	praelātus erō	praelātī erimus
Perf.	praetuleris	praetuleritis	(-a, -um) eris	(-ae, -a) eritis
	praetulerit	praetulerint	erit	erunt
SUBJUNCTIVE				
Pres.	praeferam	praeferāmus	praeferar	praeferāmur
	praeferās	praeferātis	praeferāris (-re)	praeferāminī
	praeferat	praeferant	praeferātur	praeferantur
Impf.	praeferrem	praeferrēmus	praeferrer	praeferrēmur
	praeferrēs	praeferrētis	praeferrēris (-re)	praeferrēminī
	praeferret	praeferrent	praeferrētur	praeferrentur
Perf.	praetulerim	praetulerimus	praelātus sim	praelātī sīmus
	praetuleris	praetuleritis	(-a, -um) sīs	(-ae, -a) sītis
	praetulerit	praetulerint	sit	sint
Plup.	praetulissem	praetulissēmus	praelātus essem	praelātī essēmus
	praetulissēs	praetulissētis	(-a, -um) essēs	(-ae, -a) essētis
	praetulisset	praetulissent	esset	essent
IMPERATIVE				
Pres.	praefer	praeferte		
INFINITIVE				
Pres.	praeferre		praeferrī	
Perf.	praetulisse		praelātus (-a, -um) esse	
Fut.	praelātūrus (-a, -um) esse			
PARTICIPLE				
Pres.	praeferēns, (-tis)			
Perf.			praelātus (-a, -um)	
Fut.	praelātūrus (-a, -um)		praeferendus (-a, -um) (GERUNDIVE)	

GERUND praeferendī, -ō, -um, -ō   SUPINE praelātum, -ū

See **fero** for related compounds of this verb.
Model sentence: *Hanc mortem fatis magni **praeferre** Catonis Fama potest.* —Martial

excel

	ACTIVE		PASSIVE
		INDICATIVE	
Pres.	praestō	praestāmus	
	praestās	praestātis	
	praestat	praestant	praestātur (Impers.)
Impf.	praestābam	praestābāmus	
	praestābās	praestābātis	
	praestābat	praestābant	praestābātur (Impers.)
Fut.	praestābō	praestābimus	
	praestābis	praestābitis	
	praestābit	praestābunt	praestābitur (Impers.)
Perf.	praestitī	praestitimus	
	praestitistī	praestitistis	
	praestitit	praestitērunt (-ēre)	praestitum est (Impers.)
Plup.	praestiteram	praestiterāmus	
	praestiterās	praestiterātis	
	praestiterat	praestiterant	praestitum erat (Impers.)
Fut.	praestiterō	praestiterimus	
Perf.	praestiteris	praestiteritis	
	praestiterit	praestiterint	praestitum erit (Impers.)
		SUBJUNCTIVE	
Pres.	praestem	praestēmus	
	praestēs	praestētis	
	praestet	praestent	praestētur (Impers.)
Impf.	praestārem	praestārēmus	
	praestārēs	praestārētis	
	praestāret	praestārent	praestārētur (Impers.)
Perf.	praestiterim	praestiterimus	
	praestiteris	praestiteritis	
	praestiterit	praestiterint	praestitum sit (Impers.)
Plup.	praestitissem	praestitissēmus	
	praestitissēs	praestitissētis	
	praestitisset	praestitissent	praestitum esset (Impers.)
		IMPERATIVE	
Pres.	praestā	praestāte	
		INFINITIVE	
Pres.	praestāre		praestārī
Perf.	praestitisse		praestitum esse
Fut.	praestātūrus (-a, -um) esse		
		PARTICIPLE	
Pres.	praestāns, (-tis)		
Perf.			praestitus (-a, -um)
Fut.	praestātūrus (-a, -um)		praestandus (-a, -um) (GERUNDIVE)

GERUND praestandī, -ō, -um, -ō   SUPINE praestitum, -ū

Alternate forms: **praestatum** = praestitum;   **praestavi** = praestiti
Compounds and related words: **praestans, -ntis** excellent;   **praesto** present, on hand;
     praestolor (1) to wait for
See **sto** for other compounds of this verb.
Model sentence: *Saepta petuntur si quid Phillyrides **praestat.*** —Martial

be in front, be in charge

ACTIVE

INDICATIVE

Pres.	praesum	praesumus
	praees	praeestis
	praeest	praesunt
Impf.	praeeram	praeerāmus
	praeerās	praeerātis
	praeerat	praeerant
Fut.	praeerō	praeerimus
	praeeris	praeeritis
	praeerit	praeerunt
Perf.	praefuī	praefuimus
	praefuistī	praefuistis
	praefuit	praefuērunt (-ēre)
Plup.	praefueram	praefuerāmus
	praefuerās	praefuerātis
	praefuerat	praefuerant
Fut.	praefuerō	praefuerimus
Perf.	praefueris	praefueritis
	praefuerit	praefuerint

SUBJUNCTIVE

Pres.	praesim	praesīmus
	praesīs	praesītis
	praesit	praesint
Impf.	praeessem	praeessēmus
	praeessēs	praeessētis
	praeesset	praeessent
Perf.	praefuerim	praefuerimus
	praefueris	praefueritis
	praefuerit	praefuerint
Plup.	praefuissem	praefuissēmus
	praefuissēs	praefuissētis
	praefuisset	praefuissent

IMPERATIVE

Pres.	praees	praeeste

INFINITIVE

Pres.	praeesse
Perf.	praefuisse
Fut.	

PARTICIPLE

Pres.	praesens
Perf.	
Fut.	

GERUND   SUPINE

Usage notes: generally used with the **dative**
Alternate forms: **praerat** = praeerat
See **sum** for related compounds of this verb.
Model sentence: *Omnibus Druidibus **praeest** unus.* —Caesar

355

pass by, omit, neglect, perish

	ACTIVE		PASSIVE	
		INDICATIVE		
Pres.	praetereō	praeterīmus	praetereor	praeterīmur
	praeterīs	praeterītis	praeterīris (-re)	praeterīminī
	praeterit	praetereunt	praeterītur	praetereuntur
Impf.	praeterībam	praeterībāmus	praeterībar	praeterībāmur
	praeterībās	praeterībātis	praeterībāris (-re)	praeterībāminī
	praeterībat	praeterībant	praeterībātur	praeterībantur
Fut.	praeterībō	praeterībimus	praeterībor	praeterībimur
	praeterībis	praeterībitis	praeterīberis (-re)	praeterībiminī
	praeterībit	praeterībunt	praeterībitur	praeterībuntur
Perf.	praeteriī	praeteriimus	praeteritus sum	praeteritī sumus
	praeteriistī	praeteriistis	(-a, -um) es	(-ae, -a) estis
	praeteriit	praeteriērunt (-ēre)	est	sunt
Plup.	praeterieram	praeterierāmus	praeteritus eram	praeteritī erāmus
	praeterierās	praeterierātis	(-a, -um) erās	(-ae, -a) erātis
	praeterierat	praeterierant	erat	erant
Fut.	praeterierō	praeterierimus	praeteritus erō	praeteritī erimus
Perf.	praeterieris	praeterieritis	(-a, -um) eris	(-ae, -a) eritis
	praeterierit	praeterierint	erit	erunt
		SUBJUNCTIVE		
Pres.	praeteream	praetereāmus	praeterear	praetereāmur
	praetereās	praetereātis	praetereāris (-re)	praetereāminī
	praetereat	praetereant	praetereātur	praetereantur
Impf.	praeterīrem	praeterīrēmus	praeterīrer	praeterīrēmur
	praeterīrēs	praeterīrētis	praeterīrēris (-re)	praeterīrēminī
	praeterīret	praeterīrent	praeterīrētur	praeterīrentur
Perf.	praeterierim	praeterierimus	praeteritus sim	praeteritī sīmus
	praeterieris	praeterieritis	(-a, -um) sīs	(-ae, -a) sītis
	praeterierit	praeterierint	sit	sint
Plup.	praeterīssem	praeterīssēmus	praeteritus essem	praeteritī essēmus
	praeterīssēs	praeterīssētis	(-a, -um) essēs	(-ae, -a) essētis
	praeterīsset	praeterīssent	esset	essent
		IMPERATIVE		
Pres.	praeterī	praeterīte		
		INFINITIVE		
Pres.	praeterīre		praeterīrī	
Perf.	praeterīsse		praeteritus (-a, -um) esse	
Fut.	praeteritūrus (-a, -um) esse			
		PARTICIPLE		
Pres.	praeteriēns, (-euntis)			
Perf.			praeteritus (-a, -um)	
Fut.	praeteritūrus (-a, -um)		praetereundus (-a, -um) (GERUNDIVE)	

GERUND praetereundī, -ō, -um, -ō   SUPINE praeteritum, -ū

Alternate forms: **praeteriet** = praeteribit; **praeterivi** = praeterii
Compounds and related words: **praeteritio, -onis, f.** omission
See **eo** for related compounds of this verb.
Model sentence: *Nec quae **praeteriit** iterum revocabitur unda nec quae **praeteriit** hora redire potest.* —Ovid

beg, pay, request

ACTIVE

INDICATIVE

Pres.	precor	precāmur
	precāris (-re)	precāminī
	precātur	precantur
Impf.	precābar	precābāmur
	precābāris (-re)	precābāminī
	precābātur	precābantur
Fut.	precābor	precābimur
	precāberis (-re)	precābiminī
	precābitur	precābuntur
Perf.	precātus sum	precātī sumus
	(-a, -um) es	(-ae, -a) estis
	est	sunt
Plup.	precātus eram	precātī erāmus
	(-a, -um) erās	(-ae, -a) erātis
	erat	erant
Fut.	precātus erō	precātī erimus
Perf.	(-a, -um) eris	(-ae, -a) eritis
	erit	erunt

SUBJUNCTIVE

Pres.	precer	precēmur
	precēris (-re)	precēminī
	precētur	precentur
Impf.	precārer	precārēmur
	precārēris (-re)	precārēminī
	precārētur	precārentur
Perf.	precātus sim	precātī sīmus
	(-a, -um) sīs	(-ae, -a) sītis
	sit	sint
Plup.	precātus essem	precātī essēmus
	(-a, -um) essēs	(-ae, -a) essētis
	esset	essent

IMPERATIVE

Pres.	precāre	precāminī

INFINITIVE

Pres.	precārī
Perf.	precātus (-a, -um) esse
Fut.	precātūrus (-a, -um) esse

PARTICIPLE

	Active	Passive
Pres.	precāns, (-tis)	
Perf.	precātus (-a, -um)	
Fut.	precātūrus (-a, -um)	precandus (-a, -um) (GERUNDIVE)

GERUND precandī, -ō, -um, -ō   SUPINE precātum, -ū

Compounds and related words: **deprecor (1)** to avert (by prayer); **prex, precis, f.** prayer
Model sentence: ***Precor** carmina nostra legas.* —Martial

grasp

ACTIVE		PASSIVE	

INDICATIVE

	ACTIVE		PASSIVE	
Pres.	prehendō	prehendimus	prehendor	prehendimur
	prehendis	prehenditis	prehenderis (-re)	prehendiminī
	prehendit	prehendunt	prehenditur	prehenduntur
Impf.	prehendēbam	prehendēbāmus	prehendēbar	prehendēbāmur
	prehendēbās	prehendēbātis	prehendēbāris (-re)	prehendēbāminī
	prehendēbat	prehendēbant	prehendēbātur	prehendēbantur
Fut.	prehendam	prehendēmus	prehendar	prehendēmur
	prehendēs	prehendētis	prehendēris (-re)	prehendēminī
	prehendet	prehendent	prehendētur	prehendentur
Perf.	prehendī	prehendimus	prehensus sum	prehensī sumus
	prehendistī	prehendistis	(-a, -um) es	(-ae, -a) estis
	prehendit	prehendērunt (-ēre)	est	sunt
Plup.	prehenderam	prehenderāmus	prehensus eram	prehensī erāmus
	prehenderās	prehenderātis	(-a, -um) erās	(-ae, -a) erātis
	prehenderat	prehenderant	erat	erant
Fut.	prehenderō	prehenderimus	prehensus erō	prehensī erimus
Perf.	prehenderis	prehenderitis	(-a, -um) eris	(-ae, -a) eritis
	prehenderit	prehenderint	erit	erunt

SUBJUNCTIVE

	ACTIVE		PASSIVE	
Pres.	prehendam	prehendāmus	prehendar	prehendāmur
	prehendās	prehendātis	prehendāris (-re)	prehendāminī
	prehendat	prehendant	prehendātur	prehendantur
Impf.	prehenderem	prehenderēmus	prehenderer	prehenderēmur
	prehenderēs	prehenderētis	prehenderēris (-re)	prehenderēminī
	prehenderet	prehenderent	prehenderētur	prehenderentur
Perf.	prehenderim	prehenderimus	prehensus sim	prehensī sīmus
	prehenderis	prehenderitis	(-a, -um) sīs	(-ae, -a) sītis
	prehenderit	prehenderint	sit	sint
Plup.	prehendissem	prehendissēmus	prehensus essem	prehensī essēmus
	prehendissēs	prehendissētis	(-a, -um) essēs	(-ae, -a) essētis
	prehendisset	prehendissent	esset	essent

IMPERATIVE

	ACTIVE		
Pres.	prehende	prehendite	

INFINITIVE

	ACTIVE	PASSIVE
Pres.	prehendere	prehendī
Perf.	prehendisse	prehensus (-a, -um) esse
Fut.	prehensūrus (-a, -um) esse	

PARTICIPLE

	ACTIVE	PASSIVE
Pres.	prehendēns, (-tis)	
Perf.		prehensus (-a, -um)
Fut.	prehensūrus (-a, -um)	prehendendus (-a, -um) (GERUNDIVE)

GERUND prehendendī, -ō, -um, -ō   SUPINE prehensum, -ū

Alternate forms: **praehendi** = prehendi; **praehendo** = prehendo; **praehensus** = prehensus;
  praendi = prehendi; **praendo** = prehendo; **praensus** = prehensus; **prendi** = prehendi;
  prendo = prehendo; **prensus** = prehensus
Compounds and related words: **apprehendo (3)** to seize; **comprehendo (3)** to grasp; **deprehendo (3)** to
  catch; **reprehendo (3)** to restrain
Model sentence: *Quis me properantem **prehendit** pallio?* —Plautus

press, oppress

<table>
<tr><td colspan="2" align="center">**ACTIVE**</td><td colspan="2" align="center">**PASSIVE**</td></tr>
<tr><td colspan="4" align="center">**INDICATIVE**</td></tr>
<tr><td>*Pres.*</td><td>premō
premis
premit</td><td>premimus
premitis
premunt</td><td>premor
premeris (-re)
premitur</td><td>premimur
premiminī
premuntur</td></tr>
<tr><td>*Impf.*</td><td>premēbam
premēbās
premēbat</td><td>premēbāmus
premēbātis
premēbant</td><td>premēbar
premēbāris (-re)
premēbātur</td><td>premēbāmur
premēbāminī
premēbantur</td></tr>
<tr><td>*Fut.*</td><td>premam
premēs
premet</td><td>premēmus
premētis
prement</td><td>premar
premēris (-re)
premētur</td><td>premēmur
premēminī
prementur</td></tr>
<tr><td>*Perf.*</td><td>pressī
pressistī
pressit</td><td>pressimus
pressistis
pressērunt (-ēre)</td><td>pressus sum
(-a, -um) es
         est</td><td>pressī sumus
(-ae, -a) estis
        sunt</td></tr>
<tr><td>*Plup.*</td><td>presseram
presserās
presserat</td><td>presserāmus
presserātis
presserant</td><td>pressus eram
(-a, -um) erās
         erat</td><td>pressī erāmus
(-ae, -a) erātis
        erant</td></tr>
<tr><td>*Fut.*
Perf.</td><td>presserō
presseris
presserit</td><td>presserimus
presseritis
presserint</td><td>pressus erō
(-a, -um) eris
         erit</td><td>pressī erimus
(-ae, -a) eritis
        erunt</td></tr>
<tr><td colspan="4" align="center">**SUBJUNCTIVE**</td></tr>
<tr><td>*Pres.*</td><td>premam
premās
premat</td><td>premāmus
premātis
premant</td><td>premar
premāris (-re)
premātur</td><td>premāmur
premāminī
premantur</td></tr>
<tr><td>*Impf.*</td><td>premerem
premerēs
premeret</td><td>premerēmus
premerētis
premerent</td><td>premerer
premerēris (-re)
premerētur</td><td>premerēmur
premerēminī
premerentur</td></tr>
<tr><td>*Perf.*</td><td>presserim
presseris
presserit</td><td>presserimus
presseritis
presserint</td><td>pressus sim
(-a, -um) sīs
         sit</td><td>pressī sīmus
(-ae, -a) sītis
        sint</td></tr>
<tr><td>*Plup.*</td><td>pressissem
pressissēs
pressisset</td><td>pressissēmus
pressissētis
pressissent</td><td>pressus essem
(-a, -um) essēs
         esset</td><td>pressī essēmus
(-ae, -a) essētis
        essent</td></tr>
<tr><td colspan="4" align="center">**IMPERATIVE**</td></tr>
<tr><td>*Pres.*</td><td>preme</td><td>premite</td><td></td><td></td></tr>
<tr><td colspan="4" align="center">**INFINITIVE**</td></tr>
<tr><td>*Pres.*</td><td colspan="2">premere</td><td colspan="2">premī</td></tr>
<tr><td>*Perf.*</td><td colspan="2">pressisse</td><td colspan="2">pressus (-a, -um) esse</td></tr>
<tr><td>*Fut.*</td><td colspan="2">pressūrus (-a, -um) esse</td><td colspan="2"></td></tr>
<tr><td colspan="4" align="center">**PARTICIPLE**</td></tr>
<tr><td>*Pres.*</td><td colspan="2">premēns, (-tis)</td><td colspan="2"></td></tr>
<tr><td>*Perf.*</td><td colspan="2"></td><td colspan="2">pressus (-a, -um)</td></tr>
<tr><td>*Fut.*</td><td colspan="2">pressūrus (-a, -um)</td><td colspan="2">premendus (-a, -um) (GERUNDIVE)</td></tr>
</table>

GERUND premendī, -ō, -um, -ō   SUPINE pressum, -ū

Compounds and related words: **comprimo (3)** to squeeze; **deprimo (3)** to press down; **exprimo (3)** to squeeze out; **imprimo (3)** to press upon; **opprimo (3)** to oppress; **prelum, -i, n.** wine-press; **pressio, -onis, f.** leverage; **presso (1)** to press; **pressus, -us, m**. pressure; **reprimo (3)** to keep back; **supprimo (3)** to restrain

Model sentence: *Culpam poena **premit** comes.* —Horace

probō

test, try, prove, approve

ACTIVE   PASSIVE

INDICATIVE

	ACTIVE			PASSIVE	
Pres.	probō	probāmus		probor	probāmur
	probās	probātis		probāris (-re)	probāminī
	probat	probant		probātur	probantur
Impf.	probābam	probābāmus		probābar	probābāmur
	probābās	probābātis		probābāris (-re)	probābāminī
	probābat	probābant		probābātur	probābantur
Fut.	probābo	probābimus		probābor	probābimur
	probābis	probābitis		probāberis (-re)	probābiminī
	probābit	probābunt		probābitur	probābuntur
Perf.	probāvī	probāvimus		probātus sum	probātī sumus
	probāvistī	probāvistis		(-a, -um) es	(-ae, -a) estis
	probāvit	probāvērunt (-ēre)		est	sunt
Plup.	probāveram	probāverāmus		probātus eram	probātī erāmus
	probāverās	probāverātis		(-a, -um) erās	(-ae, -a) erātis
	probāverat	probāverant		erat	erant
Fut. Perf.	probāverō	probāverimus		probātus erō	probātī erimus
	probāveris	probāveritis		(-a, -um) eris	(-ae, -a) eritis
	probāverit	probāverint		erit	erunt

SUBJUNCTIVE

	ACTIVE			PASSIVE	
Pres.	probem	probēmus		prober	probēmur
	probēs	probētis		probēris (-re)	probēminī
	probet	probent		probētur	probentur
Impf.	probārem	probārēmus		probārer	probārēmur
	probārēs	probārētis		probārēris (-re)	probārēminī
	probāret	probārent		probārētur	probārentur
Perf.	probāverim	probāverimus		probātus sim	probātī sīmus
	probāveris	probāveritis		(-a, -um) sīs	(-ae, -a) sītis
	probāverit	probāverint		sit	sint
Plup.	probāvissem	probāvissēmus		probātus essem	probātī essēmus
	probāvissēs	probāvissētis		(-a, -um) essēs	(-ae, -a) essētis
	probāvisset	probāvissent		esset	essent

IMPERATIVE

	ACTIVE		PASSIVE
Pres.	probā	probāte	

INFINITIVE

	ACTIVE	PASSIVE
Pres.	probāre	probārī
Perf.	probāvisse	probātus (-a, -um) esse
Fut.	probātūrus (-a, -um) esse	

PARTICIPLE

	ACTIVE	PASSIVE
Pres.	probāns, (-tis)	
Perf.		probātus (-a, -um)
Fut.	probātūrus (-a, -um)	probandus (-a, -um) (GERUNDIVE)

GERUND probandī, -ō, -um, -ō   SUPINE probātum, -ū

Compounds and related words: **approbo (1)** approve; **comprobo (1)** prove; **improbus, -a, -um** improper; **opprobrium, -i, n.** reproach; **probitas, -tatis, f.** honest; **probus, -a, -um** good

Model sentence: *Militem neque a moribus neque a fortuna **probabat**, sed tantum a viribus.* —Suetonius

ACTIVE		PASSIVE

INDICATIVE

Pres.	prōdeō	prōdīmus	
	prōdīs	prōdītis	
	prōdit	prōdeunt	prōdītur (Impers.)
Impf.	prōdībam	prōdībāmus	
	prōdībās	prōdībātis	
	prōdībat	prōdībant	prōdībātur (Impers.)
Fut.	prōdībō	prōdībimus	
	prōdībis	prōdībitis	
	prōdībit	prōdībunt	prōdībitur (Impers.)
Perf.	prōdiī	prōdiimus	
	prōdiistī	prōdiistis	
	prōdiit	prōdiērunt (-ēre)	prōditum est (Impers.)
Plup.	prōdieram	prōdierāmus	
	prōdierās	prōdierātis	
	prōdierat	prōdierant	prōditum erat (Impers.)
Fut.	prōdierō	prōdierimus	
Perf.	prōdieris	prōdieritis	
	prōdierit	prōdierint	prōditum erit (Impers.)

SUBJUNCTIVE

Pres.	prōdeam	prōdeāmus	
	prōdeās	prōdeātis	
	prōdeat	prōdeant	prōdeātur (Impers.)
Impf.	prōdīrem	prōdīrēmus	
	prōdīrēs	prōdīrētis	
	prōdīret	prōdīrent	prōdīrētur (Impers.)
Perf.	prōdierim	prōdierimus	
	prōdieris	prōdieritis	
	prōdierit	prōdierint	prōditum sit (Impers.)
Plup.	prōdīssem	prōdīssēmus	
	prōdīssēs	prōdīssētis	
	prōdīsset	prōdīssent	prōditum esset (Impers.)

IMPERATIVE

Pres.	prōdī	prōdīte	

INFINITIVE

Pres.	prōdīre		prōdīrī
Perf.	prōdīsse		prōditus (-a, -um) esse
Fut.	prōditūrus (-a, -um) esse		

PARTICIPLE

Pres.	prōdiēns, (-euntis)		
Perf.			prōditus (-a, -um)
Fut.	prōditūrus (-a, -um)		prōdeundus (-a, -um) (GERUNDIVE)

GERUND prōdeundī, -ō, -um, -ō   SUPINE prōditum, -ū

Alternate forms: **prodient** = prodibunt; **prodinunt** = prodeunt
See **eo** for related compounds of this verb.
Model sentence: *Iamque nocens ferrum ferroque nocentius aurum **prodierat**.* —Ovid

bring forth, reveal, extend

ACTIVE		PASSIVE	
INDICATIVE			

	ACTIVE		PASSIVE	
Pres.	prōferō	prōferimus	prōferor	prōferimur
	prōfers	prōfertis	prōferris (-re)	prōferiminī
	prōfert	prōferunt	prōfertur	prōferuntur
Impf.	prōferēbam	prōferēbāmus	prōferēbar	prōferēbāmur
	prōferēbās	prōferēbātis	prōferēbāris (-re)	prōferēbāminī
	prōferēbat	prōferēbant	prōferēbātur	prōferēbantur
Fut.	prōferam	prōferēmus	prōferar	prōferēmur
	prōferēs	prōferētis	prōferēris (-re)	prōferēminī
	prōferet	prōferent	prōferētur	prōferentur
Perf.	prōtulī	prōtulimus	prōlātus sum	prōlātī sumus
	prōtulistī	prōtulistis	(-a, -um) es	(-ae, -a) estis
	prōtulit	prōtulērunt (-ēre)	est	sunt
Plup.	prōtuleram	prōtulerāmus	prōlātus eram	prōlātī erāmus
	prōtulerās	prōtulerātis	(-a, -um) erās	(-ae, -a) erātis
	prōtulerat	prōtulerant	erat	erant
Fut.	prōtulerō	prōtulerimus	prōlātus erō	prōlātī erimus
Perf.	prōtuleris	prōtuleritis	(-a, -um) eris	(-ae, -a) eritis
	prōtulerit	prōtulerint	erit	erunt

SUBJUNCTIVE			

	ACTIVE		PASSIVE	
Pres.	prōferam	prōferāmus	prōferar	prōferāmur
	prōferās	prōferātis	prōferāris (-re)	prōferāminī
	prōferat	prōferant	prōferātur	prōferantur
Impf.	prōferrem	prōferrēmus	prōferrer	prōferrēmur
	prōferrēs	prōferrētis	prōferrēris (-re)	prōferrēminī
	prōferret	prōferrent	prōferrētur	prōferrentur
Perf.	prōtulerim	prōtulerimus	prōlātus sim	prōlātī sīmus
	prōtuleris	prōtuleritis	(-a, -um) sīs	(-ae, -a) sītis
	prōtulerit	prōtulerint	sit	sint
Plup.	prōtulissem	prōtulissēmus	prōlātus essem	prōlātī essēmus
	prōtulissēs	prōtulissētis	(-a, -um) essēs	(-ae, -a) essētis
	prōtulisset	prōtulissent	esset	essent

IMPERATIVE			
Pres.	prōfer	prōferte	

INFINITIVE			
Pres.	prōferre		prōferrī
Perf.	prōtulisse		prōlātus (-a, -um) esse
Fut.	prōlātūrus (-a, -um) esse		

PARTICIPLE			
Pres.	prōferēns, (-tis)		
Perf.			prōlātus (-a, -um)
Fut.	prōlātūrus (-a, -um)		prōferendus (-a, -um) (GERUNDIVE)

GERUND prōferendī, -ō, -um, -ō   SUPINE prōlātum, -ū

Alternate forms: **proferis** = profers; **proferrier** = proferri
Compounds and related words: **prolatio, -onis, f.** a bringing forward; **prolato (1)** to enlarge
See **fero** for related compounds of this verb.
Model sentence: *Cultum docto pectore **profer** opus.* —Martial

ACTIVE

INDICATIVE

Pres.	proficīscor	proficīscimur
	proficīsceris (-re)	proficīsciminī
	proficīscitur	proficīscuntur
Impf.	proficīscēbar	proficīscēbāmur
	proficīscēbāris (-re)	proficīscēbāminī
	proficīscēbātur	proficīscēbantur
Fut.	proficīscar	proficīscēmur
	proficīscēris (-re)	proficīscēminī
	proficīscētur	proficīscentur
Perf.	profectus sum	profectī sumus
	(-a, -um) es	(-ae, -a) estis
	est	sunt
Plup.	profectus eram	profectī erāmus
	(-a, -um) erās	(-ae, -a) erātis
	erat	erant
Fut.	profectus erō	profectī erimus
Perf.	(-a, -um) eris	(-ae, -a) eritis
	erit	erunt

SUBJUNCTIVE

Pres.	proficīscar	proficīscāmur
	proficīscāris (-re)	proficīscāminī
	proficīscātur	proficīscantur
Impf.	proficīscerer	proficīscerēmur
	proficīscerēris (-re)	proficīscerēminī
	proficīscerētur	proficīscerentur
Perf.	profectus sim	profectī sīmus
	(-a, -um) sīs	(-ae, -a) sītis
	sit	sint
Plup.	profectus essem	profectī essēmus
	(-a, -um) essēs	(-ae, -a) essētis
	esset	essent

IMPERATIVE

Pres.	proficīscere	proficīsciminī

INFINITIVE

Pres.	proficīscī
Perf.	profectus (-a, -um) esse
Fut.	profectūrus (-a, -um) esse

PARTICIPLE

	Active	Passive
Pres.	proficīscēns, (-tis)	
Perf.	profectus (-a, -um)	
Fut.	profectūrus (-a, -um)	proficīscendus (-a, -um) (GERUNDIVE)

GERUND proficīscendī, -ō, -um, -ō   SUPINE profectum, -ū

Compounds and related words: **profectio, -onis, f.** departure; **proficio (3)** to make progress
Model sentence: *Quibus rebus cognitis **proficiscitur** ad auxilium Duratio ferendum.* —Caesar

prōiciō

throw forward, abandon

	ACTIVE		PASSIVE	
	INDICATIVE			
Pres.	prōiciō	prōicimus	prōicior	prōicimur
	prōicis	prōicitis	prōiceris (-re)	prōiciminī
	prōicit	prōiciunt	prōicitur	prōiciuntur
Impf.	prōiciēbam	prōiciēbāmus	prōiciēbar	prōiciēbāmur
	prōiciēbās	prōiciēbātis	prōiciēbāris (-re)	prōiciēbāminī
	prōiciēbat	prōiciēbant	prōiciēbātur	prōiciēbantur
Fut.	prōiciam	prōiciēmus	prōiciar	prōiciēmur
	prōiciēs	prōiciētis	prōiciēris (-re)	prōiciēminī
	prōiciet	prōicient	prōiciētur	prōicientur
Perf.	prōiēcī	prōiēcimus	prōiectus sum	prōiectī sumus
	prōiēcistī	prōiēcistis	(-a, -um) es	(-ae, -a) estis
	prōiēcit	prōiēcērunt (-ēre)	est	sunt
Plup.	prōiēceram	prōiēcerāmus	prōiectus eram	prōiectī erāmus
	prōiēcerās	prōiēcerātis	(-a, -um) erās	(-ae, -a) erātis
	prōiēcerat	prōiēcerant	erat	erant
Fut.	prōiēcerō	prōiēcerimus	prōiectus erō	prōiectī erimus
Perf.	prōiēceris	prōiēceritis	(-a, -um) eris	(-ae, -a) eritis
	prōiēcerit	prōiēcerint	erit	erunt
	SUBJUNCTIVE			
Pres.	prōiciam	prōiciāmus	prōiciar	prōiciāmur
	prōiciās	prōiciātis	prōiciāris (-re)	prōiciāminī
	prōiciat	prōiciant	prōiciātur	prōiciantur
Impf.	prōicerem	prōicerēmus	prōicerer	prōicerēmur
	prōicerēs	prōicerētis	prōicerēris (-re)	prōicerēminī
	prōiceret	prōicerent	prōicerētur	prōicerentur
Perf.	prōiēcerim	prōiēcerimus	prōiectus sim	prōiectī sīmus
	prōiēceris	prōiēceritis	(-a, -um) sīs	(-ae, -a) sītis
	prōiēcerit	prōiēcerint	sit	sint
Plup.	prōiēcissem	prōiēcissēmus	prōiectus essem	prōiectī essēmus
	prōiēcissēs	prōiēcissētis	(-a, -um) essēs	(-ae, -a) essētis
	prōiēcisset	prōiēcissent	esset	essent
	IMPERATIVE			
Pres.	prōice	prōicite		
	INFINITIVE			
Pres.	prōicere		prōicī	
Perf.	prōiēcisse		prōiectus (-a, -um) esse	
Fut.	prōiectūrus (-a, -um) esse			
	PARTICIPLE			
Pres.	prōiciēns, (-tis)			
Perf.			prōiectus (-a, -um)	
Fut.	prōiectūrus (-a, -um)		prōiciendus (-a, -um) (GERUNDIVE)	

GERUND prōiciendī, -ō, -um, -ō   SUPINE prōiectum, -ū

Compounds and related words: **proiecto (1)** to reproach; **proiectio, -onis, f.** a throwing forward
See **iacio** for related compounds of this verb.
Model sentence: *Haec tanta virtus ex hac urbe expelletur, exterminabitur,* **proicietur?** —Cicero

ACTIVE		PASSIVE

INDICATIVE

Pres.	properō	properāmus	
	properās	properātis	
	properat	properant	properātur (Impers.)
Impf.	properābam	properābāmus	
	properābās	properābātis	
	properābat	properābant	properabātur (Impers.)
Fut.	properābō	properābimus	
	properābis	properābitis	
	properābit	properābunt	properābitur (Impers.)
Perf.	properāvī	properāvimus	
	properāvistī	properāvistis	
	properāvit	properāvērunt (-ēre)	properātum est (Impers.)
Plup.	properāveram	properāverāmus	
	properāverās	properāverātis	
	properāverat	properāverant	properātum erat (Impers.)
Fut.	properāverō	properāverimus	
Perf.	properāveris	properāveritis	
	properāverit	properāverint	properātum erit (Impers.)

SUBJUNCTIVE

Pres.	properem	properēmus	
	properēs	properētis	
	properet	properent	properētur (Impers.)
Impf.	properārem	properārēmus	
	properārēs	properārētis	
	properāret	properārent	properārētur (Impers.)
Perf.	properāverim	properāverimus	
	properāveris	properāveritis	
	properāverit	properāverint	properātum sit (Impers.)
Plup.	properāvissem	properāvissēmus	
	properāvissēs	properāvissētis	
	properāvisset	properāvissent	properātum esset (Impers.)

IMPERATIVE

| Pres. | properā | properāte | |

INFINITIVE

Pres.	properāre		properārī
Perf.	properāvisse		properātum esse
Fut.	properātūrus (-a, -um) esse		

PARTICIPLE

Pres.	properāns, (-tis)		
Perf.			properātus (-a, -um)
Fut.	properātūrus (-a, -um)		properandus (-a, -um) (GERUNDIVE)

GERUND properandī, -ō, -um, -ō   SUPINE properātum, -ū

Compounds and related words: **properus, -a, -um** quick
Model sentence: *Si post fata venit gloria, non **propero**.* —Martial

be useful, benefit, profit

ACTIVE

INDICATIVE

Pres.	prōsum	prōsumus
	prōdes	prōdestis
	prōdest	prōsunt
Impf.	prōderam	prōderāmus
	prōderās	prōderātis
	prōderat	prōderant
Fut.	prōderō	prōderimus
	prōderis	prōderitis
	prōderit	prōderunt
Perf.	prōfuī	prōfuimus
	prōfuistī	prōfuistis
	prōfuit	prōfuērunt (-ēre)
Plup.	prōfueram	prōfuerāmus
	prōfuerās	prōfuerātis
	prōfuerat	prōfuerant
Fut.	prōfuerō	prōfuerimus
Perf.	prōfueris	prōfueritis
	prōfuerit	prōfuerint

SUBJUNCTIVE

Pres.	prōsim	prōsīmus
	prōsīs	prōsītis
	prōsit	prōsint
Impf.	prōdessem	prōdessēmus
	prōdessēs	prōdessētis
	prōdesset	prōdessent
Perf.	prōfuerim	prōfuerimus
	prōfueris	prōfueritis
	prōfuerit	prōfuerint
Plup.	prōfuissem	prōfuissēmus
	prōfuissēs	prōfuissētis
	prōfuisset	prōfuissent

IMPERATIVE

Pres.	prōdes	prōdeste

INFINITIVE

Pres.	prōdesse
Perf.	prōfuisse
Fut.	prōfutūrus (-a, -um) esse

PARTICIPLE

Pres.	
Perf.	
Fut.	prōfutūrus (-a, -um)

GERUND   SUPINE

Usage notes: generally used with the **dative**
See **sum** for related compounds of this verb.
Model sentence: *Nullus est liber tam malus ut non aliqua parte **prosit**.* —Pliny

be ashamed (it shames) (Impers.)

ACTIVE

INDICATIVE

Pres.

      pudet

Impf.

      pudēbat

Fut.

      pudēbit

Perf.

      puduit

Plup.

      puduerat

Fut.
Perf.

      puduerit

SUBJUNCTIVE

Pres.

      pudeat

Impf.

      pudēret

Perf.

      puduerit

Plup.

      puduisset

IMPERATIVE

Pres.

INFINITIVE

Pres.	pudēre
Perf.	puduisse
Fut.	

PARTICIPLE

	Active	Passive
Pres.	pudēns, (-tis)	
Perf.		
Fut.		pudendus (-a, -um) (GERUNDIVE)

GERUND pudendī, -ō, -um, -ō   SUPINE

Usage notes: impersonal verb with **genitive** of the thing causing shame and **accusative** of the person
Alternate forms: **pudeatur** = pudeat; **puditum est** = puduit
Compounds and related words: **dispudet** it causes great shame; **impudens, -ntis** shameless; **pudicitia,**
  -ae, f. modesty; **pudicus, -a, -um** modest; **pudor, -is, m.** shame
Model sentence: ***Puderet** me dicere non intellegere, si vos ipsi intellegeretis.* —Cicero

fight

ACTIVE		PASSIVE

INDICATIVE

Pres.	pugnō	pugnāmus	
	pugnās	pugnātis	
	pugnat	pugnant	pugnātur (Impers.)
Impf.	pugnābam	pugnābāmus	
	pugnābās	pugnābātis	
	pugnābat	pugnābant	pugnābātur (Impers.)
Fut.	pugnābō	pugnābimus	
	pugnābis	pugnābitis	
	pugnābit	pugnābunt	pugnābitur (Impers.)
Perf.	pugnāvī	pugnāvimus	
	pugnāvistī	pugnāvistis	
	pugnāvit	pugnāvērunt (-ēre)	pugnātum est (Impers.)
Plup.	pugnāveram	pugnāverāmus	
	pugnāverās	pugnāverātis	
	pugnāverat	pugnāverant	pugnātum erat (Impers.)
Fut.	pugnāverō	pugnāverimus	
Perf.	pugnāveris	pugnāveritis	
	pugnāverit	pugnāverint	pugnātum erit (Impers.)

SUBJUNCTIVE

Pres.	pugnem	pugnēmus	
	pugnēs	pugnētis	
	pugnet	pugnent	pugnētur (Impers.)
Impf.	pugnārem	pugnārēmus	
	pugnārēs	pugnārētis	
	pugnāret	pugnārent	pugnārētur (Impers.)
Perf.	pugnāverim	pugnāverimus	
	pugnāveris	pugnāveritis	
	pugnāverit	pugnāverint	pugnātum sit (Impers.)
Plup.	pugnāvissem	pugnāvissēmus	
	pugnāvissēs	pugnāvissētis	
	pugnāvisset	pugnāvissent	pugnātum esset (Impers.)

IMPERATIVE

Pres.	pugnā	pugnāte	

INFINITIVE

Pres.	pugnāre		pugnārī
Perf.	pugnāvisse		pugnātum esse
Fut.	pugnātūrus (-a, -um) esse		

PARTICIPLE

Pres.	pugnāns, (-tis)		
Perf.			pugnātus (-a, -um)
Fut.	pugnātūrus (-a, -um)		pugnandus (-a, -um) (GERUNDIVE)

GERUND pugnandī, -ō, -um, -ō   SUPINE pugnātum, -ū

Compounds and related words: **expugno (1)** to storm; **oppugno (1)** to attack; **pugil, -is, m.** boxer; **pugna, -ae, f.** fight; **pugnator, -is, m.** fighter; **repugno (1)** to resist
Model sentence: *Ipse pro castris fortissime **pugnans** occiditur.* —Caesar

punish, avenge

	ACTIVE			PASSIVE	
			INDICATIVE		
Pres.	pūniō	pūnīmus		pūnior	pūnīmur
	pūnīs	pūnītis		pūnīris (-re)	pūnīminī
	pūnit	pūniunt		pūnītur	pūniuntur
Impf.	pūniēbam	pūniēbāmus		pūniēbar	pūniēbāmur
	pūniēbās	pūniēbātis		pūniēbāris (-re)	pūniēbāminī
	pūniēbat	pūniēbant		pūniēbātur	pūniēbantur
Fut.	pūniam	pūniēmus		pūniar	pūniēmur
	pūniēs	pūniētis		pūniēris (-re)	pūniēminī
	pūniet	pūnient		pūniētur	pūnientur
Perf.	pūnīvī	pūnīvimus		pūnītus sum	pūnītī sumus
	pūnīvistī	pūnīvistis		(-a, -um) es	(-ae, -a) estis
	pūnīvit	pūnīvērunt (-ēre)		est	sunt
Plup.	pūnīveram	pūnīverāmus		pūnītus eram	pūnītī erāmus
	pūnīverās	pūnīverātis		(-a, -um) erās	(-ae, -a) erātis
	pūnīverat	pūnīverant		erat	erant
Fut.	pūnīverō	pūnīverimus		pūnītus erō	pūnītī erimus
Perf.	pūnīveris	pūnīveritis		(-a, -um) eris	(-ae, -a) eritis
	pūnīverit	pūnīverint		erit	erunt
			SUBJUNCTIVE		
Pres.	pūniam	pūniāmus		pūniar	pūniāmur
	pūniās	pūniātis		pūniāris (-re)	pūniāminī
	pūniat	pūniant		pūniātur	pūniantur
Impf.	pūnīrem	pūnīrēmus		pūnīrer	pūnīrēmur
	pūnīrēs	pūnīrētis		pūnīrēris (-re)	pūnīrēminī
	pūnīret	pūnīrent		pūnīrētur	pūnīrentur
Perf.	pūnīverim	pūnīverimus		pūnītus sim	pūnītī sīmus
	pūnīveris	pūnīveritis		(-a, -um) sīs	(-ae, -a) sītis
	pūnīverit	pūnīverint		sit	sint
Plup.	pūnīvissem	pūnīvissēmus		pūnītus essem	pūnītī essēmus
	pūnīvissēs	pūnīvissētis		(-a, -um) essēs	(-ae, -a) essētis
	pūnīvisset	pūnīvissent		esset	essent
			IMPERATIVE		
Pres.	pūnī	pūnīte			
			INFINITIVE		
Pres.	pūnīre			pūnīrī	
Perf.	pūnīvisse			pūnītus (-a, -um) esse	
Fut.	pūnītūrus (-a, -um) esse				
			PARTICIPLE		
Pres.	pūniēns, (-tis)				
Perf.				pūnītus (-a, -um)	
Fut.	pūnītūrus (-a, -um)			pūniendus (-a, -um) (GERUNDIVE)	

GERUND pūniendī, -ō, -um, -ō   SUPINE pūnītum, -ū

Usage notes: passive forms used as deponent
Alternate forms: **poenibat** = puniebat; **poenio** = punio; **punii** = punivi
Compounds and related words: **poena, -ae, f.** punishment; **punitor, -is, m.** punisher
Model sentence: *Philemonem morte puniit.* —Suetonius

think

ACTIVE   PASSIVE

INDICATIVE

	ACTIVE		PASSIVE	
Pres.	putō	putāmus	putor	putāmur
	putās	putātis	putāris (-re)	putāminī
	putat	putant	putātur	putantur
Impf.	putābam	putābāmus	putābar	putābāmur
	putābās	putābātis	putābāris (-re)	putābāminī
	putābat	putābant	putābātur	putābantur
Fut.	putābō	putābimus	putābor	putābimur
	putābis	putābitis	putāberis (-re)	putābiminī
	putābit	putābunt	putābitur	putābuntur
Perf.	putāvī	putāvimus	putātus sum	putātī sumus
	putāvistī	putāvistis	(-a, -um) es	(-ae, -a) estis
	putāvit	putāvērunt (-ēre)	est	sunt
Plup.	putāveram	putāverāmus	putātus eram	putātī erāmus
	putāverās	putāverātis	(-a, -um) erās	(-ae, -a) erātis
	putāverat	putāverant	erat	erant
Fut.	putāverō	putāverimus	putātus erō	putātī erimus
Perf.	putāveris	putāveritis	(-a, -um) eris	(-ae, -a) eritis
	putāverit	putāverint	erit	erunt

SUBJUNCTIVE

	ACTIVE		PASSIVE	
Pres.	putem	putēmus	puter	putēmur
	putēs	putētis	putēris (-re)	putēminī
	putet	putent	putētur	putentur
Impf.	putārem	putārēmus	putārer	putārēmur
	putārēs	putārētis	putārēris (-re)	putārēminī
	putāret	putārent	putārētur	putārentur
Perf.	putāverim	putāverimus	putātus sim	putātī sīmus
	putāveris	putāveritis	(-a, -um) sīs	(-ae, a) sītis
	putāverit	putāverint	sit	sint
Plup.	putāvissem	putāvissēmus	putātus essem	putātī essēmus
	putāvissēs	putāvissētis	(-a, -um) essēs	(-ae, -a) essētis
	putāvisset	putāvissent	esset	essent

IMPERATIVE

	ACTIVE	
Pres.	putā	putāte

INFINITIVE

	ACTIVE	PASSIVE
Pres.	putāre	putārī
Perf.	putāvisse	putātus (-a, -um) esse
Fut.	putātūrus (-a, -um) esse	

PARTICIPLE

	ACTIVE	PASSIVE
Pres.	putāns, (-tis)	
Perf.		putātus (-a, -um)
Fut.	putātūrus (-a, -um)	putandus (-a, -um) (GERUNDIVE)

GERUND putandī, -ō, -um, ō   SUPINE putātum, -ū

Compounds and related words: **computo (1)** to reckon; **deputo (1)** to consider; **disputo (1)** to debate; **imputo (1)** to credit; **reputo (1)** to think over

Model sentence: *Quae maiora **putas** miracula?* —Martial

quaerō

ask, seek

<table>
<tr><th colspan="2" style="text-align:center">ACTIVE</th><th colspan="2" style="text-align:center">PASSIVE</th></tr>
<tr><td colspan="4" style="text-align:center">INDICATIVE</td></tr>
<tr><td>Pres.</td><td>quaerō
quaeris
quaerit</td><td>quaerimus
quaeritis
quaerunt</td><td>quaeror
quaereris (-re)
quaeritur</td><td>quaerimur
quaeriminī
quaeruntur</td></tr>
<tr><td>Impf.</td><td>quaerēbam
quaerēbās
quaerēbat</td><td>quaerēbāmus
quaerēbātis
quaerēbant</td><td>quaerēbar
quaerēbāris (-re)
quaerēbātur</td><td>quaerēbāmur
quaerēbāminī
quaerēbantur</td></tr>
<tr><td>Fut.</td><td>quaeram
quaerēs
quaeret</td><td>quaerēmus
quaerētis
quaerent</td><td>quaerar
quaerēris (-re)
quaerētur</td><td>quaerēmur
quaerēminī
quaerentur</td></tr>
<tr><td>Perf.</td><td>quaesīvī
quaesīvistī
quaesīvit</td><td>quaesīvimus
quaesīvistis
quaesīvērunt (-ēre)</td><td>quaesītus sum
(-a, -um) es
est</td><td>quaesītī sumus
(-ae, -a) estis
sunt</td></tr>
<tr><td>Plup.</td><td>quaesīveram
quaesīverās
quaesīverat</td><td>quaesīverāmus
quaesīverātis
quaesīverant</td><td>quaesītus eram
(-a, -um) erās
erat</td><td>quaesītī erāmus
(-ae, -a) erātis
erant</td></tr>
<tr><td>Fut.
Perf.</td><td>quaesīverō
quaesīveris
quaesīverit</td><td>quaesīverimus
quaesīveritis
quaesīverint</td><td>quaesītus erō
(-a, -um) eris
erit</td><td>quaesītī erimus
(-ae, -a) eritis
erunt</td></tr>
<tr><td colspan="4" style="text-align:center">SUBJUNCTIVE</td></tr>
<tr><td>Pres.</td><td>quaeram
quaerās
quaerat</td><td>quaerāmus
quaerātis
quaerant</td><td>quaerar
quaerāris (-re)
quaerātur</td><td>quaerāmur
quaerāminī
quaerantur</td></tr>
<tr><td>Impf.</td><td>quaererem
quaererēs
quaereret</td><td>quaererēmus
quaerer`tis
quaererent</td><td>quaererer
quaererēris (-re)
quaererētur</td><td>quaererēmur
quaererēminī
quaererentur</td></tr>
<tr><td>Perf.</td><td>quaesīverim
quaesīveris
quaesīverit</td><td>quaesīverimus
quaesīveritis
quaesīverint</td><td>quaesītus sim
(-a, -um) sīs
sit</td><td>quaesītī sīmus
(-ae, -a) sītis
sint</td></tr>
<tr><td>Plup.</td><td>quaesīvissem
quaesīvissēs
quaesīvisset</td><td>quaesīvissēmus
quaesīvissētis
quaesīvlssent</td><td>quaesītus essem
(-a, -um) essēs
esset</td><td>quaesītī essēmus
(-ae, -a) essētis
essent</td></tr>
<tr><td colspan="4" style="text-align:center">IMPERATIVE</td></tr>
<tr><td>Pres.</td><td>quaere</td><td>quaerite</td><td></td><td></td></tr>
<tr><td colspan="4" style="text-align:center">INFINITIVE</td></tr>
<tr><td>Pres.</td><td colspan="2">quaerere</td><td colspan="2">quaerī</td></tr>
<tr><td>Perf.</td><td colspan="2">quaesīvisse</td><td colspan="2">quaesītus (-a, -um) esse</td></tr>
<tr><td>Fut.</td><td colspan="2">quaesītūrus (-a, -um) esse</td><td colspan="2"></td></tr>
<tr><td colspan="4" style="text-align:center">PARTICIPLE</td></tr>
<tr><td>Pres.</td><td colspan="2">quaerēns, (-tis)</td><td colspan="2"></td></tr>
<tr><td>Perf.</td><td colspan="2"></td><td colspan="2">quaesītus (-a, -um)</td></tr>
<tr><td>Fut.</td><td colspan="2">quaesītūrus (-a, -um)</td><td colspan="2">quaerendus (-a, -um) (GERUNDIVE)</td></tr>
</table>

GERUND quaerendī, -ō, -um, -ō   SUPINE quaesītum, -ū

Alternate forms: **quaesii** = quaesivi; **quairo** = quaero
Compounds and related words: **acquiro (3)** to get; **conquiro (3)** to search for; **inquiro (3)** to ask; **quaeso (1)** to ask; **quaestio, -onis, f.** investigation; **quaestor, -is, m.** quaestor; **quaestus, -us, m.** advantage; **requiro (3)** to search for
Model sentence: ***Quaerenda*** *pecunia primum est, virtus post nummos.* —Horace

quatiō

quatiō, quatere, _____ , quassum

shake, beat

	ACTIVE			PASSIVE	

INDICATIVE

	ACTIVE		PASSIVE	
Pres.	quatiō	quatimus	quatior	quatimur
	quatis	quatitis	quateris (-re)	quatiminī
	quatit	quatiunt	quatitur	quatiuntur
Impf.	quatiēbam	quatiēbāmus	quatiēbar	quatiēbāmur
	quatiēbās	quatiēbātis	quatiēbāris (-re)	quatiēbāminī
	quatiēbat	quatiēbant	quatiēbātur	quatiēbantur
Fut.	quatiam	quatiēmus	quatiar	quatiēmur
	quatiēs	quatiētis	quatiēris (-re)	quatiēminī
	quatiet	quatient	quatiētur	quatientur
Perf.			quassus sum (-a, -um) es est	quassī sumus (-ae, -a) estis sunt
Plup.			quassus eram (-a, -um) erās erat	quassī erāmus (-ae, -a) erātis erant
Fut. Perf.			quassus erō (-a, -um) eris erit	quassī erimus (-ae, -a) eritis erunt

SUBJUNCTIVE

	ACTIVE		PASSIVE	
Pres.	quatiam	quatiāmus	quatiar	quatiāmur
	quatiās	quatiātis	quatiāris (-re)	quatiāminī
	quatiat	quatiant	quatiātur	quatiantur
Impf.	quaterem	quaterēmus	quaterer	quaterēmur
	quaterēs	quaterētis	quaterēris (-re)	quaterēminī
	quateret	quaterent	quaterētur	quaterentur
Perf.			quassus sim (-a, -um) sīs sit	quassī sīmus (-ae, -a) sītis sint
Plup.			quassus essem (-a, -um) essēs esset	quassī essēmus (-ae, -a) essētis essent

IMPERATIVE

	ACTIVE		
Pres.	quate	quatite	

INFINITIVE

	ACTIVE	PASSIVE
Pres.	quatere	quatī
Perf.		quassus (-a, -um) esse
Fut.	quassūrus (-a, -um) esse	

PARTICIPLE

	ACTIVE	PASSIVE
Pres.	quatiēns, (-tis)	
Perf.		quassus (-a, -um)
Fut.	quassūrus (-a, -um)	quatiendus (-a, -um) (GERUNDIVE)

GERUND quatiendī, -ō, -um, -ō   SUPINE quassum, -ū

Alternate forms: perfect active forms in *-cussī* only appear in compounds (where *quat-/quass-* become *-cut-/-cuss-*)

Compounds and related words: **concutio (3)** to shake; **discutio (3)** to smash to pieces; **excutio (3)** to shake out; **percutio (3)** to strike; **quasso (1)** to shake

Model sentence: *Interea infirmo **quatientes** corpora motu veridicos Parcae coeperunt edere cantus.* —Catullus

ACTIVE

INDICATIVE

Pres.	queō	quīmus
	quīs	quītis
	quit	queunt
Impf.	quībam	
	quībat	
Fut.	quībō	
		quībunt
Perf.	quīvī	
	quīvit	quīvērunt (quiēre)
Plup.		
Fut.		
Perf.		

SUBJUNCTIVE

Pres.	queam	queāmus
	queās	
	queat	queant
Impf.		
	quīret	quīrent
Perf.		
	quīverit (quierit)	quīverint
Plup.		
		quīvissent

IMPERATIVE

Pres.

INFINITIVE

Pres.	quīre
Perf.	quīsset
Fut.	

PARTICIPLE

Pres.	quiēns
Perf.	
Fut.	

GERUND   SUPINE

Usage notes: defective
Alternate forms: **quii** = quivi
Compounds and related words: **nequeo** to be unable
Model sentence: *Nec credere **quivi** hunc tantum tibi me discessu ferre dolorem.* —Vergil

complain

ACTIVE

INDICATIVE

Pres.	queror	querimur
	quereris (-re)	queriminī
	queritur	queruntur
Impf.	querēbar	querēbāmur
	querēbāris (-re)	querēbāminī
	querēbātur	querēbantur
Fut.	querar	querēmur
	querēris (-re)	querēminī
	querētur	querentur
Perf.	questus sum	questī sumus
	(-a, -um) es	(-ae, -a) estis
	est	sunt
Plup.	questus eram	questī erāmus
	(-a, -um) erās	(-ae, -a) erātis
	erat	erant
Fut.	questus erō	questī erimus
Perf.	(-a, -um) eris	(-ae, -a) eritis
	erit	erunt

SUBJUNCTIVE

Pres.	querar	querāmur
	querāris (-re)	querāminī
	querātur	querantur
Impf.	quererer	quererēmur
	quererēris (-re)	quererēminī
	quererētur	quererentur
Perf.	questus sim	questī sīmus
	(-a, -um) sīs	(-ae, -a) sītis
	sit	sint
Plup.	questus essem	questī essēmus
	(-a, -um) essēs	(-ae, -a) essētis
	esset	essent

IMPERATIVE

Pres.	querere	queriminī

INFINITIVE

Pres.	querī
Perf.	questus (-a, -um) esse
Fut.	questūrus (-a, -um) esse

PARTICIPLE

	Active	Passive
Pres.	querēns, (-tis)	
Perf.	questus (-a, -um)	
Fut.	questūrus (-a, -um)	querendus (-a, -um) (GERUNDIVE)

GERUND querendī, -ō, -um, -ō   SUPINE questum, -ū

Compounds and related words: **conqueror (3)** to complain; **queror (3)** to complain; **querula, -ae, f.** complaint; **querulus, -a, -um** complaining
Model sentence: *Saepe mihi **queritur** non siccis Cestos ocellis.* —Martial

rest, stop, be or make quiet

ACTIVE		PASSIVE	

INDICATIVE

Pres.	quiēscō	quiēscimus	quiēscor	quiēscimur
	quiēscis	quiēscitis	quiēsceris (-re)	quiēsciminī
	quiēscit	quiēscunt	quiēscitur	quiēscuntur
Impf.	quiēscēbam	quiēscēbāmus	quiēscēbar	quiēscēbāmur
	quiēscēbās	quiēscēbātis	quiēscēbāris (-re)	quiēscēbāminī
	quiēscēbat	quiēscēbant	quiēscēbātur	quiēscēbantur
Fut.	quiēscam	quiēscēmus	quiēscar	quiēscēmur
	quiēscēs	quiēscētis	quiēscēris (-re)	quiēscēminī
	quiēscet	quiēscent	quiēscētur	quiēscentur
Perf.	quiēvī	quiēvimus	quiētus sum	quiētī sumus
	quiēvistī	quiēvistis	(-a, -um) es	(-ae, -a) estis
	quiēvit	quiēvērunt (-ēre)	est	sunt
Plup.	quiēveram	quiēverāmus	quiētus eram	quiētī erāmus
	quiēverās	quiēverātis	(-a, -um) erās	(-ae, -a) erātis
	quiēverat	quiēverant	erat	erant
Fut.	quiēverō	quiēverimus	quiētus erō	quiētī erimus
Perf.	quiēveris	quiēveritis	(-a, -um) eris	(-ae, -a) eritis
	quiēverit	quiēverint	erit	erunt

SUBJUNCTIVE

Pres.	quiēscam	quiēscāmus	quiēscar	quiēscāmur
	quiēscās	quiēscātis	quiēscāris (-re)	quiēscāminī
	quiēscat	quiēscant	quiēscātur	quiēscantur
Impf.	quiēscerem	quiēscerēmus	quiēscerer	quiēscerēmur
	quiēscerēs	quiēscerētis	quiēscerēris (-re)	quiēscerēminī
	quiēsceret	quiēscerent	quiēscerētur	quiēscerentur
Perf.	quiēverim	quiēverimus	quiētus sim	quiētī sīmus
	quiēveris	quiēveritis	(-a, -um) sīs	(-ae, -a) sītis
	quiēverit	quiēverint	sit	sint
Plup.	quiēvissem	quiēvissēmus	quiētus essem	quiētī essēmus
	quiēvissēs	quiēvissētis	(-a, -um) essēs	(-ae, -a) essētis
	quiēvisset	quiēvissent	esset	essent

IMPERATIVE

| *Pres.* | quiēsce | quiēscite | |

INFINITIVE

Pres.	quiēscere	quiēscī
Perf.	quiēvisse	quiētus (-a, -um) esse
Fut.	quiētūrus (-a, -um) esse	

PARTICIPLE

Pres.	quiēscēns, (-tis)	
Perf.		quiētus (-a, -um)
Fut.	quiētūrus (-a, -um)	quiēscendus (-a, -um) (GERUNDIVE)

GERUND quiēscendī, -ō, -um, -ō   SUPINE quiētum, -ū

Usage notes: third person singular also used impersonally

Compounds and related words: **acquiesco (3)** to rest; **quies, -ei, f.** quiet; **requies, -ei, f.** rest; **requiesco (3)** to rest

Model sentence: *Nec cogitandi nec **quiescendi** in urbe locus est pauperi.* —Martial

carry off, snatch

ACTIVE   PASSIVE

INDICATIVE

	ACTIVE		PASSIVE		
Pres.	rapiō	rapimus	rapior	rapimur	
	rapis	rapitis	raperis (-re)	rapiminī	
	rapit	rapiunt	rapitur	rapiuntur	
Impf.	rapiēbam	rapiēbāmus	rapiēbar	rapiēbāmur	
	rapiēbās	rapiēbātis	rapiēbāris (-re)	rapiēbāminī	
	rapiēbat	rapiēbant	rapiēbātur	rapiēbantur	
Fut.	rapiam	rapiēmus	rapiar	rapiēmur	
	rapiēs	rapiētis	rapiēris (-re)	rapiēminī	
	rapiet	rapient	rapiētur	rapientur	
Perf.	rapuī	rapuimus	raptus sum	raptī sumus	
	rapuistī	rapuistis	(-a, -um) es	(-ae, -a) estis	
	rapuit	rapuērunt (-ēre)	est	sunt	
Plup.	rapueram	rapuerāmus	raptus eram	raptī erāmus	
	rapuerās	rapuerātis	(-a, -um) erās	(-ae, -a) erātis	
	rapuerat	rapuerant	erat	erant	
Fut. Perf.	rapuerō	rapuerimus	raptus erō	raptī erimus	
	rapueris	rapueritis	(-a, -um) eris	(-ae, -a) eritis	
	rapuerit	rapuerint	erit	erint	

SUBJUNCTIVE

	ACTIVE		PASSIVE		
Pres.	rapiam	rapiāmus	rapiar	rapiāmur	
	rapiās	rapiātis	rapiāris (-re)	rapiāminī	
	rapiat	rapiant	rapiātur	rapiantur	
Impf.	raperem	raperēmus	raperer	raperēmur	
	raperēs	raperētis	raperēris (-re)	raperēminī	
	raperet	raperent	raperētur	raperentur	
Perf.	rapuerim	rapuerimus	raptus sim	raptī sīmus	
	rapueris	rapueritis	(-a, -um) sīs	(-ae, -a) sītis	
	rapuerit	rapuerint	sit	sint	
Plup.	rapuissem	rapuissēmus	raptus essem	raptī essēmus	
	rapuissēs	rapuissētis	(-a, -um) essēs	(-ae, -a) essētis	
	rapuisset	rapuissent	esset	essent	

IMPERATIVE

Pres.	rape	rapite	

INFINITIVE

Pres.	rapere	rapī
Perf.	rapuisse	raptus (-a, -um) esse
Fut.	raptūrus (-a, -um) esse	

PARTICIPLE

Pres.	rapiēns, (-tis)	
Perf.		raptus (-a, -um)
Fut.	raptūrus (-a, -um)	rapiendus (-a, -um) (GERUNDIVE)

GERUND rapiendī, -ō, -um, -ō   SUPINE raptum, -ū

Alternate forms: **rapsit** = rapuit
Compounds and related words: **abripio (3)** to snatch away; **arripio (3)** to seize; **corripio (3)** to seize; **diripio (3)** to rend; **eripio (3)** to snatch away; **rapax, -acis** grasping; **rapidus, -a, -um** swift; **rapina, -ae, f.** pillage
Model sentence: ***Rapiamus**, amici, occasionem de die.* —Horace

give back, surrender, repeat

ACTIVE			PASSIVE	
INDICATIVE				
Pres.	reddō	reddimus	reddor	reddimur
	reddis	redditis	redderis (-re)	reddiminī
	reddit	reddunt	redditur	redduntur
Impf.	reddēbam	reddēbāmus	reddēbar	reddēbāmur
	reddēbās	reddēbātis	reddēbāris (-re)	reddēbāminī
	reddēbat	reddēbant	reddēbātur	reddēbantur
Fut.	reddam	reddēmus	reddar	reddēmur
	reddēs	reddētis	reddēris (-re)	reddēminī
	reddet	reddent	reddētur	reddentur
Perf.	reddidī	reddidimus	redditus sum	redditī sumus
	reddidistī	reddidistis	(-a, -um) es	(-ae, -a) estis
	reddidit	reddidērunt (-ēre)	est	sunt
Plup.	reddideram	reddiderāmus	redditus eram	redditī erāmus
	reddiderās	reddiderātis	(-a, -um) erās	(-ae, -a) erātis
	reddiderat	reddiderant	erat	erant
Fut.	reddiderō	reddiderimus	redditus erō	redditī erimus
Perf.	reddideris	reddideritis	(-a, -um) eris	(-ae, -a) eritis
	reddiderit	reddiderint	erit	erunt
SUBJUNCTIVE				
Pres.	reddam	reddāmus	reddar	reddāmur
	reddās	reddātis	reddāris (-re)	reddāminī
	reddat	reddant	reddātur	reddantur
Impf.	redderem	redderēmus	redderer	redderēmur
	redderēs	redderētis	redderēris (-re)	redderēminī
	redderet	redderent	redderētur	redderentur
Perf.	reddiderim	reddiderimus	redditus sim	redditī sīmus
	reddideris	reddideritis	(-a, -um) sīs	(-ae, -a) sītis
	reddiderit	reddiderint	sit	sint
Plup.	reddidissem	reddidissēmus	redditus essem	redditī essēmus
	reddidissēs	reddidissētis	(-a, -um) essēs	(-ae, -a) essētis
	reddidisset	reddidissent	esset	essent
IMPERATIVE				
Pres.	redde	reddite		
INFINITIVE				
Pres.	reddere		reddī	
Perf.	reddidisse		redditus (-a, -um) esse	
Fut.	redditūrus (-a, -um) esse			
PARTICIPLE				
Pres.	reddēns, (-tis)			
Perf.			redditus (-a, -um)	
Fut.	redditūrus (-a, -um)		reddendus (-a, -um) (GERUNDIVE)	

GERUND reddendī, -ō, -um, -ō   SUPINE redditum, -ū

Alternate forms: **reddibitur** = reddetur; **reddibo** = reddam
See **addo** for related compounds of this verb.
Model sentence: *Potes nunc mutuam drachmam dare mihi unam, quam cras **reddam** tibi.* —Plautus

377

return

ACTIVE		PASSIVE
INDICATIVE		

	ACTIVE		PASSIVE
Pres.	redeō	redīmus	
	redīs	redītis	
	redit	redeunt	redītur (Impers.)
Impf.	redībam	redībāmus	
	redībās	redībātis	
	redībat	redībant	redībātur (Impers.)
Fut.	redībō	redībimus	
	redībis	redībitis	
	redībit	redībunt	redībitur (Impers.)
Perf.	rediī	rediimus	
	rediistī	rediistis	
	rediit	rediērunt (-ēre)	reditum est (Impers.)
Plup.	redieram	redierāmus	
	redierās	redierātis	
	redierat	redierant	reditum erat (Impers.)
Fut.	redierō	redierimus	
Perf.	redieris	redieritis	
	redierit	redierint	reditum erit (Impers.)

SUBJUNCTIVE

	ACTIVE		PASSIVE
Pres.	redeam	redeāmus	
	redeās	redeātis	
	redeat	redeant	redeātur (Impers.)
Impf.	redīrem	redīrēmus	
	redīrēs	redīrētis	
	redīret	redīrent	redīrētur (Impers.)
Perf.	redierim	redierimus	
	redieris	redieritis	
	redierit	redierint	reditum sit (Impers.)
Plup.	redīssem	redīssēmus	
	redīssēs	redīssētis	
	redīsset	redīssent	reditum esset (Impers.)

IMPERATIVE

	ACTIVE	
Pres.	redī	redīte

INFINITIVE

	ACTIVE	PASSIVE
Pres.	redīre	redīrī
Perf.	redīsse	reditus (-a, -um) esse
Fut.	reditūrus (-a, -um) esse	

PARTICIPLE

	ACTIVE	PASSIVE
Pres.	rediēns, (-euntis)	
Perf.		reditus (-a, -um)
Fut.	reditūrus (-a, -um)	redeundus (-a, -um) (GERUNDIVE)

GERUND redeundī, -ō, -um, -ō   SUPINE reditum, -ū

Alternate forms: **redies** = redibis; **redinunut** = redeunt
Compounds and related words: **reditio, -onis, f.** return; **reditus, -us, m.** return
See **eo** for related compounds of this verb.
Model sentence: *Sic miser adfatus dicitur undas: "Parcite dum propero, mergite cum **redeo**."* —Martial

bring back, reply

ACTIVE			PASSIVE	
INDICATIVE				
Pres.	referō	referimus	referor	referimur
	refers	refertis	referris (-re)	referiminī
	refert	referunt	refertur	referuntur
Impf.	referēbam	referēbāmus	referēbar	referēbāmur
	referēbās	referēbātis	referēbāris (-re)	referēbāminī
	referēbat	referēbant	referēbātur	referēbantur
Fut.	referam	referēmus	referar	referēmur
	referēs	referētis	referēris (-re)	referēminī
	referet	referent	referētur	referentur
Perf.	rettulī	rettulimus	relātus sum	relātī sumus
	rettulistī	rettulistis	(-a, -um) es	(-ae, -a) estis
	rettulit	rettulērunt (-ēre)	est	sunt
Plup.	rettuleram	rettulerāmus	relātus eram	relātī erāmus
	rettulerās	rettulerātis	(-a, -um) erās	(-ae, -a) erātis
	rettulerat	rettulerant	erat	erant
Fut.	rettulerō	rettulerimus	relātus erō	relātī erimus
Perf.	rettuleris	rettuleritis	(-a, -um) eris	(-ae, -a) eritis
	rettulerit	rettulerint	erit	erunt
SUBJUNCTIVE				
Pres.	referam	referāmus	referar	referāmur
	referās	referātis	referāris (-re)	referāminī
	referat	referant	referātur	referantur
Impf.	referrem	referrēmus	referrer	referrēmur
	referrēs	referrētis	referrēris (-re)	referrēminī
	referret	referrent	referrētur	referrentur
Perf.	rettulerim	rettulerimus	relātus sim	relātī sīmus
	rettuleris	rettuleritis	(-a, -um) sīs	(-ae, -a) sītis
	rettulerit	rettulerint	sit	sint
Plup.	rettulissem	rettulissēmus	relātus essem	relātī essēmus
	rettulissēs	rettulissētis	(-a, -um) essēs	(-ae, -a) essētis
	rettulisset	rettulissent	esset	essent
IMPERATIVE				
Pres.	refer	referte		
INFINITIVE				
Pres.	referre		referrī	
Perf.	rettulisse		relātus (-a, -um) esse	
Fut.	relātūrus (-a, -um) esse			
PARTICIPLE				
Pres.	referēns, (-tis)			
Perf.			relātus (-a, -um)	
Fut.	relātūrus (-a, -um)		referendus (-a, -um) (GERUNDIVE)	

GERUND referendī, -ō, -um, -ō   SUPINE relātum, -ū

Usage notes: third person singular often used impersonally meaning *it concerns*
Alternate forms: **rellatus** = relatus; **retuli** = rettuli
See **fero** for related compounds of this verb.
Model sentence: *Fama **refert** nostros te, Fidentine, libellos recitare quam tuos.* —Martial

rule, guide

	ACTIVE		**PASSIVE**	
		INDICATIVE		
Pres.	regō	regimus	regor	regimur
	regis	regitis	regeris (-re)	regiminī
	regit	regunt	regitur	reguntur
Impf.	regēbam	regēbāmus	regēbar	regēbāmur
	regēbās	regēbātis	regēbāris (-re)	regēbāminī
	regēbat	regēbant	regēbātur	regēbantur
Fut.	regam	regēmus	regar	regēmur
	regēs	regētis	regēris (-re)	regēminī
	reget	regent	regētur	regentur
Perf.	rēxī	rēximus	rēctus sum	rēctī sumus
	rēxistī	rēxistis	(-a, -um) es	(-ae, -a) estis
	rēxit	rēxērunt (-ēre)	est	sunt
Plup.	rēxeram	rēxerāmus	rēctus eram	rēctī erāmus
	rēxerās	rēxerātis	(-a, -um) erās	(-ae, -a) erātis
	rēxerat	rēxerant	erat	erant
Fut.	rēxerō	rēxerimus	rēctus erō	rēctī erimus
Perf.	rēxeris	rēxeritis	(-a, -um) eris	(-ae, -a) eritis
	rēxerit	rēxerint	erit	erunt
		SUBJUNCTIVE		
Pres.	regam	regāmus	regar	regāmur
	regās	regātis	regāris (-re)	regāminī
	regat	regant	regātur	regantur
Impf.	regerem	regerēmus	regerer	regerēmur
	regerēs	regerētis	regerēris (-re)	regerēminī
	regeret	regerent	regerētur	regerentur
Perf.	rēxerim	rēxerimus	rēctus sim	rēctī sīmus
	rēxeris	rēxeritis	(-a, -um) sīs	(-ae, -a) sītis
	rēxerit	rēxerint	sit	sint
Plup.	rēxissem	rēxissēmus	rēctus essem	rēctī essēmus
	rēxissēs	rēxissētis	(-a, -um) essēs	(-ae, -a) essētis
	rēxisset	rēxissent	esset	essent
		IMPERATIVE		
Pres.	rege	regite		
		INFINITIVE		
Pres.	regere		regī	
Perf.	rēxisse		rēctus (-a, -um) esse	
Fut.	rēctūrus (-a, -um) esse			
		PARTICIPLE		
Pres.	regēns, (-tis)			
Perf.			rēctus (-a, -um)	
Fut.	rēctūrus (-a, -um)		regendus (-a, -um) (GERUNDIVE)	

GERUND regendī, -ō, -um, -ō   SUPINE rēctum, -ū

Compounds and related words: **arrigo (3)** to raise; **corrigo (3)** to correct; **dirigo (3)** to direct;
    erigo (3) to make upright; **pergo (3)** to continue; **porrigo (3)** to hold out; **rector, -is, m.** guide;
    rectus, -a, -um straight; **regalis, -e** royal; **regimen, -minis, n.** guiding; **regina, -ae, f.** queen; **regio,**
    -onis, f. district; **regius, -a, -um** royal; **regno (1)** to rule; **regnum, -i, n.** kingdom; **regula, -ae, f.** rule;
    rex, regis, m. king; **surgo (3)** to stand up
Model sentence: *Ira furor brevis est; animum **rege**.* —Horace

throw back, refuse

	ACTIVE			**PASSIVE**	
INDICATIVE					
Pres.	rēiciō	rēicimus		rēicior	rēicimur
	rēicis	rēicitis		rēiceris (-re)	rēiciminī
	rēicit	rēiciunt		rēicitur	rēiciuntur
Impf.	rēiciēbam	rēiciēbāmus		rēiciēbar	rēiciēbāmur
	rēiciēbās	rēiciēbātis		rēiciēbāris (-re)	rēiciēbāminī
	rēiciēbat	rēiciēbant		rēiciēbātur	rēiciēbantur
Fut.	rēiciam	rēiciēmus		rēiciar	rēiciēmur
	rēiciēs	rēiciētis		rēiciēris (-re)	rēiciēminī
	rēiciet	rēicient		rēiciētur	rēicientur
Perf.	rēiēcī	rēiēcimus		rēiectus sum	rēiectī sumus
	rēiēcistī	rēiēcistis		(-a, -um) es	(-ae, -a) estis
	rēiēcit	rēiēcērunt (-ēre)		est	sunt
Plup.	rēiēceram	rēiēcerāmus		rēiectus eram	rēiectī erāmus
	rēiēcerās	rēiēcerātis		(-a, -um) erās	(-ae, -a) erātis
	rēiēcerat	rēiēcerant		erat	erant
Fut.	rēiēcerō	rēiēcerimus		rēiectus erō	rēiectī erimus
Perf.	rēiēceris	rēiēceritis		(-a, -um) eris	(-ae, -a) eritis
	rēiēcerit	rēiēcerint		erit	erunt
SUBJUNCTIVE					
Pres.	rēiciam	rēiciāmus		rēiciar	rēiciāmur
	rēiciās	rēiciātis		rēiciāris (-re)	rēiciāminī
	rēiciat	rēiciant		rēiciātur	rēiciantur
Impf.	rēicerem	rēicerēmus		rēicerer	rēicerēmur
	rēicerēs	rēicerētis		rēicerēris (-re)	rēicerēminī
	rēiceret	rēicerent		rēicerētur	rēicerentur
Perf.	rēiēcerim	rēiēcerimus		rēiectus sim	rēiectī sīmus
	rēiēceris	rēiēceritis		(-a, -um) sīs	(-ae, -a) sītis
	rēiēcerit	rēiēcerint		sit	sint
Plup.	rēiēcissem	rēiēcissēmus		rēiectus essem	rēiectī essēmus
	rēiēcissēs	rēiēcissētis		(-a, -um) essēs	(-ae, -a) essētls
	rēiēcisset	rēiēcissent		esset	essent
IMPERATIVE					
Pres.	rēice	rēicite			
INFINITIVE					
Pres.	rēicere			rēicī	
Perf.	rēiēcisse			rēiectus (-a, -um) esse	
Fut.	rēiectūrus (-a, -um) esse				
PARTICIPLE					
Pres.	rēiciēns, (-tis)				
Perf.				rēiectus (-a, -um)	
Fut.	rēiectūrus (-a, -um)			rēiciendus (-a, -um) (GERUNDIVE)	

GERUND rēiciendī, -ō, -um, -ō   SUPINE rēiectum, -ū

Compounds and related words: **reiectio, -onis, f.** rejection; **reiecto (1)** to throw back
See **iacio** for related compounds of this verb.
Model sentence: *Caesar suis imperavit ne quod omnino telum in hostes reicerent.* —Caesar

abandon, leave

	ACTIVE		PASSIVE	
		INDICATIVE		
Pres.	relinquō	relinquimus	relinquor	relinquimur
	relinquis	relinquitis	relinqueris (-re)	relinquiminī
	relinquit	relinquunt	relinquitur	relinquuntur
Impf.	relinquēbam	relinquēbāmus	relinquēbar	relinquēbāmur
	relinquēbās	relinquēbātis	relinquēbāris (-re)	relinquēbāminī
	relinquēbat	relinqēbant	relinquēbātur	relinquēbantur
Fut.	relinquam	relinquēmus	relinquar	relinquēmur
	relinquēs	relinquētis	relinquēris (-re)	relinquēminī
	relinquet	relinquent	relinquētur	relinquentur
Perf.	relīquī	relīquimus	relictus sum	relictī sumus
	relīquistī	relīquistis	(-a, -um) es	(-ae, -a) estis
	relīquit	relīquērunt (-ēre)	est	sunt
Plup.	relīqueram	relīquerāmus	relictus eram	relictī erāmus
	relīquerās	relīquerātis	(-a, -um) erās	(-ae, -a) erātis
	relīquerat	relīquerant	erat	erant
Fut.	relīquerim	relīquerimus	relictus erō	relictī erimus
Perf.	relīqueris	relīqueritis	(-a, -um) eris	(-ae, -a) eritis
	relīquerit	relīquerint	erit	erunt
		SUBJUNCTIVE		
Pres.	relinquam	relinquāmus	relinquar	relinquāmur
	relinquās	relinquātis	relinquāris (-re)	relinquāminī
	relinquat	relinquant	relinquātur	relinquantur
Impf.	relinquerem	relinquerēmus	relinquerer	relinquerēmur
	relinquerēs	relinquerētis	relinquerēris (-re)	relinquerēminī
	relinqueret	relinquerent	relinquerētur	relinquerentur
Perf.	relīquerim	relīquerimus	relictus sim	relictī sīmus
	relīqueris	relīqueritis	(-a, -um) sīs	(-ae, -a) sītis
	relīquerit	relīquerint	sit	sint
Plup.	relīquissem	relīquissēmus	relictus essem	relictī essēmus
	relīquissēs	relīquissētis	(-a, -um) essēs	(-ae, -a) essētis
	relīquisset	relīquissent	esset	essent
		IMPERATIVE		
Pres.	relinque	relinquite		
		INFINITIVE		
Pres.	relinquere		relinquī	
Perf.	relīquisse		relictus (-a, -um) esse	
Fut.	relictūrus (-a, -um) esse			
		PARTICIPLE		
Pres.	relinquēns, (-tis)			
Perf.			relictus (-a, -um)	
Fut.	relictūrus (-a, -um)		relinquendus (-a, -um) (GERUNDIVE)	

GERUND relinquendī, -ō, -um, -ō   SUPINE relictum, -ū

Compounds and related words: **linquo (3)** to leave behind; **reliquiae, -arum, f. pl.** remains; **reliquus, -a, -um** left behind
Model sentence: *Ea mortua est:* **reliquit** *filiam adulescentulam.* —Terence

ACTIVE

INDICATIVE

Pres.	reor	rēmur	
	rēris (-re)	rēminī	
	rētur	rentur	
Impf.	rēbar	rēbāmur	
	rēbāris (-re)	rēbāminī	
	rēbātur	rēbantur	
Fut.	rēbor	rēbimur	
	rēberis (-re)	rēbiminī	
	rēbitur	rēbuntur	
Perf.	ratus	sum	ratī	sumus
	(-a, -um)	es	(-ae, -a)	estis
		est		sunt
Plup.	ratus	eram	ratī	erāmus
	(-a, -um)	erās	(-ae, -a)	erātis
		erat		erant
Fut.	ratus	erō	ratī	erimus
Perf.	(-a, -um)	eris	(-ae, -a)	eritis
		erit		erunt

SUBJUNCTIVE

Pres.	rear	reāmur	
	reāris (-re)	reāminī	
	reātur	reantur	
Impf.	rērer	rērēmur	
	rērēris (-re)	rērēminī	
	rērētur	rērentur	
Perf.	ratus	sim	ratī	sīmus
	(-a, -um)	sīs	(-ae, -a)	sītis
		sit		sint
Plup.	ratus	essem	ratī	essēmus
	(-a, -um)	essēs	(-ae, -a)	essētis
		esset		essent

IMPERATIVE

Pres.	rēre	rēminī

INFINITIVE

Pres.	rērī
Perf.	ratus (-a, -um) esse
Fut.	ratūrus (-a, -um) esse

PARTICIPLE

	Active	Passive
Pres.	rēns, (-tis)	
Perf.	ratus (-a, -um)	
Fut.	ratūrus (-a, -um)	rendus (-a, -um) (GERUNDIVE)

GERUND rendī, -ō, -um, -ō   SUPINE ratum, -ū

Compounds and related words: **ratio, -onis, f.** reason, calculation; **ratiocinor (1)** to calculate; **rationalis, -e** reasonable

Model sentence: *Ut **rebare**, Venus (nec te sententia fallit) Troianas sustentat opes.* —Vergil

find, learn

	ACTIVE		PASSIVE	

INDICATIVE

Pres.	reperiō	reperīmus	reperior	reperīmur
	reperīs	reperītis	reperīris (-re)	reperīminī
	reperit	reperiunt	reperītur	reperiuntur
Impf.	reperiēbam	reperiēbāmus	reperiēbar	reperiēbāmur
	reperiēbās	reperiēbātis	reperiēbāris (-re)	reperiēbāminī
	reperiēbat	reperiēbant	reperiēbātur	reperiēbantur
Fut.	reperiam	reperiēmus	reperiar	reperiēmur
	reperiēs	reperiētis	reperiēris (-re)	reperiēminī
	reperiet	reperient	reperiētur	reperientur
Perf.	repperī	repperimus	repertus sum	repertī sumus
	repperistī	repperistis	(-a, -um) es	(-ae, -a) estis
	repperit	repperērunt (-ēre)	est	sunt
Plup.	reppereram	reppererāmus	repertus eram	repertī erāmus
	reppererās	reppererātis	(-a, -um) erās	(-ae, -a) erātis
	reppererat	reppererant	erat	erant
Fut.	reppererō	reppererimus	repertus erō	repertī erimus
Perf.	reppereris	reppereritis	(-a, -um) eris	(-ae, -a) eritis
	reppererit	reppererint	erit	erunt

SUBJUNCTIVE

Pres.	reperiam	reperiāmus	reperiar	reperiāmur
	reperiās	reperiātis	reperiāris (-re)	reperiāminī
	reperiat	reperiant	reperiātur	reperiantur
Impf.	reperīrem	reperīrēmus	reperīrer	reperīrēmur
	reperīrēs	reperīrētis	reperīrēris (-re)	reperīrēminī
	reperīret	reperīrent	reperīrētur	reperīrentur
Perf.	reppererim	reppererimus	repertus sim	repertī sīmus
	reppereris	reppereritis	(-a, -um) sīs	(-ae, -a) sītis
	reppererit	reppererint	sit	sint
Plup.	repperissem	repperissēmus	repertus essem	repertī essēmus
	repperissēs	repperissētis	(-a, -um) essēs	(-ae, -a) essētis
	repperisset	repperissent	esset	essent

IMPERATIVE

Pres.	reperī	reperīte	

INFINITIVE

Pres.	reperīre		reperīrī
Perf.	repperisse		repertus (-a, -um) esse
Fut.	repertūrus (-a, -um) esse		

PARTICIPLE

Pres.	reperiēns, (-tis)		
Perf.			repertus (-a, -um)
Fut.	repertūrus (-a, -um)		reperiendus (-a, -um) (GERUNDIVE)

GERUND reperiendī, -ō, -um, -ō   SUPINE repertum, -ū

Alternate forms: **reperi** = repperi; **reperibit** = reperiet; **reperibitur** = reperietur; **reperirier** = repperi
Compounds and related words: **repertor, -is, m.** discoverer
Model sentence: *Caesar **repperit** ab Suevis auxilia missa esse.* —Caesar

seek, ask, demand; passive: be required

ACTIVE		PASSIVE	
INDICATIVE			

	ACTIVE		PASSIVE	
Pres.	requīrō	requīrimus	requīror	requīrimur
	requīris	requīritis	requīreris (-re)	requīriminī
	requīrit	requīrunt	requīritur	requīruntur
Impf.	requīrēbam	requīrēbāmus	requīrēbar	requīrēbāmur
	requīrēbās	requīrēbātis	requīrēbāris (-re)	requīrēbāminī
	requīrēbat	requīrēbant	requīrēbātur	requīrēbantur
Fut.	requīram	requīrēmus	requīrar	requīrēmur
	requīrēs	requīrētis	requīrēris (-re)	requīrēminī
	requīret	requīrent	requīrētur	requīrentur
Perf.	requīsīvī	requīsīvimus	requīsītus sum	requīsītī sumus
	requīsīvistī	requīsīvistis	(-a, -um) es	(-ae, -a) estis
	requīsīvit	requīsīvērunt (-ēre)	est	sunt
Plup.	requīsīveram	requīsīverāmus	requīsītus eram	requīsītī erāmus
	requīsīverās	requīsīverātis	(-a, -um) erās	(-ae, -a) erātis
	requīsīverat	requīsīverant	erat	erant
Fut.	requīsīverō	requīsīverimus	requīsītus erō	requīsītī erimus
Perf.	requīsīveris	requīsīveritis	(-a, -um) eris	(-ae, -a) eritis
	requīsīverit	requīsīverint	erit	erunt
SUBJUNCTIVE				
Pres.	requīram	requīrāmus	requīrar	requīrāmur
	requīrās	requīrātis	requīrāris (-re)	requīrāminī
	requīrat	requīrant	requīrātur	requīrantur
Impf.	requīrerem	requīrerēmus	requīrerer	requīrerēmur
	requīrerēs	requīrerētis	requīrerēris (-re)	requīrerēminī
	requīreret	requīrerent	requīrerētur	requīrerentur
Perf.	requīsīverim	requīsīverimus	requīsītus sim	requīsītī sīmus
	requīsīveris	requīsīveritis	(-a, -um) sīs	(-ae, -a) sītis
	requīsīverit	requīsīverint	sit	sint
Plup.	requīsīvissem	requīsīvissēmus	requīsītus essem	requīsītī essēmus
	requīsīvissēs	requīsīvissētis	(-a, -um) essēs	(-ae, -a) essētis
	requīsīvisset	requīsīvissent	esset	essent

IMPERATIVE

Pres.	requīre	requīrite	

INFINITIVE

Pres.	requīrere	requīrī
Perf.	requīsīvisse	requīsītus (-a, -um) esse
Fut.	requīsītūrus (-a, -um) esse	

PARTICIPLE

Pres.	requīrēns, (-tis)	
Perf.		requīsītus (-a, -um)
Fut.	requīsītūrus (-a, -um)	requīrendus (-a, -um) (GERUNDIVE)

GERUND requīrendī, -ō, -um, -ō   SUPINE requīsītum, -ū

Usage notes: passive may be used impersonally
Alternate forms: **requisii** = requisivi
Compounds and related words: **requirito (1)** to keep asking
Model sentence: *Hic est quem legis ille, quem **requiris,** toto notus in orbe Martialis.* —Martial

sit down, settle

ACTIVE

INDICATIVE

Pres.	resīdō	resīdimus
	resīdis	resīditis
	resīdit	resīdunt
Impf.	resīdēbam	resīdēbāmus
	resīdēbās	resīdēbātis
	resīdēbat	resīdēbant
Fut.	resīdam	resīdēmus
	resīdēs	resīdētis
	resīdet	resīdent
Perf.	resēdī	resēdimus
	resēdistī	resēdistis
	resēdit	resēdērunt (-ēre)
Plup.	resēderam	resēderāmus
	resēderās	resēderātis
	resēderat	resēderant
Fut.	resēderō	resēderimus
Perf.	resēderis	resēderitis
	resēderit	resēderint

SUBJUNCTIVE

Pres.	resīdam	resīdāmus
	resīdās	resīdātis
	resīdat	resīdant
Impf.	resīderem	resīderēmus
	resīderēs	resīderētis
	resīderet	resīderent
Perf.	resēderim	resēderimus
	resēderis	resēderitis
	resēderit	resēderint
Plup.	resēdissem	resēdissēmus
	resēdissēs	resēdissētis
	resēdisset	resēdissent

IMPERATIVE

Pres.	resīde	resīdite

INFINITIVE

Pres.	resīdere
Perf.	resēdisse
Fut.	

PARTICIPLE

Pres.	resīdēns, (-tis)
Perf.	
Fut.	resīdendus (-a, -um) (GERUNDIVE)

GERUND resīdendī, -ō, -um, -ō   SUPINE

Alternate forms: **residi** = resedi
Compounds and related words: **resideo (2)** to remain sitting
Model sentence: *Aves plurimum volant, cetera genera **residunt** et insistunt.* —Pliny

respiciō

look back, regard

ACTIVE		PASSIVE	
INDICATIVE			

	ACTIVE		PASSIVE	
Pres.	respiciō	respicimus	respicior	respicimur
	respicis	respicitis	respiceris (-re)	respiciminī
	respicit	respiciunt	respicitur	respiciuntur
Impf.	respiciēbam	respiciēbāmus	respiciēbar	respiciēbāmur
	respiciēbās	respiciēbātis	respiciēbāris (-re)	respiciēbāminī
	respiciēbat	respiciēbant	respiciēbātur	respiciēbantur
Fut.	respiciam	respiciēmus	respiciar	respiciēmur
	respiciēs	respiciētis	respiciēris (-re)	respiciēminī
	respiciet	respicient	respiciētur	respicientur
Perf.	respexī	respeximus	respectus sum	respectī sumus
	respexistī	respexistis	(-a, -um) es	(-ae, -a) estis
	respexit	respexērunt (-ēre)	est	sunt
Plup.	respexeram	respexerāmus	respectus eram	respectī erāmus
	respexerās	respexerātis	(-a, -um) erās	(-ae, -a) erātis
	respexerat	respexerant	erat	erant
Fut.	respexerō	respexerimus	respectus erō	respectī erimus
Perf.	respexeris	respexeritis	(-a, -um) eris	(-ae, -a) eritis
	respexerit	respexerint	erit	erunt
SUBJUNCTIVE				
Pres.	respiciam	respiciāmus	respiciar	respiciāmur
	respiciās	respiciātis	respiciāris (-re)	respiciāminī
	respiciat	respiciant	respiciātur	respiciantur
Impf.	respicerem	respicerēmus	respicerer	respicerēmur
	respicerēs	respicerētis	respicerēris (-re)	respicerēminī
	respiceret	respicerent	respicerētur	respicerentur
Perf.	respexerim	respexerimus	respectus sim	respectī sīmus
	respexeris	respexeritis	(-a, -um) sīs	(-ae, -a) sītis
	respexerit	respexerint	sit	sint
Plup.	respexissem	respexissēmus	respectus essem	respectī essēmus
	respexissēs	respexissētis	(-a, -um) essēs	(-ae, -a) essētis
	respexisset	respexissent	esset	essent
IMPERATIVE				
Pres.	respice	respicite		
INFINITIVE				
Pres.	respicere		respicī	
Perf.	respexisse		respectus (-a, -um) esse	
Fut.	respectūrus (-a, -um) esse			
PARTICIPLE				
Pres.	respiciēns, (-tis)			
Perf.			respectus (-a, -um)	
Fut.	respectūrus (-a, -um)		respiciendus (-a, -um) (GERUNDIVE)	

GERUND respiciendī, -ō, -um, -ō   SUPINE respectum, -ū

Alternate forms: **respexis** = respexeris
See **specto** for other compounds and vocabulary related to this verb.
Model sentence: *Longe retro respicere non possunt.* —Cicero

answer, reply

	ACTIVE			PASSIVE	
			INDICATIVE		
Pres.	respondeō	respondēmus		respondeor	respondēmur
	respondēs	respondētis		respondēris (-re)	respondēminī
	respondet	respondent		respondētur	respondentur
Impf.	respondēbam	respondēbāmus		respondēbar	respondēbāmur
	respondēbās	respondēbātis		respondēbāris (-re)	respondēbāminī
	respondēbat	respondēbant		respondēbātur	respondēbantur
Fut.	respondēbō	respondēbimus		respondēbor	respondēbimur
	respondēbis	respondēbitis		respondēberis (-re)	respondēbiminī
	respondēbit	respondēbunt		respondēbitur	respondēbuntur
Perf.	respondī	respondimus		respōnsus sum	respōnsī sumus
	respondistī	respondistis		(-a, -um) es	(-ae, -a) estis
	respondit	respondērunt (-ēre)		est	sunt
Plup.	responderam	responderāmus		respōnsus eram	respōnsī erāmus
	responderās	respōnderātis		(-a, -um) erās	(-ae, -a) erātis
	responderat	responderant		erat	erant
Fut.	responderō	responderimus		respōnsus erō	respōnsī erimus
Perf.	responderis	responderitis		(-a, -um) eris	(-ae, -a) eritis
	responderit	responderint		erit	erunt
			SUBJUNCTIVE		
Pres.	respondeam	respondeāmus		respondear	respondeāmur
	respondeās	respondeātis		respondeāris (-re)	respondeāminī
	respondeat	respondeant		respondeātur	respondeantur
Impf.	respondērem	respondērēmus		respondērer	respondērēmur
	respondērēs	respondērētis		respondērēris (-re)	respondērēminī
	respondēret	respondērent		respondērētur	respondērentur
Perf.	responderim	responderimus		respōnus sim	respōnsī sīmus
	responderis	responderitis		(-a, -um) sīs	(-ae, -a) sītis
	responderit	responderint		sit	sint
Plup.	respondissem	respondissēmus		respōnsus essem	respōnsī essēmus
	respondissēs	respondissētis		(-a, -um) essēs	(-ae, -a) essētis
	respondisset	respondissent		esset	essent
			IMPERATIVE		
Pres.	respondē	respondēte			
			INFINITIVE		
Pres.	respondēre			respondērī	
Perf.	respondisse			respōnsus (-a, -um) esse	
Fut.	respōnsūrus (-a, -um) esse				
			PARTICIPLE		
Pres.	respondēns, (-tis)				
Perf.				respōnsus (-a, -um)	
Fut.	respōnsūrus (-a, -um)			respondendus (-a, -um) (GERUNDIVE)	

GERUND respondendī, -ō, -um, -ō   SUPINE respōnsum, -ū

Usage notes: generally used with the **dative**
Compounds and related words: **responsio, -onis, f.** a reply; **responsito (1)** to keep answering;
   responso (1) to keep answering; **responsor, -is, m.** one who answers; **responsum, -i, n.** an answer;
   spondeo (2) to pledge
See **spondeo** for related compounds of this verb.
Model sentence: *Arbitrabar me satis **respondisse** ad id quod quaesierat Laelius.* —Cicero

laugh (at), smile

<table>
<tr><th colspan="2" style="text-align:center">ACTIVE</th><th colspan="2" style="text-align:center">PASSIVE</th></tr>
</table>

INDICATIVE

	ACTIVE		PASSIVE	
Pres.	rīdeō	rīdēmus	rīdeor	rīdēmur
	rīdēs	rīdētis	rīdēris (-re)	rīdēminī
	rīdet	rīdent	rīdētur	rīdentur
Impf.	rīdēbam	rīdēbāmus	rīdēbar	rīdēbāmur
	rīdēbās	rīdēbātis	rīdēbāris (-re)	rīdēbāminī
	rīdēbat	rīdēbant	rīdēbātur	rīdēbantur
Fut.	rīdēbo	rīdēbimus	rīdēbor	rīdēbimur
	rīdēbis	rīdēbitis	rīdēberis (-re)	rīdēbiminī
	rīdēbit	rīdēbunt	rīdēbitur	rīdēbuntur
Perf.	rīsī	rīsimus	rīsus sum	rīsī sumus
	rīsistī	rīsistis	(-a, -um) es	(-ae, -a) estis
	rīsit	rīsērunt (-ēre)	est	sunt
Plup.	rīseram	rīserāmus	rīsus eram	rīsī erāmus
	rīserās	rīserātis	(-a, -um) erās	(-ae, -a) erātis
	rīserat	rīserant	erat	erant
Fut.	rīserō	rīserimus	rīsus erō	rīsī erimus
Perf.	rīseris	rīseritis	(-a, -um) eris	(-ae, -a) eritis
	rīserit	rīserint	erit	erunt

SUBJUNCTIVE

	ACTIVE		PASSIVE	
Pres.	rīdeam	rīdeāmus	rīdear	rīdeāmur
	rīdeās	rīdeātis	rīdeāris (-re)	rīdeāminī
	rīdeat	rīdeant	rīdeātur	rīdeantur
Impf.	rīdērem	rīdērēmus	rīdērer	rīdērēmur
	rīdērēs	rīdērētis	rīdērēris (-re)	rīdērēminī
	rīdēret	rīdērent	rīdērētur	rīdērentur
Perf.	rīserim	rīserimus	rīsus sim	rīsī sīmus
	rīseris	rīseritis	(-a, -um) sīs	(-ae, -a) sītis
	rīserit	rīserint	sit	sint
Plup.	rīsissem	rīsissēmus	rīsus essem	rīsī essēmus
	rīsissēs	rīsissētis	(-a, -um) essēs	(-ae, -a) essētis
	rīsisset	rīsissent	esset	essent

IMPERATIVE

	ACTIVE	
Pres.	rīdē	rīdēte

INFINITIVE

	ACTIVE	PASSIVE
Pres.	rīdēre	rīdērī
Perf.	rīsisse	rīsus (-a, -um) esse
Fut.	rīsūrus (-a, -um) esse	

PARTICIPLE

	ACTIVE	PASSIVE
Pres.	rīdēns, (-tis)	
Perf.		rīsus (-a, -um)
Fut.	rīsūrus (-a, -um)	rīdendus (-a, -um) (GERUNDIVE)

GERUND rīdendī, -ō, -um, -ō   SUPINE rīsum, -ū

Compounds and related words: **arrideo (2)** to laugh at; **risus, -us, m.** smile; **subrideo (2)** to smirk
Model sentence: ***Rident** stolidi verba Latina.* —Ovid

ask, beg

	ACTIVE			PASSIVE	
			INDICATIVE		
Pres.	rogō	rogāmus		rogor	rogāmur
	rogās	rogātis		rogāris (-re)	rogāminī
	rogat	rogant		rogātur	rogantur
Impf.	rogābam	rogābāmus		rogābar	rogābāmur
	rogābās	rogābātis		rogābāris (-re)	rogābāminī
	rogābat	rogābant		rogābātur	rogābantur
Fut.	rogābō	rogābimus		rogābor	rogābimur
	rogābis	rogābitis		rogāberis (-re)	rogābiminī
	rogābit	rogābunt		rogābitur	rogābuntur
Perf.	rogāvī	rogāvimus		rogātus sum	rogātī sumus
	rogāvistī	rogāvistis		(-a, -um) es	(-ae, -a) estis
	rogāvit	rogāvērunt (-ēre)		est	sunt
Plup.	rogāveram	rogāverāmus		rogātus eram	rogātī erāmus
	rogāverās	rogāverātis		(-a, -um) erās	(-ae, -a) erātis
	rogāverat	rogāverant		erat	erant
Fut.	rogāverō	rogāverimus		rogātus erō	rogātī erimus
Perf.	rogāveris	rogāveritis		(-a, -um) eris	(-ae, -a) eritis
	rogāverit	rogāverint		erit	erunt
			SUBJUNCTIVE		
Pres.	rogem	rogēmus		roger	rogēmur
	rogēs	rogētis		rogēris (-re)	rogēminī
	roget	rogent		rogētur	rogentur
Impf.	rogārem	rogārēmus		rogārer	rogārēmur
	rogārēs	rogārētis		rogārēris (-re)	rogārēminī
	rogāret	rogārent		rogārētur	rogārentur
Perf.	rogāverim	rogāverimus		rogātus sim	rogātī sīmus
	rogāveris	rogāveritis		(-a, -um) sīs	(-ae, -a) sītis
	rogāverit	rogāverint		sit	sint
Plup.	rogāvissem	rogāvissēmus		rogātus essem	rogātī essēmus
	rogāvissēs	rogāvissētis		(-a, -um) essēs	(-ae, -a) essētis
	rogāvisset	rogāvissent		esset	essent
			IMPERATIVE		
Pres.	rogā	rogāte			
			INFINITIVE		
Pres.	rogāre			rogārī	
Perf.	rogāvisse			rogātus (-a, -um) esse	
Fut.	rogātūrus (-a, -um) esse				
			PARTICIPLE		
Pres.	rogāns, (-tis)				
Perf.				rogātus (-a, -um)	
Fut.	rogātūrus (-a, -um)			rogandus (-a, -um) (GERUNDIVE)	

GERUND rogandī, -ō, -um, -ō   SUPINE rogātum, -ū

Alternate forms: **rogarier** = rogari; **rogassint** = rogaverint
Compounds and related words: **abrogatio, -onis, f.** a repealing; **abrogo (1)** to repeal; **interrogo (1)** to ask; **rogatio, -onis, f.** a repealing; **rogator, -is, m.** one who asks; **rogatu** at the request; **rogitatio, -onis, f.** a proposed law; **rogito (1)** to ask for eagerly
Model sentence: *Parcas lusibus et iocis **rogamus**.* —Martial

be red, blush

ACTIVE

INDICATIVE

Pres.	rubeō	rubēmus
	rubēs	rubētis
	rubet	rubent
Impf.	rubēbam	rubēbāmus
	rubēbās	rubēbātis
	rubēbat	rubēbant
Fut.	rubēbo	rubēbimus
	rubēbis	rubēbitis
	rubēbit	rubēbunt
Perf.		
Plup.		
Fut. Perf.		

SUBJUNCTIVE

Pres.	rubeam	rubeāmus
	rubeās	rubeātis
	rubeat	rubeant
Impf.	rubērem	rubērēmus
	rubērēs	rubērētis
	rubēret	rubērent
Perf.		
Plup.		

IMPERATIVE

| *Pres.* | rubē | rubēte |

INFINITIVE

Pres.	rubēre
Perf.	
Fut.	

PARTICIPLE

Pres.	rubēns, (-tis)
Perf.	
Fut.	rubendus (-a, -um) (GERUNDIVE)

GERUND rubendī, -ō, -um, -ō   SUPINE

Compounds and related words: **erubesco (3)** to blush; **ruber, -bra, -brum** red; **rubesco (3)** to blush
Model sentence: *Sanguine litus undaque prima **rubet**. —*Ovid

break, burst

	ACTIVE			PASSIVE	

INDICATIVE

Pres.	rumpō	rumpimus		rumpor	rumpimur
	rumpis	rumpitis		rumperis (-re)	rumpiminī
	rumpit	rumpunt		rumpitur	rumpuntur
Impf.	rumpēbam	rumpēbāmus		rumpēbar	rumpēbāmur
	rumpēbās	rumpēbātis		rumpēbāris (-re)	rumpēbāminī
	rumpēbat	rumpēbant		rumpēbātur	rumpēbantur
Fut.	rumpam	rumpēmus		rumpar	rumpēmur
	rumpēs	rumpētis		rumpēris (-re)	rumpēminī
	rumpet	rumpent		rumpētur	rumpentur
Perf.	rūpī	rūpimus		ruptus sum	ruptī sumus
	rūpistī	rūpistis		(-a, -um) es	(-ae, -a) estis
	rūpit	rūpērunt (-ēre)		est	sunt
Plup.	rūperam	rūperāmus		ruptus eram	ruptī erāmus
	rūperās	rūperātis		(-a, -um) erās	(-ae, -a) erātis
	rūperat	rūperant		erat	erant
Fut.	rūperō	rūperimus		ruptus erō	ruptī erimus
Perf.	rūperis	rūperitis		(-a, -um) eris	(-ae, -a) eritis
	rūperit	rūperint		erit	erunt

SUBJUNCTIVE

Pres.	rumpam	rumpāmus		rumpar	rumpāmur
	rumpās	rumpātis		rumpāris (-re)	rumpāminī
	rumpat	rumpant		rumpātur	rumpantur
Impf.	rumperem	rumperēmus		rumperer	rumperēmur
	rumperēs	rumperētis		rumperēris (-re)	rumperēminī
	rumperet	rumperent		rumperētur	rumperentur
Perf.	rūperim	rūperimus		ruptus sim	ruptī sīmus
	rūperis	rūperitis		(-a, -um) sīs	(-ae, -a) sītis
	rūperit	rūperint		sit	sint
Plup.	rūpissem	rūpissēmus		ruptus essem	ruptī essēmus
	rūpissēs	rūpissētis		(-a, -um) essēs	(-ae, -a) essētis
	rūpisset	rūpissent		esset	essent

IMPERATIVE

Pres.	rumpe	rumpite		

INFINITIVE

Pres.	rumpere		rumpī
Perf.	rūpisse		ruptus (-a, -um) esse
Fut.	ruptūrus (-a, -um) esse		

PARTICIPLE

Pres.	rumpēns, (-tis)		
Perf.			ruptus (-a, -um)
Fut.	ruptūrus (-a, -um)		rumpendus (-a, -um) (GERUNDIVE)

GERUND rumpendī, -ō, -um, -ō   SUPINE ruptum, -ū

Alternate forms: **rumpier** = rumpi

Compounds and related words: **abrumpo (3)** to break off; **corrumpo (3)** to break up; **erumpo (3)** to break out; **irrumpo (3)** to break in; **praerumpo (3)** to break off; **prorumpo (3)** to rush forward; **rupes, -is, f.** cliff; **ruptor, -is, m.** one who breaks

Model sentence: *Me **rupi** causa currendo tua.* —Plautus

fall or cast down violently, rush

ACTIVE		PASSIVE	
INDICATIVE			

Pres.	ruō	ruimus	ruor		ruimur	
	ruis	ruitis	rueris (-re)		ruiminī	
	ruit	ruunt	ruitur		ruuntur	
Impf.	ruēbam	ruēbāmus	ruēbar		ruēbāmur	
	ruēbās	ruēbātis	ruēbāris (-re)		ruēbāminī	
	ruēbat	ruēbant	ruēbātur		ruēbantur	
Fut.	ruam	ruēmus	ruar		ruēmur	
	ruēs	ruētis	ruēris (-re)		ruēminī	
	ruet	ruent	ruētur		ruentur	
Perf.	ruī	ruimus	rutus sum	rutī sumus		
	ruistī	ruistis	(-a, -um) es	(-ae, -a) estis		
	ruit	ruērunt (-ēre)	est	sunt		
Plup.	rueram	ruerāmus	rutus eram	rutī erāmus		
	ruerās	ruerātis	(-a, -um) erās	(-ae, -a) erātis		
	ruerat	ruerant	erat	erant		
Fut. Perf.	ruerō	ruerimus	rutus erō	rutī erimus		
	rueris	rueritis	(-a, -um) eris	(-ae, -a) eritis		
	ruerit	ruerint	erit	erunt		

SUBJUNCTIVE			

Pres.	ruam	ruāmus	ruar		ruāmur	
	ruās	ruātis	ruāris (-re)		ruāminī	
	ruat	ruant	ruātur		ruantur	
Impf.	ruerem	ruerēmus	ruerer		ruerēmur	
	ruerēs	ruerētis	ruerēris (-re)		ruerēminī	
	rueret	ruerent	ruerētur		ruerentur	
Perf.	ruerim	ruerimus	rutus sim	rutī sīmus		
	rueris	rueritis	(-a, -um) sīs	(-ae, -a) sītis		
	ruerit	ruerint	sit	sint		
Plup.	ruissem	ruissēmus	rutus essem	rutī essēmus		
	ruissēs	ruissētis	(-a, -um) essēs	(-ae, -a) essētis		
	ruisset	ruissent	esset	essent		

IMPERATIVE			
Pres.	rue	ruite		

INFINITIVE			
Pres.	ruere		ruī
Perf.	ruisse		rutus (-a, -um) esse
Fut.	ruitūrus (-a, -um) esse		

PARTICIPLE			
Pres.	ruēns, (-tis)		
Perf.			rutus (-a, -um)
Fut.	ruitūrus (-a, -um)		ruendus (-a, -um) (GERUNDIVE)

GERUND ruendī, -ō, -um, -ō   SUPINE rutum, -ū

Usage notes: passive may be used impersonally
Compounds and related words: **corruo (3)** to collapse; **diruo (3)** to demolish; **eruo (3)** to uproot;
    irruo (3) to rush in; **obruo (3)** to overwhelm
Model sentence: *Vis consili expers mole **ruit** sua.* —Horace

consecrate, condemn

ACTIVE   PASSIVE

INDICATIVE

	ACTIVE		PASSIVE	
Pres.	sacrō	sacrāmus	sacror	sacrāmur
	sacrās	sacrātis	sacrāris (-re)	sacrāminī
	sacrat	sacrant	sacrātur	sacrantur
Impf.	sacrābam	sacrābāmus	sacrābar	sacrābāmur
	sacrābās	sacrābātis	sacrābāris (-re)	sacrābāminī
	sacrābat	sacrābant	sacrābātur	sacrābantur
Fut.	sacrābo	sacrābimus	sacrābor	sacrābimur
	sacrābis	sacrābitis	sacrāberis (-re)	sacrābiminī
	sacrābit	sacrābunt	sacrābitur	sacrābuntur
Perf.	sacrāvī	sacrāvimus	sacrātus sum	sacrātī sumus
	sacrāvistī	sacrāvistis	(-a, -um) es	(-ae, -a) estis
	sacrāvit	sacrāvērunt (-ēre)	est	sunt
Plup.	sacrāveram	sacrāverāmus	sacrātus eram	sacrātī erāmus
	sacrāverās	sacrāverātis	(-a, -um) erās	(-ae, -a) erātis
	sacrāverat	sacrāverant	erat	erant
Fut. *Perf.*	sacrāverō	sacrāverimus	sacrātus erō	sacrātī erimus
	sacrāveris	sacrāveritis	(-a, -um) eris	(-ae, -a) eritis
	sacrāverit	sacrāverint	erit	erunt

SUBJUNCTIVE

	ACTIVE		PASSIVE	
Pres.	sacrem	sacrēmus	sacrer	sacrēmur
	sacrēs	sacrētis	sacrēris (-re)	sacrēminī
	sacret	sacrent	sacrētur	sacrentur
Impf.	sacrārem	sacrārēmus	sacrārer	sacrārēmur
	sacrārēs	sacrārētis	sacrārēris (-re)	sacrārēminī
	sacrāret	sacrārent	sacrārētur	sacrārentur
Perf.	sacrāverim	sacrāverimus	sacrātus sim	sacrātī sīmus
	sacrāveris	sacrāveritis	(-a, -um) sīs	(-ae, -a) sītis
	sacrāverit	sacrāverint	sit	sint
Plup.	sacrāvissem	sacrāvissēmus	sacrātus essem	sacrātī essēmus
	sacrāvissēs	sacrāvissētis	(-a, -um) essēs	(-ae, -a) essētis
	sacrāvisset	sacrāvissent	esset	essent

IMPERATIVE

Pres.	sacrā	sacrāte		

INFINITIVE

Pres.	sacrāre	sacrārī
Perf.	sacrāvisse	sacrātus (-a, -um) esse
Fut.	sacrātūrus (-a, -um) esse	

PARTICIPLE

Pres.	sacrāns, (-tis)	
Perf.		sacrātus (-a, -um)
Fut.	sacrātūrus (-a, -um)	sacrandus (-a, -um) (GERUNDIVE)

GERUND sacrandī, -ō, -um, -ō   SUPINE sacrātum, -ū

Compounds and related words: **consecro (1)** to consecrate; **obsecro (1)** to beg; **sacer, -cra, -crum** holy; **sacerdos, -dotis, m.** priest; **sacrificium, -i, n.** sacrifice; **sacrifico (1)** to sacrifice; **sacrilegus, -a, -um** wicked

Model sentence: *Hoc nemus aeterno cinerum **sacravit** honori Faenius.* —Martial

rage

ACTIVE		PASSIVE
INDICATIVE		

Pres.	saeviō	saevīmus	
	saevīs	saevītis	
	saevit	saeviunt	saevītur (Impers.)
Impf.	saeviēbam	saeviēbāmus	
	saeviēbās	saeviēbātis	
	saeviēbat	saeviēbant	saeviēbātur (Impers.)
Fut.	saeviam	saeviēmus	
	saeviēs	saeviētis	
	saeviet	saevient	saeviētur (Impers.)
Perf.	saeviī	saeviimus	
	saeviistī	saeviistis	
	saeviit	saeviērunt (-ēre)	saevītum est (Impers.)
Plup.	saevieram	saevierāmus	
	saevierās	saevierātis	
	saevierat	saevierant	saevītum erat (Impers.)
Fut.	saevierō	saevierimus	
Perf.	saevieris	saevieritis	
	saevierit	saevierint	saevītum erit (Impers.)
SUBJUNCTIVE		
Pres.	saeviam	saeviāmus	
	saeviās	saeviātis	
	saeviat	saeviant	saeviātur (Impers.)
Impf.	saevīrem	saevīrēmus	
	saevīrēs	saevīrētis	
	saevīret	saevīrent	saevīrētur (Impers.)
Perf.	saevierim	saevierimus	
	saevieris	saevieritis	
	saevierit	saevierint	saevītum sit (Impers.)
Plup.	saeviissem	saeviissēmus	
	saeviissēs	saeviissētis	
	saeviisset	saeviissent	saevītum esset (Impers.)
IMPERATIVE		
Pres.	saevī	saevīte	
INFINITIVE		
Pres.	saevīre		saevīrī
Perf.	saeviisse		saevītum esse
Fut.	saevītūrus (-a, -um) esse		
PARTICIPLE		
Pres.	saeviēns, (-tis)		
Perf.			saevītus (-a, -um)
Fut.	saevītūrus (-a, -um)		saeviendus (-a, -um) (GERUNDIVE)

GERUND saeviendī, -ō, -um, -ō　SUPINE saevītum, -ū

Alternate forms: **saevibat** = saeviebat; **saevibo** = saeviam
Compounds and related words: **saevitia, -ae, f.** ferocity; **saevus, -a, -um** cruel
Model sentence: *Saevire Fortuna ac miscere omnia coepit.* —Sallust

jump, leap

ACTIVE

INDICATIVE

Pres.	saliō	salīmus
	salīs	salītis
	salit	saliunt
Impf.	saliēbam	saliēbāmus
	saliēbās	saliēbātis
	saliēbat	saliēbant
Fut.	saliam	saliēmus
	saliēs	saliētis
	saliēt	saliēnt
Perf.	saluī	saluimus
	saluistī	saluistis
	saluit	saluērunt (-ēre)
Plup.	salueram	saluerāmus
	saluerās	saluerātis
	saluerat	saluerant
Fut.	saluerō	saluerimus
Perf.	salueris	salueritis
	saluerit	saluerint

SUBJUNCTIVE

Pres.	saliam	saliāmus
	saliās	saliātis
	saliat	saliant
Impf.	salīrem	salīrēmus
	salīrēs	salīrētis
	salīret	salīrent
Perf.	saluerim	saluerimus
	salueris	salueritis
	saluerit	saluerint
Plup.	saluissem	saluissēmus
	saluissēs	saluissētis
	saluisset	saluissent

IMPERATIVE

Pres.	salī	salīte

INFINITIVE

Pres.	salīre
Perf.	saluisse
Fut.	saltūrus (-a, -um) esse

PARTICIPLE

	Active	Passive
Pres.	saliēns, (-tis)	
Perf.		saltus (-a, -um)
Fut.	saltūrus (-a, -um)	saliendus (-a, -um) (GERUNDIVE)

GERUND saliendī, -ō, -um, -ō   SUPINE saltum, -ū

Alternate forms: **salii** = salui; **salivi** = salui

Compounds and related words: **absilio (4)** to jump away; **consilium, -i, n.** consultation; **consul, -is, m.** consul; **consularis, -e** pertaining to a consul; **consulatus, -us, m.** consulship; **desilio (4)** to jump down; **exsilium, -i, n.** exile; **exsul, -is, c.** exile; **exsulo (1)** to be in exile; **exsulto (1)** to jump up; **praesul, -is, c.** public dancer; **proconsul, -is, m.** proconsul; **resulto (1)** to rebound

Model sentence: *Saliendo sese exercebant.* —Plautus

make sacred, appoint, decree

ACTIVE		PASSIVE	
INDICATIVE			

Pres.	sanciō	sancīmus	sancior	sancīmur
	sancīs	sancītis	sancīris (-re)	sancīminī
	sancit	sanciunt	sancītur	sanciuntur
Impf.	sanciēbam	sanciēbāmus	sanciēbar	sanciēbāmur
	sanciēbās	sanciēbātis	sanciēbāris (-re)	sanciēbāminī
	sanciēbat	sanciēbant	sanciēbātur	sanciēbantur
Fut.	sanciam	sanciēmus	sanciar	sanciēmur
	sanciēs	sanciētis	sanciēris (-re)	sanciēminī
	sanciet	sancient	sanciētur	sancientur
Perf.	sanxī	sanximus	sanctus sum	sanctī sumus
	sanxistī	sanxistis	(-a, -um) es	(-ae, -a) estis
	sanxit	sanxērunt (-ēre)	est	sunt
Plup.	sanxeram	sanxerāmus	sanctus eram	sanctī erāmus
	sanxerās	sanxerātis	(-a, -um) erās	(-ae, -a) erātis
	sanxerat	sanxerant	erat	erant
Fut.	sanxerō	sanxerimus	sanctus erō	sanctī erimus
Perf.	sanxeris	sanxeritis	(-a, -um) eris	(-ae, -a) eritis
	sanxerit	sanxerint	erit	erunt

SUBJUNCTIVE			

Pres.	sanciam	sanciāmus	sanciar	sanciāmur
	sanciās	sanciātis	sanciāris (-re)	sanciāminī
	sanciat	sanciant	sanciātur	sanciantur
Impf.	sancīrem	sancīrēmus	sancīrer	sancīrēmur
	sancīrēs	sancīrētis	sancīrēris (-re)	sancīrēminī
	sancīret	sancīrent	sancīrētur	sancīrentur
Perf.	sanxerim	sanxerimus	sanctus sim	sanctī sīmus
	sanxeris	sanxeritis	(-a, -um) sīs	(-ae, -a) sītis
	sanxerit	sanxerint	sit	sint
Plup.	sanxissem	sanxissēmus	sanctus essem	sanctī essēmus
	sanxissēs	sanxissētis	(-a, -um) essēs	(-ae, -a) essētis
	sanxisset	sanxissent	esset	essent

IMPERATIVE			
Pres.	sancī	sancīte		

INFINITIVE			
Pres.	sancīre		sancīrī	
Perf.	sanxisse		sanctus (-a, -um) esse	
Fut.	sanctūrus (-a, -um) esse			

PARTICIPLE			
Pres.	sanciēns, (-tis)			
Perf.			sanctus (-a, -um)	
Fut.	sanctūrus (-a, -um)		sanciendus (-a, -um) (GERUNDIVE)	

GERUND sanciendī, -ō, -um, -ō   SUPINE sanctum, -ū

Alternate forms: **sancierat** = sanxerat; **sancitum** = sanctum; **sancivi** = sanxi
Compounds and related words: **sanctitas, -tatis, f.** sacredness; **sanctus, -a, -um** sacred
Model sentence: *Alia moribus confirmarunt, **sanxerunt** autem alia legibus.* —Cicero

taste, suggest, be wise

ACTIVE

INDICATIVE

Pres.	sapiō	sapimus	
	sapis	sapitis	
	sapit	sapiunt	
Impf.	sapiēbam	sapiēbāmus	
	sapiēbās	sapiēbātis	
	sapiēbat	sapiēbant	
Fut.	sapiam	sapiēmus	
	sapiēs	sapiētis	
	sapiet	sapient	
Perf.	sapīvī	sapīvimus	
	sapīvistī	sapīvistis	
	sapīvit	sapīvērunt (-ēre)	
Plup.	sapīveram	sapīverāmus	
	sapīverās	sapīverātis	
	sapīverat	sapīverant	
Fut.	sapīverō	sapīverimus	
Perf.	sapīveris	sapīveritis	
	sapīverit	sapīverint	

SUBJUNCTIVE

Pres.	sapiam	sapiāmus	
	sapiās	sapiātis	
	sapiat	sapiant	
Impf.	saperem	saperēmus	
	saperēs	saperētis	
	saperet	saperent	
Perf.	sapīverim	sapīverimus	
	sapīveris	sapīveritis	
	sapīverit	sapīverint	
Plup.	sapīvissem	sapīvissēmus	
	sapīvissēs	sapīvissētis	
	sapīvisset	sapīvissent	

IMPERATIVE

Pres.	sape	sapite

INFINITIVE

Pres.	sapere
Perf.	sapīvisse
Fut.	

PARTICIPLE

Pres.	sapiēns, (-tis)
Perf.	
Fut.	sapiendus (-a, -um) (GERUNDIVE)

GERUND sapiendī, -ō, -um, -ō   SUPINE

Alternate forms: **sapii** = sapivi; **sapisset** = sapuisset; **sapisti** = sapuisti; **sapui** = sapivi
Compounds and related words: **desipio (3)** to be stupid; **sapor, -is, m.** flavor
Model sentence: *Nubere vis Prisco: non miror, Paula; **sapisti**.*
  *Ducere te non vult Priscus — et ille **sapit**.* —Martial

ACTIVE

INDICATIVE

Pres.	scandō	scandimus
	scandis	scanditis
	scandit	scandunt
Impf.	scandēbam	scandēbāmus
	scandēbās	scandēbātis
	scandēbat	scandēbant
Fut.	scandam	scandēmus
	scandēs	scandētis
	scandet	scandent
Perf.		
Plup.		
Fut.		
Perf.		

SUBJUNCTIVE

Pres.	scandam	scandāmus
	scandās	scandātis
	scandat	scandant
Impf.	scanderem	scanderēmus
	scanderēs	scanderētis
	scanderet	scanderent
Perf.		
Plup.		

IMPERATIVE

Pres.	scande	scandite

INFINITIVE

Pres.	scandere
Perf.	
Fut.	

PARTICIPLE

Pres.	scandēns, (-tis)
Perf.	
Fut.	scandendus (-a, -um) (GERUNDIVE)

GERUND scandendī, -ō, -um, -ō   SUPINE

Compounds and related words: **ascendo (3)** to climb up; **conscendo (3)** to climb; **descendo (3)** to descend; **transcendo (3)** to surmount

Model sentence: *An in alta palatia missum **scandere** te iubeam Caesareamque domum?* —Ovid

cut, split, urge

ACTIVE		PASSIVE	
INDICATIVE			

Pres. scindō scindimus scindor scindimur
scindis scinditis scinderis (-re) scindiminī
scindit scindunt scinditur scinduntur

Impf. scindēbam scindēbāmus scindēbar scindēbāmur
scindēbās scindēbātis scindēbāris (-re) scindēbāminī
scindēbat scindēbant scindēbātur scindēbantur

Fut. scindam scindēmus scindar scindēmur
scindēs scindētis scinderis (-re) scindēminī
scindet scindent scindētur scindentur

Perf. scidī scidimus scissus sum scissī sumus
scidistī scidistis (-a, -um) es (-ae, -a) estis
scidit scidērunt (-ēre) est sunt

Plup. scideram sciderāmus scissus eram scissī erāmus
sciderās sciderātis (-a, -um) erās (-ae, -a) erātis
sciderat sciderant erat erant

Fut. sciderō sciderimus scissus erō scissī erimus
Perf. scideris scideritis (-a, -um) eris (-ae, -a) eritis
sciderit sciderint erit erunt

| **SUBJUNCTIVE** | | | |

Pres. scindam scindāmus scindar scindāmur
scindās scindātis scindāris (-re) scindāminī
scindat scindant scindātur scindantur

Impf. scinderem scinderēmus scinderer scinderēmur
scinderēs scinderētis scinderēris (-re) scinderēminī
scinderet scinderent scinderētur scinderentur

Perf. sciderim sciderimus scissus sim scissī sīmus
scideris scideritis (-a, -um) sīs (-ae, -a) sītis
sciderit sciderint sit sint

Plup. scidissem scidissēmus scissus essem scissī essēmus
scidissēs scidissētis (-a, -um) essēs (-ae, -a) essētis
scidisset scidissent esset essent

| **IMPERATIVE** | | | |

Pres. scinde scindite

| **INFINITIVE** | | | |

Pres. scindere scindī
Perf. scidisse scissus (-a, -um) esse
Fut. scissūrus (-a, -um) esse

| **PARTICIPLE** | | | |

Pres. scindēns, (-tis)
Perf. scissus (-a, -um)
Fut. scissūrus (-a, -um) scindendus (-a, -um) (GERUNDIVE)

GERUND scindendī, -ō, -um, -ō   SUPINE scissum, -ū

Alternate forms: **scicidi** = scidi
Compounds and related words: **abscindo (3)** to cut off; **conscindo (3)** to tear to pieces; **descisco (3)** to break away; **rescindo (3)** to cut down; **scissura, -ae, f.** a splitting
Model sentence: *Nolo commemorare quibus rebus sim spoliatus ne **scindam** ipse dolorem meum.* —Cicero

ACTIVE		PASSIVE	
INDICATIVE			

	ACTIVE		PASSIVE	
Pres.	sciō	scīmus	scior	scīmur
	scīs	scītis	scīris (-re)	scīminī
	scit	sciunt	scītur	sciuntur
Impf.	sciēbam	sciēbāmus	sciēbar	sciēbāmur
	sciēbās	sciēbātis	sciēbāris (-re)	sciēbāminī
	sciēbat	sciēbant	sciēbātur	sciēbantur
Fut.	sciam	sciēmus	sciar	sciēmur
	sciēs	sciētis	sciēris	sciēminī
	sciet	scient	sciētur	scientur
Perf.	scīvī	scīvimus	scītus sum	scītī sumus
	scīvistī	scīvistis	(-a, -um) es	(-ae, -a) estis
	scīvit	scīvērunt (-ēre)	est	sunt
Plup.	scīveram	scīverāmus	scītus eram	scītī erāmus
	scīverās	scīverātis	(-a, -um) erās	(-ae, -a) erātis
	scīverat	scīverant	erat	erant
Fut.	scīverō	scīverimus	scītus erō	scītī erimus
Perf.	scīveris	scīveritis	(-a, -um) eris	(-ae, -a) eritis
	scīverit	scīverint	erit	erunt
SUBJUNCTIVE				
Pres.	sciam	sciāmus	sciar	sciāmur
	sciās	sciātis	sciāris (-re)	sciāminī
	sciat	sciant	sciātur	sciantur
Impf.	scīrem	scīrēmus	scīrer	scīrēmur
	scīrēs	scīrētis	scīrēris (-re)	scīrēminī
	scīret	scīrent	scīrētur	scīrentur
Perf.	scīverim	scīverimus	scītus sim	scītī sīmus
	scīveris	scīveritis	(-a, -um) sīs	(-ae, -a) sītis
	scīverit	scīverint	sit	sint
Plup.	scīvissem	scīvissēmus	scītus essem	scītī essēmus
	scīvissēs	scīvissētis	(-a, -um) essēs	(-ae, -a) essētis
	scīvisset	scīvissent	esset	essent
IMPERATIVE				
Fut.	scītō	scītōte		
INFINITIVE				
Pres.	scīre		scīrī	
Perf.	scīvisse		scītus (-a, -um) esse	
Fut.	scītūrus (-a, -um) esse			
PARTICIPLE				
Pres.	sciēns, (-tis)			
Perf.			scītus (-a, -um)	
Fut.	scītūrus (-a, -um)		sciendus (-a, -um) (GERUNDIVE)	

GERUND sciendī, -ō, -um, -ō   SUPINE scītum, -ū

Alternate forms: **scibam, etc.** = sciebam, etc.; **scibitur** = scietur; **scibo, etc.** = sciam, etc.; **sciit** = scivit;
  scirint = sciverint; **scisse** = scivisse; **scisti** = scivisti
Compounds and related words: **conscientia, -ae, f.** joint knowledge; **conscius, -a, -um** aware;
  inscius, -a, -um unaware; **nescio (1)** not to know; **scientia, -ae, f.** knowledge; **scilicet** of course;
  sciscitor (1) to inquire
Model sentence: *Saepe ne utile quidem est **scire** quid futurum sit.* —Cicero

write

	ACTIVE			PASSIVE	
			INDICATIVE		
Pres.	scrībō	scrībimus		scrībor	scrībimur
	scrībis	scrībitis		scrīberis (-re)	scrībiminī
	scrībit	scrībunt		scrībitur	scrībuntur
Impf.	scrībēbam	scrībēbāmus		scrībēbar	scrībēbāmur
	scrībēbās	scrībēbātis		scrībēbāris (-re)	scrībēbāminī
	scrībēbat	scrībēbant		scrībēbātur	scrībēbantur
Fut.	scrībam	scrībēmus		scrībar	scrībēmur
	scrībēs	scrībētis		scrībēris (-re)	scrībēminī
	scrībet	scrībent		scrībētur	scrībentur
Perf.	scrīpsī	scrīpsimus		scrīptus sum	scrīptī sumus
	scrīpsistī	scrīpsistis		(-a, -um) es	(-ae, -a) estis
	scrīpsit	scrīpsērunt (-ēre)		est	sunt
Plup.	scrīpseram	scrīpserāmus		scrīptus eram	scrīptī erāmus
	scrīpserās	scrīpserātis		(-a, -um) erās	(-ae, -a) erātis
	scrīpserat	scrīpserant		erat	erant
Fut.	scrīpserō	scrīpserimus		scrīptus erō	scrīptī erimus
Perf.	scrīpseris	scrīpseritis		(-a, -um) eris	(-ae, -a) eritis
	scrīpserit	scrīpserint		erit	erunt
			SUBJUNCTIVE		
Pres.	scrībam	scrībāmus		scrībar	scrībāmur
	scrībās	scrībātis		scrībāris (-re)	scrībāminī
	scrībat	scrībant		scrībātur	scrībantur
Impf.	scrīberem	scrīberēmus		scrīberer	scrīberēmur
	scrīberēs	scrīberētis		scrīberēris (-re)	scrīberēminī
	scrīberet	scrīberent		scrīberētur	scrīberentur
Perf.	scrīpserim	scrīpserimus		scrīptus sim	scrīptī sīmus
	scrīpseris	scrīpseritis		(-a, -um) sīs	(-ae, -a) sītis
	scrīpserit	scrīpserint		sit	sint
Plup.	scrīpsissem	scrīpsissēmus		scrīptus essem	scrīptī essēmus
	scrīpsissēs	scrīpsissētis		(-a, -um) essēs	(-ae, -a) essētis
	scrīpsisset	scrīpsissent		esset	essent
			IMPERATIVE		
Pres.	scrībe	scrībite			
			INFINITIVE		
Pres.	scrībere			scrībī	
Perf.	scrīpsisse			scrīptus (-a, -um) esse	
Fut.	scrīptūrus (-a, -um) esse				
			PARTICIPLE		
Pres.	scrībēns, (-tis)				
Perf.				scrīptus (-a, -um)	
Fut.	scrīptūrus (-a, -um)			scrībendus (-a, -um) (GERUNDIVE)	

GERUND scrībendī, -ō, -um, -ō   SUPINE scrīptum, -ū

Alternate forms: **scripse** = scripsisse; **scripsti** = scripsisti; **scripstis** = scripsistis
Compounds and related words: **conscribo (3)** to enlist; **inscribo (3)** to assign; **praescribo (3)** to direct;
   rescribo (3) to write back; **scriba, -ae, m.** clerk; **scrinium, -i, n.** book box; **scriptor, -is, m.** writer;
   scriptura, -ae, f. writing
Model sentence: *Epigrammata illis **scribuntur,** qui solent spectare Florales.* —Martial

	ACTIVE			**PASSIVE**	
			INDICATIVE		
Pres.	secō	secāmus		secor	secāmur
	secās	secātis		secāris (-re)	secāminī
	secat	secant		secātur	secantur
Impf.	secābam	secābāmus		secābar	secābāmur
	secābās	secābātis		secābāris (-re)	secābāminī
	secābat	secābant		secābātur	secābantur
Fut.	secābo	secābimus		secābor	secābimur
	secābis	secābitis		secāberis (-re)	secābiminī
	secābit	secābunt		secābitur	secābuntur
Perf.	secuī	secuimus		sectus sum	sectī sumus
	secuistī	secuistis		(-a, -um) es	(-ae, -a) estis
	secuit	secuērunt (-ēre)		est	sunt
Plup.	secueram	secuerāmus		sectus eram	sectī erāmus
	secuerās	secuerātis		(-a, -um) erās	(-ae, -a) erātis
	secuerat	secuerant		erat	erant
Fut.	secuerō	secuerimus		sectus erō	sectī erimus
Perf.	secueris	secueritis		(-a, -um) eris	(-ae, -a) eritis
	secuerit	secuerint		erit	erunt
			SUBJUNCTIVE		
Pres.	secem	secēmus		secer	secēmur
	secēs	secētis		secēris (-re)	secēminī
	secet	secent		secētur	secentur
Impf.	secārem	secārēmus		secārer	secārēmur
	secārēs	secārētis		secārēris (-re)	secārēminī
	secāret	secārent		secārētur	secārentur
Perf.	secuerim	secuerimus		sectus sim	sectī sīmus
	secueris	secueritis		(-a, -um) sīs	(-ae, -a) sītis
	secuerit	secuerint		sit	sint
Plup.	secuissem	secuissēmus		sectus essem	sectī essēmus
	secuissēs	secuissētis		(-a, -um) essēs	(-ae, -a) essētis
	secuisset	secuissent		esset	essent
			IMPERATIVE		
Pres.	secā	secāte			
			INFINITIVE		
Pres.	secāre			secārī	
Perf.	secuisse			sectus (-a, -um) esse	
Fut.	secatūrus (-a, -um) esse				
			PARTICIPLE		
Pres.	secāns, (-tis)				
Perf.				sectus (-a, -um)	
Fut.	secatūrus (-a, -um)			secandus (-a, -um) (GERUNDIVE)	

GERUND secandī, -ō, -um, -ō   SUPINE sectum, -ū

Compounds and related words: **circumseco (1)** to cut around; **conseco (1)** to cut in small pieces; **deseco (1)** to cut off; **disseco (1)** to cut up; **perseco (1)** to cut through; **sectarius, -a, -um** gelded; **sectilis, -e** cut; **sectio, -onis, f.** a cutting; **sector, -is, m.** a cutter; **sectura, -ae, f.** a cutting
Model sentence: *Cape cultrum, seca digitum vel aurem.* —Plautus

sit

ACTIVE

INDICATIVE

Pres.	sedeō	sedēmus
	sedēs	sedētis
	sedet	sedent
Impf.	sedēbam	sedēbāmus
	sedēbās	sedēbātis
	sedēbat	sedēbant
Fut.	sedēbō	sedēbimus
	sedēbis	sedēbitis
	sedēbit	sedēbunt
Perf.	sēdī	sēdimus
	sēdistī	sēdistis
	sēdit	sēdērunt (-ēre)
Plup.	sēderam	sēderāmus
	sēderās	sēderātis
	sēderat	sēderant
Fut.	sēderō	sēderimus
Perf.	sēderis	sēderitis
	sēderit	sēderint

SUBJUNCTIVE

Pres.	sedeam	sedeāmus
	sedeās	sedeātis
	sedeat	sedeant
Impf.	sedērem	sedērēmus
	sedērēs	sedērētis
	sedēret	sedērent
Perf.	sēderim	sēderimus
	sēderis	sēderitis
	sēderit	sēderint
Plup.	sēdissem	sēdissēmus
	sēdissēs	sēdissētis
	sēdisset	sēdissent

IMPERATIVE

Pres.	sedē	sedēte

INFINITIVE

Pres.	sedēre
Perf.	sēdisse
Fut.	sessūrus (-a, -um) esse

PARTICIPLE

	Active	Passive
Pres.	sedēns, (-tis)	
Perf.		sessus (-a, -um)
Fut.	sessūrus (-a, -um)	sedendus (-a, -um) (GERUNDIVE)

GERUND sedendī, -ō, -um, -ō SUPINE sessum, -ū

Compounds and related words: **assideo (2)** to sit beside; **assiduus, -a, -um** incessant; **consido (3)** to settle down; **insidiae, -arum, f. pl.** ambush; **obses, obsidis, c.** hostage; **obsideo (2)** to beseige; **possideo (2)** to possess; **praeses, praesidis, c.** guardian; **praesideo (2)** to guard; **praesidium, -i, n.** defense; **resido (3)** to sit down; **sedamen, -minis, n.** sedative; **sedatio, -onis, f.** a soothing; **sedentarius, -a, -um** sitting; **sedes, -is, f.** seat; **sedile, -is, n.** seat; **sedo (1)** to calm; **subsidium, -i, n.** help
Model sentence: *Sedet qui timuit ne non succederet* —Horace

feel, perceive

ACTIVE		PASSIVE	
INDICATIVE			
Pres.	sentiō	sentīmus	sentior	sentīmur
	sentīs	sentītis	sentīris (-re)	sentīminī
	sentit	sentiunt	sentītur	sentiuntur
Impf.	sentiēbam	sentiēbāmus	sentiēbar	sentiēbāmur
	sentiēbās	sentiēbātis	sentiēbāris (-re)	sentiēbāminī
	sentiēbat	sentiēbant	sentiēbātur	sentiēbantur
Fut.	sentiam	sentiēmus	sentiar	sentiēmur
	sentiēs	sentiētis	sentiēris (-re)	sentiēminī
	sentiet	sentient	sentiētur	sentientur
Perf.	sēnsī	sēnsimus	sēnsus sum	sēnsī sumus
	sēnsistī	sēnsistis	(-a, -um) es	(-ae, -a) estis
	sēnsit	sēnsērunt (-ēre)	est	sunt
Plup.	sēnseram	sēnserāmus	sēnsus eram	sēnsī erāmus
	sēnserās	sēnserātis	(-a, -um) erās	(-ae, -a) erātis
	sēnserat	sēnserant	erat	erant
Fut. *Perf.*	sēnserō	sēnserimus	sēnsus erō	sēnsī erimus
	sēnseris	sēnseritis	(-a, -um) eris	(-ae, -a) eritis
	sēnserit	sēnserint	erit	erunt
SUBJUNCTIVE			
Pres.	sentiam	sentiāmus	sentiar	sentiāmur
	sentiās	sentiātis	sentiāris (-re)	sentiāminī
	sentiat	sentiant	sentiātur	sentiantur
Impf.	sentīrem	sentīrēmus	sentīrer	sentīrēmur
	sentīrēs	sentīrētis	sentīrēris (-re)	sentīrēminī
	sentīret	sentīrent	sentīrētur	sentīrentur
Perf.	sēnserim	sēnserimus	sēnsus sim	sēnsī sīmus
	sēnseris	sēnseritis	(-a, -um) sīs	(-ae, -a) sītis
	sēnserit	sēnserint	sit	sint
Plup.	sēnsissem	sēnsissēmus	sēnsus essem	sēnsī essēmus
	sēnsissēs	sēnsissētis	(-a, -um) essēs	(-ae, -a) essētis
	sēnsisset	sēnsissent	esset	essent
IMPERATIVE			
Pres.	sentī	sentīte		
INFINITIVE			
Pres.	sentīre		sentīrī	
Perf.	sēnsisse		sēnsus (-a, -um) esse	
Fut.	sēnsūrus (-a, -um) esse			
PARTICIPLE			
Pres.	sentiēns, (-tis)			
Perf.			sēnsus (-a, -um)	
Fut.	sēnsūrus (-a, -um)		sentiendus (-a, -um) (GERUNDIVE)	

GERUND sentiendī, -ō, -um, -ō   SUPINE sēnsum, -ū

Alternate forms: **sensti** = sensisti
Compounds and related words: **assentio (4)** to agree; **consensus, -us, m.** agreement; **consentio (4)**
    to agree; **dissentio (4)** to disagree; **sensus, -us, m.** sense; **sententia, -ae, f.** opinion
Model sentence: *Omnes idem **sentiunt**.* —Cicero

bury, overwhelm

ACTIVE		PASSIVE	
INDICATIVE			

	ACTIVE		PASSIVE	
Pres.	sepeliō	sepelīmus	sepelior	sepelīmur
	sepelīs	sepelītis	sepelīris (-re)	sepelīminī
	sepelit	sepeliunt	sepelītur	sepeliuntur
Impf.	sepeliēbam	sepeliēbāmus	sepeliēbar	sepeliēbāmur
	sepeliēbās	sepeliēbātis	sepeliēbāris (-re)	sepeliēbāminī
	sepeliēbat	sepeliēbant	sepeliēbātur	sepeliēbantur
Fut.	sepeliam	sepeliēmus	sepeliar	sepeliēmur
	sepeliēs	sepeliētis	sepeliēris (-re)	sepeliēminī
	sepeliet	sepelient	sepeliētur	sepelientur
Perf.	sepelīvī	sepelīvimus	sepultus sum	sepultī sumus
	sepelīvistī	sepelīvistis	(-a, -um) es	(-ae, -a) estis
	sepelīvit	sepelīvērunt (-ēre)	est	sunt
Plup.	sepelīveram	sepelīverāmus	sepultus eram	sepultī erāmus
	sepelīverās	sepelīverātis	(-a, -um) erās	(-ae, -a) erātis
	sepelīverat	sepelīverant	erat	erant
Fut.	sepelīverō	sepelīverimus	sepultus erō	sepultī erimus
Perf.	sepelīveris	sepelīveritis	(-a, -um) eris	(-ae, -a) eritis
	sepelīverit	sepelīverint	erit	erunt
SUBJUNCTIVE			
Pres.	sepeliam	sepeliāmus	sepeliar	sepeliāmur
	sepeliās	sepeliātis	sepeliāris (-re)	sepeliāminī
	sepeliat	sepeliant	sepeliātur	sepeliantur
Impf.	sepelīrem	sepelīrēmus	sepelīrer	sepelīrēmur
	sepelīrēs	sepelīrētis	sepelīrēris (-re)	sepelīrēminī
	sepelīret	sepelīrent	sepelīrētur	sepelīrentur
Perf.	sepelīverim	sepelīverimus	sepultus sim	sepultī sīmus
	sepelīveris	sepelīveritis	(-a, -um) sīs	(-ae, -a) sītis
	sepelīverit	sepelīverint	sit	sint
Plup.	sepelīvissem	sepelīvissēmus	sepultus essem	sepultī essēmus
	sepelīvissēs	sepelīvissētis	(-a, -um) essēs	(-ae, -a) essētis
	sepelīvisset	sepelīvissent	esset	essent
IMPERATIVE			
Pres.	sepelī	sepelīte		
INFINITIVE			
Pres.	sepelīre		sepelīrī	
Perf.	sepelīvisse		sepultus (-a, -um) esse	
Fut.	sepultūrus (-a, -um) esse			
PARTICIPLE			
Pres.	sepeliēns, (-tis)			
Perf.			sepultus (-a, -um)	
Fut.	sepultūrus (-a, -um)		sepeliendus (-a, -um) (GERUNDIVE)	

GERUND sepeliendī, -ō, -um, -ō   SUPINE sepultum, -ū

Alternate forms: **sepeli** = sepelivi; **sepelibis** = sepelies; **sepelii** = sepelivi; **sepelisset** = sepelivisset; **sepelitus** = sepultus
Compounds and related words: **sepulcrum, -i, n.** tomb
Model sentence: *Mortuus est, **sepelitus est.*** —Cato

ACTIVE

INDICATIVE

Pres.	sequor		sequimur	
	sequeris (-re)		sequiminī	
	sequitur		sequuntur	
Impf.	sequēbar		sequēbāmur	
	sequēbāris (-re)		sequēbāminī	
	sequēbātur		sequēbantur	
Fut.	sequar		sequēmur	
	sequēris (-re)		sequēminī	
	sequētur		sequentur	
Perf.	secūtus	sum	secūtī	sumus
	(-a, -um)	es	(-ae, -a)	estis
		est		sunt
Plup.	secūtus	eram	secūtī	erāmus
	(-a, -um)	erās	(-ae, -a)	erātis
		erat		erant
Fut.	secūtus	erō	secūtī	erimus
Perf.	(-a, -um)	eris	(-ae, -a)	eritis
		erit		erunt

SUBJUNCTIVE

Pres.	sequar		sequāmur	
	sequāris (-re)		sequāminī	
	sequātur		sequantur	
Impf.	sequerer		sequerēmur	
	sequerēris (-re)		sequerēminī	
	sequerētur		sequerentur	
Perf.	secūtus	sim	secūtī	sīmus
	(-a, -um)	sīs	(-ae, -a)	sītis
		sit		sint
Plup.	secūtus	essem	secūtī	essēmus
	(-a, -um)	essēs	(-ae, -a)	essētis
		esset		essent

IMPERATIVE

Pres.	sequere	sequiminī

INFINITIVE

Pres.	sequī
Perf.	secūtus (-a, -um) esse
Fut.	secūtūrus (-a, -um) esse

PARTICIPLE

	Active	Passive
Pres.	sequēns, (-tis)	
Perf.	secūtus (-a, -um)	
Fut.	secūtūrus (-a, -um)	sequendus (-a, -um) (GERUNDIVE)

GERUND sequendī, -ō, -um, -ō,   SUPINE secūtum, -ū

Alternate forms: **sequo** (rare active form); **sequutus** = secutus
Compounds and related words: **assequor (3)** to overtake; **consector (1)** to follow after; **consequor (3)** to pursue; **exsequiae, -arum, f. pl.** funeral rites; **exsequor (3)** to follow; **insequor (3)** to follow closely; **obsequor (3)** to comply with; **persequor (3)** to pursue; **prosequor (3)** to accompany; **sector (1)** to attend; **secundus, -a, -um** second; **subsequor (3)** to follow closely
Model sentence: *Video meliora probaque, deteriora **sequor**.* —Ovid

sow, beget

<table>
<tr><th colspan="3" style="text-align:center">ACTIVE</th><th colspan="3" style="text-align:center">PASSIVE</th></tr>
<tr><th colspan="6" style="text-align:center">INDICATIVE</th></tr>
</table>

	ACTIVE		PASSIVE	
INDICATIVE				
Pres.	serō	serimus	seror	serimur
	seris	seritis	sereris (-re)	seriminī
	serit	serunt	seritur	seruntur
Impf.	serēbam	serēbāmus	serēbar	serēbāmur
	serēbās	serēbātis	serēbāris (-re)	serēbāminī
	serēbat	serēbant	serēbātur	serēbantur
Fut.	seram	serēmus	serar	serēmur
	serēs	serētis	serēris (-re)	serēminī
	seret	serent	serētur	serentur
Perf.	sēvī	sēvimus	satus sum	satī sumus
	sēvistī	sēvistis	(-a, -um) es	(-ae, -a) estis
	sēvit	sēvērunt (-ēre)	est	sunt
Plup.	sēveram	sēverāmus	satus eram	satī erāmus
	sēverās	sēverātis	(-a, -um) erās	(-ae, -a) erātis
	sēverat	sēverant	erat	erant
Fut.	sēverō	sēverimus	satus erō	satī erimus
Perf.	sēveris	sēveritis	(-a, -um) eris	(-ae, -a) eritis
	sēverit	sēverint	erit	erunt
SUBJUNCTIVE				
Pres.	seram	serāmus	serar	serāmur
	serās	serātis	serāris (-re)	serāminī
	serat	serant	serātur	serantur
Impf.	sererem	sererēmus	sererer	sererēmur
	sererēs	sererētis	sererēris (-re)	sererēminī
	sereret	sererent	sererētur	sererentur
Perf.	sēverim	sēverimus	satus sim	satī sīmus
	sēveris	sēveritis	(-a, -um) sīs	(-ae, -a) sītis
	sēverit	sēverint	sit	sint
Plup.	sēvissem	sēvissēmus	satus essem	satī essēmus
	sēvissēs	sēvissētis	(-a, -um) essēs	(-ae, -a) essētis
	sēvisset	sēvissent	esset	essent
IMPERATIVE				
Pres.	sere	serite		
INFINITIVE				
Pres.	serere		serī	
Perf.	sēvisse		satus (-a, -um) esse	
Fut.	satūrus (-a, -um) esse			
PARTICIPLE				
Pres.	serēns, (-tis)			
Perf.			satus (-a, -um)	
Fut.	satūrus (-a, -um)		serendus (-a, -um) (GERUNDIVE)	

GERUND serendī, -ō, -um, -ō   SUPINE satum, -ū

Compounds and related words: **consero (3)** to sow; **insero (3)** to implant; **intersero (3)** to sow between; **obsero (3)** to sow thickly; **series, -ei, f.** row

Model sentence: *Quae diligentius seri voles, in calicibus seri oportet.* —Cato

connect, braid

ACTIVE		PASSIVE	

INDICATIVE

Pres.	serō	serimus	seror	serimur	
	seris	seritis	sereris (-re)	seriminī	
	serit	serunt	seritur	seruntur	
Impf.	serēbam	serēbāmus	serēbar	serēbāmur	
	serēbās	serēbātis	serēbāris (-re)	serēbāminī	
	serēbat	serēbant	serēbātur	serēbantur	
Fut.	seram	serēmus	serar	serēmur	
	serēs	serētis	serēris (-re)	serēminī	
	seret	serent	serētur	serentur	
Perf.	seruī	seruimus	sertus sum	sertī sumus	
	seruistī	seruistis	(-a, -um) es	(-ae, -a) estis	
	seruit	seruērunt (-ēre)	est	sunt	
Plup.	serueram	seruerāmus	sertus eram	sertī erāmus	
	seruerās	seruerātis	(-a, -um) erās	(-ae, -a) erātis	
	seruerat	seruerant	erat	erant	
Fut.	seruerō	seruerimus	sertus erō	sertī erimus	
Perf.	serueris	serueritis	(-a, -um) eris	(-ae, -a) eritis	
	seruerit	seruerint	erit	erunt	

SUBJUNCTIVE

Pres.	seram	serāmus	serar	serāmur	
	serās	serātis	serāris (-re)	serāminī	
	serat	serant	serātur	serantur	
Impf.	sererem	sererēmus	sererer	sererēmur	
	sererēs	sererētis	sererēris (-re)	sererēminī	
	sereret	sererent	sererētur	sererentur	
Perf.	seruerim	seruerimus	sertus sim	sertī sīmus	
	serueris	serueritis	(-a, -um) sīs	(-ae, -a) sītis	
	seruerit	seruerint	sit	sint	
Plup.	seruissem	scruissēmus	sertus essem	sertī essēmus	
	seruissēs	seruissētis	(-a, -um) essēs	(-ae, -a) essētis	
	seruisset	seruissent	esset	essent	

IMPERATIVE

Pres.	sere	serite

INFINITIVE

Pres.	serere	serī
Perf.	seruisse	sertus (-a, -um) esse
Fut.	sertūrus (-a, -um) esse	

PARTICIPLE

Pres.	serēns, (-tis)	
Perf.		sertus (-a, -um)
Fut.	sertūrus (-a, -um)	serendus (-a, -um) (GERUNDIVE)

GERUND serendī, -ō, -um, -ō   SUPINE sertum, -ū

Compounds and related words: **consero (3)** to connect; **desero (3)** to break connections with; **exsero (3)** to stretch out; **insero (3)** to insert; **intersero (3)** to put between
Model sentence: *Accipiunt **sertas** nardo florente coronas.* —Lucretius

serve

<table>
<tr><td colspan="2" align="center">ACTIVE</td><td colspan="2" align="center">PASSIVE</td></tr>
<tr><td colspan="4" align="center">INDICATIVE</td></tr>
<tr><td>*Pres.*</td><td>serviō
servīs
servit</td><td>servīmus
servītis
serviunt</td><td>servior
servīris (-re)
servītur</td><td>servīmur
servīminī
serviuntur</td></tr>
<tr><td>*Impf.*</td><td>serviēbam
serviēbās
serviēbat</td><td>serviēbāmus
serviēbātis
serviēbant</td><td>serviēbar
serviēbāris (-re)
serviēbātur</td><td>serviēbāmur
serviēbāminī
serviēbantur</td></tr>
<tr><td>*Fut.*</td><td>serviam
serviēs
serviet</td><td>serviēmus
serviētis
servient</td><td>serviar
serviēris (-re)
serviētur</td><td>serviēmur
serviēminī
servientur</td></tr>
<tr><td>*Perf.*</td><td>servīvī
servīvistī
servīvit</td><td>servīvimus
servīvistis
servīvērunt (-ēre)</td><td>servītus sum
(-a, -um) es
est</td><td>servītī sumus
(-ae, -a) estis
sunt</td></tr>
<tr><td>*Plup.*</td><td>servīveram
servīverās
servīverat</td><td>servīverāmus
servīverātis
servīverant</td><td>servītus eram
(-a, -um) erās
erat</td><td>servītī erāmus
(-ae, -a) erātis
erant</td></tr>
<tr><td>*Fut.*
Perf.</td><td>servīverō
servīveris
servīverit</td><td>servīverimus
servīveritis
servīverint</td><td>servītus erō
(-a, -um) eris
erit</td><td>servītī erimus
(-ae, -a) eritis
erunt</td></tr>
<tr><td colspan="4" align="center">SUBJUNCTIVE</td></tr>
<tr><td>*Pres.*</td><td>serviam
serviās
serviat</td><td>serviāmus
serviātis
serviant</td><td>serviar
serviāris (-re)
serviātur</td><td>serviāmur
serviāminī
serviantur</td></tr>
<tr><td>*Impf.*</td><td>servīrem
servīrēs
servīret</td><td>servīrēmus
servīrētis
servīrent</td><td>servīrer
servīrēris (-re)
servīrētur</td><td>servīrēmur
servīrēminī
servīrentur</td></tr>
<tr><td>*Perf.*</td><td>servīverim
servīveris
servīverit</td><td>servīverimus
servīveritis
servīverint</td><td>servītus sim
(-a, -um) sīs
sit</td><td>servītī sīmus
(-ae, -a) sītis
sint</td></tr>
<tr><td>*Plup.*</td><td>servīvissem
servīvissēs
servīvisset</td><td>servīvissēmus
servīvissētis
servīvissent</td><td>servītus essem
(-a, -um) essēs
esset</td><td>servītī essēmus
(-ae, -a) essētis
essent</td></tr>
<tr><td colspan="4" align="center">IMPERATIVE</td></tr>
<tr><td>*Pres.*</td><td>servī</td><td>servīte</td><td></td><td></td></tr>
<tr><td colspan="4" align="center">INFINITIVE</td></tr>
<tr><td>*Pres.*
Perf.
Fut.</td><td colspan="2">servīre
servīvisse
servītūrus (-a, -um) esse</td><td colspan="2">servīrī
servītus (-a, -um) esse</td></tr>
<tr><td colspan="4" align="center">PARTICIPLE</td></tr>
<tr><td>*Pres.*
Perf.
Fut.</td><td colspan="2">serviēns, (-tis)

servītūrus (-a, -um)</td><td colspan="2">
servītus (-a, -um)
serviendus (-a, -um) (GERUNDIVE)</td></tr>
</table>

GERUND serviendī, -ō, -um, -ō   SUPINE servītum, -ū

Usage notes: generally used with the **dative**

Alternate forms: **servibas** = serviebas; **servibit** = serviet; **servibo** = serviam

Compounds and related words: **conservus/-a, -i/-ae, m./f.** fellow slave; **inservio (4)** to be a slave;
    servilis, -e servile; **servitium, -i, n.** slavery; **sevitudo, -tudinis, f.** slavery; **servitus, -tutis, f.** slavery;
    servus/-a, -i/-ae, m./f. slave

Model sentence: *Belliger invictis Mars tibi **servit** in armis.* —Martial

save, keep

ACTIVE		PASSIVE	
INDICATIVE			
Pres.	servō	servāmus	servor	servāmur
	servās	servātis	servāris (-re)	servāminī
	servat	servant	servātur	servāntur
Impf.	servābam	servābāmus	servābar	servābāmur
	servābās	servābātis	servābāris (-re)	servābāminī
	servābat	servābant	servābātur	servābantur
Fut.	servābō	servābimus	servābor	servābimur
	servābis	servābitis	servāberis (-re)	servābiminī
	servābit	servābunt	servābitur	servābuntur
Perf.	servāvī	servāvimus	servātus sum	servātī sumus
	servāvistī	servāvistis	(-a, -um) es	(-ae, -a) estis
	servāvit	servāvērunt (-ēre)	est	sunt
Plup.	servāveram	servāverāmus	servātus eram	servātī erāmus
	servāverās	servāverātis	(-a, -um) erās	(-ae, -a) erātis
	servāverat	servāverant	erat	erant
Fut.	servāverō	servāverimus	servātus erō	servātī erimus
Perf.	servāveris	servāveritis	(-a, -um) eris	(-ae, -a) eritis
	servāverit	servāverint	erit	erunt
SUBJUNCTIVE			
Pres.	servem	servēmus	server	servēmur
	servēs	servētis	servēris (-re)	servēminī
	servet	servent	servētur	serventur
Impf.	servārem	servārēmus	servārer	servārēmur
	servārēs	servārētis	servārēris (-re)	servārēminī
	servāret	servārent	servārētur	servārentur
Perf.	servāverim	servāverimus	servātus sim	servātī sīmus
	servāveris	savāveritis	(-a, -um) sīs	(-ae, -a) sītis
	servāverit	servāverint	sit	sint
Plup.	servāvissem	servāvissēmus	servātus essem	servātī essēmus
	servāvissēs	servāvissētis	(-a, -um) essēs	(-ae, -a) essētis
	servāvisset	servāvissent	esset	essent
IMPERATIVE			
Pres.	servā	servāte		
INFINITIVE			
Pres.	servāre		servārī	
Perf.	servāvisse		servātus (-a, -um) esse	
Fut.	servātūrus (-a, -um) esse			
PARTICIPLE			
Pres.	servāns, (-tis)			
Perf.			servātus (-a, -um)	
Fut.	servātūrus (-a, -um)		servandus (-a, -um) (GERUNDIVE)	

GERUND servandī, -ō, -um, -ō   SUPINE servātum, -ū

Alternate forms: **servasso, etc.** = servavero, etc.
Compounds and related words: **conservo (1)** to save; **observo (1)** to watch; **reservo (1)** to keep back;
    servabilis, -e that can be saved; **servator, -is, m.** preserver
Model sentence: *Colossus magnitudinem suam **servabit** etiam si steterit in puteo.* —Seneca

mark out

ACTIVE		PASSIVE	
INDICATIVE			
Pres.	signō signāmus	signor	signāmur
	signās signātis	signāris (-re)	signāminī
	signat signant	signātur	signantur
Impf.	signābam signābāmus	signābar	signābāmur
	signābās signābātis	signābāris (-re)	signābāminī
	signābat signābant	signābātur	signābantur
Fut.	signābo signābimus	signābor	signābimur
	signābis signābitis	signāberis (-re)	signābiminī
	signābit signābunt	signābitur	signābuntur
Perf.	signāvī signāvimus	signātus sum	signātī sumus
	signāvistī signāvistis	(-a, -um) es	(-ae, -a) estis
	signāvit signāvērunt (-ēre)	est	sunt
Plup.	signāveram signāverāmus	signātus eram	signātī erāmus
	signāverās signāverātis	(-a, -um) erās	(-ae, -a) erātis
	signāverat signāverant	erat	erant
Fut.	signāverō signāverimus	signātus erō	signātī erimus
Perf.	signāveris signāveritis	(-a, -um) eris	(-ae, -a) eritis
	signāverit signāverint	erit	erunt
SUBJUNCTIVE			
Pres.	signem signēmus	signer	signēmur
	signēs signētis	signēris (-re)	signēminī
	signet signent	signētur	signentur
Impf.	signārem signārēmus	signārer	signārēmur
	signārēs signārētis	signārēris (-re)	signārēminī
	signāret signārent	signārētur	signārentur
Perf.	signāverim signāverimus	signātus sim	signātī sīmus
	signāveris signāveritis	(-a, -um) sīs	(-ae, -a) sītis
	signāverit signāverint	sit	sint
Plup.	signāvissem signāvissēmus	signātus essem	signātī essēmus
	signāvissēs signāvissētis	(-a, -um) essēs	(-ae, -a) essētis
	signāvisset signāvissent	esset	essent
IMPERATIVE			
Pres.	signā signāte		
INFINITIVE			
Pres.	signāre	signārī	
Perf.	signāvisse	signātus (-a, -um) esse	
Fut.	signātūrus (-a, -um) esse		
PARTICIPLE			
Pres.	signāns, (-tis)		
Perf.		signātus (-a, -um)	
Fut.	signātūrus (-a, -um)	signandus (-a, -um) (GERUNDIVE)	

GERUND signandī, -ō, -um, -ō   SUPINE signātum, -ū

Compounds and related words: **assigno (1)** to allot; **designo (1)** to indicate; **insignis, -e** distinguished; **sigilla, -ae, f.** seal; **significo (1)** to indicate; **signum, -i, n.** sign
Model sentence: *Cruor **signaverat** herbam.* —Ovid

keep still, be quiet

<table>
<tr><td colspan="3" align="center">ACTIVE</td><td align="center">PASSIVE</td></tr>
</table>

	ACTIVE		PASSIVE
		INDICATIVE	
Pres.	sileō	silēmus	
	silēs	silētis	
	silet	silent	silētur (Impers.)
Impf.	silēbam	silēbāmus	
	silēbās	silēbātis	
	silēbat	silēbant	silēbātur (Impers.)
Fut.	silēbo	silēbimus	
	silēbis	silēbitis	
	silēbit	silēbunt	silēbitur (Impers.)
Perf.	siluī	siluimus	
	siluistī	siluistis	
	siluit	siluērunt (-ēre)	
Plup.	silueram	siluerāmus	
	siluerās	siluerātis	
	siluerat	siluerant	
Fut.	siluerō	siluerimus	
Perf.	silueris	silueritis	
	siluerit	siluerint	
		SUBJUNCTIVE	
Pres.	sileam	sileāmus	
	sileās	sileātis	
	sileat	sileant	sileātur (Impers.)
Impf.	silērem	silērēmus	
	silērēs	silērētis	
	silēret	silērent	silērētur (Impers.)
Perf.	siluerim	siluerimus	
	silueris	silueritis	
	siluerit	siluerint	
Plup.	siluissem	siluissēmus	
	siluissēs	siluissētis	
	siluisset	siluissent	
		IMPERATIVE	
Pres.	silē	silēte	
		INFINITIVE	
Pres.	silēre		silērī
Perf.	siluisse		
Fut.			
		PARTICIPLE	
Pres.	silēns, (-tis)		
Perf.			
Fut.			silendus (-a, -um) (GERUNDIVE)

GERUND silendī, -ō, -um, -ō   SUPINE

Compounds and related words: **silentium, -i, n.** silence
Model sentence: *Silent arrectisque auribus astant.* —Vergil

simulō

simulō, simulāre, simulāvī, simulātum

imitate, pretend

	ACTIVE		PASSIVE	
		INDICATIVE		
Pres.	simulō	simulāmus	simulor	simulāmur
	simulās	simulātis	simulāris (-re)	simulāminī
	simulat	simulant	simulātur	simulantur
Impf.	simulābam	simulābāmus	simulābar	simulābāmur
	simulābās	simulābātis	simulābāris (-re)	simulābāminī
	simulābat	simulābant	simulābātur	simulābantur
Fut.	simulābo	simulābimus	simulābor	simulābimur
	simulābis	simulābitis	simulāberis (-re)	simulābiminī
	simulābit	simulābunt	simulābitur	simulābuntur
Perf.	simulāvī	simulāvimus	simulātus sum	simulātī sumus
	simulāvistī	simulāvistis	(-a, -um) es	(-ae, -a) estis
	simulāvit	simulāvērunt (-ēre)	est	sunt
Plup.	simulāveram	simulāverāmus	simulātus eram	simulātī erāmus
	simulāverās	simulāverātis	(-a, -um) erās	(-ae, -a) erātis
	simulāverat	simulāverant	erat	erant
Fut.	simulāverō	simulāverimus	simulātus erō	simulātī erimus
Perf.	simulāveris	simulāveritis	(-a, -um) eris	(-ae, -a) eritis
	simulāverit	simulāverint	erit	erunt
		SUBJUNCTIVE		
Pres.	simulem	simulēmus	simuler	simulēmur
	simulēs	simulētis	simulēris (-re)	simulēminī
	simulet	simulent	simulētur	simulentur
Impf.	simulārem	simulārēmus	simulārer	simulārēmur
	simulārēs	simulārētis	simulārēris (-re)	simulārēminī
	simulāret	simulārent	simulārētur	simulārentur
Perf.	simulāverim	simulāverimus	simulātus sim	simulātī sīmus
	simulāveris	simulāveritis	(-a, -um) sīs	(-ae, -a) sītis
	simulāverit	simulāverint	sit	sint
Plup.	simulāvissem	simulāvissēmus	simulātus essem	simulātī essēmus
	simulāvissēs	simulāvissētis	(-a, -um) essēs	(-ae, -a) essētis
	simulāvisset	simulāvissent	esset	essent
		IMPERATIVE		
Pres.	simulā	simulāte		
		INFINITIVE		
Pres.	simulāre		simulārī	
Perf.	simulāvisse		simulātus (-a, -um) esse	
Fut.	simulātūrus (-a, -um) esse			
		PARTICIPLE		
Pres.	simulāns, (-tis)			
Perf.			simulātus (-a, -um)	
Fut.	simulātūrus (-a, -um)		simulandus (-a, -um) (GERUNDIVE)	

GERUND simulandī, -ō, -um, -ō   SUPINE simulātum, -ū

Alternate forms: **similo** = simulo
Compounds and related words: **consimilis, -e** just like; **dissimilis, -e** unlike; **dissimulo (1)** to pretend; **similis, -e** similar; **similitudo, -inis, f.** likeness; **simul** at the same time; **simulacrum, -i, n.** likeness
Model sentence: *Pacem cum Scipione Sulla sive faciebat sive **simulabat**.* —Cicero

let, permit

ACTIVE			PASSIVE	
INDICATIVE				

Pres. sinō   sinimus   sinor   sinimur
         sinis sinitis   sineris (-re) siniminī
         sinit sinunt   sinitur sinuntur

Impf. sinēbam sinēbāmus   sinēbar   sinēbāmur
         sinēbās sinēbātis   sinēbāris (-re) sinēbāminī
         sinēbat sinēbant   sinēbātur sinēbantur

Fut.   sinam   sinēmus   sinar   sinēmur
         sinēs   sinētis   sinēris (-re) sinēminī
         sinet   sinent   sinētur sinentur

Perf. sīvī   sīvimus   situs   sum   sitī   sumus
         sīvistī sīvistis   (-a, -um) es   (-ae, -a) estis
         sīvit   sīvērunt (-ēre)   est   sunt

Plup. sīveram sīverāmus   situs   eram   sitī   erāmus
         sīverās sīverātis   (-a, -um) erās (-ae, -a) erātis
         sīverat sīverant   erat   erant

Fut.   sīverō   sīverimus   situs   erō   sitī   erimus
Perf. sīveris sīveritis   (-a, -um) eris (-ae, -a) eritis
         sīverit sīverint   erit   erunt

| **SUBJUNCTIVE** | | | | |

Pres. sinam   sināmus   sinar   sināmur
         sinās   sinātis   sināris (-re) sināminī
         sinat   sinant   sinātur sinantur

Impf. sinerem sinerēmus   sinerer   sinerēmur
         sinerēs sinerētis   sinerēris (-re) sinerēminī
         sineret sinerent   sinerētur sinerentur

Perf. sīverim sīverimus   situs   sim   sitī   sīmus
         sīveris sīveritis   (-a, -um) sīs   (-ae, -a) sītis
         sīverit sīverint   sit   sint

Plup. sīvissem sīvissēmus   situs   essem   sitī   essēmus
         sīvissēs sīvissētis   (-a, -um) essēs (-ae, -a) essētis
         sīvisset sīvissent   esset   essent

| **IMPERATIVE** | | | | |

Pres. sine   sinite

| **INFINITIVE** | | | | |

Pres. sinere   sinī
Perf. sīvisse   situs (-a, -um) esse
Fut.   sitūrus (-a, -um) esse

| **PARTICIPLE** | | | | |

Pres. sinēns, (-tis)
Perf.   situs (-a, -um)
Fut.   sitūrus (-a, -um)   sinendus (-a, -um) (GERUNDIVE)

GERUND sinendī, -ō, -um, -ō   SUPINE situm, -ū

Alternate forms: **sierim, etc.** = siverim, etc.; **sii** = sivi; **siit** = sivit; **sini** = sivi; **sinisset** = sivisset;
    sinit = sinat; **sissent** = sivissent; **sisset** = sivissent; **sisti** = sivisti; **sistis** = sivistis
Compounds and related words: **desino (3)** to stop
Model sentence: *Non feram, non patiar, non **sinam**.* —Cicero

place, stand still, stop

	ACTIVE			PASSIVE	

INDICATIVE

	ACTIVE			PASSIVE	
Pres.	sistō	sistimus		sistor	sistimur
	sistis	sistitis		sisteris (-re)	sistiminī
	sistit	sistunt		sistitur	sistuntur
Impf.	sistēbam	sistēbāmus		sistēbar	sistēbāmur
	sistēbās	sistēbātis		sistēbāris (-re)	sistēbāminī
	sistēbat	sistēbant		sistēbātur	sistēbantur
Fut.	sistam	sistēmus		sistar	sistēmur
	sistēs	sistētis		sistēris (-re)	sistēminī
	sistet	sistent		sistētur	sistentur
Perf.	stitī	stitimus		status sum	statī sumus
	stitistī	stitistis		(-a, -um) es	(-ae, -a) estis
	stitit	stitērunt (-ēre)		est	sunt
Plup.	stiteram	stiterāmus		status eram	statī erāmus
	stiterās	stiterātis		(-a, -um) erās	(-ae, -a) erātis
	stiterat	stiterant		erat	erant
Fut.	stiterō	stiterimus		status erō	statī erimus
Perf.	stiteris	stiteritis		(-a, -um) eris	(-ae, -a) eritis
	stiterit	stiterint		erit	erunt

SUBJUNCTIVE

	ACTIVE			PASSIVE	
Pres.	sistam	sistāmus		sistar	sistāmur
	sistās	sistātis		sistāris (-re)	sistāminī
	sistat	sistant		sistātur	sistantur
Impf.	sisterem	sisterēmus		sisterer	sisterēmur
	sisterēs	sisterētis		sisterēris (-re)	sisterēminī
	sisteret	sisterent		sisterētur	sisterentur
Perf.	stiterim	stiterimus		status sim	statī sīmus
	stiteris	stiteritis		(-a, -um) sīs	(-ae, -a) sītis
	stiterit	stiterint		sit	sint
Plup.	stitissem	stitissēmus		status essem	statī essēmus
	stitissēs	stitissētis		(-a, -um) essēs	(-ae, -a) essētis
	stitisset	stitissent		esset	essent

IMPERATIVE

	ACTIVE			PASSIVE	
Pres.	siste	sistite			

INFINITIVE

	ACTIVE		PASSIVE
Pres.	sistere		sistī
Perf.	stitisse		status (-a, -um) esse
Fut.	statūrus (-a, -um) esse		

PARTICIPLE

	ACTIVE		PASSIVE
Pres.	sistēns, (-tis)		
Perf.			status (-a, -um)
Fut.	statūrus (-a, -um)		sistendus (-a, -um) (GERUNDIVE)

GERUND sistendī, -ō, -um, -ō   SUPINE statum, -ū

Alternate forms: **steti** = stiti

Compounds and related words: **absisto (3)** to go away; **assisto (3)** to stand by; **circumsisto (3)** to surround; **consisto (3)** to pause; **desisto (3)** to stop; **exsisto (3)** to exist; **insisto (3)** to stand firm; **resisto (3)** to stand still; **subsisto (3)** to stand still

Model sentence: *Solstitium dictum est quod sol eo die sistere videatur.* —Varro

be accustomed

ACTIVE

INDICATIVE

Pres.	soleō		solēmus
	solēs		solētis
	solet		solent
Impf.	solēbam		solēbāmus
	solēbās		solēbātis
	solēbat		solēbant
Fut.	solēbō		solēbimus
	solēbis		solēbitis
	solēbit		solēbunt
Perf.	solitus	sum	solitī sumus
	(-a, -um)	es	(-ae, -a) estis
		est	sunt
Plup.	solitus	eram	solitī erāmus
	(-a, -um)	erās	(-ae, -a) erātis
		erat	erant
Fut.	solitus	erō	solitī erimus
Perf.	(-a, -um)	eris	(-ae, -a) eritis
		erit	erunt

SUBJUNCTIVE

Pres.	soleam		soleāmus
	soleās		soleātis
	soleat		soleant
Impf.	solērem		solērēmus
	solērēs		solērētis
	solēret		solērent
Perf.	solitus	sim	solitī sīmus
	(-a, -um)	sīs	(-ae, -a) sītis
		sit	sint
Plup.	solitus	essem	solitī essēmus
	(-a, -um)	essēs	(-ae, -a) essētis
		esset	essent

IMPERATIVE

Pres.	solē	solēte

INFINITIVE

Pres.	solēre
Perf.	solitus (-a, -um) esse
Fut.	solitūrus (-a, -um) esse

PARTICIPLE

Pres.	solēns, (-tis)
Perf.	solitus (-a, -um)
Fut.	solitūrus (-a, -um)

GERUND solendī, -ō, -um, -ō   SUPINE solitum, -ū

Alternate forms: **solinunt** = solent; **soluerat** = solitus erat; **soluerint** = solitī sint; **solui** = solitus sum
Compounds and related words: **insolens, -ntis** unusual; **solitum, -i, n.** that which is customary;
    solitus, -a, -um usual
Model sentence: *Epigrammata illis scribuntur, qui **solent** spectare Florales.* —Martial

disturb

	ACTIVE			PASSIVE	
INDICATIVE					
Pres.	sollicitō	sollicitāmus		sollicitor	sollicitāmur
	sollicitās	sollicitātis		sollicitāris (-re)	sollicitāminī
	sollicitat	sollicitant		sollicitātur	sollicitantur
Impf.	sollicitābam	sollicitābāmus		sollicitābar	sollicitābāmur
	sollicitābās	sollicitābātis		sollicitābāris (-re)	sollicitābāminī
	sollicitābat	sollicitābant		sollicitābātur	sollicitābantur
Fut.	sollicitābo	sollicitābimus		sollicitābor	sollicitābimur
	sollicitābis	sollicitābitis		sollicitāberis (-re)	sollicitābiminī
	sollicitābit	sollicitābunt		sollicitābitur	sollicitābuntur
Perf.	sollicitāvī	sollicitāvimus		sollicitātus sum	sollicitātī sumus
	sollicitāvistī	sollicitāvistis		(-a, -um) es	(-ae, -a) estis
	sollicitāvit	sollicitāvērunt (-ēre)		est	sunt
Plup.	sollicitāveram	sollicitāverāmus		sollicitātus eram	sollicitātī erāmus
	sollicitāverās	sollicitāverātis		(-a, -um) erās	(-ae, -a) erātis
	sollicitāverat	sollicitāverant		erat	erant
Fut.	sollicitāverō	sollicitāverimus		sollicitātus erō	sollicitātī erimus
Perf.	sollicitāveris	sollicitāveritis		(-a, -um) eris	(-ae, -a) eritis
	sollicitāverit	sollicitāverint		erit	erunt
SUBJUNCTIVE					
Pres.	sollicitem	sollicitēmus		solliciter	sollicitēmur
	sollicitēs	sollicitētis		sollicitēris (-re)	sollicitēminī
	sollicitet	sollicitent		sollicitētur	sollicitentur
Impf.	sollicitārem	sollicitārēmus		sollicitārer	sollicitārēmur
	sollicitārēs	sollicitārētis		sollicitārēris (-re)	sollicitārēminī
	sollicitāret	sollicitārent		sollicitārētur	sollicitārentur
Perf.	sollicitāverim	sollicitāverimus		sollicitātus sim	sollicitātī sīmus
	sollicitāveris	sollicitāveritis		(-a, -um) sīs	(-ae, -a) sītis
	sollicitāverit	sollicitāverint		sit	sint
Plup.	sollicitāvissem	sollicitāvissēmus		sollicitātus essem	sollicitātī essēmus
	sollicitāvissēs	sollicitāvissētis		(-a, -um) essēs	(-ae, -a) essētis
	sollicitāvisset	sollicitāvissent		esset	essent
IMPERATIVE					
Pres.	sollicitā	sollicitāte			
INFINITIVE					
Pres.	sollicitāre			sollicitārī	
Perf.	sollicitāvisse			sollicitātus (-a, -um) esse	
Fut.	sollicitātūrus (-a, -um) esse				
PARTICIPLE					
Pres.	sollicitāns, (-tis)				
Perf.				sollicitātus (-a, -um)	
Fut.	sollicitātūrus (-a, -um)			sollicitandus (-a, -um) (GERUNDIVE)	

GERUND sollicitandī, -ō, -um, -ō   SUPINE sollicitātum, -ū

Alternate forms: **solicatatum** = sollicitatum; **solicitavi** = sollicitavi; **solicito** = sollicito
Compounds and related words: **sollicitudo, -inis, f.** anxiety; **sollicitus, -a, -um** agitated, worried
Model sentence: *An dubitas quin ea me cura vehementissime **sollicitet**?* —Cicero

ACTIVE

INDICATIVE

Pres.	sōlor	sōlāmur
	sōlāris (-re)	sōlāminī
	sōlātur	sōlantur
Impf.	sōlābar	sōlābāmur
	sōlābāris (-re)	sōlābāminī
	sōlābātur	sōlābantur
Fut.	sōlābor	sōlābimur
	sōlāberis (-re)	sōlābiminī
	sōlābitur	sōlābuntur
Perf.	sōlātus sum	sōlātī sumus
	(-a, -um) es	(-ae, -a) estis
	est	sunt
Plup.	sōlātus eram	sōlātī erāmus
	(-a, -um) erās	(-ae, -a) erātis
	erat	erant
Fut.	sōlātus erō	sōlātī erimus
Perf.	(-a, -um) eris	(-ae, -a) eritis
	erit	erunt

SUBJUNCTIVE

Pres.	sōler	sōlēmur
	sōlēris (-re)	sōlēminī
	sōlētur	sōlentur
Impf.	sōlārer	sōlārēmur
	sōlārēris (-re)	sōlārēminī
	sōlārētur	sōlārentur
Perf.	sōlātus sim	sōlātī sīmus
	(-a, -um) sīs	(-ae, -a) sītis
	sit	sint
Plup.	sōlātus essem	sōlātī essēmus
	(-a, -um) essēs	(-ae, -a) essētis
	esset	essent

IMPERATIVE

Pres.	sōlāre	sōlāminī

INFINITIVE

Pres.	sōlārī
Perf.	sōlātus (-a, -um) esse
Fut.	sōlātūrus (-a, -um) esse

PARTICIPLE

	Active	Passive
Pres.	sōlāns, (-tis)	
Perf.	sōlātus (-a, -um)	
Fut.	sōlātūrus (-a, -um)	sōlandus (-a, -um) (GERUNDIVE)

GERUND sōlandī, -ō, -um, -ō   SUPINE sōlātum, -ū

Compounds and related words: **consolatio, -onis, f.** comfort; **consolor (1)** to comfort
Model sentence: *Quos bonus Aeneas dictis solatur amicis.* —Vergil

solvō

loosen, set sail, pay

ACTIVE		PASSIVE	
INDICATIVE			

Pres.
solvō	solvimus	solvor	solvimur
solvis	solvitis	solveris (-re)	solviminī
solvit	solvunt	solvitur	solvuntur

Impf.
solvēbam	solvēbāmus	solvēbar	solvēbāmur
solvēbās	solvēbātis	solvēbāris (-re)	solvēbāminī
solvēbat	solvēbant	solvēbātur	solvēbantur

Fut.
solvam	solvēmus	solvar	solvēmur
solvēs	solvētis	solvēris (-re)	solvēminī
solvet	solvent	solvētur	solventur

Perf.
solvī	solvimus	solūtus sum	solūtī sumus
solvistī	solvistis	(-a, -um) es	(-ae, -a) estis
solvit	solvērunt (-ēre)	est	sunt

Plup.
solveram	solverāmus	solūtus eram	solūtī erāmus
solverās	solverātis	(-a, -um) erās	(-ae, -a) erātis
solverat	solverant	erat	erant

Fut. Perf.
solverō	solverimus	solūtus erō	solūtī erimus
solveris	solveritis	(-a, -um) eris	(-ae, -a) eritis
solverit	solverint	erit	erunt

SUBJUNCTIVE			

Pres.
solvam	solvāmus	solvar	solvāmur
solvās	solvātis	solvāris (-re)	solvāminī
solvat	solvant	solvātur	solvantur

Impf.
solverem	solverēmus	solverer	solverēmur
solverēs	solverētis	solverēris (-re)	solverēminī
solveret	solverent	solverētur	solverentur

Perf.
solverim	solverimus	solūtus sim	solūtī sīmus
solveris	solveritis	(-a, -um) sīs	(-ae, -a) sītis
solverit	solverint	sit	sint

Plup.
solvissem	solvissēmus	solūtus essem	solūtī essēmus
solvissēs	solvissētis	(-a, -um) essēs	(-ae, -a) essētis
solvisset	solvissent	esset	essent

IMPERATIVE			

Pres.
solve	solvite		

INFINITIVE			

Pres.	solvere	solvī	
Perf.	solvisse	solūtus (-a, -um) esse	
Fut.	solūtūrus (-a, -um) esse		

PARTICIPLE			

Pres.	solvēns, (-tis)		
Perf.			
Fut.	solūtūrus (-a, -um)	solūtus (-a, -um)	
		solvendus (-a, -um) (GERUNDIVE)	

GERUND solvendī, -ō, -um, -ō SUPINE solūtum, -ū

Alternate forms: **soluisse** = solvisse; **soluit** = solvit

Compounds and related words: **absolutio, -onis, f.** acquittal; **absolvo (3)** to free; **dissolvo (3)** to destroy; **persolvo (3)** to pay; **resolvo (3)** to unfasten; **solutilis, -e** easily falling to pieces; **solutio, -onis, f.** payment; **solutus, -a, -um** free

Model sentence: *Solvas, Sexte, creditori.* —Martial

scatter, sprinkle, divide

ACTIVE		PASSIVE	
INDICATIVE			

	ACTIVE		PASSIVE	
Pres.	spargō	spargimus	spargor	spargimur
	spargis	spargitis	spargeris (-re)	spargiminī
	spargit	spargunt	spargitur	sparguntur
Impf.	spargēbam	spargēbāmus	spargēbar	spargēbāmur
	spargēbās	spargēbātis	spargēbāris (-re)	spargēbāminī
	spargēbat	spargēbant	spargēbātur	spargēbantur
Fut.	spargam	spargēmus	spargar	spargēmur
	spargēs	spargētis	spargēris (-re)	spargēminī
	sparget	spargent	spargētur	spargentur
Perf.	sparsī	sparsimus	sparsus sum	sparsī sumus
	sparsistī	sparsistis	(-a, -um) es	(-ae, -a) estis
	sparsit	sparsērunt (-ēre)	est	sunt
Plup.	sparseram	sparserāmus	sparsus eram	sparsī erāmus
	sparserās	sparserātis	(-a, -um) erās	(-ae, -a) erātis
	sparserat	sparserant	erat	erant
Fut.	sparserō	sparserimus	sparsus erō	sparsī erimus
Perf.	sparseris	sparseritis	(-a, -um) eris	(-ae, -a) eritis
	sparserit	sparserint	erit	erunt

SUBJUNCTIVE			

	ACTIVE		PASSIVE	
Pres.	spargam	spargāmus	spargar	spargāmur
	spargās	spargātis	spargāris (-re)	spargāminī
	spargat	spargant	spargātur	spargantur
Impf.	spargerem	spargerēmus	spargerer	spargerēmur
	spargerēs	spargerētis	spargerēris (-re)	spargerēminī
	spargeret	spargerent	spargerētur	spargerentur
Perf.	sparserim	sparserimus	sparsus sim	sparsī sīmus
	sparseris	sparseritis	(-a, -um) sīs	(-ae, -a) sītis
	sparserit	sparserint	sit	sint
Plup.	sparsissem	sparsissēmus	sparsus essem	sparsī essēmus
	sparsissēs	sparsissētis	(-a, -um) essēs	(-ae, -a) essētis
	sparsisset	sparsissent	esset	essent

IMPERATIVE			
Pres.	sparge	spargite		

INFINITIVE			
Pres.	spargere		spargī	
Perf.	sparsisse		sparsus (-a, -um) esse	
Fut.	sparsūrus (-a, -um) esse			

PARTICIPLE			
Pres.	spargēns, (-tis)			
Perf.			sparsus (-a, -um)	
Fut.	sparsūrus (-a, -um)		spargendus (-a, -um) (GERUNDIVE)	

GERUND spargendī, -ō, -um, -ō   SUPINE sparsum, -ū

Usage notes: Passive may be used impersonally.
Alternate forms: **spargier** = spargi
Compounds and related words: **aspergo (3)** to sprinkle; **dispergo (3)** to disperse; **sparsim** here and there;
     sparsio, -onis, f. a scattering
Model sentence: ***Spargite** humum foliis.* —Vergil

look at

ACTIVE		PASSIVE	

INDICATIVE

Pres.	spectō	spectāmus	spector	spectāmur
	spectās	spectātis	spectāris (-re)	spectāminī
	spectat	spectant	spectātur	spectantur
Impf.	spectābam	spectābāmus	spectābar	spectābāmur
	spectābās	spectābātis	spectābāris (-re)	spectābāminī
	spectābat	spectābant	spectābātur	spectābantur
Fut.	spectābō	spectābimus	spectābor	spectābimur
	spectābis	spectābitis	spectāberis (-re)	spectābiminī
	spectābit	spectābunt	spectābitur	spectābuntur
Perf.	spectāvī	spectāvimus	spectātus sum	spectātī sumus
	spectāvistī	spectāvistis	(-a, -um) es	(-ae, -a) estis
	spectāvit	spectāvērunt (-ēre)	est	sunt
Plup.	spectāveram	spectāverāmus	spectātus eram	spectātī erāmus
	spectāverās	spectāverātis	(-a, -um) erās	(-ae, -a) erātis
	spectāverat	spectāverant	erat	erant
Fut. *Perf.*	spectāverō	spectāverimus	spectātus erō	spectātī erimus
	spectāveris	spectāveritis	(-a, -um) eris	(-ae, -a) eritis
	spectāverit	spectāverint	erit	erunt

SUBJUNCTIVE

Pres.	spectem	spectēmus	specter	spectēmur
	spectēs	spectētis	spectēris (-re)	spectēminī
	spectet	spectent	spectētur	spectentur
Impf.	spectārem	spectārēmus	spectārer	spectārēmur
	spectārēs	spectārētis	spectārēris (-re)	spectārēminī
	spectāret	spectārent	spectārētur	spectārentur
Perf.	spectāverim	spectāverimus	spectātus sim	spectātī sīmus
	spectāveris	spectāveritis	(-a, -um) sīs	(-ae, -a) sītis
	spectāverit	spectāverint	sit	sint
Plup.	spectāvissem	spectāvissēmus	spectātus essem	spectātī essēmus
	spectāvissēs	spectāvissētis	(-a, -um) essēs	(-ae, -a) essētis
	spectāvisset	spectāvissent	esset	essent

IMPERATIVE

Pres.	spectā	spectāte

INFINITIVE

Pres.	spectāre	spectārī
Perf.	spectāvisse	spectātus (-a, -um) esse
Fut.	spectātūrus (-a, -um) esse	

PARTICIPLE

Pres.	spectāns, (-tis)	
Perf.		spectātus (-a, -um)
Fut.	spectātūrus (-a, -um)	spectandus (-a, -um) (GERUNDIVE)

GERUND spectandī, -ō, -um, -ō   SUPINE spectātum, -ū

Compounds and related words: **aspectus, -us, m.** look; **aspicio (3)** to look at; **auspicium, -i, n.** augury; **conspectus, -us, m.** view; **conspicio (3)** to see; **conspicor (1)** to observe; **despicio (3)** to despise; **exspecto (1)** to wait for; **inspicio (3)** to examine; **perspicio (3)** to examine; **perspicuus, -a, -um** transparent; **prospicio (3)** to look out; **respicio (3)** to look back at; **species, -ei, f.** appearance; **speciosus, -a, -um** showy; **spectaculum, -i, n.** show; **speculum, -i, n.** mirror; **suspicio (3)** to mistrust; **suspicio, -onis, f.** suspicion; **suspicor (1)** to suspect
Model sentence: ***Spectatum** veniunt, veniunt **spectentur** ut ipsae.* —Ovid

spernō

despise

ACTIVE		PASSIVE	
INDICATIVE			
Pres. spernō	spernimus	spernor	spernimur
spernis	spernitis	sperneris (-re)	sperniminī
spernit	spernunt	spernitur	spernuntur
Impf. spernēbam	spernēbāmus	spernēbar	spernēbāmur
spernēbās	spernēbātis	spernēbāris (-re)	spernēbāminī
spernēbat	spernēbant	spernēbātur	spernēbantur
Fut. spernam	spernēmus	spernar	spernēmur
spernēs	spernētis	spernēris (-re)	spernēminī
spernet	spernent	spernētur	spernentur
Perf. sprēvī	sprēvimus	sprētus sum	sprētī sumus
sprēvistī	sprēvistis	(-a, -um) es	(-ae, -a) estis
sprēvit	sprēvērunt (-ēre)	est	sunt
Plup. sprēveram	sprēverāmus	sprētus eram	sprētī erāmus
sprēverās	sprēverātis	(-a, -um) erās	(-ae, -a) erātis
sprēverat	sprēverant	erat	erant
Fut. sprēverō	sprēverimus	sprētus erō	sprētī erimus
Perf. sprēveris	sprēveritis	(-a, -um) eris	(-ae, -a) eritis
sprēverit	sprēverint	erit	erunt
SUBJUNCTIVE			
Pres. spernam	spernāmus	spernar	spernāmur
spernās	spernātis	spernāris (-re)	spernāminī
spernat	spernant	spernātur	spernantur
Impf. spernerem	spernerēmus	spernerer	spernerēmur
spernerēs	spernerētis	spernerēris (-re)	spernerēminī
sperneret	spernerent	spernerētur	spernerentur
Perf. sprēverim	sprēverimus	sprētus sim	sprētī sīmus
sprēveris	sprēveritis	(-a, -um) sīs	(-ae, -a) sītis
sprēverit	sprēverint	sit	sint
Plup. sprēvissem	sprēvissēmus	sprētus essem	sprētī essēmus
sprēvissēs	sprēvissētis	(-a, -um) essēs	(-ae, -a) essētis
sprēvisset	sprēvissent	esset	essent
IMPERATIVE			
Pres. sperne	spernite		
INFINITIVE			
Pres. spernere		spernī	
Perf. sprēvisse		sprētus (-a, -um) esse	
Fut. sprētūrus (-a, -um) esse			
PARTICIPLE			
Pres. spernēns, (-tis)			
Perf.		sprētus (-a, -um)	
Fut. sprētūrus (-a, -um)		spernendus (-a, -um) (GERUNDIVE)	

GERUND spernendī, -ō, -um, -ō   SUPINE sprētum, -ū

Alternate forms: **sprerunt** = spreverunt
Compounds and related words: **aspernor (1)** to reject; **spretio, -onis, f.** contempt;
   spretor, -is, m. despiser
Model sentence: ***Spernitur*** *orator bonus, horridus miles amatur.* —Ennius

hope

	ACTIVE		PASSIVE	
		INDICATIVE		
Pres.	spērō	spērāmus		
	spērās	spērātis		
	spērat	spērant	spērātur	spērantur
Impf.	spērābam	spērābāmus		
	spērābās	spērābātis		
	spērābat	spērābant	spērābātur	spērābantur
Fut.	spērābō	spērābimus		
	spērābis	spērābitis		
	spērābit	spērābunt	spērābitur	spērābuntur
Perf.	spērāvī	spērāvimus		
	spērāvistī	spērāvistis		
	spērāvit	spērāvērunt (-ēre)	spērātus (-a, -um) est	spērātī (-ae, -a) sunt
Plup.	spērāveram	spērāverāmus		
	spērāverās	spērāverātis		
	spērāverat	spērāverant	spērātus (-a, -um) erat	spērātī (-ae, -a) erant
Fut.	spērāverō	spērāverimus		
Perf.	spērāveris	spērāveritis		
	spērāverit	spērāverint	spērātus (-a, -um) erit	spērātī (-ae, -a) erunt
		SUBJUNCTIVE		
Pres.	spērem	spērēmus		
	spērēs	spērētis		
	spēret	spērent	spērētur	spērentur
Impf.	spērārem	spērārēmus		
	spērārēs	spērārētis		
	spērāret	spērārent	spērārētur	spērārentur
Perf.	spērāverim	spērāverimus		
	spērāveris	spērāveritis		
	spērāverit	spērāverint	spērātus (-a, -um) sit	spērātī (-ae, -a) sint
Plup.	spērāvissem	spērāvissēmus		
	spērāvissēs	spērāvissētis		
	spērāvisset	spērāvissent	spērātus (-a, -um) esset	spērātī (-ae, -a) essent
		IMPERATIVE		
Pres.	spērā	spērāte		
		INFINITIVE		
Pres.	spērāre		spērārī	
Perf.	spērāvisse		spērātus (-a, -um) esse	
Fut.	spērātūrus (-a, -um) esse			
		PARTICIPLE		
Pres.	spērāns, (-tis)			
Perf.			spērātus (-a, -um)	
Fut.	spērātūrus (-a, -um)		spērandus (-a, -um) (GERUNDIVE)	

GERUND spērandī, -ō, -um, -ō   SUPINE spērātum, -ū

Compounds and related words: **despero (1)** to give up hope; **prosperus, -a, -um** successful; **spes, -ei, f.** hope

Model sentence: ***Spero*** *te mihi ignoscere.* —Cicero

ACTIVE

INDICATIVE

Pres.	spīrō	spīrāmus
	spīrās	spīrātis
	spīrat	spīrant
Impf.	spīrābam	spīrābāmus
	spīrābās	spīrābātis
	spīrābat	spīrābant
Fut.	spīrābō	spīrāmus
	spīrābis	spīrābitis
	spīrābit	spīrābunt
Perf.	spīrāvī	spīrāvimus
	spīrāvistī	spīrāvistis
	spīrāvit	spīrāvērunt (-ēre)
Plup.	spīrāveram	spīrāverāmus
	spīrāverās	spīrāverātis
	spīrāverat	spīrāverant
Fut.	spīrāverō	spīrāverimus
Perf.	spīrāveris	spīrāveritis
	spīrāverit	spīrāverint

SUBJUNCTIVE

Pres.	spīrem	spīrēmus
	spīrēs	spīrētis
	spīret	spīrent
Impf.	spīrārem	spīrārēmus
	spīrārēs	spīrārētis
	spīrāret	spīrārent
Perf.	spīrāverim	spīrāverimus
	spīrāveris	spīrāveritis
	spīrāverit	spīrāverint
Plup.	spīrāvissem	spīrāvissēmus
	spīrāvissēs	spīrāvissētis
	spīrāvisset	spīrāvissent

IMPERATIVE

Pres.	spīrā	spīrāte

INFINITIVE

Pres.	spīrāre
Perf.	spīrāvisse
Fut.	spīrātūrus (-a, -um) esse

PARTICIPLE

	Active	Passive
Pres.	spīrāns, (-tis)	
Perf.		spīrātus (-a, -um)
Fut.	spīrātūrus (-a, -um)	spīrandus (-a, -um) (GERUNDIVE)

GERUND spīrandī, -ō, -um, -ō   SUPINE spīrātum, -ū

Compounds and related words: **conspiro (1)** to harmonize; **respiro (1)** to revive; **spiritus, -us, m.** breath; **suspirium, -i, n.** sigh; **suspiro (1)** to sigh

Model sentence: *Catilina inter hostium cadavera repertus est, paululum etiam **spirans**.* —Sallust

promise, betroth

ACTIVE		PASSIVE	
INDICATIVE			

	ACTIVE		PASSIVE	
Pres.	spondeō	spondēmus	spondeor	spondēmur
	spondēs	spondētis	spondēris (-re)	spondēminī
	spondet	spondent	spondētur	spondentur
Impf.	spondēbam	spondēbāmus	spondēbar	spondēbāmur
	spondēbās	spondēbātis	spondēbāris (-re)	spondēbāminī
	spondēbat	spondēbant	spondēbātur	spondēbantur
Fut.	spondēbo	spondēbimus	spondēbor	spondēbimur
	spondēbis	spondēbitis	spondēberis (-re)	spondēbiminī
	spondēbit	spondēbunt	spondēbitur	spondēbuntur
Perf.	spopondī	spopondimus	sponsus sum	sponsī sumus
	spopondistī	spopondistis	(-a, -um) es	(-ae, -a) estis
	spopondit	spopondērunt (-ēre)	est	sunt
Plup.	spoponderam	spoponderāmus	sponsus eram	sponsī erāmus
	spoponderās	spoponderātis	(-a, -um) erās	(-ae, -a) erātis
	spoponderat	spoponderant	erat	erant
Fut.	spopponderō	spoponderimus	sponsus erō	sponsī erimus
Perf.	spoponderis	spoponderitis	(-a, -um) eris	(-ae, -a) eritis
	spoponderit	spoponderint	erit	erunt

SUBJUNCTIVE				
Pres.	spondeam	spondeāmus	spondear	spondeāmur
	spondeās	spondeātis	spondeāris (-re)	spondeāminī
	spondeat	spondeant	spondeātur	spondeantur
Impf.	spondērem	spondērēmus	spondērer	spondērēmur
	spondērēs	spondērētis	spondērēris (-re)	spondērēminī
	spondēret	spondērent	spondērētur	spondērentur
Perf.	spopondrim	spoponderimus	sponsus sim	sponsī sīmus
	spoponderis	spoponderitis	(-a, -um) sīs	(-ae, -a) sītis
	spoponderit	spoponderint	sit	sint
Plup.	spopondissem	spopondissēmus	sponsus essem	sponsī essēmus
	spopondissēs	spopondissētis	(-a, -um) essēs	(-ae, -a) essētis
	spopondisset	spopondissent	esset	essent

IMPERATIVE			
Pres.	spondē	spondēte	

INFINITIVE		
Pres.	spondēre	spondērī
Perf.	spopondisse	sponsus (-a, -um) esse
Fut.	sponsūrus (-a, -um) esse	

PARTICIPLE		
Pres.	spondēns, (-tis)	
Perf.		sponsus (-a, -um)
Fut.	sponsūrus (-a, -um)	spondendus (-a, -um) (GERUNDIVE)

GERUND spondendī, -ō, -um, -ō   SUPINE sponsum, -ū

Alternate forms: **spepondi** = spopondi; **sponderat** = spoponderat; **sponsis** = spoponderis
Compounds and related words: **despondeo (2)** to promise; **respondeo (2)** to answer; **sponsa, -ae, f.**
  bride; **sponsio, -onis, f.** solemn promise; **sponsor, -is, m.** bail; **sponsus, -i, m.** bridegroom;
  sponte willingly
Model sentence: *Coeperunt certam medici spondere salutem.* —Martial

decide, station

ACTIVE		PASSIVE	
INDICATIVE			

INDICATIVE

Pres.	statuō	statuimus	statuor	statuimur
	statuis	statuitis	statueris (-re)	statuiminī
	statuit	statuunt	statuitur	statuuntur
Impf.	statuēbam	statuēbāmus	statuēbar	statuēbāmur
	statuēbās	statuēbātis	statuēbāris (-re)	statuēbāminī
	statuēbat	statuēbant	statuēbātur	statuēbantur
Fut.	statuam	statuēmus	statuar	statuēmur
	statuēs	statuētis	statuēris (-re)	statuēminī
	statuet	statuent	statuētur	statuentur
Perf.	statuī	statuimus	statūtus sum	statūtī sumus
	statuistī	statuistis	(-a, -um) es	(-ae, -a) estis
	statuit	statuērunt (-ēre)	est	sunt
Plup.	statueram	statuerāmus	statūtus eram	statūtī erāmus
	statuerās	statuerātis	(-a, -um) erās	(-ae, -a) erātis
	statuerat	statuerant	erat	erant
Fut.	statuerō	statuerimus	statūtus erō	statūtī erimus
Perf.	statueris	statueritis	(-a, -um) eris	(-ae, -a) eritis
	statuerit	statuerint	erit	erunt

SUBJUNCTIVE

Pres.	statuam	statuāmus	statuar	statuāmur
	statuās	statuātis	statuāris (-re)	statuāminī
	statuat	statuant	statuātur	statuantur
Impf.	statuerem	statuerēmus	statuerer	statuerēmur
	statuerēs	statuerētis	statuerēris (-re)	statuerēminī
	statueret	statuerent	statuerētur	statuerentur
Perf.	statuerim	statuerimus	statūtus sim	statūtī sīmus
	statueris	statueritis	(-a, -um) sīs	(-ae, -a) sītis
	statuerit	statuerint	sit	sint
Plup.	statuissem	statuissēmus	statūtus essem	statūtī essēmus
	statuissēs	statuissētis	(-a, -um) essēs	(-ae, -a) essētis
	statuisset	statuissent	esset	essent

IMPERATIVE

| *Pres.* | statue | statuite | | |

INFINITIVE

Pres.	statuere		statuī	
Perf.	statuisse		statūtus (-a, -um) esse	
Fut.	statūtūrus (-a, -um) esse			

PARTICIPLE

Pres.	statuēns, (-tis)			
Perf.			statūtus (-a, -um)	
Fut.	statūtūrus (-a, -um)		statuendus (-a, -um) (GERUNDIVE)	

GERUND statuendī, -ō, -um, -ō　SUPINE statūtum, -ū

Compounds and related words: **constituo (3)** to decide; **instituo (3)** to establish; **restituo (3)** to restore; **statua, -ae, f.** statue; **statumen, -minis, n.** support; **statura, -ae, f.** stature; **status, -us, m.** posture; **sto (1)** to stand

Model sentence: *Crateras magnos **statuunt** et vina coronat.* —Vergil

sternō

stretch or spread out, cover

	ACTIVE			PASSIVE	
		INDICATIVE			
Pres.	sternō	sternimus		sternor	sternimur
	sternis	sternitis		sterneris (-re)	sterniminī
	sternit	sternunt		sternitur	sternuntur
Impf.	sternēbam	sternēbāmus		sternēbar	sternēbāmur
	sternēbās	sternēbātis		sternēbāris (-re)	sternēbāminī
	sternēbat	sternēbant		sternēbātur	sternēbantur
Fut.	sternam	sternēmus		sternar	sternēmur
	sternēs	sternētis		sternēris (-re)	sternēminī
	sternet	sternent		sternētur	sternentur
Perf.	strāvī	strāvimus		strātus sum	strātī sumus
	strāvistī	strāvistis		(-a, -um) es	(-ae, -a) estis
	strāvit	strāvērunt (-ēre)		est	sunt
Plup.	strāveram	strāverāmus		strātus eram	strātī erāmus
	strāverās	strāverātis		(-a, -um) erās	(-ae, -a) erātis
	strāverat	strāverant		erat	erant
Fut.	strāverō	strāverimus		strātus erō	strātī erimus
Perf.	strāveris	strāveritis		(-a, -um) eris	(-ae, -a) eritis
	strāverit	strāverint		erit	erunt
		SUBJUNCTIVE			
Pres.	sternam	sternāmus		sternar	sternāmur
	sternās	sternātis		sternāris (-re)	sternāminī
	sternat	sternant		sternātur	sternantur
Impf.	sternerem	sternerēmus		sternerer	sternerēmur
	sternerēs	sternerētis		sternerēris (-re)	sternerēminī
	sterneret	sternerent		sternerētur	sternerentur
Perf.	strāverim	strāverimus		strātus sim	strātī sīmus
	strāveris	strāveritis		(-a, -um) sīs	(-ae, -a) sītis
	strāverit	strāverint		sit	sint
Plup.	strāvissem	strāvissēmus		strātus essem	strātī essēmus
	strāvissēs	strāvissētis		(-a, -um) essēs	(-ae, -a) essētis
	strāvisset	strāvissent		esset	essent
		IMPERATIVE			
Pres.	sterne	sternite			
		INFINITIVE			
Pres.	sternere			sternī	
Perf.	strāvisse			strātus (-a, -um) esse	
Fut.	strātūrus (-a, -um) esse				
		PARTICIPLE			
Pres.	sternēns, (-tis)				
Perf.				strātus (-a, -um)	
Fut.	strātūrus (-a, -um)			sternendus (-a, -um) (GERUNDIVE)	

GERUND sternendī, -ō, -um, -ō   SUPINE strātum, -ū

Alternate forms: **strarat** = straverat; **strasset** = stravisset
Compounds and related words: **prosterno (3)** to throw in front; **sternax, -acis** a throwing to the ground; **stratum, -i, n.** a covering
Model sentence: ***Sternunt se somno diversae in litore phocae.*** —Vergil

ACTIVE

INDICATIVE

Pres.	stō	stāmus
	stās	stātis
	stat	stant
Impf.	stābam	stābāmus
	stābās	stābātis
	stābat	stābant
Fut.	stābō	stābimus
	stābis	stābitis
	stābit	stābunt
Perf.	stetī	stetimus
	stetistī	stetistis
	stetit	stetērunt (-ēre)
Plup.	steteram	steterāmus
	steterās	steterātis
	steterat	steterant
Fut.	steterō	steterimus
Perf.	steteris	steteritis
	steterit	steterint

SUBJUNCTIVE

Pres.	stem	stēmus
	stēs	stētis
	stet	stent
Impf.	stārem	stārēmus
	stārēs	stārētis
	stāret	stārent
Perf.	steterim	steterimus
	steteris	steteritis
	steterit	steterint
Plup.	stetissem	stetissēmus
	stetissēs	stetissētis
	stetisset	stetissent

IMPERATIVE

Pres.	stā	stāte

INFINITIVE

Pres.	stāre
Perf.	stetisse
Fut.	statūrus (-a, -um) esse

PARTICIPLE

Pres.	stāns, (-tis)
Perf.	
Fut.	statūrus (-a, -um)

GERUND standī, -ō, -um, -ō   SUPINE statum, -ū

Compounds and related words: **absto (1)** to stand aloof; **antistes, -stitis, m.** overseer; **asto (1)** to stand near; **circumsto (1)** to surround; **constantia, -ae, f.** steadiness; **consto (1)** to agree; **disto (1)** to be distant; **exsto (1)** to stand out; **insto (1)** to be close; **obsto (1)** to obstruct; **praesto (1)** to be superior; **resto (1)** to remain; **stabilis, -e** steady; **stabulum, -i, n.** stable; **statio, -onis, f.** station; **superstes, -stitis** surviving

Model sentence: *Colossus magnitudinem suam servabit etiam si **steterit** in puteo.* —Seneca

make a noise

ACTIVE

INDICATIVE

Pres.	strepō	strepimus
	strepis	strepitis
	strepit	strepunt
Impf.	strepēbam	strepēbāmus
	strepēbās	strepēbātis
	strepēbat	strepēbant
Fut.	strepam	strepēmus
	strepēs	strepētis
	strepet	strepent
Perf.	strepuī	strepuimus
	strepuistī	strepuistis
	strepuit	strepuērunt (-ēre)
Plup.	strepueram	strepuerāmus
	strepuerās	strepuerātis
	strepuerat	strepuerant
Fut.	strepuerō	strepuerimus
Perf.	strepueris	strepueritis
	strepuerit	strepuerint

SUBJUNCTIVE

Pres.	strepam	strepāmus
	strepās	strepātis
	strepat	strepant
Impf.	streperem	streperēmus
	streperēs	streperētis
	streperet	streperent
Perf.	strepuerim	strepuerimus
	strepueris	strepueritis
	strepuerit	strepuerint
Plup.	strepuissem	strepuissēmus
	strepuissēs	strepuissētis
	strepuisset	strepuissent

IMPERATIVE

Pres.	strepe	strepite

INFINITIVE

Pres.	strepere
Perf.	strepuisse
Fut.	

PARTICIPLE

Pres.	strepēns, (-tis)
Perf.	
Fut.	strependus (-a, -um) (GERUNDIVE)

GERUND strependī, -ō, -um, -ō   SUPINE

Compounds and related words: **obstrepo (3)** to make a noise; **strepitus, -us, m.** noise
Model sentence: *Apes in alvo **strepunt**.* —Pliny

draw, bind, touch, prune

ACTIVE			PASSIVE	
INDICATIVE				
Pres.	stringō	stringimus	stringor	stringimur
	stringis	stringitis	stringeris (-re)	stringiminī
	stringit	stringunt	stringitur	stringuntur
Impf.	stringēbam	stringēbāmus	stringēbar	stringēbāmur
	stringēbās	stringēbātis	stringēbāris (-re)	stringēbāminī
	stringēbat	stringēbant	stringēbātur	stringēbantur
Fut.	stringam	stringēmus	stringar	stringēmur
	stringēs	stringētis	stringēris (-re)	stringēminī
	stringet	stringent	stringētur	stringentur
Perf.	strinxī	strinximus	strictus sum	strictī sumus
	strinxistī	strinxistis	(-a, -um) es	(-ae, -a) estis
	strinxit	strinxērunt (-ēre)	est	sunt
Plup.	strinxeram	strinxerāmus	strictus eram	strictī erāmus
	strinxerās	strinxerātis	(-a, -um) erās	(-ae, -a) erātis
	strinxerat	strinxerant	erat	erant
Fut.	strinxerō	strinxerimus	strictus erō	strictī erimus
Perf.	strinxeris	strinxeritis	(-a, -um) eris	(-ae, -a) eritis
	strinxerit	strinxerint	erit	erunt
SUBJUNCTIVE				
Pres.	stringam	stringāmus	stringar	stringāmur
	stringās	stringātis	stringāris (-re)	stringāminī
	stringat	stringant	stringātur	stringantur
Impf.	stringerem	stringerēmus	stringerer	stringerēmur
	stringerēs	stringerētis	stringerēris (-re)	stringerēminī
	stringeret	stringerent	stringerētur	stringerentur
Perf.	strinxerim	strinxerimus	strictus sim	strictī sīmus
	strinxeris	strinxeritis	(-a, -um) sīs	(-ae, -a) sītis
	strinxerit	strinxerint	sit	sint
Plup.	strinxissem	strinxissēmus	strictus essem	strictī essēmus
	strinxissēs	strinxissētis	(-a, -um) essēs	(-ae, -a) essētis
	strinxisset	strinxissent	esset	essent
IMPERATIVE				
Pres.	stringe	stringite		
INFINITIVE				
Pres.	stringere		stringī	
Perf.	strinxisse		strictus (-a, -um) esse	
Fut.	strictūrus (-a, -um) esse			
PARTICIPLE				
Pres.	stringēns, (-tis)			
Perf.			strictus (-a, -um)	
Fut.	strictūrus (-a, -um)		stringendus (-a, -um) (GERUNDIVE)	

GERUND stringendī, -ō, -um, -ō　SUPINE strictum, -ū

Compounds and related words: **astringo (3)** to tighten; **constringo (3)** to restrain
Model sentence: *Gladium cum Arria de visceribus **strinxerat** ipsa suis,...* —Martial

pile up, build, prepare

ACTIVE		PASSIVE	
		INDICATIVE	

	ACTIVE		PASSIVE	
Pres.	struō	struimus	struor	struimur
	struis	struitis	strueris (-re)	struiminī
	struit	struunt	struitur	struuntur
Impf.	struēbam	struēbāmus	struēbar	struēbāmur
	struēbās	struēbātis	struēbāris (-re)	struēbāminī
	struēbat	struēbant	struēbātur	struēbantur
Fut.	struam	struēmus	struar	struēmur
	struēs	struētis	struēris (-re)	struēminī
	struet	struent	struētur	struentur
Perf.	struxī	struximus	structus sum	structī sumus
	struxistī	struxistis	(-a, -um) es	(-ae, -a) estis
	struxit	struxērunt (-ēre)	est	sunt
Plup.	struxeram	struxerāmus	structus eram	structī erāmus
	struxerās	struxerātis	(-a, -um) erās	(-ae, -a) erātis
	struxerat	struxerant	erat	erant
Fut.	struxerō	struxerimus	structus erō	structī erimus
Perf.	struxeris	struxeritis	(-a, -um) eris	(-ae, -a) eritis
	struxerit	struxerint	erit	erunt

			SUBJUNCTIVE	
Pres.	struam	struāmus	struar	struāmur
	struās	struātis	struāris (-re)	struāminī
	struat	struant	struātur	struantur
Impf.	struerem	struerēmus	struerer	struerēmur
	struerēs	struerētis	struerēris (-re)	struerēminī
	strueret	struerent	struerētur	struerentur
Perf.	struxerim	struxerimus	structus sim	structī sīmus
	struxeris	struxeritis	(-a, -um) sīs	(-ae, -a) sītis
	struxerit	struxerint	sit	sint
Plup.	struxissem	struxissēmus	structus essem	structī essēmus
	struxissēs	struxissētis	(-a, -um) essēs	(-ae, -a) essētis
	struxisset	struxissent	esset	essent

			IMPERATIVE	
Pres.	strue	struite		

			INFINITIVE	
Pres.	struere		struī	
Perf.	struxisse		structus (-a, -um) esse	
Fut.	structūrus (-a, -um) esse			

			PARTICIPLE	
Pres.	struēns, (-tis)			
Perf.			structus (-a, -um)	
Fut.	structūrus (-a, -um)		struendus (-a, -um) (GERUNDIVE)	

GERUND struendī, -ō, -um, -ō   SUPINE structum, -ū

Compounds and related words: **construo (3)** to build; **destruo (3)** to tear down; **exstruo (3)** to heap up; **instrumentum, -i, n.** tool; **instruo (3)** to erect; **obstruo (3)** to block

Model sentence: *"Marmore sicanio **struxi** tibi, Delphice, templum."* —Petronius

ACTIVE

INDICATIVE

Pres.	studeō	studēmus
	studēs	studētis
	studet	student
Impf.	studēbam	studēbāmus
	studēbās	studēbātis
	studēbat	studēbant
Fut.	studēbō	studēbimus
	studēbis	studēbitis
	studēbit	studēbunt
Perf.	studuī	studuimus
	studuistī	studuistis
	studuit	studuērunt (-ēre)
Plup.	studueram	studuerāmus
	studuerās	studuerātis
	studuerat	studuerant
Fut.	studuerō	studuerimus
Perf.	studueris	studueritis
	studuerit	studuerint

SUBJUNCTIVE

Pres.	studeam	studeāmus
	studeās	studeātis
	studeat	studeant
Impf.	studērem	studērēmus
	studērēs	studērētis
	studēret	studērent
Perf.	studuerim	studuerimus
	studueris	studueritis
	studuerit	studuerint
Plup.	studuissem	studuissēmus
	studuissēs	studuissētis
	studuisset	studuissent

IMPERATIVE

Pres.	studē	studēte

INFINITIVE

Pres.	studēre
Perf.	studuisse
Fut.	

PARTICIPLE

Pres.	studēns, (-tis)
Perf.	
Fut.	

GERUND studendī, -ō, -um, -ō   SUPINE

Usage notes: generally used with the **dative**

Alternate forms: **studivi** = studui

Compounds and related words: **studiosus, -a, -um** eager; **studium, -i, n.** eagerness

Model sentence: *Omnis homines qui sese **student** praestare ceteris animalibus summa ope niti decet ne vitam silentio transeant veluti percora.* —Sallust

be stunned

ACTIVE

INDICATIVE

Pres.	stupeō	stupēmus
	stupēs	stupētis
	stupet	stupent
Impf.	stupēbam	stupēbāmus
	stupēbās	stupēbātis
	stupēbat	stupēbant
Fut.	stupēbo	stupēbimus
	stupēbis	stupēbitis
	stupēbit	stupēbunt
Perf.	stupuī	stupuimus
	stupuistī	stupuistis
	stupuit	stupuērunt (-ēre)
Plup.	stupueram	stupuerāmus
	stupuerās	stupuerātis
	stupuerat	stupuerant
Fut.	stupuerō	stupuerimus
Perf.	stupueris	stupueritis
	stupuerit	stupuerint

SUBJUNCTIVE

Pres.	stupeam	stupeāmus
	stupeās	stupeātis
	stupeat	stupeant
Impf.	stupērem	stupērēmus
	stupērēs	stupērētis
	stupēret	stupērent
Perf.	stupuerim	stupuerimus
	stupueris	stupueritis
	stupuerit	stupuerint
Plup.	stupuissem	stupuissēmus
	stupuissēs	stupuissētis
	stupuisset	stupuissent

IMPERATIVE

Pres.	stupē	stupēte

INFINITIVE

Pres.	stupēre	
Perf.	stupuisse	
Fut.		

PARTICIPLE

Pres.	stupēns, (-tis)	
Perf.		
Fut.	stupendus (-a, -um) (GERUNDIVE)	

GERUND stupendī, -ō, -um, -ō   SUPINE

Compounds and related words: **obstipesco (3)** to be astounded; **stupor, is, m.** bewilderment
Model sentence: *Curae leves loquuntur, ingentes **stupent.*** —Seneca

advise

ACTIVE   PASSIVE

INDICATIVE

Pres.	suādeō	suādēmus	suādeor	suādēmur
	suādēs	suādētis	suādēris (-re)	suādēminī
	suādet	suādent	suādētur	suadentur
Impf.	suādēbam	suādēbāmus	suādēbar	suādēbāmur
	suādēbās	suādēbātis	suādēbāris (-re)	suādēbāminī
	suādēbat	suādēbant	suādēbātur	suādēbantur
Fut.	suādēbō	suādēbimus	suādēbor	suādēbimur
	suādēbis	suādēbitis	suādēberis (-re)	suādēbiminī
	suādēbit	suādēbunt	suādēbitur	suādēbuntur
Perf.	suāsī	suāsimus	suāsus sum	suāsī sumus
	suāsistī	suāsistis	(-a, -um) es	(-ae, -a) estis
	suāsit	suāsērunt (-ēre)	est	sunt
Plup.	suāseram	suāserāmus	suāsus eram	suāsī erāmus
	suāserās	suāserātis	(-a, -um) erās	(-ae, -a) erātis
	suāserat	suāserant	erat	erant
Fut.	suāserō	suāserimus	suāsus erō	suāsī erimus
Perf.	suāseris	suāseritis	(-a, -um) eris	(-ae, -a) eritis
	suāserit	suāserint	erit	erunt

SUBJUNCTIVE

Pres.	suādeam	suādeāmus	suādear	suādeāmur
	suādeās	suādeātis	suādeāris (-re)	suādeāminī
	suādeat	suādeant	suādeātur	suādeantur
Impf.	suādērem	suādērēmus	suādērer	suādērēmur
	suādērēs	suādērētis	suādērēris (-re)	suādērēminī
	suādēret	suādērent	suādērētur	suādērentur
Perf.	suāserim	suāserimus	suāsus sim	suāsī sīmus
	suāseris	suāseritis	(-a, -um) sīs	(-ae, -a) sītis
	suāserit	suāserint	sit	sint
Plup.	suāsissem	suāsissēmus	suāsus essem	suāsī essēmus
	suāsissēs	suāsissētis	(-a, -um) essēs	(-ae, -a) essētis
	suāsisset	suāsissent	esset	essent

IMPERATIVE

Pres.	suādē	suādēte

INFINITIVE

Pres.	suādēre	suādērī
Perf.	suāsisse	suāsus (-a, -um) esse
Fut.	suāsūrus (-a, -um) esse	

PARTICIPLE

Pres.	suādēns, (-tis)	
Perf.		suāsus (-a, -um)
Fut.	suāsūrus (-a, -um)	suādendus (-a, -um) (GERUNDIVE)

GERUND suādendī, -ō, -um, -ō   SUPINE suāsum, -ū

Usage notes: generally used with the **dative**
Compounds and related words: **persuadeo (2)** to persuade; **suavis, -e** sweet; **suavitas, -tatis, f.** sweetness
Model sentence: *Quid mi igitur suades?* —Horace

approach, enter

ACTIVE		PASSIVE	
INDICATIVE			

Pres.	subeō	subīmus	subeor	subīmur	
	subīs	subītis	subīris (-re)	subīminī	
	subit	subeunt	subītur	subeuntur	
Impf.	subībam	subībāmus	subībar	subībāmur	
	subībās	subībātis	subībāris (-re)	subībāminī	
	subībat	subībant	subībātur	subībantur	
Fut.	subībō	subībimus	subībor	subībimur	
	subībis	subībitis	subīberis (-re)	subībiminī	
	subībit	subībunt	subībitur	subībuntur	
Perf.	subiī	subiimus	subitus sum	subitī sumus	
	subiistī	subiistis	(-a, -um) es	(-ae, -a) estis	
	subiit	subiērunt (-ēre)	est	sunt	
Plup.	subieram	subierāmus	subitus eram	subitī erāmus	
	subierās	subierātis	(-a, -um) erās	(-ae, -a) erātis	
	subierat	subierant	erat	erant	
Fut.	subierō	subierimus	subitus erō	subitī erimus	
Perf.	subieris	subieritis	(-a, -um) eris	(-ae, -a) eritis	
	subierit	subierint	erit	erunt	

SUBJUNCTIVE			

Pres.	subeam	subeāmus	subear	subeāmur	
	subeās	subeātis	subeāris (-re)	subeāminī	
	subeat	subeant	subeātur	subeantur	
Impf.	subīrem	subīrēmus	subīrer	subīrēmur	
	subīrēs	subīrētis	subīrēris (-re)	subīrēminī	
	subīret	subīrent	subīrētur	subīrentur	
Perf.	subierim	subierimus	subitus sim	subitī sīmus	
	subieris	subieritis	(-a, -um) sīs	(-ae, -a) sītis	
	subierit	subierint	sit	sint	
Plup.	subīssem	subīssēmus	subitus essem	subitī essēmus	
	subīssēs	subīssētis	(-a, -um) essēs	(-ae, -a) essētis	
	subīsset	subīssent	esset	essent	

IMPERATIVE		
Pres.	subī	subīte

INFINITIVE		
Pres.	subīre	subīrī
Perf.	subīsse	subitus (-a, -um) esse
Fut.	subitūrus (-a, -um) esse	

PARTICIPLE		
Pres.	subiēns, (-euntis)	
Perf.		subitus (-a, -um)
Fut.	subitūrus (-a, -um)	subeundus (-a, -um) (GERUNDIVE)

GERUND subeundī, -ō, -um, -ō   SUPINE subitum, -ū

Alternate forms: **subivi** = subii
Compounds and related words: **subito** suddenly; **subitus, -a, -um** sudden
See **eo** for related compounds of this verb.
Model sentence: *Albani **subiere** ad montes.* —Livy

throw or place under, lift, substitute

ACTIVE		PASSIVE	
INDICATIVE			
Pres. sūbiciō	sūbicimus	sūbicior	sūbicimur
sūbicis	sūbicitis	sūbiceris (-re)	sūbiciminī
sūbicit	sūbiciunt	sūbicitur	sūbiciuntur
Impf. sūbiciēbam	sūbiciēbāmus	sūbiciēbar	sūbiciēbāmur
sūbiciēbās	sūbiciēbātis	sūbiciēbāris (-re)	sūbiciēbāminī
sūbiciēbat	sūbiciēbant	sūbiciēbātur	sūbiciēbantur
Fut. sūbiciam	sūbiciēmus	sūbiciar	sūbiciēmur
sūbiciēs	sūbiciētis	sūbiciēris (-re)	sūbiciēminī
sūbiciet	sūbicient	sūbiciētur	sūbicientur
Perf. sūbiēcī	sūbiēcimus	sūbiectus sum	sūbiectī sumus
sūbiēcistī	sūbiēcistis	(-a, -um) es	(-ae, -a) estis
sūbiēcit	sūbiēcērunt (-ēre)	est	sunt
Plup. sūbiēceram	sūbiēcerāmus	sūbiectus eram	sūbiectī erāmus
sūbiēcerās	sūbiēcerātis	(-a, -um) erās	(-ae, -a) erātis
sūbiēcerat	sūbiēcerant	erat	erant
Fut. sūbiēcerō	sūbiēcerimus	sūbiectus erō	sūbiectī erimus
Perf. sūbiēceris	sūbiēceritis	(-a, -um) eris	(-ae, -a) eritis
sūbiēcerit	sūbiēcerint	erit	erunt
SUBJUNCTIVE			
Pres. sūbiciam	sūbiciāmus	sūbiciar	sūbiciāmur
sūbiciās	sūbiciātis	sūbiciāris (-re)	sūbiciāminī
sūbiciat	sūbiciant	sūbiciātur	sūbiciantur
Impf. sūbicerem	sūbicesūbmus	sūbicerer	sūbicesūbmur
sūbicesūbs	sūbicesūbtis	sūbicesūbris (-re)	sūbicesūbminī
sūbiceret	sūbicerent	sūbicesūbtur	sūbicerentur
Perf. sūbiēcerim	sūbiēcerimus	sūbiectus sim	sūbiectī sīmus
sūbiēceris	sūbiēceritis	(-a, -um) sīs	(-ae, -a) sītis
sūbiēcerit	sūbiēcerint	sit	sint
Plup. sūbiēcissem	sūbiēcissēmus	sūbiectus essem	sūbiectī essēmus
sūbiēcissēs	sūbiēcissētis	(-a, -um) essēs	(-ae, -a) essētls
sūbiēcisset	sūbiēcissent	esset	essent
IMPERATIVE			
Pres. sūbice	sūbicite		
INFINITIVE			
Pres. sūbicere		sūbicī	
Perf. sūbiēcisse		sūbiectus (-a, -um) esse	
Fut. sūbiectūrus (-a, -um) esse			
PARTICIPLE			
Pres. sūbiciēns, (-tis)			
Perf.		sūbiectus (-a, -um)	
Fut. sūbiectūrus (-a, -um)		sūbiciendus (-a, -um) (GERUNDIVE)	

GERUND sūbiciendī, -ō, -um, -ō   SUPINE sūbiectum, -ū

Compounds and related words: **subiectio, -onis, f.** a placing under; **subiecto (1)** to place under; **subiector, -is, m.** a forger
See **iacio** for related compounds of this verb.
Model sentence: *Ligna et sarmenta circumdare ignemque circum **subicere** coeperunt.* —Cicero

be under or close by

ACTIVE

INDICATIVE

Pres.	subsum	subsumus
	subes	subestis
	subest	subsunt
Impf.	suberam	suberāmus
	suberās	suberātis
	suberat	suberant
Fut.	suberō	suberimus
	suberis	suberitis
	suberit	suberunt
Perf.		
Plup.		
Fut. *Perf.*		

SUBJUNCTIVE

Pres.	subsim	subsīmus
	subsīs	subsītis
	subsit	subsint
Impf.	subessem	subessēmus
	subessēs	subessētis
	subesset	subessent
Perf.		
Plup.		

IMPERATIVE

Pres.	subes	subeste

INFINITIVE

Pres.	subesse
Perf.	
Fut.	

PARTICIPLE

Pres.	
Perf.	
Fut.	

GERUND   SUPINE

See **sum** for related compounds of this verb.

Model sentence: *Tandem vulneribus defessi et pedem referre et, quod mons **suberat** circiter mille passuum, eo se recipere coeperunt.* —Caesar

become accustomed

ACTIVE

INDICATIVE

Pres.	suēscō	suēscimus
	suēscis	suēscitis
	suēscit	suēscunt
Impf.	suēscēbam	suēscēbāmus
	suēscēbās	suēscēbātis
	suēscēbat	suēscēbant
Fut.	suēscam	suēscēmus
	suēscēs	suēscētis
	suēscēt	suēscēnt
Perf.	suēvī	suēvimus
	suēvistī	suēvistis
	suēvit	suēvērunt (-ēre)
Plup.	suēveram	suēverāmus
	suēverās	suēverātis
	suēverat	suēverant
Fut.	suēverō	suēverimus
Perf.	suēveris	suēveritis
	suēverit	suēverint

SUBJUNCTIVE

Pres.	suēscam	suēscāmus
	suēscās	suēscātis
	suēscat	suēscant
Impf.	suēscerem	suēscerēmus
	suēscerēs	suēscerētis
	suēsceret	suēscerent
Perf.	suēverim	suēverimus
	suēveris	suēveritis
	suēverit	suēverint
Plup.	suēvissem	suēvissēmus
	suēvissēs	suēvissētis
	suēvisset	suēvissent

IMPERATIVE

Pres.	suēsce	suēscite

INFINITIVE

Pres.	suēscere
Perf.	suēvisse
Fut.	suētūrus (-a, -um) esse

PARTICIPLE

	Active	**Passive**
Pres.	suēscēns, (-tis)	
Perf.		suētus (-a, -um)
Fut.	suētūrus (-a, -um)	suēscendus (-a, -um) (GERUNDIVE)

GERUND suēscendī, -ō, -um, -ō   SUPINE suētum, -ū

Usage notes: often used with the **dative**
Alternate forms: **suerunt** = sueverunt; **suesse** = suevisse; **suesti** = suevisti
Compounds and related words: **assuetus, -a, -um** accustomed; **consuesco (3)** to accustom;
consuetudo, -inis, f. habit; **insuesco (3)** to accustom; **mansuesco (3)** to tame
Model sentence: *Drusus in Illyricum missus est, ut suesceret militiae.* —Tacitus

439

hold up, endure, suffer

ACTIVE   PASSIVE

INDICATIVE

	ACTIVE		PASSIVE	
Pres.	sufferō	sufferimus	sufferor	sufferimur
	suffers	suffertis	sufferris (-re)	sufferiminī
	suffert	sufferunt	suffertur	sufferuntur
Impf.	sufferēbam	sufferēbāmus	sufferēbar	sufferēbāmur
	sufferēbās	sufferēbātis	sufferēbāris (-re)	sufferēbāminī
	sufferēbat	sufferēbant	sufferēbātur	sufferēbantur
Fut.	sufferam	sufferēmus	sufferar	sufferēmur
	sufferēs	sufferētis	sufferēris (-re)	sufferēminī
	sufferet	sufferent	sufferētur	sufferentur
Perf.	sustulī	sustulimus	sublātus sum	sublātī sumus
	sustulistī	sustulistis	(-a, -um) es	(-ae, -a) estis
	sustulit	sustulērunt (-ēre)	est	sunt
Plup.	sustuleram	sustulerāmus	sublātus eram	sublātī erāmus
	sustulerās	sustulerātis	(-a, -um) erās	(-ae, -a) erātis
	sustulerat	sustulerant	erat	erant
Fut.	sustulerō	sustulerimus	sublātus erō	sublātī erimus
Perf.	sustuleris	sustuleritis	(-a, -um) eris	(-ae, -a) eritis
	sustulerit	sustulerint	erit	erunt

SUBJUNCTIVE

	ACTIVE		PASSIVE	
Pres.	sufferam	sufferāmus	sufferar	sufferāmur
	sufferās	sufferātis	sufferāris (-re)	sufferāminī
	sufferat	sufferant	sufferātur	sufferantur
Impf.	sufferrem	sufferrēmus	sufferrer	sufferrēmur
	sufferrēs	sufferrētis	sufferrēris (-re)	sufferrēminī
	sufferret	sufferrent	sufferrētur	sufferrentur
Perf.	sustulerim	sustulerimus	sublātus sim	sublātī sīmus
	sustuleris	sustuleritis	(-a, -um) sīs	(-ae, -a) sītis
	sustulerit	sustulerint	sit	sint
Plup.	sustulissem	sustulissēmus	sublātus essem	sublātī essēmus
	sustulissēs	sustulissētis	(-a, -um) essēs	(-ae, -a) essētis
	sustulisset	sustulissent	esset	essent

IMPERATIVE

Pres.	suffer	sufferte

INFINITIVE

	ACTIVE	PASSIVE
Pres.	sufferre	sufferrī
Perf.	sustulisse	sublātus (-a, -um) esse
Fut.	sublātūrus (-a, -um) esse	

PARTICIPLE

	ACTIVE	PASSIVE
Pres.	sufferēns, (-tis)	
Perf.		sublātus (-a, -um)
Fut.	sublātūrus (-a, -um)	sufferendus (-a, -um) (GERUNDIVE)

GERUND sufferendī, -ō, -um, -ō   SUPINE sublātum, -ū

Alternate forms: **subfero** = suffero
See **fero** for other compounds of this verb.
Model sentence: *Instat vi patria Pyrrhus: nec claustra nec ipsi custodes **sufferre** valent.* —Vergil

ACTIVE

INDICATIVE

Pres.	sum	sumus
	es	estis
	est	sunt
Impf.	eram	erāmus
	erās	erātis
	erat	erant
Fut.	erō	erimus
	eris	eritis
	erit	erunt
Perf.	fuī	fuimus
	fuistī	fuistis
	fuit	fuērunt (-ēre)
Plup.	fueram	erāmus
	fuerās	fuerātis
	fuerat	fuerant
Fut.	fuerō	fuerimus
Perf.	fueris	fueritis
	fuerit	fuerint

SUBJUNCTIVE

Pres.	sim	sīmus
	sīs	sītis
	sit	sint
Impf.	essem (forem)	essēmus (forēmus)
	essēs (forēs)	essētis (forētis)
	esset (foret)	essent (forent)
Perf.	fuerim	fuerimus
	fueris	fueritis
	fuerit	fuerint
Plup.	fuissem	fuissēmus
	fuissēs	fuissētis
	fuisset	fuissent

IMPERATIVE

Pres.	es	este

INFINITIVE

Pres.	esse
Perf.	fuisse
Fut.	futūrus (-a, -um) esse (fore)

PARTICIPLE

Pres.	ens, -tis
Perf.	
Fut.	futūrus (-a, -um)

GERUND   SUPINE

Alternate forms: **escit** = erit; **escunt** = erunt; **esit** = erit; **essis** = es; **esum** = sum; **forem, etc.** = essem, etc.; **fuam, etc.** = sim, etc.; **fuveit** = fuit; **fuvimus** = fuimus; **fuvisset** = fuisset; **siem, etc.** = sim, etc.; **simus** = sumus

Compounds and related words: **absum** to be absent; **adsum** to be present; **desum** to fail; **insum** to be in; **intersum** to be amongst; **obsum** to be against; **possum** to be able; **praesum** to be in charge; **prosum** to be useful; **subsum** to be close to; **supersum** to survive

take

ACTIVE   ### PASSIVE

INDICATIVE

	ACTIVE		PASSIVE	
Pres.	sūmō	sūmimus	sūmor	sūmimur
	sūmis	sūmitis	sūmeris (-re)	sūmiminī
	sūmit	sūmunt	sūmitur	sūmuntur
Impf.	sūmēbam	sūmēbāmus	sūmēbar	sūmēbāmur
	sūmēbās	sūmēbātis	sūmēbāris (-re)	sūmēbāminī
	sūmēbat	sūmēbant	sūmēbātur	sūmēbantur
Fut.	sūman	sūmēmus	sūmar	sūmēmur
	sūmēs	sūmētis	sūmēris (-re)	sūmēminī
	sūmet	sūment	sūmētur	sūmentur
Perf.	sūmpsī	sūmpsimus	sūmptus sum	sūmptī sumus
	sūmpsistī	sūmpsistis	(-a, -um) es	(-ae, -a) estis
	sūmpsit	sūmpsērunt (-ēre)	est	sunt
Plup.	sūmpseram	sūmpserāmus	sūmptus eram	sūmptī erāmus
	sūmpserās	sūmpserātis	(-a, -um) erās	(-ae, -a) erātis
	sūmpserat	sūmpserant	erat	erant
Fut.	sūmpserō	sūmpserimus	sūmptus erō	sūmptī erimus
Perf.	sūmpseris	sūmpseritis	(-a, -um) eris	(-ae, -a) eritis
	sūmpserit	sūmpserint	erit	erunt

SUBJUNCTIVE

Pres.	sūmam	sūmāmus	sūmar	sūmāmur
	sūmās	sūmātis	sūmāris (-re)	sūmāminī
	sūmat	sūmant	sūmātur	sūmantur
Impf.	sūmerem	sūmerēmus	sūmerer	sūmerēmur
	sūmerēs	sūmerētis	sūmerēris (-re)	sūmerēminī
	sūmeret	sūmerent	sūmerētur	sūmerentur
Perf.	sūmpserim	sūmpserimus	sūmptus sim	sūmptī sīmus
	sūmpseris	sūmpseritis	(-a, -um) sīs	(-ae, -a) sītis
	sūmpserit	sūmpserint	sit	sint
Plup.	sūmpsissem	sūmpsissēmus	sūmptus essem	sūmptī essēmus
	sūmpsissēs	sūmpsissētis	(-a, -um) essēs	(-ae, -a) essētis
	sūmpsisset	sūmpsissent	esset	essent

IMPERATIVE

Pres.	sūme	sūmite	

INFINITIVE

Pres.	sūmere	sūmī
Perf.	sūmpsisse	sūmptus (-a, -um) esse
Fut.	sūmptūrus (-a, -um) esse	

PARTICIPLE

Pres.	sūmēns, (-tis)	
Perf.		sūmptus (-a, -um)
Fut.	sūmptūrus (-a, -um)	sūmendus (-a, -um) (GERUNDIVE)

GERUND sūmendī, -ō, -um, -ō   SUPINE sūmptum, -ū

Alternate forms: **serempsit** = sumpserit; **sumpse** = sumpisse; **suremit** = sumpsit
Compounds and related words: **absumo (3)** to consume; **assumo (3)** to receive; **consumo (3)**
    to consume; **praesumo (3)** to anticipate; **resumo (3)** to take up again; **sumptus, -us, m.** expense
Model sentence: *Litteras ad te a M. Lepido consule quasi commendaticias **sumpsimus**.* —Cicero

overcome, surpass

	ACTIVE			PASSIVE	
			INDICATIVE		
Pres.	superō	superāmus		superor	superāmur
	superās	superātis		superāris (-re)	superāminī
	superat	superant		superātur	superantur
Impf.	superābam	superābāmus		superābar	superābāmur
	superābās	superābātis		superābāris (-re)	superābāminī
	superābat	superābant		superābātur	superābantur
Fut.	superābō	superābimus		superābor	superābimur
	superābis	superābitis		superāberis (-re)	superābiminī
	superābit	superābunt		superābitur	superābuntur
Perf.	superāvī	superāvimus		superātus sum	superātī sumus
	superāvistī	superāvistis		(-a, -um) es	(-ae, -a) estis
	superāvit	superāvērunt (-ēre)		est	sunt
Plup.	superāveram	superāverāmus		superātus eram	superātī erāmus
	superāverās	superāverātis		(-a, -um) erās	(-ae, -a) erātis
	superāverat	superāverant		erat	erant
Fut.	superāverō	superāverimus		superātus erō	superātī erimus
Perf.	superāveris	superāveritis		(-a, -um) eris	(-ae, -a) eritis
	superāverit	superāverint		erit	erunt
			SUBJUNCTIVE		
Pres.	superem	superēmus		superer	superēmur
	superēs	superētis		superēris (-re)	superēminī
	superet	superent		superētur	superentur
Impf.	superārem	superārēmus		superārer	superārēmur
	superārēs	superārētis		superārēris (-re)	superārēminī
	superāret	superārent		superārētur	superārentur
Perf.	superāverim	superāverimus		superātus sim	superātī sīmus
	superāveris	superāveritis		(-a, -um) sīs	(-ae, -a) sītis
	superāverit	superāverint		sit	sint
Plup.	superāvissem	superāvissēmus		superātus essem	superātī essēmus
	superāvissēs	superāvissētis		(-a, -um) essēs	(-ae, -a) essētis
	superāvisset	superāvissent		esset	essent
			IMPERATIVE		
Pres.	superā	superāte			
			INFINITIVE		
Pres.	superāre			superārī	
Perf.	superāvisse			superātus (-a, -um) esse	
Fut.	superātūrus (-a, -um) esse				
			PARTICIPLE		
Pres.	superāns, (-tis)				
Perf.				superātus (-a, -um)	
Fut.	superātūrus (-a, -um)			superandus (-a, -um) (GERUNDIVE)	

GERUND superandī, -ō, -um, -ō   SUPINE superātum, -ū

Compounds and related words: **exsuperō (1)** to surpass; **super** above; **superbia, -ae, f.** arrogance;
superbus, -a, -um arrogant; **superus, -a, -um** upper
Model sentence: *Materiam **superabat** opus.* —Ovid

be left over, survive, abound

ACTIVE

INDICATIVE

Pres.	supersum	supersumus
	superes	superestis
	superest	supersunt
Impf.	supereram	supererāmus
	supererās	supererātis
	supererat	supererant
Fut.	supererō	supererimus
	supereris	supereritis
	supererit	supererunt
Perf.	superfuī	superfuimus
	superfuistī	superfuistis
	superfuit	superfuērunt (-ēre)
Plup.	superfueram	superfuerāmus
	superfuerās	superfuerātis
	superfuerat	superfuerant
Fut.	superfuerō	superfuerimus
Perf.	superfueris	superfueritis
	superfuerit	superfuerint

SUBJUNCTIVE

Pres.	supersim	supersīmus
	supersīs	supersītis
	supersit	supersint
Impf.	superessem	superessēmus
	superessēs	superessētis
	superesset	superessent
Perf.	superfuerim	superfuerimus
	superfueris	superfueritis
	superfuerit	superfuerint
Plup.	superfuissem	superfuissēmus
	superfuissēs	superfuissētis
	superfuisset	superfuissent

IMPERATIVE

Pres.	superes	supereste

INFINITIVE

Pres.	superesse
Perf.	superfuisse
Fut.	superfutūrus (-a, -um) esse

PARTICIPLE

Pres.	
Perf.	
Fut.	superfutūrus (-a, -um)

GERUND   SUPINE

Alternate forms: **superescit** = superest
See **sum** for related compounds of this verb.
Model sentence: *Nil actum reputa si quid **superest** agendum.* —Lucan

raise, stand up, ascend

ACTIVE		PASSIVE	
INDICATIVE			

Pres.	surgō	surgimus	surgor	surgimur
	surgis	surgitis	surgeris (-re)	surgiminī
	surgit	surgunt	surgitur	surguntur
Impf.	surgēbam	surgēbāmus	surgēbar	surgēbāmur
	surgēbās	surgēbātis	surgēbāris (-re)	surgēbāminī
	surgēbat	surgēbant	surgēbātur	surgēbantur
Fut.	surgam	surgēmus	surgar	surgēmur
	surgēs	surgētis	surgēris (-re)	surgēminī
	surget	surgent	surgētur	surgentur
Perf.	surrēxī	surrēximus	surrēctus sum	surrēctī sumus
	surrēxistī	surrēxistis	(-a, -um) es	(-ae, -a) estis
	surrēxit	surrēxērunt (-ēre)	est	sunt
Plup.	surrēxeram	surrēxerāmus	surrēctus eram	surrēctī erāmus
	surrēxerās	surrēxerātis	(-a, -um) erās	(-ae, -a) erātis
	surrēxerat	surrēxerant	erat	erant
Fut. Perf.	surrēxerō	surrēxerimus	surrēctus erō	surrēctī erimus
	surrēxeris	surrēxeritis	(-a, -um) eris	(-ae, -a) eritis
	surrēxerit	surrēxerint	erit	erunt

SUBJUNCTIVE			
Pres.	surgam	surgāmus	surgar	surgāmur
	surgās	surgātis	surgāris (-re)	surgāminī
	surgat	surgant	surgātur	surgantur
Impf.	surgerem	surgerēmus	surgerer	surgerēmur
	surgerēs	surgerētis	surgerēris (-re)	surgerēminī
	surgeret	surgerent	surgerētur	surgerentur
Perf.	surrēxerim	surrēxerimus	surrēctus sim	surrēctī sīmus
	surrēxeris	surrēxeritis	(-a, -um) sīs	(-ae, -a) sītis
	surrēxerit	surrēxerint	sit	sint
Plup.	surrēxissem	surrēxissēmus	surrēctus essem	surrēctī essēmus
	surrēxissēs	surrēxissētis	(-a, -um) essēs	(-ae, -a) essētis
	surrēxisset	surrēxissent	esset	essent

IMPERATIVE			
Pres.	surge	surgite		

INFINITIVE			
Pres.	surgere		surgī	
Perf.	surrēxisse		surrēctus (-a, -um) esse	
Fut.	surrēctūrus (-a, -um) esse			

PARTICIPLE			
Pres.	surgēns, (-tis)			
Perf.			surrēctus (-a, -um)	
Fut.	surrēctūrus (-a, -um)		surgendus (-a, -um) (GERUNDIVE)	

GERUND surgendī, -ō, -um, -ō   SUPINE surrēctum, -ū

Alternate forms: **subrectum** = surrectum; **subrexi** = surrexi; **subrigo** = surgo; **surregit** = surrexit; **surrexe** = surrexisse; **surrexti** = surrexisti; **surrigo** = surgo

Compounds and related words: **assurgo (3)** to stand up; **consurgo (3)** to stand up; **exsurgo (3)** to stand up; **insurgo (3)** to rise up; **resurgo (3)** to stand back up

See **rego** for related compounds of this verb.

Model sentence: *Plaudite, valete, lumbos **surgite** atque extollite.* —Plautus

hang

ACTIVE		PASSIVE	
INDICATIVE			
Pres. suspendō	suspendimus	suspendor	suspendimur
suspendis	suspenditis	suspenderis (-re)	suspendiminī
suspendit	suspendunt	suspenditur	suspenduntur
Impf. suspendēbam	suspendēbāmus	suspendēbar	suspendēbāmur
suspendēbās	suspendēbātis	suspendēbāris (-re)	suspendēbāminī
suspendēbat	suspendēbant	suspendēbātur	suspendēbantur
Fut. suspendam	suspendēmus	suspendar	suspendēmur
suspendēs	suspendētis	suspendēris (-re)	suspendēminī
suspendet	suspendent	suspendētur	suspendentur
Perf. suspendī	suspendimus	suspensus sum	suspensī sumus
suspendistī	suspendistis	(-a, -um) es	(-ae, -a) estis
suspendit	suspendērunt (-ēre)	est	sunt
Plup. suspenderam	suspenderāmus	suspensus eram	suspensī erāmus
suspenderās	suspenderātis	(-a, -um) erās	(-ae, -a) erātis
suspenderat	suspenderant	erat	erant
Fut. suspenderō	suspenderimus	suspensus erō	suspensī erimus
Perf. suspenderis	suspenderitis	(-a, -um) eris	(-ae, -a) eritis
suspenderit	suspenderint	erit	erunt
SUBJUNCTIVE			
Pres. suspendam	suspendāmus	suspendar	suspendāmur
suspendās	suspendātis	suspendāris (-re)	suspendāminī
suspendat	suspendant	suspendātur	suspendantur
Impf. suspenderem	suspenderēmus	suspenderer	suspenderēmur
suspenderēs	suspenderētis	suspenderēris (-re)	suspenderēminī
suspenderet	suspenderent	suspenderētur	suspenderentur
Perf. suspenderim	suspenderimus	suspensus sim	suspensī sīmus
suspenderis	suspenderitis	(-a, -um) sīs	(-ae, -a) sītis
suspenderit	suspenderint	sit	sint
Plup. suspendissem	suspendissēmus	suspensus essem	suspensī essēmus
suspendissēs	suspendissētis	(-a, -um) essēs	(-ae, -a) essētis
suspendisset	suspendissent	esset	essent
IMPERATIVE			
Pres. suspende	suspendite		
INFINITIVE			
Pres. suspendere		suspendī	
Perf. suspendisse		suspensus (-a, -um) esse	
Fut. suspensūrus (-a, -um) esse			
PARTICIPLE			
Pres. suspendēns, (-tis)			
Perf.		suspensus (-a, -um)	
Fut. suspensūrus (-a, -um)		suspendendus (-a, -um) (GERUNDIVE)	

GERUND suspendendī, -ō, -um, -ō   SUPINE suspensum, -ū

Compounds and related words: **pendo (3)** to hang; **suspendium, -i, n.** a hanging
See **pendo** for related compounds of this verb.
Model sentence: *Rusticus emeritum palo suspendat aratrum.* —Ovid

be silent, keep still

ACTIVE		PASSIVE	
INDICATIVE			
Pres.	taceō	tacēmus		
	tacēs	tacētis		
	tacet	tacent	tacētur	tacentur
Impf.	tacēbam	tacēbāmus		
	tacēbās	tacēbātis		
	tacēbat	tacēbant	tacēbātur	tacēbantur
Fut.	tacēbō	tacēbimus		
	tacēbis	tacēbitis		
	tacēbit	tacēbunt	tacēbitur	tacēbuntur
Perf.	tacuī	tacuimus		
	tacuistī	tacuistis		
	tacuit	tacuērunt (-ēre)	tacitus (-a, -um) est	tacitī (-ae, -a) sunt
Plup.	tacueram	tacuerāmus		
	tacuerās	tacuerātis		
	tacuerat	tacuerant	tacitus (-a, -um) erat	tacitī (-ae, -a) erant
Fut.	tacuerō	tacuerimus		
Perf.	tacueris	tacueritis		
	tacuerit	tacuerint	tacitus (-a, -um) erit	tacitī (-ae, -a) erunt
SUBJUNCTIVE			
Pres.	taceam	taceāmus		
	taceās	taceātis		
	taceat	taceant	taceātur	taceantur
Impf.	tacērem	tacērēmus		
	tacērēs	tacērētis		
	tacēret	tacērent	tacērētur	tacērentur
Perf.	tacuerim	tacuerimus		
	tacueris	tacueritis		
	tacuerit	tacuerint	tacitus (-a, -um) sit	tacitī (-ae, -a) sint
Plup.	tacuissem	tacuissēmus		
	tacuissēs	tacuissētis		
	tacuisset	tacuissent	tacitus (-a, -um) esset	tacitī (-ae, -a) essent
IMPERATIVE			
Pres.	tacē	tacēte		
INFINITIVE			
Pres.	tacēre		tacērī	
Perf.	tacuisse		tacitus (-a, -um) esse	
Fut.	tacitūrus (-a, -um) esse			
PARTICIPLE			
Pres.	tacēns, (-tis)			
Perf.			tacitus (-a, -um)	
Fut.	tacitūrus (-a, -um)		tacendus (-a, -um) (GERUNDIVE)	

GERUND tacendī, -ō, -um, -ō   SUPINE tacitum, -ū

Compounds and related words: **reticentia, -ae, f.** a keeping quiet; **reticeo (2)** to keep quiet; **taciturnitas, -tatis, f.** silence; **taciturnus, -a, -um** quiet; **tacitus, -a, -um** quiet
Model sentence: *Quae vera audivi, **taceo**.* —Terence

touch

ACTIVE			PASSIVE		
			INDICATIVE		
Pres.	tangō	tangimus	tangor	tangimur	
	tangis	tangitis	tangeris (-re)	tangiminī	
	tangit	tangunt	tangitur	tanguntur	
Impf.	tangēbam	tangēbāmus	tangēbar	tangēbāmur	
	tangēbās	tangēbātis	tangēbāris (-re)	tangēbāminī	
	tangēbat	tangēbant	tangēbātur	tangēbantur	
Fut.	tangam	tangēmus	tangar	tangēmur	
	tangēs	tangētis	tangēris (-re)	tangēminī	
	tanget	tangent	tangētur	tangentur	
Perf.	tetigī	tetigimus	tāctus sum	tāctī sumus	
	tetigistī	tetigistis	(-a, -um) es	(-ae, -a) estis	
	tetigit	tetigērunt (-ēre)	est	sunt	
Plup.	tetigeram	tetigerāmus	tāctus eram	tāctī erāmus	
	tetigerās	tetigerātis	(-a, -um) erās	(-ae, -a) erātis	
	tetigerat	tetigerant	erat	erant	
Fut.	tetigerō	tetigerimus	tāctus erō	tāctī erimus	
Perf.	tetigeris	tetigeritis	(-a, -um) eris	(-ae, -a) eritis	
	tetigerit	tetigerint	erit	erunt	
			SUBJUNCTIVE		
Pres.	tangam	tangāmus	tangar	tangāmur	
	tangās	tangātis	tangāris (-re)	tangāminī	
	tangat	tangant	tangātur	tangantur	
Impf.	tangerem	tangerēmus	tangerer	tangerēmur	
	tangerēs	tangerētis	tangerēris (-re)	tangerēminī	
	tangeret	tangerent	tangerētur	tangerentur	
Perf.	tetigerim	tetigerimus	tāctus sim	tāctī sīmus	
	tetigeris	tetigeritis	(-a, -um) sīs	(-ae, -a) sītis	
	tetigerit	tetigerint	sit	sint	
Plup.	tetigissem	tetigissēmus	tāctus essem	tāctī essēmus	
	tetigissēs	tetigissētis	(-a, -um) essēs	(-ae, -a) essētis	
	tetigisset	tetigissent	esset	essent	
			IMPERATIVE		
Pres.	tange	tangite			
			INFINITIVE		
Pres.	tangere		tangī		
Perf.	tetigisse		tāctus (-a, -um) esse		
Fut.	tāctūrus (-a, -um) esse				
			PARTICIPLE		
Pres.	tangēns, (-tis)				
Perf.			tāctus (-a, -um)		
Fut.	tāctūrus (-a, -um)		tangendus (-a, -um) (GERUNDIVE)		

GERUND tangendī, -ō, -um, -ō   SUPINE tāctum, -ū

Alternate forms: **tago, tagere, taxi** = tango, tangere, tetigi
Compounds and related words: **attingo (3)** to touch;   **contingo (3)** touch;   **contiguus, -a, -um** adjoining;
    tactilis, -e that which can be touched;   **tactio, -onis, f.** the sense of touch;   **tactus, -us, m.** a touch
Model sentence: *Praedam non **tetigere** canes.* —Martial

cover, conceal

ACTIVE | PASSIVE

INDICATIVE

	ACTIVE		PASSIVE	
Pres.	tegō	tegimus	tegor	tegimur
	tegis	tegitis	tegeris (-re)	tegiminī
	tegit	tegunt	tegitur	teguntur
Impf.	tegēbam	tegēbāmus	tegēbar	tegēbāmur
	tegēbās	tegēbātis	tegēbāris (-re)	tegēbāminī
	tegēbat	tegēbant	tegēbātur	tegēbantur
Fut.	tegam	tegēmus	tegar	tegēmur
	tegēs	tegētis	tegēris (-re)	tegēminī
	teget	tegent	tegētur	tegentur
Perf.	tēxī	tēximus	tēctus sum	tēctī sumus
	tēxistī	tēxistis	(-a, -um) es	(-ae, -a) estis
	tēxit	tēxērunt (-ēre)	est	sunt
Plup.	tēxeram	tēxerāmus	tēctus eram	tēctī erāmus
	tēxerās	tēxerātis	(-a, -um) erās	(-ae, -a) erātis
	tēxerat	tēxerant	erat	erant
Fut.	tēxerō	tēxerimus	tēctus erō	tēctī erimus
Perf.	tēxeris	tēxeritis	(-a, -um) eris	(-ae, -a) eritis
	tēxerit	tēxerint	erit	erunt

SUBJUNCTIVE

Pres.	tegam	tegāmus	tegar	tegāmur
	tegās	tegātis	tegāris (-re)	tegāminī
	tegat	tegant	tegātur	tegantur
Impf.	tegerem	tegerēmus	tegerer	tegerēmur
	tegerēs	tegerētis	tegerēris (-re)	tegerēminī
	tegeret	tegerent	tegerētur	tegerentur
Perf.	tēxerim	tēxerimus	tēctus sim	tēctī sīmus
	tēxeris	tēxeritis	(-a, -um) sīs	(-ae, -a) sītis
	tēxerit	tēxerint	sit	sint
Plup.	tēxissem	tēxissēmus	tēctus essem	tēctī essēmus
	tēxissēs	tēxissētis	(-a, -um) essēs	(-ae, -a) essētis
	tēxisset	tēxissent	esset	essent

IMPERATIVE

Pres.	tege	tegite

INFINITIVE

	ACTIVE	PASSIVE
Pres.	tegere	tegī
Perf.	tēxisse	tēctus (-a, -um) esse
Fut.	tēctūrus (-a, -um) esse	

PARTICIPLE

	ACTIVE	PASSIVE
Pres.	tegēns, (-tis)	
Perf.		tēctus (-a, -um)
Fut.	tēctūrus (-a, -um)	tegendus (-a, -um) (GERUNDIVE)

GERUND tegendī, -ō, -um, -ō   SUPINE tēctum, -ū

Compounds and related words: **contego (3)** to cover up; **detego (3)** to uncover; **protego (3)** to shield; **retego (3)** to uncover; **tectum, -i, n.** roof; **tegmen, -minis, n.** covering; **toga, -ae, f.** toga; **togatus, -a, -um** wearing a toga

Model sentence: *Incustoditis et apertis, Lesbia, semper liminibus peccas nec tua furta **tegis**.* —Martial

try

ACTIVE		PASSIVE	
INDICATIVE			

	ACTIVE		PASSIVE	
Pres.	temptō	temptāmus	temptor	temptāmur
	temptās	tempātis	temptāris (-re)	temptāminī
	temptat	temptant	temptātur	temptantur
Impf.	temptābam	temptābāmus	temptābar	temptābāmur
	temptābās	temptābātis	temptābāris (-re)	temptābāminī
	temptābat	temptābant	temptābātur	temptābantur
Fut.	temptābō	temptābimus	temptābor	temptābimur
	temptābis	temptābitis	temptāberis (-re)	temptābiminī
	temptābit	temptābunt	temptābitur	temptābuntur
Perf.	temptāvī	temptāvimus	temptātus sum	temptātī sumus
	temptāvistī	temptāvistis	(-a, -um) es	(-ae, -a) estis
	temptāvit	temptāvērunt (-ēre)	est	sunt
Plup.	temptāveram	temptāverāmus	temptātus eram	temptātī erāmus
	temptāverās	temptāverātis	(-a, -um) erās	(-ae, -a) erātis
	temptāverat	temptāverant	erat	erant
Fut.	temptāverō	temptāverimus	temptātus erō	temptātī erimus
Perf.	temptāveris	temptāveritis	(-a, -um) eris	(-ae, -a) eritis
	temptāverit	temptāverint	erit	erunt

SUBJUNCTIVE			

	ACTIVE		PASSIVE	
Pres.	temptem	temptēmus	tempter	temptēmur
	temptēs	temptētis	temptēris (-re)	temptēminī
	temptet	temptent	temptētur	temptentur
Impf.	temptārem	temptārēmus	temptārer	temptārēmur
	temptārēs	temptārētis	temptārēris (-re)	temptārēminī
	temptāret	temptārent	temptārētur	temptārentur
Perf.	temptāverim	temptāverimus	temptātus sim	temptātī sīmus
	temptāveris	temptāveritis	(-a, -um) sīs	(-ae, -a) sītis
	temptāverit	temptāverint	sit	sint
Plup.	temptāvissem	temptāvissēmus	temptātus essem	temptātī essēmus
	temptāvissēs	temptāvissētis	(-a, -um) essēs	(-ae, -a) essētis
	temptāvisset	temptāvissent	esset	essent

IMPERATIVE		
Pres.	temptā	temptāte

INFINITIVE

Pres.	temptāre	temptārī
Perf.	temptāvisse	temptātus (-a, -um) esse
Fut.	temptātūrus (-a, -um) esse	

PARTICIPLE

Pres.	temptāns, (-tis)	
Perf.		temptātus (-a, -um)
Fut.	temptātūrus (-a, -um)	temptandus (-a, -um) (GERUNDIVE)

GERUND temptandī, -ō, -um, -ō   SUPINE temptātum, -ū

Alternate forms: **tento, tentare, tentavi, tentatum** = tempto, temptare, temptavi, temptatum
Compounds and related words: **temptabundus, -a, -um** trying; **temptamen, -minis, n.** an attempt;
    temptamentum, -i, n. an attempt; **temptatio, -onis, f.** an attack; **temptator, -is, m.** one who attempts
Model sentence: *Saepius fortunam **temptare** Galba nolebat.* —Caesar

tendō, tendere, tetendī, tentum or *tēnsum*

tendō

stretch, strive, aim

ACTIVE		PASSIVE	
INDICATIVE			
Pres. tendō	tendimus	tendor	tendimur
tendis	tenditis	tenderis (-re)	tendiminī
tendit	tendunt	tenditur	tenduntur
Impf. tendēbam	tendēbāmus	tendēbar	tendēbāmur
tendēbās	tendēbātis	tendēbāris (-re)	tendēbāminī
tendēbat	tendēbant	tendēbātur	tendēbantur
Fut. tendam	tendēmus	tendar	tendēmur
tendēs	tendētis	tendēris (-re)	tendēminī
tendet	tendent	tendētur	tendentur
Perf. tetendī	tetendimus	tentus sum	tentī sumus
tetendistī	tetendistis	(-a, -um) es	(-ae, -a) estis
tetendit	tetendērunt (-ēre)	est	sunt
Plup. tetenderam	tetenderāmus	tentus eram	tentī erāmus
tetenderās	tetenderātis	(-a, -um) erās	(-ae, -a) erātis
tetenderat	tetenderant	erat	erant
Fut. tetenderō	tetenderimus	tentus erō	tentī erimus
Perf. tetenderis	tetenderitis	(-a, -um) eris	(-ae, -a) eritis
tetenderit	tetenderint	erit	erunt
SUBJUNCTIVE			
Pres. tendam	tendāmus	tendar	tendāmur
tendās	tendātis	tendāris (-re)	tendāminī
tendat	tendant	tendātur	tendantur
Impf. tenderem	tenderēmus	tenderer	tenderēmur
tenderēs	tenderētis	tenderēris (-re)	tenderēminī
tenderet	tenderent	tenderētur	tenderentur
Perf. tetenderim	tetenderimus	tentus sim	tentī sīmus
tetenderis	tetenderitis	(-a, -um) sīs	(-ae, -a) sītis
tetenderit	tetenderint	sit	sint
Plup. tetendissem	tetendissēmus	tentus essem	tentī essēmus
tetendissēs	tetendissētis	(-a, -um) essēs	(-ae, -a) essētis
tetendisset	tetendissent	esset	essent
IMPERATIVE			
Pres. tende	tendite		
INFINITIVE			
Pres. tendere		tendī	
Perf. tetendisse		tentus (-a, -um) esse	
Fut. tentūrus (-a, -um) esse			
PARTICIPLE			
Pres. tendēns, (-tis)			
Perf.		tentus (-a, -um)	
Fut. tentūrus (-a, -um)		tendendus (-a, -um) (GERUNDIVE)	

GERUND tendendī, -ō, -um, -ō   SUPINE tentum, -ū

Alternate forms: **tenno** = tendo; **tensum** = tentum
Compounds and related words: **attendo (3)** to pay attention to; **contendo (3)** to strain; **distendo (3)** to stretch out; **extendo (3)** to stretch out; **intendo (3)** to aim; **intentio, -onis, f.** exertion; **ostendo (3)** to show; **praetendo (3)** to spread out in front; **portendo (3)** to predict; **portentum, -i, n.** omen; **protendo (3)** to stretch out
Model sentence: *Tympana **tenta** tonant palmis.* —Lucretius

451

hold, keep

<table>
<tr><th colspan="2" align="center">ACTIVE</th><th colspan="2" align="center">PASSIVE</th></tr>
<tr><td colspan="4" align="center">INDICATIVE</td></tr>
</table>

	ACTIVE		PASSIVE	
Pres.	teneō	tenēmus	teneor	tenēmur
	tenēs	tenētis	tenēris (-re)	tenēminī
	tenet	tenent	tenētur	tenentur
Impf.	tenēbam	tenēbāmus	tenēbar	tenēbāmur
	tenēbās	tenēbātis	tenēbāris (-re)	tenēbāminī
	tenēbat	tenēbant	tenēbātur	tenēbantur
Fut.	tenēbō	tenēbimus	tenēbor	tenēbimur
	tenēbis	tenēbitis	tenēberis (-re)	tenēbiminī
	tenēbit	tenēbunt	tenēbitur	tenēbuntur
Perf.	tenuī	tenuimus		
	tenuistī	tenuistis		
	tenuit	tenuērunt (-ēre)		
Plup.	tenueram	tenuerāmus		
	tenuerās	tenuerātis		
	tenuerat	tenuerant		
Fut. Perf.	tenuerō	tenuerimus		
	tenueris	tenueritis		
	tenuerit	tenuerint		

SUBJUNCTIVE

	ACTIVE		PASSIVE	
Pres.	teneam	teneāmus	tenear	teneāmur
	teneās	teneātis	teneāris (-re)	teneāminī
	teneat	teneant	teneātur	teneantur
Impf.	tenērem	tenērēmus	tenērer	tenērēmur
	tenērēs	tenērētis	tenērēris (-re)	tenērēminī
	tenēret	tenērent	tenērētur	tenērentur
Perf.	tenuerim	tenuerimus		
	tenueris	tenueritis		
	tenuerit	tenuerint		
Plup.	tenuissem	tenuissēmus		
	tenuissēs	tenuissētis		
	tenuisset	tenuissent		

IMPERATIVE

	ACTIVE		PASSIVE	
Pres.	tenē	tenēte		

INFINITIVE

	ACTIVE	PASSIVE
Pres.	tenēre	tenērī
Perf.	tenuisse	
Fut.		

PARTICIPLE

	ACTIVE	PASSIVE
Pres.	tenēns, (-tis)	
Perf.		
Fut.		tenendus (-a, -um) (GERUNDIVE)

GERUND tenendī, -ō, -um, -ō   SUPINE

Alternate forms: **tenivi** = tenui; **tetinerim** = tenuerim; **tetinerit** = tenuerit; **tetinero** = tenuero; **tetinisse** = tenuisse

Compounds and related words: **abstinentia, -ae, f.** abstinence; **abstineo (2)** to hold back; **contineo (2)** to contain; **detineo (2)** to detain; **obtineo (2)** to obtain; **pertinax, -acis** stubborn; **pertineo (2)** to extend; **retineo (2)** to hold back; **sustineo (2)** to support; **sustento (1)** to support; **tenax, -acis** tenacious

Model sentence: *Quos amor verus **tenuit**, **tenebit**.* —Seneca

rub, wear down

ACTIVE		PASSIVE	

INDICATIVE

Pres.	terō	terimus	teror	terimur
	teris	teritis	tereris (-re)	teriminī
	terit	terunt	teritur	teruntur
Impf.	terēbam	terēbāmus	terēbar	terēbāmur
	terēbās	terēbātis	terēbāris (-re)	terēbāminī
	terēbat	terēbant	terēbātur	terēbantur
Fut.	teram	terēmus	terar	terēmur
	terēs	terētis	terēris (-re)	terēminī
	teret	terent	terētur	terentur
Perf.	trīvī	trīvimus	trītus sum	trītī sumus
	trīvistī	trīvistis	(-a, -um) es	(-ae, -a) estis
	trīvit	trīvērunt (-ēre)	est	sunt
Plup.	trīveram	trīverāmus	trītus eram	trītī erāmus
	trīverās	trīverātis	(-a, -um) erās	(-ae, -a) erātis
	trīverat	trīverant	erat	erant
Fut.	trīverō	trīverimus	trītus erō	trītī erimus
Perf.	trīveris	trīveritis	(-a, -um) eris	(-ae, -a) eritis
	trīverit	trīverint	erit	erunt

SUBJUNCTIVE

Pres.	teram	terāmus	terar	terāmur
	terās	terātis	terāris (-re)	terāminī
	terat	terant	terātur	terantur
Impf.	tererem	tererēmus	tererer	tererēmur
	tererēs	tererētis	tererēris (-re)	tererēminī
	tereret	tererent	tererētur	tererentur
Perf.	trīverim	trīverimus	trītus sim	trītī sīmus
	trīveris	trīveritis	(-a, -um) sīs	(-ae, -a) sītis
	trīverit	trīverint	sit	sint
Plup.	trīvissem	trīvissēmus	trītus essem	trītī essēmus
	trīvissēs	trīvissētis	(-a, -um) essēs	(-ae, -a) essētis
	trīvisset	trīvissent	esset	essent

IMPERATIVE

Pres.	tere	terite	

INFINITIVE

Pres.	terere	terī
Perf.	trīvisse	trītus (-a, -um) esse
Fut.	trītūrus (-a, -um) esse	

PARTICIPLE

Pres.	terēns, (-tis)	
Perf.		trītus (-a, -um)
Fut.	trītūrus (-a, -um)	terendus (-a, -um) (GERUNDIVE)

GERUND terendī, -ō, -um, -ō   SUPINE trītum, -ū

Alternate forms: **terii** = trivi; **tristi** = trivisti
Compounds and related words: **attero (3)** to wear away; **contero (3)** to grind; **obtero (3)** to trample on;
   protero (3) to crush
Model sentence: *Ambulator porticum terit.* —Martial

frighten

	ACTIVE		PASSIVE	
	INDICATIVE			
Pres.	terreō	terrēmus	terreor	terrēmur
	terrēs	terrētis	terrēris (-re)	terrēminī
	terret	terrent	terrētur	terrentur
Impf.	terrēbam	terrēbāmus	terrēbar	terrēbāmur
	terrēbās	terrēbātis	terrēbāris (-re)	terrēbāminī
	terrēbat	terrēbant	terrēbātur	terrēbantur
Fut.	terrēbō	terrēbimus	terrēbor	terrēbimur
	terrēbis	terrēbitis	terrēberis (-re)	terrēbiminī
	terrēbit	terrēbunt	terrēbitur	terrēbuntur
Perf.	terruī	terruimus	territus sum	territī sumus
	terruistī	terruistis	(-a, -um) es	(-ae, -a) estis
	terruit	terruērunt (-ēre)	est	sunt
Plup.	terrueram	terruerāmus	territus eram	territī erāmus
	terruerās	terruerātis	(-a, -um) erās	(-ae, -a) erātis
	terruerat	terruerant	erat	erant
Fut.	terruerō	terruerimus	territus erō	territī erimus
Perf.	terrueris	terrueritis	(-a, -um) eris	(-ae, -a) eritis
	terruerit	terruerint	erit	erunt
	SUBJUNCTIVE			
Pres.	terream	terreāmus	terrear	terreāmur
	terreās	terreātis	terreāris (-re)	terreāminī
	terreat	terreant	terreātur	terreantur
Impf.	terrērem	terrērēmus	terrērer	terrērēmur
	terrērēs	terrērētis	terrērēris (-re)	terrērēminī
	terrēret	terrērent	terrērētur	terrērentur
Perf.	terruerim	terruerimus	territus sim	territī sīmus
	terrueris	terrueritis	(-a, -um) sīs	(-ae, -a) sītis
	terruerit	terruerint	sit	sint
Plup.	terruissem	terruissēmus	territus essem	territī essēmus
	terruissēs	terruissētis	(-a, -um) essēs	(-ae, -a) essētis
	terruisset	terruissent	esset	essent
	IMPERATIVE			
Pres.	terrē	terrēte		
	INFINITIVE			
Pres.	terrēre		terrērī	
Perf.	terruisse		territus (-a, -um) esse	
Fut.	territūrus (-a, -um) esse			
	PARTICIPLE			
Pres.	terrēns, (-tis)			
Perf.			territus (-a, -um)	
Fut.	territūrus (-a, -um)		terrendus (-a, -um) (GERUNDIVE)	

GERUND terrendī, -ō, -um, -ō   SUPINE territum, -ū

Compounds and related words: **absterreo (2)** to scare away; **deterreo (2)** to scare away; **exterreo (2)** to scare thoroughly; **perterreo (2)** to frighten; **terribilis, -e** frightening; **terror, -is, m.** terror
Model sentence: *Maris subita tempestas **terret** navigantes.* —Cicero

weave, braid

ACTIVE		PASSIVE	
INDICATIVE			

Pres.
texō	teximus	texor	teximur
texis	texitis	texeris (-re)	teximinī
texit	texunt	texitur	texuntur

Impf.
texēbam	texēbāmus	texēbar	texēbāmur
texēbās	texēbātis	texēbāris (-re)	texēbāminī
texēbat	texēbant	texēbātur	texēbantur

Fut.
texam	texēmus	texar	texēmur
texēs	texētis	texēris (-re)	texēminī
texet	texent	texētur	texentur

Perf.
texuī	texuimus	textus sum	textī sumus
texuistī	texuistis	(-a, -um) es	(-ae, -a) estis
texuit	texuērunt (-ēre)	est	sunt

Plup.
texueram	texuerāmus	textus eram	textī erāmus
texuerās	texuerātis	(-a, -um) erās	(-ae, -a) erātis
texuerat	texuerant	erat	erant

Fut.
Perf.
texuerō	texuerimus	textus erō	textī erimus
texueris	texueritis	(-a, -um) eris	(-ae, -a) eritis
texuerit	texuerint	erit	erunt

SUBJUNCTIVE			

Pres.
texam	texāmus	texar	texāmur
texās	texātis	texāris (-re)	texāminī
texat	texant	texātur	texantur

Impf.
texerem	texerēmus	texerer	texerēmur
texerēs	texerētis	texerēris (-re)	texerēminī
texeret	texerent	texerētur	texerentur

Perf.
texuerim	texuerimus	textus sim	textī sīmus
texueris	texueritis	(-a, -um) sīs	(-ae, -a) sītis
texuerit	texuerint	sit	sint

Plup.
texuissem	texuissēmus	textus essem	textī essēmus
texuissēs	texuissētis	(-a, -um) essēs	(-ae, -a) essētis
texuisset	texuissent	esset	essent

IMPERATIVE			

Pres.
texe	texite		

INFINITIVE			

Pres.	texere	texī	
Perf.	texuisse	textus (-a, -um) esse	
Fut.	textūrus (-a, -um) esse		

PARTICIPLE			

Pres.	texēns, (-tis)		
Perf.		textus (-a, -um)	
Fut.	textūrus (-a, -um)	texendus (-a, -um) (GERUNDIVE)	

GERUND texendī, -ō, -um, -ō   SUPINE textum, -ū

Alternate forms: **texier** = texi
Compounds and related words: **contexo (3)** to weave together; **detexo (3)** to braid; **praetexo (3)**
   to disguise; **textilis, -e** woven; **textor, -is, m.** weaver; **textrix, -tricis, f.** a female weaver;
   textura, -ae, f. construction; **textus, -us, m.** web
Model sentence: *In vacuo **texetur** aranea lecto.* —Propertius

timeō

fear

	ACTIVE		PASSIVE	
INDICATIVE				
Pres.	timeō	timēmus	timeor	timēmur
	timēs	timētis	timēris (-re)	timēminī
	timet	timent	timētur	timentur
Impf.	timēbam	timēbāmus	timēbar	timēbāmur
	timēbās	timēbātis	timēbāris (-re)	timēbāminī
	timēbat	timēbant	timēbātur	timēbantur
Fut.	timēbō	timēbimus	timēbor	timēbimur
	timēbis	timēbitis	timēberis (-re)	timēbiminī
	timēbit	timēbunt	timēbitur	timēbuntur
Perf.	timuī	timuimus		
	timuistī	timuistis		
	timuit	timuērunt (-ēre)		
Plup.	timueram	timuerāmus		
	timuerās	timuerātis		
	timuerat	timuerant		
Fut.	timuerō	timuerimus		
Perf.	timueris	timueritis		
	timuerit	timuerint		
SUBJUNCTIVE				
Pres.	timeam	timeāmus	timear	timeāmur
	timeās	timeātis	timeāris (-re)	timeāminī
	timeat	timeant	timeātur	timeantur
Impf.	timērem	timērēmus	timērer	timērēmur
	timērēs	timērētis	timērēris (-re)	timērēminī
	timēret	timērent	timērētur	timērentur
Perf.	timuerim	timuerimus		
	timueris	timueritis		
	timuerit	timuerint		
Plup.	timuissem	timuissēmus		
	timuissēs	timuissētis		
	timuisset	timuissent		
IMPERATIVE				
Pres.	timē	timēte		
INFINITIVE				
Pres.	timēre		timērī	
Perf.	timuisse			
Fut.				
PARTICIPLE				
Pres.	timēns, (-tis)			
Perf.				
Fut.			timendus (-a, -um) (GERUNDIVE)	

GERUND timendī, -ō, -um, -ō SUPINE

Compounds and related words: **pertimesco (3)** to be very afraid; **timidus, -a, -um** afraid;
timor, -is, m. fear
Model sentence: *Sedet qui **timuit** ne non succederet.* —Horace

lift, raise

ACTIVE		PASSIVE	
INDICATIVE			

Pres.
tollō	tollimus	tollor	tollimur
tollis	tollitis	tolleris (-re)	tolliminī
tollit	tollunt	tollitur	tolluntur

Impf.
tollēbam	tollēbāmus	tollēbar	tollēbāmur
tollēbās	tollēbātis	tollēbāris (-re)	tollēbāminī
tollēbat	tollēbant	tollēbātur	tollēbantur

Fut.
tollam	tollēmus	tollar	tollēmur
tollēs	tollētis	tollēris (-re)	tollēminī
tollet	tollent	tollētur	tollentur

Perf.
sustulī	sustulimus	sublātus sum	sublātī sumus
sustulistī	sustulistis	(-a, -um) es	(-ae, -a) estis
sustulit	sustulērunt (-ēre)	est	sunt

Plup.
sustuleram	sustulerāmus	sublātus eram	sublātī erāmus
sustulerās	sustulerātis	(-a, -um) erās	(-ae, -a) erātis
sustulerat	sustulerant	erat	erant

Fut.
Perf.
sustulerō	sustulerimus	sublātus erō	sublātī erimus
sustuleris	sustuleritis	(-a, -um) eris	(-ae, -a) eritis
sustulerit	sustulerint	erit	erunt

SUBJUNCTIVE			

Pres.
tollam	tollāmus	tollar	tollāmur
tollās	tollātis	tollāris (-re)	tollāminī
tollat	tollant	tollātur	tollantur

Impf.
tollerem	tollerēmus	tollerer	tollerēmur
tollerēs	tollerētis	tollerēris (-re)	tollerēminī
tolleret	tollerent	tollerētur	tollerentur

Perf.
sustulerim	sustulerimus	sublātus sim	sublātī sīmus
sustuleris	sustuleritis	(-a, -um) sīs	(-ae, -a) sītis
sustulerit	sustulerint	sit	sint

Plup.
sustulissem	sustulissēmus	sublātus essem	sublātī essēmus
sustulissēs	sustulissētis	(-a, -um) essēs	(-ae, -a) essētis
sustulisset	sustulissent	esset	essent

IMPERATIVE			

Pres. tolle tollite

INFINITIVE			

Pres.	tollere	tollī
Perf.	sustulisse	sublātus (-a, -um) esse
Fut.	sublātūrus (-a, -um) esse	

PARTICIPLE			

Pres.	tollēns, (-tis)	
Perf.		sublātus (-a, -um)
Fut.	sublātūrus (-a, -um)	tollendus (-a, -um) (GERUNDIVE)

GERUND tollendī, -ō, -um, -ō   SUPINE sublātum, -ū

Alternate forms: **tollisse** = sustulisse; **tollit** = sustulit

Compounds and related words: **attollo (3)** to lift up; **extollo (3)** to lift up; **intolerabilis, -e** unbearable; **tolerabilis, -e** bearable; **tolerantia, -ae, f.** an enduring; **toleratio, -onis, f.** an enduring; **tolero (1)** to carry; **tolleno, -onis, m.** a crane

Model sentence: ***Sustulerat** raptas taurus in astra pilas.* —Martial

457

shear, crop, shave, trim

ACTIVE   PASSIVE

INDICATIVE

Pres.	tondeō	tondēmus	tondeor	tondēmur	
	tondēs	tondētis	tondēris (-re)	tondēminī	
	tondet	tondent	tondētur	tondentur	
Impf.	tondēbam	tondēbāmus	tondēbar	tondēbāmur	
	tondēbās	tondēbātis	tondēbāris (-re)	tondēbāminī	
	tondēbat	tondēbant	tondēbātur	tondēbantur	
Fut.	tondēbō	tondēbimus	tondēbor	tondēbimur	
	tondēbis	tondēbitis	tondēberis (-re)	tondēbiminī	
	tondēbit	tondēbunt	tondēbitur	tondēbuntur	
Perf.	totondī	totondimus	tōnsus sum	tōnsī sumus	
	totondistī	totondistis	(-a, -um) es	(-ae, -a) estis	
	totondit	totondērunt (-ēre)	est	sunt	
Plup.	totonderam	totonderāmus	tōnsus eram	tōnsī erāmus	
	totonderās	totonderātis	(-a, -um) erās	(-ae, -a) erātis	
	totonderat	totonderant	erat	erant	
Fut.	totonderō	totonderimus	tōnsus erō	tōnsī erimus	
Perf.	totonderis	totonderitis	(-a, -um) eris	(-ae, -a) eritis	
	totonderit	totonderint	erit	erunt	

SUBJUNCTIVE

Pres.	tondeam	tondeāmus	tondear	tondeāmur	
	tondeās	tondeātis	tondeāris (-re)	tondeāminī	
	tondeat	tondeant	tondeātur	tondeantur	
Impf.	tondērem	tondērēmus	tondērer	tondērēmur	
	tondērēs	tondērētis	tondērēris (-re)	tondērēminī	
	tondēret	tondērent	tondērētur	tondērentur	
Perf.	totonderim	totonderimus	tōnsus sim	tōnsī sīmus	
	totonderis	totonderitis	(-a, -um) sīs	(-ae, -a) sītis	
	totonderit	totonderint	sit	sint	
Plup.	totondissem	totondissēmus	tōnsus essem	tōnsī essēmus	
	totondissēs	totondissētis	(-a, -um) essēs	(-ae, -a) essētis	
	totondisset	totondissent	esset	essent	

IMPERATIVE

Pres.	tondē	tondēte

INFINITIVE

Pres.	tondēre	tondērī
Perf.	totondisse	tōnsus (-a, -um) esse
Fut.	tōnsūrus (-a, -um) esse	

PARTICIPLE

Pres.	tondēns, (-tis)	
Perf.		tōnsus (-a, -um)
Fut.	tōnsūrus (-a, -um)	tondendus (-a, -um) (GERUNDIVE)

GERUND tondendī, -ō, -um, -ō   SUPINE tōnsum, -ū

Usage notes: Passive forms often with middle sense

Compounds and related words: **tonsilis, -e** that which can be clipped; **tonsito (1)** to clip repeatedly; **tonsor, -is, m.** barber; **tonsorius, -a, -um** pertaining to clipping; **tonstrina, -ae, f.** a barber shop; **tonstrix, -tricis, f.** a female barber; **tonsura, -ae, f.** a clipping; **tonsus, -us, m.** a hair-do

Model sentence: *Lavamur et **tondemur** et convivimus ex consuetudine.* —Quintilian

ACTIVE

INDICATIVE

Pres.	tonō	tonāmus
	tonās	tonātis
	tonat	tonant
Impf.	tonābam	tonābāmus
	tonābās	tonābātis
	tonābat	tonābant
Fut.	tonābō	tonāmus
	tonābis	tonābitis
	tonābit	tonābunt
Perf.	tonuī	tonuimus
	tonuistī	tonuistis
	tonuit	tonuērunt (-ēre)
Plup.	tonueram	tonuerāmus
	tonuerās	tonuerātis
	tonuerat	tonuerant
Fut.	tonuerō	tonuerimus
Perf.	tonueris	tonueritis
	tonuerit	tonuerint

SUBJUNCTIVE

Pres.	tonem	tonēmus
	tonēs	tonētis
	tonet	tonent
Impf.	tonārem	tonārēmus
	tonārēs	tonārētis
	tonāret	tonārent
Perf.	tonuerim	tonuerimus
	tonueris	tonueritis
	tonuerit	tonuerint
Plup.	tonuissem	tonuissēmus
	tonuissēs	tonuissētis
	tonuisset	tonuissent

IMPERATIVE

Pres.	tonā	tonāte

INFINITIVE

Pres.	tonāre
Perf.	tonuisse
Fut.	

PARTICIPLE

Pres.	tonāns, (-tis)
Perf.	
Fut.	tonandus (-a, -um) (GERUNDIVE)

GERUND tonandī, -ō, -um, -ō SUPINE

Usage notes: third person may be used impersonally.

Alternate forms: **tonimus** = tonamus

Compounds and related words: **attonitus, -a, -um** stunned; **attono (1)** to stun; **tonitrus, -us, m.** thunder; **tonitruum, -i, n.** thunder

Model sentence: *Tympana tenta **tonant** palmis.* —Lucretius

twist

ACTIVE		PASSIVE	
INDICATIVE			

	ACTIVE		PASSIVE	
Pres.	torqueō	torquēmus	torqueor	torquēmur
	torquēs	torquētis	torquēris (-re)	torquēminī
	torquet	torquent	torquētur	torquentur
Impf.	torquēbam	torquēbāmus	torquēbar	torquēbāmur
	torquēbās	torquēbātis	torquēbāris (-re)	torquēbāminī
	torquēbat	torquēbant	torquēbātur	torquēbantur
Fut.	torquēbo	torquēbimus	torquēbor	torquēbimur
	torquēbis	torquēbitis	torquēberis (-re)	torquēbiminī
	torquēbit	torquēbunt	torquēbitur	torquēbuntur

	ACTIVE		PASSIVE			
Perf.	torsī	torsimus	tortus	sum	tortī	sumus
	torsistī	torsistis	(-a, -um)	es	(-ae, -a)	estis
	torsit	torsērunt (-ēre)		est		sunt
Plup.	torseram	torserāmus	tortus	eram	tortī	erāmus
	torserās	torserātis	(-a, -um)	erās	(-ae, -a)	erātis
	torserat	torserant		erat		erant
Fut. Perf.	torserō	torserimus	tortus	erō	tortī	erimus
	torseris	torseritis	(-a, -um)	eris	(-ae, -a)	eritis
	torserit	torserint		erit		erunt

SUBJUNCTIVE			

	ACTIVE		PASSIVE	
Pres.	torqueam	torqueāmus	torquear	torqueāmur
	torqueās	torqueātis	torqueāris (-re)	torqueāminī
	torqueat	torqueant	torqueātur	torqueantur
Impf.	torquērem	torquērēmus	torquērer	torquērēmur
	torquērēs	torquērētis	torquērēris (-re)	torquērēminī
	torquēret	torquērent	torquērētur	torquērentur

	ACTIVE		PASSIVE			
Perf.	torserim	torserimus	tortus	sim	tortī	sīmus
	torseris	torseritis	(-a, -um)	sīs	(-ae, -a)	sītis
	torserit	torserint		sit		sint
Plup.	torsissem	torsissēmus	tortus	essem	tortī	essēmus
	torsissēs	torsissētis	(-a, -um)	essēs	(-ae, -a)	essētis
	torsisset	torsissent		esset		essent

IMPERATIVE			
Pres.	torquē	torquēte	

INFINITIVE			
Pres.	torquēre		torquērī
Perf.	torsisse		tortus (-a, -um) esse
Fut.	tortūrus (-a, -um) esse		

PARTICIPLE			
Pres.	torquēns, (-tis)		
Perf.			tortus (-a, -um)
Fut.	tortūrus (-a, -um)		torquendus (-a, -um) (GERUNDIVE)

GERUND torquendī, -ō, -um, -ō   SUPINE tortum, -ū

Alternate forms: **torquerier** = torqueri
Compounds and related words: **extorqueo (2)** to wrench out; **torquatus, -a, -um** wearing a twisted collar;
   torquis, -is, m./f. a twisted collar; **tortilis, -e** twisted; **torto (1)** to torture; **tortor, -is, m.** torturer;
   tortuosus, -a, -um full of twists; **tortus, -a, -um** twisted
Model sentence: ***Torsit lenta tristia fata fame.*** —Martial

burn, dry

ACTIVE   PASSIVE

INDICATIVE

Pres.	torreō	torrēmus		torreor	torrēmur	
	torrēs	torrētis		torrēris (-re)	torrēminī	
	torret	torrent		torrētur	torrentur	
Impf.	torrēbam	torrēbāmus		torrēbar	torrēbāmur	
	torrēbās	torrēbātis		torrēbāris (-re)	torrēbāminī	
	torrēbat	torrēbant		torrēbātur	torrēbantur	
Fut.	torrēbo	torrēbimus		torrēbor	torrēbimur	
	torrēbis	torrēbitis		torrēberis (-re)	torrēbiminī	
	torrēbit	torrēbunt		torrēbitur	torrēbuntur	
Perf.	torruī	torruimus		tostus sum	tostī sumus	
	torruistī	torruistis		(-a, -um) es	(-ae, -a) estis	
	torruit	torruērunt (-ēre)		est	sunt	
Plup.	torrueram	torruerāmus		tostus eram	tostī erāmus	
	torruerās	torruerātis		(-a, -um) erās	(-ae, -a) erātis	
	torruerat	torruerant		erat	erant	
Fut.	torruerō	torruerimus		tostus erō	tostī erimus	
Perf.	torrueris	torrueritis		(-a, -um) eris	(-ae, -a) eritis	
	torruerit	torruerint		erit	erunt	

SUBJUNCTIVE

Pres.	torream	torreāmus		torrear	torreāmur	
	torreās	torreātis		torreāris (-re)	torreāminī	
	torreat	torreant		torreātur	torreantur	
Impf.	torrērem	torrērēmus		torrērer	torrērēmur	
	torrērēs	torrērētis		torrērēris (-re)	torrērēminī	
	torrēret	torrērent		torrērētur	torrērentur	
Perf.	torruerim	torruerimus		tostus sim	tostī sīmus	
	torrueris	torrueritis		(-a, -um) sīs	(-ae, -a) sītis	
	torruerit	torruerint		sit	sint	
Plup.	torruissem	torruissēmus		tostus essem	tostī essēmus	
	torruissēs	torruissētis		(-a, -um) essēs	(-ae, -a) essētis	
	torruisset	torruissent		esset	essent	

IMPERATIVE

Pres.	torrē	torrēte

INFINITIVE

Pres.	torrēre	torrērī
Perf.	torruisse	tostus (-a, -um) esse
Fut.	tostūrus (-a, -um) esse	

PARTICIPLE

Pres.	torrēns, (-tis)	
Perf.		tostus (-a, -um)
Fut.	tostūrus (-a, -um)	torrendus (-a, -um) (GERUNDIVE)

GERUND torrendī, -ō, -um, -ō   SUPINE tostum, -ū

Compounds and related words: **torresco (3)** to become parched; **torridus, -a, -um** burnt;
   torris, -is, m. torch
Model sentence: *Femineus pectora **torret** amor.* —Ovid

drag, draw

ACTIVE		PASSIVE	
INDICATIVE			

Pres.
trahō	trahimus	trahor	trahimur
trahis	trahitis	traheris (-re)	trahiminī
trahit	trahunt	trahitur	trahuntur

Impf.
trahēbam	trahēbāmus	trahēbar	trahēbāmur
trahēbās	trahēbātis	trahēbāris (-re)	trahēbāminī
trahēbat	trahēbant	trahēbātur	trahēbantur

Fut.
traham	trahēmus	trahar	trahēmur
trahēs	trahētis	trahēris (-re)	trahēminī
trahet	trahent	trahētur	trahentur

Perf.
trāxī	trāximus	tractus sum	tractī sumus
trāxistī	trāxistis	(-a, -um) es	(-ae, -a) estis
trāxit	trāxērunt (-ēre)	est	sunt

Plup.
trāxeram	trāxerāmus	tractus eram	tractī erāmus
trāxerās	trāxerātis	(-a, -um) erās	(-ae, -a) erātis
trāxerat	trāxerant	erat	erant

Fut.
Perf.
trāxerō	trāxerimus	tractus erō	tractī erimus
trāxeris	trāxeritis	(-a, -um) eris	(-ae, -a) eritis
trāxerit	trāxerint	erit	erunt

SUBJUNCTIVE			

Pres.
traham	trahāmus	trahar	trahāmur
trahās	trahātis	trahāris (-re)	trahāminī
trahat	trahant	trahātur	trahantur

Impf.
traherem	traherēmus	traherer	traherēmur
traherēs	traherētis	traherēris (-re)	traherēminī
traheret	traherent	traherētur	traherentur

Perf.
trāxerim	trāxerimus	tractus sim	tractī sīmus
trāxeris	trāxeritis	(-a, -um) sīs	(-ae, -a) sītis
trāxerit	trāxerint	sit	sint

Plup.
trāxissem	trāxissēmus	tractus essem	tractī essēmus
trāxissēs	trāxissētis	(-a, -um) essēs	(-ae, -a) essētis
trāxisset	trāxissent	esset	essent

IMPERATIVE			

Pres.
trahe	trahite		

INFINITIVE			

Pres.	trahere	trahī	
Perf.	trāxisse	tractus (-a, -um) esse	
Fut.	tractūrus (-a, -um) esse		

PARTICIPLE			

Pres.	trahēns, (-tis)		
Perf.		tractus (-a, -um)	
Fut.	tractūrus (-a, -um)	trahendus (-a, -um) (GERUNDIVE)	

GERUND trahendī, -ō, -um, -ō   SUPINE tractum, -ū

Alternate forms: **traxe** = traxisse

Compounds and related words: **abstraho (3)** to drag away; **contraho (3)** to pull together; **detraho (3)** to drag down; **detrecto (1)** to decline; **extraho (3)** to drag out; **retraho (3)** to pull back; **subtraho (3)** to remove; **tractabilis, -e** manageable; **tractatio, -onis, f.** management; **tractator, -is, m.** masseur; **tractatrix, -ticis, f.** masseuse; **tractatus, -us, m.** management; **tractim** by degrees; **tracto (1)** to handle; **tractus, -us, m.** a dragging; **trahax, -acis** greedy

Model sentence: ***Trahimur*** *omnes laudis studio.* —Cicero

ACTIVE | PASSIVE

INDICATIVE

Pres.	trāiciō	trāicimus	trāicior	trāicimur
	trāicis	trāicitis	trāiceris (-re)	trāiciminī
	trāicit	trāiciunt	trāicitur	trāiciuntur
Impf.	trāiciēbam	trāiciēbāmus	trāiciēbar	trāiciēbāmur
	trāiciēbās	trāiciēbātis	trāiciēbāris (-re)	trāiciēbāminī
	trāiciēbat	trāiciēbant	trāiciēbātur	trāiciēbantur
Fut.	trāiciam	trāiciēmus	trāiciar	trāiciēmur
	trāiciēs	trāiciētis	trāiciēris (-re)	trāiciēminī
	trāiciet	trāicient	trāiciētur	trāicientur
Perf.	trāiēcī	trāiēcimus	trāiectus sum	trāiectī sumus
	trāiēcistī	trāiēcistis	(-a, -um) es	(-ae, -a) estis
	trāiēcit	trāiēcērunt (-ēre)	est	sunt
Plup.	trāiēceram	trāiēcerāmus	trāiectus eram	trāiectī erāmus
	trāiēcerās	trāiēcerātis	(-a, -um) erās	(-ae, -a) erātis
	trāiēcerat	trāiēcerant	erat	erant
Fut.	trāiēcerō	trāiēcerimus	trāiectus erō	trāiectī erimus
Perf.	trāiēceris	trāiēceritis	(-a, -um) eris	(-ae, -a) eritis
	trāiēcerit	trāiēcerint	erit	erunt

SUBJUNCTIVE

Pres.	trāiciam	trāiciāmus	trāiciar	trāiciāmur
	trāiciās	trāiciātis	trāiciāris (-re)	trāiciāminī
	trāiciat	trāiciant	trāiciātur	trāiciantur
Impf.	trāicerem	trāicerēmus	trāicerer	trāicerēmur
	trāicerēs	trāicerētis	trāicerēris (-re)	trāicerēminī
	trāiceret	trāicerent	trāicerētur	trāicerentur
Perf.	trāiēcerim	trāiēcerimus	trāiectus sim	trāiectī sīmus
	trāiēceris	trāiēceritis	(-a, -um) sīs	(-ae, -a) sītis
	trāiēcerit	trāiēcerint	sit	sint
Plup.	trāiēcissem	trāiēcissēmus	trāiectus essem	trāiectī essēmus
	trāiēcissēs	trāiēcissētis	(-a, -um) essēs	(-ae, -a) essētis
	trāiēcisset	trāiēcissent	esset	essent

IMPERATIVE

Pres.	trāice	trāicite	

INFINITIVE

Pres.	trāicere	trāicī
Perf.	trāiēcisse	trāiectus (-a, -um) esse
Fut.	trāiectūrus (-a, -um) esse	

PARTICIPLE

Pres.	trāiciēns, (-tis)	
Perf.		trāiectus (-a, -um)
Fut.	trāiectūrus (-a, -um)	trāiciendus (-a, -um) (GERUNDIVE)

GERUND trāiciendī, -ō, -um, -ō   SUPINE trāiectum, -ū

Alternate forms: **transicio** = traicio
Compounds and related words: **traiectio, -onis, f.** passage; **traiectus, -us, m.** passage
See **iacio** for related compounds of this verb.
Model sentence: *Arreptum vexillum trans vallum hostium **traiecit**.* —Livy

cross

<table>
<tr><td colspan="2" align="center">**ACTIVE**</td><td colspan="2" align="center">**PASSIVE**</td></tr>
<tr><td colspan="4" align="center">**INDICATIVE**</td></tr>
<tr><td>*Pres.*</td><td>transeō
transīs
transit</td><td>transīmus
transītis
transeunt</td><td>transeor
transīris (-re)
transītur</td><td>transīmur
transīminī
transeuntur</td></tr>
<tr><td>*Impf.*</td><td>transībam
transībās
transībat</td><td>transībāmus
transībātis
transībant</td><td>transībar
transībāris (-re)
transībātur</td><td>transībāmur
transībāminī
transībantur</td></tr>
<tr><td>*Fut.*</td><td>transībō
transībis
transībit</td><td>transībimus
transībitis
transībunt</td><td>transībor
transīberis (-re)
transībitur</td><td>transībimur
transībiminī
transībuntur</td></tr>
<tr><td>*Perf.*</td><td>transiī
transiistī
transiit</td><td>transiimus
transiistis
transiērunt (-ēre)</td><td>transitus sum
(-a, -um) es
est</td><td>transitī sumus
(-ae, -a) estis
sunt</td></tr>
<tr><td>*Plup.*</td><td>transieram
transierās
transierat</td><td>transierāmus
transierātis
transierant</td><td>transitus eram
(-a, -um) erās
erat</td><td>transitī erāmus
(-ae, -a) erātis
erant</td></tr>
<tr><td>*Fut.*
Perf.</td><td>transierō
transieris
transierit</td><td>transierimus
transieritis
transierint</td><td>transitus erō
(-a, -um) eris
erit</td><td>transitī erimus
(-ae, -a) eritis
erunt</td></tr>
<tr><td colspan="4" align="center">**SUBJUNCTIVE**</td></tr>
<tr><td>*Pres.*</td><td>transeam
transeās
transeat</td><td>transeāmus
transeātis
transeant</td><td>transear
transeāris (-re)
transeātur</td><td>transeāmur
transeāminī
transeantur</td></tr>
<tr><td>*Impf.*</td><td>transīrem
transīrēs
transīret</td><td>transīrēmus
transīrētis
transīrent</td><td>transīrer
transīrēris (-re)
transīrētur</td><td>transīrēmur
transīrēminī
transīrentur</td></tr>
<tr><td>*Perf.*</td><td>transierim
transieris
transierit</td><td>transierimus
transieritis
transierint</td><td>transitus sim
(-a, -um) sīs
sit</td><td>transitī sīmus
(-ae, -a) sītis
sint</td></tr>
<tr><td>*Plup.*</td><td>transīssem
transīssēs
transīsset</td><td>transīssēmus
transīssētis
transīssent</td><td>transitus essem
(-a, -um) essēs
esset</td><td>transitī essēmus
(-ae, -a) essētis
essent</td></tr>
<tr><td colspan="4" align="center">**IMPERATIVE**</td></tr>
<tr><td>*Pres.*</td><td>transī</td><td>transīte</td><td></td><td></td></tr>
<tr><td colspan="4" align="center">**INFINITIVE**</td></tr>
<tr><td>*Pres.*</td><td colspan="2">transīre</td><td colspan="2">transīrī</td></tr>
<tr><td>*Perf.*</td><td colspan="2">transīsse</td><td colspan="2">transitus (-a, -um) esse</td></tr>
<tr><td>*Fut.*</td><td colspan="2">transitūrus (-a, -um) esse</td><td colspan="2"></td></tr>
<tr><td colspan="4" align="center">**PARTICIPLE**</td></tr>
<tr><td>*Pres.*</td><td colspan="2">transiēns, (-euntis)</td><td colspan="2"></td></tr>
<tr><td>*Perf.*</td><td colspan="2"></td><td colspan="2">transitus (-a, -um)</td></tr>
<tr><td>*Fut.*</td><td colspan="2">transitūrus (-a, -um)</td><td colspan="2">transeundus (-a, -um) (GERUNDIVE)</td></tr>
<tr><td colspan="4" align="center">GERUND transeundī, -ō, -um, -ō   SUPINE transitum, -ū</td></tr>
</table>

Alternate forms: **transiet** = transibit; **transivi** = transii
Compounds and related words: **transitans, -ntis** passing over; **transitio, -onis, f.** a going across;
    transitorius, -a, -um providing passage through; **transitus, -us, m.** transit
See **eo** for related compounds of this verb.
Model sentence: *Si per vim navibus flumen **transire** conentur, prohibeat.* —Caesar

carry over

	ACTIVE		PASSIVE	
INDICATIVE				
Pres.	transferō	transferimus	transferor	transferimur
	transfers	transfertis	transferris (-re)	transferiminī
	transfert	transferunt	transfertur	transferuntur
Impf.	transferēbam	transferēbāmus	transferēbar	transferēbāmur
	transferēbās	transferēbātis	transferēbāris (-re)	transferēbāminī
	transferēbat	transferēbant	transferēbātur	transferēbantur
Fut.	transferam	transferēmus	transferar	transferēmur
	transferēs	transferētis	transferēris (-re)	transferēminī
	transferet	transferent	transferētur	transferentur
Perf.	transtulī	transtulimus	translātus sum	translātī sumus
	transtulistī	transtulistis	(-a, -um) es	(-ae, -a) estis
	transtulit	transtulērunt (-ēre)	est	sunt
Plup.	transtuleram	transtulerāmus	translātus eram	translātī erāmus
	transtulerās	transtulerātis	(-a, -um) erās	(-ae, -a) erātis
	transtulerat	transtulerant	erat	erant
Fut.	transtulerō	transtulerimus	translātus erō	translātī erimus
Perf.	transtuleris	transtuleritis	(-a, -um) eris	(-ae, -a) eritis
	transtulerit	transtulerint	erit	erunt
SUBJUNCTIVE				
Pres.	transferam	transferāmus	transferar	transferāmur
	transferās	transferātis	transferāris (-re)	transferāminī
	transferat	transferant	transferātur	transferantur
Impf.	transferrem	transferrēmus	transferrer	transferrēmur
	transferrēs	transferrētis	transferrēris (-re)	transferrēminī
	transferret	transferrent	transferrētur	transferrentur
Perf.	transtulerim	transtulerimus	translātus sim	translātī sīmus
	transtuleris	transtuleritis	(-a, -um) sīs	(-ae, -a) sītis
	transtulerit	transtulerint	sit	sint
Plup.	transtulissem	transtulissēmus	⸎ translātus essem	translātī essēmus
	transtulissēs	transtulissētis	(-a, -um) essēs	(-ae, -a) essētis
	transtulisset	transtulissent	esset	essent
IMPERATIVE				
Pres.	transfer	transferte		
INFINITIVE				
Pres.	transferre		transferrī	
Perf.	transtulisse		translātus (-a, -um) esse	
Fut.	translātūrus (-a, -um) esse			
PARTICIPLE				
Pres.	transferēns, (-tis)			
Perf.			translātus (-a, -um)	
Fut.	translātūrus (-a, -um)		transferendus (-a, -um) (GERUNDIVE)	

GERUND transferendī, -ō, -um, -ō   SUPINE translātum, -ū

Alternate forms: **tralatum** = translatum
Compounds and related words: **translatio, -onis, f.** a transferring; **translativus, -a, -um** transferable; **translator, -is, m.** transferrer
See **fero** for related compounds of this verb.
Model sentence: *Mustela catulos suos cottidie **transfert** mutatque sedem.* —Pliny

tremble

ACTIVE

INDICATIVE

Pres.	tremō	tremimus
	tremis	tremitis
	tremit	tremunt
Impf.	tremēbam	tremēbāmus
	tremēbās	tremēbātis
	tremēbat	tremēbant
Fut.	tremam	tremēmus
	tremēs	tremētis
	tremet	trement
Perf.	tremuī	tremuimus
	tremuistī	tremuistis
	tremuit	tremuērunt (-ēre)
Plup.	tremueram	tremuerāmus
	tremuerās	tremuerātis
	tremuerat	tremuerant
Fut.	tremuerō	tremuerimus
Perf.	tremueris	tremueritis
	tremuerit	tremuerint

SUBJUNCTIVE

Pres.	tremam	tremāmus
	tremās	tremātis
	tremat	tremant
Impf.	tremerem	tremerēmus
	tremerēs	tremerētis
	tremeret	tremerent
Perf.	tremuerim	tremuerimus
	tremueris	tremueritis
	tremuerit	tremuerint
Plup.	tremuissem	tremuissēmus
	tremuissēs	tremuissētis
	tremuisset	tremuissent

IMPERATIVE

Pres.	treme	tremite

INFINITIVE

Pres.	tremere
Perf.	tremuisse
Fut.	

PARTICIPLE

Pres.	tremēns, (-tis)
Perf.	
Fut.	tremendus (-a, -um) (GERUNDIVE)

GERUND tremendī, -ō, -um, -ō   SUPINE

Compounds and related words: **tremefacio (3)** to cause to shake; **tremesco (3)** to tremble; **tremor, -is, m.** shaking; **tremulus, -a, -um** trembling

Model sentence: *Corde et genibus tremit.* —Horace

assign, allow, give

ACTIVE		PASSIVE	
INDICATIVE			
Pres.			
tribuō	tribuimus	tribuor	tribuimur
tribuis	tribuitis	tribueris (-re)	tribuiminī
tribuit	tribuunt	tribuitur	tribuuntur
Impf.			
tribuēbam	tribuēbāmus	tribuēbar	tribuēbāmur
tribuēbās	tribuēbātis	tribuēbāris (-re)	tribuēbāminī
tribuēbat	tribuēbant	tribuēbātur	tribuēbantur
Fut.			
tribuam	tribuēmus	tribuar	tribuēmur
tribuēs	tribuētis	tribuēris (-re)	tribuēminī
tribuet	tribuent	tribuētur	tribuentur
Perf.			
tribuī	tribuimus	tribūtus sum	tribūtī sumus
tribuistī	tribuistis	(-a, -um) es	(-ae, -a) estis
tribuit	tribuērunt (-ēre)	est	sunt
Plup.			
tribueram	tribuerāmus	tribūtus eram	tribūtī erāmus
tribuerās	tribuerātis	(-a, -um) erās	(-ae, -a) erātis
tribuerat	tribuerant	erat	erant
Fut. *Perf.*			
tribuerō	tribuerimus	tribūtus erō	tribūtī erimus
tribueris	tribueritis	(-a, -um) eris	(-ae, -a) eritis
tribuerit	tribuerint	erit	erunt
SUBJUNCTIVE			
Pres.			
tribuam	tribuāmus	tribuar	tribuāmur
tribuās	tribuātis	tribuāris (-re)	tribuāminī
tribuat	tribuant	tribuātur	tribuantur
Impf.			
tribuerem	tribuerēmus	tribuerer	tribuerēmur
tribuerēs	tribuerētis	tribuerēris (-re)	tribuerēminī
tribueret	tribuerent	tribuerētur	tribuerentur
Perf.			
tribuerim	tribuerimus	tribūtus sim	tribūtī sīmus
tribueris	tribueritis	(-a, -um) sīs	(-ae, -a) sītis
tribuerit	tribuerint	sit	sint
Plup.			
tribuissem	tribuissēmus	tribūtus essem	tribūtī essēmus
tribuissēs	tribuissētis	(-a, -um) essēs	(-ae, -a) essētis
tribuisset	tribuissent	esset	essent
IMPERATIVE			
Pres.			
tribue	tribuite		
INFINITIVE			
Pres.	tribuere	tribuī	
Perf.	tribuisse	tribūtus (-a, -um) esse	
Fut.	tribūtūrus (-a, -um) esse		
PARTICIPLE			
Pres.	tribuēns, (-tis)		
Perf.		tribūtus (-a, -um)	
Fut.	tribūtūrus (-a, -um)	tribuendus (-a, -um) (GERUNDIVE)	

GERUND tribuendī, -ō, -um, -ō   SUPINE tribūtum, -ū

Compounds and related words: **attribuo (3)** to assign; **distribuo (3)** to distribute; **tribunal, -is, n.** platform; **tribunus, -i, m.** tribune; **tribus, -us, f.** tribe; **tributio, -onis, f.** distribution
Model sentence: *Praemia bene meritis et viritim et publice **tribuit**.* —Caesar

watch, protect

ACTIVE

INDICATIVE

Pres.	tueor	tuēmur
	tuēris (-re)	tuēminī
	tuētur	tuentur
Impf.	tuēbar	tuēbāmur
	tuēbāris (-re)	tuēbāminī
	tuēbātur	tuēbantur
Fut.	tuēbor	tuēbimur
	tuēberis (-re)	tuēbiminī
	tuēbitur	tuēbuntur
Perf.	tuitus sum	tuitī sumus
	(-a, -um) es	(-ae, -a) estis
	est	sunt
Plup.	tuitus eram	tuitī erāmus
	(-a, -um) erās	(-ae, -a) erātis
	erat	erant
Fut.	tuitus erō	tuitī erimus
Perf.	(-a, -um) eris	(-ae, -a) eritis
	erit	erunt

SUBJUNCTIVE

Pres.	tuear	tueāmur
	tueāris (-re)	tueāminī
	tueātur	tueantur
Impf.	tuērer	tuērēmur
	tuērēris (-re)	tuērēminī
	tuērētur	tuērentur
Perf.	tuitus sim	tuitī sīmus
	(-a, -um) sīs	(-ae, -a) sītis
	sit	sint
Plup.	tuitus essem	tuitī essēmus
	(-a, -um) essēs	(-ae, -a) essētis
	esset	essent

IMPERATIVE

Pres.	tuēre	tuēminī

INFINITIVE

Pres.	tuērī
Perf.	tuitus (-a, -um) esse
Fut.	tuitūrus (-a, -um) esse

PARTICIPLE

	Active	Passive
Pres.	tuēns, (-tis)	
Perf.	tuitus (-a, -um)	
Fut.	tuitūrus (-a, -um)	tuendus (-a, -um) (GERUNDIVE)

GERUND tuendī, -ō, -um, -ō   SUPINE tuitum, -ū

Usage notes: rare active forms exist, with regular passive forms and sense.
Alternate forms: **tuamur** = tueamur; **tuantur** = tueantur; **tuerier** = tueri; **tueris** = tueberis;
    tuimur = tuemur; **tuor** = tueor; **tutus** = tuitus
Compounds and related words: **intueor (2)** to look at; **tutela, -ae, f.** guardianship; **tutus, -a, -um** safe

strike

	ACTIVE		PASSIVE	
			INDICATIVE	
Pres.	tundō	tundimus	tundor	tundimur
	tundis	tunditis	tunderis (-re)	tundiminī
	tundit	tundunt	tunditur	tunduntur
Impf.	tundēbam	tundēbāmus	tundēbar	tundēbāmur
	tundēbās	tundēbātis	tundēbāris (-re)	tundēbāminī
	tundēbat	tundēbant	tundēbātur	tundēbantur
Fut.	tundam	tundēmus	tundar	tundēmur
	tundēs	tundētis	tunderis (-re)	tundēminī
	tundet	tundent	tundētur	tundentur
Perf.	tutudī	tutudimus	tūnsus sum	tūnsī sumus
	tutudistī	tutudistis	(-a, -um) es	(-ae, -a) estis
	tutudit	tutudērunt (-ēre)	est	sunt
Plup.	tutuderam	tutuderāmus	tūnsus eram	tūnsī erāmus
	tutuderās	tutuderātis	(-a, -um) erās	(-ae, -a) erātis
	tutuderat	tutuderant	erat	erant
Fut.	tutuderō	tutuderimus	tūnsus erō	tūnsī erimus
Perf.	tutuderis	tutuderitis	(-a, -um) eris	(-ae, -a) eritis
	tutuderit	tutuderint	erit	erunt
			SUBJUNCTIVE	
Pres.	tundam	tundāmus	tundar	tundāmur
	tundās	tundātis	tundāris (-re)	tundāminī
	tundat	tundant	tundātur	tundantur
Impf.	tunderem	tunderēmus	tunderer	tunderēmur
	tunderēs	tunderētis	tunderēris (-re)	tunderēminī
	tunderet	tunderent	tunderētur	tunderentur
Perf.	tutuderim	tutuderimus	tūnsus sim	tūnsī sīmus
	tutuderis	tutuderitis	(-a, -um) sīs	(-ae, -a) sītis
	tutuderit	tutuderint	sit	sint
Plup.	tutudissem	tutudissēmus	tūnsus essem	tūnsī essēmus
	tutudissēs	tutudissētis	(-a, -um) essēs	(-ae, -a) essētis
	tutudisset	tutudissent	esset	essent
			IMPERATIVE	
Pres.	tunde	tundite		
			INFINITIVE	
Pres.	tundere		tundī	
Perf.	tutudisse		tūnsus (-a, -um) esse	
Fut.	tūnsūrus (-a, -um) esse			
			PARTICIPLE	
Pres.	tundēns, (-tis)			
Perf.			tūnsus (-a, -um)	
Fut.	tūnsūrus (-a, -um)		tundendus (-a, -um) (GERUNDIVE)	

GERUND tundendī, -ō, -um, -ō   SUPINE tūnsum, -ū

Alternate forms: **tundier** = tundi; **tuserunt** = tutuderunt; **tussum** = tunsum; **tusum** = tunsum
Compounds and related words: **contundo (3)** to pound; **pertundo (3)** to bore through
Model sentence: *Adspice ut pectora infesta **tundat** aperta manu!* —Ovid

disturb, throw into confusion

ACTIVE		PASSIVE	
INDICATIVE			

	ACTIVE		PASSIVE	
Pres.	turbō	turbāmus	turbor	turbāmur
	turbās	turbātis	turbāris (-re)	turbāminī
	turbat	turbant	turbātur	turbantur
Impf.	turbābam	turbābāmus	turbābar	turbābāmur
	turbābās	turbābātis	turbābāris (-re)	turbābāminī
	turbābat	turbābant	turbābātur	turbābantur
Fut.	turbābo	turbābimus	turbābor	turbābimur
	turbābis	turbābitis	turbāberis (-re)	turbābiminī
	turbābit	turbābunt	turbābitur	turbābuntur
Perf.	turbāvī	turbāvimus	turbātus sum	turbātī sumus
	turbāvistī	turbāvistis	(-a, -um) es	(-ae, -a) estis
	turbāvit	turbāvērunt (-ēre)	est	sunt
Plup.	turbāveram	turbāverāmus	turbātus eram	turbātī erāmus
	turbāverās	turbāverātis	(-a, -um) erās	(-ae, -a) erātis
	turbāverat	turbāverant	erat	erant
Fut.	turbāverō	turbāverimus	turbātus erō	turbātī erimus
Perf.	turbāveris	turbāveritis	(-a, -um) eris	(-ae, -a) eritis
	turbāverit	turbāverint	erit	erunt
SUBJUNCTIVE				
Pres.	turbem	turbēmus	turber	turbēmur
	turbēs	turbētis	turbēris (-re)	turbēminī
	turbet	turbent	turbētur	turbentur
Impf.	turbārem	turbārēmus	turbārer	turbārēmur
	turbārēs	turbārētis	turbārēris (-re)	turbārēminī
	turbāret	turbārent	turbārētur	turbārentur
Perf.	turbāverim	turbāverimus	turbātus sim	turbātī sīmus
	turbāveris	turbāveritis	(-a, -um) sīs	(-ae, -a) sītis
	turbāverit	turbāverint	sit	sint
Plup.	turbāvissem	turbāvissēmus	turbātus essem	turbātī essēmus
	turbāvissēs	turbāvissētis	(-a, -um) essēs	(-ae, -a) essētis
	turbāvisset	turbāvissent	esset	essent
IMPERATIVE				
Pres.	turbā	turbāte		
INFINITIVE				
Pres.	turbāre		turbārī	
Perf.	turbāvisse		turbātus (-a, -um) esse	
Fut.	turbātūrus (-a, -um) esse			
PARTICIPLE				
Pres.	turbāns, (-tis)			
Perf.			turbātus (-a, -um)	
Fut.	turbātūrus (-a, -um)		turbandus (-a, -um) (GERUNDIVE)	

GERUND turbandī, -ō, -um, -ō SUPINE turbātum, -ū

Alternate forms: **turbassit** = turbaverit; **turbassitur** = turbatus (-a, -um) erit
Compounds and related words: **conturbo (1)** to disturb; **perturbo (1)** to throw into confusion; **turba, -ae, f.** crowd; **turbidus, -a, -um** confused; **turbo, -inis, m.** rotation
Model sentence: *Protinus eversae **turbant** convivia mensae.* —Ovid

avenge, punish

ACTIVE

INDICATIVE

Pres.	ulcīscor	ulcīscimur
	ulcīsceris (-re)	ulcīsciminī
	ulcīscitur	ulcīscuntur
Impf.	ulcīscēbar	ulcīscēbāmur
	ulcīscēbāris (-re)	ulcīscēbāminī
	ulcīscēbātur	ulcīscēbantur
Fut.	ulcīscar	ulcīscēmur
	ulcīscēris (-re)	ulcīscēminī
	ulcīscētur	ulcīscentur
Perf.	ultus sum	ultī sumus
	(-a, -um) es	(-ae, -a) estis
	est	sunt
Plup.	ultus eram	ultī erāmus
	(-a, -um) erās	(-ae, -a) erātis
	erat	erant
Fut.	ultus erō	ultī erimus
Perf.	(-a, -um) eris	(-ae, -a) eritis
	erit	erunt

SUBJUNCTIVE

Pres.	ulcīscar	ulcīscāmur
	ulcīscāris (-re)	ulcīscāminī
	ulcīscātur	ulcīscantur
Impf.	ulcīscerer	ulcīscerēmur
	ulcīscerēris (-re)	ulcīscerēminī
	ulcīscerētur	ulcīscerentur
Perf.	ultus sim	ultī sīmus
	(-a, -um) sīs	(-ae, -a) sītis
	sit	sint
Plup.	ultus essem	ultī essēmus
	(-a, -um) essēs	(-ae, -a) essētis
	esset	essent

IMPERATIVE

Pres.	ulcīscere	ulcīsciminī

INFINITIVE

Pres.	ulcīscī
Perf.	ultus (-a, -um) esse
Fut.	ultūrus (-a, -um) esse

PARTICIPLE

	Active	Passive
Pres.	ulcīscēns, (-tis)	
Perf.	ultus (-a, -um)	
Fut.	ultūrus (-a, -um)	ulcīscendus (-a, -um) (GERUNDIVE)

GERUND ulcīscendī, -ō, -um, -ō   SUPINE ultum, -ū

Compounds and related words: **inultus, -a, -um** unavenged; **ultor, -is, m.** avenger
Model sentence: *Odi hominem et odero: Utinam **ulcisci** possem! Sed illum **ulciscentur** mores sui.* —Cicero

drive, burden

<table>
<tr><td colspan="5" align="center">ACTIVE   PASSIVE</td></tr>
<tr><td colspan="5" align="center">INDICATIVE</td></tr>
</table>

Pres.	urgeō	urgēmus	urgeor	urgēmur
	urgēs	urgētis	urgēris (-re)	urgēminī
	urget	urgent	urgētur	urgentur
Impf.	urgēbam	urgēbāmus	urgēbar	urgēbāmur
	urgēbās	urgēbātis	urgēbāris (-re)	urgēbāminī
	urgēbat	urgēbant	urgēbātur	urgēbantur
Fut.	urgēbo	urgēbimus	urgēbor	urgēbimur
	urgēbis	urgēbitis	urgēberis (-re)	urgēbiminī
	urgēbit	urgēbunt	urgēbitur	urgēbuntur
Perf.	ursī	ursimus		
	ursistī	ursistis		
	ursit	ursērunt (-ēre)		
Plup.	urseram	urserāmus		
	urserās	urserātis		
	urserat	urserant		
Fut.	urserō	urserimus		
Perf.	urseris	urseritis		
	urserit	urserint		

SUBJUNCTIVE

Pres.	urgeam	urgeāmus	urgear	urgeāmur
	urgeās	urgeātis	urgeāris (-re)	urgeāminī
	urgeat	urgeant	urgeātur	urgeantur
Impf.	urgērem	urgērēmus	urgērer	urgērēmur
	urgērēs	urgērētis	urgērēris (-re)	urgērēminī
	urgēret	urgērent	urgērētur	urgērentur
Perf.	urserim	urserimus		
	urseris	urseritis		
	urserit	urserint		
Plup.	ursissem	ursissēmus		
	ursissēs	ursissētis		
	ursisset	ursissent		

IMPERATIVE

Pres.	urgē	urgēte

INFINITIVE

Pres.	urgēre	urgērī
Perf.	ursisse	
Fut.		

PARTICIPLE

Pres.	urgēns, (-tis)	
Perf.		
Fut.		urgendus (-a, -um) (GERUNDIVE)

GERUND urgendī, -ō, -um, -ō   SUPINE

Alternate forms: **urgueo** = urgeo
Compounds and related words: **urgens, -ntis** pressing; **urgenter** pressingly
Model sentence: *Unda impellitur unda **urgetur**que eadem veniens **urget**que priorem.* —Ovid

ACTIVE   PASSIVE

INDICATIVE

Pres.	ūrō	ūrimus	ūror	ūrimur	
	ūris	ūritis	ūreris (-re)	ūriminī	
	ūrit	ūrunt	ūritur	ūruntur	
Impf.	ūrēbam	ūrēbāmus	ūrēbar	ūrēbāmur	
	ūrēbās	ūrēbātis	ūrēbāris (-re)	ūrēbāminī	
	ūrēbat	ūrēbant	ūrēbātur	ūrēbantur	
Fut.	ūram	ūrēmus	ūrar	ūrēmur	
	ūrēs	ūrētis	ūrēris (-re)	ūrēminī	
	ūret	ūrent	ūrētur	ūrentur	
Perf.	ussī	ussimus	ustus sum	ustī sumus	
	ussistī	ussistis	(-a, -um) es	(-ae, -a) estis	
	ussit	ussērunt (-ēre)	est	sunt	
Plup.	usseram	usserāmus	ustus eram	ustī erāmus	
	usserās	usserātis	(-a, -um) erās	(-ae, -a) erātis	
	usserat	usserant	erat	erant	
Fut.	usserō	usserimus	ustus erō	ustī erimus	
Perf.	usseris	usseritis	(-a, -um) eris	(-ae, -a) eritis	
	usserit	usserint	erit	erunt	

SUBJUNCTIVE

Pres.	ūram	ūrāmus	ūrar	ūrāmur	
	ūrās	ūrātis	ūrāris (-re)	ūrāminī	
	ūrat	ūrant	ūrātur	ūrantur	
Impf.	ūrerem	ūrerēmus	ūrerer	ūrerēmur	
	ūrerēs	ūrerētis	ūrerēris (-re)	ūrerēminī	
	ūreret	ūrerent	ūrerētur	ūrerentur	
Perf.	usserim	usserimus	ustus sim	ustī sīmus	
	usseris	usseritis	(-a, -um) sīs	(-ae, -a) sītis	
	usserit	usserint	sit	sint	
Plup.	ussissem	ussissēmus	ustus essem	ustī essēmus	
	ussissēs	ussissētis	(-a, -um) essēs	(-ae, -a) essētis	
	ussisset	ussissent	esset	essent	

IMPERATIVE

Pres.	ūre	ūrite

INFINITIVE

Pres.	ūrere	ūrī
Perf.	ussisse	ustus (-a, -um) esse
Fut.	ustūrus (-a, -um) esse	

PARTICIPLE

Pres.	ūrēns, (-tis)	
Perf.		ustus (-a, -um)
Fut.	ustūrus (-a, -um)	ūrendus (-a, -um) (GERUNDIVE)

GERUND ūrendī, -ō, -um, -ō   SUPINE ustum, -ū

Compounds and related words: **exuro (3)** to burn up; **ustor, -is, m.** a cremator; **ustulo (1)** to singe
Model sentence: ***Urere** manum potuit contempto Mucius igne.* —Martial

use

ACTIVE

INDICATIVE

Pres.	ūtor	ūtimur
	ūteris (-re)	ūtiminī
	ūtitur	ūtuntur
Impf.	ūtēbar	ūtēbāmur
	ūtēbāris (-re)	ūtēbāminī
	ūtēbatur	ūtēbantur
Fut.	ūtar	ūtēmur
	ūtēris (-re)	ūtēminī
	ūtētur	ūtentur
Perf.	ūsus sum	ūsī sumus
	(-a, -um) es	(-ae, -a) estis
	est	sunt
Plup.	ūsus eram	ūsī erāmus
	(-a, -um) erās	(-ae, -a) erātis
	erat	erant
Fut.	ūsus erō	ūsī erimus
Perf.	(-a, -um) eris	(-ae, -a) eritis
	erit	erunt

SUBJUNCTIVE

Pres.	ūtar	ūtāmur
	ūtāris (-re)	ūtāminī
	ūtātur	ūtantur
Impf.	ūterer	ūterēmur
	ūterēris (-re)	ūterēminī
	ūterētur	ūterentur
Perf.	ūsus sim	ūsī sīmus
	(-a, -um) sīs	(-ae, -a) sītis
	sit	sint
Plup.	ūsus essem	ūsī essēmus
	(-a, -um) essēs	(-ae, -a) essētis
	esset	essent

IMPERATIVE

Pres.	ūtere	ūtiminī

INFINITIVE

Pres.	ūtī
Perf.	ūsus (-a, -um) esse
Fut.	ūsūrus (-a, -um) esse

PARTICIPLE

	Active	Passive
Pres.	ūtēns, (-tis)	
Perf.	ūsus (-a, -um)	
Fut.	ūsūrus (-a, -um)	ūtendus (-a, -um) (GERUNDIVE)

GERUND ūtendī, -ō, -um, -ō   SUPINE ūsum, -ū

Usage notes: generally used with the **ablative**
Alternate forms: **oetier** = uti; **oetor, oeti, oesus sum** = utor, uti, usus sum; **utier** = uti
Compounds and related words: **abusus, -us, m.** a wasting; **abutor (3)** to abuse; **inutilis, -e** useless;
  usucapio (3) to gain ownership through use; **usucapio, -onis, f.** ownership gained through use; **usura,
  -ae, f.** use; **usurpatio, -onis, f.** use; **usurpo (1)** to make use of; **usus, -us, m.** use; **utibilis, -e** useful;
  utilis, -e useful; **utilitas, -tatis, f.** usefulness
Model sentence: *Utere velis, totos pande sinus.* —Juvenal

ACTIVE

INDICATIVE

Pres.	vādō	vādimus
	vādis	vāditis
	vādit	vādunt
Impf.	vādēbam	vādēbāmus
	vādēbās	vādēbātis
	vādēbat	vādēbant
Fut.	vādam	vādēmus
	vādēs	vādētis
	vādet	vādent
Perf.		
Plup.		
Fut. *Perf.*		

SUBJUNCTIVE

Pres.	vādam	vādāmus
	vādās	vādātis
	vādat	vādant
Impf.	vāderem	vāderēmus
	vāderēs	vāderētis
	vāderet	vāderent
Perf.		
Plup.		

IMPERATIVE

Pres.	vāde	vādite

INFINITIVE

Pres.	vādere
Perf.	
Fut.	

PARTICIPLE

Pres.	vādēns, (-tis)
Perf.	
Fut.	vādendus (-a, -um) (GERUNDIVE)

GERUND vādendī, -ō, -um, -ō   SUPINE

Usage notes: perfect forms appear in compounds only: **-vāsī, -vāsum**
Compounds and related words: **evado (3)** to manoeuvre; **invado (3)** to attack; **vadum, -i, n.** ford
Model sentence: *Vade salutatum pro me, liber.* —Martial

be well, be strong

ACTIVE

INDICATIVE

Pres.	valeō	valēmus
	valēs	valētis
	valet	valent
Impf.	valēbam	valēbāmus
	valēbās	valēbātis
	valēbat	valēbant
Fut.	valēbō	valēbimus
	valēbis	valēbitis
	valēbit	valēbunt
Perf.	valuī	valuimus
	valuistī	valuistis
	valuit	valuērunt (-ēre)
Plup.	valueram	valuerāmus
	valuerās	valuerātis
	valuerat	valuerant
Fut.	valuerō	valuerimus
Perf.	valueris	valueritis
	valuerit	valuerint

SUBJUNCTIVE

Pres.	valeam	valeāmus
	valeās	valeātis
	valeat	valeant
Impf.	valērem	valērēmus
	valērēs	valērētis
	valēret	valērent
Perf.	valuerim	valuerimus
	valueris	valueritis
	valuerit	valuerint
Plup.	valuissem	valuissēmus
	valuissēs	valuissētis
	valuisset	valuissent

IMPERATIVE

Pres.	valē	valēte

INFINITIVE

Pres.	valēre
Perf.	valuisse
Fut.	valitūrus (-a, -um) esse

PARTICIPLE

Pres.	valēns, (-tis)
Perf.	
Fut.	valitūrus (-a, -um)

GERUND valendī, -ō, -um, -ō   SUPINE

Compounds and related words: **praevaleo (2)** to be very powerful; **valde** very much; **valedico (1)** to say good-bye; **valesco (3)** to grow strong; **valetudo, -inis, f.** state of health; **validus, -a, -um** strong
Model sentence: *Non est vivere sed **valere** vita est.* —Martial

vehō

bear, draw

	ACTIVE		**PASSIVE**	
			INDICATIVE	
Pres.	vehō	vehimus	vehor	vehimur
	vehis	vehitis	veheris (-re)	vehiminī
	vehit	vehunt	vehitur	vehuntur
Impf.	vehēbam	vehēbāmus	vehēbar	vehēbāmur
	vehēbās	vehēbātis	vehēbāris (-re)	vehēbāminī
	vehēbat	vehēbant	vehēbātur	vehēbantur
Fut.	veham	vehēmus	vehar	vehēmur
	vehēs	vehētis	vehēris (-re)	vehēminī
	vehet	vehent	vehētur	vehentur
Perf.	vēxī	vēximus	vectus sum	vectī sumus
	vēxistī	vēxistis	(-a, -um) es	(-ae, -a) estis
	vēxit	vēxērunt (-ēre)	est	sunt
Plup.	vēxeram	vēxerāmus	vectus eram	vectī erāmus
	vēxerās	vēxerātis	(-a, -um) erās	(-ae, -a) erātis
	vēxerat	vēxerant	erat	erant
Fut.	vēxerō	vēxerimus	vectus erō	vectī erimus
Perf.	vēxeris	vēxeritis	(-a, -um) eris	(-ae, -a) eritis
	vēxerit	vēxerint	erit	erunt
			SUBJUNCTIVE	
Pres.	veham	vehāmus	vehar	vehāmur
	vehās	vehātis	vehāris (-re)	vehāminī
	vehat	vehant	vehātur	vehantur
Impf.	veherem	veherēmus	veherer	veherēmur
	veherēs	veherētis	veherēris (-re)	veherēminī
	veheret	veherent	veherētur	veherentur
Perf.	vēxerim	vēxerimus	vectus sim	vectī sīmus
	vēxeris	vēxeritis	(-a, -um) sīs	(-ae, -a) sītis
	vēxerit	vēxerint	sit	sint
Plup.	vēxissem	vēxissēmus	vectus essem	vectī essēmus
	vēxissēs	vēxissētis	(-a, -um) essēs	(-ae, -a) essētis
	vēxisset	vēxissent	esset	essent
			IMPERATIVE	
Pres.	vehe	vehite		
			INFINITIVE	
Pres.	vehere		vehī	
Perf.	vēxisse		vectus (-a, -um) esse	
Fut.	vectūrus (-a, -um) esse			
			PARTICIPLE	
Pres.	vehēns, (-tis)			
Perf.			vectus (-a, -um)	
Fut.	vectūrus (-a, -um)		vehendus (-a, -um) (GERUNDIVE)	

GERUND vehendī, -ō, -um, -ō   SUPINE vectum, -ū

Usage notes: passive forms often used in middle sense
Compounds and related words: **adveho (3)** to carry (in a vehicle); **eveho (3)** to carry out;
 inveho (3) to carry in; **proveho (3)** to carry along; **reveho (3)** to carry back; **subveho (3)** to remove;
 vectabilis, -e portable; **vectatio, -onis, f.** a riding; **vectigal, -is, n.** a tax; **vectio, -onis, f.** a carrying;
 vectis, -is, m. a lever; **vecto (1)** to carry; **vector, -is, m.** a carrier; **vectura, -ae, f.** transportation;
 vehiculum, -i, n. a vehicle
Model sentence: *...curro aurato per urbem **vectus** in Capitolium ascenderit.* —Livy

pluck

ACTIVE		PASSIVE	
INDICATIVE			
Pres. vellō	vellimus	vellor	vellimur
vellis	vellitis	velleris (-re)	velliminī
vellit	vellunt	vellitur	velluntur
Impf. vellēbam	vellēbāmus	vellēbar	vellēbāmur
vellēbās	vellēbātis	vellēbāris (-re)	vellēbāminī
vellēbat	vellēbant	vellēbātur	vellēbantur
Fut. vellam	vellēmus	vellar	vellēmur
vellēs	vellētis	vellēris (-re)	vellēminī
vellet	vellent	vellētur	vellentur
Perf. vulsī	vulsimus	vulsus sum	vulsī sumus
vulsistī	vulsistis	(-a, -um) es	(-ae, -a) estis
vulsit	vulsērunt (-ēre)	est	sunt
Plup. vulseram	vulserāmus	vulsus eram	vulsī erāmus
vulserās	vulserātis	(-a, -um) erās	(-ae, -a) erātis
vulserat	vulserant	erat	erant
Fut. vulserō	vulserimus	vulsus erō	vulsī erimus
Perf. vulseris	vulseritis	(-a, -um) eris	(-ae, -a) eritis
vulserit	vulserint	erit	erunt
SUBJUNCTIVE			
Pres. vellam	vellāmus	vellar	vellāmur
vellās	vellātis	vellāris (-re)	vellāminī
vellat	vellant	vellātur	vellantur
Impf. vellerem	vellerēmus	vellerer	vellerēmur
vellerēs	vellerētis	vellerēris (-re)	vellerēminī
velleret	vellerent	vellerētur	vellerentur
Perf. vulserim	vulserimus	vulsus sim	vulsī sīmus
vulseris	vulseritis	(-a, -um) sīs	(-ae, -a) sītis
vulserit	vulserint	sit	sint
Plup. vulsissem	vulsissēmus	vulsus essem	vulsī essēmus
vulsissēs	vulsissētis	(-a, -um) essēs	(-ae, -a) essētis
vulsisset	vulsissent	esset	essent
IMPERATIVE			
Pres. velle	vellite		
INFINITIVE			
Pres. vellere		vellī	
Perf. vulsisse		vulsus (-a, -um) esse	
Fut. vulsūrus (-a, -um) esse			
PARTICIPLE			
Pres. vellēns, (-tis)			
Perf.		vulsus (-a, -um)	
Fut. vulsūrus (-a, -um)		vellendus (-a, -um) (GERUNDIVE)	

GERUND vellendī, -ō, -um, -ō SUPINE vulsum, -ū

Alternate forms: **velli** = vulsi; **volsum** = vulsum
Compounds and related words: **avello (3)** to tear off; **convello (3)** to wrench; **evello (3)** to tear out; **revello (3)** to tear off
Model sentence: *Dextra pectus pulsat et comam vellit.* —Martial

sell, betray

ACTIVE		PASSIVE	
INDICATIVE			

	ACTIVE		PASSIVE	
Pres.	vendō	vendimus	vendor	vendimur
	vendis	venditis	venderis (-re)	vendiminī
	vendit	vendunt	venditur	venduntur
Impf.	vendēbam	vendēbāmus	vendēbar	vendēbāmur
	vendēbās	vendēbātis	vendēbāris (-re)	vendēbāminī
	vendēbat	vendēbant	vendēbātur	vendēbantur
Fut.	vendam	vendēmus		
	vendēs	vendētis		
	vendet	vendent		
Perf.	vendidī	vendidimus		
	vendidistī	vendidistis		
	vendidit	vendidērunt (-ēre)		
Plup.	vendideram	vendiderāmus		
	vendiderās	vendiderātis		
	vendiderat	vendiderant		
Fut.	vendiderō	vendiderimus		
Perf.	vendideris	vendideritis		
	vendiderit	vendiderint		

SUBJUNCTIVE

Pres.	vendam	vendāmus	vendar	vendāmur
	vendās	vendātis	vendāris (-re)	vendāminī
	vendat	vendant	vendātur	vendantur
Impf.	venderem	venderēmus	venderer	venderēmur
	venderēs	venderētis	venderēris (-re)	venderēminī
	venderet	venderent	venderētur	venderentur
Perf.	vendiderim	vendiderimus		
	vendideris	vendideritis		
	vendiderit	vendiderint		
Plup.	vendidissem	vendidissēmus		
	vendidissēs	vendidissētis		
	vendidisset	vendidissent		

IMPERATIVE

Pres.	vende	vendite	

INFINITIVE

Pres.	vendere	vendī	
Perf.	vendidisse	venditus (-a, -um) esse	
Fut.	venditūrus (-a, -um) esse		

PARTICIPLE

Pres.	vendēns, (-tis)		
Perf.		venditus (-a, -um)	
Fut.	venditūrus (-a, -um)	vendendus (-a, -um) (GERUNDIVE)	

GERUND vendendī, -ō, -um, -ō   SUPINE venditum, -ū

Usage notes: The usual passive of *vendo* is *veneo* (q.v.). After the time of Augustus, however, the above passive forms for the present and imperfect tenses are used.

Compounds and related words: **venalis, -e** for sale; **vendor, -is, m.** seller

Model sentence: *Non potes, ut cupias, **vendere**, copo, merum.* —Martial

be sold

ACTIVE

INDICATIVE

Pres.	vēneō	vēnīmus
	vēnīs	vēnītis
	vēnit	vēneunt
Impf.	vēnībam	vēnībāmus
	vēnībās	vēnībātis
	vēnībat	vēnībant
Fut.	vēnībō	vēnībimus
	vēnībis	vēnībitis
	vēnībit	vēnībunt
Perf.	vēniī	vēniimus
	vēniistī	vēniistis
	vēniit	vēniērunt (-ēre)
Plup.	vēnieram	vēnierāmus
	vēnierās	vēnierātis
	vēnierat	vēnierant
Fut.	vēnierō	vēnierimus
Perf.	vēnieris	vēnieritis
	vēnierit	vēnierint

SUBJUNCTIVE

Pres.	vēneam	vēneāmus
	vēneās	vēneātis
	vēneat	vēneant
Impf.	vēnīrem	vēnīrēmus
	vēnīrēs	vēnīrētis
	vēnīret	vēnīrent
Perf.	vēnierim	vēnierimus
	vēnieris	vēnieritis
	vēnierit	vēnierint
Plup.	vēnīssem	vēnīssēmus
	vēnīssēs	vēnīssētis
	vēnīsset	vēnīssent

IMPERATIVE

Pres.	vēnī	vēnīte

INFINITIVE

Pres.	vēnīre
Perf.	vēnīsse
Fut.	vēnitūrus (-a, -um) esse

PARTICIPLE

	Active	Passive
Pres.	vēniēns, (-euntis)	
Perf.		vēnitus (-a, -um)
Fut.	vēnitūrus (-a, -um)	vēneundus (-a, -um) (GERUNDIVE)

GERUND vēneundī, -ō, -um, -ō   SUPINE vēnitum, -ū

Usage notes: This verb serves as the usual passive of *vendo* (q.v.).

Alternate forms: **vaeneo** = veneo; **vaeniri** = venire; **veneatur** = veneat; **vener** = veneo; **veniet** = venibit; **venivi** = venii

Compounds and related words: **venalis, -e** for sale; **vendor, -is, m.** seller

Model sentence: *Auctio fiet;* ***venibunt*** *servi, supellex, fundi, aedes, omnia* ***venibunt.*** —Plautus

worship, beg

ACTIVE

INDICATIVE

Pres.	veneror	venerāmur
	venerāris (-re)	venerāminī
	venerātur	venerantur
Impf.	venerābar	venerābāmur
	venerābāris (-re)	venerābāminī
	venerābātur	venerābantur
Fut.	venerābor	venerābimur
	venerāberis (-re)	venerābiminī
	venerābitur	venerābuntur
Perf.	venerātus sum	venerātī sumus
	(-a, -um) es	(-ae, -a) estis
	est	sunt
Plup.	venerātus eram	venerātī erāmus
	(-a, -um) erās	(-ae, -a) erātis
	erat	erant
Fut.	venerātus erō	venerātī erimus
Perf.	(-a, -um) eris	(-ae, -a) eritis
	erit	erunt

SUBJUNCTIVE

Pres.	venerer	venerēmur
	venerēris (-re)	venerēminī
	venerētur	venerentur
Impf.	venerārer	venerārēmur
	venerārēris (-re)	venerārēminī
	venerārētur	venerārentur
Perf.	venerātus sim	venerātī sīmus
	(-a, -um) sīs	(-ae, -a) sītis
	sit	sint
Plup.	venerātus essem	venerātī essēmus
	(-a, -um) essēs	(-ae, -a) essētis
	esset	essent

IMPERATIVE

Pres.	venerāre	venerāminī

INFINITIVE

Pres.	venerārī
Perf.	venerātus (-a, -um) esse
Fut.	venerātūrus (-a, -um) esse

PARTICIPLE

	Active	Passive
Pres.	venerāns, (-tis)	
Perf.	venerātus (-a, -um)	
Fut.	venerātūrus (-a, -um)	venerandus (-a, -um) (GERUNDIVE)

GERUND venerandī, -ō, -um, -ō   SUPINE venerātum, -ū

Compounds and related words: **venerabilis, -e** honorable; **veneratio, -onis, f.** respect; **venia, -ae, f.** kindness

Model sentence: *Sacro **veneranda** petes Palatia clivo, plurima qua summi fulget imago ducis.* —Martial

come

	ACTIVE		PASSIVE
		INDICATIVE	
Pres.	veniō	venīmus	
	venīs	venītis	
	venit	veniunt	venitur (Impers.)
Impf.	veniēbam	veniēbāmus	
	veniēbās	veniēbātis	
	veniēbat	veniēbant	veniēbātur (Impers.)
Fut.	veniam	veniēmus	
	veniēs	veniētis	
	veniet	venient	veniētur (Impers.)
Perf.	vēnī	vēnimus	
	vēnistī	vēnistis	
	vēnit	vēnērunt (-ēre)	ventum est (Impers.)
Plup.	vēneram	vēnerāmus	
	vēnerās	vēnerātis	
	vēnerat	vēnerant	ventum erat (Impers.)
Fut.	vēnerō	vēnerimus	
Perf.	vēneris	vēneritis	
	vēnerit	vēnerint	ventum erit (Impers.)
		SUBJUNCTIVE	
Pres.	veniam	veniāmus	
	veniās	veniātis	
	veniat	veniant	veniātur (Impers.)
Impf.	venīrem	venīrēmus	
	venīrēs	venīrētis	
	venīret	venīrent	venīrētur (Impers.)
Perf.	vēnerim	vēnerimus	
	vēneris	vēneritis	
	vēnerit	vēnerint	ventum sit (Impers.)
Plup.	vēnissem	vēnissēmus	
	vēnissēs	vēnissētis	
	vēnisset	vēnissent	ventum esset (Impers.)
		IMPERATIVE	
Pres.	venī	venīte	
		INFINITIVE	
Pres.	venīre		venīrī
Perf.	vēnisse		ventum esse
Fut.	ventūrus (-a, -um) esse		
		PARTICIPLE	
Pres.	veniēns, (-tis)		
Perf.			
Fut.	ventūrus (-a, -um)		veniendus (-a, -um) (GERUNDIVE)

GERUND veniendī, -ō, -um, -ō   SUPINE ventum, -ū

Alternate forms: **venibat** = veniebat; **venibo** = veniam
Compounds and related words: **advenio (4)** to arrive; **adventus, -us, m.** arrival; **circumvenio (4)** to surround; **convenio (4)** to assemble; **devenio (4)** to come; **evenio (4)** to come out; **invenio (4)** to find; **pervenio (4)** to arrive; **praevenio (4)** to anticipate; **provenio (4)** to prosper; **subvenio (4)** to come to the aid of; **supervenio (4)** to overtake; **ventio, -onis, f.** a coming; **ventito (1)** to keep coming
Model sentence: *Spectatum **veniunt, veniunt** spectentur et ipsae.* —Ovid

ACTIVE

INDICATIVE

Pres.	vereor	verēmur
	verēris (-re)	verēminī
	verētur	verentur
Impf.	verēbār	verēbāmur
	verēbāris (-re)	verēbāminī
	verēbātur	verēbantur
Fut.	verēbor	verēbimur
	verēberis (-re)	verēbiminī
	verēbitur	verēbuntur
Perf.	veritus sum	veritī sumus
	(-a, -um) es	(-ae, -a) estis
	est	sunt
Plup.	veritus eram	veritī erāmus
	(-a, -um) erās	(-ae, -a) erātis
	erat	erant
Fut.	veritus erō	veritī erimus
Perf.	(-a, -um) eris	(-ae, -a) eritis
	erit	erunt

SUBJUNCTIVE

Pres.	verear	vereāmur
	vereāris (-re)	vereāminī
	vereātur	vereantur
Impf.	verērer	verērēmur
	verērēris (-re)	verērēminī
	verērētur	verērentur
Perf.	veritus sim	veritī sīmus
	(-a, -um) sīs	(ae-, -a) sītis
	sit	sint
Plup.	veritus essem	veritī essēmus
	(-a, -um) essēs	(-ae, -a) essētis
	esset	essent

IMPERATIVE

Pres.	verēre	verēminī

INFINITIVE

Pres.	verērī
Perf.	veritus (-a, -um) esse
Fut.	veritūrus (-a, -um) esse

PARTICIPLE

	Active	Passive
Pres.	verēns, (-tis)	
Perf.	veritus (-a, -um)	
Fut.	veritūrus (-a, -um)	verendus (-a, -um) (GERUNDIVE)

GERUND verendī, -ō, -um, -ō SUPINE veritum, -ū

Usage notes: may take the **accusative** or the **dative** or *de* with the **ablative**
Compounds and related words: **reverentia, -ae, f.** respect; **revereor (2)** to respect
Model sentence: *Contra nos ambae faciunt, summa gratia et eloquentia; quarum alteram **vereor**, alteram metro.* —Cicero

483

sweep, cover

ACTIVE		PASSIVE	
INDICATIVE			

	ACTIVE		PASSIVE	
Pres.	verrō	verrimus	verror	verrimur
	verris	verritis	verreris (-re)	verriminī
	verrit	verrunt	verritur	verruntur
Impf.	verrēbam	verrēbāmus	verrēbar	verrēbāmur
	verrēbās	verrēbātis	verrēbāris (-re)	verrēbāminī
	verrēbat	verrēbant	verrēbātur	verrēbantur
Fut.	verram	verrēmus	verrar	verrēmur
	verrēs	verrētis	verrēris (-re)	verrēminī
	verret	verrent	verrētur	verrentur
Perf.	verrī	verrimus	versus sum	versī sumus
	verristī	verristis	(-a, -um) es	(-ae, -a) estis
	verrit	verrērunt (-ēre)	est	sunt
Plup.	verreram	verrerāmus	versus eram	versī erāmus
	verrerās	verrerātis	(-a, -um) erās	(-ae, -a) erātis
	verrerat	verrerant	erat	erant
Fut.	verrerō	verrerimus	versus erō	versī erimus
Perf.	verreris	verreritis	(-a, -um) eris	(-ae, -a) eritis
	verrerit	verrerint	erit	erunt

SUBJUNCTIVE			

	ACTIVE		PASSIVE	
Pres.	verram	verrāmus	verrar	verrāmur
	verrās	verrātis	verrāris (-re)	verrāminī
	verrat	verrant	verrātur	verrantur
Impf.	verrerem	verrerēmus	verrerer	verrerēmur
	verrerēs	verrerētis	verrerēris (-re)	verrerēminī
	verreret	verrerent	verrerētur	verrerentur
Perf.	verrerim	verrerimus	versus sim	versī sīmus
	verreris	verreritis	(-a, -um) sīs	(-ae, -a) sītis
	verrerit	verrerint	sit	sint
Plup.	verrissem	verrissēmus	versus essem	versī essēmus
	verrissēs	verrissētis	(-a, -um) essēs	(-ae, -a) essētis
	verrisset	verrissent	esset	essent

IMPERATIVE		
Pres.	verre	verrite

INFINITIVE		
Pres.	verrere	verrī
Perf.	verrisse	versus (-a, -um) esse
Fut.	versūrus (-a, -um) esse	

PARTICIPLE		
Pres.	verrēns, (-tis)	
Perf.		versus (-a, -um)
Fut.	versūrus (-a, -um)	verrendus (-a, -um) (GERUNDIVE)

GERUND verrendī, -ō, -um, -ō   SUPINE versum, -ū

Alternate forms: **versi** = verri
Compounds and related words: **converro (3)** to sweep together; **everro (3)** to sweep out
Model sentence: *Argentum inter reliqua purgamenta scopis coepit **verrere**.* —Petronius

turn, twist (often or violently)

ACTIVE   **PASSIVE**

INDICATIVE

Pres.	versō	versāmus	versor	versāmur
	versās	versātis	versāris (-re)	versāminī
	versat	versant	versātur	versantur
Impf.	versābam	versābāmus	versābar	versābāmur
	versābās	versābātis	versābāris (-re)	versābāminī
	versābat	versābant	versābātur	versābantur
Fut.	versābō	versābimus	versābor	versābimur
	versābis	versābitis	versāberis (-re)	versābiminī
	versābit	versābunt	versābitur	versābuntur
Perf.	versāvī	versāvimus	versātus sum	versātī sumus
	versāvistī	versāvistis	(-a, -um) es	(-ae, -a) estis
	versāvit	versāvērunt (-ēre)	est	sunt
Plup.	versāveram	versāverāmus	versātus eram	versātī erāmus
	versāverās	versāverātis	(-a, -um) erās	(-ae, -a) erātis
	versāverat	versāverant	erat	erant
Fut. Perf.	versāverō	versāverimus	versātus erō	versātī erimus
	versāveris	versāveritis	(-a, -um) eris	(-ae, -a) eritis
	versāverit	versāverint	erit	erunt

SUBJUNCTIVE

Pres.	versem	versēmus	verser	versēmur
	versēs	versētis	versēris (-re)	versēminī
	verset	versent	versētur	versentur
Impf.	versārem	versārēmus	versārer	versārēmur
	versārēs	versārētis	versārēris (-re)	versārēminī
	versāret	versārent	versārētur	versārentur
Perf.	versāverim	versāverimus	versātus sim	versātī sīmus
	versāveris	versāveritis	(-a, -um) sīs	(-ae, -a) sītis
	versāverit	versāverint	sit	sint
Plup.	versāvissem	versāvissēmus	versātus essem	versātī essēmus
	versāvissēs	versāvissētis	(-a, -um) essēs	(-ae, -a) essētis
	versāvisset	versāvissent	esset	essent

IMPERATIVE

Pres.	versā	versāte

INFINITIVE

Pres.	versāre	versārī
Perf.	versāvisse	versātus (-a, -um) esse
Fut.	versātūrus (-a, -um) esse	

PARTICIPLE

Pres.	versāns, (-tis)	
Perf.		versātus (-a, -um)
Fut.	versātūrus (-a, -um)	versandus (-a, -um) (GERUNDIVE)

GERUND versandī, -ō, -um, -ō   SUPINE versātum, -ū

Usage notes: passive forms may be used with middle sense.
Alternate forms: **vorsarier** = versari; **vorso, vorsare, etc.** = verso, versare, etc.
Compounds and related words: **converso (1)** to turn around frequently; **obversor (1)** to appear before
Model sentence: *"dies" inquit "nihil est. Dum **versas** te, nox fit."* —Petronius

vertō

turn

ACTIVE		PASSIVE	
INDICATIVE			

Pres.

vertō	vertimus	vertor	vertimur
vertis	vertitis	verteris (-re)	vertiminī
vertit	vertunt	vertitur	vertuntur

Impf.

vertēbam	vertēbāmus	vertēbar	vertēbāmur
vertēbās	vertēbātis	vertēbāris (-re)	vertēbāminī
vertēbat	vertēbant	vertēbātur	vertēbantur

Fut.

vertam	vertēmus	vertar	vertēmur
vertēs	vertētis	vertēris (-re)	vertēminī
vertet	vertent	vertētur	vertentur

Perf.

vertī	vertimus	versus sum	versī sumus
vertistī	vertistis	(-a, -um) es	(-ae, -a) estis
vertit	vertērunt (-ēre)	est	sunt

Plup.

verteram	verterāmus	versus eram	versī erāmus
verterās	verterātis	(-a, -um) erās	(-ae, -a) erātis
verterat	verterant	erat	erant

Fut. Perf.

verterō	verterimus	versus erō	versī erimus
verteris	verteritis	(-a, -um) eris	(-ae, -a) eritis
verterit	verterint	erit	erunt

SUBJUNCTIVE			

Pres.

vertam	vertāmus	vertar	vertāmur
vertās	vertātis	vertāris (-re)	vertāminī
vertat	vertant	vertātur	vertantur

Impf.

verterem	verterēmus	verterer	verterēmur
verterēs	verterētis	vertereris (-re)	verterēminī
verteret	verterent	verterētur	verterentur

Perf.

verterim	verterimus	versus sim	versī sīmus
verteris	verteritis	(-a, -um) sīs	(-ae, -a) sītis
verterit	verterint	sit	sint

Plup.

vertissem	vertissēmus	versus essem	versī essēmus
vertissēs	vertissētis	(-a, -um) essēs	(-ae, -a) essētis
vertisset	vertissent	esset	essent

IMPERATIVE			

Pres. verte vertite

INFINITIVE			

Pres. vertere | vertī

Perf. vertisse | versus (-a, -um) esse

Fut. versūrus (-a, -um) esse

PARTICIPLE			

Pres. vertēns, (-tis)

Perf. | versus (-a, -um)

Fut. versūrus (-a, -um) | vertendus (-a, -um) (GERUNDIVE)

GERUND vertendī, -ō, -um, -ō SUPINE versum, -ū

Usage notes: passive forms may be used with middle sense.

Alternate forms: **vorsum, votere, vorti, vorto** = versum, vertere, verti, verto; **vortier** = verti;

Compounds and related words: **adversarius, -i, m.** opponent; **adversus, -a, -um** opposing; **adverto (3)** to turn towards; **animadverto (3)** to pay attention to; **averto (3)** to turn away; **controversia, -ae, f.** dispute; **conversatio, -onis, f.** conversation; **converso (1)** to turn around; **converto (3)** to turn around; **diversus, -a, -um** different; **everto (3)** to overturn; **perverto (3)** to overturn; **reverto (3)** to turn back; **subverto (3)** to overturn; **universus, -a, -um** general; **verso (1)** to whirl; **verso (adv.)** turned; **versus, -us, m.** verse; **vertex, verticis, m.** whirl

eat

ACTIVE

INDICATIVE

Pres.	vescor	vescimur
	vesceris (-re)	vesciminī
	vescitur	vescuntur
Impf.	vescēbar	vescēbāmur
	vescēbāris (-re)	vescēbāminī
	vescēbātur	vescēbantur
Fut.	vescar	vescēmur
	vescēris (-re)	vescēminī
	vescētur	vescentur
Perf.		
Plup.		
Fut. *Perf.*		

SUBJUNCTIVE

Pres.	vescar	vescāmur
	vescāris (-re)	vescāminī
	vescātur	vescantur
Impf.	vescerer	vescerēmur
	vescerēris (-re)	vescerēminī
	vescerētur	vescerentur
Perf.		
Plup.		

IMPERATIVE

Pres.	vescere	vesciminī

INFINITIVE

Pres.	vescī
Perf.	
Fut.	

PARTICIPLE

	Active	Passive
Pres.	vescēns, (-tis)	
Perf.		
Fut.		vescendus (-a, -um) (GERUNDIVE)

GERUND vescendī, -ō, -um, -ō   SUPINE

Usage notes: generally used with the **ablative**

Compounds and related words: **esca, -ae, f.** food; **escarius, -a, -um** relating to food; **esculentus, -a, -um** edible; **vescus, -a, -um** consuming, wasted

Model sentence: *Dii nec cibis nec potionibus **vescuntur.*** —Cicero

forbid

	ACTIVE		PASSIVE	
	INDICATIVE			
Pres.	vetō	vetāmus	vetor	vetāmur
	vetās	vetātis	vetāris (-re)	vetāminī
	vetat	vetant	vetātur	vetantur
Impf.	vetābam	vetābāmus	vetābar	vetābāmur
	vetābās	vetābātis	vetābāris (-re)	vetābāminī
	vetābat	vetābant	vetābātur	vetābantur
Fut.	vetābō	vetābimus	vetābor	vetābimur
	vetābis	vetābitis	vetāberis (-re)	vetābiminī
	vetābit	vetābunt	vetābitur	vetābuntur
Perf.	vetuī	vetuimus	vetitus sum	vetitī sumus
	vetuistī	vetuistis	(-a, -um) es	(-ae, -a) estis
	vetuit	vetuērunt (-ēre)	est	sunt
Plup.	vetueram	vetuerāmus	vetitus eram	vetitī erāmus
	vetuerās	vetuerātis	(-a, -um) erās	(-ae, -a) erātis
	vetuerat	vetuerant	erat	erant
Fut.	vetuerō	vetuerimus	vetitus erō	vetitī erimus
Perf.	vetueris	vetueritis	(-a, -um) eris	(-ae, -a) eritis
	vetuerit	vetuerint	erit	erunt
	SUBJUNCTIVE			
Pres.	vetem	vetēmus	veter	vetēmur
	vetēs	vetētis	vetēris (-re)	vetēminī
	vetet	vetent	vetētur	vetentur
Impf.	vetārem	vetārēmus	vetārer	vetārēmur
	vetārēs	vetārētis	vetārēris (-re)	vetārēminī
	vetāret	vetārent	vetārētur	vetārentur
Perf.	vetuerim	vetuerimus	vetitus sim	vetitī sīmus
	vetueris	vetueritis	(-a, -um) sīs	(-ae, -a) sītis
	vetuerit	vetuerint	sit	sint
Plup.	vetuissem	vetuissēmus	vetitus essem	vetitī essēmus
	vetuissēs	vetuissētis	(-a, -um) essēs	(-ae, -a) essētis
	vetuisset	vetuissent	esset	essent
	IMPERATIVE			
Pres.	vetā	vetāte		
	INFINITIVE			
Pres.	vetāre		vetārī	
Perf.	vetuisse		vetitus (-a, -um) esse	
Fut.	vetitūrus (-a, -um) esse			
	PARTICIPLE			
Pres.	vetāns, (-tis)			
Perf.			vetitus (-a, -um)	
Fut.	vetitūrus (-a, -um)		vetandus (-a, -um) (GERUNDIVE)	

GERUND vetandī, -ō, -um, -ō   SUPINE vetitum, -ū

Alternate forms: **vetati sunt** = vetiti sunt; **vetavi** = vetuit; **votes** = vetes; **votitus** = vetitus; **voto** = veto
Model sentence: *Ab opere legatos Caesar discedere* ***vetuerat.*** —Caesar

see, seem (in Passive)

ACTIVE		PASSIVE	
INDICATIVE			

	ACTIVE		PASSIVE	
Pres.	videō	vidēmus	videor	vidēmur
	vidēs	vidētis	vidēris (-re)	vidēminī
	videt	vident	vidētur	videntur
Impf.	vidēbam	vidēbāmus	vidēbar	vidēbāmur
	vidēbās	vidēbātis	vidēbāris (-re)	vidēbāminī
	vidēbat	vidēbant	vidēbātur	vidēbantur
Fut.	vidēbō	vidēbimus	vidēbor	vidēbimur
	vidēbis	vidēbitis	vidēberis (-re)	vidēbiminī
	vidēbit	vidēbunt	vidēbitur	vidēbuntur
Perf.	vīdī	vīdimus	vīsus sum	vīsī sumus
	vīdistī	vīdistis	(-a, -um) es	(-ae, -a) estis
	vīdit	vīdērunt (-ēre)	est	sunt
Plup.	vīderam	vīderāmus	vīsus eram	vīsī erāmus
	vīderās	vīderātis	(-a, -um) erās	(-ae, -a) erātis
	vīderat	vīderant	erat	erant
Fut.	vīderō	vīderimus	vīsus erō	vīsī erimus
Perf.	vīderis	vīderitis	(-a, -um) eris	(-ae, -a) eritis
	vīderit	vīderint	erit	erunt

SUBJUNCTIVE

	ACTIVE		PASSIVE	
Pres.	videam	videāmus	videar	videāmur
	videās	videātis	videāris (-re)	videāminī
	videat	videant	videātur	videantur
Impf.	vidērem	vidērēmus	vidērer	vidērēmur
	vidērēs	vidērētis	vidērēris (-re)	vidērēminī
	vidēret	vidērent	vidērētur	vidērentur
Perf.	vīderim	vīderimus	vīsus sim	vīsī sīmus
	vīderis	vīderitis	(-a, -um) sīs	(-ae, -a) sītis
	vīderit	vīderint	sit	sint
Plup.	vīdissem	vīdissēmus	vīsus essem	vīsī essēmus
	vīdissēs	vīdissētis	(-a, -um) essēs	(-ae, -a) essētis
	vīdisset	vīdissent	esset	essent

IMPERATIVE

	ACTIVE		PASSIVE	
Pres.	vidē	vidēte		

INFINITIVE

	ACTIVE	PASSIVE
Pres.	vidēre	vidērī
Perf.	vīdisse	vīsus (-a, -um) esse
Fut.	vīsūrus (-a, -um) esse	

PARTICIPLE

	ACTIVE	PASSIVE
Pres.	vidēns, (-tis)	
Perf.		vīsus (-a, -um)
Fut.	vīsūrus (-a, -um)	videndus (-a, -um) (GERUNDIVE)

GERUND videndī, -ō, -um, -ō   SUPINE vīsum, -ū

Alternate forms: **viden** = videsne; **viderier** = videri
Compounds and related words: **improvisus, -a, -um** unexpected; **invideo (2)** to hate; **invidia, -ae, f.**
   hatred; **invidus, -a, -um** envious; **providentia, -ae, f.** foresight; **provideo (2)** to foresee;
   prudens, -ntis wise; **prudentia, -ae, f.** discretion; **reviso (1)** to come back to; **visito (1)** to see often;
   viso (1) to look at
Model sentence: *Senes mori sic **videntur** ut sua sponte nulla adhibita vi consumptus ignis
   exstinguitur.* —Cicero

thrive

ACTIVE

INDICATIVE

Pres.	vigeō	vigēmus
	vigēs	vigētis
	viget	vigent
Impf.	vigēbam	vigēbāmus
	vigēbās	vigēbātis
	vigēbat	vigēbant
Fut.	vigēbo	vigēbimus
	vigēbis	vigēbitis
	vigēbit	vigēbunt
Perf.		
Plup.		
Fut. Perf.		

SUBJUNCTIVE

Pres.	vigeam	vigeāmus
	vigeās	vigeātis
	vigeat	vigeant
Impf.	vigērem	vigērēmus
	vigērēs	vigērētis
	vigēret	vigērent
Perf.		
Plup.		

IMPERATIVE

Pres.	vigē	vigēte

INFINITIVE

Pres.	vigēre
Perf.	
Fut.	

PARTICIPLE

Pres.	vigēns, (-tis)
Perf.	
Fut.	vigendus (-a, -um) (GERUNDIVE)

GERUND vigendī, -ō, -um, -ō   SUPINE

Compounds and related words: **vigesco (3)** to thrive; **vigil, -is** awake; **vigilantia, -ae, f.** watchfulness; **vigilarium, -i, n.** watch-house; **vigilax, -acis** watchful; **vigilia, -ae, f.** watch; **vigor, -is, m.** vigor
Model sentence: *Audacia, largitio, avaritia **vigebant.*** —Sallust

keep awake, watch

ACTIVE		PASSIVE	
INDICATIVE			
Pres. vigilō	vigilāmus	vigilor	vigilāmur
vigilās	vigilātis	vigilāris (-re)	vigilāminī
vigilat	vigilant	vigilātur	vigilantur
Impf. vigilābam	vigilābāmus	vigilābar	vigilābāmur
vigilābās	vigilābātis	vigilābāris (-re)	vigilābāminī
vigilābat	vigilābant	vigilābātur	vigilābantur
Fut. vigilābō	vigilābimus	vigilābor	vigilābimur
vigilābis	vigilābitis	vigilāberis (-re)	vigilābiminī
vigilābit	vigilābunt	vigilābitur	vigilābuntur
Perf. vigilāvī	vigilāvimus	vigilātus sum	vigilātī sumus
vigilāvistī	vigilāvistis	(-a, -um) es	(-ae, -a) estis
vigilāvit	vigilāvērunt (-ēre)	est	sunt
Plup. vigilāveram	vigilāverāmus	vigilātus eram	vigilātī erāmus
vigilāverās	vigilāverātis	(-a, -um) erās	(-ae, -a) erātis
vigilāverat	vigilāverant	erat	erant
Fut. vigilāverō	vigilāverimus	vigilātus erō	vigilātī erimus
Perf. vigilāveris	vigilāveritis	(-a, -um) eris	(-ae, -a) eritis
vigilāverit	vigilāverint	erit	erunt
SUBJUNCTIVE			
Pres. vigilem	vigilēmus	vigiler	vigilēmur
vigilēs	vigilētis	vigilēris (-re)	vigilēminī
vigilet	vigilent	vigilētur	vigilentur
Impf. vigilārem	vigilārēmus	vigilārer	vigilārēmur
vigilārēs	vigilārētis	vigilārēris (-re)	vigilārēminī
vigilāret	vigilārent	vigilārētur	vigilārentur
Perf. vigilāverim	vigilāverimus	vigilātus sim	vigilātī sīmus
vigilāveris	vigilāveritis	(-a, -um) sīs	(-ae, -a) sītis
vigilāverit	vigilāverint	sit	sint
Plup. vigilāvissem	vigilāvissēmus	vigilātus essem	vigilātī essēmus
vigilāvissēs	vigilāvissētis	(-a, -um) essēs	(-ae, -a) essētis
vigilāvisset	vigilāvissent	esset	essent
IMPERATIVE			
Pres. vigilā	vigilāte		
INFINITIVE			
Pres. vigilāre		vigilārī	
Perf. vigilāvisse		vigilātus (-a, -um) esse	
Fut. vigilātūrus (-a, -um) esse			
PARTICIPLE			
Pres. vigilāns, (-tis)			
Perf.		vigilātus (-a, -um)	
Fut. vigilātūrus (-a, -um)		vigilandus (-a, -um) (GERUNDIVE)	

GERUND vigilandī, -ō, -um, -ō SUPINE vigilātum, -ū

Compounds and related words: **evigilo (1)** to be wide awake; **vigil, -is** awake; **vigilantia, -ae, f.** watchfulness; **vigilarium, -i, n.** watch-house; **vigilax, -acis** watchful; **vigilia, -ae, f.** watch
Model sentence: ***Vigilandum** est semper: multae insidiae sunt bonis.* —Attius

bind, compress

ACTIVE		PASSIVE	
INDICATIVE			

Pres.
vinciō	vincīmus	vincior	vincīmur
vincīs	vincītis	vincīris (-re)	vincīminī
vincit	vinciunt	vincītur	vinciuntur

Impf.
vinciēbam	vinciēbāmus	vinciēbar	vinciēbāmur
vinciēbās	vinciēbātis	vinciēbāris (-re)	vinciēbāminī
vinciēbat	vinciēbant	vinciēbātur	vinciēbantur

Fut.
vinciam	vinciēmus	vinciar	vinciēmur
vinciēs	vinciētis	vinciēris (-re)	vinciēminī
vinciet	vincient	vinciētur	vincientur

Perf.
vinxī	vinximus	vinctus sum	vinctī sumus
vinxistī	vinxistis	(-a, -um) es	(-ae, -a) estis
vinxit	vinxērunt (-ēre)	est	sunt

Plup.
vinxeram	vinxerāmus	vinctus eram	vinctī erāmus
vinxerās	vinxerātis	(-a, -um) erās	(-ae, -a) erātis
vinxerat	vinxerant	erat	erant

Fut.
Perf.
vinxerō	vinxerimus	vinctus erō	vinctī erimus
vinxeris	vinxeritis	(-a, -um) eris	(-ae, -a) eritis
vinxerit	vinxerint	erit	erunt

SUBJUNCTIVE			

Pres.
vinciam	vinciāmus	vinciar	vinciāmur
vinciās	vinciātis	vinciāris (-re)	vinciāminī
vinciat	vinciant	vinciātur	vinciantur

Impf.
vincīrem	vincīrēmus	vincīrer	vincīrēmur
vincīrēs	vincīrētis	vincīrēris (-re)	vincīrēminī
vincīret	vincīrent	vincīrētur	vincīrentur

Perf.
vinxerim	vinxerimus	vinctus sim	vinctī sīmus
vinxeris	vinxeritis	(-a, -um) sīs	(-ae, -a) sītis
vinxerit	vinxerint	sit	sint

Plup.
vinxissem	vinxissēmus	vinctus essem	vinctī essēmus
vinxissēs	vinxissētis	(-a, -um) essēs	(-ae, -a) essētis
vinxisset	vinxissent	esset	essent

IMPERATIVE			

Pres.
vincī	vincīte	

INFINITIVE			

Pres.	vincīre		vincīrī
Perf.	vinxisse		vinctus (-a, -um) esse
Fut.	vinctūrus (-a, -um) esse		

PARTICIPLE			

Pres.	vinciēns, (-tis)		
Perf.			vinctus (-a, -um)
Fut.	vincitūrus (-a, -um)		vinciendus (-a, -um) (GERUNDIVE)

GERUND vinciendī, -ō, -um, -ō   SUPINE vinctum, -ū

Compounds and related words: **devincio (4)** to bind; **evincio (4)** to bind; **revincio (4)** to tie back; **vinculum, -i, n.** bond

Model sentence: *Facinus est **vincire** civem Romanum.* —Cicero

conquer

	ACTIVE		PASSIVE	
		INDICATIVE		
Pres.	vincō	vincimus	vincor	vincimur
	vincis	vincitis	vinceris (-re)	vinciminī
	vincit	vincunt	vincitur	vincuntur
Impf.	vincēbam	vincēbāmus	vincēbar	vincēbāmur
	vincēbās	vincēbātis	vincēbāris (-re)	vincēbāminī
	vincēbat	vincēbant	vincēbātur	vincēbantur
Fut.	vincam	vincēmus	vincar	vincēmur
	vincēs	vincētis	vincēris (-re)	vincēminī
	vincet	vincent	vincētur	vincentur
Perf.	vīcī	vīcimus	victus sum	victī sumus
	vīcistī	vīcistis	(-a, -um) es	(-ae, -a) estis
	vīcit	vīcērunt (-ēre)	est	sunt
Plup.	vīceram	vīcerāmus	victus eram	victī erāmus
	vīcerās	vīcerātis	(-a, -um) erās	(-ae, -a) erātis
	vīcerat	vīcerant	erat	erant
Fut.	vīcerō	vīcerimus	victus erō	victī erimus
Perf.	vīceris	vīceritis	(-a, -um) eris	(-ae, -a) eritis
	vīcerit	vīcerint	erit	erunt
		SUBJUNCTIVE		
Pres.	vincam	vincāmus	vincar	vincāmur
	vincās	vincātis	vincāris (-re)	vincāminī
	vincat	vincant	vincātur	vincantur
Impf.	vincerem	vincerēmus	vincerer	vincerēmur
	vincerēs	vincerētis	vincerēris (-re)	vincerēminī
	vinceret	vincerent	vincerētur	vincerentur
Perf.	vīcerim	vīcerimus	victus sim	victī sīmus
	vīceris	vīceritis	(-a, -um) sīs	(-ae, -a) sītis
	vīcerit	vīcerint	sit	sint
Plup.	vīcissem	vīcissēmus	victus essem	victī essēmus
	vīcissēs	vīcissētis	(-a, -um) essēs	(-ae, -a) essētis
	vīcisset	vīcissent	esset	essent
		IMPERATIVE		
Pres.	vince	vincite		
		INFINITIVE		
Pres.	vincere		vincī	
Perf.	vīcisse		victus (-a, -um) esse	
Fut.	victūrus (-a, -um) esse			
		PARTICIPLE		
Pres.	vincēns, (-tis)			
Perf.			victus (-a, -um)	
Fut.	victūrus (-a, -um)		vincendus (-a, -um) (GERUNDIVE)	

GERUND vincendī, -ō, -um, -ō   SUPINE victum, -ū

Compounds and related words: **convinco (3)** to refute; **devinco (3)** to defeat; **invictus, -a, -um** unconquerable; **victor, -is, m.** victor; **victoria, -ae, f.** victory; **victrix, -tricis, f.** victor (female)
Model sentence: *Ius est belli ut qui **vicissent** iis quos **vicissent** quemadmodum vellent imperarent.* —Caesar

flourish, be green

ACTIVE
INDICATIVE

Pres.	vireō	virēmus
	virēs	virētis
	viret	virent
Impf.	virēbam	virēbāmus
	virēbās	virēbātis
	virēbat	virēbant
Fut.	virēbo	virēbimus
	virēbis	virēbitis
	virēbit	virēbunt
Perf.	viruī	viruimus
	viruistī	viruistis
	viruit	viruērunt (-ēre)
Plup.	virueram	viruerāmus
	viruerās	viruerātis
	viruerat	viruerant
Fut.	viruerō	viruerimus
Perf.	virueris	virueritis
	viruerit	viruerint

SUBJUNCTIVE

Pres.	viream	vireāmus
	vireās	vireātis
	vireat	vireant
Impf.	virērem	virērēmus
	virērēs	virērētis
	virēret	virērent
Perf.	viruerim	viruerimus
	virueris	virueritis
	viruerit	viruerint
Plup.	viruissem	viruissēmus
	viruissēs	viruissētis
	viruisset	viruissent

IMPERATIVE

Pres.	virē	virēte

INFINITIVE

Pres.	virēre
Perf.	viruisse
Fut.	

PARTICIPLE

Pres.	virēns, (-tis)
Perf.	
Fut.	virendus (-a, -um) (GERUNDIVE)

GERUND virendī, -ō, -um, -ō   SUPINE

Compounds and related words: **ver, -is, n.** spring; **viresco (3)** to turn green; **viridans, -ntis** green; **viridis, -e** green; **viriditas, -tatis, f.** greenness;
Model sentence: _**Virent** lacrimis roscida prata meis._ —Martial

live, be alive

ACTIVE		PASSIVE
INDICATIVE		
Pres. vīvō	vīvimus	
vīvis	vīvitis	
vīvit	vīvunt	vīvitur (Impers.)
Impf. vīvēbam	vīvēbāmus	
vīvēbās	vīvēbātis	
vīvēbat	vīvēbant	vīvēbātur (Impers.)
Fut. vīvam	vīvēmus	
vīvēs	vīvētis	
vīvet	vīvent	vīvētur (Impers.)
Perf. vīxī	vīximus	
vīxistī	vīxistis	
vīxit	vīxērunt (-ēre)	vīctum est (Impers.)
Plup. vīxeram	vīxerāmus	
vīxerās	vīxerātis	
vīxerat	vīxerant	vīctum erat (Impers.)
Fut. vīxerō	vīxerimus	
Perf. vīxeris	vīxeritis	
vīxerit	vīxerint	vīctum erit (Impers.)
SUBJUNCTIVE		
Pres. vīvam	vīvāmus	
vīvās	vīvātis	
vīvat	vīvant	vīvātur (Impers.)
Impf. vīverem	vīverēmus	
vīverēs	vīverētis	
vīveret	vīverent	vīverētur (Impers.)
Perf. vīxerim	vīxerimus	
vīxeris	vīxeritis	
vīxerit	vīxerint	vīctum sit (Impers.)
Plup. vīxissem	vīxissēmus	
vīxissēs	vīxissētis	
vīxisset	vīxissent	vīctum esset (Impers.)
IMPERATIVE		
Pres. vīve	vīvite	
INFINITIVE		
Pres. vīvere		vīvī
Perf. vīxisse		vīctus (-a, -um) esse
Fut. vīctūrus (-a, -um) esse		
PARTICIPLE		
Pres. vīvēns, (-tis)		
Perf.		vīctus (-a, -um)
Fut. vīctūrus (-a, -um)		vīvendus (-a, -um) (GERUNDIVE)

GERUND vīvendī, -ō, -um, -ō SUPINE vīctum, -ū

Alternate forms: **vixet** = vixisset
Compounds and related words: **convictus, -us, m.** party; **conviva, -ae, m.** guest; **convivium, -i, n.** party; **victus, -us, m.** livelihood; **vivus, -a, -um** alive
Model sentence: ***Vixere fortes ante Agamemnona.*** —Horace

call

	ACTIVE			PASSIVE	
			INDICATIVE		
Pres.	vocō	vocāmus		vocor	vocāmur
	vocās	vocātis		vocāris (-re)	vocāminī
	vocat	vocant		vocātur	vocantur
Impf.	vocābam	vocābāmus		vocābar	vocābāmur
	vocābās	vocābātis		vocābāris (-re)	vocābāminī
	vocābat	vocābant		vocābātur	vocābantur
Fut.	vocābō	vocābimus		vocābor	vocābimur
	vocābis	vocābitis		vocāberis (-re)	vocābiminī
	vocābit	vocābunt		vocābitur	vocabuntur
Perf.	vocāvī	vocāvimus		vocātus sum	vocātī sumus
	vocāvistī	vocāvistis		(-a, -um) es	(-ae, -a) estis
	vocāvit	vocāvērunt (-ēre)		est	sunt
Plup.	vocāveram	vocāverāmus		vocātus eram	vocātī erāmus
	vocāverās	vocāverātis		(-a, -um) erās	(-ae, -a) erātis
	vocāverat	vocāverant		erat	erant
Fut.	vocāverō	vocāverimus		vocātus erō	vocātī erimus
Perf.	vocāveris	vocāveritis		(-a, -um) eris	(-ae, -a) eritis
	vocāverit	vocāverint		erit	erunt
			SUBJUNCTIVE		
Pres.	vocem	vocēmus		vocer	vocēmur
	vocēs	vocētis		vocēris (-re)	vocēminī
	vocet	vocent		vocētur	vocentur
Impf.	vocārem	vocārēmus		vocārer	vocārēmur
	vocārēs	vocārētis		vocārēris (-re)	vocārēminī
	vocāret	vocārent		vocārētur	vocārentur
Perf.	vocāverim	vocāverimus		vocātus sim	vocātī sīmus
	vocāveris	vocāveritis		(-a, -um) sīs	(-ae, -a) sītis
	vocāverit	vocāverint		sit	sint
Plup.	vocāvissem	vocāvissēmus		vocātus essem	vocātī essēmus
	vocāvissēs	vocāvissētis		(-a, -um) essēs	(-ae, -a) essētis
	vocāvisset	vocāvissent		esset	essent
			IMPERATIVE		
Pres.	vocā	vocāte			
			INFINITIVE		
Pres.	vocāre			vocārī	
Perf.	vocāvisse			vocātus (-a, -um) esse	
Fut.	vocātūrus (-a, -um) esse				
			PARTICIPLE		
Pres.	vocāns, (-tis)				
Perf.				vocātus (-a, -um)	
Fut.	vocātūrus (-a, -um)			vocandus (-a, -um) (GERUNDIVE)	

GERUND vocandī, -ō, -um, -ō   SUPINE vocātum, -ū

Alternate forms: **vocarier** = vocari
Compounds and related words: **advoco (1)** summon; **convoco (1)** summon; **evoco (1)** summon; **invoco (1)** summon; **provoco (1)** challenge; **revoco (1)** call back; **vocabulum, -i, n.** name; **vocalis, -e** pertaining to the voice; **vociferor (1)** shout; **vocito (1)** shout; **vox, vocis, f.** voice
Model sentence: *Mirabar quare nunquam me, Cotta, **vocasses**: iam scio me nudum displicuisse tibi.* —Martial

ACTIVE

INDICATIVE

Pres.	volō	volāmus
	volās	volātis
	volat	volant
Impf.	volābam	volābāmus
	volābās	volābātis
	volābat	volābant
Fut.	volābō	volāmus
	volābis	volābitis
	volābit	volābunt
Perf.	volāvī	volāvimus
	volāvistī	volāvistis
	volāvit	volāvērunt (-ēre)
Plup.	volāveram	volāverāmus
	volāverās	volāverātis
	volāverat	volāverant
Fut.	volāverō	volāverimus
Perf.	volāveris	volāveritis
	volāverit	volāverint

SUBJUNCTIVE

Pres.	volem	volēmus
	volēs	volētis
	volet	volent
Impf.	volārem	volārēmus
	volārēs	volārētis
	volāret	volārent
Perf.	volāverim	volāverimus
	volāveris	volāveritis
	volāverit	volāverint
Plup.	volāvissem	volāvissēmus
	volāvissēs	volāvissētis
	volāvisset	volāvissent

IMPERATIVE

Pres.	volā	volāte

INFINITIVE

Pres.	volāre
Perf.	volāvisse
Fut.	volātūrus (-a, -um) esse

PARTICIPLE

	Active	Passive
Pres.	volāns, (-tis)	
Perf.		volātus (-a, -um)
Fut.	volātūrus (-a, -um)	volandus (-a, -um) (GERUNDIVE)

GERUND volandī, -ō, -um, -ō   SUPINE volātum, -ū

Compounds and related words: **evolo (1)** to fly out; **pervolo (1)** to fly over; **velocitas, -tatis, f.** speed; **velox, -ocis** swift; **volito (1)** to fly around; **volucer, -cris, -cre** winged
Model sentence: *Verba **volant,** scripta manent.* —proverb

497

wish

ACTIVE

INDICATIVE

Pres.	volō	volumus
	vīs	vultis
	vult	volunt
Impf.	volēbam	volēbāmus
	volēbās	volēbātis
	volēbat	volēbant
Fut.	volam	volēmus
	volēs	volētis
	volet	volent
Perf.	voluī	voluimus
	voluistī	voluistis
	voluit	voluērunt (-ēre)
Plup.	volueram	voluerāmus
	voluerās	voluerātis
	voluerat	voluerant
Fut.	voluerō	voluerimus
Perf.	volueris	volueritis
	voluerit	voluerint

SUBJUNCTIVE

Pres.	velim	velīmus
	velīs	velītis
	velit	velint
Impf.	vellem	vellēmus
	vellēs	vellētis
	vellet	vellent
Perf.	voluerim	voluerimus
	volueris	volueritis
	voluerit	voluerint
Plup.	voluissem	voluissēmus
	voluissēs	voluissētis
	voluisset	voluissent

IMPERATIVE

Pres.

INFINITIVE

Pres.	velle
Perf.	voluisse
Fut.	

PARTICIPLE

Pres.	volēns, (-tis)
Perf.	
Fut.	

GERUND   SUPINE

Alternate forms: **veis** = vis; **vin** = visne; **volim, etc.** = velim, etc.; **volimus** = volumus; **sis** = si vis; **sultis** = si vultis; **voliturus** (rare fut. part.)

Compounds and related words: **benevolentia, -ae, f.** good will; **quamvis** however; **quivis** any; **voluntas, -tatis, f.** will; **voluptas, -tatis, f.** pleasure

Model sentence: *Libenter homines id quod **volunt** credunt.* —Caesar

roll, unroll, ponder

	ACTIVE		PASSIVE	
			INDICATIVE	

Pres.	volvō	volvimus	volvor	volvimur
	volvis	volvitis	volveris (-re)	volviminī
	volvit	volvunt	volvitur	volvuntur
Impf.	volvēbam	volvēbāmus	volvēbar	volvēbāmur
	volvēbās	volvēbātis	volvēbāris (-re)	volvēbāminī
	volvēbat	volvēbant	volvēbātur	volvēbantur
Fut.	volvam	volvēmus	volvar	volvēmur
	volvēs	volvētis	volvēris (-re)	volvēminī
	volvet	volvent	volvētur	volventur
Perf.	volvī	volvimus	volūtus sum	volūtī sumus
	volvistī	volvistis	(-a, -um) es	(-ae, -a) estis
	volvit	volvērunt (-ēre)	est	sunt
Plup.	volveram	volverāmus	volūtus eram	volūtī erāmus
	volverās	volverātis	(-a, -um) erās	(-ae, -a) erātis
	volverat	volverant	erat	erant
Fut.	volverō	volverimus	volūtus erō	volūtī erimus
Perf.	volveris	volveritis	(-a, -um) eris	(-ae, -a) eritis
	volverit	volverint	erit	erunt

			SUBJUNCTIVE	
Pres.	volvam	volvāmus	volvar	volvāmur
	volvās	volvātis	volvāris (-re)	volvāminī
	volvat	volvant	volvātur	volvantur
Impf.	volverem	volverēmus	volverer	volverēmur
	volverēs	volverētis	volverēris (-re)	volverēminī
	volveret	volverent	volverētur	volverentur
Perf.	volverim	volverimus	volūtus sim	volūtī sīmus
	volveris	volveritis	(-a, -um) sīs	(-ae, -a) sītis
	volverit	volverint	sit	sint
Plup.	volvissem	volvissēmus	volūtus essem	volūtī essēmus
	volvissēs	volvissētis	(-a, -um) essēs	(-ae, -a) essētis
	volvisset	volvissent	esset	essent

			IMPERATIVE	
Pres.	volve	volvite		

		INFINITIVE	
Pres.	volvere	volvī	
Perf.	volvisse	volūtus (-a, -um) esse	
Fut.	volūtūrus (-a, -um) esse		

		PARTICIPLE	
Pres.	volvēns, (-tis)		
Perf.		volūtus (-a, -um)	
Fut.	volūtūrus (-a, -um)	volvendus (-a, -um) (GERUNDIVE)	

GERUND volvendī, -ō, -um, -ō   SUPINE volūtum, -ū

Usage notes: passive forms often with middle sense

Alternate forms: **volvier** = volvi

Compounds and related words: **advolvo (3)** to roll to; **convolvo (3)** to roll together; **devolvo (3)** to roll down; **evolvo (3)** to unroll; **involvo (3)** to envelop; **pervolvo (3)** to roll around; **provolvo (3)** to roll forward; **revolvo (3)** to roll backwards, unroll; **volumen, -minis, n.** roll; **voluto (1)** to roll over

Model sentence: ***Volvit** sub undis grandia saxa.* —Lucretius

vow, consecrate

ACTIVE   **PASSIVE**

INDICATIVE

Pres.	voveō	vovēmus	voveor	vovēmur
	vovēs	vovētis	vovēris (-re)	vovēminī
	vovet	vovent	vovētur	voventur
Impf.	vovēbam	vovēbāmus	vovēbar	vovēbāmur
	vovēbās	vovēbātis	vovēbāris (-re)	vovēbāminī
	vovēbat	vovēbant	vovēbātur	vovēbantur
Fut.	vovēbo	vovēbimus	vovēbor	vovēbimur
	vovēbis	vovēbitis	vovēberis (-re)	vovēbiminī
	vovēbit	vovēbunt	vovēbitur	vovēbuntur
Perf.	vōvī	vōvimus	vōtus sum	vōtī sumus
	vōvistī	vōvistis	(-a, -um) es	(-ae, -a) estis
	vōvit	vōvērunt (-ēre)	est	sunt
Plup.	vōveram	vōverāmus	vōtus eram	vōtī erāmus
	vōverās	vōverātis	(-a, -um) erās	(-ae, -a) erātis
	vōverat	vōverant	erat	erant
Fut.	vōverō	vōverimus	vōtus erō	vōtī erimus
Perf.	vōveris	vōveritis	(-a, -um) eris	(-ae, -a) eritis
	vōverit	vōverint	erit	erunt

SUBJUNCTIVE

Pres.	voveam	voveāmus	vovear	voveāmur
	voveās	voveātis	voveāris (-re)	voveāminī
	voveat	voveant	voveātur	voveantur
Impf.	vovērem	vovērēmus	vovērer	vovērēmur
	vovērēs	vovērētis	vovērēris (-re)	vovērēminī
	vovēret	vovērent	vovērētur	vovērentur
Perf.	vōverim	vōverimus	vōtus sim	vōtī sīmus
	vōveris	vōveritis	(-a, -um) sīs	(-ae, -a) sītis
	vōverit	vōverint	sit	sint
Plup.	vōvissem	vōvissēmus	vōtus essem	vōtī essēmus
	vōvissēs	vōvissētis	(-a, -um) essēs	(-ae, -a) essētis
	vōvisset	vōvissent	esset	essent

IMPERATIVE

Pres.	vovē	vovēte	

INFINITIVE

Pres.	vovēre	vovērī
Perf.	vōvisse	vōtus (-a, -um) esse
Fut.	vōtūrus (-a, -um) esse	

PARTICIPLE

Pres.	vovēns, (-tis)	
Perf.		vōtus (-a, -um)
Fut.	vōtūrus (-a, -um)	vovendus (-a, -um) (GERUNDIVE)

GERUND vovendī, -ō, -um, -ō   SUPINE vōtum, -ū

Compounds and related words: **devoveo (2)** to consecrate; **votivus, -a, -um** relating to a vow; **votum, -i, n.** vow

Model sentence: *Tullus in re trepida decem **vovit** Salios fanaque Pallori ac Pavori.* —Livy

wound

	ACTIVE		PASSIVE	
INDICATIVE				
Pres.	vulnerō	vulnerāmus	vulneror	vulnerāmur
	vulnerās	vulnerātis	vulnerāris (-re)	vulnerāminī
	vulnerat	vulnerant	vulnerātur	vulnerantur
Impf.	vulnerābam	vulnerābāmus	vulnerābar	vulnerābāmur
	vulnerābās	vulnerābātis	vulnerābāris (-re)	vulnerābāminī
	vulnerābat	vulnerābant	vulnerābātur	vulnerābantur
Fut.	vulnerābo	vulnerābimus	vulnerābor	vulnerābimur
	vulnerābis	vulnerābitis	vulnerāberis (-re)	vulnerābiminī
	vulnerābit	vulnerābunt	vulnerābitur	vulnerābuntur
Perf.	vulnerāvī	vulnerāvimus	vulnerātus sum	vulnerātī sumus
	vulnerāvistī	vulnerāvistis	(-a, -um) es	(-ae, -a) estis
	vulnerāvit	vulnerāvērunt (-ēre)	est	sunt
Plup.	vulnerāveram	vulnerāverāmus	vulnerātus eram	vulnerātī erāmus
	vulnerāverās	vulnerāverātis	(-a, -um) erās	(-ae, -a) erātis
	vulnerāverat	vulnerāverant	erat	erant
Fut.	vulnerāverō	vulnerāverimus	vulnerātus erō	vulnerātī erimus
Perf.	vulnerāveris	vulnerāveritis	(-a, -um) eris	(-ae, -a) eritis
	vulnerāverit	vulnerāverint	erit	erunt
SUBJUNCTIVE				
Pres.	vulnerem	vulnerēmus	vulnerer	vulnerēmur
	vulnerēs	vulnerētis	vulnerēris (-re)	vulnerēminī
	vulneret	vulnerent	vulnerētur	vulnerentur
Impf.	vulnerārem	vulnerārēmus	vulnerārer	vulnerārēmur
	vulnerārēs	vulnerārētis	vulnerārēris (-re)	vulnerārēminī
	vulnerāret	vulnerārent	vulnerārētur	vulnerārentur
Perf.	vulnerāverim	vulnerāverimus	vulnerātus sim	vulnerātī sīmus
	vulnerāveris	vulnerāveritis	(-a, -um) sīs	(-ae, -a) sītis
	vulnerāverit	vulnerāverint	sit	sint
Plup.	vulnerāvissem	vulnerāvissēmus	vulnerātus essem	vulnerātī essēmus
	vulnerāvissēs	vulnerāvissētis	(-a, -um) essēs	(-ae, -a) essētis
	vulnerāvisset	vulnerāvissent	esset	essent
IMPERATIVE				
Pres.	vulnerā	vulnerāte		
INFINITIVE				
Pres.	vulnerāre		vulnerārī	
Perf.	vulnerāvisse		vulnerātus (-a, -um) esse	
Fut.	vulnerātūrus (-a, -um) esse			
PARTICIPLE				
Pres.	vulnerāns, (-tis)			
Perf.			vulnerātus (-a, -um)	
Fut.	vulnerātūrus (-a, -um)		vulnerandus (-a, -um) (GERUNDIVE)	

GERUND vulnerandī, -ō, -um, -ō   SUPINE vulnerātum, -ū

Alternate forms: **volnero, volnerare, etc.** = vulnero, vulnerare, etc.
Compounds and related words: **convulnero (1)** to wound severely; **vulnerabilis, -e** wounding;
    vulneratio, -onis, f. wound; **vulnerator, -is, m.** wounder; **vulnus, -eris, n.** wound
Model sentence: *Cotta legatus in adversum os funda **vulneratur**.* —Caesar

Appendixes

Index of English-Latin Verbs

The following list provides some ready options for the student of Latin composition, supplying Latin verbs and the conjugations to which they belong. For exact paradigms of these verbs, consult the Latin Verb Index.

A

abandon   desolo (1), desero (3), derelinquo (3)
abuse   abutor (3)
accompany   comito (1), comitor (1), prosequor (3)
accumulate   agglomero (1), congero (3)
accuse   accuso (1)
accustom   consuesco (3), insuesco (3)
achieve   impetro (1)
acquire   potior (4)
adapt   accommodo (1), commodo (1), adapto (1)
add   addo (3)
address   affor (1), alloquor (3)
admire   admiror (1)
admit   intromitto (3)
adorn   decoro (1)
advance   succedo (3), promoveo (2)
agree   paciscor (3), assentio (4), consentio (4), consto (1)
aim   intendo (3), expeto (3)
allot   assigno (1)
allow   permitto (3), sino (3)
animate   animo (1)
annoint   ungo (3)
announce   nuntio (1), pronuntio (1)
answer   respondeo (2)
anticipate   praecipio (3), praevenio (4), praesumo (3)
appear   appareo (2), coorior (4)
apply to   adhibeo (2)
appoint   destino (1)
approach   accedo (3), adeo (irreg.), appropinquo (1)
approve   approbo (1)
arm   armo (1)
arrange   ordino (1), como (3), dispono (3), dissero (3)
arrive   advenio (4), pervenio (4)
ask   quaeso (1), inquiro (3), interrogo (1), rogo (1)
ask for eagerly   rogito (1)
assemble   congredior (3), concieo (2), conduco (3), convenio (4)

assert   perhibeo (2)
assess   censeo (2)
assign   inscribo (3), attribuo (3), tribuo (3)
attach   affigo (3), figo (3), applico (1), iniungo (3)
attach firmly   defigo (3)
attack   aggredior (3), invado (3), adorior (4), appeto (3), oppugno (1)
attend   sector (1)
attend to   ministro (1)
avenge   ulciscor (3)
avert (by prayer)   deprecor (1)
avoid   evito (1), vito (1)
award as judge   adiudico (1)

B

bark   latro (1)
batter   pulso (1)
be   sum (irreg.)
be a slave   inservio (4), servio (4)
be a soldier   milito (1)
be able   possum (irreg.), queo (irreg.)
be absent   absum (irreg.)
be accustomed   soleo (2), suesco (3)
be afraid   timeo (2)
be against   obsum (irreg.)
be amongst   intersum (irreg.)
be angry   irascor (3), indignor (1)
be astounded   obstipesco (3)
be at a feast   epulor (1)
be born   nascor (3)
be born again   renascor (3)
be born in   innascor (3)
be busy   satago (3)
be close   insto (1), subsum (irreg.)
be cold   algeo (2)
be damp   umeo (2)
be dirty   sordeo (2)
be distant   disto (1)
be dry   areo (2)
be eager   studeo (2)
be empty   vaco (1)
be flogged   vapulo (1)
be for sale   veneo (irreg.)

be frightened **paveo (2)**
be green **vireo (2)**
be happy **laetor (1)**
be hungry **esurio (4)**
be in **insum (irreg.)**
be in charge **praesum (irreg.)**
be in exile **exsulo (1)**
be in need **egeo (2)**
be in pain **doleo (2)**
be kind to **indulgeo (2)**
be mad **furo (3)**
be master **dominor (1)**
be numb **torpeo (2)**
be open **pateo (2)**
be pale **palleo (2)**
be present **adsum (irreg.)**
be quiet **sileo (2), taceo (2)**
be red **rubeo (2)**
be stiff **rigeo (2)**
be strong **polleo (2), valeo (2)**
be stunned **stupeo (2)**
be stupid **desipio (3)**
be superior **praesto (1)**
be thirsty **sitio (4)**
be tired **langueo (2)**
be unable **nequeo (irreg.)**
be unwilling **nolo (irreg.)**
be useful **prosum (irreg.)**
be very afraid **pertimesco (3)**
be very powerful **praevaleo (2)**
be warm **caleo (2), tepeo (2)**
be well **salveo (2)**
be wet **madeo (2)**
be white **candeo (2)**
be wide awake **evigilo (1)**
be willing **volo (irreg.)**
beat **verbero (1), plango (3), tundo (3)**
become **fio (3)**
become evident **patesco (3)**
beg **obsecro (1), supplico (1), imploro (1)**
begin **concipio (3), incipio (3), incoho (1), coepi (irreg.), ordior (4)**
begin to doubt **addubito (1)**
begin to increase **adaugesco (3)**
believe **credo (3)**
bellow **mugio (4)**
bend **curvo (1), inclino (1), flecto (3)**
beseige **obsideo (2)**
betray **trado (3), prodo (3)**
beware **caveo (2)**
bind **ligo (1), vincio (4)**
bite **mordeo (2)**

blaze **flagro (1)**
bless **beo (1)**
block **intercludo (3), obstruo (3)**
bloom **floreo (2)**
blush **rubesco (2), erubesco (3)**
boast **glorior (1)**
boil **aestuo (1), ferveo (2)**
braid **plecto (3)**
brandish **corrusco (1)**
break **confringo (3), frango (3)**
break in **irrumpo (3)**
break off **abrumpo (3), praerumpo (3)**
break out **erumpo (3)**
break up **corrumpo (3)**
break wind **pedo (3)**
breathe **spiro (1)**
bring across **traduco (3), transfero (irreg.)**
bring back **redigo (3), reporto (1), refero (irreg.)**
bring down **defero (irreg.)**
bring forward **produco (3), profero (irreg.)**
bring in **infero (irreg.), ingero (3)**
bring together **confero (irreg.), comparo (1)**
bristle **horreo (2)**
broadcast **vulgo (1)**
bruise **pinso (3)**
buffet **iacto (1)**
build **aedifico (1), construo (3), struo (3)**
burden **onero (1)**
burn **ardeo (2), cremo (1), flammo (1), uro (3)**
burn up **exuro (3)**
burst **rumpo (3)**
bury **humo (1), defodio (3), sepelio (4)**
buy **emo (3)**
buy back **redimo (3)**

C

call **appello (1), voco (1)**
call back **revoco (1)**
call by name **nuncupo (1)**
calm **placo (1), sedo (1), mitigo (1)**
care for **curo (1)**
carry **fero (irreg.), gero (3), porto (1), veho (3), adveho (3)**
carry along **proveho (3)**
carry around **circumfero (irreg.), gesto (1)**
carry away **aufero (irreg.)**
carry back **reveho (3)**
carry down **deporto (1)**
carry in **inveho (3)**

carry off　**asporto (1)**
carry out　**effero (irreg.), eveho (3)**
carry to　**affero (irreg.)**
carve　**scalpo (3)**
catch　**deprehendo (3), prehendo (3)**
cause　**efficio (3)**
challenge　**provoco (1)**
change　**commuto (1), muto (1)**
charm　**delecto (1)**
cheat　**fraudo (1)**
cherish　**colo (3), foveo (2)**
choke　**ango (3)**
choose　**lego (3)**
claim　**vindico (1)**
clap　**plaudo (3)**
clean　**purgo (3)**
clean out　**emungo (3)**
climb　**conscendo (3), scando (3)**
climb up　**ascendo (3)**
cling　**haereo (2)**
cling to　**adhaereo (2), inhaereo (2)**
close　**operio (4), claudo (3)**
clothe　**amicio (4)**
coincide　**competo (3)**
collapse　**concido (3), corruo (3)**
collect　**comporto (1)**
comb　**como (3), pecto (3)**
come　**devenio (4), venio (4)**
come back to　**reviso (3)**
come out　**evenio (4)**
come to the aid of　**subvenio (4)**
come up to　**subeo (irreg.)**
come upon　**incido (3)**
comfort　**consolor (1), solor (1)**
command　**impero (1), imperito (1)**
compel　**subigo (3)**
compete　**certo (1)**
complain　**conqueror (3), queror (3)**
complete　**transigo (3), perago (3), consummo (1), perficio (3)**
comply with　**obsequor (3)**
condemn　**condemno (1), damno (1)**
confess　**confiteor (2), fateor (2)**
confirm　**affirmo (1)**
confiscate　**publico (1)**
congeal　**concresco (3)**
connect　**adiungo (3)**
conquer　**edomo (1), vinco (3)**
consecrate　**consecro (1), sacro (1)**
consider　**delibero (1), deputo (1)**
consume　**absumo (3), consumo (3)**
contain　**contineo (2)**

contemplate　**meditor (1)**
continue　**pergo (3)**
contrive　**excogito (1)**
control　**coerceo (2)**
converse　**colloquor (3)**
cook　**coquo (3)**
copy　**imitor (1)**
correct　**emendo (1), corrigo (3)**
count　**numero (1)**
cover　**tego (3)**
cover over　**obduco (3)**
cover up　**velo (1), contego (3)**
crawl　**serpo (3)**
create　**creo (1)**
credit　**imputo (1)**
creep　**repo (3)**
cross　**transeo (irreg.)**
cross over　**transgredior (3)**
crowd　**celebro (1)**
crown　**corono (1)**
crush　**protero (3)**
cure　**sano (1)**
curse　**maledico (3)**
cut　**caedo (3), seco (1)**
cut back　**recido (3)**
cut off　**abscido (3), decido (3)**
cut open　**incido (3), scindo (3)**
cut out　**excido (3)**
cut short　**praecido (3)**
cut to pieces　**concido (3)**

D

dare　**audeo (2)**
deceive　**decipio (3), frustro (1), fallo (3)**
decide　**constituo (3), decerno (3)**
declare　**profiteor (2), indico (3), denuntio (1)**
decline　**detrecto (1)**
defeat　**devinco (3)**
defend　**defendo (3)**
deflect　**declino (1)**
delay　**cunctor (1), moror (1)**
deliberate　**consulo (3)**
demand　**flincito (1), deposco (3), posco (3), postulo (1)**
demolish　**diruo (3)**
deny　**abnego (1), nego (1)**
deny on oath　**abiuro (1)**
depart　**abscedo (3), discedo (3)**
depict　**depingo (3)**
deprive　**privo (1)**
descend　**descendo (3)**

desecrate   **scelero (1)**
deserve   **mereo (2), emereo (2)**
desire   **aveo (2), desidero (1), concupisco (3),**
   cupio (3)
despise   **contemno (3), despicio (3)**
destroy   **perdo (3), interimo (3), perimo (3),**
   deleo (2), aboleo (2), dissolvo (3)
detain   **detineo (2), retardo (1)**
devise   **machinor (1)**
devour   **devoro (1), comedo (irreg.)**
die   **morior (3)**
diffuse   **diffundo (3)**
dig   **fodio (4)**
dine   **ceno (1)**
dip   **imbuo (3), tingo (3)**
direct   **dirigo (3), praescribo (3)**
disagree   **dissentio (4)**
discern   **cerno (3)**
disfigure   **foedo (1)**
disgrace   **infamo (1)**
disguise   **praetexo (3)**
dismiss   **dimitto (3)**
disperse   **dispergo (3), differo (irreg.)**
display   **exhibeo (2), propono (3)**
displease   **displiceo (2)**
distinguish   **distinguo (3)**
distort   **depravo (1)**
distress   **vexo (1), sollicito (1)**
distribute   **dispenso (1), distribuo (3)**
distrust   **diffido (3)**
divide   **discerno (3), divido (3), digero (3)**
do   **ago (3)**
do violence to   **violo (1)**
double   **gemino (1)**
drag   **traho (3)**
drag away   **abstraho (3)**
drag down   **detraho (3)**
drag out   **extraho (3)**
drain   **haurio (4)**
drain completely   **exhaurio (4)**
draw   **stringo (3)**
draw lots   **sortior (4)**
dread   **expavesco (3)**
dream   **somnio (1)**
drench   **perfundo (3)**
drink   **bibo (3), poto (1)**
drive   **impello (3), ago (3), agito (1)**
drive away   **abigo (3)**
drive back   **repello (3)**
drive in   **pango (3)**
drive out   **exigo (3), expello (3)**
drive to   **adigo (3), appello (3)**

droop   **marceo (2)**
dry   **sicco (1)**
dwell   **incolo (3), habito (1)**

E

eat   **edo (esse) (irreg.)**
eat lunch   **prandeo (2)**
educate   **erudio (4)**
embrace   **amplector (3), complector (3),**
   amplexor (1)
emerge   **emergo (3)**
encircle   **redimio (4)**
enclose   **arceo (2), concludo (3), includo (3)**
encourage   **adhortor (1)**
end   **finio (4)**
endure   **tolero (1), perpetior (3), perfero**
   (irreg.)
enfold   **implico (1)**
enjoy   **fruor (3)**
enlist   **conscribo (3)**
enrich   **dito (1)**
enter   **ineo (irreg.), ingredior (3), intro (1),**
   introeo (irreg.)
entice   **elicio (3)**
entrust   **commendo (1), mando (1)**
envelop   **involvo (3)**
equip   **orno (1)**
erect   **instruo (3)**
err   **pecco (1)**
escape   **excido (3), effugio (3), elabor (3)**
establish   **condo (3), instituo (3)**
examine   **considero (1), inspicio (3),**
   perspicio (3)
excel   **excello (3)**
excite   **concito (1), excito (1)**
excuse   **excuso (1)**
execute   **facesso (3)**
exercise   **exercito (1)**
exert oneself   **elaboro (1)**
exist   **exsisto (3)**
expand   **dilato (1)**
expel   **depello (3)**
experience   **patior (3)**
explain   **expono (3)**
extend   **laxo (1), pertineo (2)**
extinguish   **exstinguo (3), restinguo (3)**

F

fail   **desum (irreg.)**

fall   **occido (3), cado (3)**
fall asleep   **obdormio (4)**
fall down   **decido (3)**
fall forward   **procido (3), procumbo (3)**
fall in love   **adamo (1)**
fall short   **deficio (3)**
fall violently   **ruo (3)**
favor   **faveo (2)**
fear   **metuo (3), vereor (2)**
feed   **pasco (3), vescor (3)**
feel   **sentio (4)**
fence in   **saepio (4)**
fight   **dimico (1), pugno (1)**
fight it out   **decerto (1)**
fill   **impleo (2)**
fill up   **compleo (2), expleo (2)**
find   **invenio (4)**
find out   **reperio (4)**
finish   **conficio (3)**
finish with   **defungor (3)**
fit   **apto (1)**
flash   **fulgeo (2)**
flee   **confugio (3), fugio (3), profugio (3)**
flee for refuge   **perfugio (3)**
flee in different directions   **diffugio (3)**
flow   **mano (1), fluo (3), fluito (1)**
flow down   **defluo (3)**
flow out   **effluo (3)**
flow together   **confluo (3)**
fly   **volo (1)**
fly around   **volito (1)**
fly out   **evolo (1)**
fly over   **pervolo (1)**
follow   **exsequor (3), sequor (3)**
follow after   **consector (1)**
follow closely   **insequor (3), subsequor (3)**
forbid   **interdico (3), veto (1)**
force   **cogo (3), compello (3)**
foresee   **provideo (2)**
forget   **obliviscor (3)**
form into a ball   **glomero (1)**
forsake   **destituo (3)**
fortify   **munio (4)**
found   **fundo (1)**
free   **absolvo (3)**
frighten   **perterreo (2), terreo (2)**
frolic   **lascivio (4)**
froth   **spumo (1)**
fry   **frigo (3)**
furnish with spokes   **radio (1)**

G

gather   **colligo (3)**
get   **acquiro (3)**
gild   **inauro (1)**
gird   **accingo (3), cingo (3)**
give   **dono (1), do (1)**
give access to   **admitto (3)**
give back   **reddo (3)**
give birth   **gigno (3), pario (3)**
give evidence   **testor (1)**
give freely   **largior (4)**
give up hope   **despero (1)**
gnaw   **rodo (3)**
go   **cedo (3), eo (irreg.), meo (1), vado (3)**
go around   **ambio (4), circumeo (irreg.)**
go away   **abeo (irreg.), abito (3), absisto (3)**
go forward   **procedo (3), progredior (3), prodeo (irreg.)**
go out   **exeo (irreg.)**
goad   **stimulo (1)**
grasp   **comprehendo (3)**
greet   **saluto (1)**
grind   **contero (3), molo (3)**
groan   **ingemisco (3), gemo (3)**
grow old   **senesco (3)**
grow up   **adolesco (3)**
guard   **custodio (4), praesideo (2)**
guide   **perduco (3)**

H

hack at   **accido (3)**
handle   **tracto (1)**
hang   **pendeo (2), suspendo (3)**
happen   **accido (3)**
harass   **afflicto (1), exincito (1)**
harden   **duro (1)**
harm   **laedo (3), noceo (2)**
harmonize   **concino (3)**
hate   **abominor (1), odi (irreg.), invideo (2)**
have   **habeo (2)**
heal   **medeor (2)**
heap up   **accumulo (1), acervo (1), cumulo (1), exstruo (3)**
hear   **audio (4)**
hear clearly   **exaudio (4)**
help   **adiuto (1), adiuvo (1), iuvo (1)**
hesitate   **dubito (1)**
hide   **abdo (3), celo (1), abscondo (3), occulto (1), occulo (3)**

hide away   **recondo (3)**
hinder   **prohibeo (2), impedio (4)**
hit   **icio (3)**
hit against   **offendo (3)**
hold   **teneo (2)**
hold back   **abstineo (2), retineo (2)**
hold out   **porrigo (3), praebeo (2)**
honor   **honoro (1)**
hope   **spero (1)**
howl   **ululo (1)**
hunt   **venor (1)**
hurry   **celero (1), festino (1), maturo (1),
   propero (1)**

I

illuminate   **illustro (1)**
imitate   **simulo (1)**
impede   **tardo (1)**
implant   **insero (3)**
impose   **impono (3)**
incite   **incito (1), suscito (1)**
increase   **augeo (2)**
indicate   **significo (1), designo (1)**
inflate   **inflo (1)**
influence   **afficio (3)**
injure   **affligo (3)**
inquire   **sciscitor (1)**
intercept   **intercipio (3)**
interpret   **interpretor (1)**
interrupt   **interpello (3), intermitto (3),
   interpono (3)**
intervene   **intercedo (3)**
intoxicate   **inebrio (1)**
introduce   **induco (3), introduco (3)**
investigate   **exploro (1)**
invite   **invito (1)**
it behooves   **oportet (2)**
it causes regret   **paenitet (2)**
it causes shame   **pudet (2)**
it disgusts   **piget (2)**
it is allowed   **licet (2)**
it is pleasing   **libet (2)**
it is proper   **decet (2)**
it wearies   **taedet (2)**

J

join   **copulo (1), iungo (3), committo (3),
   conecto (3)**
join battle   **proelior (1)**
join together   **coniungo (3)**

joke   **iocor (1)**
judge   **iudico (1)**
jump   **salio (4)**
jump away   **absilio (4)**
jump down   **desilio (4)**
jump up   **exsulto (1)**

K

keep back   **reprimo (3), reservo (1)**
keep flowing   **profluo (3)**
keep repeating   **decanto (1)**
keep watch   **vigilo (1)**
kill   **exanimo (1), interficio (3), neco (1),
   occido (3)**
kiss   **osculor (1)**
knead   **depso (3)**
knock down   **percello (3)**
know   **scio (4)**

L

lack   **careo (2)**
last   **permaneo (2)**
laugh   **rideo (2)**
laugh at   **arrideo (2)**
lead   **duco (3)**
lead around   **circumduco (3)**
lead away   **abduco (3), deduco (3)**
lead back   **reduco (3)**
lead out   **educo (3)**
lead the way   **praeeo (irreg.)**
lead to   **adduco (3)**
lean back   **reclino (1)**
lean on   **innitor (3), nitor (3)**
learn   **comperio (4), cognosco (3), disco (3),
   nosco (3)**
learn well   **edisco (3)**
leave   **excedo (3), egredior (3)**
leave behind   **linquo (3), delinquo (3),
   relinquo (3)**
lessen   **minuo (3)**
let down   **demitto (3)**
let pass   **praetermitto (3)**
lie (recline)   **iaceo (2)**
lie   **mentior (4)**
lie down   **recumbo (3)**
lie hidden   **lateo (2)**
lie under   **subiaceo (2)**
lie upon   **incubo (1), incumbo (3)**
lift   **tollo (3)**
lift up   **attollo (3), extollo (3)**

light up **illumino (1)**
lighten **levo (1)**
live **vivo (3)**
live nearby **accolo (3)**
loiter **cesso (1)**
look at **viso (3), aspicio (3), intueor (2)**
look back at **respicio (3)**
look out **prospicio (3)**
loosen **solvo (3)**
lose **amitto (3)**
love **amo (1), diligo (3)**

M

make **fabricor (1), facio (3)**
make a noise **crepo (1), increpo (3), crepito (1), obstrepo (3), strepo (3)**
make clear **claresco (3)**
make equal **aequo (1)**
make equal with **adaequo (1)**
make progress **proficio (3)**
make sacred **sancio (4)**
make upright **erigo (3)**
make use of **usurpo (1)**
manage **administro (1)**
mangle **lacero (1)**
manoeuvre **evado (3)**
mark **noto (1), signo (1)**
marry **nubo (3)**
measure **metior (4)**
measure out **emetior (4)**
meet **coeo (irreg.), occurso (1), obeo (irreg.), occurro (3)**
melt **liquesco (3), liquo (1)**
mend **sarcio (4)**
mention beforehand **praedico (3)**
mingle **permisceo (2)**
mistrust **suspicio (3)**
mix **confundo (3), misceo (2)**
mix in **admisceo (2)**
moderate **tempero (1), admoderor (1)**
moisten **roro (1)**
mourn **lugeo (2), maereo (2)**
move **migro (1), admoveo (2), moveo (2)**
move back **removeo (2)**
move deeply **permoveo (2)**
multiply **multiplico (1)**
murmur **murmuro (1)**

N

name **nomino (1)**

need **indigeo (2)**
neglect **neglego (3)**
nibble **adedo (irreg.)**
nod **nuto (1)**
nod (give assent) **annuo (3)**
not know **ignoro (1), nescio (4)**
nourish **alo (3)**
nurse **nutrio (4)**

O

obey **pareo (2), oboedio (4)**
observe **conspicor (1), contemplor (1)**
obstruct **obsto (1)**
obtain **adipiscor (3), obtineo (2), nanciscor (3)**
offer **offero (irreg.)**
open **aperio (4)**
open fully **adaperio (4)**
open up **patefacio (3), recludo (3)**
oppress **opprimo (3)**
order **iubeo (2)**
outmanoeuvre **eludo (3)**
overflow **abundo (1)**
overhang **immineo (2), impendeo (2)**
overlook **omitto (3)**
overtake **supervenio (4), assequor (3)**
overturn **everto (3), perverto (3), subverto (3)**
overwhelm **obruo (3)**
owe **debeo (2)**

P

pacify **paco (1)**
paint **pingo (3)**
panic **trepido (1)**
pant **anhelo (1)**
pardon **ignosco (3)**
pass by **praetereo (irreg.)**
pause **consisto (3)**
pay **luo (3), persolvo (3)**
pay attention to **attendo (3), animadverto (3)**
penetrate **penetro (1)**
perform **perpetro (1), fungor (3)**
perish **depereo (irreg.), intereo (irreg.), pereo (irreg.)**
persist **persevero (1)**
persuade **exoro (1), persuadeo (2)**
pick out **eligo (3)**
pierce **perforo (1), pungo (3), transfigo (3), traicio (3)**
pity **miseror (1), misereo (2)**

place   loco (1), colloco (1)
play   illudo (3), ludo (3)
play (music)   modulor (1)
play the lyre   psallo (3)
plead   oro (1)
please   placeo (2)
plough   aro (1), sulco (1)
pluck   carpo (3), vello (3)
pluck off   decerpo (3)
plunder   praedor (1), spolio (1)
plunge   immergo (3)
plunge under   submergo (3)
point out   indico (1)
possess   possideo (2)
pound   contundo (3)
pour   fundo (3)
pour around   circumfundo (3)
pour in   infundo (3)
pour out   effundo (3), profundo (3)
pour upon   adfundo (3)
praise   benedico (3), laudo (1)
pray   precor (1)
precede   praecedo (3)
predict   portendo (3)
prefer   malo (irreg.), praefero (irreg.)
prepare   paro (1), praeparo (1)
press   premo (3)
press down   deprimo (3)
press upon   imprimo (3)
pretend   dissimulo (1)
probe into   scrutor (1)
proclaim   proclamo (1), declaro (1),
   praedico (1)
produce   promo (3)
project   emineo (2)
promise   promitto (3), polliceor (2),
   despondeo (2), spondeo (2)
prop up   fulcio (4)
prosper   provenio (4)
prove   arguo (3), comprobo (1), probo (1)
provoke   irrito (1)
prune   amputo (1)
pull back   retraho (3)
pull together   contraho (3)
punish   castigo (1), punio (4)
purify   lustro (1)
pursue   consequor (3), persequor (3)
push forward   urgeo (2)
put   pono (3)
put against   oppono (3)
put aside   depono (3)
put beside   appono (3)

put forth   edo (-ere) (3)
put in   indo (3)
put in charge   praeficio (3), praepono (3)
put on (clothing)   induo (3)
put to sleep   sopio (4)
put together   compono (3)
put under   subicio (3)

Q

quiver   mico (1)

R

rage   saevio
raise   elevo (1), arrigo (3)
ravage   populo (1), vasto (1)
read through   perlego (3)
reap   meto (3)
reapair   restauro (1)
rebound   resulto (1)
recall   recordor (1), memoro (1)
receive   accipio (3), recipio (3), accepto (1),
   assumo (3)
recite   recito (1)
reckon   computo (1)
recline   cubo (1), recubo (1), accumbo (3)
recline at a table   accubo (1), discumbo (3)
recognize   agnosco (3)
recoil   recido (3)
recover   recupero (1)
redouble   ingemino (1)
refill   repleo (2)
refresh   refoveo (2)
refuse   recuso (1)
refuse by a nod   abnuo (3)
refuse by a nod repeatedly   abnuto (1)
refute   convinco (3)
reject   aspernor (1), repudio (1)
rejoice   gaudeo (2), ovo (1)
remain   resto (1)
remake   recreo (1)
remember   memini (irreg.)
remind   commemoro (1)
remove   excipio (3), submoveo (2), subtraho
   (3), subveho (3)
rend   diripio (3)
renew   renovo (1), instauro (1)
repair   reficio (3)
repay   rependo (3)
repeal   abrogo (1)
repeat   itero (1)

replace **repono (3)**

report **enuntio (1), renuntio (1)**

reproach **compello (1)**

resist **repugno (1)**

resound **persono (1), reboo (1), consono (1), resono (1)**

respect **revereor (2)**

rest **acquiesco (3), quiesco (3), requiesco (3)**

restore **restituo (3)**

restrain **cohibeo (2), inhibeo (2), freno (1), moderor (1), supprimo (3), reprehendo (3), constringo (3)**

retrieve **reparo (1)**

return **regredior (3), remeo (1), recurro (3), redeo (irreg.)**

revel **bacchor (1)**

revere **adoro (1)**

revisit **repeto (3)**

revive **respiro (1)**

ride a horse **equito (1)**

rise **orior (4)**

rise up **insurgo (3)**

roar **fremo (3)**

roll **volvo (3)**

roll over **voluto (1)**

rout **fugo (1)**

rub **tero (3), frico (1)**

rule **regno (1), rego (3)**

run **curro (3)**

run away **aufugio (3)**

run away from **defugio (3), refugio (3)**

run down **decurro (3)**

run in different directions **discurro (3)**

run into **incurro (3)**

run through **percurro (3)**

run to **accurro (3)**

run to the aid of **succurro (3)**

rush forward **procurro (3), prorumpo (3)**

rush in **irruo (3)**

rush together **concurro (3)**

S

sacrifice **sacrifico (1), sacrifico (1), immolo (1), macto (1)**

sadden **contristo (1)**

sail **navigo (1)**

satisfy **satio (1)**

save **conservo (1), servo (1)**

say **aio (irreg.), dico (3), inquam (irreg.)**

say in advance **praefor (1)**

scare away **absterreo (2), deterreo (2)**

scare thoroughly **exterreo (2), perterreo (2)**

scatter **disicio (3), spargo (3)**

scorch **torreo (2)**

scorn **sperno (3)**

scrape **rado (3)**

scratch **scabo (3)**

search for **conquiro (3), requiro (3)**

see **conspicio (3), video (2)**

see often **visito (1)**

seek **peto (3), quaero (3)**

seize **arripio (3), corripio (3), capto (1), occupo (1), capesso (3), apprehendo (3), rapio (3)**

select **excerpo (3), deligo (3)**

sell **vendo (3)**

send **mitto (3)**

send back **remitto (3)**

send in **immitto (3)**

send in advance **praemitto (3)**

send out **emitto (3)**

send up **submitto (3)**

separate **digredior (3), secerno (3), separo (1)**

serve **famulor (1)**

set **aborior (4), sisto (3)**

set aside **sepono (3)**

set free **libero (1)**

set in motion **cieo (2)**

set on fire **accendo (3), incendo (3), succendo (3)**

set out **proficiscor (3)**

set up **statuo (3)**

sew **suo (3)**

shade **umbro (1)**

shake **quasso (1), vibro (1), concutio (3), quatio (3)**

shake out **excutio (3)**

shape **formo (1), fingo (3)**

share **impertio, (4), partio (4), communico (1)**

sharpen **acuo (3)**

shear **tondeo (2)**

shield **protego (3)**

shine **luceo (2), splendeo (2), adfulgeo (3), niteo (2)**

shout **clamo (1), conclamo (1), exclamo (1), vociferor (1), vocito (1)**

show **demonstro (1), monstro (1), ostendo (3)**

show off **ostento (1)**

shriek **strideo (2)**

shrink back **abhorreo (2)**

shut out **excludo (3)**

sigh **suspiro (1)**

sing   cano (3), canto (1)
sink   mergo (3)
sip   libo (1)
sit   sedeo (2)
sit beside   assideo (2)
sit down   consido (3), resido (3)
slaughter   trucido (1)
sleep   dormio (4)
slip   labor (3)
slip down   delabor (3)
slip forward   prolabor (3)
slip out   elabor (3)
smash to pieces   discutio (3)
smash together   confligo (3)
smear   lino (3)
smell   odoror (1), oleo (2), redoleo (2)
smile   subrideo (2)
snatch away   abripio (3), eripio (3)
sneeze   sternuo (3)
snore   sterto (3)
soften   lenio (4), mollio (4), macero (1)
soothe   mulceo (2)
sound   sono (1)
sow   sero (3)
spare   parco (3)
speak   eloquor (3)
speed up   accelero (1)
spend the winter   hiemo (1)
spend time   dego (3)
spit   spuo (3)
split   findo (3)
spread   sterno (3)
spread out   pando (3)
spread out in front   praetendo (3)
sprinkle   aspergo (3)
sprout   gemmo (1)
squeeze   comprimo (3)
squeeze out   exprimo (3)
stagger   titubo (1)
stain   maculo (1)
stand   sto (1)
stand aloof   absto (1)
stand back up   resurgo (3)
stand by   assisto (3)
stand firm   insisto (3)
stand near   asto (1)
stand out   exsto (1)
stand still   resisto (3), subsisto (3)
stand up   surgo (3), assurgo (3), consurgo
    (3), exsurgo (3)
start   exorior (4)
stay   maneo (2), remaneo (2)

steal   furor (1, subduco (3)
steer   guberno (1)
step   gradior (3)
stop   desino (3), desisto (3)
storm   expugno (1)
strain   contendo (3)
strengthen   confirmo (1), firmo (1)
stretch   tendo (3)
stretch out   distendo (3), extendo (3),
    protendo (3)
strike   lacesso (3), ferio (4), pello (3),
    percutio (3)
strike against   allido (3)
strip   nudo (1)
strive   conitor (3)
strive   enitor (3)
stuff   stipo (1), farcio (4)
stun   stupefacio (3), attono (1)
subdue   subdo (3)
submerge   demergo (3)
submit   succumbo (3)
substitute   suppono (3)
suck   sugo (3)
suggest   admoneo (2)
summon   accio (4), accieo (2), excieo (2),
    accerso (3), arcesso (3), advoco (1),
    convoco (1), evoco (1), invoco (1)
supply   sufficio (3)
support   sublevo (1), sustineo (2), sustento (1)
suppress   compesco (3)
surmount   transcendo (3)
surpass   exsupero (1), supero (1)
surrender   dedo (1)
surround   circumdo (1), circumvenio (4),
    circumsisto (3), circumsto (1)
survive   supersum (irreg.)
suspect   suspicor (1)
swallow   absorbeo (2), sorbeo (2)
swear   adiuro (1), coniuro (1), iuro (1)
sweat   sudo (1)
sweep   verro (3)
swell   tumeo (2)
swim   nato (1), no (1)
swim across   trano (1)

T

taint   inficio (3)
take   percipio (3), capio (3)
take a walk   deambulo (1)
take away   adimo (3), seduco (3), demo (3)
take away by a judgement   abiudico (1)

take care of **accuro (1), procuro (1)**
take up **sumo (3)**
take up again **resumo (3)**
talk **for (1), loquor (3)**
tame **mansuesco (3), domo (1)**
taste **gusto (1), sapio (3)**
teach **doceo (2)**
teach clearly **edoceo (2)**
tear apart **discerpo (3)**
tear down **destruo (3)**
tear off **abscindo (3), avello (3), revello (3)**
tear open **rimor (1)**
tear out **evello (3)**
tear to pieces **lanio (1)**
tell (a story) **narro (1)**
think **arbitror (1), cogito (1), opinor (1), existimo (1), puto (1), reor (2)**
think over **reputo (1)**
think worthy **dignor (1)**
threaten **minitor (1), minor (1)**
thrive **vigeo (2)**
throw **conicio (3), iacio (3)**
throw against **obicio (3)**
throw at **adicio (3)**
throw away **abicio (3)**
throw back **reicio (3)**
throw down **deicio (3)**
throw forward **proicio (3)**
throw in **inicio (3)**
throw in front **prosterno (3)**
throw into confusion **perturbo (1), turbo (1)**
throw out **eicio (3)**
thunder **tono (1)**
tie to **alligo (1)**
tie up **colligo (1), religo (1)**
tighten **astringo (3)**
tire **fatigo (1)**
torture **crucio (1)**
touch **attingo (3), contingo (3), tango (3)**
train **exerceo (2)**
trample **calco (1), conculco (1)**
trample on **obtero (3)**
transfer **transmitto (3)**
transport **transporto (1)**
tremble **tremo (3)**
triumph (over) **triumpho (1)**
trust **confido (3), fido (3)**
try **conor (1), experior (4), tempto (1)**
turn **vergo (3), roto (1), verto (3)**
turn around **converso (1), converto (3)**
turn away **averto (3)**
turn back **reverto (3)**

turn pale **pallesco (3)**
turn towards **adverto (3)**
twist **sero (3), torqueo (2)**

U

unbar **resero (1)**
uncover **detego (3), retego (3)**
undergo **suffero (irreg.)**
understand **intellego (3)**
undertake **suscipio (3)**
undress **exuo (3)**
undulate **fluctuo (1)**
unencumber **expedio (4)**
unfasten **resolvo (3)**
unfold **explico (1)**
unharness **abiungo (3)**
unite **concilio (1), socio (1)**
unroll **revolvo (3)**
uproot **eruo (3)**
upset **commoveo (2)**
urge **cohortor (1), hortor (1), suadeo (2)**
use **utor (3)**

V

vanish **evanesco (3)**
vary **vario (1)**
visit often **frequento (1)**
vomit **evomo (3)**
vow **devoveo (2), voveo (2)**

W

wage war **bello (1)**
wail (for) **ploro (1)**
wait **commoror (1), demoror (1)**
wait for **exspecto (1)**
walk **incedo (3), ambulo (1)**
walk around **grassor (1)**
walk by **adambulo (1)**
wander **vagor (1), aberro (1), erro (1)**
warn **moneo (2)**
wash **lavo (1), abluo (3), alluo (3)**
watch **observo (1), specto (1), tueor (2)**
water **rigo (1)**
weaken **infirmo (1)**
wear away **attero (3)**
weave **necto (3), texo (3)**
weep **fleo (2)**
weep (for) **lacrimo (1)**
weep bitterly **defleo (2)**

weigh   **pendo (3)**
weigh carefully   **perpendo (3)**
weigh down   **gravo (1)**
weigh out   **penso (1), expendo (3)**
whirl   **verso (1)**
wipe   **tergeo (2)**
wipe off   **abstergeo (2)**
wish for   **opto (1)**
withdraw   **decedo (3), recedo (3)**
wonder   **miror (1)**
work   **laboro (1), operor (1)**
work at   **molior (4)**

worship   **veneror (1)**
wound   **vulnero (1)**
wrench   **convello (3)**
wrench out   **extorqueo (2)**
write   **scribo (3)**
write back   **rescribo (3)**

Y

yawn   **hio (1)**
yield   **cedo (3), concedo (3)**

Verb Form Locator

This index locates verb forms that are not immediately recognizable or are irregular in some way. Among the forms listed here are archaic, syncopated, and collateral forms, as well as perfect system and participial forms that deviate their respective present system stems. Also included are forms of other verbs that frequently present problems to students of Latin. To use this locator, simply look up the verb form in question, for example, *noris*. Here you will find that it is from the verb *nosco*. Then turn to the full conjugation of *nosco* in the body of the book and check the *Alternate forms* list at the foot of the page. There you will learn that *noris* is a syncopated form of the verb *noveris*.

A

abeam, *etc.* abeo
aberam, *etc.* absum
abero, *etc.* absum
abes absum
abessem, *etc.* absum
abeundus abeo
abeunt abeo
abeuntis abeo
abi, *etc.* abeo
abibam, *etc.* abeo
abibo, *etc.* abeo
abiciens abicio
abicit abicio
abieci, *etc.* abicio
abiectum abicio
abiens abeo
abieram, *etc.* abeo
abierim, *etc.* abeo
abiero, *etc.* abeo
abii, *etc.* abeo
abin abeo
abire abeo
abirem, *etc.* abeo
abissem, *etc.* abeo
abitum abeo
abiturus abeo
abivi, *etc.* abeo
ablatum aufero
absim, *etc.* absum
abstuli, *etc.* aufero
accepso, *etc.* accipio
accessi, *etc.* accedo
accestis accedo
accusso, *etc.* accuso
actum ago
acui, *etc.* acuo
acutum acuo
adduis addo
adeam, *etc.* adeo
ademi, *etc.* adimo

adempsit adimo
ademptum adimo
adeptus adipiscor
aderam, *etc.* adsum
ades adsum
adesse adsum
adeundus adeo
adeunt adeo
adeuntis adeo
adfero, *etc.* affero
adferre affero
adfligo, *etc.* affligo
adfor, *etc.* affor
adforem, *etc.* adsum
adfui, *etc.* adsum
adfuturus adsum
adgredior, *etc.* aggredior
adgrediri, *etc.* aggredior
adgredirier aggredior
adgretus aggredior
adi, *etc.* adeo
adibam, *etc.* adeo
adibo, *etc.* adeo
adiciens adicio
adicit adicio
adieci, *etc.* adicio
adiectum adicio
adiens adeo
adieram, *etc.* adeo
adierim, *etc.* adeo
adiero, *etc.* adeo
adii, *etc.* adeo
adin adeo
adire adeo
adirem, *etc.* adeo
adirier adeo
adissem, *etc.* adeo
aditum adeo
aditurus adeo
adivi, *etc.* adeo
adlatum affero
adnuo, *etc.* annuo

adolesse   adolesco
adolui, *etc.*   adolesco
adpello, *etc.*   appello
adscendo, *etc.*   ascendo
adsiem, *etc.*   adsum
adsient   adsum
adsiet   adsum
adsim, *etc.*   adsum
adspergo, *etc.*   aspergo
adtuli, *etc.*   affero
afflixint   affligo
aforem, *etc.*   absum
afuerim, *etc.*   absum
afui, *etc.*   adsum
afuissem, *etc.*   absum
afuturus   absum
aggressus   aggredior
agier   ago
aibam, *etc.*   aio
aiio, *etc.*   aio
ain   aio
alitus   alo
allatum   affero
altum   alo
alui, *etc.*   alo
amasse   amo
amasso, *etc.*   amo
ambibat   ambio
ambivi, *etc.*   ambio
amicibor, *etc.*   amicio
amicisse   amicio
amixi, *etc.*   amicio
annuvi, *etc.*   annuo
aperibo, *etc.*   aperio
appellassis   appello
arbitrarier   arbitror
arbitro, *etc.*   arbitror
arcitum   arceo
arduerint   ardeo
arfui, *etc.*   adsum
arfuise   adsum
arsi, *etc.*   ardeo
arsum   ardeo
aspargo, *etc.*   aspergo
asscendo, *etc.*   ascendo
assum   adsum
attolo, *etc.*   attollo
attuli, *etc.*   affero
audibant   audio
audibat   audio
audibis   audio
audibo, *etc.*   audio

audii, *etc.*   audio
audin   audio
audisse   audio
ausi, *etc.*   audeo
ausim, *etc.*   audeo
ausint   audeo
ausis   audeo
ausit   audeo
auxitis   augeo
axim, *etc.*   ago
axit   ago

C

caecidi, *etc.*   caedo
caesum   caedo
calitarus   caleo
cantatum   cano
captum   capio
carint   careo
casurus   cado
cautum   caveo
cecidi, *etc.*   cado
cecidi, *etc.*   caedo
cecini, *etc.*   cano
cecurri, *etc.*   curro
censitum   censeo
censum   censeo
cepi, *etc.*   capio
cereo, *etc.*   creo
certus   cerno
cessi, *etc.*   cedo
cessurus   cedo
cinctum   cingo
cinxi, *etc.*   cingo
cio, *etc.*   cieo
circueam, *etc.*   circumeo
circueundus   circumeo
circueunt   circumeo
circueuntis   circumeo
circui, *etc.*   circumeo
circuibam, *etc.*   circumeo
circuibo, *etc.*   circumeo
circuiens   circumeo
circuieram, *etc.*   circumeo
circuierim, *etc.*   circumeo
circuiero, *etc.*   circumeo
circuii, *etc.*   circumeo
circuire   circumeo
circuirem, *etc.*   circumeo
circuissem, *etc.*   circumeo
circuitum   circumeo

circuiturus circumeo
circuivi, *etc.* circumeo
circumeam, *etc.* circumeo
circumeundus circumeo
circumeunt circumeo
circumeuntis circumeo
circumi, *etc.* circumeo
circumibam, *etc.* circumeo
circumibo, *etc.* circumeo
circumiens circumeo
circumieram, *etc.* circumeo
circumierim, *etc.* circumeo
circumiero, *etc.* circumeo
circumii, *etc.* circumeo
circumire circumeo
circumirem, *etc.* circumeo
circumirier circumeo
circumissem, *etc.* circumeo
circumitum circumeo
circumiturus circumeo
circumivi, *etc.* circumeo
circumlatum circumfero
circumtuli, *etc.* circumfero
citum cieo
civi, *etc.* cieo
clausi, *etc.* claudo
clausum claudo
clodo, *etc.* claudo
cludo, *etc.* claudo
coactum cogo
coctum coquo
coeam, *etc.* coeo
coegi, *etc.* cogo
coerandi, *etc.* curo
coerari, *etc.* curo
coeret curo
coero, *etc.* curo
coeundus coeo
coeunt coeo
coeuntis coeo
cognitum cognosco
cognoram, *etc.* cognosco
cognorim, *etc.* cognosco
cognoris cognosco
cognorit cognosco
cognoro, *etc.* cognosco
cognosse cognosco
cognossent cognosco
cognosses cognosco
cognosti, *etc.* cognosco
cognostis cognosco
cognovi, *etc.* cognosco

coguit cogo
coi, *etc.* coeo
coibam, *etc.* coeo
coibo, *etc.* coeo
coicio, *etc.* conicio
coiens coeo
coieram, *etc.* coeo
coierim, *etc.* coeo
coiero, *etc.* coeo
coii, *etc.* coeo
coiisse coeo
coire coeo
coirem, *etc.* coeo
coiro, *etc.* curo
coissem, *etc.* coeo
coitum coeo
coiturus coeo
coivi, *etc.* coeo
collatum confero
colui, *etc.* colo
comedim, *etc.* comedo
comes comedo
comesse comedo
comessem, *etc.* comedo
comessus comedo
comest comedo
comestis comedo
comestum comedo
comesum comedo
comesurus comedo
complexus complector
confessus confiteor
confexim, *etc.* conficio
confiant conficio
confiat conficio
confierent conficio
confieret conficio
confieri, *etc.* conficio
confit conficio
confiterier confiteor
confiunt conficio
confractum confringo
confregi, *etc.* confringo
coniciens conicio
conicit conicio
conieci, *etc.* conicio
coniectum conicio
conlatum confero
conmendo, *etc.* commendo
conplector, *etc.* complector
consacro, *etc.* consecro
constiti, *etc.* consisto

constiturus   consisto
contactum   contingo
contempno, *etc.*   contemno
contempsi, *etc.*   contemno
contemptum   contemno
contemsi, *etc.*   contemno
contemtum   contemno
contentum   contendo
contigi, *etc.*   contingo
contor, *etc.*   cunctor
contudi, *etc.*   contundo
contuli, *etc.*   confero
contunsum   contundo
contusum   contundo
coxi, *etc.*   coquo
credier   credo
creduam, *etc.*   credo
creduas   credo
creduat   credo
creduis   credo
creduit   credo
cresse   cresco
cretum   cerno
crevi, *etc.*   cerno
cubaris   cubo
cubasse   cubo
cubavi, *etc.*   cubo
cucurri, *etc.*   curro
cultum   colo
cunctarier   cunctor
cuncto, *etc.*   cunctor
cupiret   cupio
curarier   curo
curassis   curo
curri, *etc.*   curro
custodibitur   custodio
custodii, *etc.*   custodio

D

dane   do
danunt   do
dasi, *etc.*   do
decreram, *etc.*   decerno
decrerim, *etc.*   decerno
decresse   decerno
decretum   decerno
decrevi, *etc.*   decerno
dedi, *etc.*   do
deeram, *etc.*   desum
deeris   desum
deero, *etc.*   desum

dees   desum
deesse   desum
deessem, *etc.*   desum
deest   desum
deestis   desum
defendier   defendo
defensum   defendo
deforem, *etc.*   desum
defui, *etc.*   desum
defuturus   desum
dehibeo, *etc.*   debeo
deiciens   deicio
deicit   deicio
deico, *etc.*   dico
deieci, *etc.*   deicio
deiectum   deicio
deixserint   dico
delatum   defero
delerant   deleo
delerat   deleo
delerit   deleo
delerunt   deleo
delesset   deleo
delitus   deleo
dem, *etc.*   do
depeream, *etc.*   depereo
depereundus   depereo
depereunt   depereo
depereuntis   depereo
deperi, *etc.*   depereo
deperibam, *etc.*   depereo
deperibo, *etc.*   depereo
deperiens   depereo
deperieram, *etc.*   depereo
deperierim, *etc.*   depereo
deperiero, *etc.*   depereo
deperiet   depereo
deperii, *etc.*   depereo
deperire   depereo
deperirem, *etc.*   depereo
deperissem, *etc.*   depereo
deperitum   depereo
deperiturus   depereo
deperivi, *etc.*   depereo
derigo, *etc.*   dirigo
desiet   desum
desilii, *etc.*   desilio
desilivi, *etc.*   desilio
desim, *etc.*   desum
desultum   desilio
desului, *etc.*   desilio
desumus   desum

desunt desum
detuli, *etc.* defero
dicem, *etc.* dico
dicier dico
dictum dico
didici, *etc.* disco
differier differo
dilatum differo
dilectum diligo
dilexi, *etc.* diligo
directum dirigo
direxi, *etc.* dirigo
direxti, *etc.* dirigo
disiciens disicio
disicit disicio
disieci, *etc.* disicio
disiectum disicio
dissicio, *etc.* disicio
distuli, *etc.* differo
divisi, *etc.* divido
divisse divido
divisum divido
dixe dico
dixem, *etc.* dico
dixi, *etc.* dico
dixis dico
dixti, *etc.* dico
dormibit dormio
dormibo, *etc.* dormio
dormii, *etc.* dormio
duas do
ductum duco
duim, *etc.* do
duint do
duis do
duit do
duxi, *etc.* duco
duxti duco

E

ecfero, *etc.* effero
ecferre effero
ecfundo, *etc.* effundo
edim, *etc.* edo
effudi, *etc.* effundo
effugiri, *etc.* effugio
effusum effundo
egi, *etc.* ago
egitum egeo
egui, *etc.* egeo
eiciens eicio

eicit eicio
eieci, *etc.* eicio
eiectum eicio
elabsus elabor
elapsus elabor
elatum effero
electum eligo
elegi, *etc.* eligo
emissim, *etc.* emo
emptum emo
eram, *etc.* sum
ereptum eripio
eris sum
ero, *etc.* sum
erudii, *etc.* erudio
es edo
es sum
escit sum
escunt sum
esit sum
esse edo
esse sum
essem, *etc.* sum
essetur edo
essis sum
est edo
est sum
este edo
este sum
estis edo
estis sum
estur edo
esum edo
esum sum
esurus edo
eunt eo
evasi, *etc.* evado
evasti, *etc.* evado
evasum evado
exactum exigo
exeam, *etc.* exeo
exegi, *etc.* exigo
exeundus exeo
exeunt exeo
exeuntis exeo
exi, *etc.* exeo
exibam, *etc.* exeo
exibo, *etc.* exeo
exiens exeo
exieram, *etc.* exeo
exierim, *etc.* exeo
exiero, *etc.* exeo

exies exeo
exiet exeo
exii, *etc.* exeo
exire exeo
exirem, *etc.* exeo
exissem, *etc.* exeo
existumo, *etc.* existimo
exit exiit
exitum exeo
exiturus exeo
exivi, *etc.* exeo
exolo, *etc.* exsulo
expertus experior
expuli, *etc.* expello
expulsum expello
exsolo, *etc.* exsulo
exstinctum exstinguo
exstinxem, *etc.* exstinguo
exstinxi, *etc.* exstinguo
exstinxit exstinguo
exstinxsti, *etc.* exstinguo
extinguo, *etc.* exstinguo
extuli, *etc.* effero
exulo, *etc.* exsulo
exutum exuo

F

face facio
faciatur facio
facie facio
facitur facio
fallier fallo
falsum fallo
fassus fateor
faterier fateor
faxim, *etc.* facio
faxo, *etc.* facio
feci, *etc.* facio
fefelli, *etc.* fallo
fefellitus sum fallo
ferbui, *etc.* ferveo
ferinunt ferio
fervo, *etc.* ferveo
fiam, *etc.* facio
fictum fingo
fictus figo
fiebam, *etc.* facio
fiebantur facio
fiere facio
finii, *etc.* finio
finxi, *etc.* fingo

fio, *etc.* facio
fisus fido
fitum est facio
fitur facio
fixi, *etc.* figo
fixum figo
flectum flecto
flemus fleo
flerunt fleo
flesse fleo
flesset fleo
flesti, *etc.* fleo
fletum fleo
flevi, *etc.* fleo
flexi, *etc.* flecto
fluxi, *etc.* fluo
fluxum fluo
fodiri, *etc.* fodio
fore sum
forem, *etc.* sum
fossum fodio
fotum foveo
foturus faveo
fractum frango
fregi, *etc.* frango
fructus fruor
fruiturus fruor
fruitus fruor
fuam, *etc.* sum
fudi, *etc.* fundo
fui, *etc.* sum
fulgit fulgeo
fulsi, *etc.* fulgeo
functus fundo
fusum fundo
futurus sum
fuveit sum
fuvimus sum
fuvisset sum

G

gavisi, *etc.* gaudeo
gavisus gaudeo
genendi, *etc.* gignendi
geni, *etc.* gigni
genitum gigno
geno, *etc.* gigno
genui, *etc.* gigno
ger gero
gessi, *etc.* gero
gestum gero

gignier gigni
gnatus nascor
gnitus nitor
gnixus nitor
gnosco, *etc.* nosco
gnosse nosco
gressus gradior

H

haberier habeo
habessit habeo
haesi, *etc.* haereo
haesum haereo
hauribant haurio
haurierint haurio
hauritu haurio
hauriturus haurio
hauritus haurio
hausi, *etc.* haurio
hausiturus haurio
haustum haurio
hausurus haurio
hortarier hortor

I

iaciturus iaceo
ibam, *etc.* eo
ibo, *etc.* eo
ieci, *etc.* iacio
ii, *etc.* eo
illatum infero
imitarier imitor
imperassit impero
implerat impleo
implerint impleo
impleris impleo
implerit impleo
implerunt impleo
implessem, *etc.* impleo
implesset impleo
implicitum implico
implicui, *etc.* implico
imus eo
inbuo, *etc.* imbuo
incensit incendo
incensum incendo
inclusi, *etc.* includo
inclusum includo
incubitum incumbo
incubui, *etc.* incumbo

induperantum impero
ineam, *etc.* ineo
ineram, *etc.* insum
inero, *etc.* insum
ines insum
inesse insum
inest insum
ineste insum
inestis insum
ineundus ineo
ineunt ineo
ineuntis ineo
infui, *etc.* insum
inger ingero
ingessi, *etc.* ingero
ingestum ingero
ingressus ingredior
ini, *etc.* ineo
inibam, *etc.* ineo
inibo, *etc.* ineo
iniciens inicio
inicit inicio
inieci, *etc.* inicio
iniectum inicio
iniens ineo
inieram, *etc.* ineo
inierim, *etc.* ineo
iniero, *etc.* ineo
iniet inibit
iniexit iniecerit
inii, *etc.* ineo
inire ineo
inirem, *etc.* ineo
inissem, *etc.* ineo
initum ineo
initurus ineo
inivi, *etc.* ineo
inpedio, *etc.* impedio
inpendeo, *etc.* impendeo
inpero, *etc.* impero
inpleo, *etc.* impleo
inplesse impleo
inplico, *etc.* implico
inque inquam
inquiebat inquam
inquies inquam
inquiet inquam
inquii, *etc.* inquam
inquio, *etc.* inquam
inquisti, *etc.* inquam
inquito, *etc.* inquam
insim, *etc.* insum

insumus insum
insunt insum
intellectum intellego
intellegerint intellego
intellexes intellego
intellexi, *etc.* intellego
intellexti, *etc.* intellego
intelligo, *etc.* intellego
interearn, *etc.* intereo
intereram, *etc.* intersum
interero, *etc.* intersum
interes intersum
interesse intersum
interest intersum
intereste intersum
interestis intersum
intereundus intereo
intereunt intereo
intereuntis intereo
interfiat interficio
interfieri, *etc.* interficio
interfui, *etc.* intersum
interi, *etc.* intereo
interibam, *etc.* intereo
interibo, *etc.* intereo
interiens intereo
interieram, *etc.* intereo
interierim, *etc.* intereo
interiero, *etc.* intereo
interii, *etc.* intereo
interire intereo
interirem, *etc.* intereo
interissem, *etc.* intereo
interissent intersum
interitum intereo
interiturus intereo
interivi, *etc.* intereo
intersim, *etc.* intersum
intersumus intersum
intersunt intersum
intrassis intro
introdeo, *etc.* introeo
introeam, *etc.* introeo
introeundus introeo
introeunt introeo
introeuntis introeo
introi, *etc.* introeo
introibam, *etc.* introeo
introibo, *etc.* introeo
introiens introeo
introieram, *etc.* introeo
introierim, *etc.* introeo

introiero, *etc.* introeo
introiet introeo
introii, *etc.* introeo
introire introeo
introirem, *etc.* introeo
introissem, *etc.* introeo
introitum introeo
introiturus introeo
introivi, *etc.* introeo
intuli, *etc.* infero
invenibit invenio
irascier irascor
irasco, *etc.* irascor
iratus irascor
irier eo
is eo
isse eo
issem, *etc.* eo
isti, *etc.* eo
istis eo
it eo
itis eo
itum eo
iudicassit iudico
iuerint iuvo
iunctum iungo
iunxi, *etc.* iungo
iusse iubeo
iussi, *etc.* iubeo
iussitur iubeo
iusso, *etc.* iubeo
iussum iubeo
iusti, *etc.* iubeo
iutum iuvo
iuvaturus iuvo
iuvi, *etc.* iuvo
ivi, *etc.* eo

L

labier labor
labundus labor
laesi, *etc.* laedo
laesum laedo
lapsus labor
latum fero
lautum lavo
lavere lavo
lavis lavo
lectum lego
licessit licet
lictum linquo

liqui, *etc.* linquo
locassim, *etc.* loco
locassint loco
locutus loquor
loquier loquor
loquutus loquor
lotum lavo
lubet libet
luctum lugeo
ludier ludo
lugeri, *etc.* **(deponent)** lugeo
lui, *etc.* luo
luiturus luo
luxi, *etc.* lugeo
luxti, *etc.* lugeo

M

malim, *etc.* malo
mallem, *etc.* malo
malumus malo
malunt malo
mansi, *etc.* maneo
mansti, *etc.* maneo
mansurus maneo
mavelim, *etc.* malo
mavelis malo
mavelit malo
mavellem, *etc.* malo
mavis malo
mavolet malo
mavolo, *etc.* malo
mavoluit malo
mavolunt malo
mavult malo
mavultis malo
memorarier memoro
memordi, *etc.* mordeo
mensus metior
mentibitur mentior
mersi, *etc.* mergo
mersum mergo
messui, *etc.* meto
messum meto
metitus metior
miro, *etc.* miror
misererier misereo
misertus misereo
misi, *etc.* mitto
missum mitto
misti, *etc.* mitto
mistum misceo

mittier mitto
mixtum misceo
moenio, *etc.* munio
moereo, *etc.* maereo
molirier molior
momordi, *etc.* mordeo
monerier moneo
moneris moneo
moriri, *etc.* morior
morsum mordeo
morunt moveo
mostis moveo
mostro, *etc.* monstro
motum moveo
mulctum mulceo
mulsi, *etc.* mulceo
mulsum mulceo
munibis munio
munii, *etc.* munio
mutarier muto

N

na no
nabam, *etc.* no
nabo, *etc.* no
nactus nanciscor
nanciscier nanciscor
nanctus nanciscor
nandus no
nans no
nas no
nasciturus nascor
nasse no
nat no
natus nascor
neclego, *etc.* neglego
nectler necto
nectus neco
necui, *etc.* neco
negassim, *etc.* nego
neglectum neglego
neglegerit neglego
neglegisset neglego
neglexi, *etc.* neglego
negligo, *etc.* neglego
negumo, *etc.* nego
nem, *etc.* no
nequeam, *etc.* nequeo
nequeunt nequeo
nequeuntis nequeo
nequibat nequeo

nequibit nequeo
nequiens nequeo
nequiere nequeo
nequii, *etc.* nequeo
nequire nequeo
nequirem, *etc.* nequeo
nequisset nequeo
nequit nequeo
nequivi, *etc.* nequeo
nescii, *etc.* nescio
nevis nolo
nevult nolo
nexi, *etc.* necto
nexui, *etc.* necto
nexum necto
nisus nitor
nitier nitor
nixus nitor
nocerier noceo
nolam, *etc.* nolo
nolens nolo
noli, *etc.* nolo
nolim, *etc.* nolo
nolite nolo
nollem, *etc.* nolo
noltis nolo
nolumus nolo
nomus nosco
noram, *etc.* nosco
norim, *etc.* nosco
noris nosco
nosse nosco
nosti, *etc.* nosco
notum nosco
novi, *etc.* nosco
noxit noceo
nunctio, *etc.* nuntio
nupsi, *etc.* nubo
nuptum nubo
nutribant nutrio
nutribat nutrio
nutribo, *etc.* nutrio
nutrii, *etc.* nutrio
nutrimus nutrio

O

obcido, *etc.* occido
obcucurri, *etc.* occurro
obculo, *etc.* occulo
obcurro, *etc.* occurro
obeam, *etc.* obeo

oberam, *etc.* obsum
obero, *etc.* obsum
obes obsum
obescet obsum
obesse obsum
obessem, *etc.* obsum
obest obsum
obeste obsum
obestis obsum
obeundus obeo
obeunt obeo
obeuntis obeo
obfero, *etc.* offero
obi, *etc.* obeo
obibam, *etc.* obeo
obibo, *etc.* obeo
obiciens obicio
obicit obicio
obieci, *etc.* obicio
obiectum obicio
obiens obeo
obieram, *etc.* obeo
obierim, *etc.* obeo
obiero, *etc.* obeo
obiexim, *etc.* obicio
obiexis obicio
obii, *etc.* obeo
obinunt obeo
obire obeo
obirem, *etc.* obeo
obissem, *etc.* obeo
obit obeo
obitum obeo
obiturus obeo
obivi, *etc.* obeo
oblatum offero
obliscier obliviscor
oblitus obliviscor
obpressi, *etc.* opprimo
obpressus opprimo
obprimo, *etc.* opprimo
obsim, *etc.* obsum
obsum obsum
obtuli, *etc.* offero
obui, *etc.* obsum
occecurri, *etc.* occurro
occisit occido
occisum occido
occulerat occulo
occupassis occupo
occupassit occupo
occursum occurro

oderem, *etc.* odi
odiant odi
odiebant odi
odiendi, *etc.* odi
odientes odi
odies odi
odiet odi
odio, *etc.* odi
odiremur odi
oditur odi
odivi, *etc.* odi
odivit odi
oetier utor
oetor, *etc.* utor
offueram, *etc.* obsum
offuerim, *etc.* obsum
offuero, *etc.* obsum
offui, *etc.* obsum
offuturus obsum
opero, *etc.* operor
oppressi, *etc.* opprimo
oppressum opprimo
optassis opto
orassis oro
orere orior
oreretur orior
oreris orior
oriturus orior
ortus orior
ostensurus ostendo
ostensus ostendo
osus sum odi

P

paco, *etc.* pango
pactum pango
pago, *etc.* pango
panctum pango
pansum pando
panxi, *etc.* pango
parcitum parco
parciturus parco
parcui, *etc.* parco
paribis pario
parire pario
paritum pario
parreo, *etc.* pareo
parsi, *etc.* parco
parsum parco
parsurus parco
partum pario

parturus pario
passum pando
passus patior
pastum pasco
patias passus
pavi, *etc.* pasco
pavi, *etc.* paveo
pegi, *etc.* pango
penderit pendo
pendissent pendo
pensum pendo
pependi, *etc.* pendeo
pependi, *etc.* pendo
peperci, *etc.* parco
peperi, *etc.* pario
pepigi, *etc.* pango
peposci, *etc.* posco
pepuli, *etc.* pello
perculi, *etc.* percello
perculsi, *etc.* percello
perculsum percello
percussi, *etc.* percutio
percussum percutio
percusti, *etc.* percutio
peream, *etc.* pereo
pereundus pereo
pereunt pereo
pereuntis pereo
peri, *etc.* pereo
peribam, *etc.* pereo
peribo, *etc.* pereo
periens pereo
perieram, *etc.* pereo
perierim, *etc.* pereo
periero, *etc.* pereo
periet pereo
perii, *etc.* pereo
perire pereo
perirem, *etc.* pereo
perissem, *etc.* pereo
peritum pereo
periturus pereo
perivi, *etc.* pereo
perlatum perfero
perrectum pergo
perrexi, *etc.* pergo
pertuli, *etc.* perfero
petii, *etc.* peto
petisse peto
petissem, *etc.* peto
petisti, *etc.* peto
petistis peto

petit peto
pictum pingo
pinxi, *etc.* pingo
planctum plango
planxi, *etc.* plango
plausi, *etc.* plaudo
plausum plaudo
plodo, *etc.* plaudo
poenibat punio
poenio, *etc.* punio
poenitet paenitet
polliceres polliceor
pollicitus polliceor
poposci, *etc.* posco
porge porrigo
porgebat porrigo
porgens porrigo
porgi, *etc.* porrigo
porgite porrigo
porgo, *etc.* porrigo
porrectum porrigo
porrexi, *etc.* porrigo
porxit porrigo
posedet possideo
poseivei, *etc.* pono
posidebunt possideo
posideit possideo
posident possideo
posidere possideo
posidet possideo
posideto, *etc.* possideo
posierunt pono
posit pono
positum pono
posivi, *etc.* pono
posse possum
possedi, *etc.* possideo
possem, *etc.* possum
possessum possideo
possetur possum
possiem, *etc.* possum
possies possum
possim, *etc.* possum
possitur possum
possumus possum
possunt possum
postus pono
posui, *etc.* pono
potatum bibo
poterant possum
poteratur possum
potero, *etc.* possum

potes possum
potesse possum
potest possum
potestis possum
potestur possum
poti, *etc.* potior
potin possum
potio, *etc.* potior
potirier potior
potisit possum
potisse possum
potisset possum
potui, *etc.* possum
potum bibo
praeberier praebeo
praeeam, *etc.* praeeo
praeeram, *etc.* praesum
praeero, *etc.* praesum
praees praesum
praeesse praesum
praeessem, *etc.* praesum
praeest praesum
praeeste praesum
praeestis praesum
praeeundus praeeo
praeeunt praeeo
praeeuntis praeeo
praefui, *etc.* praesum
praehendi, *etc.* prehendo
praehendo, *etc.* prehendo
praehensus prehendo
praei, *etc.* praeeo
praeibam, *etc.* praeeo
praeibo, *etc.* praeeo
praeiens praeeo
praeieram, *etc.* praeeo
praeierim, *etc.* praeeo
praeiero, *etc.* praeeo
praeii, *etc.* praeeo
praeire praeeo
praeirem, *etc.* praeeo
praeissem, *etc.* praeeo
praeitum praeeo
praeiturus praeeo
praeivi, *etc.* praeeo
praelatum praefero
praendi, *etc.* prehendo
praendo, *etc.* prehendo
praensus prehendo
praesim, *etc.* praesum
praestatum praesto
praestavi, *etc.* praesto

praestiti, *etc.* praesto
praestitum praesto
praesumus praesum
praesunt praesum
praeteream, *etc.* praetereo
praetereundus praetereo
praetereunt praetereo
praetereuntis praetereo
praeteri, *etc.* praetereo
praeteribam, *etc.* praetereo
praeteribo, *etc.* praetereo
praeteriens praetereo
praeterieram, *etc.* praetereo
praeterierim, *etc.* praetereo
praeteriero, *etc.* praetereo
praeteriet praetereo
praeterii, *etc.* praetereo
praeterire praetereo
praeterirem, *etc.* praetereo
praeterissem, *etc.* praetereo
praeteritum praetereo
praeteriturus praetereo
praeterivi, *etc.* praetereo
praetuli, *etc.* praefero
prehensum prehendo
prendi, *etc.* prehendo
prendo, *etc.* prehendo
prensus prehendo
pressi, *etc.* premo
pressum premo
prodeam, *etc.* prodeo
proderam, *etc.* prosum
prodero, *etc.* prosum
prodes prosum
prodesse prosum
prodessem, *etc.* prosum
prodest prosum
prodeste prosum
prodestis prosum
prodeundus prodeo
prodeunt prodeo
prodeuntis prodeo
prodi, *etc.* prodeo
prodibam, *etc.* prodeo
prodibo, *etc.* prodeo
prodiens prodeo
prodieram, *etc.* prodeo
prodierim, *etc.* prodeo
prodiero, *etc.* prodeo
prodii, *etc.* prodeo
prodinunt prodeo
prodire prodeo

prodirem, *etc.* prodeo
prodissem, *etc.* prodeo
proditum prodeo
proditurus prodeo
prodivi, *etc.* prodeo
profectus proficiscor
proferis profero
proferrier profero
profui, *etc.* prosum
proiciens proicio
proicit proicio
proieci, *etc.* proicio
proiectum proicio
prolatum profero
prosim, *etc.* prosum
prosumus prosum
prosunt prosum
protuli, *etc.* profero
pudeatur pudet
puditum est pudet
pulserat pello
pulsum pello
punii, *etc.* punio

Q

quaesii, *etc.* quaero
quairo, *etc.* quaero
quassum quatio
queam, *etc.* queo
questus queror
queunt queo
quibam, *etc.* queo
quibo, *etc.* queo
quiens queo
quiere queo
quierit queo
quietum quiesco
quievi, *etc.* quiesco
quii, *etc.* queo
quimus queo
quire queo
quis queo
quit queo
quitis queo
quivi, *etc.* queo

R

rapsit rapio
raturus reor
ratus reor

rear, *etc.* reor
reatur reor
rebar, *etc.* reor
rebor, *etc.* reor
rectum rego
reddibitur reddo
reddibo, *etc.* reddo
redeam, *etc.* redeo
redeundus redeo
redeunt redeo
redeuntis redeo
redi, *etc.* redeo
redibam, *etc.* redeo
redibo, *etc.* redeo
rediens redeo
redieram, *etc.* redeo
redierim, *etc.* redeo
rediero, *etc.* redeo
redies redeo
redii, *etc.* redeo
redinunut redeo
redire redeo
redirem, *etc.* redeo
redissem, *etc.* redeo
reditum redeo
rediturus redeo
redivi, *etc.* redeo
reiciens reicio
reicit reicio
reieci, *etc.* reicio
reiectum reicio
relatum refero
relictum relinquo
reliqui, *etc.* relinquo
rellatus refero
remini, *etc.* reor
remur reor
rendus reor
rens reor
rentur reor
reperi, *etc.* reperio
reperibit reperio
reperibitur reperio
reperirier reperio
repertum reperio
repperi, *etc.* reperio
requisii, *etc.* requiro
requisitum requiro
requisivi, *etc.* requiro
rere reor
rerer reor
reri, *etc.* reor

reris reor
resedi, *etc.* resido
residi, *etc.* resido
respectum respicio
respexi, *etc.* respicio
respexis respicio
responsum respondeo
rettuli, *etc.* refero
retuli, *etc.* refero
retur reor
rexi, *etc.* rego
risi, *etc.* rideo
risum rideo
rogarier rogo
rogassint rogo
rumpier rumpo
rupi, *etc.* rumpo
ruptum rumpo
rutum ruo

S

saevibat saevio
saevibo, *etc.* saevio
salii, *etc.* salio
salivi, *etc.* salio
saltum salio
salui, *etc.* salio
sancierat sancio
sancitum sancio
sancivi, *etc.* sancio
sanctum sancio
sanxi, *etc.* sancio
sapii, *etc.* sapio
sapisset sapio
sapisti, *etc.* sapio
sapivi, *etc.* sapio
sapui, *etc.* sapio
satum sero
scibam, *etc.* scio
scibitur scio
scibo, *etc.* scio
scicidi, *etc.* scindo
scidi, *etc.* scindo
sciit scio
scirint scio
scisse scio
scissum scindo
scisti, *etc.* scio
scripse scribo
scripsi, *etc.* scribo
scripsti, *etc.* scribo

scripstis scribo
scriptum scribo
sectum seco
secui, *etc.* seco
secutus sequor
sedi, *etc.* sedeo
sensi, *etc.* sentio
sensti, *etc.* sentio
sensum sentio
sepeli, *etc.* sepelio
sepelibis sepelio
sepelii, *etc.* sepelio
sepelisset sepelio
sepelitus sepelio
sepelivi, *etc.* sepelio
sepultum sepelio
sequo, *etc.* sequor
sequutus sequor
serempsit sumo
sertum sero
serui, *etc.* sero
servasso, *etc.* servo
servibas servio
servibit servio
servibo, *etc.* servio
servii, *etc.* servio
sevi, *etc.* sero
siem, *etc.* sum
slerlm, *etc.* sino
sii, *etc.* sino
siit sino
sim, *etc.* sum
similo, *etc.* simulo
simus sum
sini, *etc.* sino
sinisset sino
sinit sino
sis volo
sissent sino
sisset sino
sisti, *etc.* sino
sistis sino
situm sino
sivi, *etc.* sino
solicatatum sollicito
solicitavi, *etc.* sollicito
solicito, *etc.* sollicito
solinunt soleo
solitus soleo
soluerat soleo
soluerint soleo
solui, *etc.* soleo

soluisse solvo
soluit solvo
solutus solvo
solvi, *etc.* solvo
spargier spargo
sparsi, *etc.* spargo
sparsum spargo
spepondi, *etc.* spondeo
sponderat spondeo
sponsis spondeo
sponsum spondeo
spopondi, *etc.* spondeo
sprerunt sperno
spretum sperno
sprevi, *etc.* sperno
statum sisto
staturus sto
statutum statuo
stem, *etc.* sto
steti, *etc.* sisto
steti, *etc.* sto
stiti, *etc.* sisto
strarat sterno
strasset sterno
stratum sterno
stravi, *etc.* sterno
strictum stringo
strinxi, *etc.* stringo
structum struo
struxi, *etc.* struo
studivi, *etc.* studeo
suasi, *etc.* suadeo
suasum suadeo
suberam, *etc.* subsum
subero, *etc.* subsum
subes subsum
subesse subsum
subest subsum
subeste subsum
subestis subsum
subfero, *etc.* suffero
subiciens subicio
subicit subicio
subieci, *etc.* subicio
subiectum subicio
sublatum suffero
sublatum tollo
subrectum surgo
subrexi, *etc.* surgo
subrigo, *etc.* surgo
subsim, *etc.* subsum
subsumus subsum

subsunt subsum
suerunt suesco
suesse suesco
suesti, *etc.* suesco
suetum suesco
suevi, *etc.* suesco
sultis volo
sum sum
sumpse sumo
sumus sum
sunt sum
supereram, *etc.* supersum
superero, *etc.* supersum
superes supersum
superescit supersum
superesse supersum
superest supersum
supereste supersum
superestis supersum
supersim, *etc.* supersum
supersumus supersum
supersunt supersum
suremit sumo
surrectum surgo
surregit surgo
surrexe surgo
surrexi, *etc.* surgo
surrexti surgo
surrio, *etc.* surgo
suspensum suspendo
sustuli, *etc.* suffero
sustuli, *etc.* tollo

T

tactum tango
tago, *etc.* tango
taxi, *etc.* tango
tectum tego
tenivi, *etc.* teneo
tenno, *etc.* tendo
tensum tendo
tentatum tempto
tentavi, *etc.* tempto
tento, *etc.* tempto
tentum tendo
tentum teneo
terii, *etc.* tero
tetendi, *etc.* tendo
tetigi, *etc.* tango
tetinerim, *etc.* teneo
tetinerit teneo

tetinero, *etc.* teneo
tetinisse teneo
tetuli, *etc.* fero
texi, *etc.* tego
texier texo
textum texo
texui, *etc.* texo
tollisse tollo
tollit tollo
tonimus tono
tonsum tondeo
tonui, *etc.* tono
torquerier torqueo
torrui, *etc.* torreo
torsi, *etc.* torqueo
tortum torqueo
tostum torreo
totondi, *etc.* tondeo
tractum traho
traiciens traicio
traicit traicio
traieci, *etc.* traicio
traiectum traicio
tralatum transfero
transeam, *etc.* transeo
transeundus transeo
transeunt transeo
transeuntis transeo
transi, *etc.* transeo
transibam, *etc.* transeo
transibo, *etc.* transeo
transicio, *etc.* traicio
transiens transeo
transieram, *etc.* transeo
transierim, *etc.* transeo
transiero, *etc.* transeo
transiet transeo
transii, *etc.* transeo
transire transeo
transirem, *etc.* transeo
transissem, *etc.* transeo
transitum transeo
transiturus transeo
transivi, *etc.* transeo
translatum transfero
transtuli, *etc.* transfero
traxe traho
traxi, *etc.* traho
tristi, *etc.* tero
tritum tero
trivi, *etc.* tero
tuamur tueor

tuantur tueor
tuerier tueor
tueris tueor
tuimur tueor
tuitus tueor
tuli, *etc.* fero
tundier tundo
tunsum tundo
tuor, *etc.* tueor
turbassit turbo
turbassitur turbo
tuserunt tundo
tussum tundo
tusum tundo
tutudi, *etc.* tundo
tutus tueor

U

ultus ulciscor
urgueo, *etc.* urgeo
ursi, *etc.* urgeo
ussi, *etc.* uro
ustum uro
usus utor
utier utor

V

vaeneo, *etc.* veneo
vaeniri, *etc.* veneo
valiturus valeo
vectum veho
veis volo
velim, *etc.* volo
velle volo
vellem, *etc.* volo
velli, *etc.* vello
veneam, *etc.* veneo
veneatur veneo
vener veneo
veneundus veneo
veneunt veneo
venibam, *etc.* veneo
venibat venio
venibo, *etc.* veneo

venibo, *etc.* venio
veniet veneo
venii, *etc.* veneo
venitum veneo
veniturus veneo
venivi, *etc.* veneo
verri, *etc.* verro
versi, *etc.* verro
versum verro
versum verto
vexi, *etc.* veho
vici, *etc.* vinco
victum vinco
victum vivo
vin volo
vinctum vincio
vinxi, *etc.* vincio
vis volo
vixet vivo
vixi, *etc.* vivo
vocarier voco
volam, *etc.* volo
volebam, *etc.* volo
voles volo
volim, *etc.* volo
volimus volo
voliturus volo
volnero, *etc.* vulnero
volsum vello
volueram, *etc.* volo
volumus volo
volunt volo
volutum volvo
volvier volvo
vorsarier verso
vorso, *etc.* verso
vortier verto
vorto, *etc.* verto
voto, *etc.* veto
votum voveo
vovi, *etc.* voveo
vulsi, *etc.* vello
vulsum vello
vult volo
vultis volo

Latin Verb Index

The following index includes the 501 verbs in this book, plus over 1,000 other similarly conjugated verbs. After each boldface entry you will find a number in parentheses representing the conjugation to which that verb belongs, then a basic meaning in italics. The last word of each entry directs you to a model verb in the body of this book, where you will find either the verb itself fully conjugated or a model verb similar in conjugation to the verb in question. For example, if you look up the verb *abdo,* you will see that it is third conjugation **(3),** has a basic meaning *hide,* and is conjugated like the verb *addo.*

A

abdo (3) *hide* addo
abduco (3) *lead away* duco
abeo (irreg.) *go away* abeo
aberro (1) *wander* erro
abhorreo (2) *shrink back* horreo
abicio (3) *throw away* abicio
abigo (3) *drive away* exigo
abiudico (1) *take away by a judgement* iudico
abiungo (3) *unharness* iungo
abiuro (1) *deny on oath* iuro
abluo (3) *wash* luo
abnego (1) *deny* nego
abnuo (3) *refuse by a nod* annuo
abnuto (1) *refuse by a nod repeatedly* incito
aboleo (2) *destroy* deleo
abominor (1) *hate* conor
aborior (4) *set* orior
abripio (3) *snatch away* eripio
abrogo (1) *repeal* rogo
abrumpo (3) *break off* rumpo
abscedo (3) *depart* accedo
abscido (3) *cut off* occido
abscindo (3) *tear off* scindo
abscondo (3) *hide* condo
absilio (4) *jump away* desilio
absisto (3) *go away* sisto
absolvo (3) *free* solvo
absorbeo (2) *swallow* doceo
abstergeo (2) *wipe off* doceo
absterreo (2) *scare away* terreo
abstineo (2) *hold back* contineo
absto (1) *stand aloof* sto
abstraho (3) *drag away* traho
absum (irreg.) *be absent* absum
absumo (3) *consume* sumo
abundo (1) *overflow* celo
abutor (3) *abuse* utor
accedo (3) *approach* accedo

accelero (1) *speed up* celo
accendo (3) *set on fire* incendo
accepto (1) *receive* incito
accerso (3) *summon* peto
accido (3) *happen* accido
accido (3) *hack at* occido
accieo (2) *summon* cieo
accingo (3) *gird* cingo
accio (4) *summon* audio
accipio (3) *receive* accipio
accolo (3) *live nearby* colo
accommodo (1) *adapt* celo
accubo (1) *recline at a table* cubo
accumbo (3) *recline* incumbo
accumulo (1) *heap up* celo
accuro (1) *take care of* curo
accurro (3) *run to* occurro
accuso (1) *accuse* accuso
acervo (1) *heap up* celo
acquiesco (3) *rest* quiesco
acquiro (3) *get* requiro
acuo (3) *sharpen* acuo
adaequo (1) *make equal with* aequo
adambulo (1) *walk by* ambulo
adamo (1) *fall in love* amo
adaperio (4) *open fully* aperio
adapto (1) *adapt* incito
adaugesco (3) *begin to increase* cresco
addo (3) *add* addo
addubito (1) *begin to doubt* dubito
adduco (3) *lead to* duco
adedo (irreg.) *nibble* comedo
adeo (irreg.) *approach* adeo
adfulgeo (3) *shine* fulgeo
adfundo (3) *pour upon* effundo
adhaereo (2) *cling to* haereo
adhibeo (2) *apply to* adhibeo
adhortor (1) *encourage* hortor
adicio (3) *throw at* adicio
adigo (3) *drive to* exigo
adimo (3) *take away* adimo

adipiscor (3) *obtain* adipiscor
adiudico (1) *award as judge* iudico
adiungo (3) *connect* iungo
adiuro (1) *swear* iuro
adiuto (1) *help* incito
adiuvo (1) *help* iuvo
administro (1) *manage* celo
admiror (1) *admire* miror
admisceo (2) *mix in* misceo
admitto (3) *give access to* mitto
admoderor (1) *moderate* conor
admoneo (2) *suggest* moneo
admoveo (2) *move* moveo
adolesco (3) *grow up* adolesco
adorior (4) *attack* orior
adoro (1) *revere* oro
adsum (irreg.) *be present* adsum
adveho (3) *carry (in a vehicle)* veho
advenio (4) *arrive* venio
adverto (3) *turn towards* verto
advoco (1) *summon* voco
aedifico (1) *build* aedifico
aequo (1) *make equal* aequo
aestuo (1) *boil* aestuo
affero (irreg.) *carry to* affero
afficio (3) *influence* conficio
affigo (3) *attach* figo
affirmo (1) *confirm* celo
afflicto (1) *harass* incito
affligo (3) *injure* affligo
affor (1) *address* affor
agglomero (1) *accumulate* celo
aggredior (3) *attack* aggredior
agito (1) *drive* incito
agnosco (3) *recognize* cognosco
ago (3) *do* ago
aio (irreg.) *say* aio
algeo (2) *be cold* fulgeo
allido (3) *strike against* laedo
alligo (1) *tie to* ligo
alloquor (3) *address* loquor
alluo (3) *wash* luo
alo (3) *nourish* alo
ambio (4) *go around* ambio
ambulo (1) *walk* ambulo
amicio (4) *clothe* amicio
amitto (3) *lose* mitto
amo (1) *love* amo
amplector (3) *embrace* complector
amplexor (1) *embrace* conor
amputo (1) *prune* celo
ango (3) *choke* cingo

anhelo (1) *pant* exsulo
animadverto (3) *pay attention to* verto
animo (1) *animate* celo
annuo (3) *nod, give assent* annuo
aperio (4) *open* aperio
appareo (2) *appear* faveo
appello (1) *call* appello
appello (3) *drive to* expello
appeto (3) *attack* peto
applico (1) *attach* implico
appono (3) *put beside* pono
apprehendo (3) *seize* prehendo
approbo (1) *approve* probo
appropinquo (1) *approach* aequo
apto (1) *fit* celo
arbitror (1) *think* arbitror
arceo (2) *enclose* arceo
arcesso (3) *summon* peto
ardeo (2) *burn* ardeo
areo (2) *be dry* faveo
arguo (3) *prove* constituo
armo (1) *arm* armo
aro (1) *plough* celo
arrideo (2) *laugh at* rideo
arrigo (3) *raise* dirigo
arripio (3) *seize* eripio
ascendo (3) *climb up* ascendo
aspergo (3) *sprinkle* aspergo
aspernor (1) *reject* conor
aspicio (3) *look at* respicio
asporto (1) *carry off* porto
assentio (4) *agree* sentio
assequor (3) *overtake* sequor
assideo (2) *sit beside* possideo
assigno (1) *allot* signo
assisto (3) *stand by* sisto
assumo (3) *receive* sumo
assurgo (3) *stand up* surgo
asto (1) *stand near* sto
astringo (3) *tighten* stringo
attendo (3) *pay attention to* ostendo
attero (3) *wear away* tero
attingo (3) *touch* contingo
attollo (3) *lift up* tollo
attono (1) *stun* veto
attribuo (3) *assign* tribuo
audeo (2) *dare* audeo
audio (4) *hear* audio
aufero (irreg.) *carry away* aufero
aufugio (3) *run away* effugio
augeo (2) *increase* augeo
avello (3) *tear off* vello

aveo (2)   *desire*   caveo
averto (3)   *turn away*   verto

B

bacchor (1)   *revel*   conor
bello (1)   *wage war*   exsulo
benedico (3)   *praise*   dico
beo (1)   *bless*   celo
bibo (3)   *drink*   bibo

C

cado (3)   *fall*   cado
caedo (3)   *cut*   caedo
calco (1)   *trample*   celo
caleo (2)   *be warm*   caleo
candeo (2)   *be white*   vireo
cano (3)   *sing*   cano
canto (1)   *sing*   incito
capesso (3)   *seize*   peto
capio (3)   *take*   capio
capto (1)   *seize*   incito
careo (2)   *lack*   careo
carpo (3)   *pluck*   carpo
castigo (1)   *punish*   celo
caveo (2)   *beware*   caveo
cedo (3)   *go*   cedo
celebro (1)   *crowd*   celo
celero (1)   *hurry*   celo
celo (1)   *hide*   celo
ceno (1)   *dine*   celo
censeo (2)   *assess*   censeo
cerno (3)   *discern*   cerno
certo (1)   *compete*   certo
cesso (1)   *loiter*   cesso
cieo (2)   *set in motion*   cieo
cingo (3)   *gird*   cingo
circumdo (1)   *surround*   do
circumduco (3)   *lead around*   duco
circumeo (irreg.)   *go around*   circumeo
circumfero (irreg.)   *carry around*   circumfero
circumfundo (3)   *pour around*   effundo
circumsisto (3)   *surround*   sisto
circumsto (1)   *surround*   sto
circumvenio (4)   *surround*   invenio
clamo (1)   *shout*   clamo
claresco (3)   *make clear*   cresco
claudo (3)   *close*   claudo
coeo (irreg.)   *meet*   coeo
coepi (irreg.)   *begin*   coepi

coerceo (2)   *control*   exerceo
cogito (1)   *think*   cogito
cognosco (3)   *learn*   cognosco
cogo (3)   *force*   cogo
cohibeo (2)   *restrain*   adhibeo
cohortor (1)   *urge*   hortor
colligo (1)   *tie up*   ligo
colligo (3)   *gather*   eligo
colloco (1)   *place*   loco
colloquor (3)   *converse*   loquor
colo (3)   *cherish*   colo
comedo (irreg.)   *devour*   comedo
comito (1)   *accompany*   comito
comitor (1)   *accompany*   conor
commemoro (1)   *remind*   memoro
commendo (1)   *entrust*   commendo
committo (3)   *join*   mitto
commodo (1)   *adapt*   celo
commoror (1)   *wait*   moror
commoveo (2)   *upset*   moveo
communico (1)   *share*   celo
commuto (1)   *change*   muto
como (3)   *arrange*   emo
como (3)   *comb*   emo
comparo (1)   *bring together*   paro
compello (1)   *reproach*   appello
compello (3)   *force*   expello
comperio (4)   *learn*   aperio
compesco (3)   *suppress*   cresco
competo (3)   *coincide*   peto
complector (3)   *embrace*   complector
compleo (2)   *fill up*   impleo
compono (3)   *put together*   pono
comporto (1)   *collect*   porto
comprehendo (3)   *grasp*   prehendo
comprimo (3)   *squeeze*   opprimo
comprobo (1)   *prove*   probo
computo (1)   *reckon*   puto
concedo (3)   *yield*   accedo
concido (3)   *collapse*   accido
concido (3)   *cut to pieces*   occido
concieo (2)   *assemble*   cieo
concilio (1)   *unite*   nuntio
concino (3)   *harmonize*   concino
concipio (3)   *begin*   accipio
concito (1)   *excite*   incito
conclamo (1)   *shout*   clamo
concludo (3)   *enclose*   includo
concresco (3)   *congeal*   cresco
conculco (1)   *trample*   celo
concupisco (3)   *desire*   cresco
concurro (3)   *rush together*   occurro

concutio (3) *shake* percutio
condemno (1) *condemn* celo
condo (3) *establish* condo
conduco (3) *assemble* duco
conecto (3) *join* necto
confero (irreg.) *bring together* confero
conficio (3) *finish* interficio
confido (3) *trust* fido
confirmo (1) *strengthen* celo
confiteor (2) *confess* confiteor
confligo (3) *smash together* affligo
confluo (3) *flow together* fluo
confringo (3) *break* confringo
confugio (3) *flee* effugio
confundo (3) *mix* effundo
congero (3) *accumulate* ingero
congredior (3) *assemble* aggredior
conicio (3) *throw* conicio
conitor (3) *strive* nitor
coniungo (3) *join together* iungo
coniuro (1) *swear* iuro
conor (1) *try* conor
conqueror (3) *complain* queror
conquiro (3) *search for* requiro
conscendo (3) *climb* ascendo
conscribo (3) *enlist* scribo
consecro (1) *consecrate* consecro
consector (1) *follow after* conor
consentio (4) *agree* sentio
consequor (3) *pursue* sequor
conservo (1) *save* servo
considero (1) *examine* celo
consido (3) *sit down* resido
consisto (3) *pause* sisto
consolor (1) *comfort* solor
consono (1) *resound* cubo
conspicio (3) *see* respicio
conspicor (1) *observe* conor
constituo (3) *decide* constituo
consto (1) *agree* sto
constringo (3) *restrain* stringo
construo (3) *build* struo
consuesco (3) *accustom* suesco
consulo (3) *deliberate* consulo
consummo (1) *complete* celo
consumo (3) *consume* sumo
consurgo (3) *stand up* surgo
contego (3) *cover up* tego
contemno (3) *despise* contemno
contemplor (1) *observe* conor
contendo (3) *strain* contendo
contero (3) *grind* tero

contineo (2) *contain* contineo
contingo (3) *touch* contingo
contraho (3) *pull together* traho
contristo (1) *sadden* celo
contundo (3) *pound* contundo
convello (3) *wrench* vello
convenio (4) *assemble* venio
converso (1) *turn around* verso
converto (3) *turn around* verto
convinco (3) *refute* vinco
convoco (1) *summon* voco
coorior (4) *appear* orior
copulo (1) *join* celo
coquo (3) *cook* coquo
corono (1) *crown* celo
corrigo (3) *correct* dirigo
corripio (3) *seize* eripio
corrumpo (3) *break up* rumpo
corruo (3) *collapse* ruo
corrusco (1) *brandish* celo
credo (3) *believe* credo
cremo (1) *burn* celo
creo (1) *create* creo
crepito (1) *make a noise* cubo
crepo (1) *make a noise* crepo
crucio (1) *torture* crucio
cubo (1) *recline* cubo
cumulo (1) *heap up* celo
cunctor (1) *delay* cunctor
cupio (3) *desire* cupio
curo (1) *care for* curo
curro (3) *run* curro
curvo (1) *bend* celo
custodio (4) *guard* custodio

D

damno (1) *condemn* celo
deambulo (1) *take a walk* ambulo
debeo (2) *owe* debeo
decanto (1) *keep repeating* celo
decedo (3) *withdraw* accedo
decerno (3) *decide* decerno
decerpo (3) *pluck off* discerpo
decerto (1) *fight it out* certo
decet (2) *it is proper* decet
decido (3) *fall down* accido
decido (3) *cut off* occido
decipio (3) *deceive* accipio
declaro (1) *proclaim* clamo
declino (1) *deflect* declino
decoro (1) *adorn* celo

decurro (3) *run down* occurro
dedo (1) *surrender* addo
deduco (3) *lead away* duco
defendo (3) *defend* defendo
defero (irreg.) *bring down* defero
deficio (3) *fall short* conficio
defigo (3) *attach firmly* figo
defleo (2) *weep bitterly* fleo
defluo (3) *flow down* fluo
defodio (3) *bury* fodio
defugio (3) *run away from* effugio
defungor (3) *finish with* fungor
dego (3) *spend time* cogo
deicio (3) *throw down* deicio
delabor (3) *slip down* elabor
delecto (1) *charm* celo
deleo (2) *destroy* deleo
delibero (1) *consider* celo
deligo (3) *select* eligo
delinquo (3) *leave behind* relinquo
demergo (3) *submerge* mergo
demitto (3) *let down* mitto
demo (3) *take away* emo
demonstro (1) *show* monstro
demoror (1) *wait* moror
denuntio (1) *declare* nuntio
depello (3) *expel* expello
depereo (irreg.) *perish* depereo
depingo (3) *depict* pingo
depono (3) *put aside* pono
deporto (1) *carry down* porto
deposco (3) *demand* posco
depravo (1) *distort* celo
deprecor (1) *avert (by prayer)* precor
deprehendo (3) *catch* prehendo
deprimo (3) *press down* opprimo
depso (3) *knead* texo
deputo (1) *consider* puto
derelinquo (3) *abandon* relinquo
descendo (3) *descend* ascendo
desero (3) *abandon* desero
desidero (1) *desire* celo
designo (1) *indicate* signo
desilio (4) *jump down* desilio
desino (3) *stop* sino
desipio (3) *be stupid* sapio
desisto (3) *stop* sisto
desolo (1) *abandon* celo
despero (1) *give up hope* spero
despicio (3) *despise* respicio
despondeo (2) *promise* respondeo
destino (1) *appoint* celo

destituo (3) *forsake* constituo
destruo (3) *tear down* struo
desum (irreg.) *fail* desum
detego (3) *uncover* tego
deterreo (2) *scare away* terreo
detineo (2) *detain* contineo
detraho (3) *drag down* traho
detrecto (1) *decline* incito
devenio (4) *come* venio
devinco (3) *defeat* vinco
devoro (1) *devour* celo
devoveo (2) *vow* voveo
dico (3) *say* dico
differo (irreg.) *disperse* differo
diffido (3) *distrust* fido
diffugio (3) *flee in different directions* effugio
diffundo (3) *diffuse* effundo
digero (3) *divide* ingero
dignor (1) *think worthy* dignor
digredior (3) *separate* aggredior
dilato (1) *expand* celo
diligo (3) *love* diligo
dimico (1) *fight* celo
dimitto (3) *dismiss* mitto
dirigo (3) *direct* dirigo
diripio (3) *rend* eripio
diruo (3) *demolish* ruo
discedo (3) *depart* accedo
discerno (3) *divide* decerno
discerpo (3) *tear apart* discerpo
disco (3) *learn* disco
discumbo (3) *recline at a table* incumbo
discurro (3) *run in different directions* occurro
discutio (3) *smash to pieces* percutio
disicio (3) *scatter* disicio
dispenso (1) *distribute* celo
dispergo (3) *disperse* aspergo
displiceo (2) *displease* displiceo
dispono (3) *arrange* pono
dissentio (4) *disagree* sentio
dissero (3) *arrange in order* desero
dissimulo (1) *pretend* simulo
dissolvo (3) *destroy* solvo
distendo (3) *stretch out* ostendo
distinguo (3) *distinguish* exstinguo
disto (1) *be distant* sto
distribuo (3) *distribute* tribuo
dito (1) *enrich* celo
divido (3) *divide* divido
do (1) *give* do

doceo (2) *teach* doceo
doleo (2) *be in pain* doleo
dominor (1) *be master* conor
domo (1) *tame* veto
dono (1) *give* celo
dormio (4) *sleep* dormio
dubito (1) *hesitate* dubito
duco (3) *lead* duco
duro (1) *harden* duro

E

edisco (3) *learn well* disco
edo (-ere) (3) *put forth* edo
edo (esse) (irreg.) *eat* edo
edoceo (2) *teach clearly* doceo
edomo (1) *conquer* veto
educo (3) *lead out* duco
effero (irreg.) *carry out* effero
efficio (3) *cause* conficio
effluo (3) *flow out* fluo
effugio (3) *escape* effugio
effundo (3) *pour out* effundo
egeo (2) *be in need* egeo
egredior (3) *leave* aggredior
eicio (3) *throw out* eicio
elabor (3) *slip out* elabor
elaboro (1) *exert oneself* laboro
elevo (1) *raise* celo
elicio (3) *entice* capio
eligo (3) *pick out* eligo
eloquor (3) *speak* loquor
eludo (3) *outmanoeuvre* ludo
emendo (1) *correct* commendo
emereo (2) *deserve* mereo
emergo (3) *emerge* mergo
emetior (4) *measure out* metior
emineo (2) *project* timeo
emitto (3) *send out* mitto
emo (3) *buy* emo
emungo (3) *clean out* plango
enitor (3) *strive* nitor
enuntio (1) *report* nuntio
eo (irreg.) *go* eo
epulor (1) *be at a feast* conor
equito (1) *ride a horse* exsulo
erigo (3) *make upright* dirigo
eripio (3) *snatch away* eripio
erro (1) *wander* erro
erubesco (3) *blush* cresco
erudio (4) *educate* erudio
erumpo (3) *break out* rumpo

eruo (3) *uproot* ruo
esurio (4) *be hungry* salio
evado (3) *manoeuvre* evado
evanesco (3) *vanish* adolesco
eveho (3) *carry out* veho
evello (3) *tear out* vello
evenio (4) *come out* venio
everto (3) *overturn* verto
evigilo (1) *be wide awake* vigilo
evito (1) *avoid* incito
evoco (1) *summon* voco
evolo (1) *fly out* volo
evomo (3) *vomit* alo
exanimo (1) *kill* celo
exaudio (4) *hear clearly* audio
excedo (3) *leave* accedo
excello (3) *excel* percello
excerpo (3) *select* discerpo
excido (3) *escape* accido
excido (3) *cut out* occido
excieo (2) *summon* cieo
excipio (3) *remove* accipio
excito (1) *excite* incito
exclamo (1) *shout* clamo
excludo (3) *shut out* includo
excogito (1) *contrive* cogito
excuso (1) *excuse* accuso
excutio (3) *shake out* percutio
exeo (irreg.) *go out* exeo
exerceo (2) *train* exerceo
exercito (1) *exercise* incito
exhaurio (4) *drain completely* haurio
exhibeo (2) *display* adhibeo
exigo (3) *drive out* exigo
exincito (1) *harass* incito
existimo (1) *think* existimo
exorior (4) *start* orior
exoro (1) *persuade* oro
expavesco (3) *dread* cresco
expedio (4) *unencumber* impedio
expello (3) *drive out* expello
expendo (3) *weigh out* suspendo
experior (4) *try* experior
expeto (3) *aim at* peto
expleo (2) *fill up* impleo
explico (1) *unfold* implico
exploro (1) *investigate* celo
expono (3) *explain* pono
exprimo (3) *squeeze out* opprimo
expugno (1) *storm* pugno
exsequor (3) *follow* sequor
exsisto (3) *exist* sisto

exspecto (1) *wait for* specto
exstinguo (3) *extinguish* exstinguo
exsto (1) *stand out* sto
exstruo (3) *heap up* struo
exsulo (1) *be in exile* exsulo
exsulto (1) *jump up* exsulo
exsupero (1) *surpass* supero
exsurgo (3) *stand up* surgo
extendo (3) *stretch out* ostendo
exterreo (2) *scare thoroughly* terreo
extollo (3) *lift up* tollo
extorqueo (2) *wrench out* torqueo
extraho (3) *drag out* traho
exuo (3) *undress* exuo
exuro (3) *burn up* uro

F

fabricor (1) *make* conor
facesso (3) *execute* quaero
facio (3) *make* facio
fallo (3) *deceive* fallo
famulor (1) *serve* conor
farcio (4) *stuff* haurio
fateor (2) *confess* fateor
fatigo (1) *tire* incito
faveo (2) *favor* faveo
ferio (4) *strike* ferio
fero (irreg.) *carry* fero
ferveo (2) *boil* ferveo
festino (1) *hurry* celo
fido (3) *trust* fido
figo (3) *attach* figo
findo (3) *split* scindo
fingo (3) *shape* fingo
finio (4) *end* finio
fio (3) *become* facio
firmo (1) *strengthen* celo
flagro (1) *blaze* exsulo
flammo (1) *burn* exsulo
flecto (3) *bend* flecto
fleo (2) *weep* fleo
flincito (1) *demand* incito
floreo (2) *bloom* floreo
fluctuo (1) *undulate* exsulo
fluito (1) *flow* incito
fluo (3) *flow* fluo
fodio (4) *dig* fodio
foedo (1) *disfigure* foedo
for (1) *talk* for
formo (1) *shape* celo
foveo (2) *cherish* foveo

frango (3) *break* frango
fraudo (1) *cheat* celo
fremo (3) *roar* fremo
freno (1) *restrain* celo
frequento (1) *visit often* celo
frico (1) *rub* veto
frigo (3) *fry* iungo
fruor (3) *enjoy* fruor
frustro (1) *deceive* celo
fugio (3) *flee* fugio
fugo (1) *rout* fugo
fulcio (4) *prop up* audio
fulgeo (2) *flash* fulgeo
fundo (1) *found* celo
fundo (3) *pour* fundo
fungor (3) *perform* fungor
furo (3) *be mad* curro
furor (1) *steal* conor

G

gaudeo (2) *rejoice* gaudeo
gemino (1) *double* celo
gemmo (1) *sprout* exsulo
gemo (3) *groan* gemo
gero (3) *carry* gero
gesto (1) *carry around* incito
gigno (3) *give birth* gigno
glomero (1) *form into a ball* celo
glorior (1) *boast* conor
gradior (3) *step* gradior
grassor (1) *walk around* conor
gravo (1) *weigh down* celo
guberno (1) *steer* celo
gusto (1) *taste* incito

H

habeo (2) *have* habeo
habito (1) *dwell* habito
haereo (2) *cling* haereo
haurio (4) *drain* haurio
hiemo (1) *spend the winter* exsulo
hio (1) *yawn* exsulo
honoro (1) *honor* celo
horreo (2) *bristle* horreo
hortor (1) *urge* hortor
humo (1) *bury* celo

I

iaceo (2) *lie* iaceo

iacio (3) *throw* iacio
iacto (1) *buffet* incito
icio (3) *hit* capio
ignoro (1) *not know* celo
ignosco (3) *pardon* cresco
illudo (3) *play* ludo
illumino (1) *light up* celo
illustro (1) *illuminate* celo
imbuo (3) *dip* imbuo
imitor (1) *copy* imitor
immergo (3) *plunge* mergo
immineo (2) *overhang* faveo
immitto (3) *send in* mitto
immolo (1) *sacrifice* celo
impedio (4) *hinder* impedio
impello (3) *drive* expello
impendeo (2) *overhang* impendeo
imperito (1) *command* incito
impero (1) *command* impero
impertio (4) *share* audio
impetro (1) *achieve* celo
impleo (2) *fill* impleo
implico (1) *enfold* implico
imploro (1) *beg* ploro
impono (3) *impose* pono
imprimo (3) *press upon* opprimo
imputo (1) *credit* puto
inauro (1) *gild* celo
incedo (3) *walk* accedo
incendo (3) *set on fire* incendo
incido (3) *come upon* accido
incido (3) *cut open* occido
incipio (3) *begin* accipio
incito (1) *incite* incito
inclino (1) *bend* declino
includo (3) *enclose* includo
incoho (1) *begin* celo
incolo (3) colo
increpo (3) *make a noise* crepo
incubo (1) *lie upon* cubo
incumbo (3) *lie upon* incumbo
incurro (3) *run into* occurro
indico (1) *point out* celo
indico (3) *declare* dico
indigeo (2) *need* egeo
indignor (1) *be angry at* dignor
indo (3) *put in* addo
induco (3) *introduce* duco
indulgeo (2) *be kind to* mulceo
induo (3) *put on (clothing)* induo
inebrio (1) *intoxicate* nuntio
ineo (irreg.) *enter* ineo

infamo (1) *disgrace* celo
infero (irreg.) *bring in* infero
inficio (3) *taint* conficio
infirmo (1) *weaken* celo
inflo (1) *inflate* celo
infundo (3) *pour in* effundo
ingemino (1) *redouble* celo
ingemisco (3) *groan* adolesco
ingero (3) *bring in* ingero
ingredior (3) *enter* ingredior
inhaereo (2) *cling to* haereo
inhibeo (2) *restrain* adhibeo
inicio (3) *throw in* inicio
iniungo (3) *attach* iungo
innascor (3) *be born in* nascor
innitor (3) *lean on* nitor
inquam (irreg.) *say* inquam
inquiro (3) *ask* requiro
inscribo (3) *assign* scribo
insequor (3) *follow closely* sequor
insero (3) *implant* sero
inservio (4) *be a slave* servio
insisto (3) *stand firm* sisto
inspicio (3) *examine* respicio
instauro (1) *renew* celo
instituo (3) *establish* statuo
insto (1) *be close* sto
Instruo (3) *erect* struo
insuesco (3) *accustom* suesco
insum (irreg.) *be in* insum
insurgo (3) *rise up* surgo
intellego (3) *understand* intellego
intendo (3) *aim* ostendo
intercedo (3) *intervene* accedo
intercipio (3) *intercept* accipio
intercludo (3) *block* includo
interdico (3) *forbid* dico
intereo (irreg.) *perish* intereo
interficio (3) *kill* interficio
interimo (3) *destroy* adimo
intermitto (3) *interrupt* mitto
interpello (3) *interrupt* expello
interpono (3) *interrupt* pono
interpretor (1) *interpret* conor
interrogo (1) *ask* rogo
intersum (irreg.) *be amongst* intersum
intro (1) *enter* intro
introduco (3) *introduce* duco
introeo (irreg.) *enter* introeo
intromitto (3) *admit* mitto
intueor (2) *look at* tueor
invado (3) *attack* evado

inveho (3)   *carry in*   veho
invenio (4)   *find*   invenio
invideo (2)   *hate*   video
invito (1)   *invite*   incito
invoco (1)   *summon*   voco
involvo (3)   *envelop*   volvo
iocor (1)   *joke*   conor
irascor (3)   *be angry*   irascor
irrito (1)   *provoke*   incito
irrumpo (3)   *break in*   rumpo
irruo (3)   *rush in*   ruo
itero (1)   *repeat*   celo
iubeo (2)   *order*   iubeo
iudico (1)   *judge*   iudico
iungo (3)   *join*   iungo
iuro (1)   *swear*   iuro
iuvo (1)   *help*   iuvo

L

labor (3)   *slip*   labor
laboro (1)   *work*   laboro
lacero (1)   *mangle*   lacero
lacesso (3)   *strike*   duco
lacrimo (1)   *weep (for)*   celo
laedo (3)   *harm*   laedo
laetor (1)   *be happy*   laetor
langueo (2)   *be tired*   faveo
lanio (1)   *tear to pieces*   nuntio
largior (4)   *give freely*   orior
lascivio (4)   *frolic*   salio
lateo (2)   *lie hidden*   lateo
latro (1)   *bark*   exsulo
laudo (1)   *praise*   laudo
lavo (1)   *wash*   lavo
laxo (1)   *extend*   celo
lego (3)   *choose*   lego
lenio (4)   *soften*   audio
levo (1)   *lighten*   celo
libero (1)   *set free*   celo
libet (2)   *it is pleasing*   libet
libo (1)   *sip*   libo
licet (2)   *it is allowed*   licet
ligo (1)   *bind*   ligo
lino (3)   *smear*   nosco
linquo (3)   *leave behind*   linquo
liquesco (3)   *melt*   adolesco
liquo (1)   *melt*   aequo
loco (1)   *place*   celo
loquor (3)   *talk*   loquor
luceo (2)   *shine*   faveo
ludo (3)   *play*   ludo

lugeo (2)   *mourn*   lugeo
luo (3)   *pay*   luo
lustro (1)   *purify*   celo

M

macero (1)   *soften*   celo
machinor (1)   *devise*   conor
macto (1)   *sacrifice*   celo
maculo (1)   *stain*   celo
madeo (2)   *be wet*   faveo
maereo (2)   *mourn*   maereo
maledico (3)   *curse*   dico
malo (irreg.)   *prefer*   malo
mando (1)   *entrust*   mando
maneo (2)   *stay*   maneo
mano (1)   *flow*   exsulo
mansuesco (3)   *tame*   suesco
marceo (2)   *droop*   faveo
maturo (1)   *hurry*   celo
medeor (2)   *heal*   vereor
meditor (1)   *contemplate*   meditor
memini (irreg.)   *remember*   memini
memoro (1)   *recall*   memoro
mentior (4)   *lie*   mentior
meo (1)   *go*   exsulo
mereo (2)   *deserve*   doceo
mergo (3)   *sink*   mergo
metior (4)   *measure*   metior
meto (3)   *reap*   meto
metuo (3)   *fear*   metuo
mico (1)   *quiver*   cubo
migro (1)   *move*   exsulo
milito (1)   *be a soldier*   exsulo
ministro (1)   *attend to*   celo
minitor (1)   *threaten*   conor
minor (1)   *threaten*   minor
minuo (3)   *lessen*   minuo
miror (1)   *wonder*   miror
misceo (2)   *mix*   misceo
misereo (2)   *pity*   misereo
miseror (1)   *pity*   conor
mitigo (1)   *calm*   celo
mitto (3)   *send*   mitto
moderor (1)   *restrain*   conor
modulor (1)   *play (music)*   conor
molior (4)   *work at*   molior
mollio (4)   *soften*   audio
molo (3)   *grind*   pono
moneo (2)   *warn*   moneo
monstro (1)   *show*   monstro
mordeo (2)   *bite*   mordeo

morior (3) *die* morior
moror (1) *delay* moror
moveo (2) *move* moveo
mugio (4) *bellow* salio
mulceo (2) *soothe* mulceo
multiplico (1) *multiply* implico
munio (4) *fortify* munio
murmuro (1) *murmur* exsulo
muto (1) *change* muto

N

nanciscor (3) *obtain* nanciscor
narro (1) *tell (a story)* narro
nascor (3) *be born* nascor
nato (1) *swim* exsulo
navigo (1) *sail* navigo
neco (1) *kill* neco
necto (3) *weave* necto
neglego (3) *neglect* neglego
nego (1) *deny* nego
nequeo (irreg.) *be unable* nequeo
nescio (4) *not know* nescio
niteo (2) *shine* niteo
nitor (3) *lean on* nitor
no (1) *swim* no
noceo (2) *harm* noceo
nolo (irreg.) *be unwilling* nolo
nomino (1) *name* celo
nosco (3) *learn* nosco
noto (1) *mark* incito
nubo (3) *marry* nubo
nudo (1) *strip* celo
numero (1) *count* celo
nuncupo (1) *call by name* occupo
nuntio (1) *announce* nuntio
nuto (1) *nod* incito
nutrio (4) *nurse* nutrio

O

obdormio (4) *fall asleep* dormio
obduco (3) *cover over* duco
obeo (irreg.) *meet* obeo
obicio (3) *throw against* obicio
obliviscor (3) *forget* obliviscor
oboedio (4) *obey* salio
obruo (3) *overwhelm* ruo
obsecro (1) *beg* consecro
obsequor (3) *comply with* sequor
observo (1) *watch* servo
obsideo (2) *beseige* possideo

obstipesco (3) *be astounded* adolesco
obsto (1) *obstruct* sto
obstrepo (3) *make a noise* strepo
obstruo (3) *block* struo
obsum (irreg.) *be against* obsum
obtero (3) *trample on* tero
obtineo (2) *obtain* contineo
occido (3) *fall* accido
occido (3) *kill* occido
occulo (3) *hide* occulo
occulto (1) *hide* incito
occupo (1) *seize* occupo
occurro (3) *meet* occurro
occurso (1) *meet* exsulo
odi (irreg.) *hate* odi
odoror (1) *smell* conor
offendo (3) *hit against* defendo
offero (irreg.) *offer* offero
oleo (2) *smell* doceo
omitto (3) *overlook* mitto
onero (1) *burden* celo
operio (4) *close* aperio
operor (1) *work* operor
opinor (1) *think* conor
oportet (2) *it behooves* oportet
oppono (3) *put against* pono
opprimo (3) *oppress* opprimo
oppugno (1) *attack* pugno
opto (1) *wish for* opto
ordino (1) *arrange* celo
ordior (4) *begin* orior
orior (4) *rise* orior
orno (1) *equip* celo
oro (1) *plead* oro
osculor (1) *kiss* conor
ostendo (3) *show* ostendo
ostento (1) *show off* incito
ovo (1) *rejoice* ovo

P

paciscor (3) *agree* nascor
paco (1) *pacify* celo
paenitet (2) *it causes regret* paenitet
palleo (2) *be pale* palleo
pallesco (3) *turn pale* adolesco
pando (3) *spread out* pando
pango (3) *drive in* pango
parco (3) *spare* parco
pareo (2) *obey* pareo
pario (3) *give birth* pario

paro (1)   *prepare*   paro
partio (4)   *share*   audio
pasco (3)   *feed*   pasco
patefacio (3)   *open up*   facio
pateo (2)   *be open*   pateo
patesco (3)   *become evident*   adolesco
patior (3)   *experience*   patior
paveo (2)   *be frightened*   paveo
pecco (1)   *err*   exsulo
pecto (3)   *comb*   necto
pedo (3)   *break wind*   curro
pello (3)   *strike*   pello
pendeo (2)   *hang*   pendeo
pendo (3)   *weigh*   pendo
penetro (1)   *penetrate*   celo
penso (1)   *weigh out*   celo
perago (3)   *complete*   ago
percello (3)   *knock down*   percello
percipio (3)   *take*   accipio
percurro (3)   *run through*   occurro
percutio (3)   *strike*   percutio
perdo (3)   *destroy*   addo
perduco (3)   *guide*   duco
pereo (irreg.)   *perish*   pereo
perfero (irreg.)   *endure*   perfero
perficio (3)   *complete*   conficio
perforo (1)   *pierce*   celo
perfugio (3)   *flee for refuge*   effugio
perfundo (3)   *drench*   effundo
pergo (3)   *continue*   pergo
perhibeo (2)   *assert*   adhibeo
perimo (3)   *destroy*   adimo
perlego (3)   *read through*   lego
permaneo (2)   *last*   maneo
permisceo (2)   *mingle*   misceo
permitto (3)   *allow*   mitto
permoveo (2)   *move deeply*   moveo
perpendo (3)   *weigh carefully*   suspendo
perpetior (3)   *endure*   patior
perpetro (1)   *perform*   celo
persequor (3)   *pursue*   sequor
persevero (1)   *persist*   exsulo
persolvo (3)   *pay*   solvo
persono (1)   *resound*   cubo
perspicio (3)   *examine*   respicio
persuadeo (2)   *persuade*   suadeo
perterreo (2)   *frighten*   terreo
pertimesco (3)   *be very afraid*   adolesco
pertineo (2)   *extend*   contineo
perturbo (1)   *throw into confusion*   celo
pervenio (4)   *arrive*   venio
perverto (3)   *overturn*   verto

pervolo (1)   *fly over*   volo
peto (3)   *seek*   peto
piget (2)   *it disgusts*   licet
pingo (3)   *paint*   pingo
pinso (3)   *bruise*   carpo
placeo (2)   *please*   placeo
placo (1)   *calm*   celo
plango (3)   *beat*   plango
plaudo (3)   *clap*   plaudo
plecto (3)   *braid*   necto
ploro (1)   *wail (for)*   ploro
polleo (2)   *be strong*   faveo
polliceor (2)   *promise*   polliceor
pono (3)   *put*   pono
populo (1)   *ravage*   celo
porrigo (3)   *hold out*   porrigo
portendo (3)   *predict*   ostendo
porto (1)   *carry*   porto
posco (3)   *demand*   posco
possideo (2)   *possess*   possideo
possum (irreg.)   *be able*   possum
postulo (1)   *demand*   postulo
potior (4)   *acquire*   potior
poto (1)   *drink*   celo
praebeo (2)   *hold out*   praebeo
praecedo (3)   *precede*   accedo
praecido (3)   *cut short*   occido
praecipio (3)   *anticipate*   accipio
praedico (1)   *proclaim*   indico
praedico (3)   *mention beforehand*   praedico
praedor (1)   *plunder*   conor
praeeo (irreg.)   *lead the way*   praeeo
praefero (irreg.)   *prefer*   praefero
praeficio (3)   *put in charge*   conficio
praefor (1)   *say in advance*   affor
praemitto (3)   *send in advance*   mitto
praeparo (1)   *prepare*   paro
praepono (3)   *put in charge*   pono
praerumpo (3)   *break off*   rumpo
praescribo (3)   *direct*   scribo
praesideo (2)   *guard*   possideo
praesto (1)   *be superior*   praesto
praesum (irreg.)   *be in charge*   praesum
praesumo (3)   *anticipate*   sumo
praetendo (3)   *spread out in front*   ostendo
praetereo (irreg.)   *pass by*   praetereo
praetermitto (3)   *let pass*   mitto
praetexo (3)   *disguise*   texo
praevaleo (2)   *be very powerful*   valeo
praevenio (4)   *anticipate*   invenio
prandeo (2)   *eat lunch*   faveo
precor (1)   *pray*   precor

prehendo (3) *catch* prehendo
premo (3) *press* premo
privo (1) *deprive* celo
probo (1) *prove* probo
procedo (3) *go forward* accedo
procido (3) *fall forward* accido
proclamo (1) *proclaim* clamo
procumbo (3) *fall forward* incumbo
procuro (1) *take care of* curo
procurro (3) *rush forward* occurro
prodeo (irreg.) *go forward* prodeo
prodo (3) *betray* reddo
produco (3) *bring forward* duco
proelior (1) *join battle* conor
profero (irreg.) *bring forward* profero
proficio (3) *make progress* conficio
proficiscor (3) *set out* proficiscor
profiteor (2) *declare* confiteor
profluo (3) *keep flowing* fluo
profugio (3) *flee* effugio
profundo (3) *pour out* effundo
progredior (3) *go forward* aggredior
prohibeo (2) *hinder* adhibeo
proicio (3) *throw forward* proicio
prolabor (3) *slip forward* elabor
promitto (3) *promise* mitto
promo (3) *produce* sumo
promoveo (2) *advance* moveo
pronuntio (1) *announce* nuntio
propero (1) *hurry* propero
propono (3) *display* pono
prorumpo (3) *rush forward* rumpo
prosequor (3) *accompany* sequor
prospicio (3) *look out* respicio
prosterno (3) *throw in front* sterno
prosum (irreg.) *be useful* prosum
protego (3) *shield* tego
protendo (3) *stretch out* ostendo
protero (3) *crush* tero
proveho (3) *carry along* veho
provenio (4) *prosper* venio
provideo (2) *foresee* video
provoco (1) *challenge* voco
psallo (3) *play the lyre* curro
publico (1) *confiscate* celo
pudet (2) *it causes shame* pudet
pugno (1) *fight* pugno
pulso (1) *batter* celo
pungo (3) *pierce* duco
punio (4) *punish* punio
purgo (3) *clean* duco
puto (1) *think* puto

Q

quaero (3) *seek* quaero
quaeso (1) *ask* celo
quasso (1) *shake* celo
quatio (3) *shake* quatio
queo (irreg.) *be able* queo
queror (3) *complain* queror
quiesco (3) *rest* quiesco

R

radio (1) *furnish with spokes* nuntio
rado (3) *scrape* claudo
rapio (3) *seize* rapio
reboo (1) *resound* exsulo
recedo (3) *withdraw* accedo
recido (3) *recoil* accido
recido (3) *cut back* occido
recipio (3) *receive* accipio
recito (1) *recite* incito
reclino (1) *lean back* declino
recludo (3) *open up* includo
recondo (3) *hide away* condo
recordor (1) *recall* conor
recreo (1) *remake* creo
recubo (1) *recline* cubo
recumbo (3) *lie down* incumbo
recupero (1) *recover* celo
recurro (3) *return* occurro
recuso (1) *refuse* accuso
reddo (3) *give back* reddo
redeo (irreg.) *return* redeo
redigo (3) *bring back* exigo
redimio (4) *encircle* audio
redimo (3) *buy back* adimo
redoleo (2) *smell* faveo
reduco (3) *lead back* duco
refero (irreg.) *bring back* refero
reficio (3) *repair* conficio
refoveo (2) *refresh* foveo
refugio (3) *run away from* effugio
regno (1) *rule* exsulo
rego (3) *rule* rego
regredior (3) *return* aggredior
reicio (3) *throw back* reicio
religo (1) *tie up* ligo
relinquo (3) *leave behind* relinquo
remaneo (2) *stay* maneo
remeo (1) *return* exsulo
remitto (3) *send back* mitto
removeo (2) *move back* moveo

renascor (3) *be born again* nascor
renovo (1) *renew* celo
renuntio (1) *report* nuntio
reor (2) *think* reor
reparo (1) *retrieve* paro
repello (3) *drive back* expello
rependo (3) *repay* suspendo
reperio (4) *find (out)* reperio
repeto (3) *revisit* peto
repleo (2) *refill* impleo
repo (3) *creep* cedo
repono (3) *replace* pono
reporto (1) *bring back* porto
reprehendo (3) *restrain* prehendo
reprimo (3) *keep back* opprimo
repudio (1) *reject* nuntio
repugno (1) *resist* pugno
reputo (1) *think over* puto
requiesco (3) *rest* quiesco
requiro (3) *search for* requiro
rescribo (3) *write back* scribo
resero (1) *unbar* celo
reservo (1) *keep back* servo
resido (3) *sit down* resido
resisto (3) *stand still* sisto
resolvo (3) *unfasten* solvo
resono (1) *resound* cubo
respicio (3) *look back at* respicio
respiro (1) *revive* spiro
respondeo (2) *answer* respondeo
restauro (1) *reapair* celo
restinguo (3) *extinguish* exstinguo
restituo (3) *restore* constituo
resto (1) *remain* sto
resulto (1) *rebound* exsulo
resumo (3) *take up again* sumo
resurgo (3) *stand back up* surgo
retardo (1) *detain* celo
retego (3) *uncover* tego
retineo (2) *hold back* contineo
retraho (3) *pull back* traho
reveho (3) *carry back* veho
revello (3) *tear off* vello
revereor (2) *respect* vereor
reverto (3) *turn back* verto
reviso (3) *come back to* duco
revoco (1) *call back* voco
revolvo (3) *unroll* volvo
rideo (2) *laugh* rideo
rigeo (2) *be stiff* faveo
rigo (1) *water* celo
rimor (1) *tear open* conor

rodo (3) *gnaw* vello
rogito (1) *ask for eagerly* incito
rogo (1) *ask* rogo
roro (1) *moisten* celo
roto (1) *turn* celo
rubeo (2) *be red* rubeo
rubesco (2) *blush* adolesco
rumpo (3) *burst* rumpo
ruo (3) *fall violently* ruo

S

sacrifico (1) *sacrifice* aedifico
sacro (1) *consecrate* sacro
saepio (4) *fence in* haurio
saevio (4) *rage* saevio
salio (4) *jump* salio
saluto (1) *greet* cogito
salveo (2) *be well* valeo
sancio (4) *make sacred* sancio
sano (1) *cure* celo
sapio (3) *taste* sapio
sarcio (4) *mend* haurio
satago (3) *be busy* ago
satio (1) *satisfy* nuntio
scabo (3) *scratch* rumpo
scalpo (3) *carve* scribo
scando (3) *climb* scando
scelero (1) *desecrate* celo
scindo (3) *cut open* scindo
scio (4) *know* scio
sciscitor (1) *inquire* conor
scribo (3) *write* scribo
scrutor (1) *probe into* conor
secerno (3) *separate* decerno
seco (1) *cut* seco
sector (1) *attend* conor
sedeo (2) *sit* sedeo
sedo (1) *calm* celo
seduco (3) *take away* duco
senesco (3) *grow old* adolesco
sentio (4) *feel* sentio
separo (1) *separate* paro
sepelio (4) *bury* sepelio
sepono (3) *set aside* pono
sequor (3) *follow* sequor
sero (3) *twist* occulo
sero (3) *sow* sero
serpo (3) *crawl* cedo
servio (4) *be a slave* servio
servo (1) *save* servo
sicco (1) *dry* celo

significo (1) *indicate* aedifico
signo (1) *mark* signo
sileo (2) *be quiet* sileo
simulo (1) *imitate* simulo
sino (3) *allow* sino
sisto (3) *set* sisto
sitio (4) *be thirsty* salio
socio (1) *unite* nuntio
soleo (2) *be accustomed* soleo
sollicito (1) *distress* sollicito
solor (1) *comfort* solor
solvo (3) *loosen* solvo
somnio (1) *dream* nuntio
sono (1) *sound* cubo
sopio (4) *put to sleep* audio
sorbeo (2) *swallow* terreo
sordeo (2) *be dirty* faveo
sortior (4) *draw lots* orior
spargo (3) *scatter* spargo
specto (1) *watch* specto
sperno (3) *scorn* sperno
spero (1) *hope* spero
spiro (1) *breathe* spiro
splendeo (2) *shine* faveo
spolio (1) *plunder* nuntio
spondeo (2) *promise* spondeo
spumo (1) *froth* exsulo
spuo (3) *spit* statuo
statuo (3) *set up* statuo
sterno (3) *spread* sterno
sternuo (3) *sneeze* annuo
sterto (3) *snore* tremo
stimulo (1) *goad* celo
stipo (1) *stuff* celo
sto (1) *stand* sto
strepo (3) *make a noise* strepo
strideo (2) *shriek* faveo
stringo (3) *draw* stringo
struo (3) *build* struo
studeo (2) *be eager* studeo
stupefacio (3) *stun* facio
stupeo (2) *be stunned* stupeo
suadeo (2) *urge* suadeo
subdo (3) *subdue* condo
subduco (3) *steal* duco
subeo (irreg.) *come up to* subeo
subiaceo (2) *lie under* iaceo
subicio (3) *put under* subicio
subigo (3) *compel* exigo
sublevo (1) *support* celo
submergo (3) *plunge under* mergo
submitto (3) *send up* mitto

submoveo (2) *remove* moveo
subrideo (2) *smile* rideo
subsequor (3) *follow closely* sequor
subsisto (3) *stand still* sisto
subsum (irreg.) *be close to* subsum
subtraho (3) *remove* traho
subveho (3) *remove* veho
subvenio (4) *come to the aid of* venio
subverto (3) *overturn* verto
succedo (3) *advance* accedo
succendo (3) *set on fire* incendo
succumbo (3) *submit* incumbo
succurro (3) *run to the aid of* occurro
sudo (1) *sweat* exsulo
suesco (3) *be accustomed* suesco
suffero (irreg.) *undergo* suffero
sufficio (3) *supply* conficio
sugo (3) *suck* tego
sulco (1) *plough* celo
sum (irreg.) *be* sum
sumo (3) *take up* sumo
suo (3) *sew* induo
supero (1) *surpass* supero
supersum (irreg.) *survive* supersum
supervenio (4) *overtake* invenio
supplico (1) *beg* implico
suppono (3) *substitute* pono
supprimo (3) *restrain* opprimo
surgo (3) *stand up* surgo
suscipio (3) *undertake* accipio
suscito (1) *incite* incito
suspendo (3) *hang* suspendo
suspicio (3) *mistrust* respicio
suspicor (1) *suspect* conor
suspiro (1) *sigh* spiro
sustento (1) *support* incito
sustineo (2) *support* contineo

T

taceo (2) *be quiet* taceo
taedet (2) *it wearies* pudet
tango (3) *touch* tango
tardo (1) *impede* celo
tego (3) *cover* tego
tempero (1) *moderate* celo
tempto (1) *try* tempto
tendo (3) *stretch* tendo
teneo (2) *hold* teneo
tepeo (2) *be warm* faveo
tergeo (2) *wipe* habeo

tero (3)   *rub*   tero
terreo (2)   *frighten*   terreo
testor (1)   *give evidence*   conor
texo (3)   *weave*   texo
timeo (2)   *be afraid*   timeo
tingo (3)   *dip*   pingo
titubo (1)   *stagger*   exsulo
tolero (1)   *endure*   celo
tollo (3)   *lift*   tollo
tondeo (2)   *shear*   spondeo
tono (1)   *thunder*   tono
torpeo (2)   *be numb*   faveo
torqueo (2)   *twist*   torqueo
torreo (2)   *scorch*   torreo
tracto (1)   *handle*   incito
trado (3)   *betray*   condo
traduco (3)   *bring across*   duco
traho (3)   *drag*   traho
traicio (3)   *pierce*   traicio
trano (1)   *swim across*   no
transcendo (3)   *surmount*   ascendo
transeo (irreg.)   *cross*   transeo
transfero (irreg.)   *bring across*   transfero
transfigo (3)   *pierce*   figo
transgredior (3)   *cross over*   aggredior
transigo (3)   *complete*   adimo
transmitto (3)   *transfer*   mitto
transporto (1)   *transport*   porto
tremo (3)   *tremble*   tremo
trepido (1)   *panic*   exsulo
tribuo (3)   *assign*   tribuo
triumpho (1)   *triumph (over)*   celo
trucido (1)   *slaughter*   celo
tueor (2)   *watch*   tueor
tumeo (2)   *swell*   faveo
tundo (3)   *beat*   tundo
turbo (1)   *throw into confusion*   turbo

U

ulciscor (3)   *avenge*   ulciscor
ululo (1)   *howl*   exsulo
umbro (1)   *shade*   celo
umeo (2)   *be damp*   faveo
ungo (3)   *annoint*   pingo
urgeo (2)   *push forward*   urgeo
uro (3)   *burn*   uro
usurpo (1)   *make use of*   celo
utor (3)   *use*   utor

V

vaco (1)   *be empty*   exsulo
vado (3)   *go*   vado
vagor (1)   *wander*   conor
valeo (2)   *be strong*   valeo
vapulo (1)   *be flogged*   exsulo
vario (1)   *vary*   nuntio
vasto (1)   *ravage*   celo
veho (3)   *carry*   veho
vello (3)   *pluck*   vello
velo (1)   *cover up*   celo
vendo (3)   *sell*   vendo
veneo (irreg.)   *be for sale*   veneo
veneror (1)   *worship*   veneror
venio (4)   *come*   venio
venor (1)   *hunt*   conor
verbero (1)   *beat*   celo
vereor (2)   *fear*   vereor
vergo (3)   *turn*   ago
verro (3)   *sweep*   verro
verso (1)   *whirl*   celo
verto (3)   *turn*   verto
vescor (3)   *feed*   vescor
veto (1)   *forbid*   veto
vexo (1)   *distress*   celo
vibro (1)   *shake*   celo
video (2)   *see*   video
vigeo (2)   *thrive*   vigeo
vigilo (1)   *keep watch*   vigilo
vincio (4)   *bind*   vincio
vinco (3)   *conquer*   vinco
vindico (1)   *claim*   iudico
violo (1)   *do violence to*   celo
vireo (2)   *be green*   vireo
visito (1)   *see often*   incito
viso (3)   *look at*   claudo
vito (1)   *avoid*   incito
vivo (3)   *live*   vivo
vociferor (1)   *shout*   conor
vocito (1)   *shout*   incito
voco (1)   *call*   voco
volito (1)   *fly around*   incito
volo (1)   *fly*   volo
volo (irreg.)   *be willing*   volo
voluto (1)   *roll over*   incito
volvo (3)   *roll*   volvo
voveo (2)   *vow*   voveo
vulgo (1)   *broadcast*   celo
vulnero (1)   *wound*   vulnero